Schweden

Petra Juling

DUMONT RICHTIG REISEN

Inhalt

Wissenswertes über Schweden

Wissenswertes für die Reise

Unterwegs in Schweden

Kapitel 1 Der Süden

Kapitel 2 Der Westen

Inhalt

Inhalt

Themen

Alle Karten auf einen Blick

Viken in der Seenlandschaft zwischen Vänern und Vättern

Wissenswertes über Schweden

Land der Schären, Seen und Wälder

Was ist es, das Schweden bei Urlaubern aus Mitteleuropa Jahr für Jahr beliebter macht? Sind es die Kinderbuchhelden, die uns das Land von Nils Holgersson und Pippi Langstrumpf so vertraut erscheinen lassen? Oder fasziniert uns die trendige Gastronomie, die produktive Kulturszene mit schwedischen Markenzeichen in Sachen Design, Pop-Musik, Film?

Etwas muss ja dran sein, wenn so viele Urlauber alljährlich den Weg gen Norden auf sich nehmen, nicht um zum Nordkap durchzubrausen, sondern um immer wieder in dieselbe Gegend, in dasselbe Ferienhaus zu fahren. Bis sich manche eines Tages ganz dort niederlassen, erst nur für den Sommer, dann irgendwann für immer. In Småland wurden in den letzten Jahrzehnten ganze Landstriche von deutschen Neu-Einwanderern besiedelt, durchaus willkommen beispielsweise in der Gemeinde Emmaboda, wo vor 100 Jahren die Auswanderung nach Amerika am größten war und ganze Dörfer veröden ließ. Wer hierher zieht, sucht, so die übereinstimmende Antwort der Umsiedler, »die Ruhe«. Und genau die findet man hier.

Eine Erklärung liegt auf der Hand: Es gibt einfach viel weniger Menschen auf viel mehr Quadratkilometern. Wer aus den mitteleuropäischen Ballungsgebieten anreist, spürt das sofort. Schon nach kurzer Zeit stellt sich angesichts der spärlichen Inseln roter, gelber und pastellfarbener Holzhäuser inmitten dichter Nadelwälder, am Rand von Birkenhainen und kleinen Seen mit Schilf am Ufer ein ungemein entspannendes Gefühl ein, ein Annodazumal-Gefühl, das wohltuend auf Körper und Seele wirkt. Hektik ist ein Fremdwort, das Leben geht seinen geruhsamen Gang. Abgesehen von den drei größten wirken schwedische Städte wie verschlafene Dörfer.

Die Idylle kommt ja auch nicht von ungefähr: Seit rund 200 Jahren hat kein Krieg das Land verwüstet; wenn ein Haus nicht abbrannte oder verlassen wurde, steht es meist noch, liebevoll im alten Stil restauriert.

Aber Schweden ist auch ›Cyber-Land‹, ein moderner Industriestaat, hochtechnisiert, mit der höchsten Dichte an Handys, Computern und Internet-Anschlüssen weltweit. Ebenfalls weit verbreitet sind Segelboot und Sommerhaus: Der Stellenwert der Freizeit in dieser modernen Gesellschaft ist hoch, die Sehnsucht nach Nähe zur Natur auch. Und die gibt es reichlich: Abgesehen von den Bergregio-

nen im Westen, bietet die schwedische Landschaft im Unterschied zur norwegischen zwar nicht viel Spektakuläres, aber im Vergleich zur finnischen etwas mehr Abwechslung. Dieses Land im Norden, von dem Nicht-Eingeweihte meinen, die Sommer dort müssten kalt sein, weil die Winter es sind, hat nicht nur die Mitternachtssonne, sondern von Anfang Juni bis Ende August lange Perioden heißer Tage, die nur deshalb zu ertragen sind, weil immer ein Badesee in der Nähe ist. Es kennt aber natürlich – zum Glück für die Pilzsucher – zum Ausgleich auch heftige Gewitter und Landregen.

Die Nord-Süd-Längenausdehnung ist gewaltig – setzte man mit diesen 1574 km in Berlin an, käme man per Luftlinie Richtung Süden bis nach Sizilien. Entsprechend groß ist die landschaftliche Vielfalt, in der Wasser, Wald und Stein die Hauptelemente bilden: sanfte Hügel mit knapp 96 000 darin eingebetteten Seen, fruchtbare Kulturlandschaften in Mittelschweden und an den Küsten die glatten runden Felsbuckel der Schären mit pittoresken Fischerdörfern. Die Natur geht abseits der Siedlungen schnell in ausgedehnte Wälder über. In den großen Nationalparks in den Bergen Lapplands blieb sie als echte Wildnis weithin unberührt und bietet, respektiert und rücksichtsvoll behandelt, das Revier für Wanderer, Kanuten und Angler. Dazwischen trifft man immer wieder auf die Zeugnisse einer mehrere tausend Jahre alten Kultur, von Vorzeitgrabhügeln und Runensteinen bis zu Eisenschmieden aus den Anfängen der Industrialisierung, von mittelalterlichen Kirchen bis zu prächtigen Schlössern und gepflegten Parks. Schwedens Städte, allen voran die Hauptstadt Stockholm, liegen nicht nur wunderschön, häufig auf Inseln am Wasser, sie sind alles andere als langweilig, eine Fundgrube für Trendspotter und Kulturfans, denen die höchst lebendige Musik-, Film-, Literatur- und Kunstszene immer wieder Aha-Erlebnisse beschert.

Doch vor allem anderen ist Schweden ein Land für Romantiker und für solche, die auch mal mit sich und der Natur alleine sein können – das Land der Sehnsucht aus Kindertagen, unbeschwerter Sommervergnügen in freier Natur.

Wasser, Wald und Sommerhaus – eine schwedische Idylle wie im Bilderbuch

Steckbrief Schweden

Daten und Fakten

Name: Schweden – Sverige, abgeleitet von Svea rike, ›Reich der Svear‹

Fläche: 449964 km²

Hauptstadt: Stockholm
Amtssprache: Schwedisch, daneben die Minoritätensprachen Samisch, Finnisch und Meänkieli (›Tornedals-Finnisch‹)
Einwohner: ca. 9 Mio.
Bevölkerungswachstum: 0,4 %
Lebenserwartung: 77,4 Jahre für Männer, 82 Jahre für Frauen

Währung: Schwedische Kronen (SEK), 1 SEK hat 100 Öre, für 1 € bekommt man etwa 9 SEK.

Zeitzone: MEZ und Sommerzeit.
Landesvorwahl: + 46
Internet-Kennung: se

Landesflagge: Ein gelbes Kreuz auf blauem Grund. Der Legende nach geht die schwedische Flagge auf eine Vision des Königs und (nicht von Rom bestätigten) schwedischen Nationalheiligen Erik zurück. Im Jahr 1157 sah er ein goldenes Kreuz gegen den blauen Himmel strahlen, als er wohlgemut in eine Schlacht zog.

Geografie

Schweden liegt auf der skandinavischen Halbinsel und wird im Westen von Norwegen, im Osten von Finnland begrenzt. Ausdehnung von Nord nach Süd: 1574 km (über 14 Breitengrade, in Europa nur übertroffen von Russland), von West nach Ost 499 km. Ca. 40 000 km² (8,5 %) der Landesfläche sind Seen und Flüsse, 52 % des Landes sind von Wald bedeckt, 8 % landwirtschaftlich genutzte Flächen.
Größte Städte: Stockholm (766 000, im Großraum ca. 1,86 Mio. Einw.), Göteborg (482 000 Einw.) und Malmö (270 000 Einw.)
Höchster Berg: Kebnekaise (2111 m)
Längste Flüsse: Klarälv-Götaälv-System (720 km), Dalälv (520 km), Torneälv (510 km)
Größte Seen: Vänern (5648 km²), Vättern (1912 km²) und Mälaren (1140 km²), Hjälmaren (478 km²), Storsjön (464 km²)
Nationalparks: 28 Nationalparks mit zusammengenommen 6925 km² Fläche (das entspricht 1,5 % des Landes), der südlichste ist Stenshuvud (302 ha) im Südosten der Landschaft Skåne, der nördlichste Vadvetjåkka (2630 ha) in Lappland; daneben existieren Naturschutzgebiete *(naturreservat)*, für die weniger strenge Regelungen gelten.

Staat und Politik

Schweden ist eine **konstitutionelle Monarchie** mit **Parlament** (*Riksdag*). Alle vier Jahre werden die Abgeordneten gewählt (Verhältniswahlrecht), Wahlalter: ab 18 Jahre. Ausländer, die drei Jahre im Land wohnen, können an Kommunalwahlen teilnehmen. Staatsoberhaupt ist König Carl XVI. Gustaf, seine älteste Tochter Victoria ist die einzige weibliche Thronfolgerin in Europa.

Die **Regierung** stellt seit 1994 ein sozialdemokratisches Minderheitenkabinett, das im Reichstag – von Fall zu Fall – von anderen Parteien gestützt wird. Regierungschef *(statsminister)* ist seit 1996 Göran Persson. Nächster Wahltermin ist September 2006.

Verwaltung: Das Land ist aufgeteilt in 21 Provinzen *(län)* mit direkt gewähltem Provinzlandtag *(landsting)* und Gouverneur *(landshövding)*, zuständig sind sie vor allem für die Gesundheitsfürsorge. Die *läns*-Grenzen sind nicht immer identisch mit den Landschafts-Grenzen der traditionellen 25 *landskap*. So teilt sich Småland in Kronobergs, Jönköpings und Kalmars län, während Västra Götalands län die Landschaften Bohuslän und Västergötland zusammenfasst.

Parteien: Die beiden wichtigsten Parteien sind die Sozialdemokraten (s; Socialdemokraterna) und die Konservativen (m; Moderaterna). Außerdem spielen eine Rolle: Folkpartiet liberalerna (FP; Liberale), Centerpartiet (CP; Zentrum), Kristdemokraterna (Kd; Christdemokraten), Vänsterpartiet (V; Links-Partei, ehemalige Kommunisten) und Miljöpartiet (mp, Ökologische Partei). Eine 4 %-Hürde verhindert den Einzug von Kleinstparteien in den Reichstag. Traditionell gruppieren sich die Parteien in Blocks.

Außenpolitik: Das neutrale Schweden gehört keinem Militärbündnis an.

Wirtschaft und Tourismus

Nur knapp 2 % der Erwerbstätigen arbeiten heute noch in der Landwirtschaft. Schweden hat sich wie die meisten westlichen Industrieländer in den letzten Jahren zur Dienstleistungsgesellschaft entwickelt. Der **Tourismus** macht 2,54 % des Bruttosozialprodukts aus, deutsche Besucher liegen auf Platz 1. Die Industrie (incl. Bergbau) beschäftigt rund 18 % der Arbeitnehmer. Bekannt sind schwedische Großunternehmen wie Ericsson, ABB, Electrolux, Volvo, womit auch die wichtigsten Industriezweige angedeutet sind: Telekommunikation, Informationstechnologie (IT), Metall, Elektro- und Autoindustrie, gefolgt von der holzverarbeitenden Industrie. Schwedens Wirtschaft ist stark exportabhängig. Die **Arbeitslosenquote** liegt bei 5,5 % (2005).

Bevölkerung und Religion

Bevölkerung: Von den ca. 9 Mio. Einwohnern sind 5,3 % Ausländer, hauptsächlich Finnen, aber auch Bürger des ehemaligen Jugoslawien sowie Türken, Iraner, Iraker, Polen und Chilenen. Statistisch teilen sich in Schweden 22 Einwohner einen Quadratkilometer, aber in Wirklichkeit ist die Bevölkerung sehr ungleich verteilt: 85 % leben im Süden, besonders in Skåne, an der Westküste und in einem Streifen entlang der großen Seen zwischen Göteborg und Stockholm. Das nordschwedische Binnenland ist dagegen über weite Strecken fast menschenleer: In den großen Flächengemeinden von Norrbotten, Arjeplog und Jokkmokk, leben statistisch gesehen 0,3 Menschen pro Quadratkilometer.

Religion: Bis 1999 war die Evangelisch-Lutherische Schwedische Kirche (Svenska Kyrkan) Staatskirche, und noch immer sind rund 80 % der Bevölkerung Mitglied, Tendenz fallend. Es herrscht Religionsfreiheit.

Natur und Umwelt

Schweden ist das viertgrößte Land in Europa und besitzt eine enorme Nord-Süd-Ausdehnung: Gut 1500 km Luftlinie sind es von Smygehuk an der Südküste Schonens bis zur finnischen Grenze im hohen Norden. Kaum ein europäisches Land erstreckt sich über mehr Klimazonen: von der fruchtbaren, seit Jahrtausenden kultivierten schonischen Ackerbauregion bis zur arktischen Tundra in Lapplands Fjäll.

Götaland, Svealand, Norrland – jeder Schwedenreisende lernt die Begriffe spätestens mit dem Wetterbericht kennen. Es sind zwar historische Bezeichnungen, doch korrespondieren sie im Wesentlichen mit den geografischen Begriffen: Götaland, das Land der Göten, entspricht Südschweden mit Väner- und Vättersee, Svealand umfasst Mittelschweden mit Mälargebiet, Uppland sowie Dalarna. Das Landesinnere von Norrland war bis ins 17. Jh. kaum kolonisiert und weitgehend der Urbevölkerung, den Sami, vorbehalten.

Pflanzengeografen teilen Schweden von Süd nach Nord in vier Vegetationszonen ein: die südliche Laubwaldregion mit Buchen- und Eichenbeständen entlang der Süd- und Westküste, die südliche Nadelwaldregion mit Einsprengseln von Laubwald bis hinauf in das Gebiet der großen Seen, die von Kiefer und Fichte geprägte nördliche Nadelwaldregion nördlich des Flusses Dalälv, der zum Teil die natürliche Grenze zu Norrland bildet, und die oberhalb eines Birkenwaldgürtels liegenden baumlosen Tundren der Fjällgebiete.

Südschweden

Fruchtbar und reich: der Süden

Vor allem menschliche Eingriffe haben dafür gesorgt, dass sich die Landschaft heute nicht mehr idealtypisch präsentiert. Das dank seiner äußerst fruchtbaren Böden vom Ackerbau geprägte Skåne (Schonen) erinnert im flachen Südwesten mit blühenden Rapsfeldern und Kopfweiden an dänische oder norddeutsche Landschaften. Ausgedehnte Buchenwälder und eine für schwedische Verhältnisse ›südliche‹ Flora und Fauna sind typisch für diese Landschaft. Laubfrosch, Sandeidechse und Haselmaus kommen etwa im Nationalpark Stenshuvud an der Ostküste vor. Die Region ist durchaus nicht nur flach: Die Hügel von Rörum und Brösarp im Osten sind ebenso wie Stenshuvud Ausläufer des Linderödsåsen, einer der charakteristischen Höhenzüge, die durch Zusammenpressen der an anderer Stelle gerissenen Erdkruste entstanden (sog. Horste).

Als ›Garten Schwedens‹ wird das östlich an Skåne anschließende Blekinge gern bezeichnet. Tief eingeschnittene Verwerfungstäler im Norden sind die Fortsetzung des Hochlands von Småland. Die von dort ›eingewanderte‹ Fichte wird an der Küste von für den Süden typischem Laubwald abgelöst: Eichenhaine und Buchenwälder gedeihen auf dem Kalkgrund, im Schlehen- und Weißdorngestrüpp am Rand der Wiesen kann man im Sommer sogar den Gesang der Nachtigall bzw. ihres nordischen Pendants, des Sprossers, hören.

Schärenreiche Westküste

Die Landschaft von Halland und Bohuslän, der beiden Westküstenprovinzen, wird vom Meer geprägt. Während die halländische Küste im Süden in der Hauptsache aus Sand und Dünen besteht, beginnt bei Varberg die typische Schärenlandschaft, die sich in Bohuslän bis an die norwegische Grenze fortsetzt. Die von der Eiszeit glatt abgeschliffenen Felsen bieten der Vegetation nicht viel Lebensraum. Allenfalls anspruchslose Gewächse wie Grasnelken und Gelber Mauerpfeffer trotzen dort Wind und Salzwasser. Weiter im Landesinnern gibt es neben Laub- und Nadelwald noch einige ursprüngliche Heidegebiete mit Glockenheide und Ginsterarten.

Kalkklippen in der Ostsee: Öland und Gotland

Eine Sonderstellung nehmen die Inseln Öland und Gotland ein. Ihr Untergrund besteht aus fossilienreichen Kalkablagerungen eines Urmeeres, die sich nach Abschmelzen des Eises aus der Ostsee erhoben. Typisch für Gotland sind *raukar*, Felssäulen aus härterem Gestein, die als Reste ehemaliger Korallenriffe der Erosion besser standhielten als das weichere Material der Umgebung. Eine im kalkarmen Schweden seltene Vegetation ist auf diesen Ostseeinseln entstanden: Rund 30 Orchideenarten finden sich auf Öland und Gotland, darunter einige Arten, die nur hier vorkommen. Die Steppenheide Stora Alvaret im Süden Ölands ist im Frühjahr und Sommer mit Blüten bedeckt. Das größere Gotland besitzt auch einige Nadelwälder und auf den vorgelagerten unbewohnten Inseln Stora und Lilla Karlsö sowie Gotska Sandön einmalige Vogelrefugien. Trottellummen und Tordalken brüten auf Karlsö. Auch Öland ist ein wichtiger Rastplatz für Zugvögel. Die Vogelstation Ottenby hat bereits 337 Arten registriert.

Das wilde Småland

Das etwa 300 m aufragende südschwedische Hochland macht den größten Teil von Småland aus. Auf dem reichlich mit Niederschlägen gesegneten Plateau, von dem das Wasser zudem nur schlecht abfließt, haben sich zahlreiche Seen und Moorgebiete gebildet, das größte steht als Nationalpark Store Mosse unter Naturschutz. Hier wachsen so-

Große Steine, weiches Moos – typisch für Smålands Wälder

Der Elch – das unbekannte Wesen

Thema

Schwedens inoffizielles Wappentier ist zweifellos der Elch. Der ›König des Waldes‹ ist ein scheues Wesen, und obwohl hunderttausende Exemplare in Schwedens Wäldern von Skåne bis Lappland leben, begegnet man dem Großwild mit dem Schaufelgeweih nur selten – schließlich ist der Elch perfekt an das heimliche Leben im Wald angepasst.

Tagsüber ruhen die Tiere meist versteckt im Unterholz des Waldes. Erst in der Dämmerung geht es auf Tour: Am Waldrand und auf Lichtungen äsen sie das Laub der Bäume. Bei ihrer Größe fällt es ihnen nicht schwer, auch die oberen Äste zu erreichen. Ein ausgewachsener Elch ist etwa so groß wie ein Pferd und wiegt bis zu einer halben Tonne. Die Bullen tragen ein prächtiges Schaufelgeweih. Trotz dieses Gewichts traben Elche – ausgestattet mit breiten Klauen an den Hufen und einem elastisch tänzelnden Gang – locker über Schwingböden und Moore. Selbst eine hohe Schneedecke setzt ihrem Fortkommen kein Hindernis. Weil sie mit ihrem Appetit im Wald erheblichen Schaden anrichten und anders als ihre natürlichen Feinde Luchs und Wolf nicht gerade selten sind, werden alljährlich knapp 100 000 Tiere zum Abschuss freigegeben. Von Småland bis Norrbotten ist die Elchjagd ein schwedisches Herbstritual. Aber auch Versuche, Elche in Gefangenschaft zu züchten, sind erfolgreich – sogar Elchkäse wurde schon produziert. So hat, wer in freier Wildbahn kein Glück bei der Pirsch auf den ›König des Waldes‹ hatte, Gelegenheit, Elche in Gehegen zu sehen. Oder man nimmt an einer Elchsafari teil, die beispielsweise am Hunneberg (s. S. 219) im Sommer zur Dämmerstunde veranstaltet wird. Eine weniger schöne Begegnung ist für Autofahrer übrigens eine andere Art von ›Elchtest‹. Immer wieder fordern Kollisionen von Elch und Auto Todesopfer – auf beiden Seiten. Deshalb sollte man in der Dämmerung immer besonders vorsichtig fahren und zum Bremsen bereit sein, wenn der ›König des Waldes‹ die Fahrbahn betritt.

gar Moltebeeren, und vieles erinnert eher an Nordschweden. Die ausgedehnten Nadelwälder liefern erstklassige Nutzholzqualität, von der nicht zuletzt die Streichholzfabriken in Jönköping profitiert haben. Und auch die berühmten Glashütten im Glasriket verdanken den Brennstoff für ihre Öfen Smålands ›dunklen‹ Wäldern, der ›letzten Wildnis‹ in Südschweden.

Mittel- und Nordschweden

Die Mittelschwedische Senke: große Seen und gute Böden

Die Landschaften um die großen Seen, der Norden von Väster- und Östergötland, Sörmland und Uppland, liegen in der Mittelschwedischen Senke, heute in der Hauptsache landwirtschaftlich genutztes Land und dicht besiedelt, geprägt von wogenden Getreidefeldern und Kartoffelanbau. Die hohe Fruchtbarkeit der Böden gründet sich auf die Ablagerungen eines hier am Ende der Eiszeit bestehenden Meeres. Reste davon sind die großen Seen Vänern, Hjälmaren und Mälaren. Der zweitgrößte See, der Vättern, dagegen liegt in einem früher entstandenen Verwerfungsgraben. Die Seen sorgen mit ihren großen Wasserflächen für ein besonders mildes Klima: Am Osthang des Vättern und auf der Insel Visingsö gedeihen selbst empfindlichere Obstsorten, neben Äpfeln auch Birnen und Kirschen. Eine Besonderheit stellen die Tafelberge von Västergötland dar, deren Schichtaufbau dank einer Abdeckung aus härterem Gestein die darunterliegenden Schichten vor Erosion geschützt hat. Sie ragen steil aus der Landschaft oder direkt am Ufer des Vänern empor, zum Teil, wie Halle- und Hunneberg, 150 m hoch.

Norrland: wo die Subarktis beginnt

Mitten durch die Landschaften Dalarna und Värmland verläuft eine natürliche Grenze zwischen Nord und Süd, der *Limes norrlandicus*. Der Limes markiert die Klimazonengrenze zwischen Subarktis und Mitteleuropa; nördlich davon fehlen bestimmte Laubbäume wie Eiche, Buche und Hasel. Die rund 100 km breite Übergangszone erstreckt sich im Osten etwa in Gästrikland und Hälsingland zwischen dem Lauf des Dalälven und der Halbinsel Hornslandet. Nördlich dieser Region fehlen an den Laubwald gebundene Tiere, z. B. Grünspecht, Waldkauz oder Iltis, während sich Bär, Luchs, Dreizehenspecht und Seidenschwanz hier wohlfühlen. Schwedens ›Symboltier‹, der Elch, ist dagegen, abgesehen vom äußersten Süden, im ganzen Land verbreitet, ebenso wie Fischadler, Kreuzotter und – natürlich jedem Reisenden bekannt – Stechmücken und -fliegen. Auch wilde Beeren – Blaubeeren, Preiselbeeren, Walderdbeeren – und Unmengen essbarer Pilze kommen in ganz Schweden vor.

Die Küstenregionen von Medelpad und Ångermanland gehören zu den am stärksten von der Landhebung betroffenen Gebieten: Rund 85 mm pro Jahr steigt das seit ca. 10 000 Jahren vom Eisdruck befreite Land noch immer. Die Konsequenzen für die Häfen an der nördlichen Ostsee sind vorstellbar: Ehemalige Anlegestellen liegen jetzt im Landesinnern. Nördlich der Mündung des Ångermanälv bei Kramfors erhebt sich bis zu 150 m hoch die imposante Steilküste Höga Kusten. Die Bewohner der vorgelagerten Schäreninseln, etwa Ulvön, leben seit jeher vom Fang des Strömling, des Ostseeherings. An den vom Menschen teils noch ungezähmten Flüssen im Landesinnern ›arbeiten‹ einige tausend Biber an Staudämmen und Burgen.

Ins Reich von Bär, Wolf, Luchs und Vielfraß

Die gebirgigen Landschaften Härjedalen und Jämtland an der Grenze zu Norwegen bergen eine wilde, ursprüngliche Natur. Härjedalen besitzt mit etwa 100 Tieren auch noch den stärksten Bestand an Braunbären, daneben kommen der Vielfraß (*järv*), ein Großmarder in Hundegröße, sowie Otter und sogar Wölfe vor. Diese Raubtiere haben in Schweden durchaus eine Lobby, auch wenn Viehzüchter immer wieder auf Abschuss von Wolf und Bär drängen, ja sogar zum Mittel der ›Selbst-

Lapplands wegelose Wildnis – der Sarek Nationalpark aus der Luft

justiz‹ greifen. Rentier-Besitzer erhalten staatliche Entschädigung für Verluste durch Raubtiere wie Bär, Luchs und Vielfraß. Ein Problem bilden zunehmend Bären, die sich in die Nähe von Dörfern und sogar Städten wagen und sich dort über Mülltonnen hermachen. In den unzugänglichen Moorgebieten brüten Kraniche und andere seltene Wasservögel.

Taiga und Streichholzwald

Während die küstennahen Regionen auch im hohen Norden fruchtbar und relativ dicht besiedelt sind, ist das Landesinnere über weite Strecken fast menschenleer. Die norrländischen Waldgebiete sind Ausläufer der sibirischen Taiga, nur unterbrochen von den Schneisen, die mächtige, nach der Schneeschmelze weit über die Ufer tretende Flüsse wie Ljusnan, Ljungan, Indalsälv, Ångermanälv, Umeälv, Vindelälv, Skellefteälv, Luleälv und Kalixälv gebildet haben. Doch heute sind die Flüsse bis auf wenige Ausnahmen (Vindel-, Pite-, Kalix- und Torneälv) zur Stromgewinnung ausgebaut.

Auch die Ausbeutung der maschinell gepflanzten und später auch mit riesigem Maschineneinsatz ›abgeernteten‹ Wälder durch die Forstwirtschaft hinterlässt oft reine Mondlandschaften – man forstet zwar wieder auf, aber solche ›Streichholzwälder‹ besitzen wenig Reiz. Daneben sind natürliche Faktoren wie Waldbrände verantwortlich dafür, dass sich nur an wenigen Stellen in Västerbotten und Norrbotten mehrere hundert Jahre lang

ungestört echter Urwald entwickeln konnte. Typisch für die Waldregion ist die arktische Kerzenfichte. Wegen ihrer schlanken kurzen Äste, auf denen sich nicht viel Schnee ansammeln kann, leidet sie weniger unter Schneebruch als die gewöhnliche Variante der Fichte.

Im Land der Rentiere

Lappland grenzt im Westen an Norr- und Västerbotten und macht fast ein Drittel der Fläche Schwedens aus, ist aber am dünnsten besiedelt. Vom Wald- und Moorland im Osten steigt das skandinavische Zentralgebirge bis auf über 2000 m Höhe an – ganz im Nordwesten liegt Schwedens höchster Berg, der Kebnekaise, unter ewigem Schnee und Eis. Das auch Kölen (Kiel) genannte Gebirge entstand durch Auffaltung vor rund 500 Mio. Jahren, als die amerikanische und die eurasische Kontinentalplatte kollidierten.

Schon seit Jahrhunderten wird in Lappland Rentierzucht betrieben. Halbwilde Rentiere sieht man häufig, auch im Waldgebiet, wo sie im Winter von Flechten und Moosen leben, während sie den Sommer meist in den Bergen verbringen. In ganz Schweden leben etwa 240 000 Rentiere, vor allem in Norrbotten. Als Rentierweiden deklariert sind alle Gebiete jenseits der Nutzwälder – am Straßenrand sieht man häufig entsprechende Schilder mit der Aufschrift: *»odlingsgräns«*. Sie sollen helfen, Streitigkeiten zwischen Waldbesitzern und Rentierzüchtern zu vermeiden.

Typisch für die ausgedehnten, oft von niedrigen Birken aufgelockerten Moorgebiete sind neben Wollgras und Moltebeere *(hjortron)* auch Vögel wie Birk- und Auerhuhn, Kranich usw.

Jenseits der Baumgrenze

Je weiter man nach Nordwesten kommt, desto niedriger liegt die Waldgrenze: Wegen der Erwärmung des globalen Klimas stieg sie von früher noch 820 m allerdings mittlerweile auf 1100 m. Zwischen der baumlosen Bergtundra und dem Nadelwald erstreckt sich, anders als z. B. in den Alpen, noch zusätzlich ein Birkenwaldgürtel. Am Boden der lichten Birkenwälder gedeihen Blaubeeren, Krähenbeeren, Flechten und Moose.

Oberhalb der Waldgrenze, im *kalfjäll,* beschränkt sich die Vegetation auf einzelne Zwergbirken, Rausch- und Krähenbeeren, niedrige Weiden, an feuchten Stellen durchsetzt von Moosen und Sauergräsern sowie natürlich Flechten. Noch weiter hoch oben gibt es nur noch nackte, von Flechten überzogene Steinwüsten.

Bekanntestes Tier der *kalfjäll*-Region ist der Lemming, dessen Massenvermehrung und angeblicher Massenselbstmord sprichwörtlich sind. Er lebt im Winter unter der schützenden Schneedecke, wo er Moose und Gräser findet. Im Frühling wandert er in den tiefergelegenen Waldgürtel. Da Lemminge auch schwimmen können, gehen sie in Zeiten großer Not bei der Nahrungssuche auch ins Wasser und kommen in den Flüssen um, weil sie die Orientierung verlieren oder einfach bei zu hohem Wellengang nicht mehr schwimmen können. Das Nagetier dient Polarfuchs und Schneeeule als Grundnahrungsmittel. Steinadler, Mornellregenpfeifer und Blaukehlchen sind häufige Vögel im Gebirge.

Nationalparks und Naturreservate

Zusammen machen Nationalparks und Naturreservate (Naturschutzgebiete) ca. 10 % der Landesfläche Schwedens aus. Die 28 **Nationalparks** liegen in der Regel auf staatlichem Gebiet, und viele stehen bereits seit Beginn des 20. Jh. unter Schutz. Besonders bei den großflächigen Nationalparks in Lappland, Sarek, Padjelanta und Stora Sjöfallet, handelt es sich um echte Wildnis, die für den Menschen nur schwer zugänglich ist. Zusammengefasst unter dem Namen ›Laponia‹ gehören sie zum UNESCO-Welterbe. Im Süden wurden dagegen auch zahlreiche Gebiete unter Schutz gestellt, die erst durch menschliche Eingriffe – Beweidung durch Vieh, Mähen von Wiesen usw. – zu schützenswerten Lebensräumen geworden sind. Sie müssen heute oft mit traditionellen Methoden weiter bewirtschaftet werden, um die Landschaft in ihrer Vielfalt zu erhalten.

Neben den streng geschützten Nationalparks gibt es 2400 **Naturreservate** – diese umfassen auch Land, das sich in Privatbesitz befindet und dürfen stärker genutzt werden, doch unterliegen beispielsweise die Waldnutzung und Landwirtschaft gewissen Auflagen.

Sowohl Nationalparks als auch Naturreservate stehen Besuchern offen und werden durch Wanderwege und Schutzhütten erschlossen. Hier gilt wie überall in Schweden das Jedermannsrecht (*allemansrätten,* s. S. 71, 76), doch mit Einschränkungen. Nähere Informationen erhält man häufig vor Ort in einem **Naturum,** einer Ausstellung zu Geologie, Flora und Fauna.

Schwedens Umweltpolitik

Energiefragen

Selbst im skandinavischen Vergleich gilt Schweden als Musterland in Sachen Umweltschutz. Im Unterschied zum Nachbarland Norwegen stagniert beispielsweise seit 1987 der Energieverbrauch. Man setzt auf erneuerbare Energien wie Wasser- und Windkraft oder Biobrennstoffe. Zusammen decken sie immerhin bereits 40 % des Energiebedarfs. Doch der weitere Ausbau der Wasserkraft stößt bei Umweltschützern auf stärksten Widerstand, sie wollen die letzten Wildwasserströme des Nordens nicht zerstört sehen – Kalix-, Pite-, Vindel- und Torneälv sind als ›National-Flüsse‹, *nationalälvar,* geschützt. Die Sonnenenergie anzuzapfen ist nur im äußersten Süden des Landes überhaupt sinnvoll. Und der Windkraftnutzung sind natürliche Grenzen gesetzt: Wo es am meisten weht in Schweden, entstanden bereits große Windkraftparks, wie auf der Insel Gotland und an der schwedischen Westküste. Die größten Hoffnungen setzen die Schweden auf Fernwärme aus Biogas und Biomasse aus den Wäldern.

Zukunft ohne Kernkraft?

Schwer tut man sich mit dem im Reichstag beschlossenen konsequenten Ausstieg aus der Kernenergie. Neben Deutschland ist Schweden das bislang einzige Land, das tatsächlich den Ausstieg beschloss, 17 Jahre nach dem Volksentscheid von 1980, als sich eine große Mehrheit der Bevölkerung gegen die Atomenergie aussprach, und elf Jahre nach Tschernobyl, als die ukrainische Kraftwerksruine eine verheerende radioaktive Wolke durch halb Europa und vor allem durch Schweden schickte.

1997 verabschiedete das schwedische Parlament den von der sozialdemokratischen Minderheitsregierung Persson eingebrachten Gesetzentwurf, die zwölf schwedischen Reaktoren bis zum Jahre 2010 auf null zurückzufahren, mit den Stimmen und unter dem Druck der Zentrumspartei, die strikt gegen die Atomkraft ist. Denn in Schweden gibt es nicht nur die Umweltpartei (Miljöpartiet), sondern als zweite grüne Partei die ehemalige Bauernpartei des Zentrums, die zeitweise zur wichtigsten Stütze der Regierung Persson wurde. Der Beschluss schlug in der schwedischen Innenpolitik hohe Wellen; die Kernkraftanhänger auf Seiten der Wirtschaft, repräsentiert durch die Partei der Moderaterna, malt das Schreckgespenst von Produktionsrückgängen, der Schließung von Industriebetrieben und Arbeitslosigkeit an die Wand. Und tatsächlich ist es fraglich, ob Schweden jemals zur AKW-freien Zone wird. Denn die Regierung hat sich in ihrem Gesetz ein Hintertürchen offengelassen: Zwar wurde im Jahr 1999 ein Reaktor in Barsebäck am Öresund geschlossen (dieses Kraftwerk war dem dänischen Nachbarn schon lange ein Dorn im Auge und außerdem das störanfälligste Schwedens), doch die Abschaltung des zweiten wurde aufgeschoben. Die Anlagen in Ringhals, Oskarshamn und Forsmark werden ebenfalls erst abgeschaltet, wenn – so die Bedingung – andere Energiequellen Ersatz leisten können.

Umweltfreundliche Verkehrspolitik

Auch in der Verkehrspolitik geht es nur mit kleinen Schritten in eine umweltverträgliche Richtung. Die Autofahrer werden konsequent mit erschwinglichen Bahnangeboten, vor allem im Sommer und durchaus familienfreundlich, auf die Schiene gelockt. Auf Schwedens Straßen fahren zwar noch etliche ›alte Stinker‹ – die Liebe zu alten Autos mit hohem Benzinverbrauch ist sprichwörtlich –, aber umweltfreundlichere Treibstoffe sind inzwischen die Regel. Dem Diesel wird Rapsöl beigemischt.

Auch das in großem Stil aus Holzabfällen der Forstwirtschaft hergestellte Äthanol – ein Alkohol – wird dem Sprit von der Tankstelle zugesetzt. Experimentiert wird mit Brennstoffzellentechnik, und in vielen Innenstädten fahren die Busse schon jetzt mit Erdgas – Rußwolken stoßen vor dem Stockholmer Schloss nur noch die Reisebusse aus dem Ausland aus.

Dauerthema saure Seen

Die Verbesserung der Luftqualität ist schlicht überlebenswichtig für ein Land wie Schweden. Ein Waldsterben hätte fatale wirtschaftliche Auswirkungen, und wie das Beispiel der Versäuerung der Seen gezeigt hat, ist das ökologische Gleichgewicht gerade im Norden mit seiner kurzen Vegetationsdauer äußerst fragil. Das Phänomen und seine Ursachen sind spätestens seit den 70er Jahren des 20. Jh. bekannt. Verursacht wird der saure Regen durch den hohen Schwefelsäuregehalt, den die Schornsteine der Fabriken und Kohlekraftwerke vornehmlich im übrigen Europa ausstoßen.

Rund 5000 Seen in Schweden werden regelmäßig mit Kalk behandelt, um die Versäuerung und das damit verbundene Absterben von Flora und Fauna zu stoppen. Dreimal so viele müssten es sein. Durch die Säure können sich Metalle im Wasser lösen, die sonst gebunden waren, und nicht nur die Fischbestände, sondern auf Dauer auch das Trinkwasser vergiften. Einem übersäuerten See ist auf den ersten Blick nichts anzusehen; das Wasser ist kristallklar, auffällig ist lediglich das üppige Wachstum von Sphagnum-Moos am Seeufer – und das Fehlen von Fischen.

Problemfall Ostsee

Seit die Landwirtschaft in den neuen EU-Mitgliedsländern und Anrainerstaaten der südlichen Ostsee boomt, ist die Überdüngung des Binnenmeeres mit seinem empfindlichen ökologischen Gleichgewicht kaum mehr zu bremsen. Eines der Symptome ist die fast jeden Sommer auftretende Algenblüte. Nach Hitzeperioden verleiden trübes Wasser und übler Geruch vielen Besuchern an Südschwedens Stränden den Badegenuss. Nach einem Wetterwechsel ist das Phänomen schnell vorbei und vergessen, aber die desolate Situation des Ökosystems Ostsee bleibt bestehen. Durch finanzielle Unterstützung versucht die schwedische Regierung vor allem in den baltischen Ländern u. a. dafür zu sorgen, dass wenigstens Kläranlagen gebaut werden.

Wirtschaft, Soziales und Politik

Schweden gilt als Musterbeispiel des Wohlfahrtsstaats, der durch starke Eingriffe ins Wirtschaftsleben Sicherheit für die Bürger und Chancengleichheit für alle schafft. Mit einem Überschuss im Staatsbudget ist das Land heute weit von der Krise Mitte der 1990er Jahre entfernt, als niemand mehr dem ›Modell Schweden‹ eine Chance geben wollte.

Schweden als ›Folkhem‹

Vorläufig gerettet: Der Wohlfahrtsstaat

Nach einem guten halben Jahrhundert ›Folkhem‹ zog die sozialdemokratische Regierung angesichts rückläufiger Steuereinnahmen und steigender Sozialausgaben, hoher Arbeitslosigkeit und der Probleme der extrem exportabhängigen schwedischen Wirtschaft schon 1993 die Notbremse. Nachdem es zunächst so aussah, als solle das Modell ›Wohlfahrtsstaat Schweden‹ ins Gegenteil umschlagen, setzte sich durch die Absage an die europäische Währungsunion der schwedische Staat nicht unnötig unter Druck und konnte beispielsweise durch umfangreiche Arbeitsförderungsprogramme gezielt die Arbeitslosigkeit bekämpfen. 1993 und 1996 verabschiedete der Reichstag rigorose Sparpakete. Der Rotstift setzte u. a. bei der Entwicklungshilfe, dem Wohngeld und den staatlichen Zuschüssen für die Krankenversicherung an. Heute gibt es einen Überschuss im Staatshaushalt, und von hoher Verschuldung der öffentlichen Hand kann keine Rede mehr sein.

Frauen in der Gesellschaft

Im weltweiten Vergleich steht Schweden an der Spitze, was die Präsenz von Frauen im öffentlichen Leben und in der Arbeitswelt angeht. Geschlechtsspezifische Diskriminierung ist zwar auch hier immer wieder ein Thema und Feministinnen haben ein breites Betätigungsfeld. Doch liegt die Quote der Frauenerwerbstätigkeit bei ca. 67 % (2004) – einer der Spitzenwerte weltweit. Dank der vorbildlichen Versorgung mit Einrichtungen für Kinder im Vorschulalter lassen sich Beruf und Kinderwunsch relativ gut vereinbaren. Daraus resultiert das für Europa ansehnliche Bevölkerungswachstum des Landes (0,4 %). Im Vergleich zu anderen europäischen Ländern ist in Schweden wie in ganz Skandinavien die starke Rolle der Frauen in der Politik bemerkenswert – im Kabinett ist die Frauenquote 50 %. Auch in Gemeinden und Gremien der Lokalpolitik liegt sie im Schnitt bei 40–50 %.

Hohe Steuern, sichere Renten

Anders als viele meinen, zahlen ›Normalverdiener‹ in Schweden nicht wesentlich mehr Steuern als z. B. in Deutschland. Das Durchschnittseinkommen liegt bei umgerechnet rund 19 000 € pro Jahr (Arbeiter) bzw. ca. 26 000 € (Angestellte). Einkommensteuer ist an die Kommune und an den Staat zu zahlen. Die Kommunalsteuer beträgt je nach Gemeinde 27–35 %. Damit werden u. a. die Gesundheitsversorgung und andere Dienste in kommunaler Hand abgedeckt. Nur auf den Teil des Gehalts, der über umgerechnet ca. 30 000 € im Jahr liegt, zahlt man staatliche Einkommensteuer (20–28 %). Sie schließt einen Anteil für die Grundrente ein, die jeder ab dem 65. Lebensjahr beziehen kann. Daneben gibt es eine einkommensabhängige Rente aus den im Lauf des Arbeitslebens gesammelten Beiträgen. Seit 1999 fließen 2,5 % des rentenwirksamen Einkommens in eine Prämienrente z. B. aus Anlagefonds. Es wird jedem freigestellt, ob dieses Geld mit potenziell hoher Rendite, aber auch mit Verlustrisiko, aus einem Fonds-Paket eigener Wahl kommt oder relativ sicher, aber mit geringerer Rendite, aus vom Staat überwachten Anlagen.

Die Mehrwertsteuer (*moms*) beträgt 25 %, doch wird stark differenziert: Lebensmittel und touristische Leistungen wie z. B. Hotelübernachtungen werden mit 12 % besteuert, Bücher und Zeitungen mit 6 %.

Kinderbetreuung

Da in der Regel beide Partner verdienen, kommen auch und gerade Familien mit Kindern gut über die Runden – dank Kindergeld, Elterngehalt und gesicherter Kinderbetreuung bereits ab 1–3 Jahren im ganztägigen Kindergarten *dagis,* der Vorschule und später natürlich in der Ganztagsschule. 75 % der Ein- bis Dreijährigen nutzen die kommunalen Betreuungseinrichtungen. Die Gemeinden sind verpflichtet, jedem Kind einen Platz anzubieten und die Kosten auf 1–2 % des elterlichen Gehalts zu begrenzen *(maxtaxa).*

Gesundheitssystem mit Eigenbeteiligung

Die Gesundheitsfürsorge, die in den Aufgabenbereich der Provinziallandtage fällt, finanziert sich aus Steuermitteln. Es gibt also im Prinzip niemanden, der mangels Erwerbstätigkeit aus dem System herausfällt. Die Selbstbeteiligung bei Medikamenten ist hoch, doch ein Höchstlimit schützt chronisch Kranke vor sozialen Härten. Bis zum Alter von 20 Jahren trägt die Kommune Arzt- und Zahnarztkosten komplett; ab dem 20. Lebensjahr sind Eigenbeteiligungen für Gesundheitsleistungen die Regel. Dennoch sind Arztbesuch und Medikamente erschwinglich. Der Besuch beim kommunalen *folktandvård* ist billiger als bei niedergelassenen Zahnärzten. Da das Gesundheitssystem in Zentren ambulanter Krankenpflege, abgesehen von großen Krankenhäusern, in Gemeinde-Regie organisiert ist, wird auch die Versorgung der ländlichen Regionen sichergestellt.

Da hat man gut lachen – in Schweden ist der Lebensstandard hoch

Geschichte

Im frühen Mittelalter sorgen Wikinger mit Raub und Mord für Schlagzeilen in Kirchenchroniken, Waräger an der Wolga treiben friedlich Handel. Jahrhunderte später greift Gustav Vasa zu ungewöhnlichen Mitteln, um die Dänen loszuwerden und eine Dynastie zu begründen, deren Vertreter auf dem Kontinent im Dreißigjährigen Krieg mitmischen. Und in jüngster Zeit geistert das ›schwedische Modell‹ durch die Medien.

Die Frühzeit

Auf den Spuren von Ren, Mammut und Auerochs wanderten Menschen vor rund 10 000 Jahren von Süden her nach Skandinavien ein, das nur langsam von den Gletschern der Eiszeit freigegeben wurde.

Steine, Bronze, Eisen

Eine bäuerliche Steinzeitkultur hinterließ etwa 5000 Jahre später in Südschweden Bauten im Stil der nordwesteuropäischen Megalithkulturen. Der größte Teil Mittelschwedens war damals noch von Meer bedeckt.

Während der Bronzezeit muss es bereits rege Handelsbeziehungen nach England (Zinn) und Südeuropa (Kupfer) gegeben haben: Für die Herstellung von Kultgegenständen verwendete man diese Metalle. Zahlreiche Waffenfunde und vor allem die Felszeichnungen (*hällristningar*) geben ein Bild von einer Zivilisation, deren religiöse Vorstellungen schon Anlass zu vielen Spekulationen gegeben haben (s. S. 209). Um 500 v. Chr. wurde die Möglichkeit der Eisengewinnung aus Sumpferz entdeckt. Aus dieser Zeit sind ausgedehnte Grabfelder erhalten, Steinsetzungen in Rund- oder Schiffsform erinnerten an die Toten, die mit Grabbeigaben wie Schwertern und Schmuck beigesetzt wurden – hochgestellte Personen mit dem gesamten Hausstand und in eindrucksvollen Grabhügeln wie etwa in Gamla Uppsala.

Der römische Geschichtsschreiber Tacitus erwähnt im Jahr 96 in seinem Werk ›Germania‹ den Stamm der Suiones: die Svear, die Schweden (Svea rike = Reich der Svear – Sverige) den Namen gaben. Um das 4./5. Jh. siedelten sie in Mittelschweden (Svealand), während im Süden ein zweiter Stamm, die Göten, lebte, etwa in der Region südlich des Götaälv bzw. dem späteren Västergötland, daher die Bezeichnung Götaland für Südschweden. In dem angelsächsischen Heldenepos ›Beowulf‹ werden die Göten – der legendäre Beowulf ist der Neffe ihres Königs – als Gegenspieler der Svear genannt.

Wikingerzeit

Im frühen Mittelalter versetzten Skandinavier halb Europa in Angst und Schrecken. Exkursionen bewaffneter kleiner Gruppen in schnellen wendigen Schiffen gingen auf die Suche nach Gold, Silber und Sklaven. Ob es gesellschaftliche oder klimatische Veränderungen waren, die die jungen Männer zum Seeräuberdasein bewogen, ›auf Wiking gehen‹ ließ, um ihr Auskommen zu sichern, weiß man nicht. Der Name leitet sich wahrscheinlich davon ab, dass die Überfälle von provisorischen Lagern auf Flussinseln oder in seichten Buchten (*vik*) ausgingen.

Der erste bekannte Wikingerüberfall traf 793 das Kloster Lindisfarne vor der Küste

Nordostenglands. In ihren flachen und wendigen Booten konnten die Wikinger in kleinen Trupps ohne Mühe flussaufwärts segeln und schnell zuschlagen. Unvermittelt wurden die überraschten Bewohner der reichen Handelsstädte an Flussläufen wie Paris, Hamburg oder Köln, wenn sie Glück hatten, vor die Wahl gestellt: Entweder wir plündern und setzen die Stadt in Brand – oder ihr gebt uns Gold. Unermessliche Edelmetallmengen gelangten auf diese Weise in den Norden, wo sie kunstfertige Schmiede zu Metallschmuck und Zierrat verarbeiteten.

Wikinger und Waräger

Dänen und Norweger konzentrierten sich bei ihren Expeditionen auf den Westen und stießen sogar bis nach Grönland und an die Ostküste des amerikanischen Kontinents vor. Die schwedischen Wikinger zogen nach Osten, erhoben Steuern von den Ostseeanrainern und gelangten über die osteuropäischen Flusssysteme an die Wolga und nach Byzanz, wo viele Krieger in der Leibgarde des Kaisers dienten.

Aber bei weitem nicht alle Nordgermanen vom 8. bis zur Mitte des 11. Jh. waren Wikinger. Den Wegen der Seeräuber folgten geschickte Händler, Waräger genannt, die im Tausch gegen im Süden begehrte Waren wie Pelzwerk, Walrossbein und Elchgeweihe Nützliches von dort mitbrachten wie Salz, Keramik, aber auch Luxusgüter: Feine Woll- und Seidenstoffe, Perlen und Halbedelsteine kamen so in den Norden. Wie weit die Handelswege gingen, zeigen nicht nur arabische Münzen und Stoffe, sondern auch eine indische Buddha-Statuette aus dem 6. Jh., die auf der Mälarinsel Helgö gefunden wurde.

Bedeutende Handelsstädte entstanden an günstigen Umladeplätzen und den Kreuzungen der Routen: Kiew und Nowgorod, Haithabu an der Schlei und Birka auf einer Insel im Mälarsee, seinerzeit die wichtigste Wasserstraße des Sveareichs mit Anschluss an die Ostsee. Jeder, der unterwegs war von Västerås nach Uppsala im damals schon dicht besiedelten Mälargebiet, passierte die Insel Björkö, wo um 760 eine planmäßige Siedlung mit ca. 1000 Einwohnern unter dem Schutz des Königs etabliert wurde. Hier lebten Menschen verschiedener Kulturen und Religionen, Handwerker, Kaufleute, Sklaven. Das war Anlass genug für Kaiser Ludwig den Frommen, 829 den christlichen Missionar Ansgar und späteren Hamburger Erzbischof nach Birka zu schicken.

Königreich Schweden

Christliche Missionierung

Ein eigentliches Königreich Schweden gab es im 9. Jh. noch nicht, nur Teilreiche auf heute schwedischem Boden: Götaland im Südwesten und Svealand weiter nördlich. Den Ausschlag, dass Schweden nicht russisch-orthodox wurde, gab vielleicht der Umstand, dass sich der König von Svealand, Olof Skötkonung, um das Jahr 1008 in Husaby (Västergötland) vom angelsächsischen Missionar Sigfrid taufen ließ. Er ließ in Hamburg die ersten schwedischen Bischöfe weihen, während der alte Asenkult im Tempel von Uppsala weiterbestand und auch im christianisierten Südwesten Angriffe gegen Missionare an der Tagesordnung waren. Ein Zeichen setzte schließlich die Verlegung des Bischofssitzes von Sigtuna nach Uppsala: Damit sollte der Sieg über den heidnischen Glauben besiegelt werden. 1164 wurde Schweden mit Einrichtung eines eigenen Erzbistums in Uppsala unabhängig von Hamburg.

Die Hanse

Im 12. Jh. stellten rivalisierende Geschlechter den schwedischen König; man hielt am Wahlkönigtum fest, d. h. eine Versammlung der Adligen befand über die Thronbesetzung. Von der Mitte des 13. bis zur Mitte des 14. Jh. herrschte die Dynastie der Folkunger. Begründet wurde sie von Birger Jarl (reg. 1250–66), der die systematische Kolonisierung Finnlands einleitete, außerdem Stadt und Festung Stockholm gründete. Sein Sohn Waldemar schloss Exklusivverträge mit der deutschen Hanse; Visby und Stockholm wurden zu florierenden Handelsplätzen. Kupfer,

Eisen und Pelze gehörten zu den wichtigsten Ausfuhrgütern.

Ein für das ganze Land bindendes Reichsrecht löste 1350 die bereits schriftlich fixierten Gesetze der einzelnen Landschaften (Provinzen) ab: Es schrieb Gewaltlosigkeit bei Thingversammlungen und in der Kirche vor, sicherte Frauen gleichen Schutz zu. Rechte und Pflichten des Königs sowie des Rats wurden ebenfalls festgehalten. Die Sklaverei wurde abgeschafft.

Die Kalmarer Union

Ende des 14. Jh. taten sich die drei skandinavischen Reiche Dänemark, Norwegen und Schweden in der Kalmarer Union zusammen. Königin Margarete von Dänemark und Norwegen wurde auch schwedische Königin. Die Union entstand letztlich als Reaktion auf das deutsche Machtstreben im Ostseeraum: Neben der Hanse und den Herzögen von Mecklenburg und Pommern betätigten sich im Osten auch die Deutschritter. Doch Margaretes Nachfolger, ihr Sohn Erik der Pommer (Erik af Pommern), provozierte in Schweden Aufstände gegen die Fremdherrschaft, als er deutsche und dänische Verwalter einsetzte. Nach dem Aufstand unter Engelbrekt Engelbrektsson (1436 ermordet) wurde Erik 1434 abgesetzt, ein Jahr darauf tagte in Arboga der erste schwedische Reichstag, in dem auch Bauern vertreten waren.

Auf eine Phase langwieriger Machtkämpfe innerhalb des schwedischen Adels, die abwechselnd Dänen und Schweden auf den Thron brachten, folgte der für seine Grausamkeit bekannte dänische König Kristian II. 1520 versuchte er, mit dem Stockholmer Blutbad die Opposition im Land zu ersticken – was ihm nicht gelang.

Die Vasa-Könige

Der Adlige Gustav Eriksson Vasa – sein Vater war unter den Hingerichteten des Stockholmer Blutbads – mobilisierte die Bauern in Dalarna zu einem Aufstand gegen die Dänen, der zur Absetzung Kristians II. führte. 1523 wurde Gustav zum König gewählt. Vier Jahre später proklamierte er die Reform der schwedischen Kirche und sanierte auf diese Weise den neuen, hoch verschuldeten Staat: Die Klöster wurden in königliche Lehen umgewandelt, seit 1454 an die Kirche erfolgte Schenkungen an den Adel zurückgegeben, die Einkünfte der Kirche gingen an den Staat, die Bischofsresidenzen an die Krone.

Seit 1544 ist die schwedische Krone erblich. So trat nach Gustav Vasas Tod zunächst sein Sohn Erik XIV. die Nachfolge an. Doch die Stellung des Königs innerhalb des Adels war noch immer unsicher, und Erik XIV. entledigte sich seiner Gegner auf wenig elegante Weise: Die drei Sture-Brüder ließ er im Schloss zu Uppsala ermorden. Sein Bruder Johan III. entmachtete den an geistiger Umnachtung leidenden König 1568 und hielt ihn bis zu seinem Tod auf Örbyhus gefangen.

In Kalmar slott wurde 1397 die Kalmarer Union besiegelt

Die Großmachtzeit

Zu dieser Zeit gipfelte der Kampf um die Vorherrschaft an der Ostsee im Krieg mit Dänemark. Besonders heiß umkämpft war die Festung Älvsborg (Göteborg) an der Westküste, damals Schwedens einziger eisfreier Hafen. Bis auf wenige Kilometer gehörte die West- und Südküste noch zu Dänemark. Schweden besaß neben Finnland nach dem Anschluss Revals auch Estland. Damit kontrollierte es den russischen Ostseehandel.

Doch eine Personalunion mit dem Osten hatte ihre Tücken, wie sich bald zeigte: Der 1587 als Sigismund III. zum König von Polen gekrönte Thronfolger geriet, als er 1592 auch schwedischer König wurde, in politische und religiöse Zwänge. Der Sohn der polnischen katholischen Prinzessin Katharina Jagellonica wurde abgesetzt und 1604 durch seinen lutherischen Onkel, Karl IX., ersetzt.

Unter König Gustav II. Adolf (reg. 1611–32) wurde Schweden zur Großmacht im Ostseeraum. Als er 1632 in der Schlacht bei Lützen fiel, wurde Reichskanzler Axel Oxenstierna Vormund der sechsjährigen Thronfolgerin Kristina, die 22 Jahre später abdankte und zum Katholizismus konvertierte. In den Friedensschlüssen gewann Schweden immer mehr Land dazu: Der gesamte Ostseeraum und Teile Norddeutschlands befanden sich unter seiner Herrschaft. Am meisten verlor der südliche Nachbar: Nachdem König Karl X. 1658 über den zugefrorenen Großen Belt Richtung Kopenhagen marschiert war, kamen die bisher dänischen Gebiete Skåne, Blekinge, Bohuslän, Trondheim und Born-

Gustav Vasa – Die Reformation in Schweden

Mit Gustav Eriksson Vasa endet in Schweden das Mittelalter: statt Wahlkönigtum eine erbliche Dynastie, ein zentral gesteuerter einheitlicher Staat statt der Macht von Adel und Kirche. Gustav Vasa gilt als Vater der schwedischen Reformation. Um der nationalen Unabhängigkeit des Landes willen vollzog er den Bruch mit Rom.

Legenden ranken sich um das Leben des Gustav Eriksson aus dem Geschlecht Vasa. Schon das Datum seiner Geburt ist umstritten: War es der 12. Mai 1496 oder der 3. Mai 1497? Es sind unruhige Zeiten: Aus der als friedenstiftende Maßnahme gedachten Kalmarer Union der drei Reiche im Norden entwickelt sich eine Oberherrschaft Dänemarks. In Schweden kämpfen Adel und Bauern für einen eigenen, nicht dänisch dominierten König und Verwaltungsapparat. Gustav nimmt, knapp 20 Jahre alt, an den Unionskriegen gegen Dänemark teil. Sein Onkel Sten Sture d. J. leitet seit 1512 als vom Reichstag gewählter Reichsverweser die Unabhängigen-Partei. Sie hat keine Chance gegen die Truppen des dänischen Königs Kristian II., der im Bund mit der Kirche in Rom und ein Schwager des spanischen Habsburger-Kaisers Karl V. ist. 1519 verhängt Papst Leo X. auf Kristians Drängen den Kirchenbann über Sture und die Aufständischen; der von Sture entmachtete Erzbischof Gustav Trolle ist einer der glühendsten Vertreter der Union. Als Unterpfand für die Friedensverhandlungen muss Sten Sture dem dänischen König Geiseln übersenden, darunter der junge Gustav Vasa.

Ihm gelingt auf abenteuerlichen Wegen die Flucht: In Lübeck leiht er sich Geld und lässt ein Schiff ausrüsten. Damit segelt er nach Kalmar, wo er die Bauern von Småland für seine Sache – der dänischen Herrschaft über Schweden ein Ende zu bereiten – zu gewinnen sucht. Er reist auf vereisten Straßen nach Norden bis Dalarna; Stockholm ist bereits von Kristian II. besetzt, der sich dort zum schwedischen König krönen lässt. Kristian glaubt mit den anlässlich seiner Krönung in Stockholm inszenierten Schauprozessen und Massenhinrichtungen der einflussreichsten Männer des Landes die Menschen einschüchtern zu können. Schließlich weiß er sich sicher in der Unterstützung durch die Kirche, die die Aufständischen schlicht als Ketzer betrachtet, für die es keine Gnade gibt. Er irrt: Das Blutbad von 1520, das er unter den Adligen auf dem Stockholmer Stortorget anrichtet, ist der Tropfen, der das Fass zum Überlaufen bringt.

Gustav spricht zu den Bauern von Dalarna. In Rättvik glaubt ihm keiner, als er vom Stockholmer Blutbad berichtet, dem auch Mitglieder seiner Familie zum Opfer fielen; enttäuscht reitet er weiter nach Mora, wo er bei der Bevölkerung ebensowenig Erfolg hat. Er beschließt, das Land zu verlassen. Doch dann wendet sich das Blatt: Ein Bote holt ihn noch vor der Grenze nach Norwegen ein. Als Erinnerung an diesen legendären Wettlauf wird noch heute alljährlich im März der Vasaloppet, ein Volkslauf auf Skiern über 89 km von Sälen nach Mora, veranstaltet. Die Bauern von Dalarna erklären sich zum Marsch auf Stockholm mit Gustav Eriksson bereit – damit ist die Sache schon halb gewonnen, denn ihre Macht ist groß. Im Herbst 1521 wird Gus-

Thema

tav Vasa zum Reichsverweser erklärt, am 6. Juni 1523 auf dem Reichstag in Strängnäs zum König gewählt. An diesem Datum feiern die Schweden heute ihren Nationalfeiertag.

Kaum hat der tyrannische Kristian die Flucht ergriffen (er wird auch in Dänemark bald abgesetzt) und ist Gustav zum König gewählt, fangen die Schwierigkeiten an: Die Stadt Lübeck hat das ganze Unternehmen finanziert und fordert ihr Geld zurück. Auch die siegreichen Truppen müssen bezahlt werden. Weil nach wie vor die Kirche über die Reichtümer des Landes verfügt, bittet der König Bischöfe und Klöster um Unterstützung; sie lehnen ab, die meisten waren schließlich für die Union mit Dänemark. Als der Bischof von Linköping den König zwingen will, lutherische Schriften zu verbieten, lehnt dieser ab. Gustav persönlich hegt keine Neigung zum Protestantismus, aber geschickt nutzt er Luthers Kritik an Rom für seine Zwecke. Einer der Schüler von Martin Luther, Olaus Petri, lehrt als Dekan an der Klosterschule von Strängnäs. 1531 ernennt ihn Gustav zu seinem Kanzler und macht dessen Bruder Laurentius in Uppsala zum ersten evangelischen Erzbischof – der Bruch mit Rom ist vollzogen. Olaus betreibt die Übersetzung der Bibel ins Schwedische, die 1541 erscheint. Mit dieser ›Vasa-Bibel‹ setzt man den Beginn der neuschwedischen Literatur an.

Diese Reformation ›von oben‹ hat manches gemeinsam mit dem etwa gleichzeitigen Bruch Heinrichs VIII. von England mit dem Papst. Als die Reformation Eigendynamik zu entwickeln droht, fallen die Petri-Brüder bei Gustav Vasa in Ungnade. Gustav setzt einen anderen Erzbischof ein, faktisch ist nun klargestellt: Er ist das Oberhaupt der Kirche.

1544 machte der Reichstag die Lutherische Kirche zur Staatskirche. Wer als Kind schwedischer Eltern geboren wurde, war automatisch Lutheraner. Erst seit dem Jahr 2000 ist dieses ›Monopol‹ zu Ende.

Zur Hansezeit zählte Visby zu den reichsten Städten Europas

holm zu Schweden, das nun die größte Ausdehnung in seiner Geschichte erreicht hatte.

Der in der Großmachtzeit gewachsene Einfluss des Adels wurde durch die Reduktion von 1680 empfindlich beschnitten: Der Staat zog die im Krieg erworbenen Güter ein; Nebeneffekt war die Stärkung des freien Bauernstandes, der nun etwa gleich viel an Boden besaß wie je Adel und Staat. In diese Zeit fällt auch die Errichtung zahlreicher Eisenhütten und der Kupfergrube von Falun – Grundlage für den Reichtum der Hüttenbarone. Kapital und Know-how kamen häufig aus dem Ausland, vor allem den Niederlanden.

Der Große Nordische Krieg war der Anfang vom Ende der Vormachtstellung Schwedens. Der Feldzug Karls XII. gegen Russland endete nach Anfangserfolgen in der Kapitulation (Schlacht bei Poltawa 1709). Der Koalition aus Russland, Polen unter August dem Starken und Dänemark war Karl XII. nicht gewachsen, er floh in die Türkei. Nach seiner Rückkehr starb er 1718 in Fredriksten unter nicht ganz geklärten Umständen. 1721 trat Schweden die baltischen Provinzen und Karelien an Russland ab und verlor auch Bremen.

Die Freiheitszeit

Die Zeit zwischen dem Tod Karls XII. und der Thronbesteigung Gustavs III. wird als Freiheitszeit bezeichnet. Die Macht des Monarchen wurde 1719 und 1720 in einer neuen Verfassung zugunsten eines starken Stände-Parlaments eingeschränkt, in dem sich die Parteien der ›Mützen‹ und ›Hüte‹ heftige Debatten lieferten. Trotz gegenteiliger Bestrebungen der meist regierenden kriegsfreudigen ›Hüte‹-Partei wurde die Rolle Schwedens im Ostseeraum aber immer unbedeutender. Im Krieg gegen Russland verlor es einen Teil von Finnland. Die ›Hüte‹ wurden schließlich zur Adelspartei, während die ›Mützen‹ auch für andere Stände offen waren und gegen die Adelsprivilegien kämpften.

Wirtschaft, Wissenschaft und Kultur erlebten eine Blüte: 1742 führte der in Uppsala lehrende Astronom Anders Celsius die noch heute gültige Skala der Temperaturmessung ein. 1753 veröffentlichte Carl von Linné sein Werk ›Species plantarum‹, in dem er seine grundlegende Pflanzensystematik entwickelte. Und Emanuel Swedenborg legte in den 50er Jahren des 18. Jh. seine Interpretation der biblischen Offenbarung als Aufforderung zur Bildung einer neuen Kirche vor.

Musenkönig Gustav III.

Unter König Gustav III. (reg. 1771–92), der selbst Opern schrieb, blühten Kunst und Kultur. Die Zeit des schwedischen Rokoko wird in Carl Mikael Bellmans Liedern lebendig, voller überschwänglicher Daseinsfreude, dennoch immer dem Tod sehr nahe. Krankheiten und Alkoholexzesse grassierten in Stockholm. 1786 gründete der König die Schwedische Akademie nach französischem Muster.

Gleichzeitig zeigte Gustav III. absolutistische Neigungen und versuchte bereits 1772, ohne den Reichstag zu regieren. 1789 schaffte er die Privilegien des Adels ab und wurde 1792 in der Stockholmer Oper bei einem Maskenball Ziel eines Attentats, von dem er sich nicht erholte. Sein Mörder gehörte zu einer Gruppe von Adligen, denen die uneingeschränkte Herrschaft des Königs missfiel. Die Zeit war reif für eine Verfassungsreform.

Parlament und Demokratie

Verfassungsreform

Auch unter dem Einfluss außenpolitischer Misserfolge – 1809 verlor Schweden Finnland und die Åland-Inseln an Russland als Folge seiner Parteinahme gegen Napoleon und für England – wurde König Gustav IV. Adolf abgesetzt und eine gründliche Verfassungsreform verabschiedet: Der Reichstag mit Vertretern von Adel, Geistlichen, Städten und Bauern erhielt das Recht, Steuern allein und Gesetze zusammen mit dem König zu erlassen. Das Parlament kontrollierte die Regierung, deren Mitglieder vom König ernannt wurden. Im Jahr 1810 wählte der Reichstag den früheren Marschall Napoleons, Jean-Baptiste Bernadotte, zum neuen König Karl XIV. Johan. Sein Vorgänger Karl XIII. adoptierte den Nachfolger kurzerhand, um Komplikationen bei diesem Dynastienwechsel auszuschließen.

Mehrere Auswanderungswellen vor allem in die USA und nach Kanada um die Mitte des 19. Jh. waren die Folge einer rasanten Bevölkerungszunahme, die zu erheblichen sozialen Umwälzungen führte. Gleichzeitig setzte die Industrialisierung ein: Textilfabriken, Sägewerke, Eisen- und Metallfertigung zogen massenhaft Arbeitskräfte an. Die holzverarbeitende Industrie wurde zum Hauptzweig der schwedischen Wirtschaft. 1853 entstanden unter staatlicher Regie die ersten mit Dampfloks betriebenen Eisenbahnverbindungen im Land.

In mehreren Parlamentsreformen wurde 1865–66 das Ständeparlament durch ein Zwei-Kammer-Parlament ersetzt, ähnlich dem englischen Ober- und Unterhaus. Die Abgeordneten der Zweiten Kammer wurden durch direkte Wahlen bestimmt, wahlberechtigt waren nur Grundbesitzer. Dominiert wurde der Reichstag von der Bauernpartei.

Wachablösung vor dem Stockholmer Schloss

Abschied vom ›schwedischen Modell‹?

Thema

Jahrzehntelang hatte der schwedische Wohlfahrtsstaat weltweit Modellcharakter. Das in den 1930er Jahren entwickelte Konzept vom *folkhem*, vom ›Volksheim‹, in dem niemand Armut leiden müsse, funktionierte immerhin ein halbes Jahrhundert. Grundlagen waren ein stetes Wachstum, hohe Produktivität und krisenfreie Zeiten.

1982 schrieb Hans Magnus Enzensberger über Schweden: »Hier schien niemand an seine eigenen Interessen zu denken. Niemand appellierte an die niedrigen, selbstsüchtigen Instinkte, von denen andere Gesellschaften besessen waren. (...) Mitten im Kapitalismus soviel Eintracht, soviel Solidarität, soviel Selbstlosigkeit? (...) Ich fragte mich nach dem Preis dieses Friedens, nach den politischen Kosten dieser Umerziehung ...«.

Kritiker hat das Land der ›real existierenden Sozialdemokratie‹ schon immer gehabt – kein Wunder in einem System, in dem von der Wiege bis zur Bahre alles vom Staat geregelt wird. Jeder weiß, was der andere verdient. Wer wieviel Steuern zahlt, ist öffentlich bekannt, es gibt keine heimlichen Millionäre. Die Daten jedes Einzelnen sind in zentralen Computern gespeichert, ›big brother‹ weiß (fast) alles.

Aber die Krise des Systems war weniger ideologisch als wirtschaftlich bedingt. Sie setzte Mitte der 1990er Jahre mit der Rezession in den westlichen Industrieländern ein. Das schwedische Modell habe abgewirtschaftet, frohlockten schon Konservative überall in Europa. Die sozialdemokratische Regierung selbst war es dann, die dem Land Einschnitte ins soziale Netz und Sparkuren verordnete: Maßnahmen zur Gesundheitsreform, die deutsche Krankenversicherte erblassen lassen würden, Streichung von Zuschüssen für kinderreiche Familien, Rückzahlung von Studiengeldern, Einführung von Karenztagen, Hausbesuche bei kranken Arbeitnehmern, Einsatz von Arbeitslosen zu Arbeiten in kommunalen Einrichtungen.

Aber: Die Bürger trugen es gelassen, eine Revolution fand nicht statt; nur kurze Zwischenspiele in der Regierungsverantwortung waren den Bürgerlichen vergönnt, die ja in puncto Sozialstaat auch keine Alternative boten. Die Sozialdemokraten, die die politische Kultur schon so lange prägen, regieren mit erstaunlich langem Atem. Und sie hatten mit ihrer einschneidenden Politik Erfolg: Die Konsumzahlen stimmen und die Arbeitslosigkeit liegt relativ niedrig.

So bietet sich Schweden wieder einmal als Modell an, und das gerade in Zeiten, wenn der ungezügelte neoliberale Kapitalismus so vehement als Wirtschaftsform der Zukunft propagiert wird und Deregulierung statt staatlicher Eingriffe angebracht scheinen. Doch beim Vergleich etwa mit Großbritannien schneidet die schwedische Wirtschaft tatsächlich bestens ab: Überschuss im Staatshaushalt statt Defizit wie in Großbritannien. Und was die Kluft zwischen Arm und Reich angeht: In Schweden leben 6,3 % der Bevölkerung unter der Armutsgrenze für reiche Länder (11 US-$/Tag) – in Großbritannien liegt dieser Wert mehr als doppelt so hoch (15,7 %). Und das in einem Land mit den höchsten Lebenshaltungskosten in Europa – gemeint ist Großbritannien, nicht Schweden.

Der Weg zum Modell-Staat

Anfang des 20. Jh. war Schweden – mit allen sozialen und politischen Konsequenzen – vom Agrar- zum Industrieland geworden. Die Hälfte der Bevölkerung lebte in den Städten. Streiks der Industriearbeiter – der erste fand 1876 in Sundsvall statt – waren Ausdruck einer aktiven Arbeiterbewegung. 1889 wurde die Sozialdemokratische Partei gegründet. Der bürgerliche Staat bemühte sich um Parlamentsreformen. So wurde 1907 das allgemeine Wahlrecht für die Wahlen zur Zweiten Kammer eingeführt, jedoch nur für Männer und an der Höhe der Steuerzahlungen orientiert. 1917 trat die konservative Regierung zurück und machte einer sozialliberalen Koalition Platz, die weiterreichende Reformen forderte. Unter dem Einfluss der Novemberrevolution in Deutschland billigte der König 1919 die Einführung des allgemeinen gleichen Wahlrechts auch für Frauen.

1920 trat Hjalmar Branting als erster sozialdemokratischer Ministerpräsident sein Amt an. Es war eine Zeit des Wohlstands für Schweden, die Wirtschaft florierte, und die Utopie vom ›Folkhem‹, in dem alle Bürger unabhängig von ihrer Leistung ohne materielle Sorgen leben können, machte Furore. Mit der absoluten Mehrheit der Sozialdemokraten 1940 nahm das schwedische Modell in den nächsten Jahrzehnten konkrete Formen an: Wohngeld, staatliche Krankenversicherung, Altersrente, Bildungsreform, Kindergeld usw., finanziert durch eine Besteuerung, die hohe und mittlere Einkommen stark, niedrige wenig belastet.

Schweden seit 1945

Neutralität und UN-Missionen

Wie im Ersten Weltkrieg, blieb Schweden auch im Zweiten Weltkrieg neutral und schloss sich unter Ministerpräsident Tage Erlander auch im Kalten Krieg keinem Bündnis an. Erlanders Nachfolger Olof Palme machte ab 1969 Schwedens Engagement in der UNO, die Nord-Süd- und Anti-Apartheid-Politik zu Schwerpunkten. Palme war einer der wenigen Politiker, der die Vietnam-Politik der Vereinigten Staaten kritisierte. Als Ministerpräsident regierte er – unterbrochen von einem Zwischenspiel durch eine Koalition bürgerlicher Parteien 1976–1982 – bis zum 28. Februar 1986, als die Ära Palme ein jähes Ende nahm: Der Ministerpräsident wurde in Stockholm auf offener Straße ermordet – der Täter ist bis heute nicht bekannt. Die radioaktive Wolke aus der Reaktorkatastrophe am 26. April in Tschernobyl machte 1986 vollends zum Unglücksjahr.

Nach einem Wahlerfolg für die Bürgerlichen unter dem Führer der *Moderaterna,* Carl Bildt, 1991, wurden die Sozialdemokraten 1994 erneut stärkste Partei im Reichstag und bildeten eine Minderheitsregierung. 1994 ging die Volksabstimmung über den EU-Beitritt, der 1995 vollzogen wurde, nur knapp aus, und auch ein Jahrzehnt danach ist die EU-Skepsis vor allem im Norden des Landes hoch. 2003 lehnten die Schweden den Beitritt zur Europäischen Währungsunion und damit den Euro als Währung ab.

Seit 1996 ist Göran Persson Ministerpräsident. In seine Regierungszeit fielen u. a. der Beschluss zum Ausstieg aus der Kernkraft bis 2010 und die Eröffnung der Brücke über den Öresund im Jahr 2000. Nach dem Mord an der schwedischen Außenministerin Anna Lindh in einem Stockholmer Kaufhaus war die Nation geschockt, und es wurden Parallelen zum Palme-Mord gezogen. Im Unterschied zu 1986 kam der schließlich gefasste Mörder diesmal hinter Gitter.

Eine vorbildliche Königsfamilie

Carl XVI. Gustaf und seine aus Heidelberg gebürtige Gattin Silvia sind mit ihren drei Kindern Victoria, Madeleine und Carl Philip nicht nur in Schweden eine beliebte Königsfamilie: vorbildlich in ihrer Bescheidenheit, volksnah und ohne Skandale. Die Rolle des Königs ist in der konstitutionellen Monarchie auf Repräsentation beschränkt – öffentliche Stellungnahmen zu Politik und Gesellschaft sind unerwünscht. Dafür interessiert umso mehr, wen Kronprinzessin Victoria (Jahrgang 1977) denn einmal ehelichen wird.

Zeittafel

ca. 12 000–8000 v. Chr	Die Eiszeit geht zu Ende; im Lauf von Jahrtausenden zieht sich das Inlandeis zu den Gletschern des skandinavischen Gebirges zurück.
ca. 5000–1500 v. Chr.	Bäuerliche Steinzeitkulturen hinterlassen Megalithbauten und Spuren von Siedlungen mit Holzgebäuden.
ca. 1500–500 v. Chr.	Bronzezeit: Waffenfunde und Felszeichnungen *(hällristningar)* sind Zeugnisse einer frühen Zivilisation im Norden.
ab 500 v. Chr.–500 n. Chr.	Eisenzeit: Aus Sumpferz wird Eisen gewonnen, große Schlackenhügel und Reste einfacher Öfen sind überliefert.
793	Beginn der Wikingerzeit: Überfall auf das Kloster Lindisfarne an der englischen Ostküste.
829–32 und 853	Der fränkische Missionar Ansgar besucht die Stadt Birka im Mälarsee, wo er vom König der Svear freundlich empfangen wird.
ca. 1008	König Olof Skötkonung lässt sich vom angelsächsischen Missionar Sigfrid taufen. Bischofssitze in Skara (ca. 1015) und Sigtuna (ca. 1060)
1164	Der Bischofssitz wird von Sigtuna nach Gamla Uppsala verlegt.
1252	König Birger Jarl aus dem Folkungergeschlecht gründet Stockholm.
1346	Die später heilig gesprochene christliche Mystikerin Birgitta gründet ihr Kloster in Vadstena.
1397	Beginn der Kalmarer Union, Zusammenschluss der Reiche Dänemark, Norwegen und Schweden.
1520	Stockholmer Blutbad: Der Dänenkönig Kristian II. lässt 94 schwedische Adlige auf dem Stortorget in Stockholm hinrichten.
1523	Gustav Vasa wird zum König gewählt, nachdem ein Aufstand Kristian II. aus Schweden vertrieben hat. 1527 proklamiert er die Reform der schwedischen Kirche, die nun von Rom unabhängig ist.
1630	König Gustav II. Adolf zieht auf Seiten der Protestanten in den Dreißigjährigen Krieg. 1632 stirbt er in der Schlacht bei Lützen.

Im Frieden von Brömsebro erhält Schweden Gotland und Halland von Dänemark sowie Jämtland und Härjedalen von Norwegen.	**1645**
Westfälischer Friede: Schweden erhält Vorpommern mit Stettin, außerdem Wismar und Bremen mit Verden.	**1648**
Königin Kristina dankt ab und konvertiert zum Katholizismus.	**1654**
Frieden von Roskilde: Die bisher dänischen Gebiete Skåne, Blekinge, Bohuslän, Trondheim und Bornholm kommen zu Schweden.	**1658**
Der Große Nordische Krieg beendet die Vormachtstellung Schwedens. Karls XII. Feldzug gegen Russland endet in einem Desaster.	**1700–21**
Gustav III. wird in der Stockholmer Oper das Opfer eines Attentats.	**1792**
Schweden verliert Finnland und die Åland-Inseln an Russland.	**1809**
Der Reichstag wählt den früheren Marschall Napoleons, Jean-Baptiste Bernadotte, zum neuen König Karl XIV. Johan.	**1810**
Schweden erhält Norwegen von Dänemark und verliert die Besitzungen auf dem Kontinent (u. a. Vorpommern).	**1812**
Ein Zwei-Kammer-Parlament löst das Ständeparlament ab.	**1865/66**
Die Norwegisch-Schwedische Union endet friedlich.	**1905**
Dag Hammarskjöld, Generalsekretär der UNO, stirbt bei einem Flugzeugabsturz während seiner Friedensmission im Kongo.	**1961**
Ministerpräsident Olof Palme wird ermordet. Nach dem Reaktorunfall in Tschernobyl zieht eine radioaktive Wolke über Schweden.	**1986**
Beitritt Schwedens zur EU nach knapp ausgegangener Volksabstimmung.	**1995**
Die schwedische Außenministerin Anna Lindh stirbt nach einer Messerattacke. Die Schweden entscheiden gegen die Euro-Währung.	**2003**
Im September wählen die Schweden einen neuen Reichstag.	**2006**

Gesellschaft und Alltagskultur

Trotz Hightech-Alltag hält sich in Schweden eine gewisse Liebe zu alten Dingen, die sich ganz unterschiedlich ausdrückt: in den sorgfältig gepflegten Ami-Schlitten, mit denen die Jugend in lauen Sommernächten Korso fährt, ebenso wie in der Pflege der traditionellen regionalen Musik und Volkskultur.

Bevölkerung und Lebensweise

Nicht zuviel und nicht zuwenig

Die schwedische Gesellschaft ist das Ergebnis einer jahrzehntelangen Politik des sozialen Ausgleichs: Die Kluft zwischen Arm und Reich ist relativ gering, soziale Unterschiede halten sich in Grenzen, und die Gesellschaftsschichten sind dank eines Bildungssystems, das auf Chancengleichheit setzt, durchlässig für Aufsteiger. Hierarchien sind generell verpönt – ob am Arbeitsplatz oder im Privatleben. Das drückt sich u. a. auch darin aus, dass sich alle duzen. In einer Untersuchung der UNO zum Entwicklungspotenzial der Menschen weltweit (Human Development Index) lag Schweden 2004 nach Norwegen auf Rang 2. Bei dieser Statistik spielen weniger das Pro-Kopf-Einkommen als Faktoren wie Lebenserwartung, Bildungschancen oder Umweltbelastung eine Rolle.

Die Schweden sind auch nicht wirklich reich: Das Sommerhaus ist meist ein Erbstück und auf dem Stand des frühen 20. Jh., d. h. es besitzt nicht immer Zentralheizung, Strom und fließend Wasser. Segelboote sind in einem Land mit so vielen Gewässern eigentlich ganz natürlich, protzige Jachten sind eher die Ausnahme. Und die Mitgliedschaft im Golfclub ist in Schweden kein teures Vergnügen.

Die Schweden selbst bezeichnen ihr Land manchmal als ›*landet lagom*‹ – ›*lagom*‹ bedeutet so etwa: ›weder zuviel noch zuwenig‹. Man orientiert sich an der Tugend des Maßhaltens – nur nicht übertreiben, keinen offenen Streit riskieren. Konflikte werden in dieser Konsensgesellschaft gemeinsam und mit Vernunft gelöst. Damit verbunden ist Nüchternheit eine weitere wichtige Tugend – nicht nur, was den Umgang mit Alkohol angeht.

Hightech in der Wildnis

Wahr ist, dass die Schweden bei der Nutzung elektronischer Medien weltweit an der Spitze liegen: Über drei Viertel der Schweden zwischen 16 und 64 Jahren besitzen zu Hause einen Computer, 65 % surfen im Internet. Die Ausstattung mit Mobiltelefonen ist nahezu flächendeckend – die Schweden sind Weltmeister im Handygebrauch.

Gerade in der Einsamkeit Nordschwedens sind Internet, Computer und Handy weit verbreitet. In die Förderung dieser abgelegenen, spärlich besiedelten Regionen, *glesbygden*, hat bisher jede schwedische Regierung viel Geld investiert, um die Chancengleichheit mit den dichter bevölkerten Gebieten und Städten zu gewährleisten. Die Infrastruktur – Straßennetz, kostenfreie Autofähren, der bezuschusste öffentliche Nahverkehr – ist auch dort vorbildlich wo »es sich nicht lohnt«, wie man andernorts gerne sagt. Dass es sich dennoch auszahlt, zeigt sich darin, dass diese Gebiete von Norrland noch nicht völlig entvölkert sind. Doch verlieren sie Jahr für Jahr mehr Menschen – die Bevölkerungszahlen sinken, entgegen dem landesweiten Trend.

Alltagskultur und Volkskunst

Dank einer um 1900 im Zug der Nationalromantik einsetzenden Begeisterung für den Erhalt von Alltagskultur und lokalen Bautraditionen, die fast jedem kleinen Ort die Gründung einer *hembygdsförening*, eine Art Heimatverein, bescherte, sind viele schlichte Holzbauten vom Abriss verschont geblieben oder an anderer Stelle in Freilichtmuseen wiederaufgebaut worden. Das weltweit erste Museum dieser Gattung, Skansen in Stockholm, versammelt bis heute einen repräsentativen Querschnitt der erstaunlichen Vielfalt von lokalen Bautraditionen aus allen Landesteilen. Fast jedes Dorf hat seinen *hembygdsgården,* eine Ansammlung alter Wohnhäuser und Vorratsspeicher, Schuppen und Scheunen, im Sommer durch in bunte authentische Trachten gekleidete Menschen belebt, die hier Butter stampfen, Ziegen hüten, Brot backen oder Spankörbe flechten. Alte Traditionen werden weitergepflegt, nicht als reine Touristenattraktion, sondern, wie es scheint, nur aus Spaß. Dazu gehören auch Volkstänze und Folkloremusik wie die *spelmansstämmor* und andere Zusammenkünfte von mehreren Fiedlern und einem Akkordeonspieler. Jede Region hat eigene Musiktraditionen, sogar eigene Instrumente, wie die eigentümliche Tastengeige aus Uppland.

Feste

Die Vorstellungen darüber, was typisch schwedisch ist, sind vielfältig. Dass das Vorurteil, die Schweden seien unnahbar und kühl, nicht stimmt, bemerkt jeder, der sie beim Feiern erlebt hat.

Mit Kanonendonner in den Frühling

Den Einzug des Frühlings feiert man am 30. April in der **Walpurgisnacht** (*valborgsmässoafton*) vor allem in Studentenkreisen ziemlich ausgelassen mit viel Gesang und Lärm. Traditionell knallen dann die Kanonen und vertreiben die bösen Geister des Winters. Außerdem werden Feuer abgebrannt, die die

Beliebt für Hochzeiten ist die historische Kulisse des Freilichtmuseums Skansen

Gesetzliche Feiertage
Arbeitsfrei sind:
Neujahr (1. Januar)
Dreikönigstag (6. Januar)
Karfreitag und Ostern (*påsk*), Ostermontag
1. Mai
Himmelfahrt
6. Juni (Nationalfeiertag)
Mittsommer am Wochenende nahe dem 21. Juni ab Freitagmittag (*midsommarafton*) bis einschließlich Samstag (*midsommardagen*)
ein Samstag Ende Okt./Anfang Nov. ist Allerheiligen (*allhelgonadagen*)
24.–26. Dez. Weihnachten (*jul*)
31. Dez. (*nyårsafton*)

langen Nächte erhellen und die winterlichen Temperaturen etwas mildern.

Höhepunkt des Jahres: das Mittsommerfest

In dem kurzen Sommer geraten die Schweden dann völlig aus dem Häuschen. Auftakt und Höhepunkt ist das Volksfest **Mittsommer**, das ausgelassen und voller Begeisterung ganz ohne nationale Untertöne gefeiert wird. Zu dem äußerst kommunikativen Ringelreihen um den Maibaum werden Fremde ausdrücklich eingeladen, genau wie zu den vielen anderen Sommerfesten.

Das Schauspiel beginnt meist am frühen Nachmittag des Freitags vor dem Wochenende, das der Sommersonnenwende (meist der 21. Juni) am nächsten liegt. An diesem *midsommarafton* schließen die Geschäfte früher, dann sammelt sich alles zum feierlichen Aufrichten des Maibaums (*majstång*), der mit grünem Birkenlaub und von Kindern gewundenen Blumenkränzen geschmückt ist. Sein Ursprung liegt in deutschen Maibräuchen. Erst wird er von starken Männern in einem feierlichen Zug mit Musikbegleitung durch das Dorf getragen, um am späteren Standort mit dramatischem Hauruck aufgerichtet zu werden. Dort macht der Baum mit der langsam verwelkenden Blumenpracht den Rest des Jahres das Dahinschwinden der kurzen Sommerzeit augenfällig. Wenn der Baum sicher steht und alles Volk versammelt ist, beginnen zu traditioneller Spielmannsmusik die Ringeltänze, eine Angelegenheit der blumenbekränzten Kinder. Anschließend zieht man sich zu privaten Festlichkeiten zurück.

In Dalarna sind die Mittsommerbräuche noch am ursprünglichsten; hier wetteifern die ganze Woche lang die kleinen Kirchspiele um den schönsten Maibaum, der nicht überall am *midsommarafton* aufgerichtet wird, und man kann hier rauschende Feste erleben, mit fröhlichem Tanz auf der Tenne, aber auch (alkohol-)exzessivere Varianten.

Abschied vom Sommer mit Krebs und saurem Hering

Schon in spätsommerlicher Atmosphäre werden in der zweiten Augusthälfte eher kulinarische Ereignisse als Anlass zum Feiern genommen. Das traditionelle **Krebsessen** markiert die Eröffnung der Krebsfangsaison – heute kauft man allerdings auch tiefgekühlte, schon fertig nach schwedischem Rezept in Dillsud gekochte Exemplare aus dem Ausland. Der Fang schwedischer Krebse ist streng reglementiert. Auf der *kräftskiva* werden die Krebse in fröhlicher Runde verzehrt, wobei die Teilnehmer mit bunten Hütchen und Papierlätzchen ausstaffiert werden; weil man von den Krebsen nicht satt wird, isst man reichlich Käsebrot dazu, und manche nehmen auch den Spruch »ein Krebs, ein Schnaps« wörtlich.

Aquavit gehört auch zu dem zweiten, weitaus anrüchigeren Festessen des Spätsommers, dem **Surströmmingsfest** (s. S. 382). Das kann daran liegen, dass der vergorene Hering aus den Dosen mit dem gewölbten Deckel, deren Öffnung ein besonderes Ritual erfordert, sonst nicht verdaulich ist. Auf jeden Fall schreckt der üble Geruch den Nichtschweden in der Regel ab. Der Hering wird mit neuen Kartoffeln, am besten die kleinen feinen *mandelpotatis,* und reichlich Getränken unter freiem Himmel genossen, ursprünglich eine Spezialität der nördlichen Ostseeküste Höga Kusten. Hier werden auch noch die meisten Strömlinge (*strömming*) in Dosen gepackt, komplett und mit nur wenig Salz, was die augenfälligen Gärvorgänge in Gang setzt.

Lichterglanz und Winterfeste

Nach den sommerlichen Exzessen verfällt die Nation im Winterhalbjahr oft in tiefe Lethargie, die sich im hohen Norden bis zur *lappsjukdom,* einer Form der Depression, steigern kann. Ein wenig Licht in die winterliche Tristesse bringt am 13. Dezember das **Luciafest.** Ein weißgekleidetes Mädchen mit grünem Kranz und Kerzen auf dem Kopf ist mit seinem Geleitzug Mittelpunkt einer Feier, häufig in Kindergarten, Schule oder anderen kommunalen Einrichtungen. Anschließend gibt es Luciakaffee und das spezielle Hefegebäck, *lussekatten*. Der Name des Festes erinnert an die sizilianische Heilige Lucia – im hohen Norden steht aber nicht diese Heilige, sondern eher das Licht (lat.: lux) als vorausdeutendes Symbol für die Wiederkehr der Sonne nach dem langen Winter im Mittelpunkt.

Wenige Wochen später ist es dann soweit, und zur Wintersonnenwende am 24. Dezember steht das **Weihnachtsfest,** Jul, ins Haus, ganz ähnlich wie bei uns mit Geschenken (*julklapp*) unterm Weihnachtsbaum, der als Import deutschen Brauchtums in den Norden kam, und dem Weihnachtsmann (*tomte*).

Veranstaltungen

Musikfestivals

Im sommerlichen Schweden findet von Mai bis Oktober nahezu jedes Wochenende irgendwo ein **Open-Air-Festival** statt: Hultsfred versammelt die Rock- und Emmaboda die Popfans, Mekka für Talentsucher und Fans gleichermaßen. Folkmusik-Freunde ziehen nach Falun, wo weniger einheimische als internationale Vertreter von Folk und Blues auftreten. **Opern**liebhaber kommen im historischen Schlosstheater Drottningholm und bei Aufführungen in Vadstena slott auf ihre Kosten. Im Stockholmer Schloss finden populäre **Kammermusikkonzerte** statt, und umsonst und draußen spielen die Filharmoniker. Dazu lässt sich das Publikum auf dem Rasen das mitgebrachte Picknick schmecken und stimmt bei bekannten Weisen in den **Allsång** ein – allgemeines Singen ist in Schweden durchaus angesagt.

Infos zu Musikfestivals: www.musikfestivaler.se. Eine kleine Auswahl:

Anfang Juni bis Mitte Sept.: Oper und Ballett in Drottningholms Schlosstheater

Mitte Juni: Nyckelharpsstämman in Österbybruk (Schlüsselfidelspielertreffen, Folklore); Rockmusikfestival in Hultsfred

Ende Juni: Kalottjazz und Bluesfestival in Haparanda und Torneå/Finnland

Ende Juni/Anfang Juli: Göteborgs Sommarjazzdagar widmen sich der heimischen Szene

Anfang Juli bis Anfang Aug.: Musik vid Siljan in Rättvik und Leksand

Mitte Juli: Jazzfestival in Stockholm, mit internationaler Starbesetzung; Falun Folk Festival mit internationaler Folkmusik

Ende Juli: Rättviks Folklore Festival mit internationaler Folklore und Volkstanz

Ende Juli/Anfang Aug.: Kammermusikfestival in Gotland mit Aufführungen in Ruinen.

Andere Veranstaltungen

Märkte und mittelalterliche Festspiele, sportliche Veranstaltungen und Stadtfeste sind große Publikumsmagneten.

Januar: Schneefestival in Kiruna mit Ausstellung von Schneeskulpturen, Rentier- und Hundeschlittenrennen

Februar: Wintermarkt der Sami in Jokkmokk

März: Vasaloppet, Skimarathonlauf von Sälen nach Mora in Dalarna

Mai: Tjejtrampet in Stockholm, das weltgrößte Fahrradrennen für Frauen

Juni: Fahrradrennen 300 km um den Vättersee, Vättern runt

Juli: Segelregatta Gotland runt ab Sandhamn in der östlichen Ostsee; an der Westküste Swedish Match Cup

August: Medeltidsvecka in Visby auf Gotland; Stadtfeste in Göteborg und Malmö

Oktober: Stockholm Open Tennisturnier

November: eine Woche lang Stockholm International Filmfestival.

Architektur und Kunst

Kulturelle Sehenswürdigkeiten sind in Schweden dicht gesät, das Ergebnis einer viele Jahrtausende währenden Besiedlung. Im heutigen Schweden blüht eine facettenreiche, lebendige Kulturszene – von avantgardistischen Strömungen in Stockholm oder Göteborg bis zum kreativen Mix aus Design und traditionellem Kunsthandwerk auf dem Lande.

Kulturen der Vorzeit

Aus der Zeit vor dem Einzug des Christentums finden sich in Schweden besonders viele faszinierende Relikte. Da eine Geschichtsschreibung aber erst mit den Aufzeichnungen der Klöster beginnt, dauert die ›Vorzeit‹ im Norden mangels umfassender schriftlicher Zeugnisse in Runenform eben bis ins 11. Jh.

Steinzeitgräber und Felsbilder

Eine der nördlichsten Steinzeitsiedlungen wurde 1983 bei Vuollerim in Lappland entdeckt, ihr Alter wird auf 6000 Jahre geschätzt. Megalithbauten, ähnlich wie in der Bretagne, gibt es in Västergötland. *Gånggrifter* heißen vor gut 3000–5000 Jahren gebaute Ganggräber, die von ganzen Sippen über längere Zeit als Grabstätte benutzt wurden. Die heute freistehenden Steinbauten waren ursprünglich von Erdhügeln bedeckt. Das gilt auch für die *döse* genannten kleineren Dolmengräber der jüngeren Steinzeit. Eine Besonderheit im Norden sind die *hällristningar,* Felszeichnungen aus der Bronzezeit vor mehr als 2500 Jahren.

Fluchtburgen und ›Königshügel‹

Aus der Völkerwanderungszeit um das 5. Jh. n. Chr. sind noch spärliche Wallreste etlicher *fornborgar* erhalten. Diese Fluchtburgen wurden vornehmlich an Plätzen mit guter Übersicht über die Wasserwege, z. B. im Mälargebiet, errichtet. Vor 1500 Jahren sah die Landschaft allerdings noch anders aus: Der Wasserspiegel lag rund 100 m höher als heute. Auch die ›Königshügel‹ von Gamla Uppsala hatten einmal gute Verkehrsanbindung übers Wasser an das seinerzeit dicht besiedelte Mälargebiet. Dass es damals eine hoch entwickelte Kultur gegeben hat, zeigen reiche Funde von Metallgegenständen. Einer der interessantesten ist der über 700 kg schwere Goldkragen mit millimetergroßen Tier- und Menschendarstellungen in der Schatzkammer von Historiska Museet in Stockholm, der, so wird vermutet, ursprünglich eine Götterfigur schmückte. Besonders im Süden wurden manche Gräber durch Steinsetzungen markiert, die in Kreisform angeordnet als *domarring* bezeichnet werden.

Labyrinthe und Schiffssetzungen

Eine andere Merkwürdigkeit im Norden sind aus kleinen Steinen am Boden ausgelegte Labyrinthe, so genannte *trojaborg,* die wohl bei Fruchtbarkeitszeremonien eine Rolle spielten. Ihre Datierung ist schwierig, fast unmöglich, und viele stammen wohl erst aus jüngerer Zeit.

Zur Wikingerzeit (8.–10. Jh.) kam die Schiffsbestattung auf, zuerst auf der Insel Gotland. Die Lage des Totenschiffs, das den Bestatteten und alle Grabbeigaben enthielt, markieren Steinreihen in Schiffsform, mit größeren Felsmonolithen an Achter- und Vordersteven. Die größte dieser Schiffssetzungen (*skeppssättningar*) ist Ales stenar an der Südküste von Skåne.

Bildsteine und Runensteine

Nur auf Gotland findet man Bildsteine: Auf den aufrecht stehenden Monolithen sind Szenen aus Sagen und Mythologie dargestellt – ohne Text. Einem davon ist die ›Ewigkeitsschleife‹ entlehnt, die in ganz Skandinavien auf Wegweisern als Piktogramm für Sehenswürdigkeiten verwendet wird.

Im Unterschied dazu sind die etwa 2500 Runensteine in Schweden, von denen die meisten im 11. Jh. in Uppland errichtet wurden, mehr oder weniger deutlich beschriftet. Daneben schmücken sie ornamentale Bänder mit Tier- oder geometrischen Darstellungen, die wie im Fall der berühmten Sigurdsristning sogar eine ganze Geschichte erzählen können. Die Inschriften teilen in der Regel mit, von wem und aus welchem Anlass der Stein errichtet wurde, häufig an einem wichtigen Verkehrspunkt wie einer Brücke oder Straße. Vielfach wird auch der Runenschnitzer genannt. Oft wird eines Toten gedacht, der bei einer Schlacht oder auf Plünderfahrt ums Leben kam.

Runenschrift

Die Sitte, Runensteine zu setzen, überdauerte den Wechsel zum Christentum: Nun setzte man dem Toten einen Stein mit Kreuz und christlicher Gebetsformel. Die im 3. Jh. als Ritzschrift auf Holz entwickelte Runenschrift wurde weit bis ins Mittelalter verwendet. Neben den ›normalen‹ gab es auch die *lönnrunor,* eine Art Geheimschrift, die die Deutung der Inschrift des geheimnisvollen Röksten in Västergötland bis zum heutigen Tage erschwert. Mit eingeritzten Runen kennzeichnete man seinen Besitz und drohte dem potenziellen Dieb mit magischen Verwünschungen. Bei Ausgrabungen in wikingerzeitlichen und mittelalterlichen Städten wie Birka und Sigtuna haben Archäologen Tierknochen mit allen möglichen Texten, kleine Botschaften oder kurze Notizen gefunden. Zum Schreiben auf Papier eigneten sich die Runen jedoch nie.

Markante Grabform vor 1000 Jahren: Schiffssetzung bei Västerås

Streifzug durch die Architekturgeschichte

Mittelalter: Kirchen und Wehrbauten

Die ältesten Gotteshäuser in Schweden waren **Stabkirchen,** doch die hölzernen Bauten wurden so bald wie möglich durch steinerne ersetzt, nicht nur wegen der Brandgefahr, sondern auch, weil Steinhäuser besser zu verteidigen waren. Schwedens einzige original erhaltene Stabkirche steht in Hedared bei Borås. Beispiele für die frühen **Wehrkirchen** des 12. und 13. Jh., die Vorratsspeicher, Schießboden und Gotteshaus vereinten, sind besonders an der Ostseeküste und auf Öland zu finden, wo Pirateneinfälle zu erwarten waren. **Wehrtürme** *(kastal)* neben den Kirchen dienten – ob auf Gotland oder in Jämtland – häufig ähnlichen Zwecken. Wer sich für mittelalterliche Kunst begeistert, sollte die Insel Gotland besuchen: In der Hauptstadt Visby hat sich die **Stadtmauer** einmalig gut erhalten, daneben über 90 Landkirchen mit altem Inventar aus dem 12.–15. Jh.

Rheinische Romanik und norddeutsche Backsteingotik

Die Großbauten dieser Zeit entstanden mit Hilfe ausländischer Baumeister, wie der an Vorbildern der rheinischen Romanik orientierte Dom von Lund. Einfache romanische Landkirchen wurden im 13./14. Jh. häufig in gotischem Stil umgebaut, wobei nun auch Backstein zum Einsatz kam. Vorbild war neben der norddeutschen Backsteingotik der schwerfälligere westfälische Baustil. Ausnahme ist der von französischer Gotik inspirierte Dom von Uppsala, der seine ›reine‹ Form allerdings dem 19. Jh. verdankt.

In ungewöhnlich vielen schwedischen Kirchen sind noch mittelalterliche Wandmalereien erhalten geblieben. Die Bilderzyklen vermittelten auch leseunkundigen Kirchgängern – manchmal auf drastische Art und mit volkstümlichen Bezügen – die Begebenheiten des Alten und Neuen Testaments. Zwar wurde besonders im Süden so manche Kirchenausmalung später ein Opfer reformatorischer Bilderfeindlichkeit und schlicht weiß übertüncht, aber in Mittel- und Nordschweden setzte sich die Tradition fast ungebrochen fort. Einzelne Maler wie Albertus Pictor sind sogar namentlich bekannt. Dabei verwischen sich in späterer Zeit die Grenzen zur Volkskunst und Bauernmalerei, eine genuin schwedische, in lokalen Traditionen verwurzelte Kunstform.

Vasaschlösser

Mit der Einziehung der Kirchengüter 1527 nahm die Bautätigkeit jedoch keineswegs ein Ende, nun ließ der König überall im Land Vasaschlösser bauen: Kalmar, Gripsholm, Vadstena und Uppsala sind Beispiele für diese charakteristischen Trutzbauten mit wuchtigen runden Ecktürmen und hohen dicken Backsteinmauern. Erst unter Gustav Vasas Sohn Johan III. verlor sich der wehrhafte Eindruck durch Einsatz von verspielteren Elementen wie Ziergiebeln und Voluten. Die Herrscher saßen unangefochten auf dem Thron, und es ging jetzt um Repräsentation und Prunkentfaltung. Die Schlösser der Großmachtzeit im 17. Jh. spiegeln den Reichtum der geadelten Feldherrn. Auf ihren Landgütern häufte sich die Kriegsbeute: Skokloster und Läckö etwa stammen aus dieser Zeit.

Vorbilder aus Holland und Italien

In diese Zeit fallen auch bahnbrechende Stadtplanungen. Die Festungsstädte Kalmar und Karlskrona wurden Mitte des 17. Jh. nach rechtwinkligem Schema angelegt. Niederländischer Einfluss machte sich geltend, nicht nur bei Göteborgs Kanalsystem. Der Amsterdamer Baumeister **Justus Vingboons** arbeitete mit der ursprünglich aus Frankreich stammenden Architektenfamilie De la Vallée beim Stockholmer Riddarhus zusammen, das stilbildend wurde für die Landschlösser und Herrensitze des schwedischen Adels. Die Trefaldighets-Kirche in Kristianstad ließ Dänenkönig Kristian IV. im Stil der holländischen Renaissance bauen, bevor das dänische Reich Mitte des Jahrhunderts Schwedens Süden verlor. Die Katarina kyrka in

Stockholms Stadtteil Södermalm beruht letztlich auf Entwürfen des Amsterdamer Architekten **Hendrick de Keyser** und beeinflusste die Kirchenbaukunst im Norden bis nach Finnland.

Bei Repräsentationsbauten orientierte sich die Hofkunst in der zweiten Jahrhunderthälfte dann eher an italienischen Vorbildern: **De la Vallée** baute für das Oxenstierna-Geschlecht einen römischen Palazzo in Stockholm, **Vater und Sohn Nicodemus Tessin** entwarfen für Kalmar einen barocken Dom, der ebensogut in Rom stehen könnte, und mit Schloss Drottningholm einen von Stilmerkmalen aus Versailles über Italien bis Holland geprägten Prachtbau. Hofarchitekt Nicodemus Tessin der Jüngere schließlich errichtete ab 1697 das monumentale Stockholmer Schloss und etliche repräsentative Bauten der Hauptstadt.

Nüchterner Barock und strikter Klassizismus

Tessins Arbeit am Schloss vollendete sein Nachfolger Carl Hårleman, dessen nüchterne Variante des **Barock** im 18. Jh. die Neubauten des Landes prägte. Der schwedische Herrenhausstil geht sowohl in Stein- als auch in Holzbauweise letztlich auf ihn zurück. Dabei ist die Farbe Gelb dem Herrenhaus vorbehalten, während das billige Falurot *(faluröd)* für Häuser von Normalbürgern, Scheunen und Ställen benutzt wird. Die konservierenden Eigenschaften des in der Farbe enthaltenen Vitriols, das als Nebenprodukt des in Falun geförderten Kupfererzes anfällt, schützt das Holz ausgezeichnet vor Witterungseinflüssen.

Gegen Ende des 18. Jh. und im frühen 19. Jh. herrschte ein strikter **Klassizismus.** C. F. Sundsvalls Schloss Stjärnsund und Olof Tempelmans Gymnasium in Härnösand strahlen strenge Kühle und schlichte Eleganz aus. Mit der Thronbesteigung der aus Frankreich stammenden Bernadotte-Dynastie machte sich entsprechender Einfluss geltend, der aber vor allem Mode und Inneneinrichtung betraf und dem berühmten, von Gustav III. gepflegten ›Gustaviansk‹ aus Blassgold und lichtem Blau stärkere Farbakzente entgegensetzte.

Historismus und Nationalromantik

Die zweite Hälfte des 19. Jh. wurde von Rückgriffen auf die Stilarten der Vergangenheit bestimmt: Das Stockholmer Nationalmuseum entstand im Stil der italienischen Renaissance und das Rathaus in Malmö im Stil der holländischen Renaissance, während sich Architekten wie Helgo Zettervall in Neugotik übten – allesamt Facetten eines festgefahrenen **Historismus.**

An der Wende zum 20. Jh. sorgten zwei neue Richtungen für frischen Wind: Zahlreiche öffentliche Bauten und Industriebetriebe in Malmö und Stockholm entstanden im **Jugendstil**, dessen Hauptvertreter Ferdinand Boberg auch einige Villen baute. Daneben trat ein spezifisch schwedischer Baustil auf den Plan, die **Nationalromantik**. Der Bau von Nordiska Museet erinnert in Details an die Ornamentik der Wikingerzeit, noch prägnanter die Masthuggskyrka in Göteborg.

›Funkis‹ – der Weg zur Moderne

Einen großen Schritt weiter in Richtung Moderne ging Ragnar Östberg mit dem Stockholmer Stadshus, ein Schlüsselbau des zwischen Jugendstil und Moderne angesiedelten neuen Stils, dessen führende Architekten in den 1920er Jahren Sigurd Lewerentz und Gunnar Asplund waren. Für den Bau der Stockholmer Stadtbibliothek entwarf Asplund – auch einer der ersten Exponenten des schwedischen Design – selbst die Innenausstattung vom Stuhl bis zur Türklinke. Sie gilt als wegbereitend zum später so prägenden Funktionalismus, schwedisch kurz ›Funkis‹.

Neue Akzente setzte nach dem Krieg u. a. der schwedisch-britische Architekt Ralph Erskine mit Bauten wie dem Hotell Borgafjäll, dessen Dach als Skipiste dient, oder dem ›Lippenstift von Göteborg‹, dem Utkiken. Einen echten Wolkenkratzer kann seit 2005 die Skyline von Malmö aufweisen: Die gedrehte Säule des ›Turning Torso‹ des Architekten Santiago Calatrava ist 190 m hoch.

Carl Milles' Orpheusbrunnen (1936) vor dem Konzerthaus am Hötorget in Stockholm

Volkskunst, Kunsthandwerk, Design

Bäuerliche Wohnkultur

Reiche Bauern ließen nicht nur die Eingangsportale ihrer Hofgebäude mit Schnitzereien verschönern, sondern auch die gute Stube im Inneren ausmalen. Volkstümliche Szenen vor biblischem Hintergrund sind die häufigsten Motive. Besonders Dalarna und Hälsingland sind berühmt für diese Bauernmalereien *(bonade)* an den Wänden und Decken, aber auch auf Möbeln, ein Zweig der Volkskunst der im 18. und 19. Jh. blühte, als spezialisierte Wandermaler durchs Land zogen. *Hemslöjd*-Produkte aus traditioneller Handarbeit am Webstuhl, in Schmiede oder Schreinerei sind nicht nur Souvenirs, sondern die Produkte einer lebendigen Volkskunst.

Design für alle

Die Grenze vom *hemslöjd* zum Kunsthandwerk ist fließend, und wenn Gebrauchsgegenstände eine originelle Formgebung erfahren und künstlerische Gestaltung erkennbar wird, ist man schon beim Design. Dafür sind in Schweden unter anderem die zahlreichen Glashütten im småländischen Glasriket bekannt, die mit bekannten Designern zusammenarbeiten (s. S. 148). Neben Funktionalität und Schönheit spielte für die Skandinavier aber auch der soziale Aspekt immer eine wichtige Rolle: Man entwarf Kaffeeservice für den Arbeiterhaushalt, Bratpfannen und preis-

werte Möbel – schöne Dinge sollten nicht den Reichen vorbehalten bleiben.

Malerei und Bildhauerei

Einflüsse aus Mitteleuropa

Bis ins 19. Jh. hinein gab es – abgesehen von der Volkskunst – keine nennenswerte eigenständige schwedische Kunstentwicklung. Hof und Adel importierten mit Vorliebe Gemälde und Skulpturen oder gleich die Künstler selbst aus Mitteleuropa. So findet man in den Schlössern und Museen die flämische und niederländische Kunst des 17. Jh. vertreten, französische Malerei des 18. Jh., und in den Kirchen sieht man neben Beispielen norddeutscher Bildhauerkunst auch Schnitzaltäre aus Flandern.

Der wichtigste Hofmaler des 17. Jh., **David Klöcker Ehrenstrahl** (1628–98), stammte aus Norddeutschland. Im 18. Jh. ging man zum Kunststudium nach Paris, wie der Porträtmaler **Alexander Roslin** (1718–93), dessen ›Dame mit dem Schleier‹ eines der besten Werke des schwedischen Rokoko ist. Den Bildhauer **Johan Tobias Sergel** (1721–1814) zog es von Paris weiter nach Rom. Er führte einen stark an der Antike orientierten Stil in Schweden ein.

›Nordischer Impressionismus‹

Die Blütezeit der schwedischen Malerei und Skulptur begann erst gegen Ende des 19. Jh. mit einer der Nationalromantik nahestehenden Künstlergeneration, die sich schließlich ganz von der Akademie abwandte. 1885 wurde der unabhängige Künstlerverband der ›Opponenterna‹ gegründet. Jedes seiner Mitglieder entwickelte auf individuellem Weg einen ganz eigenen, spezifisch skandinavischen Stil. Hauptinspirationsquelle waren die Natur und das einfache Leben auf dem Land, und dorthin zogen die Künstler sich zurück. Um den Bildhauer **Christian Eriksson** (1858–1935) scharten sich am Racken-See in Värmland die Künstler der **Rackstad-Gruppe.**

Die bekanntesten Maler dieser Zeit, Carl Larsson und Anders Zorn, lebten in Dalarna: **Anders Zorn** (1860–1920), der mit seinen ›in Licht badenden‹ Akten inmitten von Naturszenerien bis heute auf Auktionen Höchstpreise erzielt, als international anerkannter ›Star‹ in einem ausgebauten alten Bauernhaus in Mora, sein Freund **Carl Larsson** (1853–1919) in einem Dorf bei Falun, wo er den Rückzug ins Familienleben kultivierte und mit der Aquarellserie ›Ett hem‹ (1899) bis heute stilprägend für Inneneinrichtungen ist. Im Hause Zorn ein und aus ging auch der **›Malerprinz‹ Eugen** (1865–1947), jüngster Sohn König Oskars II., der ebenfalls in Paris studiert hatte. In der Umgebung von Stockholm richtete er sich Ateliers und Sommersitze ein und malte seine stimmungsvollen Landschaftsbilder. Seine Villa in Waldemarsudde auf Djurgården ist heute Museum und zeigt seine umfangreiche Sammlung von Werken seiner Kollegen, darunter Tierbilder von **Bruno Liljefors** (1860–1939), späte Bilder mit expressionistischen Zügen von **Ernst Josephson** (1857–1906) und **Eugène Janssons** (1862–1915) Stadtimpressionen, die ebenso an die Farbsymphonien eines Turner oder Whistler erinnern wie an Van Goghs Postimpressionismus.

Expressionismus

Das Studium in Paris gab damals auch der Bildhauerei neue Impulse. **Carl Milles** (1875–1955), der erst dem Symbolismus nahestand, wurde ab ca. 1910 zu einem der international renommiertesten schwedischen Künstler. Sein Orpheus-Brunnen vor dem Konzerthaus in Stockholm, der Poseidonbrunnen am Götaplats in Göteborg und der Europa-Brunnen in Halmstad sind Hauptwerke der skandinavischen expressionistischen Skulptur. Beeindruckend ist ein Besuch im Millesgården bei Stockholm, wo fast das gesamte Milles-Werk präsentiert wird.

Milles' Zeitgenosse **Carl Eldh** (1873–1954) hatte ebenfalls in Paris studiert. Er orientierte sich vor allem an Auguste Rodins Werk. Berühmt ist die monumentale Plastik, die seinen Freund August Strindberg darstellt. Sie steht im Park Tegnérlunden in Stockholm. In Carl Eldhs Atelier am Rand des Hagaparks in Stockholm sind hunderte von Entwürfen und Modellen des Künstlers zu sehen.

›Naive‹ Tendenzen brachte **Bror Hjorth** (1894–1968) ins Spiel. Er entwickelte mit seinen farbstarken und teilweise als Relief gearbeiteten Werken, meist zu biblischen Themen, einen ganz eigenständigen expressionistischen Stil. Sein Atelier in Uppsala ist heute Museum, ein berühmtes Werk, der Triptychon über das Wirken des Predigers Laestadius, ist in der Kirche von Jukkasjärvi in Lappland zu sehen.

Zeitgenössische Tendenzen

In den 1960er und -70er Jahren wehte der Wind natürlich auch in Schweden aus den USA, Einflüsse der Pop Art schlugen sich beispielsweise in den fantasievollen Arrangements aus Comic-Versatzstücken von **Öyvind Fahlström** (1928–76) nieder oder in den farbenfrohen Landmarken von **Bengt Lindström** (geb. 1925), wie das Y:et in Timrå oder die bunt bemalte Staumauer des Wasserkraftwerks bei Jokkmokk sowie dem ›Lappenzelt‹ in Arjeplog. Heute tragen schwedische Künstler ihren nicht geringen Teil zur internationalen Szene bei. Die zeitgenössische Kunst ist ein wichtiger Aspekt der Kulturpolitik, und nahezu jede Stadt bietet in einer Ausstellungshalle die Möglichkeit, sich durch die Betrachtung neuer Werke ein Bild von der aktuellen schwedischen Kunstszene zu machen.

Literatur

Schweden stellt, gemessen an der relativ geringen Anzahl von Lesern dieser Sprache, relativ viele Literaturnobelpreisträger. Aber von den drei außerhalb Schwedens mit Abstand bekanntesten Autoren, August Strindberg, Selma Lagerlöf und Astrid Lindgren, erhielt als einzige Selma Lagerlöf den Nobelpreis.

Große Namen

In den 80er Jahren des 19. Jh. wurde der Dramatiker und Romancier **August Strindberg** (1849–1912) zur führenden literarischen Gestalt in Schweden, der sich gleichermaßen über Politik, Kunst und – sein Hassthema – die Frauenemanzipation ausließ. Der als unehelicher Sohn eines Dienstmädchens geborene Strindberg – so auch der Titel seiner Autobiografie ›Tjänstekvinnans son‹ – wurde zeitlebens nicht mit seiner Herkunft fertig und erhielt auch erst spät Anerkennung im eigenen Land. Heute ist er als der wichtigste schwedische Dramatiker und Romancier unbestritten. In seinem im Stockholmer Lokal Berns Salonger spielenden Roman ›Röda Rummet‹ (Das rote Zimmer, 1879) übte sich Strindberg in erster Linie in beißender Gesellschaftskritik.

Ganz anders die Romane von **Selma Lagerlöf** (1858–1940), allen voran natürlich ›Nils

Holgerssons wunderbare Reise mit den Wildgänsen‹. Die als Lehrerin arbeitende Schriftstellerin schrieb dieses Buch ursprünglich, um Kindern die schwedische Geografie näherzubringen. ›Gösta Berlings Saga‹ (1891), ihr anderer berühmter Roman, beschreibt den Niedergang der alten bäuerlichen Herrenhofkultur in ihrer Heimat Värmland.

Starke Frauen

Starke Frauen stehen im Mittelpunkt der Romane von **Kerstin Ekman** (geb. 1933). ›Hexenringe‹ (1974, dt. 1989) eröffnete einen Zyklus von vier Romanen, die Einblick geben in die Zwänge der Lebenswelt besonders der kleinen Leute, von Mitte des 19. Jh. bis in die Gegenwart, wobei die weibliche Perspektive immer präsent ist. Besonders erfolgreich war ‹Geschehnisse am Wasser‹.

Auch **Marianne Fredriksson** (geb. 1927) setzt sich mit Frauenschicksalen auseinander. ›Hannas Töchter‹ beleuchtet die Veränderungen der schwedischen Gesellschaft über drei Frauengenerationen hinweg.

Nicht nur Krimis

Schwedische Krimis sind heute Exportschlager: Den Anfang machte 1967 ›Das Ekel aus Säffle‹ – die zehn Romane mit Kommissar Beck von **Maj Sjöwall** (geb. 1935) und **Per Wahlöö** (1926–75) geben eine Schilderung der schwedischen Gesellschaft in den 1970er und -80er Jahren. Als Kriminalromane stehen sie weniger in der klassischen ›Wer-war's‹-Tradition, sondern beleuchten gesellschaftliche Missstände und nehmen Stellung zu politischen Fragen.

Auch die psychologisch durchtriebenen Krimis um Kommissar Wallander aus Ystad von **Henning Mankell** (geb. 1948) wurden bereits verfilmt. Zu seinen mehr als ein Dutzend Romanen dieses Genres zählen ›Mittsommermord‹, ›Brandmauer‹ und ›Die fünfte Frau‹. Daneben arbeitet Mankell als Dramaturg und betreibt ein Theater in Mosambik, wo er die Hälfte des Jahres lebt. Mankells poetisch-melancholische Seite zeigt sich in seinen Afrika-Romanen ›Chronist der Winde‹ und ›Die rote Antilope‹.

Ebenfalls ganz oben auf deutschen Bestsellerlisten stehen die Krimis von **Liza Marklund** (geb. 1962), die mit den Abenteuern der Reporterin Annika Bengtzon für Spannung sorgt und ganz nebenbei auch ein authentisches Bild der schwedischen Gesellschaft wiedergibt.

Auch die Thriller von **Åke Edwardsson,** dessen Romane in Göteborg spielen, sind bei deutschen Krimifans äußerst populär. **Håkan Nesser** lässt seine Geschichten um den Kommissar Van Veeteren in einer nicht näher lokalisierten holländisch-flämischen Kleinstadt spielen, was sie nicht weniger aufregend macht.

Ein Meister des historischen Romans ist **Jan Guillou** (geb. 1944). Seine Trilogie um den jungen Arn Magnusson aus dem Kloster Varnhem in Västergötland hat in der Region am südlichen Vänersee ein wahres Mittelalter-Fieber und einen Besucher-Boom ausgelöst.

In die tiefe Provinz des Tornedals im finnisch-schwedischen Grenzgebiet entführt **Mikael Niemi**s (geb. 1959) vergnüglicher Roman ›Populärmusik aus Vittula‹. Er schildert eine Jugend in den 1960er Jahren in dieser abgelegenen Region des Nordens.

Pippi, Karlsson & Co.

Bedeutender Exportartikel der schwedischen Verlagsbranche sind Kinderbücher. Weltweit am bekanntesten sind sicher die Werke von **Astrid Lindgren** (1907–2002). Von der bei Vimmerby in Småland geborenen und dort in der Idylle des ländlichen Schweden aufgewachsenen Autorin erschien 1945 der erste Pippi-Langstrumpf-Band. Viele meinen, nichts habe das Schwedenbild im Ausland mehr geprägt als gerade das, welches Astrid Lindgren in Büchern wie ›Wir Kinder von Bullerbü‹, ›Michel aus Lönneberga‹ oder ›Ronja Räubertochter‹ zeichnet.

Sven Nordqvist (geb. 1946) ist ein anderer berühmter Kinderbuchautor, der mit seinen witzigen und hintergründigen, von ihm selbst illustrierten Geschichten um den alten Pettersson und seinen Kater Findus auch Erwachsene fasziniert.

Film

Stummfilm-Stars

1897 gab es die ersten schwedischen Filmaufnahmen, und 1909 wurde die erste Filmgesellschaft gegründet, in dem Haus in Kristianstad, wo heute das nationale Filmmuseum untergebracht ist und man sich die ersten Stummfilme anschauen kann. Das goldene Zeitalter des schwedischen Stummfilms dauerte nicht lange: Die wichtigsten Regisseure, **Victor Sjöström** und **Mauritz Stiller,** wechselten Anfang der 1920er Jahre nach Hollywood, zusammen mit dem ersten großen Filmstar: **Greta Garbo. Ingrid Bergman** war die nächste, die nach Hollywood ging.

Ingmar Bergman

Der Regisseur **Ingmar Bergman** feierte schon in den 1950er Jahren erste internationale Erfolge, 1956 in Cannes mit ›Das Lächeln einer Sommernacht‹. Filme wie ›Das Schweigen‹ (1963), ›Von Angesicht zu Angesicht‹ und ›Szenen einer Ehe‹ loten die psychologischen Tiefen menschlicher Beziehungen bis an die Grenzen aus und fanden vor allem in den 1970er Jahren hohe Resonanz über die Landesgrenzen hinaus. Der stimmungsvolle Streifen ›Fanny und Alexander‹ (1982) gilt heute als Bergmans bester Film.

Kinderfilme und ›Trollywood‹

Wie die Kinderliteratur sind schwedische Kinderfilme ein großer Exportschlager. Nach **Olle Hellbloms** Verfilmungen der Astrid-Lindgren-Werke in den 1960er Jahren wurde **Tage Danielsson** 1985 für ›Ronja Räubertochter‹ bei den Filmfestspielen in Berlin mit dem silbernen Bären für Fantasie ausgezeichnet.

Aus den Filmstudios von Trollhättan – nach der Krise der Autoindustrie die Hoffnung der Industriestadt in Westschweden – kommt erfolgreiches neues skandinavisches Kino. Unter den in ›Trollywood‹ arbeitenden schwedischen Regisseuren ist vor allem **Lukas Moodysson** mit Filmen wie ›Raus aus Åmål‹ (1999) über das Erwachsenwerden und ›Zusammen‹ (2001) bekannt geworden.

Auftakt und zugleich Höhepunkt des schwedischen Sommers: das Mittsommerfest

Musik und Tanz

Volksmusik und Volkstänze

Die lokalen Musiktraditionen der verschiedenen schwedischen Landschaften werden begeistert gepflegt und sind wichtiger Bestandteil der Volkskultur. Im Sommer kann man von einer *spelmansstämma* (Spielmannstreffen) zur nächsten ziehen, bei denen meist das traditionelle Zusammenspiel mehrerer Geigen mit ihrem unverwechselbaren, etwas melancholischen Klang dominiert. Daneben kommen bisweilen aber auch Instrumente wie Akkordeon (*dragspel*), die Schlüsselfidel oder Tastengeige (*nyckelharpa*), Flöten und Klarinetten zum Einsatz.

Dalarna und Hälsingland sind die Hochburgen der Volksmusik in Schweden. Der *Hälsinge-hambo,* ein Tanzwettbewerb, bei dem die Tänzer den ganzen Tag bis zur Erschöpfung herumwirbeln, findet alljährlich im Juli statt. Die Volkstänze sind meistens Polka-Varianten, sieht man einmal vom Ringelreihen um den Maibaum an Mittsommer ab. Und erstaunlicherweise erfreut sich nicht nur bei den reiferen Jahrgängen der *mogendans* (wörtlich ›reifer Tanz‹), der Tanzabend mit den üblichen Gesellschaftstänzen, abwechselnd Walzer, Cha-Cha-Cha und Boogie-Woogie, noch großer Beliebtheit.

Jazz

Eine ganze Reihe international renommierter Jazzmusiker stammen aus Schweden. Stan Getz sagte einmal über Altmeister **Lars Gullin** (1928–76), er sei »einer der größten Jazzmusiker der Welt«. Tatsächlich war er in den 1950er Jahren einer der wenigen bekannten Europäer in der amerikanisch dominierten Welt des Jazz. **Bobo Stenson** und **Lennart Åberg** gehören heute zu den bekanntesten Bandleadern, und auf die berühmte **Monica Zetterlund** (1837–2005) folgen heute Sängerinnen wie Lina Nyberg und Monica Tolstoy. Der Posaunist **Nils Landgren** verjazzt populäre ABBA-Songs, und auch das **Esbjörn Svensson Trio** (E.S.T.) macht international von sich reden.

Pop, Rock, Techno

Mit seinen Musikstudios ist Stockholm heute eine der international wichtigsten Produktionsstätten für Popmusik. Nach dem populären Volkssänger der 1920er Jahre **Evert Taube** (1890–1976) kamen die Liedermacher der 1970er Jahre: Der *trubadur* **Cornelis Vreeswijk** (1937–87) knüpfte an Carl Mikael Bellman aus dem 18. Jh. an, den ›schwedischen François Villon‹, und interpretierte dessen Trinklieder, während ein Poet wie **Ulf Lundell** eher in der Tradition der Rockmusik steht.

Mit dem Sieg von **ABBA** beim Schlagerfestival 1974 begann die Erfolgsstory des Vierergespanns mit den perfekt arrangierten Songs. Zu ABBAs Erben gehören heute Bands wie **Europe,** deren ›Final Countdown‹ wohl jeder schon gehört hat, **Roxette** oder **Ace of Base.** Und die ganz jungen Nachwuchsbands der späten 90er und des frühen 21. Jh., wie **Cardigans, Backfish** oder **The Hives,** knüpfen unverblümt an den Sound der *sixties* und *seventies* und das Vorbild ABBA an.

Essen und Trinken

In Schweden versteht man zu leben – das beweist nicht zuletzt die schwedische Küche. Sie gehört zu den besten im Norden. Restaurant-Köche aus Stockholm oder Göteborg sind stolze Stern-Inhaber und haben weltweit Preise in ihrer Zunft geholt. Aber auch die traditionelle Hausmannskost ist, verfeinert, eine Delikatesse. Dazu bietet die Natur des hohen Nordens Gaumenfreuden in Hülle und Fülle.

Smörgåsbord und mehr

Beim Stichwort schwedische Küche denken die meisten zuerst an Smörgåsbord. Als Erfolgsrezept, wie man eine große Schar hungriger Menschen ohne großen Personalaufwand satt bekommt, hat diese Form des Büfetts ihren Siegeszug inzwischen durch die internationalen Hotels der Welt angetreten. Es handelt sich – ein typisches Understatement – keineswegs um einen Tisch (*bord*) mit Butterbroten (*smörgås*), sondern um eine reich mit warmen und kalten Speisen gedeckte Tafel, auf der sich fast alle für die schwedische Küche typischen Gerichte wiederfinden.

Salate und eingelegter Hering

Bei den wiederholten Gängen zum Büfett kann man sich an die klassische Speisenfolge halten. Den Auftakt bildet, wie auch beim Lunch, ein Salat, der neben Salatblättern beispielsweise beim *Mimosasallad* süße Früchte und hartgekochtes Ei oder beim *Västkustsallad* Meeresfrüchte enthält. Muscheln (*musslor*) und Garnelen (*räkor*) leiten über zu den kalten Fischgerichten. Neben Räucherlachs (*rökt lax*) ist *gravad lax* die bekannteste Spezialität. Der rohe filetierte Fisch wird mit Salz und Zucker bestreut und mit Dill aromatisiert. Nach ein paar Tagen im Kühlschrank (früher wurde er eingegraben, daher der Name) ist der Fisch in der Beize kalt gegart und genussfertig. Nach diesem Rezept werden übrigens nicht nur Lachse, sondern auch andere Fische und sogar Fleisch behandelt.

Berühmt ist Schweden aber vor allem für den süß-sauer eingelegten Hering (*inlagd sill*). Die gängigsten Varianten sind *senapssill* in zitronengelber Sahnesauce mit intensivem Senfgeschmack und *ansjovissillfileer,* deren unverwechselbares Aroma durch Beigabe von Salpeter erzeugt wird. Außerdem gibt es noch *dillsill* (Dillhering), *glasmästarsill* (in Stücke geschnitten, mit Karotten und Zwiebeln) und viele andere Einlegevarianten. Allen gemeinsam ist die Vorliebe fürs Süße.

Brotvarianten

Heute bekommt man überall in den Supermärkten eine reiche Auswahl an ›normalen‹ Back- und Brotwaren, von italienischem Ciabatta über Sesambrötchen bis zu norddeutschem Schwarzbrot. Doch das klassische schwedische Brot ist etwas Besonderes – eine Kostprobe zeigt: Hier wurde tief in den Zucker- und Gewürztopf gegriffen. Anis, Zimt, Piment oder Fenchel finden Verwendung. Eine andere Brotspezialität neben Knäckebrot ist das norrländische *tunnbröd.* Das dünn ausgerollte Fladenbrot erfreut sich zunehmender Beliebtheit. In vielen Freilichtmuseen im Norden kann man zusehen, wie es im Steinbackofen gebacken wird und es gleich warm probieren – sehr empfehlenswert.

Hausmannskost

Das Smörgåsbord bietet auch oft warme Gerichte der Hausmannskost, wie etwa *Janssons frestelse.* Übersetzt heißt das ›Janssons Versuchung‹ und ist ein Auflauf aus Kartoffeln, Zwiebeln und Anchovis oder entsprechenden Heringsfilets. Auch die aus der Caféteria eines ›unmöglichen‹ Möbelhauses sattsam bekannten *köttbullar,* kleine Fleischbällchen in brauner Sahnesauce, finden sich hier wieder, ebenso wie *kåldolmar,* nichts anderes als die aus der deutschen Küche vertrauten Kohlrouladen.

Zu allen warmen Gerichten isst man gerne und vorwiegend Kartoffeln (*potatis*), die in Schweden wirkliche Delikatessen sein können, vor allem die bereits legendären kleinen *mandelpotatis,* die frisch aus der Erde in der Schale gekocht traditionell im Spätsommer mit Hering genossen werden. Verbreitet ist außerdem Kartoffelbrei (*mos*), der auch in einer Variante mit Möhren beliebt ist. Und natürlich gehört ein Schlag Preiselbeermarmelade (*lingonsylt*) zu vielen Fleischgerichten. Zur Hausmannskost zählt auch *stekt strömming,* gebratener Hering.

Wurst (*korv*) ist in Schweden sehr beliebt, nicht nur an den Imbissbuden. Die einer Fleischwurst ähnliche dicke *falukorv* ist am bekanntesten. Der Name leitet sich von der Kupfergrube in Falun ab, wo die als Arbeitstiere zum Abpumpen des Wassers eingesetzten Ochsen schließlich zu Wurst verarbeitet werden mussten – ihr Fleisch war ziemlich zäh, und daher kamen auch viele Kartoffeln mit in den Teig. Eine regionale Spezialität ist die Graupenwurst Isterband aus Småland.

Köstliches aus der Natur

Frisches Obst aus dem eigenen Land ist in Schweden erst im Hochsommer zu haben, ab Ende Juni gibt es Erdbeeren (*jordgubbar*), im späten Juli und August Johannisbeeren (*vinbär*), gern auch schwarze, die hauptsächlich für die Heimproduktion von Aufgesetztem Verwendung finden. In der Regel nicht kaufen, sondern nur selber pflücken kann man die wilden Walderdbeeren (*smultron*), eine an Aroma unübertroffene Köstlichkeit, nach der im Schwedischen die sogenannten *smultronställen,* jene Paradiese auf Erden, von denen es nicht viele gibt, benannt sind. Blau- oder Heidelbeeren (*blåbär*) reifen ab August. Wer Enttäuschungen vermeiden will, sollte wissen, es gibt zum Verwechseln ähnliche blaue Beeren: Die fade schmeckende Krähenbeere ist leicht an den völlig andersartigen Blättern zu erkennen, die aussehen wie winzige Fichtenzweige. Die Rauschbeere – der Name täuscht, sie ist nicht giftig und verursacht auch keine Räusche – hat weißes Fruchtfleisch, und am Wuchs sind die im Vergleich zur Blaubeere hohen Sträucher mit geschultem Blick gut zu erkennen.

Spätestens Ende August beherrschen die Preiselbeeren (*lingon*) vielerorts den Kiefernwald mit roten Farbtupfern. Weiter im Norden von Jämtland bis Lappland sollte sich mit Gummistiefeln und Mückenmittel bewaffnen, wer Moltebeeren (*hjortron*) pflücken will. Das ›Gold des Nordens‹ (s. S. 347) wächst nur am Rand von Mooren. Frische Moltebeeren oder Marmelade kann man natürlich auch kaufen, sie sind aber sehr, sehr teuer.

Pilzkenner werden sich über die reichlich wachsenden Birkenpilze und Rotkappen (*björksopp* bzw. *tegelsopp*) sowie Steinpilze (*karljohan*) freuen. Vor allem Pfifferlinge (*kantareller*) kommen aber zunehmend auch als Importware aus Osteuropa auf die Märkte.

Milchprodukte

Die Vielfalt der Milchprodukte in Schweden ist erstaunlich. *Filmjölk* heißt bei uns ›Schwedenmilch‹, schmeckt spritziger als saure Milch und wird nach den langfädigen Kulturen benannt, die sie produzieren. Die Spezialvariante *långfil* sollte probieren, wer in Norrland ist. Eine ideale Kombination sind gezuckerte Moltebeeren und *filmjölk.* Wer mehr an Süßem interessiert ist, kann als Brotaufstrich *mesmör* versuchen, der ebenfalls aus Milch gewonnen wird.

Viele Käsesorten hat Schweden nicht zu bieten. Ein Zentrum der Käseherstellung ist Falbygden, die Region um Falköping in Västergötland. Wer Pikantes mag, dem sei der kräftige Västerbotten empfohlen, den man in dünnen Scheiben genießt. Eine Spezialität des Berglandes an der Grenze zu Norwegen ist *getost,* Käse aus Ziegenmilch, dem aber häufig etwas Kuhmilch beigemischt ist. Er schmeckt völlig anders als Käse, süßlich und eher wie karamelisierte Milch.

Regionale Küche

Deftiges aus Südschweden

In einem großen Land mit vielen ausgeprägten Regionen gibt es natürlich auch lokale Küchentraditionen. Vor allem die südschwedische Küche gilt als üppig und überhaupt nicht kalorienbewusst. Skåne nennt sich mit Hinweis auf seine vielen nahrhaften Spezialitäten und die Fülle an Gourmet-Restaurants ›Madariket‹ (Reich des Essens). Neben Hering wird hier viel Aal angeboten, geräuchert, gebraten oder in Gelee. Schonen ist auch das Land der Martinsgänse, die wie in Deutschland im November auf den Tisch kommen. Und für Freunde süßer Sachen gibt es *spettkaka:* ein luftiger, aus Fett, Eiern und Zucker kunstvoll gebackener Kuchen.

An der nördlichen Küste von Bohuslän genießt man Hummer, Garnelen und sogar Austern, aber natürlich auch Fisch aller Art. Geräucherte Flundern und Ostseeheringe sind die Spezialität von Gotland und der Ostseeküste. Der Ostseehering *strömming* ist viel kleiner als sein Kollege aus der Nordsee und wird an der gesamten Ostseeküste gebraten, geräuchert oder eingelegt verwendet.

Norrländische Spezialitäten

Nach Norden zu wird die Küche immer karger, das Angebot an frischen Gemüsen naturgemäß geringer. Gerade die norrländische

Für den kleinen Hunger: Buden mit Leckereien

Küche hat aber viele leckere Spezialitäten zu bieten, neben dem erwähnten *tunnbröd* etwa süß oder pikant gefüllte Mehlklöße, wie der *pitepalt,* der in Piteå mit einem großen Fest gefeiert wird.

Entsprechend den natürlichen Grundlagen kommt im Norden häufig Wild auf den Tisch. Tiefgefroren gibt es portioniertes Elch- und Renfleisch auch im Supermarkt, was es Selbstversorgern ermöglicht, z. B. Elchgulasch zu einer leckeren Wildpfanne zu verarbeiten. *Röding* (Saibling), *öring* (Forelle), *sik* (Felchen) und andere feine Fische werden in vielen Restaurants im Norden gekonnt zubereitet, Schneehuhn *(ripa)* steht auf der Speisekarte lappländischer Restaurants ebenso wie *suovas,* geräuchertes Renfleisch, das, in dünne Scheiben geschnitten, gebraten wird.

Restaurants

Dass die schwedische Küche eine Feinschmeckerküche ist, davon kann man sich in vielen erstklassigen Restaurants im Land, besonders in Stockholm, Göteborg und Malmö, aber auch in den erstklassigen Landgasthöfen *(gästgiverier)* überzeugen. Hier wird oft von französischer Spitzenkochkunst beeinflusste schwedische Hausmannskost serviert, eine besonders delikate Mischung.

Alkoholausschank, Rauchen

Die meisten Restaurants sind zum Alkoholausschank berechtigt (Zusatz: *fullständiga rättigheter*), d. h. Wein und Bier über 3,5 Volumenprozent *(starköl* und *mellanöl)* dürfen serviert werden. Leichtbier mit unter 3,5 % Alkoholgehalt, ist im Unterschied dazu überall zu bekommen. Zu einem guten Abendessen wird üblicherweise eine Flasche Wein bestellt, was in der Rechnung kräftig zu Buche schlagen kann. Glasweise angeboten, ist Wein dagegen durchaus erschwinglich.

Seit Rauchen in Innenräumen von Restaurants verboten ist, erfreut sich die Außengastronomie *(uteservering)* größter Beliebtheit. Vorsorglich werden die Gäste vor der Abendkühle mit Decken und Kissen versorgt.

Frühstück (*frukost*)

Die meisten Hotels warten mit einem überbordenden Frühstücksbüfett auf. Zum klassischen *frukost* gehört Müsli mit *flingor* (Flocken), verschiedenen Getreidesorten oder *havregryn* (Haferflocken), das man sich mit Milch, flüssigem Joghurt oder Dickmilch (*filmjölk*) anrührt, dazu wird frisches Obst angeboten. Häufig gibt es neben diversen Wurstsorten, Leberpastete und Käse auch eingelegten Hering zum Frühstück. Und immer gehört eine Tube *kaviar* mit Dorschrogenpaste dazu, die man ganz dünn auf Knäckebrot gestrichen genießen kann.

Lunch und Kaffee

Zur Mittagszeit stärkt man sich mit kleinen Gerichten beim Lunch. Viele Restaurants, die sonst sehr teuer sind, bieten an Werktagen zwischen 11.30 und 14.30 Uhr preiswerte Inklusivmenüs (*dagens rätt*), die außer einem warmen Gericht ein Getränk nach Wahl oder zumindest Leitungswasser, Brot und Butter, einen Salat und Kaffee einschließen. Ein preiswertes *dagens rätt*, wie man es in Cafés oder Selbstbedienungsrestaurants bekommt, besteht meist aus *paj* (einer Quiche oder einem Gemüsekuchen) oder *pasta,* einem Nudelgericht, auch hier sind Getränke inklusive. Leitungswasser (*vatten*) zum Essen ist immer kostenlos, im Unterschied zu Mineralwasser (*mineralvatten*).

Kaffee kann man nach Bezahlen der ersten Tasse in der Regel bekommen soviel man will (*påtår*), wobei man sich selbst bedient.

Abendessen (*middag*)

Abendessen, das verwirrenderweise *middag* heißt, gibt es etwa ab 19 Uhr. Abends sind die Gerichte in den Restaurants allerdings immer teurer, und es werden mehrgängige Menüs geboten.

Trinkgeld

Bedienungsgeld ist im Preis inbegriffen – auch im Restaurant. Es hat sich aber eingebürgert, ein Trinkgeld *(dricks)* von 5–10 % der Rechnungssumme zu geben, wenn man mit dem Service zufrieden war.

Kulinarisches Lexikon

Allgemeines

Guten Appetit!	Smaklig måltid!
Prost!	Skål!
Die Rechnung, bitte	Notan, tack
Frühstück	frukost
Mittagessen	lunch
Abendessen	middag
Imbiss-Stube	gatukök
Gasthaus	gästgiveri, wärdshus
Restaurant	restaurang
Speisekarte	meny / matsedel
Vorspeisen	förrätter
Hauptgerichte	huvudrätter
Nachspeisen	efterrätter

Zubereitung

gryta	(meist Fleisch)Pfanne
halstrad	gegrillt
rökt	geräuchert
söt	süß
stekt	gebraten

Gewürze und Zubehör

ättika	Essig
kryddor	Kräuter, Gewürze
olja	Öl
peppar	Pfeffer
pepparrot	Meerrettich
persilja	Petersilie
salt	Salz
senap	Senf
smör	Butter
socker	Zucker
vitlök	Knoblauch

Backwaren, Getreide

bröd	Brot
fralla	Brötchen
havre	Hafer
kanelbulle	Zimtgebäck
lussekatter	Hefeteiggebäck
macka	belegtes Brötchen,
munkar	Fettkringel (Gebäck)
råg	Roggen
smörgås	Butterbrot
tunnbröd	dünnes Fladenbrot
wienerbröd-	›Kopenhagener‹, Blätterteiggebäck
vete	Weizen

Eier-, Milch- und Mehlspeisen

ägg	Ei
filmjölk	Dickmilch
glass	Eis
grädde	Sahne
gräddfil	Saure Sahne
ost	Käse
pannkakor	Pfannkuchen
vispgrädde	Schlagsahne

Fisch und Meeresfrüchte

ål	Aal
fisk	Fisch
gös	Zander
gädda	Hecht
hälleflundra	Heilbutt
kräftor	Flusskrebse
lax	Lachs
löjrom	Maränenkaviar
musslor	Muscheln
öring	(Meer)Forelle
ostron	Auster
räkor	Krabben, Krevetten
röding	Saibling
rödspätta	Scholle
rom	Rogen, Kaviar
sill	Hering
skaldjur	Schalentiere
strömming	Ostseehering
sik	Felchen
torsk	Dorsch

Fleisch

älg	Elch
anka	Ente
gås	Gans
fläsk	Schweinefleisch
kalkon	Pute

kalops	Gulasch
kött	Fleisch
köttfärs	Hackfleisch
korv	Wurst
kyckling	Hühnchen
lamm	Lamm
nötkött	Rindfleisch
oxfilé	Rinderfilet
pannbiff	Hacksteak
renkött	Rentierfleisch
ripa	Schneehuhn
skinka	Schinken

Gemüse, Obst, Süßes

äpple	Apfel
ärter	Erbsen
blåbär	Blaubeeren
björnbär	Brombeeren
böner	Bohnen
fänkål	Fenchel
fläderbär	Holunder
frukt	Obst
grönsaker	Gemüse
gurka	Gurke
hallon	Himbeeren
hjortron	Multebeeren
jordgubbar	Erdbeeren
jordärtskocka	Topinambur
kantareller	Pfifferlinge
körsbär	Kirschen
lingon	Preiselbeeren
lök	Zwiebel
morötter	Mohrrüben
mos	(Kartoffel-)Brei
palsternacka	Pastinake
päron	Birne
plommon	Pflaume
potatis	Kartoffeln
purjolök	Lauch
rödbetor	Rote Bete
sallad	Salat
sparris	Spargel
svamp	Pilz
sylt	Marmelade
vindruvor	Weintrauben

Getränke

glögg	Glühwein
kaffe	Kaffee
läsk	Soft drink
mineralvatten	Mineralwasser
mjölk	Milch
öl	Bier
rödvin	Rotwein
te	Tee (meist Earl Grey)
vatten	(Leitungs-)Wasser
vitvin	Weißwein

Typische Gerichte

Ärtsoppa – Die dicke Suppe aus gelben Erbsen ist das traditionelle Donnerstagsessen.

Biff à la Rydberg – In Streifen geschnittenes Rindfleisch, das kurz gebraten und mit Bratkartoffeln, Zwiebeln und rohem Eigelb serviert wird.

Biff Lindström – Rindfleischfrikadellen; in den Teig werden auch feingeschnittene Rote Bete und Zwiebeln verarbeitet.

Dillkött – Kalbfleischfrikassee in heller süßsaurer Dillsauce

Lövbiff – Das in dünne Scheiben geschnittene magere Rindfleisch wird kurz gebraten.

Planka – Auf einem Holzbrett serviertes Gericht, gern auf einem Bett von Kartoffelbrei

Pytt i panna – Die klassische Resteverwertung: in der Pfanne geschmorte Würfel aus Fleisch, Kartoffeln, Zwiebeln, Rote Bete und Gewürzgurken, darüber ein Spiegelei

Räksallad – Mayonnaise vermischt mit klein gehacktem Garnelenfleisch, Champignon- und Spargelstückchen

Suovas – Geräuchertes Renfleisch, in Scheiben geschnitten und gebraten, in *tunnbröd* gewickelt

Strömmingsflundror – Panierte gebratene Ostseeheringsfilets, mit Dill und Kaviar gefüllt

Wallenbergare – Feine Frikadellen aus Kalbshackfleisch, Sahne und Eigelb.

Havsteensund an der Nordsee

Wissenswertes für die Reise

Informationsquellen

Schweden-Infos im Internet

Alle regionalen Touristenämter *(turistbyrå)* bieten umfassende Informationen im Netz, oft auch auf Englisch oder Deutsch. Zudem kann man viele Hotels, Restaurants und Reiseveranstalter auf ihrer Website besuchen, um sich vorab einen Eindruck zu verschaffen.

www.auf-nach-schweden.com
Das Portal der Schweden-Werbung ist gut als erster Einstieg, mit Infos zu Anreise, Unterkunft und ausgewählten Regionen.

www.visitsweden.com
Dieses internationale Portal hilft – nach entsprechender Anwahl auch in deutscher Sprache – gezielt und benutzerfreundlich bei allen Fragen, die Schweden-Reisende bewegen. Hier kann man spezielle Broschüren herunterladen, und es gibt weiterführende Links.

www.sweden.se
Das offizielle Web-Portal Schwedens mit einer Fülle von Informationen zu Land und Leuten (auch Englisch und Deutsch).

www.swedengate.de
Nett gemachte Seite mit einem bunten Mix aus Infos und Werbung zu Schweden, von News aus dem schwedischen Radio bis zu Immobilienangeboten, Musik- und Lesetipps, Chats, jede Menge interessanter Links.

www.turism.se
Die Website listet die Adressen sämtlicher *turistbyrå* innerhalb des Landes mit deren jeweiligen Schwerpunkten und Angeboten (Englisch und Schwedisch) auf.

Fremdenverkehrsamt

Die Schweden-Werbung informiert u. a. über allgemeine Themen, Pauschalreisen oder Fährverbindungen, verschickt aber auch Veranstalterkataloge zu verschiedenen Regionen. Zu Jahresbeginn erscheint jeweils der neue Katalog für den kommenden Sommer, ab etwa Anfang November gibt es eine spezielle Winterbroschüre. Die meisten Kataloge kann man auch downloaden oder bestellen bei:

Schweden-Werbung für Reisen und Touristik GmbH: Visit Sweden, Box 90, S-88122 Sollefteå, Fax 0046-63-12 81 37, www.visitsweden.com, www.auf-nach-schweden.com
Aus Deutschland:
Tel. 069-22 22 34 96,
germany@visitsweden.com
Aus Österreich:
Tel. 0192-867 02,
austria@visitseden.com
Aus der Schweiz:
Tel. 0445-80 62 94,
switzerland@visitsweden.com

Wer sich für eine bestimmte Gegend interessiert, sollte sich direkt an die jeweilige Adresse im Land wenden, wo man oft auch deutschsprachiges Material erhält (s. ›Unterwegs in Schweden‹, ab S. 84).

Auskunftstellen in Schweden

Die Informationsstellen der Turistbyråer sind, wenn ganzjährig geöffnet, ca. 9–17 Uhr besetzt, während der Sommerferien oft auch noch später und am Wochenende.

Es werden zwei Arten von Auskunftstellen unterschieden: Solche mit blau-gelbem Schild informieren außer über die Region über Ziele in ganz Schweden und reservieren Unterkünfte überall im Land. Turistbyråer mit grünem Schild sind bei Auskünften vor Ort behilflich und vermitteln auch lokale Unterkünfte.

Diplomatische Vertretungen

... in Deutschland

Schwedische Botschaft
Rauchstr. 1, 10787 Berlin
Tel. 030-50 50 60, Fax 50 50 67 89

... in Österreich

Schwedische Botschaft
PF 18, 1025 Wien
Tel. 01-217 53, Fax 75 33 70

... in der Schweiz

Schwedische Botschaft,
Bundesgasse 26, 3001 Bern
Tel. 03-13 28 70 00, Fax 13 28 70 01

... in Schweden

Deutsche Botschaft
Skarpögatan 9, 11527 Stockholm
Tel. 08-670 15 00, Fax 670 15 72
www.german-embassy.se

Österreichische Botschaft
Kommendörsgatan 35, 11458 Stockholm
Tel. 08-665 17 70, Fax 662 69 28
www.algonet.se/~austria

Schweizer Botschaft
Birger Jarlsgatan 64, 10041 Stockholm
Tel. 08-676 79 00, Fax 21 15 04,
vertretung@sto.rep.admin.ch

Karten

Die acht Blätter der **Bil & Turistkarta** (Maßstab im Norden 1 : 400 000, im Süden 1 : 250 000) sind optimal für Auto- oder Radfahrer und zeigen auch Sehenswürdigkeiten. Es gibt diese vom Landesvermessungsamt (Lantmäteriet) herausgegebenen Karten auch als Autoatlas. Zum Wandern eignet sich die topografische **Terrängkarta** (im Maßstab 1 : 50 000) mit genauen Angaben zu Bodenbeschaffenheit und Höhen. Bergwanderer sollten sich die **Fjällkarta** (1 : 100 000, neue Serie auch 1 : 50 000) für die jeweilige Wanderregion besorgen (im örtlichen Turistbyrå und Geschäften). Sie verzeichnet Winter- und Sommerwege sowie Hütten und Nottelefone. Info: www.lantmateriet.se.

Lesetipps

Jan Guillou, ›Die Frauen von Götaland – Die Büßerin von Gudhem – Die Krone von Götaland‹, München 2000–2002. Die Romantrilogie spielt im mittelalterlichen Västergötland südlich des Vänersees und in Palästina. Erzählt wird die Geschichte des jungen Arn Magnusson, Klosterzögling aus Varnhem.
Selma Lagerlöf, ›Wunderbare Reise des kleinen Nils Holgersson mit den Wildgänsen‹, München, 29. Aufl., 1995. Der ›Klassiker‹ unter den Schweden-Reisebüchern: Ein hervorragender und märchenhafter Führer durch alle Landschaften des Landes, bis heute unübertroffen und eine gute Einführung auch für erwachsene Schwedenreisende.
Astrid Lindgren, ›Ferien auf Saltkrokan‹, Hamburg 1992. Unter den vielen Lindgren-Büchern ist das nach dem Drehbuch zum gleichnamigen Film entstandene ›Schärenbuch‹ wohl das Amüsanteste und bestens geeignet als Einstimmung in den schwedischen Sommertraum.
Henning Mankell, ›Die fünfte Frau‹, München 1998, ›Der Mann der lächelte‹, München 2001 usw. Spätestens nach der Lektüre der Kommissar-Wallander-Romane weiß man definitiv, dass auch in Schonen die Idylle trügt.
Liza Marklund, ›Studio 6‹, Hamburg, 2001. Der spannende Krimi spielt in der Welt der Medien, in der die Autorin gut Bescheid weiß.
Mikael Niemi, ›Populärmusik aus Vittula‹, München, 2004. Selbstironisch und amüsant schildert der Autor das Leben in Pajala (Tornedal) in den 1960er Jahren.
Maj Sjöwall/Per Wahlöö, Die zehn Romane mit Kommissar Beck, Reinbek 1995. Die Krimis des Autorenduos bieten die besten Milieuschilderungen aus dem Schweden der 1970er und -80er Jahre.
Kurt Tucholsky, ›Schloß Gripsholm‹, Reinbek 1986. Eine »leichte Liebesgeschichte« und das Schönste, was Tucholsky über das Land geschrieben hat, in dem er starb.

Schweden als Reiseland

Die Natur ist Schwedens Sehenswürdigkeit Nummer eins, und davon gibt es nicht nur jede Menge, sie ist auch ziemlich vielgestaltig. Wasser gehört fast überall dazu: Eine schier endlose Zahl an großen und kleinen Seen, zerklüftete Felsküsten und feinsandige Strände laden zum Baden, Angeln und Kanu fahren. Die sanften Hügellandschaften im Süden sind ideal zum Radfahren, die dunklen Wälder reich an Blaubeeren, Pilzen und Elchen. Wem die kleinen Abenteuer nicht reichen, der startet zu großen Outdoor-Aktivitäten in der einzigartigen Bergwelt von Nord- und Mittelschweden, wandert oder paddelt durch unberührte Wildnis, im Winter mit Hundeschlitten oder auf Skiern.

Die große Freiheit lockt, ob im Zelt oder im gemieteten Ferienhaus mit Ruderboot und Holzkamin. Wenn das womöglich zu langweilig wird oder an Regentagen lohnen Ausflüge in die schwedische Museumslandschaft, die ebenso abwechslungsreich wie die Natur des Landes ist. In Freilichtmuseen, trutzigen Burgen oder prächtigen Schlössern kommt man der Geschichte näher, aber auch die zeitgenössische Kunstszene oder modernes Design wollen entdeckt werden.

Kulturarvskort: Wer längere Zeit im Land verbringt und entsprechend viele Sehenswürdigkeiten besichtigen möchte, ist gut beraten mit dem Kauf der Kulturarvskort. Die Karte kostet 120 SEK, gilt ein Jahr (von Mai bis Mai), und man erhält Ermäßigungen (meist 50 %) auf den Eintrittspreis sowie Rabatte im Museumsshop und -café von rund 300 Freilicht- und anderen Museen im ganzen Land. Eine Liste wird beim Kauf mitgeliefert (oder unter: www.svensktkulturarv.se). Kaufen kann man die ›Kulturerbe-Karte‹ im Turistbyrå oder bei einem der betreffenden Museen.

Vorschläge für Rundreisen

3–4 Wochen: Die klassische Schweden-Runde

Wer drei bis vier Wochen Zeit hat und mit dem eigenen Auto oder Wohnmobil reist, hat keine Mühe, Süd- und Mittelschweden einschließlich der Hauptstadt Stockholm gründlich kennenzulernen.

Auf der Standardstrecke geht es nach der Anreise auf der ›Vogelfluglinie‹ vom Fährhafen **Helsingborg** über die Autobahn E 4 durch das westliche Småland. Ein bis zwei Zwischenstopps am Bolmen-See bei **Ljungby** oder am Vättersee bei **Jönköping** mit schönen Campingplätzen am See sollte man nicht versäumen. Anschließend sind mindestens ein bis zwei Tage am östlichen Vätter-Ufer angemessen, die Kloster- und Schlossstadt **Vadstena** sowie die Natur des Omberg wollen erkundet werden. Am Götakanal entlang geht es via **Linköping** gen Osten und über **Norrköping** und **Nyköping** in drei bis vier Tagen entlang der Schärenküste der Ostsee bis vor die Tore von **Stockholm,** wo man sich zwei Tage mindestens Zeit für die Sehenswürdigkeiten nehmen sollte (Helsingborg–Stockholm: 580 km).

Auf dem Rückweg sollte man es nicht versäumen, die vielen Attraktionen der **Mälarregion** zu erkunden: Eine knappe Woche trödelt man auf der E 20 über Schloss **Gripsholm, Strängnäs** und **Eskilstuna** mit Abstechern zu Schlössern und gemütlichen Kleinstädten durchs Mälartal und am Hjälmaren entlang bis **Örebro** (Stockholm–Örebro: 196 km).

Danach bietet sich die E 18 nach **Karlstad** am Nordufer des Vänersees an. Von der Hauptstadt Värmlands lässt sich bequem ein Abstecher ins **Klarälv-Tal** unternehmen, nach **Mårbacka** zum Selma Lagerlöf-Gedenkhof oder um ein paar Tage bei einer Kanu- oder Floßtour auszuspannen (Örebro–Karlstad: 111 km). Hinter Karlstad wechselt man von der E 18 auf den RV 45 gen Süden bis **Göteborg,** ein Tag für die Besichtigung empfiehlt sich (Karlstad–Göteborg: 248 km). Dann bleibt noch eine knappe Woche, um parallel zur E6 entlang der Westküste gemächlich wieder nach **Helsingborg** zu fahren (Göteborg–Helsingborg: 221 km).

Die kürzere **Alternative** ist ab **Örebro** die E 20. Zwischen den großen Seen Väner und Vätter passiert man den **Nationalpark Tiveden** (Naturbegeisterte legen hier eine Übernachtung ein, um die Wildnis zu erkunden) und die reiche Kulturlandschaft von Västergötland. Abstecher führen ans südliche Vänerufer nach **Lidköping** und vielleicht bis Schloss Läckö. Über **Skara** und **Falköping** geht es nach **Göteborg,** wo die Westküsten-Autobahn E 6 erreicht ist (Stockholm–Örebro–Göteborg: 478 km).

2 Wochen für den Norden

Viel Zeit und langes Sitzen hinterm Steuer spart, wer per Flugzeug nach **Stockholm** anreist und dort einen Mietwagen nimmt, um den Norden zu erkunden – gerade im Sommer gibt es günstige Angebote.

Wer lieber mit dem eigenen Fahrzeug in den hohen Norden reist, wird als Fährhafen **Göteborg** anpeilen (z. B. Nachtfähre ab Kiel). Von der Westküstenmetropole führt der RV 45, Inlandsvägen, durch **Värmland** und die an Attraktionen reiche **Siljan-Region.** Wer unterwegs etwas sehen will, sollte für die 802 km von Göteborg nach **Östersund** mindestens 5 Tage einkalkulieren. Die Strecke Östersund–Gällivare auf dem RV 45 beträgt 694 km durch endlos scheinende Waldweiten. Mit Abstechern ins Gebirge sind mehr als zwei Tage zu rechnen. Von der Grubenstadt **Gällivare** in die Grubenstadt **Kiruna** ist es nur noch ein Katzensprung (120 km), weitere 94 km bis Abisko. Zwei bis drei Tage im **Abisko Nationalpark** vor der majestätischen Bergkulisse evtl. mit Tagesausflug auf der Erzbahn nach Narvik genügen für einen ersten Eindruck von Lapplands Wildnis.

Für die Rückfahrt empfiehlt sich die Küstenstrecke E 4. Die Verbindung zur Küste bildet der Fluss Torneälv, dem man ab Abisko, das am See Torneträsk liegt, folgt. Das immer breiter werdende Flusstal – ein Zwischenstopp am brausenden **Kukkkolaforsen** ist ein Muss! – endet in **Haparanda** mit seinem flachen Schärengarten, ein Naturparadies.

Man passiert die Küstenstädte **Luleå** – es lohnt der Zwischenstopp im Weltkulturerbe **Luleå Gammelstad** – , **Umeå** und **Skellefteå.** Zwischendurch gibt es reichlich Bade- und Wassersportmöglichkeiten an der Schärenküste. Die einzigartige Landschaft von **Höga kusten** zwischen Kramfors und **Härnösand** liegt am Weg, bevor man die sehenswerte Residenzstadt **Gävle** erreicht und weiter südlich die ehrwürdige Universitätsstadt **Uppsala** mit Dom und Königshügeln sowie **Stockholm** (Luleå–Stockholm: 918 km). Von dort fährt man über Örebro nach **Göteborg** (478 km).

2 Wochen: Runde durch den Süden

Nach der Anreise über die Öresundbrücke ab **Malmö,** oder wahlweise vom Fährhafen **Trelleborg,** geht es immer parallel zur Küste nach Osten mit Zwischenstopps in der Fachwerkstadt **Ystad** und bei der Burg **Glimmingehus.** Auch reizvolle kleine Fischerhäfen und schöne Sandstrände liegen im Süden und Osten von Skåne am Weg. Ein Besuch in **Mörrum** bei den Lachsen sowie in **Karlskrona,** als Militärstadt des 18. Jh. Weltkulturerbe, lohnt (Trelleborg–Karlskrona: 265 km). Karlskrona ist zudem ein guter Ausgangspunkt für Bootstouren in die Schärenlandschaft von Blekinge. Weiter entlang der Küste sind Schloss und Stadt **Kalmar** erreicht (Karlskrona–Kalmar: 91 km), das Sprungbrett nach **Öland.** Für die Insel sollte man mindestens zwei Tage reservieren: Die rekonstruierte Eisenzeitburg Eketorp, der Leuchtturm Långe Jan mit Vogelstation und Naturausstellung sowie die Heidelandschaft Stora Alvar sind die Hauptsehenswürdigkeiten der Insel. Dann wechselt man über die Brücke wieder aufs Festland und ist nach 139 km in Astrid Lindgrens Reich: Bei **Vimmerby** in Småland verbrachte die Schriftstellerin ihre Kindheit. Die Helden ihrer Bücher erwachen im Themenpark ›Astrid Lindgrens Welt‹ zum Leben: ein wichtiges Reiseziel für Familien mit Kindern. Quer durch das **Glasreich** und Smålands dunkle Wälder, wo in Glashütten mit berühmten Namen wie Orrefors und Kosta nach Designer-Entwürfen kostbare Stücke mundgeblasen werden, geht es nach **Växjö** und seinem Dom mit Glasaltar. Über den **Nationalpark Söderåsen** mit schönen Wandermöglichkeiten in Skånes wilder Mitte und nach einem Zwischenstopp in der Universitäts- und Domstadt **Lund** erreicht man wieder die Küste von Skåne in Malmö oder Trelleborg (Vimmerby–Malmö: 325 km).

Tipps für die Reiseorganisation

Die meisten Schweden-Urlauber reisen individuell mit dem eigenen Fahrzeug und übernachten zum großen Teil auf Campingplätzen – sei es im Zelt, im eigenen Wohnwagen oder auch in einer Hütte (*stuga*).

Vorausbuchung ratsam?

In Südschweden, in den touristisch viel frequentierten Küstenregionen von Skåne und an der Westküste wird es in der sommerlichen Hochsaison so eng, dass man unbedingt einen Platz auf dem Campingplatz oder in der Jugendherberge (*vandrarhem*) vorausbuchen sollte. Für die großen Städte Stockholm, Göteborg und Malmö gilt das fast das ganze Jahr über. Im übrigen Land, besonders im Norden, ist selbst im Juli meist noch ein Platz im Vandrarhem frei, und die Campingplätze sind bestens ausgestattet mit Einrichtungen für Selbstversorger und besonderen Annehmlichkeiten wie Sauna.

Mit öffentlichen Verkehrsmitteln

Wer mit öffentlichen Verkehrsmitteln reist, kommt gut voran, das Netz von Bus und Bahn ist vor allem in Süd- und Mittelschweden eng geknüpft und die Preise sind moderat. Doch bei dieser Art zu reisen ist wie überall genaue Reiseplanung wichtig und das Quartier im Voraus zu buchen. Im Norden ist das Netz weitmaschiger, aber gemessen an der Bevölkerungsdichte gut.

Schiff

Die Gesamtstrecke des Götakanals Stockholm–Göteborg (4 oder 6 Tage) wird mit 100 Jahre alten Schiffen im Sommer befahren. Info: www.gotacanal.se. Buchung über Reiseveranstalter bzw. Reisebüro.

Stadt-Pakete und Veranstalter

Für die Großstädte Stockholm, Göteborg und Malmö gibt es Pauschalpakete, die Unterkunft, Eintritt zu Sehenswürdigkeiten und Nutzung öffentlicher Verkehrsmittel kombinieren (Auskunft bei Touristeninformationen).

Ob man eine Paketreise bucht oder nicht, hängt von der eigenen Bequemlichkeit ab. Es gibt für fast jede Sportart oder Vorliebe einen Reiseveranstalter: Angelreisen, Wintersportangebote, Kanureisen und viele andere mehr. Passende Angebote findet man außer in den Katalogen der Schwedenwerbung (s. S. 58) auch vor Ort, ob Fahrradpakete für Gotland oder entlang dem Vättersee. Auskunft geben die örtlichen Touristenbüros.

Reisen mit Kindern

Nicht ohne Grund hat Schweden eine hohe Geburtenrate: Das Land gehört zu den kinderfreundlichsten Europas. Überall wird an die Bedürfnisse der Kleinen gedacht: Babywickelräume findet man auf vielen Rastplätzen, Kinderwagen haben überall Platz.

An Attraktionen für Kinder herrscht kein Mangel. Allein die ländliche Umgebung und die Weite der Natur sind einladend genug für jugendliche Entdeckernaturen. Viele Museen haben Informationen kindgerecht aufbereitet und sind durchaus nicht langweilig, darunter auch die vielen Freilichtmuseen mit Bauernhoftieren. Erlebnisparks wie Liseberg in Göteborg oder Skara Sommarland und Astrid Lindgrens Värld in Vimmerby sind Attraktionen, die für eine Familie aber auch recht teuer werden können.

Während der Sommerferien von Mitte Juni bis Mitte August bietet die schwedische Bahn Sonderrabatte und viele Hotels locken mit familienfreundlichen Preisen: ›Kinder‹ bis 18 Jahre übernachten oft kostenlos im Zimmer der Eltern. Campinghütten mit bis zu vier Betten sind ebenfalls eine preiswerte Übernachtungsmöglichkeit, und auch die Jugendherbergen (Vandrarhem) sind in der Regel auf Familien eingestellt.

Behinderte

Schweden verfügt über vorbildliche Einrichtungen für Menschen mit besonderen Bedürfnissen, seien es Allergiker, für die Hotelzimmer und vielfach auch Sitzplätze in Bus und Bahn reserviert sind, oder Behinderte *(handikappade).* Viele Natursehenswürdigkeiten sind durch Holzstege und Geländer für Gehbehinderte und Rollstuhlfahrer erschlossen, eine große Zahl von Hotels und Vandrarhem ist behindertengerecht ausgerüstet. Generell ist die Akzeptanz behinderter Mitbürger in der Öffentlichkeit sehr hoch.

Weitere Informationen: De Handikappades Riksförbund, Katrinebergsvägen 6, S-10074 Stockholm, Tel. 0046-8-685 80 00, Fax 645 64 41, www.dhr.se

Kindern bietet Schweden eine Menge Attraktionen – wie Gröna Lund in Stockholm

Anreise und Verkehr

Einreisebestimmungen

Nötige Papiere

Bei einem Aufenthalt bis zu drei Monaten benötigen EU-Bürger als Reisedokumente Personalausweis oder Reisepass.

Einfuhr von Tieren

Die Einreise mit Haustieren wie Hund und Katze ist seit Juli 2004 weniger aufwendig als bisher, doch müssen die Tiere u. a. mit einem Chip oder Tätowierung identifizierbar sein, Entwurmungen und Impfungen gegen Tollwut müssen nachgewiesen sein. **Informationen:** Statens Jordbruksverk, S-55182 Jönköping, Tel. 036-15 55 33 (Mo–Fr 9.30–11.30, 13–15 Uhr), Fax 15 08 18, www.sjv.se

Einfuhr von Waren

Die Höchstmengen für die zollfreie Wareneinfuhr unterscheiden sich für EU-Bürger nicht mehr von denen anderer EU-Länder: Die Einfuhr für den privaten Bedarf ist nahezu unbeschränkt. Für Reisende aus Nicht-EU-Ländern (über 20 Jahre) gelten weiterhin folgende Grenzen: 1 l Spirituosen über 22 Vol. % oder 2 l Starkwein bzw. Likör über 15 Vol. % plus 2 l Wein und 32 l Bier. Personen über 18 Jahre dürfen 200 Zigaretten oder 100 Zigarillos oder 50 Zigarren oder 200 g Tabak zollfrei einführen. Die Einfuhr von Waffen aller Art, auch Tränengas und Springmesser, ist genehmigungspflichtig.

Anreise

Mit dem eigenen Fahrzeug

Die Öresundbrücke bei Malmö ist wohl der schnellste Weg auf die skandinavische Halbinsel. Es gibt auch Kombitickets Fähre-Brücke (www.oeresundsbron.com).

Nach wie vor schnell und preiswert kommt man via Vogelfluglinie nach Südschweden: Überfahrt von Puttgarden auf Fehmarn nach Rødby (45 Min.) bzw. von Rostock nach Gedser (2 Std.), anschließend 150 km Autofahrt auf der gut ausgebauten E 47 durch Dänemark und die kurze Seereise über den Öresund via Helsingør–Helsingborg (Scandlines und HHFerries, 25 Min.). Die Fähren verkehren nahezu rund um die Uhr. Günstig sind Durchbuchertickets (›Schwedenticket‹, Hin- und Rückreise ca. 150–200 € pro PKW inklusive max. neun Insassen).

Wer weiter östlich starten möchte, kommt, ohne durch Dänemark zu müssen, am günstigsten von Sassnitz (Scandlines) oder ab Rostock (Scandlines oder TT-Line) nach Trelleborg (ca. 6 Std., Clipper TT-Line ab Rostock 2 Std. 45 Min.). Preis für Hin- und Rückfahrt für einen PKW mit neun Personen: ab ca. 180/270 €.

Besonders bequem ist die Anreise mit der Nachtfähre Kiel–Göteborg (Stena Line, ab ca. 250 €) mit Übernachtung in der Kabine, dabei ist die Zeit- neben der Kilometerersparnis ein wichtiger Faktor, der die höheren Kosten vielleicht wieder wettmacht.

Wer ein Ziel in Mittel- oder Nordschweden anpeilt, kann über die dänische Halbinsel Jütland anreisen: mit der Schnellfähre Frederikshavn–Göteborg (Stena Line, 2 Std., Normalfähre 3 Std. 15 Min.) oder ab dem dänischen Hafen Grenå weiter südlich nach Varberg (Stena Line, 3 Std. 45 Min. bzw. 4 Std.). Preis für einen PKW mit fünf Personen: ab ca. 115 € (Nebensaison) bis 192 € (Hochsaison).

Bei allen Fährstrecken ist Vorausbuchung vor allem in der Saison ein Muss, um lange Wartezeiten zu vermeiden. Das erledigt man am besten schon beim Ticketkauf. Aufbauten wie Fahrrad- oder Bootsgepäckträger können beim Preis sehr zu Buche schlagen, deshalb sollte man sich vorher über die Abmessungsgrenzen informieren.

Fährgesellschaften:

TT-Line: Mattentwiete 8, 20457 Hamburg, Buchung unter Tel. 040-360 14 42 -446, Fax 360 14 07, www.tt-line.de

Stena Line: Schwedenkai 1, 24103 Kiel, Tel. 0431-90 99, Info Tel. 01805-91 66 66, www.stenaline.de

Scandlines: Tel. 01805/72 26 35 46 37 oder Puttgarden Tel. 04371/86 51 61, Rostock Tel. 0381/673 12 17, Sassnitz Tel. 03 8392/644 20, www.scandlines.de.

Mit der Bahn

Bei der Bahnanreise geht es am schnellsten mit dem Nachtzug ab Berlin-Ostbahnhof nach Malmö (www.berlin-night-express.com) oder tagsüber ab Hamburg über Kopenhagen und dann über den Öresund nach Malmö. Hamburg–Malmö 5 Std. 30 Min., Hamburg–Göteborg 9 Std., Hamburg–Stockholm (via Hässleholm) 10 Std.

Mit dem Bus

Einige Städte in Schweden, z. B. Helsingborg, Halmstad, Göteborg, Linköping, Norrköping und Stockholm, werden von Linienbussen (tgl. ab Hamburg 6 Uhr, an Stockholm ca. 22 Uhr) angefahren. Die Anreise per Fernbus ist zwar recht strapaziös, aber vergleichsweise preiswert (Hamburg–Stockholm hin und zurück ca. 120 €). Auskunft: Deutsche Touring GmbH, Am Römerhof 17, 60486 Frankfurt am Main, Tel. 069-79 03-50, www.eurolines.com.

Mit dem Flugzeug

Täglich starten Direktflüge u. a. ab Berlin, Düsseldorf, Köln, Frankfurt, Hamburg, Hannover, München, Stuttgart, Wien, Genf, Zürich und Luxemburg nach Stockholm-Arlanda oder Göteborg-Landvetter.

Flüge zu günstigen Tarifen gibt es immer häufiger, auch bei SAS/Lufthansa (www.flysas.com). Ryanair fliegt ab Frankfurt-Hahn, Niederrhein und Lübeck nach Stockholm-Skavsta (100 km südlich) und Göteborg-City Airport Säve (www.ryanair.com). Nach Stockholm-Arlanda geht es mit Germanwings (www.germanwings.de) ab Köln-Bonn und mit Hapag Lloyd Express ab Hannover (www.hlx.de) sowie ab Wien mit Austrian Airlines (www.aua.com). Von Zürich aus startet Helvetic nach Karlstad und Östersund (www.helvetic.com).

Von den Flughäfen bestehen jeweils gute Busverbindungen zur nächsten Stadt (www.flygbussarna.com).

Verkehrsmittel im Land

Reiseauskunft im Internet

www.resplus.se: Das vorbildliche Reiseportal ermöglicht eine umfassende Reiseplanung mit Bus und Bahn, es genügt die Eingabe von Abfahrts- und Zielort und man erhält detailliert den Reiseweg.

Bahn

Ein gut ausgebautes Schienennetz, moderne, bequeme Züge sowie ein kundenfreundlicher Service und günstige Tarife machen die schwedische Eisenbahn SJ (Svenska Järnvägar) zu einer echten Alternative, vor allem wenn man viel herumreisen möchte. Bei den großen Entfernungen muss man allerdings Zeit mitbringen, und bis zum Fertigbau der Botniabana sind die Verbindungen nach Norrland spärlich: Von Stockholm nach Luleå verkehrt ein Nachtzug (10 Std. Fahrt). Nach Östersund sind es 4 Std., nach Göteborg 3,5 Std., nach Helsingborg 5 Std.

Will man in kurzer Zeit weite Strecken zurücklegen und möglicherweise andere skandinavische Länder besuchen, lohnt sich der **ScanRail Pass,** eine Netzkarte für Dänemark, Norwegen, Finnland und Schweden. Es gibt den Pass für 21 Tage unbegrenzt (358 €) oder als FlexiPass für eine bestimmte Anzahl Tage. Für 230 € fährt man in der 2. Klasse an 5 beliebigen Tagen innerhalb von 2 Monaten und für 308 € an 10 beliebigen Tagen binnen zwei Monaten. Kinder unter 4 Jahren reisen kostenlos, zwischen 4 und 11 Jahren erhalten sie

50 % Ermäßigung, Jugendliche zwischen 12 und 25 Jahren 30 %, Senioren ab 60 Jahren 12,5 % Rabatt.

Speziell für Schweden gibt es den **Sweden Rail Pass,** der auf allen Strecken der SJ, der Privatbahn Connex sowie dem Berlin Night Express freie Fahrt gewährt. Die Reservierungen und Zuschläge für den Hochgeschwindigkeitszug X-2000 sind allerdings nicht inbegriffen. Der Pass gilt 3 Tage binnen eines Monats (Erwachsene 2. Klasse 182 €, pro Zusatz-Tag zzgl. etwa 24 €), Info: www.scandinavianrail.com.

Während die staatliche Eisenbahngesellschaft SJ für die Fernverbindungen sorgt und auch private Unternehmen wie Connex und Tågkompaniet Linien betreiben, werden viele Nahverkehrsstrecken von den Bezirken (*län*) verwaltet. Die Pässe gelten jedoch nicht für alle Strecken.

Web-Adressen von Bahnunternehmen:
www.sj.se
www.tagkompaniet.se
www.connex.se.

Bus

Vom Cityterminalen, dem zentralen Busbahnhof in Stockholm, starten Fernbusse in alle Ecken und Enden des Landes. Die Preise sind moderat, an bestimmten Abfahrtstagen gibt es Rabatte.

Das Fernbusnetz von **Swebus** erstreckt sich über Süd- und Mittelschweden bis Dalarna. Eine Sitzplatzbuchung ist für diese Buslinien nicht erforderlich, anders ist das bei den Expressbussen von **Svenska Buss.**

Information:
Swebus: Tel. 08-60 30 94 00, 0200-21 82 18, www.swebusexpress.se
Svenska Buss: Tel. 0771-67 67 67, www.svenskabuss.se.

Nordschweden wird von **Y-buss** bedient. Ab Stockholm Cityterminalen fahren die Busse täglich entlang der Ostseeküste über Gävle und Sundsvall nach Umeå sowie nach Östersund. Info: Tel. 0771-33 44 44, www.ybuss.se.

Weitere Busgesellschaften haben sich auf Verbindungen von Stockholm in bestimmte Regionen wie Härjedalen, Jämtland oder Dalarna spezialisiert, sie verkehren zum Wochenende oder nur in der Saison. Die Lokalbusse der Länstrafik-Verkehrsbetriebe bieten ebenfalls gute Reisemöglichkeiten.

Flugzeug

Das innerschwedische Flugnetz ist sehr gut ausgebaut. Die Preise für Inlandsflüge variieren je nachdem wann man fliegt und wie lange voraus man bucht. Wer mit SAS nach Schweden anreist, kann einen Visit Scandinavia Air Pass für günstige Weiterflüge kaufen (außerhalb Schwedens erhältlich, Information beim Reisebüro oder www.sas.se). Fluglinien mit günstigen Inlandsflügen sind auch Skyways (www.skyways.se) und Malmöaviation (www.malmoaviation.se).

Taxi

Taxifahrten sind nicht sehr teuer. Die Fahrpreise müssen außen und innen am Taxi ausgehängt sein, und für Standardtouren gelten Festpreise, die je nach Wochentag und Tageszeit verschieden sind. Am besten erkundigt man sich vor der Fahrt nach den Kosten. Als Trinkgeld (*dricks*) erwartet der Fahrer etwa 10 % der Summe.

Auto fahren

Autovermietung

An allen Flughäfen und in größeren Städten haben die bekannten Firmen ihre Büros. In den schwedischen Sommerferien, wenn die Geschäftsleute als Kundschaft wegfallen, sind erschwingliche Wochenpreise um die 2000 SEK für einen Kleinwagen durchaus möglich. In Verbindung mit Zug- und Fluganreisen gibt es z. T. ebenfalls Vergünstigungen.

Straßennetz

Das Straßennetz ist in Schweden bis hinauf nach Lappland hervorragend ausgebaut, der Verkehr nicht so dicht wie in Mitteleuropa, Raser sind die Ausnahme. Man unterscheidet Autobahnen bzw. Europastraßen (E, grün beschildert) und blau beschilderte Reichsstraßen (Riksvägar, RV).

Bei Straßen ohne Nummernbezeichnung kann der Asphalt ohne Vorwarnung in Schotterbelag übergehen. Die Qualität der ungeteerten Pisten (*grusvägar*) kann ganz hervorragend sein, aber es gibt auch schlaglöcherübersäte Varianten, die zum Schritttempo zwingen.

Der Wagen sollte gut gerüstet sein, vor allem die Stoßdämpfer haben einiges auszuhalten. Drahtgitter vor den Scheinwerfern sind in Schweden allgemein sinnvoll, denn auch auf Asphaltstraßen kann ein vom Reifen eines anderen Fahrzeugs hochgeschleuderter Splittstein Schaden anrichten.

Wildwechsel

Vielbefahrene Straßen sind auf weite Strecken mit Wildzäunen umhegt. Wo aber der Hinweis ›*vildstängsel upphör*‹ erscheint, sollte man vor allem in der Dämmerung aufmerksam auf dunkle Schatten am Straßenrand achten. Kollisionen mit Elchen sind oft nicht nur für die Tiere tödlich. In Norrland begegnet man Rentieren, die mit Vorliebe am Straßengraben grasen und sich seelenruhig auf die Chaussee begeben. Hupen ist zwecklos! Langsam fahren und warten, bis sich die Tiere wieder ins Gebüsch schlagen; Rentiere wechseln oft unversehens die Richtung.

Pannendienst

Vor der Reise sollte man eine Versicherung abschließen (z. B. ADAC-Auslandsschutzbrief), die im Fall einer Panne oder eines Unfalls für dadurch entstehende Zusatzkosten wie Hotelübernachtung, Mietwagen, Heimtransport aufkommt. Der Pannendienst (Larmtjänst) ist in ganz Schweden gebührenfrei erreichbar unter Tel. 020-91 00 40.

Verkehrsregeln

Geschwindigkeiten: Auf E-Straßen (Autobahnen) gilt als Höchstgeschwindigkeit 120 km/h, auf den blau beschilderten Reichsstraßen (Riksvägar, RV) 90 km/h, in Orten 40 bzw. bei entsprechender Beschilderung 30 km/h (in Stockholm generell: 30-Zone). Mit Wohnwagen im Schlepptau sind nur 70 bzw. auf E-Straßen 90 km/h erlaubt. Das Laufenlassen des Motors bei Leerlauf (*tomgångskörning*) ist in vielen Orten verboten bzw. auf wenige Minuten begrenzt.

Es herrscht **Anschnallpflicht,** auch tagsüber muss immer mit **Abblendlicht** gefahren werden. Die **Promillegrenze** liegt bei 0,2, Alkohol am Steuer wird streng geahndet.

Winter: Ab 1. Dez. bis 31. März sind Winterreifen empfehlenswert, auch wenn sie nur für in Schweden zugelassene Autos vorgeschrieben sind. Spikereifen sind erlaubt.

Parken: Vor größeren Orten weisen Schilder mit der Aufschrift *datumzon* darauf hin, wann Parken grundsätzlich gebührenpflichtig ist, meist tagsüber bis 18 Uhr. Die Zeitangaben sind je nach Ort aber unterschiedlich, ebenso wie die Abgaben an den Parkautomaten (ca. ab 10 SEK/Std.).

Tanken

Selbst im hohen Norden herrscht kein Mangel an Tankstellen (*bensinstation* oder *-mack*), auch wenn die Abstände größer sind. Oft gehört ein Lebensmittelladen dazu, der bis spätabends geöffnet ist. Zapfsäulen mit *sedelautomat* kann man mit 20- und 100-SEK-Scheinen füttern und dann tanken. Nicht immer ist Diesel erhältlich. Bevor man den Tankautomaten mit Geldscheinen füttert, sollte man abschätzen, wieviel Treibstoff in den Tank passt. Mit ›Kort‹ beschriftete Automaten funktionieren mit schwedischen Tankkreditkarten.

Hotels

Sommer- und Wochenend-Rabatte

Dass Schweden ein teures Reiseland sei, wird oft speziell mit Blick auf die Übernachtungskosten behauptet. Dabei kann man gerade hierbei einiges sparen. Unschlagbar günstig sind die Sommer- und Wochenendangebote. Dann werden sogar von den teuersten Konferenzhotels oft bis zu 50 % Rabatt auf den zugegebenermaßen exorbitant hohen Normalpreis gewährt. Doppelzimmer oder Zimmer für eine ganze Familie sind dann durchaus erschwinglich, zumal ›Kinder‹ bis 15 oder 18 Jahre häufig kostenlos im Zimmer der Eltern unterkommen oder nur ein geringer Aufpreis für das Extrabett verlangt wird. Doch bietet jedes Hotel andere Konditionen.

Hotel-Ketten und Schecks

Viele Hotels sind einer Kette angeschlossen, wie Best Western, Scandic oder Countryside Hotels. Einige bieten Hotelschecks, die Rabatte gewähren, auch in Zusammenarbeit mit den Fährgesellschaften TT-Line und Stena Line. Man kauft sie vor Reiseantritt im Reisebüro oder bei der Buchungszentrale der jeweiligen Hotelkette. Ein Hotelverzeichnis erhält man bei der Schwedenwerbung (s. S. 58) bzw. unter: www.hotelsinsweden.com.

Die Kategorisierung nach dem Sterne-System wurde in Schweden erst 2004 eingeführt. Der Hotelstandard ist aber generell so hoch, dass Sterne eigentlich überflüssig sind – kaum ein Hotel verfügt über weniger als drei Sterne. Ab drei Sterne haben alle Zimmer Dusche/WC, Fernsehen und Telefon, und das Hotel besitzt einen Aufzug sowie einen PC für Gäste.

Pensionat

Pensionat nennt man die gemütlichen Landgasthöfe und kleinen Hotels, viele stammen aus den Anfangstagen des Tourismus vor rund 100 Jahren und sind liebevoll restaurierte Schmuckstücke mit viel Atmosphäre. Die Ausstattung ist komfortabel bis einfach und entspricht im Preisniveau den Hotels.

Vandrarhem (Jugendherbergen)

Die schwedischen *vandrarhem* sind keine Jugendherbergen im mitteleuropäischen Sinn, sondern offen für alle Altersgruppen, für Familien mit Kindern ebenso wie für Paare und Senioren. Einzelreisende können sich bei schwacher Belegung gegen Aufpreis *(enkelrumstillägg)* ein Einzelzimmer reservieren lassen.

Die Ein- bis Vierbettzimmer im Vandrarhem sind oft mit Etagenbetten bestückt. Bettwäsche bringt man am besten selbst mit, man kann sie aber gegen Entgelt häufig auch leihen. Der Preis versteht sich grundsätzlich ohne Frühstück und liegt zwischen 150 und 300 SEK pro Person und Nacht. Sanitäreinrichtungen sind meist nicht im Zimmer, aber es gibt auch sehr komfortable Vandrarhem mit Hotelstandard. Die Frühstücksbüfetts in vielen Vandrarhem sind üppig und reichhaltig, und für Selbstversorger steht fast immer eine Küche zur Verfügung.

Mitgliedern des Deutschen Jugendherbergsverbandes DJH gewähren die Häuser des STF Rabatt. Svenska Turistföreningen (STF) ist der größte schwedische Verband, der auch die Gebirgsstationen unterhält. Daneben gibt es zahlreiche ›freie‹, d. h. nicht an den STF gebundene Vandrarhem, etwa 160 davon sind im Verband SVIF (Sveriges Vandrarhem i Förening) zusammengeschlossen und geben eine eigene Broschüre heraus.

Svenska Turistföreningen (STF): Box 25, S-10120 Stockholm, Tel. 08-463 21 00, Fax 678 19 38, www.stfturist.se

SVIF: Box 9, S-45043 Smögen, Tel. 0523-315 65, Fax 306 55, www.svif.se

Ferienhäuser

Ein paar Wochen im gemütlichen Holzhäuschen, mit offenem Kamin und viel Wald drumherum, nicht weit vom See oder sogar mit eigenem Bootssteg und Boot – ein Urlaubstraum, der in Schweden nicht schwer zu verwirklichen ist. Die in Deutschland tätigen Ferienhausvermittler verschicken auf Anfrage Kataloge, ihre Adressen erfährt man bei der Schwedenwerbung (s. S. 58). Aber auch das Turistbyrå vor Ort vermittelt *stugor,* Ferienhäuser. Wer also schon genau weiß, wo er Urlaub machen will, kann sich an das zuständige Turistbyrå wenden. Große Preisnachlässe werden in der Nachsaison gewährt, die schon ab Mitte August beginnt. Gemietet wird in der Regel wochenweise, in der Nachsaison sind aber auch Ausnahmen möglich. Viele ältere Ferienhäuser sind spartanisch in der Ausstattung, bisweilen sogar ohne Strom und Warmwasser, statt mit WC mit TC, sprich Trockentoilette (Plumpsklo), aber einzigartig, was Lage oder Atmosphäre angeht. Solche wird man in den Katalogen deutscher Anbieter kaum finden.

Camping

Die Campingplätze in Schweden gehören zu den am komfortabelsten ausgestatteten in Europa, und: Je weiter nördlich, desto höher die Qualität. Eine Sauna gehört im Norden des Landes fast zur Grundausstattung.

Wer mit Zelt, Wohnmobil oder Caravan anreist, benötigt auf den rund 600 dem Campingverband angeschlossenen Plätzen die Camping Card Scandinavia (CCS). Die Karte gilt in ganz Skandinavien und schließt eine Unfallversicherung mit ein. Eine vorläufige Karte ist auch beim ersten Stopp im Land zu bekommen. Man kann sie auch für 90 SEK bestellen bei: Sveriges Campingvärdars Riksförbund, Box 255, S-45117 Uddevalla, Fax 0046-522-64 24 30, ck@scr.se, www.camping.se oder www.stuga.nu.

Ein Campingverzeichnis in deutscher Sprache ist bei der Schwedenwerbung (s. S. 58) erhältlich. Darin sind bei weitem nicht alle Campingplätze im Lande aufgeführt, aber eine gute Auswahl, die man mit Hilfe der beigefügten Karte leicht findet. Die schwedischen Campingplätze sind klassifiziert, wobei fünf Sterne die höchste Qualität bezeichnen: Solche Plätze müssen nicht nur eine bestimmte Anzahl großer Stellplätze (100 m^2) getrennte Bereiche für Zelte und Caravan, sondern u. a. auch einen beheizten Pool und ein Restaurant besitzen.

Die meisten größeren Campingplätze vermieten auch Hütten *(stuga,* Plural: *stugor)* oder kleine Ferienhäuser. Nicht alle Campinghütten besitzen eigene Sanitäreinrichtungen und Wasseranschluss, aber sie bieten zwei bis vier Personen ein festes Dach über dem Kopf und meist auch Kochgelegenheit und Kühlschrank. Im Preis liegen sie ab ca. 250–400 SEK je nach Größe pro Nacht und Hütte.

Bed & Breakfast

Auf günstige Übernachtungsmöglichkeiten weisen Schilder hin wie etwa ›Stuga ledig‹ (Hütte frei) oder ›Rum‹ (Zimmer) an der Straße. In manchen Städten kann man sich auch Zimmer vermitteln lassen, meist erst ab zwei Tage.

Die in der Organisation **›Bo på Lantgård‹** zusammengeschlossenen bäuerlichen Betriebe vermieten nicht nur preiswerte Zimmer mit Frühstück und Unterkünfte für Selbstversorger, sondern bieten auch ländliche Ruhe und Einblick in Kuhstall oder Hühnerhof. Auch auf Reiter und Angler zugeschnittene Angebote können hier gebucht werden.

Katalogbestellung über Fax 0046 35 12 78 60 oder über ein Formular auf der Website: www.bopalantgard.org

Angeln

Zum Angeln benötigt man in Schweden außer der entsprechenden Ausrüstung keine weitere Voraussetzung als eine gültige Angelkarte (*fiskekort*) für das jeweilige Gewässer. Eine behördliche Prüfung wie der Bundesfischerei-Schein ist nicht erforderlich. Je nach Fischbesatz variieren die Kosten für die *fiskekort*: Wo Edelfische wie Lachs, Forelle oder Äsche vorkommen, kann es teuer werden, aber im Normalfall zahlt man nicht mehr als 50 SEK pro Tag, günstiger sind Monats- oder gar Jahreskarten. Das Fischen im Meer und in den fünf großen Seen Vänern, Vättern, Mälaren, Hjälmaren und Storsjön ist kostenlos. Besonders reizvoll sind die Ostseeschärengebiete, wo sich neben Süßwasserfischen wie Hecht und Barsch auch schon Meeresfische tummeln. Angelkarten gibt es im örtlichen Turistbyrå oder Sportladen, mitunter auch an Tankstellen und Kiosken.

Bootstourismus

Für geruhsame Bootsfahrten quer durch Schweden bietet sich der Götakanal an. Er ist von Mai bis September offen. Wer nicht mit dem eigenen Boot anreist, kann sich eines mieten. Info: AB Götakanalbolag, Box 3, S-591 21 Motala, Tel. 00 46-1 41-20 20 50, Fax 21 55 50, oder www.gotakanal.se.

Golf

Golf ist in Schweden weit verbreitet, und dieser Sport wird ganz ohne jenen Hauch von Exklusivität betrieben, der ihn auf dem Kontinent umgibt. Im ganzen Land verteilt gibt es etwa 400, zum Teil herrlich gelegene Plätze, der nördlichste bei Björkliden nahe Abisko, aber besonders zahlreich entlang der Westküste und in Skåne. Die Kosten halten sich in Grenzen, Clubmitgliedschaft ist nicht immer erforderlich, manche Plätze bieten ›pay and play‹, d. h. man darf auch ohne Mitgliedschaft und Greenfee spielen. Einige Reiseveranstalter haben sich auf Golfreisen spezialisiert. Es werden spezielle Golfpakete inklusive Unterkunft und Greenfees angeboten, wobei man mehrere Plätze nacheinander bespielen kann. Eine Broschüre zum Thema versendet die Schwedenwerbung (s. S. 58). Nur in schwedischer Sprache erhält man Informationen unter: www.golf.se, www.golfsweden.com und www.golfresan.se.

Ein Handbuch der schwedischen Golfclubs in englischer Sprache ist erschienen bei: Zindermans förlag, Box 31029, S-40032 Göteborg, Tel. 0046-31-775 04 00, Fax 0046-31-12 06 60, zindermans@telia.com

Wassersport

Baden

Die Auswahl an gut ausgestatteten **Badestellen** an den etwa 90 000 großen und kleinen **Binnenseen** im Land ist riesig. Und auch Schwedens rund 2700 km lange Ostseeküste bietet Wasserratten viel Auswahl: Die Kattegat-Küste im Westen gilt mit ihren langen feinsandigen Dünenstränden auch als ›schwedische Riviera‹. Nördlich davon erstreckt sich von Varberg bis zur norwegischen Grenze eine stark gegliederte Schärenküste, ideal zum Sonnen und Picknicken. An der Klippenküste von Bohuslän sind Strände mit flachem Einstieg nicht leicht zu finden. Meist führen Treppen direkt vom Felsen ins Wasser. Weite sandige Strände gibt es an der Küste von Skåne, östlich von Ystad und entlang der Hanöbukt südlich von Åhus sowie auf der Insel Öland.

Badetemperatur erreichen die Seen – je nach Größe und Tiefe – frühestens ab Ende Juni, im Juli kann man am seichten Siljansee in Dalarna schon mit 20 °C Wassertempera-

Lautlos mit dem Kanu über den stillen See ...

tur rechnen, während die Ostsee selbst bei Öland und Gotland kaum mehr als 18 °C erreicht. Im August bis Anfang September sind die Gewässer aufgeheizt genug, so dass selbst bei zurückgehenden Lufttemperaturen Baden möglich ist.

Bei heißem Wetter trüben gelegentlich Algenblüte und Quallenschwärme das Badevergnügen. Die wetterabhängigen Phänomene sind eine Folge von Störungen im empfindlichen Ökosystem der Ostsee. Nach einem Wetterwechsel ist die Badewasserqualität dann meist wiederhergestellt.

Einige Strände sind ausdrücklich als **FKK-Gebiete** deklariert *(naturistbad, nakenbad)*, z. B. an der Kattegatt-Küste bei Varberg und Mellbystrand. Hüllenloses Baden ist an abgelegenen Stellen prinzipiell möglich, an gut besuchten Familienstränden ist Badekleidung aber durchweg üblich.

Wem es in der freien Natur zu kalt ist, findet eine große Zahl an **Hallenbädern und Spaßbädern.**

Kanu, Kajak, Floß

Fast überall in Schweden bieten sich hervorragende Gelegenheiten zum Kanufahren. Wer mit dem eigenen Boot im Gepäck anreist, hat keine Mühe, ein gutes Kanugewässer zu finden. Aber in allen guten Kanurevieren kann man auch Boote mieten, z. B. auf vielen Campingplätzen. Auskunft über markierte Kanurouten und Bootsverleihe geben die lokalen Turistbyrå. Zur Ausrüstung gehören neben Schwimmwesten *(flytvästar)* – die man auch dann anlegen sollte, wenn man schwimmen kann – ein Müllsack und Spaten. Denn auch Kanuten sollten in der Natur die Regeln des Allemansrätt befolgen und Rücksicht auf Tiere und Pflanzen beim Zelten an einsamen Ufern nehmen, beim Verlassen des Rastplatzes den Müll mitnehmen und auch mit Booten zu Wasservögeln Abstand halten.

Schöne Kanutouren kann man auf dem Dalslands Kanal, dem Strömsholms Kanal, im Glafsfjordgebiet von Värmland, in den Seengebieten von Südwestsmåland und im

Schärengebiet der Ostseeküste (Roslagen) unternehmen. Umfassende Routenvorschläge bietet: www.kanotguiden.com. Geführte mehrtägige Kanutouren werden von vielen Reiseveranstaltern angeboten. Information darüber bei der Schwedenwerbung.

Besonders beliebt sind auch **Floßfahrten** auf dem Klarälven im Värmland (s. S. 315).

Wildwasserfahrten

Das Vergnügen, sich wasserdicht verpackt in einem Schlauchboot einen Wildwasserfluss hinabwirbeln zu lassen, also Riverrafting (*forsränning*), kann man u. a. in Lappland auf dem Piteälv, im Tornedal und im Gebirge von Jämtland bei Åre erleben.

Segeln

Die schwedischen Schären sind zu Recht beliebte und abwechslungsreiche Segelgewässer: Die Liegeplatzgebühren sind relativ niedrig, und eine Fülle von gut ausgestatteten Jachthäfen bieten sich zum Anlaufen an. Alles Wissenswerte für Segler und andere Bootstouristen enthält die Broschüre ›Gästhamnsguiden‹, die in den Gästehäfen gratis ausliegt. Info: www.gasthamnsguiden.se

Surfen

Beliebte Surfreviere findet man beispielsweise an der Südwestecke von Schweden bei Falsterbonäset und an der Südostspitze von Skåne bei Sandhammaren. Wenn zwischen Mellbystrand und Skummelövsstrand oder bei Varberg die Ostseewellen hoch gehen und der Wind kräftig aus Südwesten bläst, verziehen sich die Badegäste und die Surfer freuen sich. Auch an den großen Binnenseen finden Surfer gute Reviere.

Tauchen

Wer Seesternen, Quallen und Heringen näher kommen will, kann an der Westküste zu Tauchausflügen starten. Auch Wracktauchen wird angeboten. Tauchschulen und Verleiher von Ausrüstung gibt es u.a. in Båstad oder Varberg. Wegen seines ungewöhnlich klaren Wassers ist der Vättersee ein sehr gutes Tauchrevier, z. B. in Hästholmen.

Radfahren

Trotz der großen Entfernungen ist Schweden wie geschaffen fürs Radfahren. Das Gelände ist eben bis leicht hügelig, der Verkehr, zumal abseits der großen Straßen, gering. Durch das ganze Land führt der 2590 km lange, ausgeschilderte Radwanderweg ›Sverigeleden‹ vorbei an den schönsten Sehenswürdigkeiten. Außerdem gibt es weitere reizvolle regionale Radwanderstrecken, vor allem in Skåne, Halland oder entlang des Götakanal, auf Gotland oder Öland. Viele Touristenbüros bieten kostenlos Tourenvorschläge und Kartenmaterial an.

Die Mitnahme von Fahrrädern in Bussen lokaler Busunternehmen ist nach Absprache und gegen Aufpreis oft möglich. Mit dem Flugzeug und der Bahn kann man Fahrräder als Gepäck transportieren lassen. Vielerorts werden Fahrräder verliehen: ein robustes Drei-Gang-Rad kostet ca. 50–80 SEK/Tag.

Reiten

Besonders auf geübte Reiter wartet in Schweden die große Freiheit: Mehrtägige Touren mit Islandpferden führen durch die Gebirgswelt von Jämtland oder Lappland, inklusive Lagerfeuerromantik. Wandern zu Pferd oder mit dem Planwagen ist auch in weniger unwegsamem Gelände weiter im Süden möglich, z. B. in Västergötland. Auskunft über Reitmöglichkeiten bei den Turistbyrå vor Ort. Der Schwedische Reitsportverband informiert auf Schwedisch (oder Englisch) über das gesamte Angebot: Svenska Ridsportförbundet, Herrskogsvägen 2, S-73020 Strömsholm, Tel. 0046-220-456 00, Fax 456 70, www.ridsport.se.

Informationen über und Adressen für Reiterferien auf dem Bauernhof auch bei: Bo på lantgård (s. Unterkunft, S. 69).

Wandern

Zahlreiche **Fernwanderwege**, aber auch kürzere Wegstrecken, sind in allen Regionen des Landes eingerichtet worden. Die ausgeschilderten Wege wie ›Sörmlandsleden‹, ›Höga Kustleden‹ usw. verfügen in regelmäßigen Abständen über Schutzhütten, wo man regengeschützt in mitgebrachten Schlafsäcken übernachten kann. Die Pfade führen durch ganz unterschiedliches Terrain: liebliche Kulturlandschaften, baumlose *kalfjäll*-Gebiete, lichte Laub- und Nadelwälder.

Beim **Bergwandern** lernt man die raue Schönheit der Nationalparks in Lappland oder die Bergwelt in Dalarna, Jämtland oder Härjedalen am intensivsten kennen. Selbst für Anfänger ist das Wandern im Fjäll kein Problem, vor allem, wenn man sich in einer Turiststation einer Gruppe anschließt. Ein Netz von Übernachtungshütten des STF (Svenska Turistföreningen) ermöglicht mehrtägige Wanderungen auch ohne Zelt. Keinesfalls sollte man aber allein wandern, außerdem auch im Sommer auf ausreichend warme Kleidung achten (Wetterumschwung), ordentliche Wanderschuhe, Stock und eine gute Karte sowie Kompass mitnehmen.

Wellness

Der Inbegriff von Wellness ist die **Sauna,** schwedisch *bastu.* Je weiter nach Norden man reist, desto öfter stößt man auf diese angenehm entspannende Einrichtung. Abends nach der anstrengenden Tour im Fjäll in die holzbeheizte *bastu* – Wellness rustikal.

Abgesehen davon findet man aber auch in Schweden moderne Wellness-Angebote, z. B. Spa-Hotels in Kurorten wie Ronneby oder Söderköping oder luxuriöse Gutshofhotels in schöner Umgebung auf dem Lande.

Wintersport

Die besten Wintersportgebiete Schwedens liegen in den Bergen von Värmland und Dalarna, mit 100 Pisten das größte Skigebiet ist Sälen, daneben bietet Idre ein breites Angebot. Eine Hochburg des Alpinski ist Åre. In Lapplands Bergen kommen neben Skiern auch Rentier- und Hundeschlitten zum Einsatz. Riksgränsen an der Grenze zu Norwegen ist das nördlichste Skigebiet der Welt.

Hoch im Norden, in Lappland, sind die Pisten schneesicher bis Anfang Mai, im Gebirge von Lappland sogar bis Mittsommer; die Saison beginnt im Dezember. Ab Ende Februar bleibt die Sonne auch wieder länger am Himmel, März und April sind die schönsten Monate für den Urlaub im Schnee. Woche 7–11 zur Zeit der schwedischen Wintersportferien (Sportlov) ist allerdings Hochbetrieb.

Alpinski, Snowboard fahren und **Wandertouren** auf Skiern von Hütte zu Hütte, mit **Hunde**- oder **Motorschlitten**, werden in den meisten großen Wintersportgebieten angeboten. Hier kann man auch Ausrüstung leihen und Skikurse machen. Es empfiehlt sich ein Paket inklusive Direktflug und Übernachtung. Charterflüge verbinden im Winter Arvidsjaur (Lappland) und Östersund (Jämtland) mit Mitteleuropa. Der Winterkatalog der Schwedenwerbung (s. S. 58) nennt Veranstalter und Angebote. **Schlittschuhlaufen** und **Eisangeln** auf zugefrorenen Seen sind Wintervergnügen sogar in einer Großstadt wie Stockholm. Und auch außerhalb der genannten Gebiete haben viele Orte gespurte und beleuchtete Loipen für **Langläufer** anzubieten, man kann Schlitten oder Scooter leihen.

Öffnungszeiten

Mode- und andere Geschäfte in den Einkaufszonen der Innenstädte sind Mo–Fr 10–18, Sa 10–14 oder 16 Uhr geöffnet, während Supermärkte in den Wohngebieten und außerhalb oft bis 20 oder 21 Uhr geöffnet haben, in der Regel auch So spätestens von 11 oder 12 Uhr an bis mindestens 16 Uhr. In Tankstellen mit Lebensmittelangebot findet man auch spät in der Nacht noch alles Notwendige.

Schlussverkauf ›Rea‹: Mit Sonderangeboten, besonders bei Textilien und Schuhen lockt der Sommerschlussverkauf zum Auftakt der Ferienzeit. Er ermöglicht so manches Schnäppchen. Outdoor-Artikel wie Wander-Bekleidung, aber auch Zelte, Kocher usw. schwedischer Hersteller sind naturgemäß günstiger als in Mitteleuropa. Auch hier kann man zum Saisonende im Sommer bzw. Winter günstige reduzierte Ware ergattern.

Alkohol und Tabak

Zwar wankt seit dem EU-Beitritt das staatliche Alkoholmonopol – es wurden auch Lizenzen an andere als staatliche Einkäufer von Hochprozentigem vergeben –, aber der Verkauf ist nach wie vor fest in staatlicher Hand. Getränke mit einem Alkoholgehalt über 3,5 Volumenprozent, also auch Wein *(vin)* und Bier der in Mitteleuropa üblichen Stärke *(mellanöl* und *starköl)* werden hoch besteuert und nur im Systembolaget – so heißen die staatlichen Alkoholläden – verkauft. *Lättöl,* Leichtbier mit unter 3,5 % Alkoholgehalt, ist dagegen überall in Supermärkten und an Tankstellen erhältlich, durchaus erschwinglich und besser als so manches heimische alkoholreduzierte Light-Bier.

Raucher haben es in Schweden sehr schwer: Das Rauchen ist seit 2005 in allen Innenräumen von Restaurants verboten, auch in Unterkünften, besonders natürlich in den brandgefährdeten Holzhäusern muss der Raucher vor die Tür. Tabak wird hoch besteuert.

Textilien und Schuhe, Outdoor-Artikel

Zu den Dingen, die in Schweden besonders preiswert und in bester Qualität zu haben sind, gehören Textilien und Schuhe sowie vieles typisch Schwedische wie Designartikel, Outdoor-Bekleidung und -Ausrüstung sowie Werkzeug.

Märkte

Die Obst- und Gemüsemärkte sowie Markthallen in den Städten lohnen immer einen Besuch, hier findet man oft auch günstige Imbissstände. Viel Volk strömt auch zusammen zu den regionalen Märkten, z. B. in Kivik oder Skänninge oder im Winter im lappländischen Jokkmokk. Hier gibt es einfach alles: Kleidung, Elchwurst, Honig, Stoff vom Meter, eingelegte Gurken …

Flohmärkte, Secondhandläden

Ware aus zweiter Hand erfreut sich großer Beliebtheit in Schweden: Vielerorts trifft man auf Trödler, die einen Schuppen mit mehr oder weniger schönen und nützlichen alten Schätzen angefüllt haben, manchmal ganze Fabrikhallen mit sorgfältig sortiertem ›Sperrmüll‹, vom Staubsauger bis zum alten Handbohrer. Auf Mode, Platten und CDs spezialisierte Secondhandläden gibt es in fast jeder Stadt. Hier kann man manches Schnäppchen

Dill, Gurken, Kohl und Tomaten aus heimischer Produktion gibt es auf dem Markt

machen, ebenso auf den im Sommer häufig veranstalteten Flohmärkten *(loppis* bzw. *loppmarknad)* oder bei einer Auktion.

Fabrikverkauf

Ein beliebtes Mitbringsel aus Småland ist Designer-Glas, das man direkt bei der Glashütte erwerben kann. Der Fabrikeinkauf ist eine günstige Methode, an Porzellan, Glas, Textilien oder Gusseisernes zu kommen. Und auch das wohl neben dem Plüschelch immer noch beliebteste Schweden-Souvenir, das Dalapferdchen, wird in Nusnäs am Siljansee gefertigt und dort natürlich auch direkt verkauft.

Souvenirs

Nützliches und zugleich schönes schwedisches Design ist immer ein willkommenes Mitbringsel. Eine große Auswahl bieten *Hemslöjd*-Läden: Handgewebtes und Gestricktes, schöne Stücke aus Keramik, Leder, Holz oder Metall, je nach Region, in allen Größen und Formen, vom Teppich über die Strickjacke bis zum handbedruckten Stoff.

In Norrland werden nicht nur Rentierfelle und -geweihe angeboten, auch *Same-slöjd,* Kunsthandwerk nach samischer Tradition aus Birkenholz oder Leder, Zinn- oder Silberarbeiten, Messer mit kunstvoll geschnitztem Griff aus Rentierhorn. Auch viele Museen sind wahre Fundgruben für geschmackvolle und originelle Souvenirs, ob nach wikingerzeitlichen Vorbildern oder modernem Design.

Typisch schwedische Gaumenfreuden, die einen längeren Transport nicht übel nehmen, sind geräucherte eingeschweißte Rentier- oder Elchwurst oder getrocknetes Rentierfleisch, der lange haltbare Ziegenkäse *getost* aus den Bergen von Jämtland, Knäckebrot und Exotisches wie Moltebeeren-Marmelade.

Höflichkeit

… unter Menschen

Ob an der Supermarkt-Theke oder beim Warten auf den Bus: In Schweden geht alles schön der Reihe nach und nicht nach Ellenbogen- oder Stimmstärke. Die übliche Anrede ist das ›Du‹ und der Vorname, auch wenn man jemanden nicht näher kennt. Als Begrüßung sagt man ›hej!‹ oder gleich doppelt:›hej, hej!‹.

… in der Natur: Allemansrätt

Das schwedische Allemansrätt (Jedermannsrecht) räumt zwar jedem das Recht auf freien Zugang zur und Nutzung der Natur ein, verpflichtet aber auch besonders zur Rücksichtnahme. Es ist erlaubt, Pilze und Beeren zu sammeln, aber natürlich sind geschützte Arten tabu. Holz darf gesammelt werden, aber keine lebenden Bäume gefällt oder Äste abgebrochen werden.

Feuermachen ist wegen der großen Waldbrandgefahr im Hochsommer manchmal wochenlang untersagt (entsprechende Warnungen werden im Wetterbericht durchgegeben), auf Wanderungen sollte man sich möglichst an die vorgegebenen Rastplätze mit Feuerstellen halten.

Freies Zelten ist generell für ein paar Nächte überall erlaubt, außer in der Nähe eines Hauses oder auf landwirtschaftlich genutztem Gelände sowie in Naturschutzgebieten. Müll (*sopor*) gehört in die Mülltonne, Exkremente müssen vergraben werden.

Man darf grundsätzlich in jedem Gewässer baden, aber Shampoo oder Seife haben im See nichts zu suchen!

Mit Motorfahrzeugen hat man auf den Wegen zu bleiben. Hunde müssen zwischen 1. März und 20. August angeleint bleiben.

An See- und Flussufern angebrachte Schilder ›*privatstrand*‹ bzw. an Wegen ›*enskild väg*‹ sollte man respektieren, auch wenn sie eigentlich dem Allemansrätt widersprechen. Denn die Stimmen, die eine Abschaffung dieses Rechtes fordern, werden in Schweden immer lauter, je häufiger es missbraucht wird. Vor allem in den vielfrequentierten Kanugewässern Südschwedens kann die Natur die unzähligen zeltenden und picknickenden Touristen vielerorts einfach nicht mehr verkraften.

Maße und Gewichte

Maße und Gewichte weichen nicht von den mitteleuropäischen ab, doch gibt es Eigenheiten: So werden Entfernungen gern in *mil* (Meile) angegeben, was über die Länge des Weges täuschen kann: Eine schwedische Meile beträgt 10 km. Wurst oder Käse kauft man im Laden als *(ett) hekto,* d. h. hundertgrammweise.

Nachtleben

In den Städten hat es sich eingebürgert, im englischen Stil nach der Arbeit zum Feierabend noch einen Happy-Hour-Drink zu nehmen. Ob schicke Cocktailbr oder irisches Pub:. Die Preise liegen hier ebenso hoch wie im Systembolaget. Etwas ungewohnt: Bars, Kneipen und Musiklokale sind für Leute unter 20 Jahren tabu, darauf verweisen nicht nur Schilder, manchmal wachen auch Türsteher (*dörrvakt*); in manchen Diskos haben sogar nur über 25-Jährige Zutritt.

Trinkgeld

Es ist im allgemeinen nicht üblich, Trinkgeld zu geben. Bedienungsgeld ist immer im Preis inbegriffen. In gehobenen Hotels und Restaurants ist es üblich, guten Service mit Trinkgeld zu honorieren.

Reisekasse/Reisebudget

Währung

1 schwedische Krone (SEK) = 100 Öre. Es gibt aber nur 50-Öre-Münzen, so dass im Geschäft auf- oder abgerundet wird. Münzen: 50 Öre, 1, 5 und 10 Kronen, Scheine: 20, 50, 100 und 500 SEK.
Wechselkurs: 100 SEK = 11 € = 17 CHF
1 € = 9 SEK, 1 CHF = 5,84 SEK

Geldwechsel

Es werden alle gängigen Kreditkarten akzeptiert. Mit ec/maestro-Karte und Geheimnummer lässt sich an Geldautomaten Bargeld bis zu 5000 SEK ziehen (Gebühr). Euroschecks werden nicht akzeptiert. Bei den FOREX-Wechselstuben (Fährhäfen, Flughäfen etc.) gibt es Bargeld gegen eine Gebühr, die unabhängig von der gewechselten Summe 20 SEK beträgt. Die Banken sind Mo–Fr 9.30–15 Uhr geöffnet, in Städten oft bis 17.30 Uhr.

Reisebudget

Eine Übernachtung auf einem komfortabel ausgestatteten Campingplatz kostet ca. 150 SEK pro Stellplatz, ein Bett in der Jugendherberge ab 120 SEK pro Person ohne Frühstück, und ein Doppelzimmer mit Frühstück im Hotel ist ab 450 SEK zu bekommen.

Für ein Mittagessen (*dagens rätt*) zahlt man ab 70 SEK incl. Getränke, ein Abendessen nicht unter 150 SEK (ohne Getränke).

Bei Lebensmitteln des Grundbedarfs – ausgenommen Fisch – sind die Preise etwas höher als in Mitteleuropa. Besonders Frischfleisch und Wurstwaren sind im Vergleich zu Deutschland deutlich teurer.
Beispiele: Schweinefilet 60 SEK/kg, frischer Lachs 50–60 SEK/kg, Bananen 18 SEK/kg, frische Tomaten (im Sommer) 17–20 SEK/kg, Brötchen 4–5 SEK/Stück, 0,5-l-Dose Bier *(lättöl)* ca. 10 SEK, *starköl* 20 SEK, 1 Flasche Wein ab 60 SEK
Benzin: 1 Liter (95 Oktan) 12,39 SEK.

Sperrung von EC- und Kreditkarten
Bei Verlust oder Diebstahl von EC- und Kreditkarten können Sie die 2005 eingerichtete **Zentrale Sperr-Telefonnummer** anrufen: **0049-116 116**

Weitere Sperrnummern:

Karte	**für Österreicher**	**für Schweizer**	**für Deutsche**
Master Card	8–16.30 Uhr: 0043-1-717 01 45 00 16.30–8.00 Uhr: 0043-1-71 11 10	0041-44-271 15 50	0800-819 10 40 (nat.) 001-636-722 66 90 (internat.)
Visa	0043-1-711 12	–	0800-81-491 00 (nat.) 011-410-581 38 36
American Express	0049-69-97 97 77 77	0049-69-97 97 77 77	0049-69-97 97 77 77
Diners Club	0043-1-50 13 50	0041-18 35 44 44	0049-69-66 16 61 23

Sperrnummer für Kreditkarte: ____________________

Sperrnummer für Handy: ____________________

Reisezeit und Reiseausrüstung

Reisezeit

Die schönsten Reisemonate in Schweden sind Juni, Juli und August. Der Frühling beginnt spät, selbst in Südschweden. Doch spätestens Mitte Mai, in Norrland erst Anfang Juni, explodiert der nordische Frühling, und Narzissen und Kastanien, Tulpen und Rosen blühen alle gleichzeitig. Allerdings sind die Seen dann noch viel zu kalt zum Baden, in Lappland sind sie oft noch Mitte Juni am Morgen von Eis bedeckt. Hier ist Skilaufen unter der Mitternachtssonne möglich. Spätestens Mitte September setzt im Norden gelegentlich Nachtfrost ein, und die Bäume färben sich bunt.

Ferienzeiten

Die Sommerferienzeit beginnt Mitte Juni oder mit dem Mittsommerwochenende um den 21. Juni und endet in der zweiten Augustwoche mit den Schulferien. In der Saison bieten Hotels günstigere Konditionen, Sehenswürdigkeiten sind geöffnet, in Jugendherbergen und auf Campingplätzen kann es eng werden. Ab Mitte August kann man bei meist anhaltend warmem Sommerwetter mit gut aufgeheizten Badeseen noch wunderbar Urlaub machen und bei Ferienhäusern mit Nachsaisonpreisen rechnen. Der Nachteil: Viele Jugendherbergen, Campingplätze und Sehenswürdigkeiten schließen schon oder schränken die Öffnungszeiten ein.

Die schönste Zeit für einen Winterurlaub in Schweden ist der März, wenn die Sonne schon wieder länger über dem Horizont bleibt, bis um Ostern; dann machen aber auch viele Schweden Urlaub, Woche 7–10 sind Sportferien *(Sportlov)* und Vorausbuchung in Wintersportquartieren ist ratsam.

Mitternachtssonne

Wem es auf die langen Sommernächte ankommt: Die Sonne scheint nördlich vom Polarkreis ganztägig, in Gällivare vom 4. Juni bis 12. Juli, in Abisko sogar von 27. Mai bis 15. Juli. Je weiter südlich man kommt, desto kürzer ist die Spanne des langen Tages. In Stockholm geht die Sonne im Juni von ca. 22 Uhr bis 2 Uhr nachts nicht richtig unter, es herrscht allenfalls Dämmerung.

Mücken

Der Sommer ist auch Hochsaison für Mücken, spätestens Anfang Juli tauchen sie auf, der erste starke Frost beendet ihr Leben. Vor allem in Norrland treten bei schwüler Windstille in ganzen Schwärmen die Gnitzen (*knott*) auf, die sich noch durch 1 mm breite Mückengitter zwängen können. Weite, aber am Bund dichtschließende Kleidung, vielleicht ein Hut mit Netz, schützen bei Aufenthalten im Freien. Die Rezepte gegen Mücken sind Legion, im Handel erhältliche insektizide Mückenmittel sind meist nichts für empfindliche Haut; manche schwören auf Lavendelwasser oder Fichtennadelöl, um den Geruchssinn der Biester zu verwirren.

Kleidung/Ausrüstung

Für alle Fälle sollte man warme Pullover und Socken mit einpacken, denn ein paar Tage kühles Schauerwetter kann niemand ausschließen. Wasserdichte Wanderschuhe mit guten Profilsohlen und Gummistiefel sind für Touren im Gelände unerlässlich, weil man gelegentlich Feuchtgebiete und Moore durchqueren muss. Outdoor-Fans können das meiste am besten in Schweden einkaufen. Im Spätsommer gibt es Outdoor-Artikel vom Badeanzug bis zum Regenschutz günstig im Schlussverkauf.

Wettervorhersage

Auf Englisch, das Wetter in Schweden, nach Regionen: www.smhi.se

Ärztliche Versorgung

Arztbesuch

Deutsche und Österreicher, die in Schweden einen Arzt aufsuchen, sind berechtigt, von ihrer gesetzlichen Krankenkasse dieselben Leistungen erstattet zu bekommen wie ein schwedischer Staatsbürger. Da allerdings hier für jeden Arztbesuch und für jedes Rezept auch Versicherte eine Zuzahlung leisten müssen, lohnt sich der Abschluss einer privaten Reisekrankenversicherung, die dann die Zusatzkosten nach Vorlage der Rechnungen übernimmt. Zunächst muss man jedoch damit rechnen, ca. 100–140 SEK für einen Arztbesuch zu bezahlen. Niedergelassene Ärzte und Krankenhäuser sind teurer. Ein Sozialversicherungsabkommen mit der Schweiz besteht nicht.

Apotheken

Die Apotheken sind gut sortiert. Manche in Deutschland frei verkäufliche Medikamente gibt es in Schweden allerdings nur auf Rezept, besonders solche mit hohem Alkoholgehalt. Wer verschreibungspflichtige Medikamente benötigt, sollte einen Vorrat mitnehmen.

Gesundheitsvorsorge

Es wird vor der Reise eine **Schutzimpfung** gegen die durch **Zecken** übertragene FSME-Erkrankung empfohlen. Auch die von Zecken übertragene Borreliose ist in Schweden weit verbreitet. Die Sonne steht im Norden von April bis September länger am Himmel als in Mitteleuropa. Ein **Sonnenschutzmittel** mit hohem Faktor ist also angebracht. Ebenso wichtig: Sonnenhut oder -kappe.

Notfälle

Notruf: Polizei / Feuerwehr landesweit **112.**

Sicherheit

Grundsätzlich ist Schweden ein sehr sicheres Reiseland. Zwar ist Wildcampen in Schweden erlaubt, aber vor allem in der Nähe typischer ›Touristenstrecken‹ wie der E 6/E 20 an der Westküste sollte man auch mit Caravan und Wohnmobil für die Übernachtung unbedingt Campingplätze oder für kurze Halte vorgesehene Quick Stops anfahren.

Das reinste Vergnügen: Fahrradurlaub in Südschweden

Kommunikation

Internetcafés

Schweden ist laut Statistik weltweit Spitzenreiter in Sachen Internet. In keinem anderen Land haben so viele Menschen Zugang zum Web, ist die Computer-Dichte so hoch. Stundenweise surfen (gegen Entgelt) oder seine E-Mails abrufen oder versenden kann man in vielen öffentlichen Gebäuden sowie (häufig gratis) in manchen Bibliotheken, Touristeninformationsstellen oder Museen. In den meisten großen Hotels ist Surfen für Gäste gratis. Wer seinen Laptop dabei hat, findet in den Zimmern moderner Häuser Anschluss ans Netz. Internet-Cafés sind nicht nur in den Großstädten zu finden, wo es ausreichend Alternativen gibt (s. o.), sondern gerade auch ›auf dem platten Land‹ oder auf einer Schäreninsel.

Post

Die Postämter in Schweden wurden aufgelöst, die Bankfunktion nimmt nun Svensk Kassaservice wahr, den Brief- und Paketversand erledigt man heute im **Postcenter** oder in entsprechenden Abteilungen von Supermärkten oder Tankstellen, leicht erkennbar am gelben Posthorn auf blauem Grund. Eigene Postcenter finden sich in größeren Orten (meist Mo–Fr 9–18 Uhr, manchmal auch Sa 8–12 Uhr, in Stockholm auch länger).

Briefe (bis 20 g) und Postkarten in andere Länder Europas kosten 10 SEK Porto; die Beförderungszeit nach Mitteleuropa dauert ca. zwei Tage.

Telefonieren

Mobiltelefone sind in Schweden so weit verbreitet, dass es eigentlich ein Wunder ist, dass es überhaupt noch Telefonzellen gibt. Um von dort zu telefonieren, kann man eine Telefonkarte der Telefongesellschaft Telia verwenden. Es gibt sie mit 60, 90 oder 120 Einheiten u. a. im Supermarkt, Kiosk (Pressbyrån) oder Turistbyrå (120 Einheiten kosten ca. 100 SEK). An den meisten Apparaten ist Telefonieren auch mit Kreditkarten möglich.

Vorwahl

Die Ländervorwahlen lauten:
für Deutschland 0049
für Österreich 0043
für die Schweiz 0041
Die Vorwahl nach Schweden ist 0046.

Handy

Handy heißt auf Schwedisch kurz *mobil* (abgeleitet von *mobiltelefon)*. Wenn möglich, sollte man versuchen, für sein Mobiltelefon eine einheimische Karte zu benutzen, das wird weitaus preisgünstiger.

Die Deckung des Handy-Netzes ist in Süd- und Mittelschweden bestens, nur im spärlich besiedelten Landesinneren des Nordens, insbesondere von Jämtland und Lappland, kann es sein, dass nur noch der Notruf funktioniert. Entlang der norrländischen Küste ist der Empfang dagegen gut.

Schwedische Handy-Nummern beginnen meist mit 070.

Medien

Radio

Wer sich auch zu Hause im Radio über Schweden informieren möchte, kann Sveriges Radio Utlandsprogrammet hören: auf Kurzwelle (49-Meter-Band, 6.065 kh) oder Mittelwelle (1179), digital nur über EutelSat. Abends gibt es auch Sendungen in deutscher und englischer Sprache. Mit guten Satelliten-Empfängern kann man original schwedischen Rundfunk auch in Deutschland hören.

In Stockholm empfängt man den Sender Stockholm International mit interessanten

Ein Internetcafé gibt es sogar auf der Schäreninsel Blidö

Tipps unter anderem für den Aufenthalt in der Stadt in deutscher Sprache.

Radio Sweden International:
in Stockholm FM/UKW 89,6 MHz
Programm: Oxenstiernsgata 2, S-10510 Stockholm, www.sr.se/rs.

Fernsehen

Das schwedische Fernsehen kauft viele Serien aus britischer oder amerikanischer Produktion ein, die nicht synchronisiert gesendet werden. Ebenso kann man französische und mit etwas Glück auch deutsche Spielfilme als Original mit Untertiteln auf Schwedisch sehen. Auch im Kino laufen ausländische Filme im Original.

Tageszeitungen

Die größten überregionalen Tageszeitungen sind Dagens Nyheter (DN) und Svenska Dagbladet (SvD). Während letztere eher die Wirtschaft und damit politisch die Partei der Moderaterna repräsentiert, ist DN, die auch über einen erstklassigen Kulturteil verfügt und freitags einen Veranstaltungsteil zu Stockholm herausbringt, kritisch-linksliberal orientiert. Überregional erscheint auch die Abendzeitung Aftonbladet, Themen des Boulevardblattes sind die Reichen und Schönen, es beleuchtet aber auch in sozialkritischer Weise Alltagsprobleme der weniger Begüterten. Daneben belebt eine Vielzahl regionaler Tageszeitungen die – staatlich geförderte – Zeitungslandschaft, vom Sydsvenska Dagbladet bis Norra Västerbotten. In Stockholm, Göteborg und Malmö erscheinen außerdem verschiedene Gratis-Tageszeitungen, die am meisten verbreitete ist metro.

Deutschsprachige Zeitungen sind in touristisch erschlossenen Gebieten im Sommer spätestens einen Tag nach Erscheinen erhältlich. Auch die meisten Bibliotheken halten mindestens eine deutschsprachige Tageszeitung, die man im Lesesaal studieren kann.

Sprachführer

Aussprache

Die Aussprache ist außer im Süden des Landes sehr prononciert, so dass man das Schwedische auch als Anfänger recht gut versteht. Abweichungen von der deutschen Aussprache:

a als langer Vokal, ziemlich dunkel, Richtung o, gesprochen, kurz wie im Deutschen

o wird als langer Vokal als langes u: gesprochen, z. B. stor (stu:r) – groß, oder bord (bu:d) – Tisch

u wird als langer Vokal wie ü gesprochen, z. B. ursäkta (ü:schäkta) – Entschuldigung

å wird als langes o gesprochen: ål (o:l) – Aal

dj, hj und **lj** werden wie j gesprochen, z. B. Djurgården (jü:rgodn) – Stockholmer Stadtteil

rs wird immer sch gesprochen

sk und **k** werden vor ä, ö, e, i wie sch gesprochen, z. B. köpa (schöpa) – kaufen

kj, sj, stj, tj werden wie sch gesprochen, z. B. sjö (schö) – See, tjugo (schügo) – zwanzig

g vor ä, ö, e, i und in der Kombination lg und **rg** am Silbenende wie j, z. B. berg (berj) – Berg

y wird wie ü gesprochen

Allgemeines

Guten Tag	hej, hejsan, god dag
Guten Abend	god kväll, god afton
Gute Nacht	god natt
Auf Wiedersehen	hej då
ja/nein	ja / nej
Bitte/Danke	varsågod / tack
Vielen Dank	Tack så mycket
Wie heißen Sie?	Vad heter du?
Mein Name ist ...	Jag heter ...

Unterwegs

Haltestelle	hållplats
Bus	buss
Auto	bil
Ausfahrt	utfart
rechts	till höger
links	till vänster
geradeaus	rakt fram
Auskunft	information
(Handy)Telefon	(mobil)telefon
Postamt	postkontor
Bahnhof	station
Flughafen	flygplats
Hafen	hamn
Stadtplan	stadskarta
Eingang	ingång
Ausgang	utgång
geöffnet	öppet
geschlossen	stängd/stängt
Kirche	kyrka
Museum	museum
Strand	strand
Brücke	bro

Zeit

Stunde	timme
Tag	dag
Woche	vecka
Monat	månad
Jahr	år
heute	idag
morgen	igår
Montag	måndag
Dienstag	tisdag
Mittwoch	onsdag
Donnerstag	torsdag
Freitag	fredag
Samstag	lördag
Sonntag	söndag

Einkaufen

Einkaufszentrum	köpcenter
Geschäft, Laden	affär, butik
Markt	marknad
Geld	pengar
Kreditkarte	kreditkort
Zeitungshändler	pressbyrån

Essen und Trinken

Frühstück	frukost
Mittagessen	lunch
Abendessen	middag

Tisch	bord
reservieren	boka
Messer	kniv
Gabel	gaffel
Löffel	sked
Flasche	flaska
Glas	glas
Getränke	drycker
vegetarisch	vegetarisk

Übernachten

Pension	pensionat
Hotel	hotell
Zimmer	rum
Einzelzimmer	enkelrum
Doppelzimmer	dubbelrum
Bettwäsche	sänglinne
Toilette	toalett
Dusche	dusch
Gepäck	bagage
Rechnung	kvitto, notan

Notfall

Hilfe!	hjälp
Polizei	polis
Arzt	läkare
Zahnarzt	tandläkare, tandvård
Apotheke	apotek
Krankenhaus	sjukhus
Krankenwagen	ambulans
Unfall	olycka

Zahlen

1	en	18	årton
2	två	19	nitton
3	tre	20	tjugo
4	fyra	25	tjugofem
5	fem	30	trettio
6	sex	40	fyrtio
7	sju	50	femtio
8	åtta	60	sextio
9	nio	70	sjuttio
10	tio	80	åttio
11	elva	90	nittio
12	tolv	100	ett hundra
13	tretton	150	etthundra och femtio
14	fjorton		
15	femton	200	två hundra
16	sexton	1000	tusen
17	sjutton	2000	två tusen

Die wichtigsten Sätze

Allgemeine Floskeln

Entschuldigen Sie!	Förlåt, ursäkta
Ich verstehe nicht.	Jag förstår inte.
Ich spreche kein Schwedisch.	Jag pratar inte svenska.
Sprechen Sie Deutsch/Englisch?	Pratar du tyska / engelska?

Im Lokal

Ist hier frei?	Är det ledigt?
Guten Appetit!/Prost!	Smaklig måltid / skål
Bitte die Speisekarte!	Menyn, tack.
Ich möchte …	Jag vill gärna …
Wieviel kostet …	Vad kostar …?
Bezahlen, bitte!	Notan, tack
Wo sind die Toiletten?	Var finns toaletterna?

Auf der Straße

Ich will nach …	Jag ska till …
Wo kann man … kaufen?	Var kan jag … köpa?
Wo ist hier eine Apotheke?	Finns det ett apotek här någonstans?
Welcher Bus geht nach …?	Vilken buss går till …?

Im Hotel

Haben Sie ein freies Zimmer?	Har du ett rum ledigt?
Ich habe ein Zimmer bestellt.	Jag har bokat ett rum.
Wieviel kostet das Zimmer pro Tag/ Woche?	Vad kostar rummet per dygn/ per vecka?

Schärenküste bei Lysekil

Unterwegs in Schweden

Kapitel 1

Der Süden

Auf einen Blick: Der Süden

Vom Öresund ins Glasreich

Skåne (Schonen) ist die am dichtesten besiedelte Landschaft Schwedens im äußersten Süden des Landes. Die aufstrebende Öresund-Region und der Großraum Malmö sind Zentren der Hightechindustrie – abgesehen von Stockholm wird hier das meiste Geld in Schweden verdient. Skåne war schon immer eine reiche Provinz: Die fruchtbaren Äcker des Südens bringen dank des milden Klimas und des guten Bodens die besten Ernten an Getreide, Zuckerrüben und Raps. Der Osten von Skåne (Österlen) ist als Obstanbaugebiet bekannt. Nicht nur geografisch und landschaftlich gleicht Skåne Dänemark und Nordostdeutschland, auch historisch gibt es viele Verbindungen. Backsteinbauten mit hübschen Treppengiebeln und die ausladenden, über Eck gebauten Höfe (Skånelängan) mit Reetdach erinnern daran, dass Skåne wie Teile von Halland und Blekinge bis Mitte des 17. Jh. zum dänischen Königreich gehörte. Selbstbewusst sind die Schonen auch: Vor vielen Häusern weht die schonische Flagge, eine Kombination aus den schwedischen und dänischen Farben: gelbes Kreuz auf rotem Grund.

Die Hügelrücken im östlichen Schonen gehören schon zum Urgesteinssockel, und die Schluchten im Nationalpark Söderåsen sind ein Vorgeschmack auf die Regionen noch weiter östlich: In drei Höhenstufen bildet **Blekinge** den Übergang vom flachen Schärengürtel der Ostsee im Süden zum Hochland von **Småland.** Das gleicht stellenweise dem hohen Norden, denn Hochmoore und dichte Wälder bedecken das dünn besiedelte Land, in dem eine alte Industrietradition gepflegt wird: die Glasbläserei; Småland ist *glasriket* (das Glasreich). Småland ist auch die Heimat von Astrid Lindgren – und damit von Pippi Langstrumpf, Michel aus Lönneberga oder den Kindern von Bullerbü.

Von Småland ist es nur ein Katzensprung zu mediterraner Flora: Vor der Ostseeküste ragen die Inseln **Öland** und, weiter draußen, **Gotland** als Kalksteinplateaus aus dem Meer. Hier findet man hier lichte Kiefer- und Laub-

gehölze mit weiten Heideflächen, wo im Frühsommer seltene Orchideen blühen und Schafe das karge Grün kurz halten.

Highlights

1 **Malmö:** Großstadt zwischen Wolkenkratzer und Fachwerkidylle (s. S. 90)

2 **Lund:** Domstadt mit verborgenen Schätzen (s. S. 98)

3 **Glasreich:** alte Handwerkstradition in Smålands tiefen Wäldern (s. S. 147)

4 **Visby:** einzigartiges Mittelalterflair in Gotlands Hauptstadt (s. S. 156)

Empfehlenswerte Routen

Von Trelleborg nach Kristianstad: an der Ostsee entlang zu Fischerdörfern, Stränden, Burgen und Schlössern (s. S. 113f.)

Tour durch das Glasreich: Designern und Glasbläsern auf der Spur in Småland (s. S. 147f.)

Reise- und Zeitplanung

Für Malmö reicht ein Tag zur Besichtigung, da die wichtigsten Sehenswürdigkeiten dicht beisammen liegen, Lund lässt sich gar in einem halben Tag erkunden, zumal das Areal des Freilichtmuseums Kulturen nicht groß ist. Für das gesamte Südschweden kommt man nicht unter zwei Wochen weg – ohne Gotland und Öland. Gotland mit seiner Hauptstadt Visby erfordert mindestens drei Tage Aufenthalt, andernfalls lohnt die Überfahrt von zwei bis drei Stunden Dauer kaum. Eine Stippvisite nach Öland über die Brücke bei Kalmar (ca. 30 Min. Fahrt) lässt sich dagegen immer gut in einen Småland-Urlaub einschieben, doch schafft man es an einem Tag kaum bis in die jeweils sehenswerten Spitzen im Norden und Süden der 137 km lang gestreckten Insel. Daher sollte man eine oder zwei Übernachtungen einplanen. Das Angebot an Unterkünften auf der Ferieninsel ist sehr groß, so dass sich selbst in der Saison meist noch spontan ein Plätzchen für die Nacht findet.

Klima und Reisezeit

Skåne ist die wärmste Region Schwedens – hier hält Anfang Mai der Frühling Einzug, in Südwest-Skåne blühen Anemonen und Veilchen, während in Småland noch Schnee liegt. Auch Gotland und Öland sind klimatisch begünstigt, doch zieht hier der Frühling etwa zwei Wochen später ein – dafür gilt der Herbst als besonders mild.

Richtig Reisen-Tipps:

Freilichtmuseum Kulturen: Südschwedische Alltagskultur mitten in Lund (s. S. 101)

Wanderung nach Sofiero: Rhododendron und ein Schloss am Sund – ein englischer Garten in Schweden (s. S. 108)

Vattenriket: Das Feuchtgebiet am Unterlauf des Helgeå ist Heimat für Stelzenläufer, Weißstorch und Fischadler (s. S. 120).

Eriksbergs Viltreservat: Ein Safaripark der besonderen Art (s. S. 126)

Stora Alvaret: Eine Wanderung durch Ölands Große Heide – auf dem Mörbylångaleden über Stora Alvaret (s. S. 139)

Besuch bei Pippi, Karlsson & Co.: Ein Muss für alle großen und kleinen Fans von Pippi, Karlsson & Co. ist der Besuch in der Villa Kunterbunt, Bullerbü und der Krachmacherstraße (s. S. 152).

Auf Visbys Norderklint: Spektakuläre Wanderung zur Klippenkante auf Gotland (s. S. 158).

Högklint: Ein fantastischer Aussichtspunkt auf Gotland (s. S. 164).

Skåne

Karte S. 104/105

Die Region am Öresund ist dicht besiedelt, und dennoch findet man viel ländlichen Charme: Zwischen wogenden Getreidefeldern ragen die Treppengiebel von Backsteinkirchen, üppige Landschlösser und Herrensitze hervor. Die Großstadt Malmö, die stille Universitäts- und Domstadt Lund, Helsingborg mit seinem neu gestalteten Hafenviertel sowie die Fachwerkidylle Ystad sind attraktive Ziele. Badetouristen locken die Sandstrände der Ostseeküste, während die in den Sund ragenden Landzungen Kullen und Bjärehalvön Natur- und Aktivurlauber anziehen.

1 Malmö

Malmö (270 000 Einw.) ist nicht erst seit der Eröffnung der Brücke über den Öresund Schwedens Tor zum Süden. Die drittgrößte Stadt des Landes besticht durch die einzigartige Kombination kontinentaler und skandinavischer Lebensart: putzige Fachwerkidylle und hypermoderne Architektur, orientalische Märkte und edles Design – eine höchst reizvolle Mischung.

Mit der im Jahr 2000 eröffneten Öresundbrücke, einer 16 km langen kombinierten Tunnel- und Brückenverbindung über den Öresund nach Dänemark, sind die traditionell engen Bindungen an das Nachbarland noch enger geworden und die Städte Kopenhagen und Malmö mitsamt ihrem Umland wachsen zu einem länderübergreifenden Ballungsraum zusammen. Malmö hat den Strukturwandel von der Industriemetropole und einem Werftstandort zum Zentrum der Telekommunikations- und Informationstechnologie bewältigt und sein Stadtbild dem 21. Jh. angepasst. Viel gelobt ist Henning Larsens Bau der Stadtbibliothek von 1997, während der mit einer Höhe von 190 m einzige schwedische Wolkenkratzer Turning Torso, von Santiago Calatrava entworfen und 2005 fertig gestellt, immer wieder für Schlagzeilen sorgt. Damit nicht genug: Citytunneln, ein

ehrgeiziges Tunnelprojekt, soll die mit der Öresundbrücke kräftig angewachsenen Verkehrsprobleme lösen.

Im Jahr 1145 taucht der Name ›Malmöj‹ (Malmöya) zum erstenmal in den Annalen auf; er bedeutet ›Sandhügel‹ und bezieht sich auf den Sandrücken des heutigen Straßenzugs Västergatan, Adelgatan, Östergatan. 1275 mit Stadtprivilegien ausgestattet, wurde Malmö zur zweitgrößten Stadt Dänemarks. Doch der ungünstig gelegene Hafen und die Übermacht der Hanse bremsten vorübergehend die Entwicklung. Erst als Malmö 1442–44 zum Münzort der dänischen Könige wurde, begann eine Blütezeit, die ihren Höhepunkt Mitte des 16. Jh. erlebte. Nach dem Frieden von Roskilde 1658 zu Schweden gekommen, war die Handelsstadt Malmö von ihrem angestammten dänischen Hinterland abgeschnitten. Aufstände waren die Folge, und Schloss Malmöhus, schon unter den Dänen eine wichtige Festung, wurde ausgebaut, die Häuser zwischen Stadt und äußeren Wallgräben des Schlosses abgerissen.

Anfang des 18. Jh. zählte Malmö kaum mehr als 5000 Einwohner, der Aufstieg zu Schwedens drittgrößter Stadt kam erst mit dem Ausbau des Hafens und der Eröffnung der Eisenbahnlinie nach Stockholm 1856.

Die Altstadt

Durch einen Kanal getrennt, liegt die Altstadt südlich von Bahnhof und Hafen. Vom Bahnhof gelangt man über die Kanalbrücke ge-

Malmös Rathausplatz Stortorget

radeaus zum großen Platz Stortorget, ein guter Ausgangspunkt für den Stadtrundgang.

Das **Rathaus** 1 wurde 1546 auf Initiative von Jörgen Kock gebaut, Münzmeister des dänischen Königs und Mitte des 16. Jh. Bürgermeister der Stadt. Wer sich beim Anblick an die Niederlande erinnert fühlt, liegt richtig: Für den Umbau in den 1860er Jahren nahm sich Architekt Helgo Zettervall die niederländische Renaissance zum Vorbild. Für das endgültige Ende der Dänenherrschaft über Skåne sorgte 1658 der schwedische König Karl X. Gustav, der in der Mitte des Stortorget mit einem **Reiterstandbild** geehrt wird. Das gegenüberliegende weiße Gebäude aus dem 17. Jh. ist noch heute die Residenz des *landshövding*, des Regierungspräsidenten und heißt deshalb Residenset oder **Landshövdingehus** 2.

Auf jeden Fall sollte man einen Blick in die Löwen-Apotheke, **Apoteket Lejonet** 3, aus dem 16. Jh. werfen: die älteste der Stadt mit beeindruckender Holztäfelung und gravierter Glaskacheldecke von 1898. Hinter dem Rathaus ragt der Turm der ab Mitte des 14. Jh. erbauten **St. Petri kyrka** 4 auf. Die dreischiffige Kirche ist ein schönes Beispiel für die von Lübeck beeinflusste Backsteingotik im Ostseeraum. Sie ist schlicht weiß getüncht und nur die kleine **Krämerkapelle** am Westeingang links zeigt noch die reichen Kalkmalereien aus der Zeit um 1470 und 1510. Einziger Schmuck im Inneren der Kirche sind Epitaphien aus dem 17. Jh. (teils mit deutschsprachigen Inschriften) sowie der riesige vierstöckige Schnitzaltar von 1611.

Jörgen Kocks hus 5, das Haus des umtriebigen Münz- und Bürgermeisters am Nordwestrand des Stortorget, ist das wohl älteste Bürgerhaus der Stadt: aus rotem Backstein mit Treppengiebeln, Bleiglasfenstern und einer Marienstatue (1525, Kopie; Original im Stadsmuseum) in einer Nische an der Ecke Frans Suellsgatan 70. Im Zentrum des mittelalterlichen Malmö, in der Västergatan, stehen etliche Backsteinhäuser, darunter **Rosenvingehuset** 6, das über dem Portal Wappen, Dornenkrone und Christusinitialen sowie eine Inschrift und das Datum 1534 zeigt.

Südwestlich des Stortorget wurde 1591 für Kleinhändler der **Lilla Torg,** der ›kleine Markt‹, angelegt. Heute findet auf dem von aufwändig restaurierten Fachwerkfassaden gesäumten Platz kein Markt mehr statt. Doch ist er einer der quirligsten Orte der Innenstadt: Etliche Lokale betreiben hier ganzjährig Außengastronomie. In der **Saluhall** 7, der Markthalle, in einer Ecke des Lilla Torg, gibt es außer wenigen Marktständen noch mehr kleine Restaurants, und in den umliegenden Gassen finden sich die besten Shoppingadressen der Stadt. Der Innenhof des Backstein- und Fachwerkhaus-Komplexes **Hedmanska gården**, der in Teilen aus dem 16. Jh. stammt, ist gelegentlich Schauplatz von Konzertveranstaltungen. Nebenan ist in einem ehemaligen Speicherhaus von 1852 das **Form Design Center** 8 mit hochkarätigen Ausstellungen zu schwedischem Design und Kunsthandwerk untergebracht (Di–Fr 11–17, Do bis 18, Sa und So 11–16 Uhr).

Als ältestes Fachwerkhaus der Stadt gilt **Thottska huset** 9 (1558) in der Östergatan, dessen gemütliches Ambiente vom benachbarten Hotel als Restaurant genutzt wird. Auf der anderen Straßenseite liegt versteckt der Eingang zu einem lauschigen Innenhof mit Café abseits der umtriebigen Östergatan im **St. Gertruds-Viertel** 10. In dem einfühlsam restaurierten, gelb getünchten Karree zwischen St. Gertrudsgatan und Bagersgatan sind Bauten des 16. Jh. erhalten.

Ebbas hus 11 in der Snapperupsgatan 10 ist das kleinste Haus Malmös. Es stammt aus dem frühen 19. Jh. und zeigt noch die Originaleinrichtung seiner einstigen Bewohnerin, Ebba Olsson, von 1910 (Tel. 040-34 44 23, Mi, Sa 12–16 Uhr). 1899/1900 entstand in schönstem Jugendstil das Elektrizitätswerk in der Gasverksgatan 22; heute präsentiert es als **Rooseum** 12 moderne Kunst, insbesondere aus der Sammlung des Stifters Fredrik Roos (Mi–Fr 14–20, Sa und So 12–18 Uhr).

Schloss Malmöhus und Museen

Aus dem Altstadtzentrum führen alle Gassen Richtung Westen über die breite Slottsgatan

Malmö: Cityplan

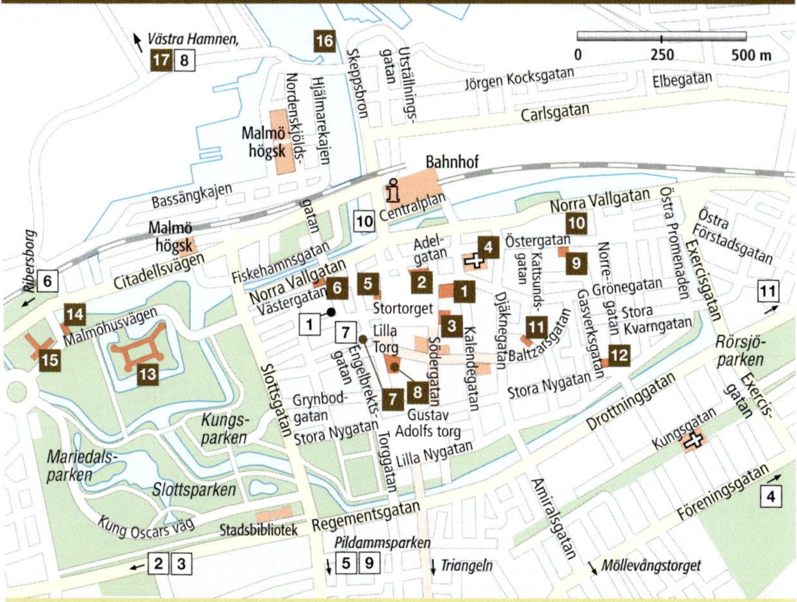

Sehenswürdigkeiten

1 Rathaus
2 Landshövdingehus
3 Apoteket Lejonet
4 St. Petri kyrka
5 Jörgen Kocks hus
6 Rosenvingehuset
7 Saluhall (Markthalle)
8 Hedmanska gården und Form Design Center
9 Thottska huset
10 St. Gertruds-Viertel
11 Ebbas hus
12 Rooseum
13 Schloss Malmöhus
14 Fiskehoddorna
15 Tekniska Museet und Sjöfartsmuseet
16 Medeltidsskeppen
17 Turning Torso

Übernachten

1 Astoria Hotel
2 Hotel Horn
3 Villa Hilleröd
4 Hotel Formule 1
5 STF-Vandrarhem
6 Sibbarps Camping och stugby

Essen und Trinken

7 Johan P.
8 Salt & Brygga
9 Olgas
10 Skeppsbron 2
11 Anno 1900

hinweg in den grünen Kungsparken – für Fußgänger ein schöner Spaziergang. Unterwegs kann man sich auf einer Parkbank unter alten Bäumen eine Ruhepause gönnen. Allein drei Museen sind in **Schloss Malmöhus** 13 (Malmöhusvägen, Tel. 040-34 10 00, Juni–Aug. tgl. 10–16, sonst 12–16 Uhr) eingerichtet, der von einem Wassergraben umgebenen Festung aus rotem Backstein. 1434 hatte Erik af Pommern ein Kastell an dieser strategisch wichtigen Stelle am Öresund errichten lassen, das 1444 zur Münze des dänischen Königs avancierte. Kristian III. ließ die Festung 1526 zum Schloss ausbauen, wo er und seine Nachfolger auf dem dänischen Thron residierten, wenn sie in Malmö waren. Hier feierten sie nicht nur glänzende Feste, sondern nutzten die noch heute von außen eher abweisenden Gemäuer zuweilen auch als Gefängnis, eine Tradition, die im 19. Jh. wiederbelebt wurde. Nach dem Frieden von Roskilde im Jahr 1658 musste die einst dänische Festung Malmöhus 1670 auch einer Belagerung durch die nun feindlichen dänische Truppen standhalten – eine Treueprüfung, die die neuen schwedischen Untertanen in Malmö bestanden. All dies wird in Ausstellungen zur Stadtgeschichte und zur Geschichte der Festung (Stadsmuseet) aufbereitet. Im Aquarium und Tropikarium entzücken von Dschungelgeräuschen erfüllte Räume mit Fledermäusen und Seidenäffchen. In der Geologischen Abteilung kann man ein simuliertes Erdbeben erleben (Naturmuseet). Im Obergeschoss zeigt das Konstmuseum vor allem moderne Kunst ab dem 19. Jh.

Schräg gegenüber, am Banérskaj, liegen **Fiskehoddorna** **14**, bunt bemalte alte Bootsschuppen der Fischer. Entlang des Malmöhusvägen kommt man zum ›Wissenschafts-Tivoli‹ von **Tekniska Museet und Sjöfartsmuseet** **15**. Hier kann man hemmungslos und interaktiv seiner naturwissenschaftlichen Experimentierlust frönen. Im Original zu besichtigen sind ein Dampfschiff und ein echtes, auf Kockums Werft gefertigtes U-Boot. Vor der Tür befindet sich die Endhaltestelle der flotten, wenn auch betagten **Museumsstraßenbahn**. Die knapp 15-minütige Fahrt führt vom Banérskaj um den Schlosspark herum zur Stadtbibliothek. Die bimmelnden, liebevoll restaurierten Altertümchen sind gut 100 Jahre alt (Mai–Sept. Sa und So ca. alle 30 Min., Haltestelle auch vor Malmöhus).

Alternativ spaziert man auf den schönen Wegen durch den **Schlosspark** (Slottsträdgården), der mit den Kanälen, der Windmühle

und den sorgsam angelegten Gemüsegärten beinahe holländisch wirkt. Auf diesem Weg gelangt man auch zum **Gustav Adolfs torg**, der heutige Marktplatz der Stadt und günstiger Ausgangspunkt, um sich ins Einkaufsgetümmel der Södergatan zu stürzen.

Am Hafen

Spannend, nicht nur für am Mittelalter Interessierte, ist ein Abstecher nördlich des Bahnhofs, vorbei am Bau der Post mit dem markanten Turm (1906) vom Stararchitekten der Jahrhundertwende Ferdinand Boberg. Am Kai liegen **Medeltidsskeppen** **16**, Nachbauten von ›Mittelalterschiffen‹, zwei Koggen der Hansezeit. Nach dem Vorbild von Wrackfunden wurden die Schiffe, mit denen im 14. Jh. die Hansekaufleute unterwegs waren, ori-

Hinter den Festungsmauern von Malmöhus verbergen sich drei Museen

ginalgetreu rekonstruiert. Die zeitgenössisch eingekleidete Besatzung und Events, wie ein Mittelaltermarkt im Juli, sorgen vor der modernen Hafenkulisse für die richtige Stimmung. Das **Koggmuseum** erläutert den Schiffbau und die spannende Geschichte der Ostsee-Piraten (Mai und Sept.–Nov. Di–So 11–16, Juni–Aug. tgl. 11–16 Uhr). Eines der Schiffe, dessen Vorbild um 1390 im Mecklenburgischen gebaut wurde, startete bereits zu seiner Jungfernfahrt.

Wahrzeichen für Malmös Strukturwandel ist der Wolkenkratzer **Turning Torso** **17** im ehemaligen Werftgebiet **Västra Hamnen**. Ausgehend von seiner Skulptur, einem menschlichen Körper in Bewegung, entwickelte der Architekt Santiago Calatrava das 190 m hohe Gebäude: neun Kuben, die 90 Grad um ihre Längsachse gedreht sind. Seit November 2005 ist Schwedens erster und einziger *skyskrapa* (Wolkenkratzer) bezugsfertig. Ebenfalls im Westhafen sind weitere Wohnhäuser und Parks mit Flaniermeilen und Freizeitangebot an der Waterfront entstanden, auch das Messegelände befindet sich hier.

Außerhalb des Zentrums

Ein Ausflug lohnt sich in den **Pildammspark** im Süden. Die 1914 eröffnete Baltische Ausstellung fand durch den Ersten Weltkrieg zwar ein schnelles Ende, doch die Bewohner Malmös verdanken ihr eine ihrer schönsten Parkanlagen mit dem von Ferdinand Boberg entworfenen Margaretapaviljongen.

Oder man fährt bei schönem Wetter an den **Strand von Ribersborg:** ›Ribban‹ beginnt stadtnah gleich westlich vom Messegelände. Entlang dem langen, von Grünanlagen gesäumten Strand führen Stege ins Wasser. Das wunderschöne Kaltbadehaus, 1898 an einem Holzsteg weit draußen im Wasser gebaut, wurde 2000 originalgetreu restauriert und als ganzjährig verlockende Wellness-Oase wiedereröffnet. Vom Café aus hat man einen schönen Blick auf den Öresund.

Das ›multikulturelle Malmö‹ lernt man im südlichen Stadtteil **Möllevång** kennen, wo auf dem orientalisch geprägten Möllevångstorg die Leute aus den anliegenden Wohngebieten, traditionelle Arbeitersiedlungen, ihren Bedarf an Gemüse und Früchten decken. Hier wird Malmö seinem Ruf als quirlige Einkaufsstadt und ›Bauch Schwedens‹ gerecht.

i **Malmö Turism:** Centralstationen, im Bahnhof, 21120 Malmö, Tel. 040-34 12 00, Fax 34 12 09, www.malmo.se/turist, Okt.–April Mo–Fr 9–17, Sa, So 10–14, Mai und Sept. Mo–Fr 9–18, Sa, So 10–15, Juni–Aug. Mo–Fr 9–19, Sa, So 10–17. Hier bekommt man das Veranstaltungsheft ›Malmö This Month‹ mit Einkaufs- und Einkehrtipps. Wer mit dem Auto über die Öresundbrücke anreist: Die Touristeninformation Skånegården liegt gleich am Ende der Brücke.

Malmökort: Das Angebot der bei Malmö Turism erhältlichen Tageskarte umfasst freien Eintritt in die Städtischen Museen, freie Nutzung der Stadtbusse, eine Sightseeingtour per Bus sowie diverse Rabatte.

Hotellcentralen: Tel. 040-10 92 10, www.malmo.se/hotell, vermittelt Hotelzimmer und B&B sowie Pauschalangebote.

Astoria Hotel [1]: Gråbrödersgatan 7, Tel. 040-786 60, Fax 788 70, www.astoria.se. In einer kleinen Straße mitten im Zentrum, die 27 Zimmer liegen dennoch schön ruhig zu einem begrünten Innenhof, gemütlich anheimelnde Atmosphäre und sehr freundlicher Service. Auch zwei Apartments (Preise auf Anfrage); DZ 795–1150 SEK.

Hotel Horn [2]: Köpenhamnsvägen 60, Tel. 040-749 00, Fax 26 26 31, www.hotellhorn.se. Hotelbau aus den sechziger Jahren, seit 2004 unter neuer Leitung, Lage ca. 1,5 km westlich vom Zentrum in Erikslust; DZ ab 450 SEK (ohne Dusche/WC), sonst ab 550 (Wochenende) bis 895 SEK.

Villa Hilleröd [3]: Ängdalavägen 38, Tel. 040-26 56 26, Fax 040-98 75 05, www.villahillrod.se. Kleines privates Vandrarhem in einer hübschen Jahrhundertwendevilla (Baujahr 1908), etwa 2 km westlich vom Zentrum, 2005 eröffnete, frisch renovierte 2- bis 4-Bettzimmer; 245 SEK pro Person ohne Frühstück und Bettwäsche.

Hotel Formule 1 [4]: Lundavägen 28, Tel. 040-93 05 80, Fax 18 36 40, www.hotelformule1.com. An der Nordausfahrt der E 6, der Preis gilt nur für das Zimmer, unabhängig ob mit einer oder drei Personen belegt, Dusche/WC über den Flur; ca. 350 SEK ohne Frühstück.

STF-Vandrarhem [5]: Backavägen 18, Tel. 040-8 22 20, Fax 51 06 59, www.malmohostel.se, 4 km südlich vom Zentrum, in E 4-Nähe, 157 Betten, komfortabel, alle Zimmer mit WC; DZ ab 340 SEK ohne Frühstück.

Sibbarps Camping och stugby [6]: Strandgatan 101, Limhamn, Tel. 040-15 51 65, Fax 15 97 77. Mit 800 Stellplätzen und eigenem Badestrand, in schöner Lage am Öresund, gute Busverbindungen nach Malmö; Zelt 150 SEK, Caravan 150–230 SEK/Nacht, auch 21 Hütten.

Am Lilla Torg findet man zahlreiche Restaurants dicht beieinander, einige auch am Stortorget.

Årstiderna i Kockska huset 5: Stortorget, Ecke Frans Suellsgatan 70, Tel. 040-23 09 10, Mo–Fr 11.30–15, 18–24, Sa 18–24, So geschl. Gourmetrestaurant im Gewölbekeller, eines der ältesten Bürgerhäuser der Stadt, französisch-schwedische Küche, Lunch 89–115, Hauptgerichte 150–300 SEK, 4-Gänge-Menü 495 SEK.

Johan P. [7]: Saluhallen, Lilla Torg, Tel. 040-97 18 18, Mo–Sa 11.30–23 (Küche bis 22 Uhr). Das Fischlokal der Stadt, dazu gehört der Fischladen in der Markthalle, immer auf der Karte: Brathering und Heilbutt, Vorbestellung ratsam, Lunch (Mo–Fr) 78 SEK, Hauptgerichte 165–300 SEK.

Salt & Brygga [8]: Sundspromenaden 7, Västra Hamnen, Tel. 040-611 59 40, Mo–Fr 11.30–15, 18–22, Sa 13–2, So 13–21 Uhr. Wohl das einzige Restaurant in Malmö mit eigenem Anlegesteg (*brygga*), herrliche Aussicht auf den Sund, kühl und trendy, die Küche setzt auf Natur pur: nach Möglichkeit Zutaten aus Ökolandbau und mit Herkunftsangabe. Fisch, Fleisch und Vegetarisches natürlich frisch und kreativ gewürzt, üppiges Salatbüfett, Lunch (Mo–Fr) 89 SEK, à la carte 95 (Heringsplatte) bis 235 SEK (Bouillabaisse).

Olgas [9]: Pildammsparken, Tel. 040-12 55 26, Mo–Fr 11.30–23, Sa 13–23, So 13–19 Uhr. Vorzügliche klassische schwedische Küche mit französischem Einschlag, im Park mit schönem Blick aufs Wasser. Hauptgerichte 175–225 SEK.

Skeppsbron 2 [10]: Skeppsbron 2, Tel. 040-30 62 02, Mo–Fr 11.30–15, 18–23, Sa 17.30–23 Uhr. Herrliche Glasveranda mit Blick über den Kanal zur Altstadt. Die Zutaten variieren je nach Jahreszeit – vom Menü sollte man sich überraschen lassen, z. B. Kalbsrücken mit Trüffelpaste, Hauptgerichte 165–225 SEK.

Anno 1900 [11]: Norra Bulltoftavägen 7, Tel. 040-18 47 47, Mo–Fr 11.15–14, Mi–Sa 18–23 Uhr. In einem urigen Haus mit niedrigen Decken und alten Porträts an den Wänden, im Sommer wird auch im lauschigen Innenhof serviert, schonische Hausmannskost, deftig und wohlportioniert, z. B. Isterband (Wurst) auf Dillkartoffeln, 135–200 SEK.

Die wichtigste **Shopping-Mall** ist die zum Gustav Adolfs torg führende autofreie Södergatan mit ihren zahlreichen Seitengassen und ihrer südlichen Verlängerung: Kaufhäuser, Boutiquen und Geschäfte mit noblen Waren aller Art reihen sich aneinander. **Schwedisches Design** gibt es u. a. am Lilla Torg im Form Design Center und bei Formargruppen, Engelbrektsgatan 8 (Textilien, Holz, Silber, Keramik, Glas).

Einkaufszentren: Eine Vielzahl kleiner Geschäfte befindet sich auf der Stora Nygatan, hier liegt auch das Einkaufszentrum Hansa (zwischen Studentgatan und Malmborgsgatan); außerdem Caroli City in der Östergatan und Baltzar City (Södergatan/Baltzarsgatan) mit vielen Läden für Designerkleidung.

Märkte/Markthalle: Gustav Adolfs torg ist Malmös eigentlicher Marktplatz der Innenstadt, Gemüse und Obst gibt es preiswert auf dem Möllevångstorg. Delikatessen findet man in der Markthalle (Saluhallen) am Lilla Torg. Am Banérskajen in der Nähe des Sjöfartsmuseum kauft man Di–Fr von 9 bis max. 13 Uhr (solange der Vorrat reicht) fangfrischen Fisch im passenden Ambiente.

Flohmärkte: Anfang Mai–Ende Sept. So vormittags am Drottningtorg sowie Sa und So im Folkets Park.

Im Viertel um **Gustav Adolfs torg** (Lilla Nygatan, Malmborgsgatan, Stadt Hamburgsgatan) gibt es viele Kneipen, Tanzlokale und Clubs. Live-Musik bieten auch Pubs anglo-irischer Prägung wie Pickwick Pub, Malmborgsgatan 5/Ecke Stadt Hamburgsgatan, oder Paddy's, Kalendegatan 7.

Hipp: Kalendegatan 12,www.hipp.se, Di–Sa 17–22.30 Uhr, Mitte Juni–Mitte Aug. geschl., Gourmetrestaurant, am Wochenende Nachtklub, im ehemaligen Zirkus (Hippodrom).

Malmöfestivalen: Mitte–Ende August acht Tage lang Kulinarisches aus aller Welt und ein zünftiges Krebsessen (*kräftskiva*) auf dem Stortorget, Wikinger-Drachenbootrennen, Theater und Musik openair.

Pedalboote: Verleih an der Amiralsbron (unweit Gustav Adolfs torg).

Museumsstraßenbahn zwischen Malmö Museer und Stadtbibliothek.

Stadtrundfahrten: Malmö Sightseeing Bustouren auch auf Deutsch und Englisch;

Stadtführungen zu Fuß mit Themenschwerpunkten: Info bei Malmö Turism.

Strand Ribersborg: 3 km langer Strand westlich des Zentrums, Kallbadhus mit Sauna, Solarium, Ostseebad getrennt für Damen

Rundan-Sightseeingtour: Bei der Fahrt über Malmös Kanäle mit einem der Rundan-Boote erschließt sich Malmös Altstadt bequem und von Ihrer schönsten Seite.
Boots-Rundfahrt (Rundan) durch Malmös Kanäle Mai–Sept. ab Anleger gegenüber dem Bahnhof (Norra Vallgatan/Mälarbron).

und Herren, www.ribban.com. Mai–Aug. Mo–Fr 8.30–19 (Sauna ab 11 Uhr), Sa, So 8.30–16 (Sauna ab 9 Uhr), Sept.–April 12–19, Sa, So 9–16 Uhr.
Spaßbad Aq-va-kul: Regementsgatan 24, www.aq-va-kul.com. Wasserrutschbahn, Wellenbad, Sauna, Innen- und Außenbecken.

Flug: Der Flughafen Malmö-Sturup ist 31 km entfernt (Busverbindung), sehr gute Zugverbindungen mit dem Öresundtåg zum Flughafen Kopenhagen.
Bahn: Auskunft Tel. 0771-75 75 75. Fernzüge ab Bahnhof Malmö C u. a. nach Stockholm, Göteborg, Karlskrona; Pågatåg (Regionalzug) nach Lund, Landskrona, Helsingborg und Ystad sowie Öresundtåg über die Brücke nach Kopenhagen (alle 20 Min.).
Nahverkehr: Skånetrafiken, Tel. 0771-77 77 77, www.skanetrafiken.skane.se.
Passagierfähren nach Kopenhagen (1 Std. 20 Min.): Turasund, Skeppsbron 10, Tel. 040-12 02 65.
Fernbusse: Skeppsbron 10 (am Bahnhof).
Stadtbusse: Kundeninformationsstellen am Gustav Adolfs torg und an der Haltestelle des Pågatåg in Malmö C.

2 Lund

Lund (101 300 Einw.) gilt als eine der ältesten Städte Schwedens – auch wenn es zur Zeit seiner Gründung noch auf dänischem Boden lag. 990 gründete König Svend Tveskæg die Stadt, die sich schnell zu einem kulturellen und wirtschaftlichen Zentrum des dänischen Reichs entwickelte. Wichtigstes Zeugnis dieser glanzvollen Epoche um das Jahr 1100 ist der mächtige romanische Dom – noch 27 weitere Kirchen sollen sich vor der Reformation in der Bischofsstadt befunden haben. Nachdem Schonen 1659 schwedisch geworden war, drohte Lunds Blütezeit zu Ende zu gehen. Doch die Gründung der Universität 1668 – heute mit ca. 30 000 Studierenden die größte in Nordeuropa – rettete die Stadt davor, im Dornröschenschlaf zu versinken.

Dom und Universität

Auf Zeugnisse traditionsreicher Kirchen- und Universitätsgeschichte stößt man in Lund an jeder Ecke. Höhepunkt ist der 1145 geweihte **Dom** 1, Musterbeispiel romanischer Baukunst, das u. a. vom rheinischen Baumeister Adam von Düren (tätig um 1500) geprägt wurde. Zweimal am Tag bietet sich ein sehenswertes Schauspiel, wenn die große Astronomische Uhr aus der Zeit um 1380 gleich neben dem Portal im nördlichen Seitenschiff ihr Räderwerk in Gang setzt und, als Höhepunkt, die Heiligen Drei Könige, Maria und dem Jesuskind huldigen, während die Hymne ›In dulci jubilo‹ erklingt. In der Zone darüber werden Sonnenstand und Uhrzeit angezeigt, darunter die Tierkreiszeichen.

Durch das schlichte, nur im nordöstlichen Querhaus mit figurengeschmückten Kapitellen verzierte Kirchenschiff gelangt man zum Chor, der von einem beeindruckenden Mosaik (1924–27) des dänischen Künstlers Joakim Skovgaard geschmückt wird; allein die Christusfigur misst in der Höhe 6 m.

Rechts vom Chor führen Stufen hinab in die geräumige Krypta, Grabstätte wichtiger Persönlichkeiten und ältester Teil der Kirche, mit 18 wunderschönen schlichten Säulen. Zwei knapp lebensgroße Reliefs zeigen merkwürdige Gestalten, die die Säulen umklammern, als wollten sie daran hochklettern. Um die im Volksmund ›Finnkolonnerna‹ genannten Säulen rankt sich eine Legende: Der Bauherr des Doms, der hl. Laurentius, habe sich des Riesen Finn (Jätten Finn) und seiner gewaltigen Kräfte bedient, um den Dom zu errichten. Allerdings war der Preis hoch: Finn verlangte das Augenlicht des Heiligen. Nach Erfüllung seiner Aufgabe drohte Finn unter

Ausstellungsraum mit besonderem Flair: Die Krypta des Doms zu Lund

lautem Gebrüll, die Säulen einzureißen und die Kirche wieder zu zerstören, da er sich um seinen Lohn betrogen sah. Doch der Heilige war stärker und versteinerte die gesamte Familie des Riesen. Ursprünglich waren die Figurensäulen wohl neben dem Domportal aufgestellt, wo sie die besondere Bedeutung der Kirche bekräftigten.

Gegenüber der Südostecke des Doms steht das winzige Backsteingebäude **Liberiet** **2**, ursprünglich die Bibliothek des Doms, heute ein Studentencafé. Gegenüber der Nordostecke kann man sich im universitätseigenen **Historiska Museet** **3** (Krafts Torg 1, Di–Fr 11–16 Uhr) archäologische Funde aus der Vorgängersiedlung Lunds, dem südlich der Stadt gelegenen Uppåkra, ansehen. Breiten Raum nimmt hier auch die mittelalterliche Sakralplastik aus verschiedenen Kirchen in Skåne ein. Der Geschichte des Dombaus widmet sich das **Domkyrkomuseum**, das über einen Durchgang im ersten Stock mit dem Historischen Museum verbunden ist.

Zwischen Dom und Universität liegt **Lundagård** **4**. Der Park mit seinem herrlichen alten Baumbestand, einst der erzbischöfliche Garten, ist alljährlich Schauplatz der feierlichen Prozession frisch Promovierter. Unter Glockengeläut schreitet dann der Zug akademischer Würdenträger in vollem Ornat von der Universität durch den Park zum Dom, wo drei Stunden lang Laudatio auf Laudatio folgt, häufig in lateinischer Sprache. Anschließend bewegt sich die Prozession erleichtert wieder hinaus, denn nun darf weltlich gefeiert werden.

Der Backsteinbau **Kungshuset** **5**, benannt nach dem dänischen König Frederik II., als dessen Residenz das Gebäude Ende des 16. Jh. entstand, beherbergte 200 Jahre lang die Universität. Nachdem Lund zu Schweden gekommen war, übergab König Karl XI. der neu gegründeten Universität sein Domizil. Die Fassade des heutigen **Universitätshauptgebäudes** **6**, blendend weiß leuchtend und 1882 von Helgo Zettervall in neoklassizistischer Manier errichtet, zieren vier Sphingen, Symbole für die vier Fakultäten der Universität. Auf den Bänken des angrenzenden Platzes erholt man sich vom Bücherstudium und lauscht dem Plätschern des Granitbrunnens, dessen vier wasserspeiende Frösche ebenfalls für die vier Fakultäten stehen.

Lund: Cityplan

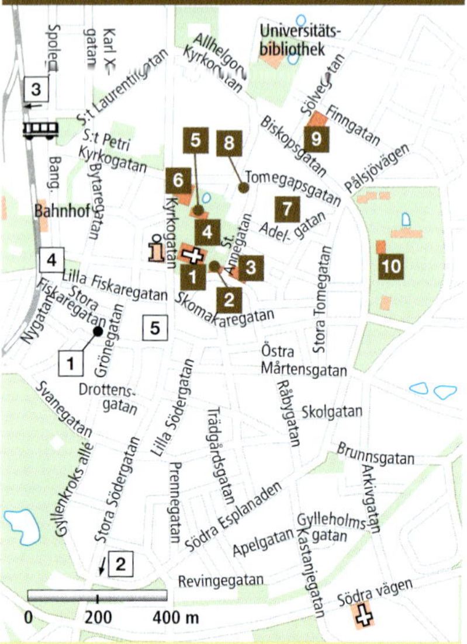

Sehenswürdigkeiten

1 Dom
2 Liberiet
3 Historiska Museet
4 Lundagård
5 Kungshuset
6 Universitätshauptgebäude
7 Freilichtmuseum ›Kulturen‹
8 Hökeriet
9 Skissernas Museum
10 Botanischer Garten

Übernachten

1 Hotel Concordia
2 Carlsgården
3 STF Vandrarhem Tåget

Essen und Trinken

4 Godset
5 Restaurant Stäket

Weitere Sehenswürdigkeiten

Vom **Freilichtmuseum ›Kulturen‹** 7 (s. Richtig Reisen-Tipp) geht es quer über den Tegnérsplats und über die Sandgatan zur Universitätsbibliothek, die mit über 3 Mio. Büchern und Handschriften Schwedens größte wissenschaftliche Bibliothek ist. Auf dem Weg sollte man im Kramladen **Hökeriet** 8 an der Ecke St. Annegatan/Tomegapsgatan vorbeischauen. Das Lädchen gehört zum Freilichtmuseum Kulturen und wurde nach historischem Vorbild eingerichtet; hier kann man sich mit nostalgischen Haushaltsgegenständen eindecken, von der Spülbürste bis zum Emailleschild (Fr–So 11–16 Uhr).

Die einzigartige Sammlung von **Skissernas Museum** 9 entstand durch Initiative eines Dozenten und steht heute unter der Regie der Universität. Das Museum der Skizzen dokumentiert, was einem bedeutenden Kunstwerk an Planung und Überlegungen vorausgeht: Vorzeichnungen und Modelle für verschiedene Werke bedecken dicht an dicht die Wände. Ein frei zugänglicher Skulpturengarten gehört ebenfalls dazu (Finngatan 2, Di, Do–So 12–17, Mi 12–21 Uhr).

Über die Biskopsgatan gelangt man zum **Botanischen Garten** 10, der zum geruhsamen Verweilen einlädt; Unermüdliche können auch die Gewächshäuser besichtigen (Botaniska Trädgården, Mai–Sept. tgl. 6–20, Gewächshäuser 12–15 Uhr).

Lunds Turistbyrå: Kyrkogatan 11 (ggü. dem Dom), Box 41, 22100 Lund, Tel. 046-35 50 40, Fax 12 59 63, turistbyran@lund.se; Mo–Fr 10–18, Sa, So 10–14 Uhr.

Hotel Concordia 1: Stålbrogatan 1, Tel. 046-13 50 50, Fax 13 74 22, www.concordia.com. Schönes Hotel in zentraler Lage, angenehme Zimmer in einem Prachtbau von 1882, DZ 950–1520 SEK.
Carlsgården 2: L. Uppåkra 5, Staffanstorp (8 km von Lund), Tel. 046-25 57 69, www.carlsgarden.com. Bed & Breakfast in historischem schonischen Bauernhof, 6 einfache Zimmer um einen kleinen Innenhof, Pool (!), Bad, Dusche/WC über den Flur; DZ 595 SEK.

Richtig Reisen-Tipp: Freilichtmuseum ›Kulturen‹

Den Besuch in einem der schönsten, vor allem aber ältesten Freilichtmuseen Schwedens sollte man nicht versäumen: **›Kulturen‹** ist bis heute einzigartig. Zum einen liegt es mitten im alten Stadtkern, wo viele der Häuser ihren ursprünglichen Standort hatten. Zum anderen ist es überschaubar und bietet auf engem Raum eine gute Übersicht über südschwedische Alltagskultur. Bei seiner Eröffnung im Jahr 1892 war es nach Skansen in Stockholm das zweite Freilichtmuseum in Schweden überhaupt. Sein Schöpfer Georg Karlin (1859–1939) war der Ansicht, alte Dinge müssten in einem jeweils passenden Rahmen ausgestellt werden. Das herkömmliche ›Kasernierungssystem‹, bei dem die Exponate in Vitrinen in Reih und Glied ›antreten‹ mussten, war für Karlin wie für seinen Kollegen Hazelius in Stockholm ein überholtes Konzept. Doch trieb dieser Ansatz bisweilen seltsame Blüten: Das schöne Herrenhaus im Zentrum von ›Kulturen‹, ursprünglich im Empirestil, wurde von Karlin zum Barockpalast umgestaltet, mit Steingirlanden und einem exotischen Männerkopf mit orientalischem Turban, weil das seiner Ansicht nach besser zu der Ausstellung von Meissener und chinesischem Porzellan sowie italienischer und holländischer Keramik passte. Karlins didaktischer Gedanke war, in seinem Museum die vier Stände der Gesellschaft seiner Zeit repräsentiert zu sehen: so etwa die Bauern in der aus dicken Eichen- und Föhrenbalken errichteten Onsjöstuga aus dem 18. Jh. mit dem grasbewachsenen Dach, oder die Geistlichkeit im Pfarrhof mit seinen akkurat beschnittenen Buchsbaumskulpturen. Der Eingang zum Freigelände am Tegnérsplatsen führt durch die Kunsthalle, wo jeweils Wechselausstellungen zeitgenössischer Kunst und Themenausstellungen zur Alltagskultur gezeigt werden (www.kulturen.com, Mitte April–Ende Sept. tgl. 11–17, übrige Zeit Di–So 12–16 Uhr).

STF Vandrarhem Tåget 3: Vävaregatan 22 (auf der Rückseite des Bahnhofs), Tel. 046-14 28 20, Fax 32 05 68. Übernachten auf dem Abstellgleis in historischen Schlafwagen – sehr originell; 130 SEK pro Pritsche (Einzelabteile nur soweit Platz vorhanden).

Godset 4: Bangatan 3–5, Tel. 046-12 16 10, Mo–Fr 11.30–14, 18–22, Sa 18–22 Uhr. In der ehemaligen Halle des Güterbahnhofs kommen feinste Gerichte auf den Tisch, z. B. Wildentenbrust in Thymiansauce (225 SEK) oder Hechtfilet (185 SEK), preiswertere Lunchgerichte (82–115 SEK).

Restaurant Stäket 5: Stora Södergatan 6, Tel. 046-211 93 67, Mo–Do 11–23, Fr 11–24, Sa 12–24, So 11–23 Uhr, Sommer geschl. Schwedische Hausmannskost (120–180 SEK) in historischem Backsteinbau aus den 1570er Jahren, besonders preiswerte Lunchangebote um 80 SEK.

Promotionshögtiden Ende Mai/Anfang Juni, feierliche öffentliche Verabschiedung der Promovenden.

Bahn: Fernzug nach Göteborg, Karlskrona, Kristianstad und Stockholm, **Pågatåg (Lokalzug)** nach Malmö, Landskrona, Helsingborg (Informationen zum Nahverkehr s. Malmö bzw. Helsingborg).

Bosjökloster

Auf einer Landzunge mitten im See Ringsjö liegt malerisch das weiß getünchte Schloss **Bosjökloster** 1, das 1080 als Benediktinerinnenkloster gegründet wurde (32 km nordöstlich von Lund). Das privat genutzte Anwesen ist heute im Besitz der Familie Bonde af Björnö. Zu besichtigen sind das Treppenhaus und einige Gewölberäume des ehemaligen

Mit der Autorin unterwegs

Dom mit Geheimnissen

Pünktlich müssen Sie sein, um im **Dom zu Lund** die Heiligen Drei Könige über das Zifferblatt der Astronomischen Uhr wandern zu sehen. In der Krypta verbergen sich die Riesen, die der Legende nach einst den Dom erbauten – schauen Sie nach (s. S. 98).

Wanderung

Wildromantisch ist im **Nationalpark Söderåsen** (s. S. 102) der Rundweg zum Kopparhatten. Er beginnt am Naturum in Skäralid und führt durch den feuchten Talgrund des Skärå, wo Sie die flinken Wasseramseln beobachten können, die bevorzugt an schnell fließenden Gewässern leben. Aus dem Tal steigt der Weg auf durch Buchenwald bis zu einem Plateau mit Fernsicht (3,9 km).

Eine feste Burg

Glimmingehus ist die am besten erhaltene Burg in Schweden – von Ruine keine Spur. Werfen Sie einen Blick in den Rittersaal oder schauen Sie Schmied und Bogenschütze über die Schulter. Sehr zu empfehlen: die mittelalterliche Kost im Burgrestaurant (s. S. 118 f.).

Reisen in Skåne

Das **Öresund Rundt Ticket** erlaubt zum Tagespreis grenzenloses Reisen mit Bus und Bahn in der Öresund-Region (Kopenhagen mit Nordseeland/Dänemark und Skåne)

Regionale Auskunftstelle

Position Skåne AB: Stortorget 9, plan 5, 21122 Malmö, Tel. 040-20 96 00, Fax 20 96 10, www.skane.com

Klosters, ebenso die herrlichen Blumenrabatten im Terrassengarten am Ringsjö oder das Rondell englischer Rosen. Im Park stehen uralte Bäume, darunter eine stattliche tausendjährige Eiche, in deren hohlem Stamm bequem zwei Personen Platz fänden. Besucherkinder streicheln mit Vorliebe die Zwergziegen oder die Ponys. Auch ein Ruderboot kann man leihen und das weiße Schloss vom See aus betrachten (www.bosjokloster.se, Mai–Sept. 10–18 Uhr, Park und Gärten tgl. 8–20 Uhr, Winter: bis Sonnenuntergang).

Frostavallen / Skånes Djurpark

Südschweden ist nicht gerade das Land der Bären und Wölfe. Dennoch hat die Gemeinde Höör die höchste Wolfspopulation im Land. Zu **Skånes Djurpark** 2 gehört nämlich ein stattliches Wolfsrudel. Auch die Bären haben fast jedes Jahr Nachwuchs. 80 vor allem einheimische Tierarten leben in Schwedens größtem Zoo (Jularp bei Höör, ca. 10 km nordöstlich von Bosjökloster, Tel. 0413-55 30 60, www.skanesdjurpark.se, tgl. 9–17, Okt.–März nur bis 15 Uhr).

Nationalpark Söderåsen

Der **Nationalpark Söderåsen** 3 wurde 2001 eingerichtet und schützt den größten zusammenhängenden Laubwaldbestand Nordeuropas, vornehmlich Buchen. Die für diese Region unerwartet wilde Urnatur mit ihren tiefen Schluchten und sprudelnden Bächen bildet eine Oase für Flora und Fauna im ansonsten agrarisch intensiv kultivierten Südschweden. Wasseramsel und Gebirgsstelze brüten am Skärå, im See Odensjö springen die Regenbogenforellen. In den Wäldern fühlen sich Elch und Rotwild wohl, Wanderwege bis 8 km Länge führen ab dem **Naturum in Skäralid** durchs Gelände. Hier bekommt man Routenvorschläge und Kartenmaterial, auch geführte Touren werden veranstaltet.

i **Skäralids Naturum:** Pl 747, 26070 Ljungbyhed, Tel. 0435-44 21 20, www.nationalpark-soderasen.lst.se, Febr.–April, Okt–Nov. Di–So 11–16, Mai–Sept. tgl. 11–17 Uhr.

Röstånga Turistbyrå: Tel. 0435-913 53, April–Mitte Mai Fr 10–16, Sa, So 10–15, Mitte

Mai–Anfang Juni Mo–Fr 10–16, Sa, So 10–15, Juni–Aug. Mo–Fr 9–18, Sa, So 10–15 Uhr.

Röstånga Gästgivaregård: Marieholmsvägen 2, Röstånga, Tel. 0435-297 00, Fax 297 99, www.rostangagatsgivaregard.se. Der traditionsreiche Gasthof, der auf das 17. Jh. zurückgeht, ist ideale Basis zur Erkundung des Nationalparks. DZ ab 1150 SEK. In einem Nebengebäude befindet sich das komfortable Vandrarhem, mit acht 2-Bett- und zwei 4-Bett-Zimmern, mit Dusche/WC, TV und Telefon, Sauna. Vandrarhem-DZ ab 390 SEK. Im Gasthof wird als Spezialität klassische Hausmannskost serviert.

Wandern: ausgeschilderte Wanderwege im Nationalpark, Info im Naturum, Fernwanderweg Skåneleden
Golf: vier Golfplätze (18-Loch) liegen in der Umgebung: Ljungbyhed, Bosjökloster, Svalöv, Perstorp, Söderåsens.
Angeln und Wassersport (Kanu): am tief eingeschnittenen Odensjö.
Draisinefahrten: zwischen Nybygget (südl. Klippan, Kreuzung RV21/RV13) und Ljungbyhed, Mai–Sept., hin und zurück 13 km, Vorbestellung Tel. 0435-44 17 73.

Bahn: Zug nach Höör (Strecke Kopenhagen–Malmö–Lund–Hässleholm–Stockholm und Kopenhagen–Karlskrona).

Landskrona und Ven

Landskrona 4 entstand im 15. Jh. als Festungsstadt am Öresund, jenem ›Nadelöhr‹, durch das sich der Schiffsverkehr zwischen Nord- und Ostsee bewegt. Und noch immer ist die Zitadelle am Rand des Städtchens die wichtigste Sehenswürdigkeit, umgeben von zwei Wallgräben. Angelegt wurde sie unter dem Dänenkönig Kristian III. ab 1549 (Citadellet, Mitte Mai–Mitte Sept. Di–So 12–16, Mitte Juni–Mitte August Di–So 12, 14, 16 Uhr, Führungen). Zu der wuchtigen Backsteinfestung gesellen sich zahlreiche gelb getünchte Nebengebäude, wo früher Versorgungseinrichtungen wie Bäckerei oder Kleiderstube fürs Militär untergebracht waren, heute Werkstätten für Handwerker, die im Sommer ihr Können vorführen.

Von Landskrona aus verkehren täglich Fähren zur **Insel Ven** 5, die als Domizil des Astronomen Tycho Brahe (1546–1601) einige Berühmtheit erlangte. Vom unterirdischen Brahe-Observatorium sind heute nur noch die Fundamente erhalten. Karriere machte der Sternenkundler in Prag, wo er sein Wissen um die Bewegungen der Planeten an Johannes Kepler weitergab. Ausgeschilderte Routen und die geringe Steigung machen die 4,5 mal 2,4 km große Insel zum Fahrradparadies. Zu sehen gibt es außer viel Natur das Museum **Tycho Brahes Ven**, das 2005 in der ehemaligen Kirche Allhelgonakyrka eröffnet wurde. Techniker aus Tschechien halfen mit, die Instrumente originalgetreu nachzubauen, die der Astronom im 16. Jh. verwendete. Auch Teile des im zeittypisch symmetrischen Renaissancestil angelegten Schlossgartens können besichtigt werden (www.tychobrahe.com, Ende Juni–Mitte Aug. tgl. 10–18, Mai/Juni, Mitte Aug.–Sept. 10–16 Uhr, Garten ganzj. geöffnet). Die mittelalterliche **St. Ibbs kyrka** und der kleine Hafen **Kyrkbacken** auf der Westseite der Insel sind gut vom Fähranleger in Bäckviken mit dem Fahrrad zu erreichen (ca. 4 km). Fahrräder kann man auf dem Hügel über dem Fähranleger mieten, es verkehrt aber auch ein Linienbus. Unterkunfts- und Einkehrmöglichkeiten gibt es in der Saison reichlich.

Landskrona-Vens Turistbyrå: Storgatan 36 (Besuchsadresse: Norra Långgatan 14), 26131 Landskrona, Tel. 0418-47 30 00, Fax 47 30 02, www.landskrona.se, Juli–Mitte Aug. Mo–Fr 9–18, Sa, So 9–16, So 9–14, Mitte–Ende Aug. Mo–Fr 9–18, übrige Zeit Mo–Fr 10–17 Uhr.

Bahn: Lokalzug nach Ängelholm und Malmö (Pågatåg), Öresundtåg bis Kopenhagen. Infos zum Nahverkehr s. Malmö.
Boote: ganzj. tgl. nach Ven (Fahrtzeit 30 Min.) mit Ventrafiken, Tel. 0418-47 34 73.

Skåne

Halmstad
Tylösand
Tönnersjö
Mästocka
Vivljunga
Hinneryd
Traryd
Laxvik
Eldsberga
Skagerrak
Laholms-
bukten
E 20
Veinge
Kattarp
Knäred
Mellbystrand
Laholm
Råstorp
Timsfors
17 Hovs Hallar
Skummeslövs-
strand
Skottorp
117
Markaryd
14 Norrvikens trädgårdar
Båstad 13
E 4
Hallands Väderö
115 Hov
115
Våxtorp
Hishult
Emmaljunga
16 Torekov
105
Ö.
Karup
24
Skån.-Fagerhult
Bjärehalvön
15
Lugnaro-
högen
Nordana
117
Skälder-
viken
Förslöv
Skån.-Värsjö
Vittsjö
Vejbystrand
Hjärnarp
Rössjö-
holm
Åsljunga
Bjärnum
Örkelljunga
11 Mölle
Kullen
Arild
Munka-Ljungby
10 Krapperups
slott
Skäret
Bälinge
Röke
Mala
Nyhamnsläge
Jonstorp
Ängelholm 12
E 4
Hörja
E 6
Öderljunga
9 Höganäs
Mjöhult
Tyringe
21
111
Hasslarp
V. Torup
Klippan
Hässleholm
Viken
Astorp
Perstorp
Gilleleje
Ödåkra
21
Matteröd
Brönnestad
8 Sofiero slott
Bjuv
Ljungbyhed
Riseberga
E 20
Helsingør
Helsingborg
Nationalpark
Söderåsen
Färingtofta
Rörum
6
Ekeby
23
Fredensborg
6
Rå
110
Kågeröd
3
Röstanga
Tjörnarp
Humlebæk
Vallåkra 7
Skånes
Djurpark
Frostavallen 2
E 55
Glumslöv
Ask
Billinge
Höör
13
Nivå
Tågarp
Ven
5
Marieholm
113
23
Ludvigsborg
E 47
Hersholm
Billeberga
Bosjökloster 1
Bosarm
Landskrona
Marieholm
Ringsjön
Birkerød
17
17
Hörby
4
Saxtorp
Eslöv
Holte
Øresund
E 6
Kävlinge
Rolsberga
13
Farum
19
Taarbæk
E 20
Löberöd
Långaröd
Furulund
Gårdstånga
Barsebäck
Vallkärra
2
Lund
Harlösa
Öved
Brands
København
Lomma
16
Dalby
Vombsjön
E 22
Sjöbo
Staffanstorp
11
Saltholm
Genarp
Veberöd
Malmö
11
Röddin
E 20
1
Blentarp
DÄNEMARK
Skönabäck
13
E 20
Amger
Klagshamn
Svedala
Börringe
Söves
Tygelsjö
E 65
Skurup
St. He
Køge Bugt
Vellinge
Ö. Grevie
Skivarp
21 Ysta
19 Foteviken
Höllviken
Anderslöv
101
Svarte
Skanör
E 6
E 22
9
Abbekås
Falsterbo
18 Trelleborg
Beddingestrand
20 Smygehuk
Smygehamn

Helsingborg

Die meisten Schwedenreisenden kennen **Helsingborg** 6 nur vom Durchfahren. Dabei wird Skånes zweitgrößte Stadt (121 500 Einw.) immer attraktiver. Auch in Zeiten der Öresundbrücke ist der Fährhafen an der schmalsten Stelle des Sunds eines der wichtigsten Tore Schwedens zum Kontinent geblieben. In Sichtweite des Hamletschlosses Helsingør auf dänischer Seite pendeln ständig die Schiffe zwischen beiden Städten. Jenseits des Hafenterminals und der vielspurig ausgebauten E 6-Schneise liegt Helsingborgs gemütliche Altstadt mit Kopfsteinpflastergassen, an denen sich kleine Läden, Cafés und Restaurants reihen.

Die Beziehungen zum Nachbarn auf der anderen Sundseite waren nicht immer so gut. Aufgrund ihrer strategischen Lage war die Stadt in den ewigen Scharmützeln mit Dänemark jahrhundertelang heiß umkämpft. Von der Burg ist heute nur noch der 35 m hohe **Kärna,** der mittelalterliche Festungsturm, erhalten. Von hier geht der Blick weit über die schmale Wasserstraße: Unablässig passieren die großen Autofähren den Sund, kleinere Schnellboote für Passagiere, dicke Pötte und ausladende Frachtschiffe kann man hier vorbeiziehen sehen (Tel. 042-10 59 91, April–Mai und Sept. Di–Fr 9–16, Sa, So 11–16, Okt.–März Di–So 11–15, Juni–Aug. tgl. 11–19 Uhr).

Zu Füßen des Turms liegt, über Treppen erreichbar, der Stortorget mit Rathaus und **Reiterdenkmal** des Feldherrn Magnus Stenbock (1665–1717), dem Sieger in der letzten entscheidenden Schlacht im Jahr 1710. Völlig zerstört und entvölkert erholte sich die Stadt erst Mitte des 19. Jh., als Eisenbahn- und Fährverbindungen den Handel belebten. Auch der Bau des prächtigen **Rathauses** 1893–97 mit seinem 65 m hohen Glockenturm und der neogotischen Backsteinfassade fällt in diese Zeit. Auf der anderen Seite des Stortorget geht es in das Gassengewirr der Altstadt, deren Mittelpunkt der Platz mit der **Marienkirche** bildet. Die hübsche Backsteinkirche mit dem Treppengiebel blieb als einer der wenigen Bauten des Mittelalters erhalten.

Im Chorumgang sieht man noch Reste von Kalkmalereien, wie sie einmal die ganze Kirche geschmückt haben müssen (Mariatorget, Tel. 042-18 02 35, tgl. 9–16 Uhr).

Unmittelbar am neu und schick in Glas und Beton gestalteten Nordhafen liegt **Dunkers Kulturhus:** Theater, Konzerthaus, Kunstgalerie und Stadtmuseum unter einem Dach und mit Blick auf den Sund (Kungsgatan 11/Sundstorget, Tel. 042-10 74 00, www.dunkerskulturhus.com, Di, Mi, Fr–So 10–17, Do 10–20 Uhr).

Für das **Freilichtmuseum Fredriksdal** im Osten der Stadt sollte man genügend Zeit, gute Kondition und bequeme Schuhe mitbringen. Vor allem Gartenfreunde werden das abwechslungsreiche weitläufige Gelände (36 ha) genießen: ein Botanischer Garten mit Linnéscher Prägung, Anlagen verschiedener Stilepochen, Kräuter- und Obstgärten sowie ein symmetrisch angelegter Rosengarten mit 450 Rosensorten gilt es zu entdecken. Auch ein typisch schonischer Bauernhof und eine Kleinstadtstraße mit einem sehenswerten Druckereimuseum finden hier Platz. Und das Herrenhaus von 1787 spiegelt mit seiner Inneneinrichtung gustavianischen Stils die Eleganz des 19. Jh. wider (Hävertgatan, Tel. 042-10 45 00, April, Mai und Sept. tgl. 10–16 Uhr, Juni–Aug. 10–19, Okt.–März 11–16 Uhr).

Vallåkra

In dem kleinen Ort **Vallåkra** 7 südöstlich von Helsingborg lohnt ein Halt bei der Wallåkra Stenkärlsfabrik. In der Fabrik von 1864 wird – wie auch in Höganäs (s. S. 107 f.) – Salzglasurkeramik nach historischer Rezeptur hergestellt: Vorratstöpfe, Krüge und rustikales Geschirr. Man kann den Töpfern bei der Arbeit zusehen oder im Fabrikladen stöbern. Auch ein Café ist angeschlossen (Tel. 042-990 31, Fabrik Mo–Fr 10–16, Juli–Aug. tgl. 10–18 Uhr).

Helsingborgs Turistbyrå: Rådhuset, Box 1241, 25189 Helsingborg, Tel. 042-10 43 50, Fax 10 43 55, www.helsingborgsguiden.com, turistbyran@helsingborg.se, Mai–Mitte Juni und 2. Aug.-hälfte Mo–Fr 9–18, Sa, So 10–14, Mitte Juni–Mitte Aug. Mo–Fr 9–20, Sa, So 9–17, Sept.–Mai Mo–Fr 10–18, Sa 10–14 Uhr.

Für alle, die von der Fähre kommen, ist der erste Anlaufpunkt **First Stop Sweden,** Bredgatan 2, 25225 Helsingborg, Tel. 042-10 41 30, Fax 42 10 41 35, fss@helsingborg.se, www.firststopsweden.com, Mai–Mitte Juni und 2. Aug.-hälfte Mo–Fr 9–18, Sa 9–15, So 9–14, Mitte Juni–Mitte Aug. tgl. 9–21, Sept.–Mai Mo–Fr 8–17 Uhr.

Hotell Linnéa: Prästgatan 4, Tel. 042-37 24 00, Fax 37 24 29,www.hotell-linnea.se. Kleiner freundlicher Familienbetrieb, zentrale Lage, 30 DZ zu 845–1085 SEK.

Viking Hotel: Fågelsångsgatan 1, Tel. 042-14 44 20, Fax 18 43 20, www.hotellviking.se. Zentral in der Altstadt gelegenes kleines Hotel mit 40 Zimmern; DZ ab 895 SEK (Sommer- und Wochenendpreis) bis 1395 SEK.

Villa Thalassa: Dag Hammarskjölds väg 2, Tel. 042-38 06 60, Fax 12 87 92, www.villathalassa.com. Villa mit herrlicher Aussicht 3,5 km nördlich, Vorausbuchung ratsam; ab 180 SEK/Bett, DZ ohne Frühstück und Bettwäsche 420–500 SEK.

STF Vandrarhem Miatorp: Planteringsvägen 71, Tel. 042-13 11 30, Fax 13 22 50, www.miatorp.nu. Mitten im Stadtgebiet südlich vom Zentrum (Bus), alle 43 Zimmer mit Dusche/WC; DZ 630–720 SEK.

Råå vallar: Tel. 042-10 76 80, 10 76 81, ganzj., 5 km südlich, am Sandstrand (mit FKK-Bereich), Busverbindung, großer, sehr beliebter Platz (im Sommer oft voll), 500 m zum Ort Råå, auch Campinghütten.

Elinor: Kullagatan 53, Tel. 042-12 23 30, Mo–Fr 11.45–14.30, 18–22.30, Sa 18–22.30 Uhr. Eine echte Institution in Helsingborg und sehr renommiert, Spezialität: Fisch und Meeresfrüchte, Tipp: die Lunchmenüs an Werktagen, 85–275 SEK.

Sofiero Slottsrestaurang: Sofiero, Tel. 042-14 04 40, Juli/Aug. Mo–Fr 11.30–14.30 Uhr. Nobel speisen in königlichem Ambiente mit herrlicher Aussicht über den Öresund (Menü: 275 SEK).

Dänemark im Blick: Helsingborgs Rathaustürme schauen über den Öresund

Dunker bar & Matsalar: Kungsgatan 11 (im Dunker Kulturhus), Mo–Fr 11.30–14, tgl. 17.30–21.30 Uhr. Moderne Gastronomie im Bistrostil, preiswerte Lunchgerichte (89–109 SEK) mit Blick auf den Sund, abends feine Fischküche, z. B. Hummer oder Steinbutt (ca. 250–300 SEK).

Nach Herzenslust kann man in vielen kleinen Geschäften und großen Warenhäusern an der **Kullagatan** stöbern: Design, Kleidung, Schuhe etc.

Sundspärlan: Fältarpsvägen, Tel. 042-18 32 70, außerhalb der Stadt, im Sommer Fr und Sa Tanz, Diskothek, mehrere Bars und Restaurants.

Helsingborgs Knutpunkten verdient den Namen Verkehrsknotenpunkt. **Bahn:** Von unterirdischen Bahnsteigen fahren Fernzüge u. a. nach Malmö, Kopenhagen (Öresundståg), Stockholm und Göteborg. **Busse und Lokalzüge (Pågatåg):** Informationen Skånetrafiken Tel. 0771-77 77 77, www.skanetrafiken.skane.se. Im Obergeschoss Zugang für Passagiere zu **Auto-/Passagierfähren** nach Helsingør. Im Sommer tagsüber Abfahrten ca. alle 20 Min. Die Passagierfähren nach Helsingør und Kopenhagen, tgl. ca. alle 2 Std. **Fähren nach Ven** (s. auch Landskrona) von Råå, 7 km südlich von Helsingborg, Anfang Mai–Ende Aug., am Wochenende bzw. Mittsommer bis Mitte Aug. tgl. (35 Min. Fahrtzeit), Tel. 010-2 42 08 46, 042-26 13 12.

Die Halbinsel Kullen

Höganäs

Nördlich von Helsingborg steuert man auf dem R 111 – fast immer den Sund im Blick – die Halbinsel Kullen an. Die nach ihr benannte Region Kullabygden besitzt eine alte Töpfertradition. Von hier bis nach Helsingborg ziehen sich Steinkohleflöze, deren Ausbeutung in Verbindung mit dem Tonabbau rentabel war. Mit der in der Region vorkommenden Kohle wurden früher die Brennöfen befeuert. **Höganäs** 9 ist bis heute von den Schornsteinen der Keramikfabriken geprägt. Die tra-

Richtig Reisen-Tipp: Wanderung nach Sofiero

Statt auf der E6 Richtung Ängelholm zu sausen, kann man ab Helsingborg die Fahrt geruhsam auf der Küstenstraße 111 fortsetzen oder sich sein Ziel erwandern: Ein ca. 2 km langer Spaziergang führt über die bewaldeten Höhen, von denen aus man immer wieder zwischen hohen Kiefern und Buchen die Schiffe auf dem Öresund passieren sehen kann. Start ist **Pålsjö Mölla** ca. 2 km nördlich von Helsingborgs Zentrum (Parkplatz; Rückkehr zum Start mit Bus 219). Gegenüber der idyllisch gelegenen Wassermühle mit Mühlteich führen auf der anderen Straßenseite Stufen hoch zu noblen Villen und weiter, vorbei an **Pålsjö Slott** (nur von außen zu besichtigen) mit hübschem Treppengiebel und Villa Thalassa (Vandrarhem), bis **Sofiero slott** 8 (ca. 2 km), das letzte Stück auf kombiniertem Rad-/Fußweg neben dem RV111. Den Park von Schloss Sofiero mit der größten Rhododendronsammlung Europas (ausgenommen England) sollte sich kein Gartenfreund entgehen lassen. Das Schloss selbst kann nur im Rahmen von Führungen besichtigt werden. 1865 erbaut, erhielt es sein endgültiges Aussehen 1875. Im Jahr 1905 schenkten König Oskar II. und dessen Frau Sophia (daher der Name ›Sophie-Ruh‹) das Anwesen ihrem Enkel Gustav Adolf, der es als schwedischer König vor allem als privaten Sommersitz, aber auch anlässlich von Staatsempfängen nutzte. Die Räumlichkeiten des Schlosses sind in jeweils unterschiedlichen Zeitstilen möbliert und dekoriert – von der düsteren grünen Seidentapete und viktorianischem Plüsch über den lichten luftigen Jugendstil bis hin zu den nüchternen 1960er Jahren, als Sofiero häufig Schauplatz sommerlicher Konsultationen des Monarchen mit dem damaligen sozialdemokratischen Regierungschef Tage Erlander war.

Sofiero slott: Tel. 042-13 74 00, 5 km nördlich, Schloss April, Anf.–Mitte Sept. tgl. 11–17, Mai–Aug.10–18 Uhr, Park ganzjährig.

Überraschungen im Grünen: in Form geschnittene Figuren im Park von Sofiero

ditionelle Salzkeramik fertigt noch **Höganäs saltglaserat** (Bruksgatan, im Ort, nahe der Feuerwache, Tel. 042-33 83 33, Mo–Fr 9–16, Juni–Aug. auch Sa 10–13 Uhr). Der leicht eisenhaltige Ton ergibt die bräunlich-rote bis schwarze Farbe der Töpferware und das bei 1280 °C in den Brennofen geblasene Steinsalz die körnige matt glänzende Oberfläche. Die Töpfer lassen sich gern bei der Arbeit an der Scheibe zusehen und Besucher dürfen auch einen Blick in die Brennöfen werfen, die zum Teil solche Ausmaße besitzen, dass in ihnen eine Wohnzimmereinrichtung bequem Platz hätte.

Krapperups slott

Die sechszackigen Sterne aus weißem Putz auf der Gartenseite des Backsteinschlosses **Krapperups slott** 10 künden von Besitzerstolz: Sie gehören zum Wappen des Gyllenstierna-Geschlechts, noch heute Eigentümer des Anwesens, das auf das 15. Jh. zurückgeht, sein heutiges Erscheinungsbild aber erst um 1790 erhielt. Sehenswert ist auch der im englischen Stil aufwändig angelegte Garten. Der Kunstverein Kullen stellt hier im Sommer zeitgenössische Kunst aus, und Ende Juni/Anfang Juli finden Sommerkonzerte statt (bei Nyhamnsläge, Tel. 042-34 41 90, Mai, Juni und Sept. Mi 15–19, Sa/So und Feiertage 13–18, Aug. tgl. 13–19 Uhr, Park ganzj. tgl.).

Mölle und der Kullaberg

Der traditionsreiche Badeort Mölle bietet sich als Zwischenstation an, um die Halbinsel zu erkunden. **Mölle** 11 schmiegt sich an den Fuß des **Kullabergs**, der mit grauen, schroffen Urgesteinsfelsen und bis zu 60 m hohen Klippen aus dem Meer aufsteigt. Die Halbinsel ragt weit in den Öresund hinaus; der Westen steht unter Naturschutz. Für die Fahrt zum Leuchtturm Kullens fyr wird pro PKW eine Gebühr erhoben; am Kassenhäuschen gibt es auch eine Infobroschüre mit Karte. Der größte Teil des Naturreservats ist bewaldet. Den Boden der lichten Buchenwälder bedecken im Mai und Juni Anemonen und andere Frühjahrsblumen. Nicht nur dann ist die von Wanderwegen gut erschlossene Landspitze ein populäres Ausflugsziel. Auf der Nordseite des Kullen gibt es mehrere Höhlen, die man z. T. auf halsbrecherischen Pfaden erreichen und inspizieren kann. Ganz an der Nordwestspitze blinkt der Nachfolger des ersten, bereits 1561 errichteten Leuchtturms aus 88,5 m Höhe bis zu 46 km weit. Er ist damit nicht nur der lichtstärkste Skandinaviens, sondern auch der höchstgelegene in Schweden.

Vom ›Gipfel‹ des Kullen, Håkullen (187 m), geht der Blick weit über Land und Meer. Ein Stück östlich passiert man auf dem Weg von Mölle nach Arild **Himmelstorp,** einen typischen schonischen Vierkant-Bauernhof, der auch zu besichtigen ist (Tel. 042-34 60 06, Mai–Mitte Sept. Sa, So, Mitte Juni–Mitte Aug. tgl. 13–17 Uhr).

i **Höganäs Turistbyrå:** Centralgatan 20, 26382 Höganäs, Tel. 042-33 77 74, Fax 33 77 62, www.hoganas.se; Auskunft über die Halbinsel Kullen. Juni Mo–Fr 9–16.45, Juli Mo–Fr 9–18, Sa 10–14, So 11–15, Aug. Mo–Fr 9–16.45, Sa 10–14, übrige Zeit Mo–Fr 9–16.30 Uhr.

STF-Vandrarhem Jonstorp: Gamla Södåkravägen 127, Jonstorp, Tel. 042-12 14 13, Fax 36 78 98, vandrarhem@jonstorp.com. Kleine Herberge mit 2- bis 4-Bett-Zimmern auf dem Lande, insgesamt 40 Betten, Fahrradvermietung; DZ ab 390 SEK.

SweCamp Möllehässle Camping: Tel. 042-34 73 84, am RV 111, 2 km südöstlich von Mölle, am Fuß des Kullaberg und nahe einem unter Naturschutz stehenden Heidegebiet, Häuser- und Zimmervermietung; Stellplatz 170 SEK.

Rut på Skäret: Skäret, Tel. 042-34 61 88, April–Dez. tgl. 12–21 Uhr. Uriges Wirtshaus mit ländlichem Charme, u. a. Petroleumlampen und großer Obstgarten, in dem schonische Hausmannskost serviert wird, 95–245 SEK.

Tunneberga Gästgifvaregård: Jonstorp, Tel. 042-36 74 81, www.tunneberga.se, Mitte

April–Mitte Juni und Mitte -Ende Aug. Di–Sa 12–21, So 12–17, Mitte Juni–Mitte Aug. Di–So 12–21, übrige Zeit Di–Do 12–15, Fr, Sa 12–21, So 12–17 Uhr, Mo Ruhetag. In dem Fachwerkhaus aus dem 10. Jh. mitten im Dorf wird eine anspruchsvolle, typisch südschwedische Küche gepflegt. Tipp: Smörgåsbord als Einstieg (275 SEK) oder preiswerte Lunchgerichte (110 SEK).

Kullagårdens Wärdshus: Kullaberg, Tel. 042-34 74 20, März–Dez. tgl. 9–22 Uhr, www.kullagardenswardshus.com. Sehr gemütliches Haus (auch Golfhotel) direkt am Golfplatz, gute Küche, günstig zum Lunch; 145–210 SEK.

Ransvik: Kullaberg, Tel. 042-34 76 66, Mai–Sept. tgl. 11–18 Uhr. In der winzigen Bucht mit Blick auf Mölle sitzt man nett beim Lunch oder bei Kaffee und Kuchen. 50–150 SEK.

Café Flickorna Lundgren: Skäret, Tel. 042-34 60 44, Mai–Mitte Sept. 10–18 Uhr. Selbstgebackenes Brot und Kuchen in einem Ausflugslokal von 1638, wohin schon König Oskar aus Sofiero gern zum Nachmittagskaffee anreiste; 50–150 SEK.

Lokale **Keramikprodukte** sind ein ideales Mitbringsel aus Höganäs: modernes Design in zweiter Wahl im Fabrikverkauf von **Boda Nova Höganäs Keramik**, www.hoganaskeramik.com, an der Straße 111 Richtung Mölle. Traditionelle braune Ware mit Salzglasur: **Höganäs Saltglaserat**, Bruksgatan, Tel. 042-33 83 33, Mo–Fr 9–16 Uhr, Juni–Aug. auch Sa 10–13 Uhr.

Konstrundan, in der Karwoche vor Ostern haben Kunsthandwerker in ganz Westskåne ihre Ateliers für Besucher geöffnet; Sonderausstellungen.

Windsurfing und **Klettern** am Kullen: Kulla Äventyr, Tel. (mobil) 0706-93 64 00, www.kullaaventyr.com.

Tauchen bei KullenDyk Mölle, Tel. 042-34 77 14, www.kullendyk.nu, Special Sport School, Tel. 34 77 25, www.specialsport.se.

Busse von Helsingborg. Informationen zum Nahverkehr s. dort.

Ängelholm

Von der dramatischen Felsküste des Kullen geht es in die sanfte Sandbucht Skälderviken. **Ängelholm** **12** am Fluss Rönneå ist das touristische Zentrum der wegen der kilometerlangen Sandstrände bei Familien mit Kindern beliebten ›Riviera‹. In der Innenstadt von Ängelholm sind noch etliche alte Häuser erhalten; im ehemaligen Rathaus von 1775 residiert das Turistbyrå und im ältesten Gefängnis des Landes von 1780 am Tingstorget das **Hantverksmuseum** (Tel. 0431-875 59, Juni–Aug. Mi–Sa 10–14 Uhr). Das ehemalige Gefängnis stellt regionale Keramik aus – auch Ängelholm war ein bedeutendes Töpferzentrum. Vor hundert Jahren fertigte man hier noch *lergökar,* wörtlich Lehmkuckuck, d. h.

Tonflöten, ein Kinderspielzeug in originellem Design, das heute wieder als Souvenir zu Ehren kommt. Hinter dem Bahnhof in einem ehemaligen Lokschuppen ist das **Banmuseum** eingerichtet, mit einer Tonbildschau (auch in deutscher Sprache) zur Geschichte der schwedischen Eisenbahn. Passend dazu schnurren die Züge auf der riesigen Modelleisenbahnanlage (Tel. 0431-44 20 75, Mai und Sept. nur Sa, So, Juni–Aug. tgl. 10–17 Uhr).

Ängelholms Turistbyrå: Gamla Rådhuset, Stortorget, 26232 Ängelholm, Tel. 0431-821 30, Fax 192 07, www.turist.engelholm.se, Mai und Sept. Mo–Fr 9–17, Sa 10–13, Juli Mo–Fr 9–18, Sa 10–15, So 11–15, Juni/Aug. Mo–Fr 9–18, Sa 10–15, Okt.–April Mo–Fr 9–17 Uhr.

STF Vandrarhem: Magnarp 174, Vejbystrand, Tel. 04 31-45 23 64, April–Okt. In schöner Lage am Meer ca. 9 km nördlich von Ängelholm, mit Blick auf Skälderviken, Badestrand und Radweg vor der Tür; DZ ab 260 SEK.

Råbocka Familjecamping: Tel. 0431-105 43, Fax 161 44, Ende April–Aug., 2 km von Ängelholm am Meer, mit kinderfreundlichem Sandstrand, Restaurant, Hüttenvermietung.

Margretetorps Gästgifvaregård: Margretetorp, Hjärnarp, ca. 8 km nördlich von Ängelholm, Tel. 0431-45 44 50, Fax 45 48 77. Traditionsreicher, aufwändig restaurierter Fachwerkhof am Südrand des Hallandsåsen mit ›Weinschloss‹ und sehr gutem Restaurant – legendär ist das üppige Smörgås-

Bei Ängelholm beginnen die langen Sandstrände der ›schwedischen Riviera‹

bord, das einen ganzen Raum füllt (12–16 Uhr; pro Person 326 SEK; 3-Gänge-Menü 650 SEK). Auch 60 sehr komfortable Zimmer; DZ ab 1600–1760 SEK, EZ ab 946 SEK.

Baden: Schöner Sandstrand in Vejbystrand.
Lachsfischen im Rönneå, Boote ab Stadshuset bzw. Hafen Skälderviken, Tel. 0431-203 00
Tauchschule Ängelholms Dykcenter, Tel. 0431-203 70; **Segelschule** Skälderviken.

Flug: Flugplatz Ängeltofta (Inland) 5 km; **Bahn:** an der Strecke Malmö–Göteborg, Infos zum Nahverkehr s. Malmö.

Båstad und Bjärehalvön

Båstad 13 (14 000 Einw.) ist vor allem ein Synonym für Tennis. In der Hall of Fame von Schwedens Tennis-Museum sind die großen Namen aus 120 Jahren schwedischer Sportgeschichte vertreten – von König Gustav V., der Tennis einst hoffähig machte, bis Björn Borg (Sveriges Tennismuseum, Torget/Köpmansgatan 2, im Sommer tgl., übrige Zeit Öffnungszeiten erfragen unter Tel. 0431-716 72). Alljährlich findet in Båstad auch das berühmte internationale Turnier statt. Das Stadion fasst 6000 Zuschauer. Nicht nur dann wird es eng: Im Sommer tobt hier das Badeleben, ein reiches Freizeitangebot sorgt für Abwechslung. Allein vier Golfplätze gibt es in der Umgebung. Auch eine große Marina gehört zu Båstad, das einst von der Familie Nobel zur Sommerresidenz geadelt wurde.

Norrvikens trädgårdar

Nordwestlich von Båstad liegt eine der schönsten Gartenanlagen Schwedens, die Anfang des 20. Jh. angelegten **Norrvikens trädgårdar** 14 mit Themengärten wie Rosarium, Japanischer oder Renaissance-Garten. An Ort und Stelle findet man außerdem Läden mit Kunsthandwerk, eine Glasbläserei, eine Kunstgalerie sowie ein Restaurant/Café (www.norrvikenstradgardar.com, Mai–Mitte Sept. tgl. 10–18 Uhr).

Bjärehalvön

Nördlich von Ängelholm schiebt sich der Höhenzug Hallandsåsen wie ein Riegel in Ost-West-Richtung in die flache Landschaft bis hinaus in das Kattegat und bildet die Halbinsel Bjärehalvön. Ein kurzer Abstecher an ihrem Westzipfel führt in den kleinen Badeort **Torekov** 15. Weitgereiste pensionierte Seefahrer brachten die Sitte des warmen Bades seinerzeit aus Teilen der Welt mit, wo man in Hygienedingen schon weiter war als in Nordeuropa, und errichteten das heute noch funktionstüchtige Warmbadehaus. Heute ist Torekov berühmt als Treff der Schönen und Reichen; entsprechend hoch ist das Preisniveau der Gastronomie. Vom Hafen Torekov aus verkehren im Sommer Boote zur 3 km² großen unbewohnten Insel **Hallands Väderö** 16, ein Refugium für zahlreiche Vogelarten u. a. als Brutplatz für die seltenen Gryllteisten. Ebenfalls unter Naturschutz stehen die schroffen Felsklippen an der Nordwestecke der Halbinsel, dort wo der Hallandsåsen in die Brandung ragt: **Hovs Hallar** 17.

Båstad Turism: Köpmansgatan 1 (am Marktplatz), Box 1096, 26921 Båstad, www.bastad.com, Tel. 0431-750 45, Fax 7 00 55, Di–Fr 10–16, Sa 11–14 Uhr; Båstad Tenniscenter Turistinformation: Tel. 0431-685 00, drivan@bastad.com, Mo–So 8–20 Uhr.

Hotel Riviera: Rivieravägen 33, Båstad, Tel. 0431-36 90 50, Fax 761 00, www.hotelriviera.nu, Ende April–Sept. Gemütliches Sommerhotel rund 100 m vom Strand, ideal für Spaziergänge am Meer, 52 Zimmer; DZ 850 SEK, Halbpension möglich.
Pensionat Hjorten: Roxmansvägen 23, Båstad, Tel. 0431-701 09, www.hjorten.net, Juni–Aug. Kleines Sommerhotel – das älteste in Båstad und seit 1910 in Betrieb, entsprechend nostalgisch ist das Ambiente. Mit Restaurant (s. u.); DZ ab 795 SEK.
Krono Camping Båstad-Torekov: Tel. 0431-36 45 25, Fax 36 46 25, Mitte April–Mitte Sept., am RV 115 1 km nördlich von Torekov, schöne Lage am Meer, mit Hüttenvermietung, luxuriös, 600 Plätze; ab 140 SEK.

Swensons Krog & Café: Pål Romares gata 2, Torekov, Tel. 0431-36 45 90, Ostern–Sept. tgl. ab 18 Uhr, übrige Zeit nur am Wochenende. Fischrestaurant am Hafen von Torekov, in einem ehemaligen Landwaren- und Bootsbedarfshandel von 1907. Hier geht man heute schick essen; 119–295 SEK.
Restaurant Hjorten: Roxmansvägen 23, Båstad, Tel. 0431-701 09, Ende Mai–Sept. tgl. 18–24 Uhr. Serviert werden Klassiker wie *Plankstek* (auf einem Holzbrett serviertes Kurzgebratenes mit Rösti oder Kartoffelbrei), aber auch exotisch Angehauchtes; Hauptgerichte 150–225 SEK.

Tennisturnier Swedish Open Anfang–Mitte Juli. **Tennisplätze** in den Ortsteilen Hemmeslöv und Riviera.
Golf: Fünf 18-Loch-Golfplätze; Info über Inklusivangebote von Båstad Turism.
Seehundsafaris und Fahrten nach Hallands Väderö von Torekov, Tel. 0431-36 30 11.

Bahn: Zugstation an der Strecke Malmö–Göteborg. Informationen zum Nahverkehr s. Malmö.

Route: Von Trelleborg nach Kristianstad

Trelleborg

Zu Zeiten Kaiser Wilhelms entwickelte sich **Trelleborg** 18 zur ›Pforte zum Kontinent‹ und zum Fährhafen Nummer eins Richtung Deutschland. Am 1. Mai 1897 eröffneten Kaiser Wilhelm und der schwedische König Oskar II. feierlich die ›Königslinie‹ nach Sassnitz. Wer heute allerdings mit der Fähre von Sassnitz anreist, tut dies – wenn nicht mit dem Fahrrad – meist motorisiert und strebt eilends weiter gen Malmö auf der E 6 oder auf der Ostküstenroute Richtung Ystad und Österlen.

Im Jahr 1991 machten Archäologen in der 39 600-Einwohner-Stadt einen spektakulären Fund: Bei Aushubarbeiten wurden die Überreste der **Wikingerburg**, die der Stadt ihren Namen gab, zutage gefördert. Die Ringburg, die man in Teilen rekonstruiert hat, ist die einzige diesen Typs, die bislang in Schweden entdeckt worden ist. In Dänemark hat man vier solcher Burgen gefunden, die immer nach demselben Schema angelegt sind: ein von Holzpalisaden und Wassergräben umgebenes Rund mit zwei schnurgeraden, quer hindurch verlaufenden, sich rechtwinklig kreuzenden Straßen, die den inneren Bezirk in vier Sektoren aufteilen und durch vier Tore aus der Burg hinausführen. Das dänische Wort *trelle* soll sich auf die schräg gestellten Pfeiler beziehen, die die Palisaden stützen. Als Initiator all dieser Holzfestungen gilt der dänische König Harald Blauzahn (reg. 940–985). Ein Stück Palisadenwand mitsamt Burgtor – alles aus Holz – ist rekonstruiert worden. In einem Fachwerkhaus befinden sich heute ein Café sowie ein Souvenirshop (Bryggaregatan, Tel. 0410-5 30 21, ganzj. frei zugänglich, Mitte Juni–Mitte Aug. 11–17 Uhr Café und tgl. Führungen).

Foteviken / Höllviken

Das ›Wikingerdorf‹ **Foteviken** 19 liegt 15 km nordwestlich von Trelleborg hinter Holzpalisaden versteckt oberhalb der gleichnamigen Bucht mit weitem Blick übers Meer. Der Wikingerhafen, der sich vor 1000 Jahren hier befand, war mit einer Sperre aus Holzstämmen vor Überfällen von See geschützt. Nun bevölkern etwa ein Dutzend überzeugte ›Wikinger‹ wieder die rund 20 Häuser und Zelte. Eingeladen von bärtigen Gesellen in wehenden, wollenen Umhängen und holden Frauenzimmern erlebt man bei einer Führung, wie sich der Alltag vor 1000 Jahren gestaltete: Essen kochen, Schafe und Hühner füttern, Wolle färben. Gelegentlich, wenn Handwerker zu Besuch sind, dürfen Besucher mitmachen beim Schmieden oder Bogenschießen (Höllviken, Mai–Sept. Mo–Fr, Juni–Aug. tgl. 10–16 Uhr).

Smygehuk

Von Trelleborg Richtung Südosten auf dem RV 9/E 22 erreicht man Schwedens südlichste Landspitze: **Smygehuk** 20 wird von einem Leuchtturm aus dem Jahr 1883 mar-

Beschaulich und mitunter recht bunt: Ystad

kiert, der allerdings bereits 1975 seine Arbeit eingestellt hat. Gäste des Vandrarhem im ehemaligen Leuchtturmwärterhaus können es sich im Turm gemütlich machen und von dort aus den Sonnenuntergang genießen. Der Platz oben in der Glaskuppel ist allerdings sehr begehrt!

Ein kurzer Spaziergang führt vom Leuchtturm zu dem kleinen Fischereihafen **Smygehamn**, der aus einem ehemaligen Kalksteinbruch mit Räucherei und Fischhandel entstanden ist. Ein paar Schritte östlich des Hafens steht Köpmansmagasinet, im Sommer Touristeninformation und Café. Der Speicher wurde 1806–14 zur Zeit der durch Napoleon gegen England verhängten Kontinentalsperre gebaut und diente als Zwischenlager für Waren im lukrativen Schmuggel.

Campingplätze gibt es an diesem Küstenabschnitt mehr als genug, und auch Feriendhaussiedlungen säumen die Küstenstraße zwischen Beddingestrand und Abbekås. Hinter dem netten kleinen Fischereihafen, der einige idyllische Ecken besitzt, wird der Strand steiniger, und Wiesen reichen bis an die Ostsee.

i **Trelleborgs Turistbyrå:** Ångkvarnen, Hamngatan 9, 23142 Trelleborg, Tel. 0410-73 33 20, Fax 134 86, turist@trelleborg.se, Mo–Fr 9–17 Uhr.
Trelleborgs Turistbyrå: Köpmansmagasinet, Kustvägen, 23179 Smygehamn, Tel. u. Fax 0410-240 53 (Juni–Aug.).

STF Vandrarhem Smygehuk: Smygehuk fyr, Kustvägen, Tel. 0410-245 83, www.smygehukhostel.com, April–Nov. 42 Betten im alten Leuchtturmwärterhaus – rechtzeitige Reservierung in der Saison ist ratsam. Auf dem Gelände stehen auch Hütten für 2–4 Personen zur Verfügung; DZ ab 280 SEK.
Bingsmarkens Camping: Skivarp, 4 km westlich von Abbekås, Tel. 0410-256 64, Mitte April–Mitte Sept. Kleiner Zeltplatz mit eigenem Sandstrand, auch Hütten, www.camping.se/m22; Stellplatz ab 150 SEK.

Fähren nach Rostock, Travemünde und Sassnitz.
Busse nach Malmö, Ystad und Lund. Informationen zum Nahverkehr s. Malmö.

Ystad

Krimikenner verbinden **Ystad** 21 sofort mit Kurt Wallander, Held der Romane von Henning Mankell, dessen Bestseller inzwischen auch verfilmt wurden. Bekannt ist die 27 000-Einwohner-Stadt aber vor allem wegen ihres einmalig vollständigen Bestands an Fachwerkbauten. Außerdem ist Ystad ein wichtiger Hafen mit Fährverbindungen nach Polen und zur dänischen Ostseeinsel Bornholm.

Vom Bahnhof führt die Pilgränd in die Innenstadt. An der Ecke zur Fußgängerstraße Stora Östergatan liegt das älteste Fachwerkhaus Skandinaviens, das altersdunkle **Pilgrändshus,** dessen Baubeginn um 1480 datiert. Insgesamt stehen rund 300 Fachwerkhäuser in Ystad unter Denkmalschutz – fast die ganze Innenstadt. Einen Besuch wert ist das Museum zur Stadtgeschichte im ehemaligen **Gråbrödrakloster** (links über die Stora Östergata und dann rechts in den Snedgränd), das 1267 als eines der ersten Franziskanerklöster in Schweden gegründet wurde. Die roten Backsteingebäude, darunter die gotische St.-Petri-Kirche, waren nach der Auflösung des Klosters während der Reformation 1532 zunächst Hospital, dann Armenhaus, Schnapsbrennerei und schließlich Getreidelager (Hospitalsgatan 4, Tel. 0411-57 72 86, Juni–Aug. Di–Fr 10–17, Sa, So 12–16, übrige Zeit Di–Fr 12–17, Sa, So 12–16 Uhr).

Verlässt man den Platz mit den Klostergebäuden über die Sladdergatan, trifft man an der Ecke zu Stora Norregatan auf **Änglahuset** oder ›das Haus mit den Köpfen‹ aus dem 16./17. Jh. Die Holzkonsolen an der Fachwerkfassade des Kaufmannshofs sind verziert mit Engelsköpfen und daran angesetzten Flügeln, aber auch Grimassen schneidenden Fratzen. Die Stora Norregatan führt zum Stortorget, dem Marktplatz, der zur Abwechslung auch ein paar Jahrhundertwendefassaden bietet.

Wieder ins Mittelalter führt die Geschichte der **Sankta Maria kyrka.** Sie geht auf eine romanische Backsteinkirche des 13. Jh. zurück, an die im 15. Jh. der gotische Chor mit Chorumgang angebaut wurde. Als der Turm 1648 bei einem Sturm zusammenstürzte und die Westseite der Kirche beschädigte, baute man sie gleich größer aus – mit Querschiffen im Renaissancestil. Ende des 17. Jh. war auch der Turm wieder aufgebaut. Aus dieser Zeit stammt die noch heute lebendige Tradition der Feuerwächter, die nächtens alle Viertelstunde (nur bis spätestens 23 Uhr!) von dort oben ins Horn blasen; beruhigt können sich die Schläfer dann auf die andere Seite drehen, denn sie wissen, dass es nirgendwo in der Stadt brennt.

Auf dem Rückweg zum Bahnhof bzw. zum Parkplatz außerhalb des Innenstadtkerns passiert man das alte **Rathaus**, dessen Kern zwar von 1572 stammt, aber 1840 im Empirestil völlig umgestaltet wurde. In den Kellergewölben eines noch älteren Vorgängerbaus aus dem 15. Jh. kann man im Restaurant Store Thor einkehren. Über die Stora Östergatan verlässt man den Marktplatz und kommt über die Stickgatan zur Dammgatan mit dem großbürgerlichen **Charlotte Berlins Hus,** dessen originale Einrichtung aus dem späten 19. Jh. erhalten ist (Dammgatan 23, Tel. 0411-188 66, Juni–Aug. Mo–Fr 12–17, Sa, So 12–16 Uhr).

Ales stenar

Wenige Kilometer östlich von Ystad biegt der RV 9 ins Landesinnere ab. Wer aber **Ales stenar** 22 nicht verpassen möchte, muss weiter parallel zur Küste Richtung Kåseberga und Löderups Strandbad fahren. Die größte Schiffssetzung (Grab in Schiffsform) Schwedens ist zumindest im Sommer Pilgerziel für zahlreiche Ausflügler. So bewegt man sich auf den 700 m vom mit Fischräuchereien und Kramläden gut bestückten Hafen des Örtchens Kåseberga auf ziemlich ausgetretenen Sandpfaden die grasbewachsenen Dünen hinauf. Das Monument beeindruckt allein schon durch seine Ausmaße, es ist eine Art ›schwedisches Stonehenge‹, allerdings weitaus jünger, nämlich nur ca. 1000 Jahre alt. Die 58 aufrechten Granitsteine auf dem Plateau hoch über dem Meer – bei klarem Wetter kann man beim Aufstieg von Kåseberga deutlich die Silhouette von Bornholm ausmachen – bilden eine 67 m lange und 19 m breite

Schiffssetzung. Die Stevensteine sind mit 3,30 und 2,80 m am höchsten. Bekannt ist, dass hier ein alter Kult- bzw. Thingplatz war, doch wurden bisher keine Ausgrabungen getätigt. Vermutlich markieren die Steine das Grab eines bedeutenden Häuptlings der Wikingerzeit (800–1050 n. Chr.).

Backåkra

Backåkra 23 ist ein typisch schonischer Fachwerkhof. So idyllisch-ländlich und abgeschieden es wirkt, birgt das Anwesen dennoch Bezüge zu Zeitgeschichte und großer Weltpolitik. Denn hier verbrachte der spätere Friedensnobelpreisträger Dag Hammarskjöld seine Ferien. Ein kurzer Spaziergang über leicht hügelige Wiesen, in geschützter Lage hinter dem Hof, führt zu seinem einstigen Meditationsplatz mit weitem Blick aufs Meer. Das angrenzende Wald- und Heidegebiet steht unter Naturschutz und der Hof zeigt im Sommer die umfangreiche Kunstsammlung Dag Hammarskjölds, der 1961 als UN-Generalsekretär während einer Friedensmission im damaligen Kongo bei einem Flugzeugabsturz ums Leben kam (Tel. 0411-52 60 10, Juni–Aug. tgl. geöffnet).

Sandhammaren

Hinter Kåseberga umrundet man auf der immer parallel zum Strand führenden Straße die Südostspitze Skånes. Feinsandige weiße Strände prägen die Küste bis Simrishamn. Ehemalige Dünen bilden die mit Magerrasen bewachsenen Sandhügel in Küstennähe. Aus Sand besteht auch die Südostspitze von Skåne. **Sandhammaren** 24 wird seit 1862 durch einen Leuchtturm anstelle der früheren Leuchtbake gesichert. Die ehemaligen Wanderdünen sind durch die Aufforstung mit Kiefernwald im 18. Jh. festgelegt. Eine natürliche Befestigung bildeten schon immer die Krüppeleichen. Die Dünentäler mit ihrer interessanten, vielfältigen Vegetation kann man auf Wanderwegen durch das Naturschutzgebiet erkunden. Parallel zum Strand führen die Wege bis Kåseberga und zum 3 km östlich gelegenen **Mälarhusen** 25, das über einen herrlich weißen Sandstrand verfügt, ebenso

wie **Borrbystrand** 26, wo sich vor allem Surfer tummeln. Baden ist hier allerdings wegen starker Strömungen und Strudel gefährlich.

i **Ystads Turistbyrå:** Sankt Knuts torg, 27142 Ystad, Tel. 0411-57 76 81, Fax 55 55 85, www.ystad.se/turism, Mo–Fr 9–17 Uhr. Im Sommer sowie Sa, So auch länger.

Continental: Hamngatan 13, Ystad, Tel. 0411-137 00, Fax 1 25 70, www.hotelcontinental-ystad.se. Das Hotel im noblen Empirestil am Rand des Innenstadtkerns von Ystad gehört zu den ältesten Hotels Schwedens (eröffnet 1829), 52 komfortable Zimmer, mit Restaurant; DZ ab 1090 SEK.
Anno 1793 Sekelgården: Långgatan 18, Ystad, Tel. 0411-739 00, Fax 189 97, www.sekelgarden.se. Das sorgsam restaurierte Fachwerkhaus aus dem Jahr 1793 (der Eigentümer ist Kunsthistoriker) bietet 18 stilvoll eingerichtete Zimmer sowie eine Suite mit Meerblick, DZ ab 800 SEK.
Löderups Strandbad Hotell & Restaurang: Löderup, Tel. 04 11-52 62 60, Fax 52 62 62,

Typisch Skåne: reetgedeckte Höfe in Fachwerk

www.loderupsstrandbad.com. Die weitläufige Ferienanlage breitet sich auf einem Hügel hoch über der Ostsee aus – Meerblick inklusive; ab 740 SEK/DZ, auch Apartments und Ferienhäuser.

Löderups Strandbads Camping: Tel. 0411-52 63 11, April–Sept., schöne Lage direkt am Strand östlich von Kåseberga, Restaurant mit Meerblick; Stellplatz ab 140 SEK.

Bryggeriet: Långgatan 20, Ystad, Tel. 0411-699 99, Sommer Mo–Sa 11.30–24, So 12.30–24, übrige Zeit Mo–Do 11.30–22, Sa 12–24, So 12.30–18 Uhr. Die Gaststätte in einem hübschen Fachwerkhaus mit schönem Innenhof bietet zum vor Ort gebrauten Bier – die Kupferkessel sind von der Schankstube aus zu sehen – deftige Hausmannskost, Spezialität ist Wild (135–190 SEK).

Store Thor: Gamla Rådhuset, Stortorget, Ystad, Tel. 0411-185 10. Die Gewölbe des 16. Jh. unter dem Rathausbau des 19. Jh. gehören zu den ältesten in Schweden erhaltenen. Hier bekommt man moderne schonische Hausmannskost serviert, im Sommer werden auch Tische auf dem Rathausplatz aufgestellt; 98–220 SEK.

Kaffestugan Bäckahästen: Lilla Östergatan 6, Ystad. Selbstgebackener Apfelkuchen im Innenhof des Fachwerkhauses, kleine Gerichte zum Lunch.

In der Töpferei **Krukmakeriet** im Gamla Apoteksgården von Ystad kann man bei der Herstellung von **Keramik** zusehen und natürlich einkaufen. In den Fachwerkhöfen der Innenstadt finden sich zahlreiche **Kunsthandwerkerläden** und **Galerien.**

Munkmarknad im Juli mit bis Mitternacht geöffneten Geschäften und Folkloremarkt in Ystad.

Golf: 18-Loch-Platz in Nybrostrand.

Badestrände rund um Ystad: Nybrostrand (Meerwasserthermalbassin); Mossbystrand, Sandskog, Löderups Strandbad.

Drachenflieger treffen sich auf Hammars Backar bei Kåseberga, Hammar Hängflygskola, Tel. 0411-52 25 54.

Bahn: Regionalzug (Pågatåg) von Ystad nach Malmö und Kopenhagen sowie Simrishamn; Informationen zum Nahverkehr s. Malmö.
Fähren: nach Polen und Bornholm.

Glimmingehus und Simrishamn

Glimmingehus 27 ist die am besten erhaltene mittelalterliche Burg Schwedens, praktisch unverändert seit 500 Jahren. Wie durch ein Wunder blieb Glimmingehus vor der Zerstörung bewahrt, der andere Festungsbauten unweigerlich zum Opfer fielen, nachdem Skåne Mitte des 17. Jh. aus dänischem in schwedischen Besitz übergegangen war. Hatte doch der schwedische König Karl IX. Befehl gegeben, alle Verteidigungsbauten zu schleifen, um den Aufständischen in der Südprovinz jeden Unterschlupf zu nehmen. Die Mauern von Glimmingehus trotzten jedoch allen Sprengversuchen. Nachdem er Verstärkung angefordert hatte, vertrieb der Leiter des Abrisskommandos sich die Zeit mit einem Blick aus den Wehrbodenluken, der bis weit über die Ostsee und nach Bornholm geht. Er traute seinen Augen nicht, als er eine Flotte holländischer und dänischer Schiffe vor der Küste sah – der Erzfeind ante portas. Schnell trommelte der tapfere Mann seine Schar zusammen und suchte mit ihr das Weite. Glimmingehus blieb unversehrt.

Die um die Wende vom 15. zum 16. Jh. errichtete Burg musste niemals einer Belagerung standhalten. Dabei war sie bestens gerüstet, inmitten von Sümpfen gelegen, durch die ein einziger Weg führte, mit nur einer Zugangspforte und viergeschossig aus der flachen Landschaft aufragend. Doch hatte der Bauherr, Ritter und Reichsrat Jens Holgersen Ulfstand (1450–1523) neben der vorteilhaften Lage auch weitere Vorkehrungen getroffen: ein ausgeklügeltes System von Schießscharten, die es ermöglichten, auch einen bereits ins Innere gelangten Feind ohne weiteres hinterrücks zu meucheln, einen Brunnen im Kellergewölbe, reichlich Vorratsräume und eine Küche mit riesigem Herd, der nicht nur zum Kochen diente. Über raffinierte Kaminsysteme – eine Erfindung des Baumeisters Adam von Düren, seines Zeichens Bildhauer, der auch am Dom zu Lund und in Köln Werke hinterließ – strömte die Warmluft in alle Wohnräume der oberen Geschosse.

Eine Vorstellung vom Leben in der Burg gibt das in der ehemaligen Küche eingerichtete Museum: Es zeigt Gegenstände, die man bei Grabungen in der Umgebung gefunden hat: Keramik, Gläser, Bleiverglasungen, Schuhe, Textilien. Repliken kann man im Laden erstehen, ebenso mittelalterliche Tracht. In den Sommermonaten ist Glimmingehus, bevölkert von zeitgenössisch gekleidetem Personal, Schauplatz von Veranstaltungen zum Thema Mittelalter wie Lautenkonzerten oder Banketten (Tel. 0414-186 20, www.raa.se/glimmingehus, Mai–Mitte Aug. 10–18, Mitte Aug.–Okt. tgl. 11–16 Uhr).

Geruhsam geht es zu im alten Ortskern von **Simrishamn** 28 (19 400 Einw.), der um die Feldsteinkirche mit Treppengiebel gelagert ist oder im Fischerhafen am Rand des mittelalterlichen Städtchens, wo die Kutter dümpeln. Wie Ystad und Trelleborg verdankte auch Simrishamn seinen einstigen Wohlstand dem Hering, der im Mittelalter noch zahlreich durch die seichten Gewässer der Ostsee zog. Die pittoresken kleinen Häuser im Stadtkern stammen weitgehend aus dem 19. Jh., während die dem Seefahrerheiligen geweihte und entsprechend zahlreich mit Votivschiffen ausgestattete St.-Nicolai-Kirche aus dem 13. Jh. stammt.

In Simrishamn trifft man wieder auf den RV 9, von dem aus man Abstecher zu den kleinen Fischerhäfen **Baskemölla** und **Vik** unternehmen kann. Auf den Hängen sind idyllische alte Häuser verstreut, einige davon kann man als Ferienhäuser anmieten.

Turistbyrå Simrishamn: Tullhusgatan 2, 27231 Simrishamn, Tel. 0414-81 98 00, Fax 163 64, info@turistbyra.simrishamn.se, Juni–3. Aug.-Woche Mo–Fr 9–20, Sa 10–20, So 11–20, sonst Mo–Fr 9–17 Uhr.

Valnöt & Kaprifol: Skolgatan 20, Hammenhög, Tel./Fax 0414-44 09 50, www.valnot-kaprifol.com. Walnuss und Geißblatt – der romantische Name steht für die ehemalige Landwirtschaftsschule aus rotem Backstein mitten in einem schönen Park. 52 Betten in 1- bis 6-Bett-Zimmern, meist keine Etagenbetten. Ein Thai-Restaurant und ein Swimmingpool auf der Terrasse gehören zur Anlage; DZ ab 400 SEK.

STF Vandrarhem Hammenhög: Mariedals gård, Hammenhög, Tel. 0414-44 00 74, Fax 202 78. Die Herberge in einem idyllisch gelegenen, typisch schonischen Hof ist klein, aber komfortabel: 7 Zimmer (mit 1–6 Betten); DZ ab 340 SEK.

Glimmingehus Krog: Hammenhög, Tel. 0414-186 28, April–Aug. Das Burgrestaurant ist zu denselben Zeiten geöffnet wie Glimmingehus. Spezialität: der ›Mittelalterteller‹, bei dem nur die vor 1000 Jahren bekannten Gewürze Verwendung finden (45–195 SEK).

Måns Byckare: Storgatan 8, Tel. 0414-147 49. Das beliebte Lokal ist ein Klassiker in Simrishamn: Fisch und deftige schonische Kost wie *äggakaga och fläsk* (Eierkuchen mit gebratenem Schweinefleisch) stehen auf der Karte (115–195 SEK).

Bahn: Pågatåg (Lokalzug) nach Simrishamn-Malmö über Tomelilla und Ystad; **Bus** nach Kristianstad. Informationen zum Nahverkehr s. Malmö.

Nationalpark Stenshuvud

Wo der Höhenzug Linderödsåsen in die Ostsee ragt, stürzen die Hänge fast 100 m tief ab. An dieser geologisch interessanten Stelle liegt einer von Schwedens südlichsten Nationalparks, **Stenshuvud** 29, der für seine seltene Flora und Fauna bekannt ist. Vom Parkplatz (Gebühr!) aus bieten sich verschiedene Wanderungen an. Etwa 2 km lang ist die Tour durch Eichen- und Hainbuchenwälder zum Berggipfel (124 m) mit schöner Aussicht über die Hanö-Bucht. Die zum Ostseestrand hin

Vor der Zerstörung bewahrt: die mittelalterliche Burg Glimmingehus

Richtig Reisen-Tipp: Vattenriket

Eine amphibische Landschaft prägt das ›Wasserreich‹ im Mündungsgebiet des Helgeå: Wasservögel wie Weißstorch und Fischadler, Rotschenkel und Schnepfen können auch ohne Feldstecher im Sommer zahlreich beobachtet werden, und zur Zeit der Vogelzüge ist das Gebiet ein Mekka für Ornithologen mit ihren Spezialteleskopen – schließlich ist hier eine wichtige Raststation für durchziehende Fluggäste. Am besten besteigt man ein Boot zu einer geführten Tour (2 oder 4 Std., im Hochsommer ab Åhus im Frühsommer ab Tivoliparken, Kristianstad, www.flodbaten.se) oder man paddelt selbst im Kajak los (Kajaktouren: Klingheims friluftsbutik, Kristianstad, Tel. 044-210 210, www.klingheims.se). Weitere Infos, auch zu geführten Wanderungen: www.vattenriket.se.

abfallenden Wiesen entlang des Pfades sind berühmt für ihren Orchideenreichtum (Blütezeit im Frühsommer). Auch eine Badestelle mit Sandstrand und ein nur im Sommer geöffnetes Café findet man auf dem Nationalparkgelände. Im **Naturum** kann man sich fachkundigen Rat holen oder einen Feldstecher ausleihen (Tel. 0414-708 82, tgl. 10–16 Uhr, Juni–Mitte Aug. bis 20 Uhr, Parkplatzgebühr).

Kivik

Kivik 30 ist bekannt als Zentrum des Obstanbaus der Region Österlen in Nordostschonen. Vor allem Apfelbäume stehen in den Plantagen rechts und links neben der Straße. Ein Großteil der Ernte wird in **Kiviks Musteri** zu Saft, aber auch zu einer Art Apfelwein (Cider) verarbeitet, der jedoch weder mit mitteleuropäischen noch französischen Erzeugnissen vergleichbar ist. Die Ausstellung zum Thema Apfel im der Mosterei angeschlossenen **Äpplets Hus** ist allerdings sehr instruktiv und der Saft- und Cider-Verkauf vor Ort stets gut frequentiert (Tel. 0414-719 00, www.appletshus.se, April tgl. 10–16, Mai, Juni, Sept. Okt. 10–17, Juli/Aug. 10–18 Uhr).

Am Rand des Dorfes Kivik liegt eine einmalige Attraktion: **Kungagraven,** das Königsgrab inmitten eines Steinhaufens von rund 75 m Durchmesser. Die Grabkammer in seinem Innern zeigt Steinritzungen mit Pferden, Wagen, Sonnenrädern (Tel. 0414-703 37, Mai–Aug. 10–18 Uhr, in den Sommerferien bis 21 Uhr).

Haväng und Brösarps backar

Wer in einem alten schonischen Vierkanthof mit Fachwerkwänden unter Reetdach übernachten möchte, sollte rechtzeitig ein Zimmer im Skepparpsgården vorbestellen. Aber auch ohne Übernachtung lohnt der Abzweig vom RV 9 nach **Haväng** 31. Am Rand eines militärischen Übungsgeländes (während der Sommersaison werden die Schießübungen eingestellt) liegt der hübsche ehemalige Bauernhof unter hohen Bäumen versteckt. Uralte knorrige Bäume säumen auch den Pfad hinunter zum Havängsdösen, einem 4500 Jahre alten Vorzeitgrab. Nebenan mündet in eleganten Schleifen der von Weiden gesäumte Verkeå ins Meer und es erstreckt sich meilenweit weißer Sand – Idylle pur.

Zurück auf der Straße 9, biegt man gleich darauf ab zur **Ravlunda kyrka** 32, deren weißen Treppengiebelturm auf dem Hügel über dem Dorf man schon von weitem erspäht. Die Kirche aus dem 13. Jh. enthält Reste von Kalkmalereien des ›Vittskövle-Meisters‹ Nils Håkansson, der im 15. Jh. in dieser Gegend arbeitete.

Bei Brösarp mündet die Straße auf den von Ystad kommenden RV 19. Ein kurzes Stück weiter nördlich tut sich eine bucklige Welt auf. Die Hügelkette **Brösarps backar** wird durch Beweidung künstlich offen gehalten und die Wiesen sind nicht nur im Frühjahr, wenn sie vor lauter Schlüsselblumen sonnengelb leuchten, eine Augenweide. Vom Rastplatz aus kann man eines der naheliegenden Hügelchen besteigen: In der Ferne leuchtet der weiße Giebel der Kirche von Ravlunda und rundum nichts als grüne Hügel und Kühe und ein paar Apfelbäume.

Vittskövle

Für den weiteren Weg Richtung Kristianstad kann man nun wählen: entweder über den RV 118 entlang der Küste mit Abstechern zu den Badestränden der Hanöbukt und Åhus oder – auf dem schnellsten und direkten Weg – auf dem RV 9/19. Knapp 2 km hinter dem Abzweig des RV 118 vom RV 9/19 bietet sich allerdings noch ein Stopp für Schloss- und Kircheninteressierte: Eine prächtige Lindenallee führt direkt auf **Widtsköfle slott** 33 zu, ein Schloss von 1553, und eine wahre Postkartenschönheit, mit Wassergraben und rundem Eckturm. Man darf allerdings nur den Park des privat genutzten Gebäudes betreten. Ein Blick ins Innere ist dagegen bei der **Kirche von Vittskövle** einige hundert Meter weiter erlaubt: Hier war wieder der ›Vittskövle-Meister‹ in den 70er Jahren des 15. Jh. tätig und schuf die Kalkmalereien mit Motiven aus der Schöpfungsgeschichte.

Brösarps Vägstationen: Albovägen 2, 27750 Brösarp, Tel. 0414-735 90, Fax 737 59 (März–Okt.), www.tomelilla.se.

STF Vandrarhem Haväng: Skepparpsgården, Kivik, Tel. 0414-740 71, Fax 740 73, Mai–Sept. Gemütliche Zimmer in einem alten schonischen Vierkanthof mit gepflastertem Innenhof. Sehr beliebt, deshalb rechtzeitig vorbestellen! DZ ab 390 SEK.
Kiviks Familjecamping: nördlich von Kivik am RV 9, Tel. 0414-709 30, Ostern–Sept., www.camping.se/l35. Kleinerer Platz mit Campinghütten in schöner Lage am Meer.

Brösarps Gästgifveri: Albovägen 21, Tel. 0414-736 80, Fax 733 05, www.brosarps-gastgifveri.se. Einer der ältesten Gasthöfe in Schonen, 37 komfortable Zimmer; DZ um 700 SEK. Restaurant: Spezialitäten sind Wildschwein und *äggakaga* (Eierkuchen) mit Schweinefleisch und Preiselbeeren; ca. 125–200 SEK.

Buhres Fisk: Hamnplan, Kivik. Fisch, Schalentiere und Aal aus eigener Räucherei.

Apfelmarkt: Mitte Juli in Kivik, großer Markt mit Volksfestcharakter, u. a. Flohmarkt.

Bus: nach Kristianstad und Simrishamn.

Die ›Aalfischerküste‹ und Åhus

Selbst in der Hochsaison bei schönstem Wetter ist der rund 15 km lange, durchweg flache Strandabschnitt der Bucht Hanöbukten südlich von Åhus noch keineswegs überfüllt. Der Weg zum Wasser von der parallel zur Küste verlaufenden Reichsstraße führt etwa 5 km durch sumpfiges Marschland. Kanäle und kleine Flussläufe durchqueren das flache Hinterland der Küste, die von Kiefernwald gesäumt ist. Hier ziehen die fangreifen Aale auf ihrem Weg zum Meer vorbei, von daher ist die Region nicht ohne Grund als ›Aalfischerküste‹ (Ålakust) bekannt. Aal in allen Variationen gehört bis heute zu den kulinarischen Spezialitäten der Gegend. An zahlreichen Stellen am Strand stehen noch die bis zu 250 Jahre alten Aalfängerkaten, manche malerisch mit Reetdach, manche allerdings bereits halb im Sand versunken. Daneben hängen die Reusen und Netze zum Trocknen aufgespannt. Schöne Badestrände – mit Campingplätzen verbunden und daher gut mit Sanitäranlagen ausgestattet – sind **Yngsjö Havsbad** 34 und **Rigeleje**. Zu weiteren Badeplätzen führen Stichstraßen durch den Kiefernwald: Natur pur und kaum Infrastruktur. Der Strand selbst: feiner weißer Sand soweit das Auge reicht, dazwischen ein paar Ruderboote, die zeigen, dass hier noch immer ein wenig Fischfang betrieben wird.

Die einst blühende Hafenstadt **Åhus** 35 lag einmal an der Mündung des Helgeå, nur änderte der Fluss mit der Zeit seinen Lauf. Niedrige Häuschen säumen heute die alten, zum Bummel einladenden Gassen im Zentrum. Für zwei Produkte ist Åhus schwedenweit berühmt: Eis und Wodka. Die Firma Vin & Sprit produziert den ›Absolut Vodka‹. Und nicht nur Kinder begeistern sich für riesige Eisportionen auf dem Åhus Glassbåt; das ›Eis-Boot‹ liegt fest vertäut im Hafenbecken.

Åhus Turistbyrå: Järnvägsgatan 7, 29631 Åhus, touristinfo.ahus@kristianstad.se, Tel. 044-13 47 77, Fax 24 38 98, Juni–Mitte Aug. Mo–Fr 10–19, Sa 9–18, So 10–14, übrige Zeit Mo–Fr 10–17 Uhr

Yngsjö Bangolf och Camping: Havsbadsvägen, 29602 Yngsjö, Tel. 044-23 22 88. Anfahrt: Abzweig vom RV 118 ca. 5 km südlich von Åhus. Im Kiefernwald nahe beim Strand, mit Kiosk, Imbiss und Minigolfanlage.
Rigeleje Camping: Rigelejevägen, Olseröd, Tel. 044-35 12 79, 0708-20 11 18. Abzweig vom RV 9 ca. 15 km südlich von Åhus bei Maglehem. Einfacher, abgeschiedener Platz hinter den Dünen des meilenweiten Sandstrands, wo noch Aalfischerkaten stehen.
Åhus SweCamp: Tel. 24 89 69, Fax 24 35 23, ganzj., an der Hanöbukt, langer Sandstrand mit Kiefernwald, beheiztes Schwimmbad, Hüttenvermietung.

Wärdshus Kastanjelund: Yngsjö (20 km südlich von Åhus), Tel. 044-23 25 33, April–Dez. Mo–Sa 17–21 Uhr. Deftige Fleischküche in einem echten schonischen Gutshof, je nach Saison mit Aalessen im Okt. und Gänsebraten im Nov.; 145–215 SEK.

Studioglashyttan: Norregatan 59, Åhus. Glasbläserei mit Verkaufslokal.

Bus: nach Åhus von Ystad und Kristianstad.

Kristianstad und Umgebung

Überall in **Kristianstad** 36 (75 600 Einw.) trifft man auf die Initialen C4 und das Wappen von Kristian (auch Christian) IV., das offizielle Stadtemblem. Es war dieser kunstsinnige dänische König, der der Stadt 1614 seinen Namen verlieh, als er sie als Festungsstadt an der damaligen Grenze von Dänemark und Schweden gründete. Ihm verdankt Kristianstad – noch heute als Kasernenstandort deutlich vom Militär geprägt – das strikt rechtwinklige Straßennetz und die wohl schönste Renaissancekirche in Schweden: Die **Trefaldighetskyrka** ist ein Paradebeispiel für die mit diesem König verbundene, niederländisch inspirierte Renaissance im Norden Europas. Zwischen 1617 und 1628 erbaut, bewahrt die Kirche auch noch einen Gutteil der Innenausstattung aus dem 17. Jh. Der Innenraum beeindruckt durch optische Weite und Größe, wirkt hell und licht durch die großen Fenster und den klaren, offenen Grundriss sowie die Höhe der Schiffe. Die hellen Sandsteinportale der aus rotem Backstein errichteten Kirche sind mit Skulpturen geschmückt, deren Original sich zum Teil heute im Länsmuseum ein paar hundert Meter weiter befinden.

Vom Bahnhof kommend, erreicht man wenige Schritte hinter der Kirche den von prächtigen Bauten umgebenen Markt **Stora Torg:** das Rathaus von 1891 im Stil der dänischen Renaissance und Stora Kronhuset gegenüber im klassischen Empirestil Mitte des 19. Jh. errichtet. Etwas zurückgesetzt, auf der Ostseite des Platzes, steht der schlichte Backsteinbau des **Länsmuseums** im ehemaligen Zeughaus vom 18. Jh., ursprünglich 1616 als Speicher errichtet. Es zeigt Ausstellungen zur Stadtgeschichte, Textilkunst (Stickereien, regionale Trachten, Schmuck) und Kunsthandwerk (Tel. 044-13 58 00, Di–So 12–17, Juni–Aug. tgl. 11–17 Uhr).

Als Verwaltungszentrum der gesamten Region Nordostskåne bietet Kristianstad vielfältige Einkaufsgelegenheiten. In der Fußgängerzone entdeckt man viele Gebäude aus der Zeit um 1900. Unvermittelt steht man in der Östra Storgatan 53 vor Schwedens einzigem **Filmmuseum**. Die vier Treppen durch das schöne alte Treppenhaus sollte man sich unbedingt hinauf bemühen; das Haus entstand Anfang des 20. Jh. eigens für die seinerzeit boomende schwedische Filmindustrie. Im originalgetreu eingerichteten Dachatelier wurden Innenszenen der ersten Stummfilme gedreht, die man sich in einem kleinen Filmsaal auch vorführen lassen kann! (Tel. 044-13 57 29, Mitte Juni–Mitte Aug. Di–Fr 13–16, So 12–17, übrige Zeit nur So 13–16 Uhr).

Ivösjö

In der Umgebung von Kristianstad locken einige attraktive Ausflugsziele zu Abstechern: Etwa 10 km nördlich liegt Schonens größter und tiefster See, der **Ivösjö.** Aufgrund der natürlichen Kalkvorkommen mit gesundem PH-Wert ist der See außerordentlich artenreich. Der Untergrund besteht aus Kreide, Lehm und sogar Kaolin (Porzellanerde). Der stillgelegte Kaolinbruch auf der Insel Ivö mit dem 133 m hohen Berg Ivöklack gehört zu den beliebtesten Revieren für Fossiliensammler.

Auf dem Weg zum See passiert man den **Kjugekull,** mit seinen 66 m ein hervorragender Aussichtsberg. Der Urgesteinshügel ragte einst als Insel aus dem tropischen Urmeer, das ganz Skåne bedeckte. Auf der Landzunge zwischen dem Ivösjö und seinem Nachbarsee siedelten sich im 13. Jh. Prämonstratensermönche in **Bäckaskog** 37 an, nachdem ihr eigenes Kloster in Vä einem verheerenden Feuer zum Opfer fiel. Im 17. Jh. wurde es schließlich zu einem dänischen Herrensitz umgebaut, auf dem Johan Christopher Troll, Vertrauter König Gustavs III., residierte. Das heutige Schlosshotel profitiert vor allem von der Tatsache, dass sich hier Mitte des 19. Jh. Karl XV. eine Sommerfrische einrichtete. Zu besichtigen sind die Paraderäume, der Stall und die Schlosskapelle sowie der Schlosspark.

Wanås slott

Wer sich für Natur und Kultur gleichermaßen begeistern kann, sollte einen Ausflug nach **Wanås slott** 38, 18 km nordwestlich von Kristianstad und 3 km westlich von Knislinge, auf keinen Fall versäumen. Der englische Landschaftspark mit üppigen Rhododendren und viele hundert Jahre alten Eichen und Buchen lädt seine Besucher zu schattigen Spaziergängen ein. Ein besonderes Glanzstück hinter dem Seerosenteich ist das im 16. Jh. errichtete Schloss. Der Schlosspark ist heute Ausstellungsgelände für Skulpturen und Land-Art-Projekte zeitgenössischer Künstler (Skulpturenpark im Sommer tgl., Info über Ausstellungen im Magazin unter Tel. 044-660 71, www.wanas.se).

Kristianstads Turistbyrå: Stora Torg, 29180 Kristianstad, Tel. 044-13 53 35, Fax 12 08 98, touristinfo@kristianstad.se, Juni–Mitte Aug. Mo–Fr 10–19, Sa 10–15, So 10–14, übrige Zeit Mo–Fr 10–17 Uhr.

Bäckaskogs slottshotel: Barumsvägen 255, Fjälkinge, Tel. 044-530 20, Fax 532 20, www.backaskogslott.se. Unterkunft in unterschiedlichen Komfort- und Preisklassen: vom Schlossgemach (DZ ab 1200 SEK) bis zum einfachen Bett in der Jagdhütte im Park (ab 200 pro Person), mit Restaurant (nobel).

Tomarps gård: Helmershusvägen 105, Kristianstad, Tel. 044-931 18, Fax 931 14, www.tomarp.gardshotell.com. Designhotel auf einem Hof aus dem 18. Jh. am Råbelössjö. Die 20 Zimmer, u. a. im ehemaligen Schweinestall, sind im individuellen Stil entworfen und verfügen jeweils über eigene Bäder (mit Wanne); DZ ab 795 pro Person.

Charlottsborg camping och vandrarhem: Jakobsväg 34, Kristianstad, Tel. 044-21 07 67, Fax 20 02 78, www.charlottsborgsvandrarhem.se. Herberge in Kommunalbesitz mit 26 Betten in einer Villa in einem Park südwestlich des Zentrums jenseits des Helgeå (3 km, Busverbindung); ab 135 SEK pro Person, auch 2-Bett-Hütten (370 SEK), mit angeschlossenem Campingplatz.

Grönroos Silver: Kyrkogårdsgatan 8, Kristianstad, neben eigenen modernen Kreationen zeigt die 1680 gegründete Silberschmiede eine Sammlung alten Werkzeugs.

Christianstadsdagarna: zehn Tage im Juli mit Rock, Jazz und Tanz, Freilufttheater usw.; am letzten Augustsamstag (1800-tals-dag) wird **Markt** im Stil des 19. Jh. abgehalten, Variété.

Bahn: Fernzüge von Kristianstad nach Halmstad, Helsingborg, Karlskrona, Malmö, Stockholm, Hässleholm.

Bus u. a. nach Simrishamn. Informationen zum Nahverkehr: Skånetrafiken Tel. 0771-77 77 77, www.skanetrafiken.se.

Entlang der Ostküste nach Öland

Karte S. 126, 138

Blekinges Schären haben zwischen Ronneby und Karlskrona ihren ganz eigenen Reiz, der sich am besten vom Boot aus erschließt. Hinter der Südostspitze Schwedens erstreckt sich Smålands Küste mit der Hafenstadt Kalmar, dem Sprungbrett auf die Insel Öland. Das prächtige Schloss Kalmar machte als Schauplatz mittelalterlicher Geschichte Furore.

Sölvesborg und Listerland

Dem Städtchen **Sölvesborg** 1 (16500 Einw.) blieben aus seiner Blütezeit im Mittelalter eine Burgruine und die Nikolaus, dem Seefahrerheiligen, gewidmete Backsteinkirche. Östlich erstreckt sich die, im Vergleich zum übrigen Blekinge, außerordentlich fruchtbare Halbinsel Listerland. Der einstige Meeresboden – mancherorts heute sogar unterhalb des Meeresspiegels gelegen – ist landschaftlich wenig reizvoll. Dafür entschädigen die dichten Buchenwälder des Höhenzugs Ryssberget. Auch der hübsche Jachthafen von **Hällevik** 2 ist allemal einen Abstecher wert. Hier, an der Südspitze der Halbinsel Listerland, ist ein ausgezeichnetes Segel- und Angelrevier. Am Hafen werden Angeltouren angeboten, und man kann sich mit Räucherfisch und anderen Leckereien eindecken. In den Räucheröfen wird nach alter Tradition über Wacholder- und Erlenholz geräuchert. Östlich vom Hafen erstreckt sich ein flacher Sandstrand mit Rasenflächen am Ufer, der bei gutem Badewetter viel von Familien besucht wird. Beim Blick aufs Wasser nach Süden sieht man Windräder – an der Südspitze der Halbinsel kann es sehr windig werden.

Von **Nogersund** verkehren im Sommer Boote auf die Insel **Hanö,** ein kleines Idyll in den Schären. Der Ausblick von der 80 m hohen Landspitze Listershuvud reicht bis zur Insel und weit über die von Buchten mit kleinen, malerischen Fischerdörfern gesäumte Küstenlinie.

Sölvesborgs Turistinformation: Stadshuset, Repslagargatan 1, 29480 Sölvesborg, Tel. 0456-100 88, Fax 125 05, www.solvesborg.se, Mo–Fr 8–17, im Sommer 8–18 Uhr und Sa, So geöffnet.

Hälleviks Camping: Tel. 0456-5 27 14, www.hallevikscamping.nu, ganzj. Der Platz östlich vom Hafen Hällevik ist umgeben von schönem Kiefernwald, mit angrenzendem Sandstrand, komfortable Hütten und Apartments, beheiztes Schwimmbad.

Bahn: Sölvesborg liegt an der Strecke Kopenhagen–Hässleholm–Karlskrona.

Mörrum und Ebbamåla

In **Mörrum** 3 dreht sich fast alles um den Lachs – und das nicht umsonst, denn hier mündet einer der besten und ertragsreichsten Lachsflüsse Schwedens: Der Mörrumså kommt aus den Wald- und Seengebieten Smålands. In Laxens hus wird das Leben des Lachses im Lauf der Jahreszeiten anschaulich dokumentiert. Außen spaziert man auf hübschen Brückchen über die munter sprudelnden Flussarme und kann die Fangvorrichtungen früherer Zeiten inspizieren, als die Flüsse nur so von Fischen wimmelten. Heute sorgt hier eine Zuchtanstalt für den zuverlässigen Fortbestand der gefragten Edelfische (www.morrum.com, April–Sept. tgl. 9–17, Okt. 9–16 Uhr).

Folgt man dem Tal des Mörrumså aufwärts (erst nach Svängsta, dann Richtung Fridafors auf dem RV 126), trifft man in wildromantischer Umgebung auf die restaurierte Eisengießerei von **Ebbamåla** 4. Die rasch fließenden Wasser des Mörrumså trieben von 1884 bis zu ihrer Stilllegung 1950 die Maschinen an. Bei einer Werksführung erfährt man alles über die alte Industrietradition und kann Nostalgieprodukte erwerben. In dem schattigen Flusstal lassen sich außerdem schöne Rad- und Wandertouren unternehmen. Auf dem Bahndamm der stillgelegten Vislanda-Bahn sind es 27 km bis Karlshamn – leicht zu radeln, denn meist geht es abwärts. Wanderer spazieren auf dem Westufer des Flusses über den Laxaleden bis zur Küste.

STF-Vandrarhem Ebbamåla Bruk: Hovmansbygdsvägen 610, 29060 Kyrkhult, Tel. 0454-77 40 00, Fax 77 40 01, www.ebbamalabruk.se. Sehr schön renovierte 2-Zimmer-Apartments in der historischen Gießerei am Wasser des Mörrumså, Fahrrad- und Kanuvermietung; Apartments ab 450 SEK/2 Personen.

Angelpremiere ist am 1. April in Mörrum, Lachsfest am 11. Mai.

Bahn: Mörrum liegt an der Strecke Kopenhagen–Hässleholm–Karlskrona.

Karlshamn

Das Städtchen **Karlshamn** 5 (ca. 31 000 Einw.) ist durch Vilhelm Mobergs Romanfolge ›Utvandrarna‹ als Hafen schwedischer Auswanderer nach Amerika bekannt geworden. Die Statue ›Karl-Oskar und Kristina‹ von Axel Olsson erinnert an die Hauptfiguren des Epos. Die Qualitäten als Hafenstandort mit ausreichend Tiefgang bewogen 1658 König Karl X. Gustav, das am Westende des Schärengürtels von Blekinge gelegene Dorf zur Stadt zu machen und als Flottenstützpunkt ins Auge zu fassen. Als später Karlskrona die königliche Gunst errang, blieb der Stadt nur der Handel. Entlang der Mündung des Mieå entstanden Kais, an denen im 19. Jh. auch Ozeanriesen anlegten. In dem rechtwinklig angelegten Straßennetz kann man sich kaum

Ländliche Ruhe und gute Lachsflüsse unweit der Küste von Blekinge

Südliche Ostküste

verlaufen. An die Zeit, als Karlshamn eine berüchtigte Metropole der Branntwein- und Punschbrenner war, erinnert das **Punschmuseum** in der ehemaligen Fabrik an der Ågatan (gemeinsamer Eingang mit Konsthall, Juni–Aug. Di–So 12–17, Sept.–Mai Mo–Fr 13–16 Uhr). Es liegt im Kulturkvarteren am Nordende der Stadt, wo im 18. Jh. die reichen Leute wohnten. Im ehemaligen Wohnhaus des Branntweinkönigs L. O. Smith ist das regionalgeschichtliche **Karlshamns Museum** untergebracht, in dessen Innenhof einige restaurierte Häuser stehen (Vinkelgatan 8, Tel. 04 54-148 68, geöffnet wie Punschmuseum). Vom Skärgårdsterminalen am Hafen kann man im Sommer Ausflüge in die typische flache Blekinger Schärenlandschaft machen oder in wenigen Minuten Fahrtzeit die **Festungsinsel** mit dem Kastell aus dem 17. Jh. anlaufen, das einst auch als Gefängnis diente.

Richtig Reisen-Tipp: Eriksbergs Viltreservat

Ein ganz besonderer Safaripark ist **Eriksbergs Viltreservat** 6. Das 850 ha große Naturschutzgebiet bietet Wisenten, Mufflons, Elchen, Rehen und Wildschweinen freien Auslauf, während die Besucher nur an wenigen Stellen ihren fahrenden Käfig verlassen dürfen. Berühmt sind die roten Seerosen, die in Schweden zu den botanischen Raritäten zählen. In einem Café kann man sich von den Strapazen seiner Wildsafari erholen (Eriksbergs Viltreservat, Åryd, Tel. 0454-600 58, www.eriksberg.skogssallskap.se, Mitte Juni–Aug. tgl. 12–20 Uhr).

i **Karlshamns Turistbyrå:** Ronnebygatan 1, 37481 Karlshamn, Tel. 0454-812

03, Fax 812 25, turistbyran@karlshamn.se, Mo–Fr 9–17, Juli–Mitte Aug. Mo–Fr 9–19, Sa 10–18, So 12–18 Uhr.

Guö Värdshus: Guövägen 16, Åryd, Trensum, Tel. 0454-603 00, www.guo-vardshus.se. Idyllisch an der Schärenküste östlich Karlshamn gelegenes Hotel aus dem 18. Jh. mit vorzüglichem Restaurant (tgl. 12–14, 18–20.30 Uhr, 140–220 SEK).

Tjärö STF-Turiststation: Tel. 0454-600 63, Fax 390 63, info@tjaro.stfturist.se, Anfang Mai–Mitte Sept. Die Schäreninsel Tjärö gehört dem schwedischen Jugendherbergswerk Svenska turistföreningen; die 94 Betten (teils 2-Bett-Zimmer) verteilen sich auf ehemalige Fischerhäuser des 18. und 19. Jh. Bootsverbindung von Karlshamn (s. Aktivitäten) oder Järnavik. Auch Restaurant mit sehr guter Küche (im Sommer tgl. 8–20 Uhr): 65–150 SEK.

STF Vandrarhem Karlshamn: Surbrunnsvägen 1C, Karlshamn, Tel./Fax 0454-140 40, stfturistkhamn@hotmail.com. Komfortable Herberge in zentraler Lage, jedes Zimmer mit eigener Dusche/WC; DZ ab 330 SEK.

Kolleviks Semesterby: Tel. 0454-19280, Fax 162 80, Mai–Mitte Sept. Ferienanlage in schöner Waldlage 3 km südöstlich von Karlshamn am Meer, an der Strandpromenade zu Fuß 30 Min. in die Stadt. Fischerhafen mit Verkauf von geräuchertem und frischem Fisch. Stellplatz ab 100 (Zelt) –140 SEK, voll eingerichtete Ferienhäuser mit Dusche/WC und Küche ab 2700 SEK/Woche.

Baltic Festival: alljährlich im Juli allerhand Trubel in Karlshamn, mit Karnevalsumzügen, Musik und Märkten.

Ausflüge zum Kastell und zum Fischerhafen Vägga Mitte Juni–Mitte Aug. alle Std. 13–17 Uhr vom Skärgårdsterminalen.

Bootsfahrten in den Schären nach Tjärö und Guö (von Tjärö auch regelmäßige Verbindung nach Ronneby) im Sommer mehrmals tgl.

Mit der Autorin unterwegs

Im Haus der Lachse

Spüren Sie dem geheimen Leben der Lachse nach: An den Stromschnellen des Mörrumså gewährt Ihnen Laxens hus Einblick in die Kinderstube der edlen und begehrten Raubfische (s. S.124).

Weißer Sand auf Listerland

Einen der wenigen Sandstrände an der Schärenküste von Blekinge können Sie in Hällevik aufsuchen. Der Campingplatz in Strandnähe vermietet auch komfortable Ferienhäuschen, und am Hafen können Sie Räucherfisch kaufen (s. S. 124).

Schiff ahoi in Karlskrona

Lassen Sie sich im Marinemuseum von Karlskrona in den Alltag der Matrosen entführen oder auf den Grund des Meeres zu einem 200 Jahre alten Schiffswrack (s. S. 131 f.).

Wanderung im Trollwald

Über Stock und Stein wandern Sie durch den urigen Wald im Norden von Öland bis zum Strand mit einem malerischen Schiffswrack und Blick über eine kieferngesäumte blaue Meeresbucht – eine traumhafte Kulisse für Robinson-Filme (s. S. 138 f.).

Ausflug in die Eisenzeit

Stein für Stein und ganz ohne Mörtel wurde **Burg Eketorp auf Öland** wie vor 1500 Jahren wieder aufgebaut. Bestaunen Sie die wuchtigen 5 m hohen Mauern und tauchen Sie ein in die Welt der nicht so klassischen Antike (s. S. 139).

Regionale Auskunftstelle

Blekinge Turism, Tullgatan 5, 374 35 Karlshamn, Tel. 04 54-30 71 20, Fax 30 71 25, www.blekingeturism.com

Bahn: an der Strecke Karlskrona–Hässleholm (Kustpilen). Informationen zum Nahverkehr s. Karlskrona.

Ländliches Vergnügen in Blekinge

Thema

Kurz, stämmig und strotzend vor Energie kommt Anna auf uns zu. Die sportliche Mittsechzigerin mit dem streichholzkurzen grauen Haar, im handgestrickten Pullover, Jeans und Gummistiefeln ist unsere Gastgeberin für heute Nacht. Unter dem Siegel ›Bo på lantgård‹ vermietet sie Zimmer an Touristen: Bed & Breakfast auf Schwedisch.

Das gemütlich eingerichtete Holzhaus steht mitten im ländlichen Blekinge. Wie alle Mitglieder der Organisation ›Bo på lantgård‹ ist Anna irgendwie in der Landwirtschaft tätig. Anna ist herzlich und offen, aber sie scheint es eilig zu haben. Bevor sie sich aufs Fahrrad schwingt, lädt sie uns ein: »Wir fangen heute Krebse. Wenn ihr wollt, kommt doch zu uns an den Fluss.« Das legendäre urschwedische Krebsfest, die *kräftskiva*, ist uns durchaus ein Begriff – Tafeln in freier Natur in lauen Vollmondnächten nach dem Motto »ein Krebs, ein Schnaps«, das jedenfalls ist unser Klischee.

Das Erlebnis eines *kräftfiske* wollen wir uns keinesfalls entgehen lassen. Gespannt folgen wir Anna und ihrem Fahrrad in die Wildnis, die vor ihrem Haus, gleich auf der anderen Straßenseite beginnt. Ein Pfad führt vorbei an moosbepolsterten Wackersteinen ins Dämmerlicht des Waldes, und bald hören wir Wasser rauschen. Wild sprudelt der Bach über Stromschnellen und beschreibt eine weite Kurve: der ideale Fangplatz für Krebse. Das saubere Wasser und die vielen Steine im Bach bieten den zehnbeinigen Krustentieren ideale Lebensbedingungen. Die ersten Reusen sind schon geleert.

Wir erfahren, dass die meisten der gefangenen Krabbeltierchen noch viel zu jung sind. Außerdem wird nach Männlein und Weiblein sortiert. Große Männchen wandern in den Kochtopf, wo die ›Süßwasserhummer‹ wie ihre große Salzwasserverwandtschaft beim Kochen rot werden. Doch an diesem Abend wird kein einziger Krebs verzehrt! Zuvor müssten sie ein paar Tage ausnüchtern.

Während die mit Netzen ausgerüsteten Kinder mit Feuereifer damit beschäftigt sind, am Fluss die Fangquote zu kontrollieren, haben sich die Erwachsenen um ein Grillfeuer versammelt, auf dem lecker gewürzte Elchfrikadellen ›Hausmacherart‹ und eine reiche Palette an Würstchen brutzeln. Außer unserer Gastgeberin mit ihrer Tochter und deren Familie gehören Freunde und Nachbarn zu der Runde, in die wir freundlich aufgenommen werden. Mit Zeitungspapier und Plastiktüten als Bedeckung für Kopf und Knie begegnen wir Stunde um Stunde dem stetigen Nieselregen. Denn bevor es wirklich dunkel wird, sind die Krebse gar nicht richtig in Fresslaune und die Köder aus Fischresten bleiben von den vorsichtigen Alttieren, auf die es die Krebsfischer abgesehen haben, unberührt. Also heißt es ebenfalls nachtaktiv sein! Rotwein und Büchsenbier halten unsere Fischer jedenfalls gut bei Laune.

Wir verlassen die fröhliche Party bald nach Einbruch der Dunkelheit und wandern lieber ins trockene warme Bett. Am nächsten Morgen verwöhnt uns Anna mit einem üppigen Frühstück: natürlich selbst gemachte Marmelade, Müsli, *filmjölk,* Brot, Wurst und Käse sowie tubenweise Kaviar und jede Menge Kaffee – ein typisch schwedisches Frühstück auf dem Lande eben.

Bo på lantgård: Katalog über Fax 0046-35 12 78 60, www.bopalantgard.org.

Ronneby und Umgebung

Ronneby 7 (ca. 28 000 Einw.) etwas landeinwärts am Fluss Ronnebyå war mit dem Nachbarort Kallinge einmal die Hauptstadt der Töpfe und Pfannen in Schweden und die Eisengießerei **Kockums jernverk** der größte Produzent gusseisernen Kochgeschirrs. Verschiedene Kleinindustriebetriebe führen heute auf dem weitläufigen Industriegelände in **Kallinge** die Tradition weiter.

In dem ehemaligen Emaillierwerk im Zentrum des Städtchens ist heute das ›Kulturcentrum i Ronneby‹, das Turistbyrå und ein Restaurant untergebracht. Dank seiner eisenhaltigen Quelle war Ronneby vom Beginn des 18. Jh. bis zum Ersten Weltkrieg auch ein beliebter Kurort, wie der gepflegte **Brunnspark** südlich der Stadt am Ronnebyå bezeugt. Im Stadtzentrum sollte man durch das Viertel Bergslagen – eine Reihe alter, fröhlich bunt gestrichener Holzhäuser entlang einer steilen Gasse – zur weiß gekalkten Backsteinkirche **Heliga Kors kyrka** hochsteigen. Die Kirche zeigt einmal mehr den für Dänemark so typischen Treppengiebelstil mit starken Strebebögen. Sie war während des Siebenjährigen Nordischen Krieges (1563–70) Schauplatz des Blutbads von Ronneby, als die Schweden die in die Kirche geflüchteten Einwohner der damals dänischen Stadt niedermetzelten (Juli 10–17, Juni und Aug. 10–15 Uhr, Mai und 1.–15. Sept. 10–12, sonst 10–11 Uhr).

Östlich von Ronneby sollte man die E 22 bei Edestad verlassen – wenige Meter von dem Abzweig steht einer der interessantesten und zugleich rätselhaftesten Runensteine in Schweden. Der **Björketorpsten** 8 und seine beiden unbeschrifteten ›Trabanten‹ dienten noch bis ins 15. Jh. hinein als Grenzmarkierung. Die Runeninschrift ist von sprachgeschichtlichem Interesse und gibt u. a. folgenden Fluch wieder: »Wer dieses Denkmal stört, wird stets vom Bösen gepeinigt werden. Tückisch soll der Tod ihn treffen. Ich prophezeie das Verderben.« Und auf der Rückseite heißt es: »Unglückbringender Zauber«.

Folgt man dem Sträßchen weiter, gelangt man nach **Hjortsberga** 9. Auf der Anhöhe hinter der Kirche aus dem 13. Jh. befindet sich ein ausgedehntes Gräberfeld der Wikingerzeit mit rund 120 Monumenten. Die gesamte Umgebung von Johannishus ist auffallend reich an vorzeitlichen Gräbern; überall am Straßenrand sieht man auf den oft von einzelnen Wacholderbüschen bestandenen Moränenrücken die markanten Steine aufragen. Mehrhundertjährige Eichen mit zwei bis drei Meter Umfang zeigen an, dass man sich hier auf uraltem Kulturland befindet. Im Frühjahr findet man den Magerrasen übersät mit zahllos blühenden Küchenschellen.

i **Ronnebys Turistbyrå:** Västra Torggatan 1, 37230 Ronneby, Tel. 0457-180 90, Fax 174 44, www.ronneby.se/turist, Mo–Fr 10–17 Uhr.

Ronneby Brunn: Brunnsparken, Tel. 0457-750 00, Fax 156 47, www.ronnebybrunn.com. Eine der modernsten Spa-Anlagen Schwedens 2,5 km vom Ort entfernt in einem Park mit Kurbehandlungen, Außen- und Innenpools, Jacuzzi, Dampf- und Trockensauna, Solarium, Tennisplätzen, Yoga, Qi Gong und vieles mehr. Sehr komfortable 264 Zimmer; DZ 1190–1695 SEK.
STF Vandrarhem: Övre Brunnsvägen 54, Tel./Fax 0457-263 00. Wohnen im Kurpark-Ambiente: die 104 Betten in den 2- bis 5-Bett-Zimmern der einfachen Herberge verteilen sich auf ehemalige Sanatorien der Jahrhundertwende; DZ ab 300 SEK.

Ronneby bruk Sweden: Flisevägen, Kallinge, Tel. 0457-240 00, www.ronnebybruk.com, Mo–Fr 9–17 Uhr. Fabrikverkauf, gusseiserne Pfannen und Töpfe im klassischen Design von Sigurd Persson – gewichtig, aber unschlagbar für alle Pfannengerichte.

Wellness: Ronneby brunns Spa-Anlage, www.ronnebybrunn.se, bietet Erholung und Kurbehandlungen auch stunden- oder tageweise (380 SEK/Tag) u. a. Sauna, Dampfbad, Schwimmbad mit 34 °C warmem Wasser.

Militärstadt in idyllischer Schärenlage: Karlskrona

Bootsausflüge in die Schären ab Ronnebyhamn.

Flug: Inlandsflughafen Kallinge (6 km). **Bahn:** Haltepunkt des Kustpilen auf der Strecke Karlskrona–Malmö/Kopenhagen. Informationen zum Nahverkehr s. Karlskrona.

Karlskrona

Als Großmacht im Ostseeraum mit Besitzungen in Pommern und dem Baltikum suchte Schweden immer nach einem günstig gelegenen eisfreien Kriegshafen an der Südostküste. Nach dem Besuch Karls XI. im November 1679 war die Entscheidung für **Karlskrona** 10 als Flottenstützpunkt der Krone gefallen. Zur Zeit des Kalten Krieges war seine strategische Bedeutung womöglich noch größer und als in den 1980er Jahren ein sowjetisches U-Boot vor der Stadt auftauchte, wurden die schwedischen Militärs jahrelang in Unruhe versetzt. Nachdem das U 137 vor Hästholmen östlich von Karlskrona sozusagen direkt vor ihrer Nase gestrandet war, erwiesen sich jedoch alle weiteren U-Boote als Fata morgana. Inzwischen ist Karlskrona (61 000 Einw.) aufgrund seiner einmaligen Befestigungsanlagen im natürlichen Schutz der Schären zum UNESCO-Weltkulturerbe avanciert.

Eine Stadt in Reih und Glied

Ab 1680 wurde die Militärstadt unter Federführung des Festungsarchitekten Erik Dahlbergh und des Admirals Hans Wachtmeister auf mehreren mit Brücken verbundenen Inseln errichtet, mit rechtwinkligem Straßennetz und durchbuchstabierten Stadtvierteln. Trotzte ein Hausbesitzer den rigiden Stadtbauplänen, wie etwa der Bauer Vittus Andersson, der sich stur weigerte, sein Heim auf der Hauptinsel Trossö zu verkaufen, war der Staat nicht zimperlich: Andersson kam im Kastell von Karlshamn in Beugehaft. 1795 musste sein Häuschen jedoch endgültig dem prächtigen Rathaus am Markt weichen. Der Name **Stortorget** ist bei den aufmarschgerechten Dimensionen des Platzes eine schlichte Untertreibung. Die Platzmitte dominiert eine Statue des königlichen Stadtgründers Karl XI. An schönen Sommertagen fühlt man sich dennoch nach Rom versetzt, weniger angesichts des Marktangebots als wegen der beiden anderen Gebäude am Platz: Die Kirchen **Fredrikskyrkan** und Trefaldighetskyrkan entstanden ab 1700 nach Entwürfen von Nicodemus Tessin d. J. in schönstem römischen Barock. Die **Trefaldighetskyrka** mit der massigen Rotunde und dem vorgelagerten Portikus gehörte der besonders großen deutschen Gemeinde der Stadt.

Besuch beim ›alten Rosenbom‹

Vom Markt geht es über Kopfsteinpflaster abwärts zum hölzernen **Glockenturm** (Klockstapeln) der Admiralitätskirche, der 1699 fast 400 m von der eigentlichen Kirche errichtet wurde. Die Felsklippen der Schäreninseln waren alles andere als eben und so gibt es noch heute erhebliche Niveauunterschiede. Die Vallgatan führt vorbei an der Offiziershochschule der Marine weiter zur Kirche, davor steht **Gubben Rosenbom** (der alte Rosenbom), die Hauptattraktion der Stadt, durch Selma Lagerlöfs ›Nils Holgerssons wunderbare Reise‹ zum Wahrzeichen von Karlskrona schlechthin geworden. Die übermannsgroße, bunt bemalte Holzfigur (eine Kopie) bietet sich auch für ein Erinnerungsfoto zweifellos an. Man sollte aber nicht vergessen, ein paar Kronen in den Schlitz des als originelle Armenbüchse konzipierten ›Gubben‹ fallen zu lassen (vorher den Hut hochklappen!). Die aus Holz errichtete **Admiralitätskirche Ulrica Pia**, 1685 geweiht und ältestes Gebäude der Stadt, war ursprünglich nur als Provisorium gedacht.

Quer durch die Innenstadt über die teils als Fußgängerzone genutzte Ronnebygatan erreicht man das **Blekinge Läns Museum** am Fisktorget, wo auch die Ausflugsboote in die Schären starten. Die Reihe schlichter Häuschen am Fisktorget zeigt eine Ausstellung über das Alltagsleben der Blekinger Fischer in früheren Zeiten. Dahinter verstecken sich ein Barockgarten und das noble Wohnhaus des Admirals Wachtmeister von 1705 mit mehreren, im Stil Gustavs III. eingerichteten Räumen und einem gemütlichen Café in der ehemaligen Küche. Bei schönem Wetter kann man es sich auch an einem Tisch im Barockgarten gut gehen lassen (Fisktorget 2, Tel. 0455-30 49 85, Mitte Juni–Mitte Aug. tgl. 10–18, sonst Di, Do–So 11–17, Mi 11–19 Uhr).

Sprungbrett in die Schären

Vom Anleger am **Fisktorget** starten im Sommer Linienboote zu Tagestouren in die Schären. Die Insel **Aspö** mit dem Kastell Drottningskär ist ein beliebtes Ausflugsziel. Das seit 300 Jahren unverändert erhaltene Festungsbauwerk – von Erik Dahlbergh entworfen – ist zu besichtigen, es gibt ein Restaurant, und am Kiosk beim Anleger kann man Fahrräder oder Boote mieten. Auch eine Autofähre verkehrt auf die Insel. Schön ist eine Bootsfahrt ab Fisktorget den **Nättrabyå** aufwärts – bis zum Dorf **Nättraby.** Auf dem Kirchhof neben der mittelalterlichen Kirche aus grauem Feldstein mit Ursprüngen im 12. Jh. liegt Vittus Andersson begraben, jener Bauer, der sein Land auf Trossö einst den Militärplanern verweigerte.

Zum Marinemuseum

Linienboote fahren ab Fisktorget auch zum Marinemuseum auf **Stumholmen** mit dem markanten Leuchtturm. Ebenfalls auf der Insel steht die 1842 errichtete Båtsmanskaserne, einst Trainingsstätte für künftige Matrosen: 500 Mann fanden hier Bedingungen wie auf einem Schiff, der Boden leicht gewölbt, geschlafen wurde in Hängematten, nur das Rollen der Dünung fehlte. 1991 zog die **Karlskrona Konsthall** mit wechselnden Ausstellungen ein (Båtsmanskasernen, Bastionsgatan 8, Stumholmen, Tel. 0455-30 34 22, Di, Do–So 12–17, Mi 12–19 Uhr).

Allen anderen Sehenswürdigkeiten der Stadt die Schau stiehlt das moderne **Marinemuseum** an der Spitze von Stumholmen. Seine Hauptattraktion ist neben 13 Galionsfiguren ein unterseeischer Tunnel, von dem aus man die Überreste eines im 18. Jh. versenkten Schiffes betrachten kann. Lebendig und multimedial untermalt werden typische Szenen an Bord nachgestellt. Am Kai des

Museums liegen der Dreimaster ›Jarrama‹ (Café) und diverse andere Schiffe vor Anker. Es werden Fahrten mit historischen Segelschiffen angeboten (Stumholmen, Tel. 0455-35 39 02, Juni–Aug. tgl. 10–18, übrige Zeit Di–So 11–17 Uhr).

Turistbyrå: Stortorget 2, 37134 Karlskrona, Tel. 0455-30 34 90, Fax 30 34 94, turistbyran@karlskrona.se, Juni–Aug. Mo–Fr 9–19, Sa, So 9–16, übrige Zeit Mo–Fr 10–17, Sa 10–14 Uhr.

Dragsö Camping und Bad: Tel. 0455-153 54, Fax 152 77, www.camping.se/k10. Ende April–Mitte Okt. Auf einer Schäreninsel westlich der Stadt, trotzdem unweit vom Zentrum. Badefelsen, Angeln, Verleih von Meerkajaks.
Stensjö Camping och Stugby: Holmsjö, Tel. 0455-923 10, www.stensjo.net. Wunderschöne Lage am See etwa 20 km nördlich von Karlskrona. Gute Paddelgewässer, Kanuverleih.

Café Grevagården: im Innenhof des Blekinge Läns Museum, Fisktorget, Tel. 0455-801 20, kleine Lunchgerichte sowie Kaffee und Kuchen im Hof oder im historischen Gebäude.

Kaufhäuser und Einkaufspassagen findet man zahlreich in der **Ronnebygatan/Borgmästaregatan**. Am Borgmästarekajen haben sich viele Kunsthandwerker niedergelassen.

Schiffsausflüge in die Schären ab Fisktorget; **Stadtführungen:** Auskunft beim Turistbyrå; **Golf:** drei 18-Loch-Plätze; **Meerkajak- und Kanuverleih**: bei den Campingplätzen Stensö und Dragsö.

Bahn: Verbindung nach Malmö/Kopenhagen (bis 2007 mit Umsteigen in Kristianstad und Schienenersatzverkehr) und Göteborg; **Fähre** nach Gdyna/Polen. Informationen zum **Nahverkehr:** Blekingetrafiken, Tel. 0455-569 00, www.blekingetrafiken.se.

Entlang Smålands Küste bis Kalmar

Kristianopel 11 liegt an Schwedens Südostspitze; ab hier – so heißt es – werde *sill* zu *strömming*. Das bedeutet, die östliche Ostsee ist erreicht, der Ostseehering oder Strömling – kleiner und weniger fett als sein großer Bruder *sill* – wird nördlich und östlich von hier gefangen. Das verschlafene Städtchen Kristianopel passt so gar nicht zu seinem pompösen Namen – das ›Konstantinopel‹ eines gewissen bauwütigen dänischen Königs Kristian IV. Es wurde 1599 als letzte Bastion Dänemarks vor der schwedischen Grenze errichtet. Eine Kuriosität der Stadt ist der Campingplatz inmitten der Reste der 2 km langen Stadtmauer, deren Steine alljährlich ein Rock'n' Roll-Festival erschüttert. Auch die 1620 gebaute Kirche mit dem typisch dänischen Treppengiebel ist eine Sehenswürdigkeit. Im Sommer zieht der Jachthafen viele Segler an, es gibt Restaurants, Cafés und Kunsthandwerksläden zum Stöbern.

Dann erreicht die E 22 die heutige Grenze zwischen Blekinge und Småland. Der Gedenkstein **Brömsebrosten** 12 erinnert an den Friedensvertrag zwischen Dänen und Schweden, der 1645 an der Brücke über den Grenzfluss nahe dem Dorf Bröms unterzeichnet wurde. Dem Süden des Landes brachte er aber immer noch keinen Frieden. Bis 1658 und dem Frieden von Roskilde war Småland finsteres Grenzland zum verfeindeten Dänemark, eine Brutstätte für Aufständische wie der Bauernführer Nils Dacke, der sich gegen Gustav Vasa wandte und grausam abgeurteilt wurde. Der etwas weiter südlich gelegene Ort Brömsebro entstand Jahrhunderte nach dem berühmten Friedensschluss. Die Reste der umkämpften Grenzfestung liegen ca. 1 km von Gedenkstein und Brücke entfernt.

Hier an der Schärenküste im Osten, die bei Kalmar von einem äußerst fruchtbaren Streifen gesäumt wird, zeigt sich Småland lieblich. Zum Binnenland hin wachsen uralte Eichenwälder, Wiesen und Weiden prägen das Bild – keine Spur von Smålands Trollwäldern und Elfenhöhlen …

Die Skulpturen gemahnen an die 1397 geschlossene Kalmarer Union

Kristianopels camping: Fågelmara, Tel. 0455-36 61 30, www.kristianopel.nu. Inmitten der Stadtmauern des lauschigen Städtchens nicht weit vom Meer, Musikveranstaltungen, motorradfreundlich.

Rock 'n' Roll-Festival in Kristianopel in der 2. Aug.-hälfte, www.kristianopelfestivalen.se.

Kalmar und Umgebung

Kalmar 13 (60 500 Einw.) ist eine der ältesten Städte Schwedens. Auf **Kalmar slott** wurde 1397 feierlich die Kalmarer Union geschlossen, die vorübergehend alle skandinavischen Reiche einte. Später entstand ein typisches Vasaschloss mit vier runden Ecktürmen. Im Innenhof geben schon der filigrane Brunnen (1597) des Baumeisters Dominicus Pahr und die restaurierte Wandbemalung einen ersten Eindruck von der königlichen Pracht (Tel. 0480-45 14 90, April/Mai und Sept. tgl. 10–16, Juni–Aug. tgl. 10–17, Okt.–März am zweiten Wochenende im Monat 11–15.30 Uhr).

Aus Furcht vor dänischen Angriffen und nach einem Brand wurde das Stadtzentrum Anfang des 17. Jh. auf die Insel Kvarnholmen nördlich der Schlossinsel verlagert. Die neue Festungsstadt im Barockstil mit rechtwinkligem Straßennetz und ausladenden Plätzen umgab eine Stadtmauer mit gesicherten Zugängen. Im Unterschied zu anderen schwedischen Städten entstanden in Kalmar aus Brandschutzgründen auffallend viele Steinhäuser – gutes Baumaterial lag mit dem kalksteinreichen Öland hier ja gewissermaßen vor der Tür.

Kalmars Haupteinkaufsstraße ist heute die **Kaggensgatan**, wo sich zahlreiche Geschäfte, Cafés und Restaurants aneinanderreihen. Am zentral gelegenen Stortorget setzt sich imposant der von Nicodemus Tessin d. Ä. entworfene **Dom** (1660–82) mit seiner Fassade in italienischem Barock in Szene – auch ein Blick ins Innere überwältigt angesichts des üppigen Barockaltars von Tessins Sohn und Nachfolger (1705). Gegenüber steht das **Rathaus,** etwa zur selben Zeit im holländischen Renaissancestil erbaut.

Vom Hafen (zu erreichen über Stor- und Proviantgatan) eröffnet sich schon ein Blick auf Öland und die mehr als 6 km lange Brücke über den Kalmarsund. In der riesigen ehemaligen Dampfmühle (Ångkvarnsbyggnaden) ist das **Kalmar läns museum** untergebracht, dessen Hauptattraktion Funde aus dem königlichen Flaggschiff Kronan sind. Das Schiff sank am 1. Juni 1676 gleich zu Beginn einer Seeschlacht gegen die vereinte dänisch-holländische Flotte vor Öland. Nachdem das Wrack 1980 entdeckt worden war, bargen die Unterwasserarchäologen vor allem Kanonen und Navigationsinstrumente, aber auch Alltagsgegenstände und einen Goldmünzenschatz, der heute im Museum zu sehen ist (Skeppsbrogatan 51, Tel. 0480-45 13 00, Mittsommer–Mitte Aug. tgl. 10–18, sonst Mo–Fr 10–16, Sa, So 11–16 Uhr).

Turistbyrå: Ölandskajen 9 (am Segelboothafen), 39121 Kalmar, Tel. 0480-41 77 00, Fax 41 77 20, info@turistbyra.kalmar.se, Mai und Sept. Mo–Fr 9–17, Sa 10–13, Juni–Aug. Mo–Fr 9–19, Sa, So 10–16, übrige Zeit Mo–Fr 9–17 Uhr. **Ostsmåland und Küste:** Kalmar Läns Turism, Nygatan 34, Box 762, 39127 Kalmar, Tel. 0480-44 83 30, Fax 546 54, www.smaland-oland.com.

Slottshotellet: Slottsvägen 7, Kalmar, Tel. 0480-882 60, Fax 882 66, www.slottshotellet.se. Sehr nette und ruhige Lage am Park unweit des Bahnhofs, 36 Zimmer; DZ ab 1100 SEK.
Kolbodabaden: Kolbodavägen, Ljungbyholm, Tel. 0480-370 01, www.kolbodabaden.se. Bei Hagby, 20 km südlich von Kalmar, 90 Stellplätze direkt an der Küste, mehrere beheizte Pools, Hüttenvermietung.

Calmar Hamnkrog: Skeppsbrogatan 30, Tel. 0480-41 10 20, Mo–Fr 11.30–14, 18–22, Sa 18–22 Uhr. Wo einst Fähren ablegten, speist man nun mit Blick aufs Wasser Fisch und Lamm (ca. 150–245 SEK).
Holmgrens Konditori-Café: Kaggensgatan 5, Kalmar. Traditionsreiches Café, bekannt für gute Pralinen.
Kullzéns: Kaggensgatan 26, Kalmar, Kaffee und Kuchen im Ambiente des 19. Jh.

Bahn: Zugverbindungen über Vimmerby nach Linköping, über Alvesta nach Göteborg; **Flugplatz** (5 km). Die **Ölandbrücke** ist für Radfahrer vom 15.6. bis 31.8. gesperrt, ein Fahrradbus fährt ab Kalmar. Informationen zum **Nahverkehr:** Kalmar Läns Trafik Tel. 0491-76 12 00, www.klt.se.

Hagby kyrka

Im Mittelalter florierte entlang der gesamten schwedischen Ostseeküste der Festungsbau, vor allem als Schutz gegen die Überfälle von Seeräubern. Zum Bauprogramm gehören auch zahlreiche Wehrkirchen, Rundbauten, die mit meterdicken Mauern, winzigen Schießscharten ähnelnden Fenstern sowie Vorratsräumen für lange Belagerungszeiten ausgestattet waren. Eine solche Rundkirche ist **Hagby kyrka** 14 aus dem 12. Jh., etwa 25 km südlich von Kalmar.

Öland

Öland ist anders als das übrige Schweden: Flach und windzerzaust, trocken und waldarm vereint die kleinere der beiden großen schwedischen Ostseeinseln eine einzigartige südländisch wirkende Natur sowie eine Vielzahl an Zeugnissen einer langen Geschichte. Öland ist flach – die höchste Erhebung beträgt 57 m – und damit ideal zum Radfahren, solange der Wind aus der richtigen Richtung kommt. Das schmale, nur 4 bis 16 km breite, dafür aber 137 km lang gezogene Kalkplateau in Sichtweite vor der Ostküste Schwedens bietet Tieren und vor allem Pflanzen völlig andere Lebensbedingungen als das restliche Skandinavien – mit Ausnahme von Gotland (s. S. 154 ff.). Den Sockel beider Inseln bildet Kalkstein, entstanden aus den Überresten von Lebewesen, die sich vor 500 Mio. Jahren am Boden eines tropischen Meeres ablagerten und später versteinerten. Die Moränenablagerungen aus Lehmschiefer, die die letzte Eiszeit vor 10 000 Jahren darauf hinterließ, bilden bis heute die fruchtbare Grundlage der öländischen Landwirtschaft – noch immer bedecken Acker- und Weideflächen die Hälfte der Insel und nur etwa ein Zehntel ist bewaldet. Wo die Lehmschichten im Laufe der Jahrhunderte durch Wind und Meer abgetragen wurden, entstand eine in Europa einzigartige Heidelandschaft (*alvar*) besiedelt von Pflanzen, die man sonst vornehmlich in den südosteuropäischen Steppengebieten findet. Auf Öland hat man 30 verschiedene Orchideenarten gezählt, einige kommen sogar nur hier vor.

Dass die Insel seit Jahrtausenden besiedelt ist, dokumentieren die vielen Grabhügel und -felder. Die frühe Eisenzeit (500 v. Chr. bis 500 n. Chr.) gilt als Blütezeit Ölands. Im 11. Jh. christianisiert, errichteten die Bewohner im 12. Jh. vor allem Wehrkirchen; Überfälle von Piraten waren in dieser Zeit häufig und die Öländer alles andere als arm. Die Handelsbeziehungen reichten weit über den Ostseeraum hinaus bis ans Schwarze Meer.

Schließlich begann die schwedische Krone sich für die Insel zu interessieren und auch der jetzige König hat ein Faible für Öland – der Sommersitz der schwedischen Royals befindet sich auf Schloss Solliden südlich von Borgholm. Eine wohl überlegte Wahl, denn schließlich gilt Öland als sonnigste Ecke des Königreichs und ist regelmäßig Spitzenreiter in der schwedischen Sonnenstatistik.

Rund um den Mittlandsskogen

Eine Sehenswürdigkeit für sich ist die 6070 m lange Brücke **Ölandsbron** bei Kalmar, die die Insel mit dem Festland verbindet. Sie gehört zu den längsten Brücken Europas und bietet mit einer Passierhöhe von 36 m auch größeren Schiffen ausreichend Platz. Gleich hinter dem Brückenkopf Färjestaden mit Einkaufscenter und Touristeninformation gelangt man in die Ausläufer des dichten Eichenwaldes Mittlandsskogen, das größte zusammenhängende Waldgebiet auf Öland mit imposanten Baumveteranen. Jenseits liegt **Himmelsberga** 1 ein typisches Straßendorf und mit zwei Höfen aus dem 18. und 19. Jh. als Freilichtmuseum eingerichtet. Die urtümlichen Gebäude in Blockhausbauweise, rot gestrichen und die meisten reetgedeckt, stehen an drei Seiten um einen offenen Platz. Im Innern sind bäuerliche Wohnkultur vergangener Zeiten und ein kleiner Dorfladen zu besichtigen (Tel. 0485-56 10 22, Mai–Aug. tgl. 10–17.30 Uhr). Auch im Freilichtmuseum darf natürlich eine Windmühle nicht fehlen – sie sind auf Öland allgegenwärtig.

Nicht weit von Himmelsberga reiht sich bei **Lerkaka** 2 eine ganze Windmühlenkette entlang der Straße; einige kann man innen besichtigen. Vor 150 Jahren gab es auf der Insel rund 2000 dieser praktischen Einrichtungen zur kostenlosen und ökologischen Energiegewinnung, heute sind noch 350 übriggeblieben, wenn auch nicht mehr in Betrieb.

Gärdslösa kyrka 3 nördlich von Himmelsberga gilt als das am besten erhaltene Gotteshaus auf Öland. Die im 12. Jh. errichtete Kirche bekam ihren Turm um 1200, Mitte des 13. Jh. folgten das Querschiff, Ende des Jahrhunderts dann der Chor mit seinem hübschen Treppengiebel. Im Innern fallen die mächtigen Kalksteinsäulen auf; die Chorwand wurde 1642 mit Kalkmalereien zu alttestamentlichen Themen geschmückt.

Mitten im Wald von Mittlandsskogen liegen 4 km westlich von Himmelsberga die beeindruckenden Reste einer Verteidigungsanlage aus dem 5. Jh.: **Ismantorps borg** 4. Sie ist zwar nicht die größte, wegen der Lage aber sicherlich die romantischste. Man er-

Ölandsbron überspannt den Kalmarsund

reicht die Ruine auf einem kurzen Spaziergang durch den Wald, der sich unvermittelt zu einer Lichtung öffnet. Die Fläche ist spärlich bewachsen mit Wacholderbüschen und im Frühsommer blühen auf dem Kalkmagerrasen zahlreiche wilde Orchideen. Am überraschendsten ist aber der gewaltige verwitterte Steinwall, vor dem man steht. Archäologen fanden hier die Reste von 88 Häusern, eine richtige kleine Siedlung, deren Wegeverlauf und Gebäudegrundrisse zum Teil noch gut erkennbar sind. Insgesamt neun Toröffnungen in der Burgmauer hat es gegeben; diese eigenartige Zahl hat Anlass zu Spekulationen gegeben, hier eventuell eine religiöse Kultstätte entdeckt zu haben.

In **Halltorp** an der Westküste hat die Gegenwartskunst ein Domizil gefunden: Die Glaskünstler Bertil Vallien und Ulrika Hydman-Vallien zeigen in der modernen Kunsthalle **VIDA Museum & Konsthall** 5 in einer Dauerausstellung eigene sowie wechselnd die Werke anderer zeitgenössischer Künstler (Tel. 0485-774 40, www.vidamuseum.com, Mai, Juni, Sept. tgl. 10–17, Juli/Aug. 10–19, übrige Zeit Sa, So 10–17 Uhr).

Borgholm

Die unbestrittene ›Hauptstadt‹ Ölands liegt etwa in der Inselmitte an der Ostküste: Borgholm ist eine gemütliche Kleinstadt mit einer bescheidenen Einkaufsmeile in der Storgatan und etlichen interessanten Kunsthandwerksläden in den Seitenstraßen sowie der legendären Eisdiele Borgholms Glasscafé. Am Hafen pulsiert das abendliche Tanz- und Ver-

gnügungsleben der Insel. Dazu gehört das auch andernorts in Schweden gern praktizierte Korsofahren: Auf Hochglanz polierte Straßenkreuzer meist älteren Baujahrs ziehen gemächlich ihre Runden durch die nächtlichen Straßen, besetzt von Fahrern und Mitfahrern, die ihrer Lebensfreude gerne Ausdruck verleihen.

Die gewaltige Schlossruine **Borgholms slott** 6 südlich der Stadt ist alles, was von hochfliegenden Plänen übrigblieb: Schon im Mittelalter mit Turm und Mauer befestigt, entstand auf dem Burghügel ab 1569 für König Johan III. ein prächtiges Renaissanceschloss von Baumeister Dominicus Pahr, das allerdings im Kalmarkrieg 50 Jahre später verwüstet wurde. So begann man Mitte des 17. Jh. mit dem Umbau nach Plänen von Nicodemus Tessin d. Ä.; nach geändertem Geschmack wurde im Barockstil weitergebaut, bis 1806 ein Großfeuer all dem ein Ende setzte. In einem Flügel der Ruine wird eine informative Ausstellung zur wechselhaften Baugeschichte gezeigt. Im Sommer erstrahlt die Burg als Openairarena für Konzerte mit hochkarätigen Stars aus Rock und Pop, wie Leonard Cohen oder Ulf Lundell (Tel. 0485-123 33, www.borgholm.se/slottet, Mai–Sept. tgl. 10–16, Juni–Aug. 10–18 Uhr).

Die heutige Sommerresidenz der schwedischen Königsfamilie liegt 3 km südlich von Borgholm: **Solliden** 7. Die königliche Villa wurde Anfang des 20. Jh. für Königin Victoria dem sonnigen Klima der Insel entsprechend in italianisierenden Stil errichtet. Alljährlich am 14. Juli feiert ihre Namenskusine, die populäre Kronprinzessin Victoria hier ihren Geburtstag unter großer Beteiligung eines stets begeisterten Publikums. Der schöne Park mit einem Rosengarten im holländischen Stil, Skulpturen und Ausstellungspavillon steht Besuchern (gegen Entgelt) offen (Tel. 0485-153 55, Park Mitte Mai–Mitte Sept. tgl. 11–18 Uhr, Toresschluss 17 Uhr).

Köpingsvik

Borgholm und sein Nachbarort **Köpingsvik** 8 sind nahezu miteinander verschmolzen. Die geschützte Bucht von Köpingsvik mit ihrem kilometerlangen weißen Sandstrand und seichten Ufern zieht vor allem Familien mit kleinen Kindern an – berühmt ist sie zudem für ihre malerischen Sonnenuntergänge.

Böda

Rund 22 km lang erstreckt sich der traumhafte Strand **Böda Sand** 9 im Nordosten von Öland. Die Insel ist ohnehin als Sonnen- und Badeparadies bekannt und dieser Küstenstreifen mit feinem weißen Sand erfüllt alle Erwartungen an einen schönen kinderfreundlichen Strand. Der breite Sandstreifen hinter dem Dünengürtel bietet selbst dann noch reichlich Platz, wenn in der Hochsaison der Andrang groß ist. Das Wasser der Bucht ist sehr seicht, erst nach ca. 50 m wird es tiefer. Bei Nordostwind kann es allerdings starke

Öland

Wellen geben. Die Infrastruktur ist während der Campingsaison auch im einsamen Norden von Öland gut: Bäckerei, Pizzeria, Lebensmittelladen und Strandrestaurant, wo bei richtig gutem Badewetter Livebands spielen. Ein 9-Loch-Golfplatz im Kiefernwald steht Gästen zur Verfügung und man kann Liegestühle, Tretboote und Wasserskier leihen.

Abenteuerlich und aufregend ist der 4,5 km lange Pfad durch **Trollskogen** 10, den Trollwald, an Ölands nördlichem ›Land's end‹: Über knotige Baumwurzeln und Steine wandert man zu uralten Eichen, und durch Wind und Nahrungsmangel verschlungen gewachsenen Kiefern, bis zu einem Wrack am Strand. Den Steinstrand auf der Westseite taufte Carl von Linné 1741 bei seinem Besuch Neptuni åkrar, Neptunische Felder – der Name blieb, und heute wie vor 250 Jahren tauchen im Sommer die blauen stacheligen Blütenähren des Natterkopfs (*blåeld*) die sonst vegetationslose Steinwüste in leuchtendes Blau, sodass ein Meeresgott sich hier wohl zu Hause fühlen würde.

Vor der Küste ist die hohe Felsinsel **Blå Jungfrun** auszumachen: fast ganz aus rotem Granit und von zahlreichen Vögeln bewohnt, darunter Gryllteiste und Eiderenten. Ausflüge per Schiff auf das als Nationalpark geschützte Eiland sind nur bei ruhigem Wetter von Oskarshamn und Byxelkrok möglich. Die abgelegene und schwer erreichbare Insel galt als Tanzplatz der Hexen, als schwedischer Blocksberg ›Blåkulla‹.

500 m vom Trollskogen-Wanderparkplatz verkehrt im Sommer eine kleine, dampf- oder diesellokgezogene **Waldeisenbahn** mit offenen Waggons (warme Jacken nicht vergessen!) nach Fagerrör, das wenige 100 m von der Bödabucht entfernt liegt (Böda Skogsjärnväg, Ende Juni–Mitte Aug. Di, Do, So 3 bis 4-mal tgl.). Um die Wanderdünen zu stoppen, die noch Mitte des 18. Jh. die Nordspitze Ölands prägten, pflanzte man verstärkt Wald an. Die wildreichen Fichtenforste fanden bald Interesse an höchster Stelle und Böda Kronopark wurde königliches Jagdrevier.

Skäftekärr

Vision Skäftekärr 11 heißt ein Projekt zur Wiedererrichtung eines Eisenzeitdorfs unweit des **Arboretums Skäftekärr** bei Löttorp, wo rund 150 meist nichteinheimische Baumarten, etwa amerikanischer Thuja oder Mammut, wachsen. Nachdem der erste Bau im Herbst 2003 in Flammen aufging, wurde das Haus nach Methoden wie vor tausend Jahren wiedererrichtet: aus Feldsteinen, grob gebeilten Holzstämmen und mit Schilfdach. Im Sommer kommen ›Wikinger‹ zu Besuch und es gibt allerhand Aktivitäten für Familien mit Kindern, auch Bauernhoftiere alter Rassen le-

Richtig Reisen-Tipp: Stora Alvaret

Wanderung durch Ölands Große Heide: Ein Mosaik aus flachen Moortümpeln, Karstflächen und Trockenrasen, das von der UNESCO zum Weltkulturerbe erklärt wurde – das ist **Stora Alvaret.** Den besten Zugang zu der rund 300 km² großen Steppenlandschaft, die unter Naturschutz steht, hat man vom Parkplatz bei Möckelmossen an der Strecke Resmo – Stenåsa. Im Frühjahr und Herbst mit Wasser gefüllt, ist das Feuchtgebiet Möckelmossen während des Vogelzugs Rastplatz für Kraniche. Brutvögel wie der Steinschmätzer mit seiner Vorliebe für Steinmauern und der Goldregenpfeifer mit seinem melancholischen Gesang prägen im Sommer die Heide. Sie dient als Viehweide für wenige Rinder und viele Schafe. Würde diese Kulturlandschaft nicht weiterhin beweidet, wäre die Steppenlandschaft einschließlich der Orchideen und anderer Raritäten bald verschwunden und Buschland würde entstehen. Frühling und Frühsommer (Mai/Juni) sind die beste Zeit für einen Besuch, denn dann blüht die Steppe: Gelb leuchten Sonnenröschen – eine Art kommt nur auf Öland vor – und Fingerkraut, rosa Knabenkraut, gelb und rosa blühendes Holunderknabenkraut, weiße Blüten treiben Steinbrech und Knollen-Mädesüß. Im Hochsommer ist zwar die bunte Blütenpracht dahin, unscheinbar blühen Thymian und Wermut, dann aber geben die Heuschrecken ihr Konzert und die karge, fast baumlose Steppe knistert vor Trockenheit. Im durchlässigen Kalkuntergrund unter der dünnen Vegetationsdecke versickert das Wasser schnell.

ben auf dem Gelände (Tel. 0485-221 11, www.skaftekarr.se, Mai–Mitte Juni und Mitte Aug.–Sept. Fr–So 11–16, Mitte Juni–Mitte Aug. tgl. 10–18 Uhr).

Bårby borg

Öland war ganz offensichtlich vor Tausenden von Jahren dicht besiedelt. Allein 16 *fornborgar*, Burganlagen aus der Zeit ab dem 4. Jh. sind auf der Insel zu finden. Besonders imposant ist **Bårby borg** 12. Vom Parkplatz neben dem RV 136 etwa 6 km südöstlich von Mörbylånga ist es nur ein kurzer Weg zur Burganlage: Die mörtellos gefügten Mauern bilden einen Halbkreis – auf der anderen Seite steht die 20 m abrupt abfallende natürliche Bruchkante des Kalksteinsockels wie ein Wehrwall Angreifern entgegen. Von hier hat man einen herrlichen Blick über die fruchtbaren Felder bis zum Meer.

Eketorp

Bårby ist nur ein Vorgeschmack: **Eketorps borg** 13, die Rekonstruktion einer Burganlage, bietet spannende Einblicke in das Alltagsleben vor rund 1500 Jahren: ein komplettes Bauerndorf, umgeben von einer 5 m hohen Mauer aus mörtellos aufeinandergeschichteten Steinen. Eketorp war seit der Römer- bis zur Wikingerzeit bewohnt. Drei Tonnen Knochen fanden die Archäologen bei den Ausgrabungen in unterschiedlichen Erdschichten aus dem 4. bis zum 11. Jh., darunter auch die von Hühnern, Schafen und Ziegen, den damals üblichen Haustieren, die, wie heute, frei durchs Gelände liefen. Nicht nur für Kinder ist der Besuch ein echtes Erlebnis: In verschiedenen Werkstätten kann man sich unter Anleitung von Archäologen in handwerklichen Tätigkeiten wie vor 500 Jahren üben. Die Ausstellung im Museum im Burghof gibt anschaulich Einblick in die Buddelarbeit der Archäologen, ins Alltagsleben der Öländer zur Römerzeit und die weitreichenden Kontakte jener Zeit. So erfährt man etwa, dass öländische Vogelfibeln im alten Rom groß in Mode waren (Tel. 0485-66 20 00, Mai–Aug. tgl. 10–18 Uhr, Führungen 2–3-mal tgl., Mittsommer–Mitte Aug. Führungen stdl.).

Ottenby

Auf dem Weg an Ölands Südspitze erkennt man noch die Reste der **Mauer**, die König Karl X. zur Einhegung des Wilds in seinem Jagdrevier hatte errichten lassen. Damit das Wild nicht die Felder kahl fraß, mussten seinerzeit Zuchthäusler und arme Bauern mit anpacken.

Heute dient diesem Zweck ein Wildzaun samt Bodengitter. Nachdem man es passiert hat, geht es – immer auf die Fahrbahn kreuzende Schafe gefasst – quer durch die unter Naturschutz stehende Wacholderweide zum Leuchtturm. Nach Entrichten der Parkgebühr kann man sich im Naturum am Fuß des Leuchtturms über die **Vogelstation Ottenby** 14 informieren (Tel. 0485-66 12 00, Naturum Ostern–Okt. tgl. 9–17 Uhr, Juni–Mitte Aug. bis 21 Uhr). Alljährlich im Herbst und Frühjahr kommen an Ölands Südspitze Zehntausende von Zugvögeln durch, viele werden hier gefangen, registriert und beringt.

Von dem fast 42 m hohen **Leuchtturm Långe Jan** 15 hat man eine fantastische Aussicht auf Land und Meer. Er ist Schwedens höchster und ältester, Baujahr 1785. Auf jeden Fall sollte man sich die 197 Stufen hinaufbemühen, um aus der Vogelperspektive einen Blick auf Ottenby und Stora Alvaret zu wagen.

Ölands Turist AB: Träffpunkt Öland, Box 74, 38621 Färjestaden, Tel. 0485-56 06 00, Fax 56 06 05, www.olandsturist.se, Mai, Juni, Aug. Mo–Fr 9–18, Sa 9–16, So 10–16, Juli Mo–Sa 8.30–20.30, So 9.30–19, Sept. Mo–Fr 9–12 und 13–17, Sa 10–15, übrige Zeit Mo–Fr 9–12 und 13–17 Uhr. Ölands Turist AB vermittelt u. a. auch Ferienhäuser.

Ein weiteres Turistbyrå findet man in Borgholm: Tel. 0485-890 00, in der Regel ganzj. Mo–Fr 9–12.15 und 13–17.30 Uhr, im Sommer und am Wochenende auch länger.

Hotell Borgholm: Trädgårdsgatan 15–19, Borgholm, Tel. 0485-770 60, Fax 124 66, www.hotellborgholm.com. Nach einem Brand 2004 wurde das Hotel-Restaurant komplett neu errichtet, opulenter und schöner, mit 30 großen Zimmern und Suiten; DZ 890–1495 SEK. Das Hotel ist vor allem wegen seiner guten Küche bekannt, der hauseigene Kräutergarten liefert der Starköchin Karin Fransson wichtige Zutaten, Dill, Knoblauch und Kummin – je nach Jahreszeit variiert das Menü; pro Gericht ca. 150–250 SEK.

Guntorps Herrgård: Guntorpsgatan, Borgholm, Tel. 0485-130 00, Fax 133 19, www.guntorpsherrgard.se. Mehrere Zimmer und Apartments im stilvollen Ambiente eines alten Herrenhauses mit großem Garten, am Rand von Borgholm gelegen. DZ ab 1095 SEK. Die gute Küche im Gartenrestaurant Orangeriet bietet lokale Spezialitäten; ca. 70–180 SEK.

Vor allem in Borgholm findet man in der Saison zahlreiche ausgehängte Schilder »Rum« (Zimmer) von **Privatvermietern** – es lohnt sich, die angebotene Unterkunft in Augenschein zu nehmen, oft kann man hier sehr viel angenehmer wohnen als in einem Vandrarhem.

STF Vandrarhem Köpingsvik: Solberga Gård, Köpingsvik, Tel./Fax 0485-720 60, www.solbergagard.se. Bauernhof mit 42 Betten in 2–4-Bett-Zimmern, im Café werden Produkte vom eigenen Hof serviert; DZ ab 330 SEK.

Camping:

Auf Öland gibt es eine hohe Campingplatzdichte – hier nur eine winzige Auswahl:

KronoCamping Böda Sand: Byxelkrok, Tel. 0485-222 00, www.kronocamping-oland.se, Mitte Mai–Aug. Mit 1300 Plätzen einer der größten Ferienanlagen Schwedens, am endlosen Sandstrand im Nordosten Ölands, angeschlossene Freizeit- und Einkaufsgelegenheiten, Hütten und Häuser, 2-Bett-Hütte komplett eingerichtet; ca. 2100–3300 SEK/Woche, Stellplatz 155–285 SEK je nach Ausstattung und Saison.

Kappelluddens Familjecamping: Borgholm, Tel. 0485-56 07 70, Mai–Aug., ca. 500 Plätze bietet die kinderfreundliche Anlage in Fußentfernung zu Borgholms Zentrum; Hütten ab 600 SEK.

Ein ›Neubau‹ wie vor rund 1500 Jahren: die Fluchtburg Eketorp

Lammet & Grisen: Löttorp, Tel. 0485-203 50, www.lammet.nu, nur im Sommer tgl. ab 17 Uhr. Frisch am Spieß Gebrutzeltes vom Feuer soviel man mag: ein uriges Erlebnis. Abends häufig Livemusik (Erw. 245 SEK, Kinder 95 SEK).

Böda Hamns Rökeri: am Hafen Böda, Tel. 0485-223 25, RV 136 ca. 60 km nördlich von Borgholm, Laden mit hervorragendem Fisch, Mai–Sept., Restaurant Ende Juni bis Mitte Aug. tgl. bis 20 Uhr. Außer Fisch auch Pizza und Hamburger ca. 70–150 SEK.

Auf der Insel gibt es eine Fülle von Kunsthandwerksläden:

Paradisverkstan (Südseite Brücke): Die königlichen Hoflieferanten Olof und Eva Paradis führen Leuchter, Keramik und andere Souvenirs der gehobenen Klasse.

Capellagården: nahe Vickleby kyrka, Tel. 0485-61 32, Verkauf von Erzeugnissen der von Carl Malmsten gegründeten Kunsthandwerksschule.

Wandern: Der Wanderweg Mörbylångaleden führt in vier Etappen von der Brückenauffahrt bis ans Südende der Insel und durch die Heide Stora Alvaret.

Radfahren: Öland ist wie geschaffen zum Fahrradfahren, Anbieter von Mieträdern sind zahlreich vor allem in den größeren Ortschaften zu finden.

Tagesausflüge per Boot auf die Insel Blå Jungfrun ab Byxelkrok, Mittsommer bis Mitte Aug. tgl. ab 10 Uhr, Tel. 0485-240 05.

Baden: Borgholms Badhus, Kapelludden, Sundgatan 27, Tel. 0485-56 07 71, www.borgholmsbadhus.se, Juni–Aug. tgl. 11–17 Uhr. Kinderfreundliches Freizeitbad mit 28 °C Wassertemperatur.

Autofähre: 2 x tgl. ab Oskarshamn nach Byxelkrok (Mitte Juni–Ende Aug., Fahrtzeit 2 Std. 20 Min.), Tel. 0499-449 20, www.ölandsfärjan.nu.

Bus: von Kalmar über die Brücke nach Öland mit vielen Haltepunkten entlang der RV136. Nahverkehr: Infos s. Kalmar. Im Sommer dürfen Fahrräder nur in speziellen Bussen auf die Insel mitgebracht werden (kostenlos); auf der Ölandsbron ist dann das Radfahren verboten. Info: Tel. 0485-76 12 00, www.klt.se.

Småland

Karte S. 144/145

Småland ist die ›wildeste‹ der südlichen Provinzen Schwedens. Dunkle Nadelwälder auf einem dicken Teppich aus Heidekraut und Moos, Pilze, Heidel- und Preiselbeeren satt, stille Seen, riesige Wackersteine, wie von Riesen dahingewürfelt – und ab und zu ein Holzhaus in Rot oder Gelb. Kunsthandwerk und Design blühen hier ebenso wie Geschichten, denn Småland ist die Heimat von Astrid Lindgren.

In Smålands Wäldern kann man zwar keinem Bären begegnen, aber sicherlich einen guten Eindruck vom Begriff Wildmark bekommen. Inmitten der Wälder liegen ausgedehnte Seenlandschaften mit Namen wie Bolmen, Sommen, Möckeln, Åsnen oder Algunnen. Das Binnenland war nur dünn besiedelt und bot den Häuslern, den *torpare*, ein kärgliches Leben. Mühsam wurden kleine Waldstücke gerodet, damit Wiesen oder gar Felder kultiviert werden konnten. Das schnelle Bevölkerungswachstum im 19. Jh. führte zu Hunger und Armut, so dass viele in die Neue Welt auswanderten. Kulturelle Sehenswürdigkeiten hat die Region zwar nur wenige zu bieten, dafür viel Natur und Gelegenheiten für Aktivitäten wie angeln, schwimmen, Beeren und Pilze sammeln, Kanu fahren und wandern.

Oskarshamn

Oskarshamn 1 (26 300 Einw.) ist vor allem als Fährhafen nach Gotland bekannt sowie als Standort eines Kernkraftwerks. Im **Sjöfartsmuseum** wird mit Schiffsmodellen, Navigationsinstrumenten und anderen mit der Seefahrt verbundenen Exponaten an die Tradition der Hafenstadt erinnert, die noch bis 1856 Döderhultsvik, Bucht von Döderhult, hieß (Juni–Mitte Aug. Mo–Fr 10–18, Sa, So 11–16, Mitte Aug.–Mitte Sep. Di–Fr, So 12–16, Sa 12–14, übrige Zeit Di–Fr 12–16, Sa 10–14 Uhr). Von hier stammte der Holzschnitzer Axel Robert Petersson, bekannter unter dem Namen Döderhultarn (1868–1925), dessen Werk das Döderhultarmuseum gewidmet ist.

Seine grob geschnitzten Figuren spiegeln das harte Leben der einfachen Leute wider (Kulturhuset, Hantverksgatan 18, Tel. 0491-880 40, Juni–Mitte Aug. Mo–Fr 10–18, Sa, So 11–16, übrige Zeit Di–Fr 12–16, Sa 10–14 Uhr).

Rustikal präsentiert sich das in seiner ursprünglichen Dorfstruktur erhaltene **Stensjö by** 2 10 km nördlich von Oskarshamn, das im 19. Jh. noch 166 Einwohner zählte. Das Dorf ist heute kein unbelebtes Museum, sondern wird als alte Kulturlandschaft nach traditionellen Methoden weitergepflegt, im Sommer sieht man Kühe, Schafe und Schweine auf der Weide, die altertümlichen Holzzäune und -gatter, die Apfelbaumwiesen und die Höfe mit ihren vielfältigen Nebengebäuden wie Vorrats- und Backhäusern oder Schuppen zum Trocknen von Lein und Brennholz.

Information Oskarshamn/Turistbyrå: Hantverksgatan 18, 57233 Oskarshamn, Tel. 0491-881 88, Fax 881 94, www.oskarshamn.se/turistbyra, Mitte Aug.–Sept. Mo–Fr 9–11.30, 12.30–16.30 Uhr, im Sommer länger sowie Sa und So.

STF Vandrarhem Forum Oscar: Södra Långgatan 15–17, Oskarshamn, Tel. 0491-158 00, Fax 0491-158 01, www.forumoskarshamn.com. In der hypermodernen Hotel- und Konferenzanlage, 200 m vom Bahnhof und dem Fähranleger entfernt, kann man preiswert und dennoch sehr komfortabel wohnen, 23 Zimmer mit Klimaanlage, Dusche/WC. Vandrarhem (Mitgliedspreis) 205 SEK pro Person, Hotelpreis DZ/Apartment 675–810 SEK.

Der ›König der Wälder‹ in Grönåsens Älgpark

Boots-Ausflüge zur Insel Blå Jungfrun ab Oskarshamn, Info über Turistbyrå.

Bahn: von Oskarshamn über Berga und Hultsfred nach Nässjö, dort Anschluss an die Strecke Stockholm–Kopenhagen.
Fähren: nach Gotland und Byxelkrok auf Öland (nur im Sommer). Informationen zum Nahverkehr s. Kalmar.

Västervik

Västervik 3 (36 500 Einw.) war neben Kalmar und Oskarshamn einmal einer der bedeutendsten Häfen an der Ostküste, man lebte von Seefahrt und Schiffbau. Vom vergangenen Reichtum zeugen noch die idyllischen Holzhäuser aus dem 18. und 19. Jh., und, so merkwürdig es auch klingen mag, das Armenhaus Det Cederflychtska fattighuset, das immerhin der Hofarchitekt Carl Hårleman um 1750 entwarf und das auf die Stiftung einer reichen Dame zurückgeht. Vom einstigen Hafenleben zeugt noch der kulinarische Akzent auf Spezialitäten wie geräucherter Aal oder das Fischfestival (*visfestival*) alljährlich im Juli, wenn die Ruine von Stegeborgs slott aus dem 14. Jh. zur Kulisse für Auftritte bekannter Bluessänger und Liedermacher wird. Ein Ausflug empfiehlt sich per Boot in die vorgelagerten Schären mit über 5000 Inseln und idealen Wassersportbedingungen.

Ähnlich wie Stensjö by ist das Dorf **Lunds by** 4, 10 km südlich von Västervik bei Gladhammar, uralt und stammt in Teilen aus dem 17. Jh. Damals war der Bauer Per Olsson, der es als Bauernvertreter bis an den Hof Karls XI. gebracht hatte, vom König mit einem Anwesen beglückt worden, das unter seinen Nachkommen zum Dorf heranwuchs. Über den Markt rollte einst der ganze Kutschverkehr zwischen Kalmar und Västervik. Die E 22 führt heute glücklicherweise nicht hindurch.

Västerviks Turistbyrå: Strömsholmen, 59330 Västervik, Tel. 0490-889 00, Fax 889 15, www.vastervik.se/turist, Sept.–April Mo–Fr 10–18, Mai–Mittsommer, Juli–Mitte

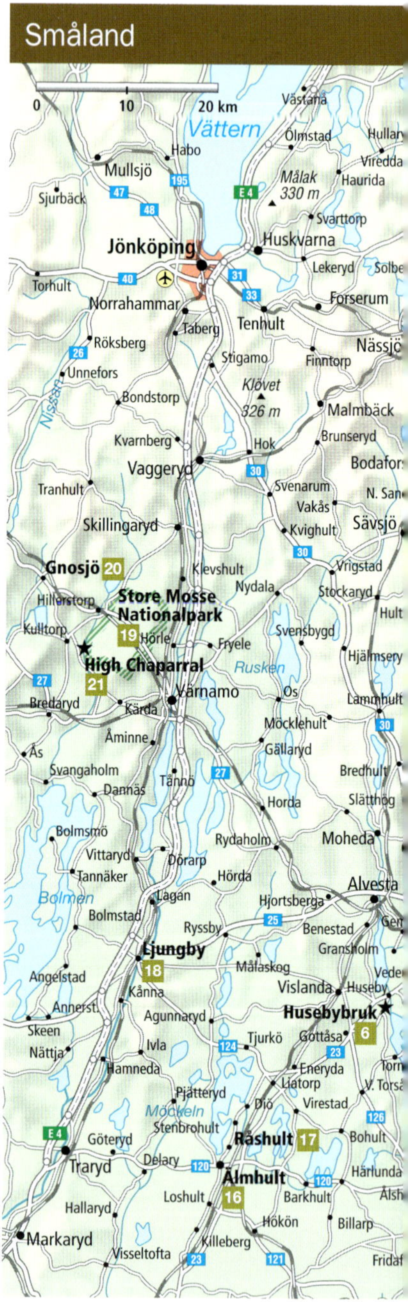

Såby
Sommen
Marek
Björnsholm
Björdal
Kisa
Åsunden
Lofta
Loftahammar
Torpa
Tidersrum
Hycklinge
Gamleby
Källvik
Sundhults-
brunn
Horn
Verveln
Fröåsa
135
Odensvi
Heda
Hasselö
Asby
N. Yi
Hallingeberg
Almvik
Marbäck
34
Malmö
134
Möghult
Blackstad
Kärby
Bredestad
Österbymo
Ydrefors
Guttringen
Djursdala
Västervik
32
25 Norra Kvill
Nationalpark
S. Vi
Toverum
Gunnebo
3
Åkersberg
Lägern
Ankarsrum
Gladhammar
Hornsudde
Skuruhatt
337 m
23 Gibberyd
Ventzel-
holm
Frödinge
33
Hökhult
Lunds by
4
Västrum
Händelö
Härstorp
Rumskulla
Vimmerby
Eksjö
Totebo
Skaftet
26
Skurugata
27
Ingatorp
22
Hjorted
E 22
Eknö
33
Bruza-
holm
Pelarne
Spångenäs
Solstadström
32
Hult
33
Mariannelund
24
Storebro
Sevedstorp
Tuna
Flivik
Stensjön
Bello
Kråkshult
Silverdalen
Bredshult
Mörtfors
Vinö
Björkö
Solgen
Vena
Syserum
Misterhult
Ekekull
Svenarp
Hultsfred
Vederhult
Ekenässjön
Skede
Krogstorp
Kärrsvik
31
Ökna
34
Vetlanda
Holsby
Nygård
Målilla
Kristdala
Färbo
Adelfors
Jänforsen
127
Bäckseda
127
Kvillsfors
Rosenfors
Figeholm
Landsbro
Krokshult
Stensjö by
Virkvarn
Blå Jungfrun
nationalpark
Skirö
Flaten
Mörlunda
Kråkenäs
2
Nye
Fröderyd
Virserum
Ryningshäs
Århult
Oskarshamn
Korsberga
23
1
Bäckaby
Lida
Lemnhult
Häshult
138
23
Bockara
E 22
Kantebo
34
Hörnebo
Triabo
Fågelfors
Vånevik
31
Berga
Lövshult
Ramkvilla
Lindshammar
Påskallavik
Massamåla
Högsby
Kråketorp
Emån
Emsfors
Åseda
Fagerhult
23
Asa
Vållö
Norrhult
Mjösebo
Ruda
Flybo
Ekholma
Svartö
Långemåla
Bökshult
Varshult
Grönskara
Tolg
Allgunnen
Värlebo
Nottebäck
Mönsterås
Braås
Hovgård
Kråksmåla
Tjureda
34
Älghult
Allgunnen
Blomstermåla
Dädesjö
Rottne
Timmernabben
Lenhovda
Alstermo
7
23
Abbetorp
Gårdsby
Merhult
Fröseke
Alsterbo
Alem
28
Helgasjö
Målerås
Pataholm
Sandsbro
Herråkra
Bäckebo
125
Älgpark
Borgholm
Attsjö
Hälleberga
Grönåsen
Kåremo
Växjö
10
Orrefors
Bergdala
12
Kosta
5
13
Rockneby
Kristvalla
Furuby
25
SEA Glasbruk
30
8
Drag
Läckeby
Hovmantorp
Fagerke
11
3
Glasreich
31
34
Tävelsås
Nybro
Lindsdal
Öland
Ö. Torsås
Boda
Madesjö
Lessebo
Glasbruk
14
25
Kalmar
Kalvsvik
Eriksmåla
Örsjö
9
137
15
Trekanten
Färjestaden
Jät
Uråsa
122
Linneryd
28
Eskilsryd
Ljungsbyholm
Torslunda
Väckelsång
Emmaboda
Vassmolösa
Gårdby
Oskar
Åsnen
Lindås
Påryd
30
Motorp
Hagby
Kvarnamåla
Långasjö
E 22
Västerbotorp
Bro
Mörbylånga
Älmeboda
Vissefjärda
Tingsryd
Karlshult
Halltorp
Alby
Yxnanäs
Urshult
Karsjö
120
Fursjukhus
Söderåkra
Norraryd
Djuramåla
Gullabo
Eringsboda
Torsås
Almundsryd
Öljehult
Holmsjö
Gullaboås
Smedby
29
122
Hallabro
Bergkvara
Segerstad
Kalmarsund

Aug. Mo–Fr 10–19, Sa, So 10–17 Uhr, 2. Aug.-hälfte Mo–Fr 10–18, Sa 10–14.

Lysingsbadet SweCamp Västervik: Tel. 0490- 89 20, Fax 889 45, www.lysingsbadet.se, ganzj., Ferienanlage mit Hütten- und Zimmervermietung, Boots- und Fahrradverleih, Golf, beheizter Pool, 3 km nordöstl. Västervik in den Schären, ab E 22 ausgeschildert; Stellplatz ab 130 SEK.

Das **Blues- und Liedermacherfestival** (Visfestival) findet an fünf Tagen im Juli im Park bei Stegeborgs slottsruin statt, Information im Turistbyrå.

Bootsausflüge in die **Schären** ab Strandvägen (Nähe Fiskaretorget, Västervik), mit Halt in Lysingsbadet; **Schmalspurbahn** Hultsfred–Västervik (bis Verkebäck) Juli/Aug., Tel. 0490-230 10, www.hwj.nu.

Bahn: Zugverbindung von Västervik nach Linköping.
Bus: nach Oskarshamn und Vimmerby. Infos zum Nahverkehr s. Kalmar bzw. Växjö.

Växjö

Die Stadt **Växjö** 5 (76 700 Einw.) am Helgasjö ist das Verwaltungs- und Einkaufszentrum von Kronobergs län, einer der drei Verwaltungsbezirke in Småland, benannt nach der Burg Kronoberg (heute eine malerische Ruine) im Helgasjö. Hier war schon zur Wikingerzeit ein wichtiger Handelsplatz; bereits 1172 wurde Växjö Bischofssitz. Der im 14. Jh. errichtete und Mitte des 20. Jh. umgebaute **Dom** dominiert mit seinem Doppelturm die Stadtsilhouette. In seinem Innern kann man Glaskunstwerke bewundern: Der Altar (2002, Bertil Vallien) und das Taufbecken sind Arbeiten zeitgenössischer Künstler.

Ganz und gar der Glaskunst gewidmet ist das **Glasmuseum** unweit des Helgasjö. Es beleuchtet die 400-jährige Geschichte der schwedischen Glaskunst, die 1581 in Nyköping unter der Ägide des Vasakönigs Johan III. begann, und versammelt Klassiker vor allem aus småländischen Glashütten (Tel. 0470-70 42 00, Juni–Aug. Mo–Fr 10–17, Sa, So 11–17 Uhr, Sept.–Mai Mo geschl.). Seit 1628 ist Småland Schwedens Glasriket. Die älteste noch betriebene Glashütte (*glasbruk*) ist Kosta (1742 gegründet), weitere berühmte kamen in der zweiten Hälfte des 19. Jh. hinzu, darunter Orrefors und Boda. Die Ausstellung ist ein guter Einstieg für eine Rundfahrt zu den Glashütten mit ihren Fabrikläden.

Die Ausstellung im **Utvandrarnas Hus**, ›Haus der Auswanderer‹ beschäftigt sich mit den Ursachen der Auswanderung, die zwischen 1850 und 1930 über eine Million Schweden in die Vereinigten Staaten trieb. Ein Raum ist Vilhelm Mobergs Arbeit gewidmet, sein Archiv mit den Aufzeichnungen und Quellen zur Roman-Tetralogie ›Utvandrarna‹ wird hier aufbewahrt (Vilhelm Mobergs gata 4, Tel. 0470-201 20, Mai–Aug. Mo–Fr 9–17, Sa, So 11–16, übrige Zeit Mo–Fr 9–16 Uhr).

Vor allem, wenn man mit Kindern unterwegs ist, wird ein Ausflug ins **Växjö Xperiment Huset** zum wahren Abenteuer. Ausgewählte beeindruckende Experimente begeistern auch diejenigen, die glauben, mit der Naturwissenschaft nichts anfangen zu können (Regementsgatan, www.xperiment.se, Juni–Aug. Mo–Fr 10–16, Sa, So 11–16 Uhr).

Die **Burgruine Kronoberg** 5 km nördlich der Stadt liegt auf einer Insel im Helgasjö und erinnert daran, wie wichtig einst das Netz der Wasserwege war. Noch 1542/43 spielte sie eine wichtige Rolle im Konflikt mit den Dänen, die 1612 schließlich über den zugefrorenen See vordrangen und die Burg zerstörten. Die romantische Ruine ist im Sommer ein beliebtes Ausflugsziel. Man kann bis in den Gefängnisturm aus dem 15. Jh. hineinklettern oder von oben die Abfahrt des Dampfers ›Thor‹ beobachten. Eine Fahrt mit dem letzten holzbefeuerten Dampfer in Schweden führt zu den 1887 gebauten Schleusen von Åby (Mai–Sept., Ende Juni–Ende Aug.).

Husebybruk

Etwa 10 km südwestlich von Växjö am RV 23 lag einst Smålands bedeutendstes Eisenwerk, **Husebybruk** 6. Heute ist das herrschaftliche Anwesen nicht nur wegen der Industriebauten, sondern vor allem wegen des Schlosses mit der Sammlung von Kuriositäten und Kunstwerken bemerkenswert. Eine Ausstellung im Statarmuseum über das Leben der Landarbeiter und die Arbeit im Eisenwerk zeigt die andere Seite von Husebybruk (www.husebybruk.com, April/Mai und Sept. Sa, So, Juni–Aug. tgl. 11–17 Uhr). Das Gelände ist auch Schauplatz von Veranstaltungen, wie etwa dem Weihnachtsmarkt.

Dädesjö

Die turmlose kleine **Dädesjö gamla kyrka** 7 etwa 20 km östlich von Växjö (Abzweig vom RV 23) stammt vermutlich aus dem 13. Jh. Von der romanischen Kirche, die ursprünglich auch Chor und Apsis besaß, ist nur noch das Langhaus erhalten, eine typische frühmittelalterliche Landkirche, deren Deckenmalereien aus der zweiten Hälfte des 13. Jh. auch in Schweden eine Seltenheit darstellen.

3 Route: Tour durch das Glasreich

Man merkt es den Dörfern auch heute noch an: Småland war einmal die ärmste Landschaft im Süden Schwedens. Das raue Klima im småländischen Hochland ließ dichte Nadelwälder wachsen, aber der steinige Boden gab kaum Ackerland und zu wenig Viehweide her, um eine Familie zu ernähren. Nicht umsonst enden so viele Ortsnamen in Småland auf *-hult* (Holz). Vor etwa 400 Jahren hatten sich in der dünn besiedelten einsamen Waldweite Industriebetriebe angesiedelt, die das viele Holz gut nutzen konnten: Die Öfen der Glashütten brauchten hohe Temperaturen und Einwanderer aus Böhmen brachten die handwerklichen Techniken der Glasbläserei mit. Insgesamt liegen rund 20 Glashütten weit verstreut in der gesamten Region Ostsmåland. Ein knappes Dutzend haben sich unter dem Label ›Glasriket‹ zusammengeschlossen. Nicht alle produzieren teure Kunstwerke. Viele sind auf bestimmte Produkte spezialisiert, wie Lampen oder Tierfiguren, aber auch Gebrauchsglas. Gelegenheit zum Einkaufen schöner Stücke gibt es reichlich, und man kann den Glasbläsern bei der Arbeit zusehen (Mo–Fr 8–15 Uhr).

Von Växjö nimmt man den RV 25 Richtung Nybro-Kalmar und biegt nach 35 km ab (3 km hinter Hovmantorp) nach **Bergdala** 8. In dieser kleinen Glashütte sind auch Kinder als Nachwuchsdesigner gefragt: In ›Barnens Bergdala‹ können sie unter fachkundiger Anleitung in der Hütte gefertigte Gläser bemalen und mit nach Hause nehmen – ein schönes Souvenir. Über Fagereke erreicht man in südlicher Richtung wieder den RV 25 und nach 3 km **Lessebo** 9 mit einer anderen Spezialität aus småländischen Wäldern: Neben einer riesigen modernen Papierfabrik der Klippan AB blieb als Relikt der 300-jährigen Tradition der alte *handpappersbruk* erhalten. In den originalgetreu eingerichteten Fabrikgebäuden kann man dabei zusehen, wie Papier von Hand geschöpft wird, u. a. sehr schöne, mit getrockneten Blüten und Moosen durchsetzte Schmuckbögen.

Etwa 10 km nordöstlich von Lessebo (Abzweig vom RV 25) ist **Kosta** 10 erreicht, die

Mit der Autorin unterwegs

Glaskunst in der Kirche

Im **Dom von Växjö** zeigt sich Smålands Glaskunst aufs Schönste: Altar und Taufbecken sind Werke zeitgenössischer Künstler (s. S. 146).

Auf Elchpirsch

In **Grönåsens Älgpark** bekommen Sie den ›König der Wälder‹ garantiert zu Gesicht. Ganz Abgebrühte stärken sich nach der Safari mit Elchwurst am Lagerfeuer ... (s. S. 149).

Regionale Auskunftstelle

Smålands Turist AB: Västra Storgatan 18A, Box 1027, 55111 Jönköping, Tel. 036-35 12 70, Fax 35 12 89, www.visit-smaland.com (u. a. Vermittlung von Ferienhäusern).

Modernes Design aus dem Glasreich

Thema

Schwedische Glaskunst ist heute weltweit der Inbegriff für hochwertiges Design. Die berühmtesten Namen konzentrieren sich im småländischen ›Glasreich‹ zwischen Nybro und Växjö: Orrefors, Kosta-Boda, Lindshammar ...

Orrefors gelang 1925 der Durchbruch in Paris, als bei der Ausstellung ›Exposition des Arts décoratifs‹ von Simon Gate entworfene Stücke Furore machten. Seitdem gehören Glas und innovative Formgebung zusammen. Dafür sorgen z. B. bei Orrefors 17 festangestellte Designer, die immer neue Kollektionen voller Witz und Fantasie entwickeln. Bei der Form- und Farbgestaltung ist kaum noch etwas unmöglich; vor allem kräftige Farben spielen eine große Rolle. Knallgelbe Sonnenblumen sind beispielsweise das Markenzeichen von Birgitta Watz, eine von sieben Künstlern bei Lindshammars glasbruk. Bei Bengt Lindberg aus dem Hause Bergdala leuchten farbenfrohe stilisierte Elchköpfe von Schnapsgläsern – ein beliebtes Souvenir. Regenbogenfarben, durch verschiedenfarbiges, zunächst verschmolzenes und dann geblasenes Glas, erzeugt Thommy Bremberg gleich nebenan bei der Konkurrenz, in seiner Studiohütte Härdsmältan.

Die Grenzen zwischen Kunst und Kunsthandwerk sind wahrhaft fließend. Bei Kosta Boda entwickelt Kjell Engman Gebrauchsglas, aber gewinnt dem Glas auch als Künstler für seine Skulpturen und Reliefs sehr viel ab – ein nicht gerade gewöhnliches Material.

Auch für den ganz normalen Kaufinteressenten, dem es nur darum geht, sein Heim mit einem stilvollen wie praktischen Gegenstand zu verschönern, bieten die über 40 *glasbruk* mit Fabrikladen im Glasreich ein vielfältiges Angebot. Auf der Suche nach einem Pendant zu Großmutters Lampe wird man mit Sicherheit bei Rosdala fündig. Das Archiv der Glashütte birgt 9000 Formen aus über 100 Jahren Firmengeschichte.

Die originellste und vielleicht zukunftsträchtigste Idee hatte aber wohl Leif Hauge, der sich in seiner Werkstatt südlich von Fagerhult dem Recycling von Glasflaschen widmet. Die Metamorphose einer schlichten Ketchupflasche zur formschönen Karaffe ist schon erstaunlich. Wer mag, kann seine eigenen Glasgegenstände mitbringen und sehen, was daraus wird.

Auch wenn man nichts kauft, darf der Besuch einer Hütte nicht fehlen, denn es gibt kaum etwas Spannenderes, als den Glasbläsern bei der Arbeit zuzusehen.

Und dann ist da noch der *hyttsill,* eine gute alte Sitte aus den Zeiten, als man energiebewusst die abkühlende Ofenglut auch noch zum abendlichen, gemeinschaftlichen Kochen nutzte. Damals wie heute werden in der Glut Salzheringe, Schweinerippchen, Würstchen und Kartoffeln knusprig gebacken. Die småländische *Isterbandkorv* ist eine geräucherte, gut gewürzte Wurst mit reichlich Getreideanteil, meist Graupen. Dazu wird kühles Bier serviert. Als Nachtisch gibt es natürlich die småländische Spezialität *Ostkaka* (ein süßer Auflauf) mit Sahne und Konfitüre. Bei Musik und Gesang können solche Hyttsill-Abende ziemlich fröhlich werden – besonders wenn die Gäste selber mal Glas blasen dürfen. Hyttsill-Abende veranstalten die Glashütten (Buchung im Voraus) Kosta, Bergdala, Lindshammar, Målerås und Orrefors.

Kräftige Farben und formschönes Design gibt es in der Glashütte Orrefors

älteste noch betriebene Glashütte. Hier lohnt sich ebenso wie beim nahegelegenen **SEA glasbruk** 11 (2 km) ein Besuch im Fabrikladen und während der Arbeitszeit ein Blick in die Produktionshalle.

Wer bis jetzt noch keinem Elch begegnet ist, hat nun die Gelegenheit: Durch dichte Wälder führt eine kleine Straße von Kosta zum **Älgpark Grönåsen** 12, wo Bulle Karl-Gustav und seine Gespielinnen schon auf neugierige Blicke eingestellt sind. Zutraulicher sind allerdings Ziegen und Geflügel. Aber mit etwas Geduld kann man sich auf einem 1,3 km langen Weg auf die Pirsch begeben und von einem der Hochsitze aus weitere Elche beobachten. Souvenirshop und Grillplatz gehören ebenfalls dazu (www.mosepark.net, Tel. 0478-507 70, Ostern–1. Nov. tgl. ab 10 Uhr bis zur Dämmerung).

Von hier führt die Straße weiter nach **Orrefors** 13. Die renommierte Glashütte begann 1925 mit einer von Simon Gate entworfenen Kollektion gravierter Vasen den internationale Siegeszug. Bis heute liefern berühmte Künstler Entwürfe, die von den Glasbläsern in schweißtreibender Arbeit umgesetzt werden. Von einer Empore aus können Besucher bei der Produktion zusehen, und im Museum von Orrefors sind Meisterstücke der Designgeschichte ausgestellt.

Nybro 14 etwa 16 km weiter östlich am RV 31 bildet gewissermaßen das östliche Tor zum Glasreich. Man verlässt den Ort auf dem RV 25 über Madesjö, das mit seiner schönen Kirche und den Kirchhütten (*kyrkstallarna*) an die Zeiten erinnert, als die Bauern in dieser mit Gotteshäusern nicht so reich gesegneten armen Gegend ihre religiösen Pflichten nur erfüllen konnten, wenn sie eine Übernachtung einlegten. Nach etwa 16 km auf dem RV 25 Richtung Växjö ist dann **Boda glasbruk** 15 erreicht – ebenfalls eine berühmte Glashütte mit Einkaufsmöglichkeit.

i **Växjö Turistbyrå:** Stadsbiblioteket, Västra Esplanaden 7, Box 1222, 35112 Växjö, Tel. 0470-414 10, Fax 79 69 75, www.turism.vaxjo.se, www.glasriket.se, Mitte Juni–Aug. Mo–Fr 9.30–18, Sa 10–14, Juli–Mitte Aug. zusätzl. So 10–14 Uhr, Sept.–Mitte Juni Mo–Fr 9.30–16.30 Uhr. **Süd- und Westsmåland:** Södra Smålands Turistråd, Kungsgatan 10, 35233 Växjö, Tel. 0470-74 25 70, Fax 74 25 39, www.visit-smaland.com.

Toftastrand Hotell & Konditori: Lenhovdavägen 72, Tel. 0470-652 90, Fax 614 02, www.toftastrand.nu. Etwa 6 km außerhalb, nahe RV 23, kleine Pension am See, Angelmöglichkeiten und Badestelle, 9 Zimmer, zwei komplett ausgestattete 4- bzw. 6-Bett-Hütten (ab 700 SEK); DZ ab 800 SEK.

PM & Vänner: Storgatan 24, Tel. 0470-70 04 44, Mo–Sa 11.30–14, 18–23 Uhr. Populäres Restaurant im Bistrostil; Lunch 80–160 SEK, abends Hauptgerichte 169–300 SEK; häufig Livekonzerte.

Fabrikläden in den Glashütten: Mo–Fr ca. 9–18, Sa 10–16, So 12–16 Uhr (Richtwerte). Um sicherzugehen, kann man vor einem Besuch auf der Website nachsehen (www.glasriket.se).

Karl-Oskar-Dagarna: Anfang Aug. in Växjö zum Gedenken an die Amerikaauswanderer; Straßenmusik und Kinderfest. **Musik i Glasriket:** Kammermusik, Jazz oder Blasmusik – ein breites Musikspektrum wird in der letzten Juliwoche in verschiedenen Fabriken geboten, Tel. 0481-452 15. **Dampferfahrten** auf dem Helgasjö mit dem letzten holzbefeuerten Dampfer in Schweden, Ende Juni–Ende Aug., Tel. 0470-630 00.

Flug: Flughafen Öjaby 8 km nördlich; **Bahn:** Växjö liegt an der Zugstrecke Göteborg–Kalmar bzw. Karlskrona, Verbindung nach Stockholm und Malmö nur mit Umsteigen in Alvesta. Informationen zum **Nahverkehr:** Länstrafiken Kronoberg Tel. 020-76 70 76, www.lanstrafikenkron.se.

West-Småland

Älmhult und Umgebung

Bei **Älmhult** 16 (15 400 Einw.) stand die Wiege einer schwedischen Legende: IKEA, 1943 von Ingvar Kamprad vom Hof Elmtaryd in Agynnaryd gegründet. Das erste der innovativen Warenhäuser mit den Initialen des Namens und Herkunftsorts des Gründers öffnete 1958 in Älmhult seine Pforten.

Der Name Carl von Linné (1707–1778), wird meist mit Uppsala verknüpft, wo er Anatomie, Medizin und Botanik lehrte. Geboren ist der große Naturforscher aber in Småland: in **Råshult** 17 bei Älmhult waren Vater und Bruder Pfarrer. Rund um Linnés Geburtshaus wurden Pfarrei, Hof mit Haustieren und Garten wie zu seinen Lebzeiten eingerichtet.

Ljungby und der Bolmen-See

Småland ist eine Welt der Sagen – hierfür bieten die riesigen moosbewachsenen Steine, die nebelverhangenen Wälder und tiefdunklen Seen das passende Ambiente. Von einem Kreis aus engagierten Märchensammlern und -erzählern ins Lebens gerufen wurde das Sagomuseum (www.sagobygden.ljungby.se, Mai–Aug. Di–So 12–16, übrige Zeit Do, So 12–16 Uhr) in einem alten Holzhaus im Zentrum von **Ljungby** 18 (27 000 Einw.) am weitverzweigten Bolmen-See, einem ausgezeichnetes Paddel-, Angel- und Baderevier.

Ljungby Kommuns Turistbyrå: Stora Torget , 34130 Ljungby, Tel. 0372-78 92 20, www.ljungby.se, Mo–Do 9.30–16.30, Fr 12–16 Uhr.

Bolmsö Camping: Tel./Fax 0372-911 02, April–Sept., www.hagern.com, kinderfreundlicher Sandstrand, Imbiss, Hüttenvermietung und Bootsverleih.
Sjön Bolmens Camping: Ljungby, Tel. 0372-920 51, Fax 923 51, Mai–Sept., Ferienhausvermietung das ganze Jahr über, komfortabler Campingplatz am See, mit Bootsverleih (u. a. Kanus); Ferienhäuser ab 350/600 SEK/Tag.

Bus: von Ljungby nach Alvesta, Halmstad, Värnamo.

Store Mosse und Gnosjö

Zwischen Värnamo und Gnosjö liegt Südschwedens größtes Moorgebiet, der sich über 7740 ha erstreckende Nationalpark **Store Mosse** 19. Das ›Große Moor‹ ist tatsächlich der einzige Ort in Südschweden, an dem man die subarktischen Moltebeeren und dazu noch etliche andere in Hochmooren beheimatete Pflanzen und Tiere finden kann. Vom Parkplatz am RV 151 erschließen mehrere Wanderwege das Gebiet um den Vogelsee Kävsjö (Vogelbeobachtungsturm). Hier finden sich die Brutstätten von Kranichen, Singschwänen und dem scheuen Tüpfelsumpfhuhn. Das Betreten des Geländes abseits der teils aus Holzplanken gebauten Wege ist nicht nur gefährlich, sondern auch zum Schutze der brütenden Vögel verboten.

Der Hof Katthult war Drehort für den Film ›Michel aus Lönneberga‹

Richtig Reisen-Tipp: Besuch bei Pippi, Karlsson & Co.

Wer kennt sie nicht: Pippi Langstrumpf und Lotta aus der Krachmacherstraße, Karlsson vom Dach oder Michel aus Lönneberga und natürlich die Kinder von Bullerbü. In **Astrid Lindgrens Värld** am Rand von Vimmerby sind Schauplätze aus den über 30 Kinderbüchern von Astrid Lindgren (1907–2002) nachgestellt. Im Juli erwecken Schauspieler Szenen aus ›Ronja Räubertocher‹ oder ›Pippi Langstrumpf‹ in Theatervorstellungen zu neuem Leben. Der Hof Katthult, wo Lausejunge Michel die kleine Ida am Fahnenmast hochzog oder Pippis wunderbares Domizil, die Villa Kunterbunt, die Räuberburg und natürlich das Heckenrosental – all die Schauplätze der fantasievollen Geschichten sind akribisch genau nachgebaut, und zwar im Kinderformat. Die kleinen Besucher sind eingeladen, die Holzhäuschen von innen zu inspizieren – und das tun sie. Das gilt auch für den Stadtbummel in ›Lilla, lilla Staden‹: Vimmerby im Miniformat, das hier genau so aufgebaut ist, wie es in der 1930er Jahren aussah, als die junge Astrid die Stadt unsicher machte. Hier können die Kinder durch die kleinen Häuschen toben, dass die Wände wackeln.

Interessant für erwachsene Besucher sind der Film (30 Min., auch auf Deutsch) und die Ausstellung im Astrid-Lindgrengården über Leben und Werk der Kinderbuchautorin, die ihre Karriere als Lokalreporterin bei der Zeitung von Vimmerby begann. Hier erfährt man auch, dass Kultfigur Pippi, seit sie 1945 Furore machte, nicht nur auf Begeisterung stieß. Manche Kritiker warfen der Autorin vor – übrigens noch in den 1990er Jahren – Pippis Vorbild fördere bei den jungen Lesern Egozentrik und Flucht vor der Wirklichkeit … (Lindgrengården, Mitte Mai–Aug. tgl. 10–17, sonst Mi–Fr 10-16, Sa, So 12–16 Uhr; Astrid Lindgrens Värld: Tel. 0492-798 00, Anfang Mai–Ende Aug. tgl. 9–17 Uhr, www.alv.se, Mitte Juni–Mitte Aug. bis 18 Uhr).

»Achtung! Spielende Kinder«

Das 2004 eröffnete Naturum vermittelt einen ausgezeichneten Überblick über Geologie, Flora und Fauna des Moores (Juni, Juli, Aug. tgl. 10–16, sonst So 10–16 Uhr).

In Småland gibt es die größte Dichte kleiner Handwerksbetriebe in Schweden. Als Hochburg der Drahtzieher galt einst **Gnosjö** 20 (9800 Einw.). Das alte Gewerbe ist in Hulténs Industrimuseum lebendig geblieben – die Maschinen stehen unverändert seit 1874, aber nicht still: Man kann zusehen, wie allerlei nützliche Gegenstände aus Metall entstehen (Ende Juni–2. Aug.-hälfte tgl., sonst Mo–Fr 13–15 Uhr).

Am Rand des Moores treibt die Wildwestromantik im Themenpark **High Chaparral** 21 ihre schwedischen Blüten: halsbrecherische Shows, Schießereien in staubigen Goldgräberstädten und mexikanische Fiestas sind ein unterhaltsames Ereignis für kleine und große Möchtegerncowboys. Rundum haben sich Schnäppchen-Warenhäuser etabliert und tragen zum sommerlichen Rummel um die ›Goldgräberstadt‹ bei (5 km südwestlich von Hillerstorp bei Kulltorp, Tel. 0370-827 00, www.highchaparral.se, Mitte Mai–Mitte Aug. tgl. 10–18, Juli–Mitte Aug. 10–19 Uhr).

Turistinformationen Gnosjö: Storgatan 8, 33580 Gnosjö, Tel. 0370-33 10 41, Fax 33 10 25, turism@gnosjo.se, Mittsommer bis Mitte Aug. Mo–Fr 9–12, 13–17.30, Sa 9.30–12 Uhr.

Vimmerby und Umgebung

Vimmerby 22 (15 600 Einw.) hat mit seiner repräsentativen Holzhausbebauung entlang der Storgatan, dem klassizistischen Rathaus, den belebten Einkaufssträßchen und dem Lokalmuseum Näktergalen (Sevedegatan 43, Mitte Juni–Mitte Aug. Mo–Fr 11–17, Sa 10–13, Sept.–Mai nur Fr und Sa) einiges zu bieten, doch ist der Themenpark **Astrid Lindgrens Värld** sicherlich die wichtigste Attraktion (s. S. 152). Auch der Besuch der Filmschauplätze **Gibberyd** 23**,** wo das ›Katthult‹ aus dem Roman ›Michel aus Lönneberga‹ zu finden ist (Katthultsboden, Mitte Juni–Ende Aug. tgl. 10–19 Uhr) und das idyllische **Sevedstorp** 24 alias ›Bullerbü‹ (Juni–Mitte Aug. tgl. 10–20 Uhr) sind ein Muss für alle großen und kleinen Freunde der Geschichten Astrid Lindgrens. Das rote Holzhaus in Näs, wo die wohl berühmteste schwedische Schriftstellerin im Jahr 1907 geboren wurde, ist im Sommer ebenfalls zu besichtigen. Davor steht der legendäre Limonadenbaum (*Sockerdricksträd*), bekannt aus ›Pippi Langstrumpf‹ (Prästgårdsgatan 26, Tel. 0492-100 51, Juli–Mitte Aug. tgl. 10–18 Uhr).

18 km nordwestlich von Vimmerby liegt der **Nationalpark Norra Kvill** 25. Das vor allem aus Nadelwald bestehende Areal von ca. 120 ha blieb seit 150 Jahren vor menschlichen Eingriffen verschont und aus dem entstandenen Urwald ragen etliche über 350 Jahre alte Kiefernriesen. Wanderwege erschließen Teile der Wildnis und führen z. B. zum sagenumsponnen See Idegölen.

Eine hervorragende Aussicht über das wilde småländische Hochland mit seinen unendlichen Wäldern und ausgedehnten Seen hat man etwa 10 km östlich von **Eksjö** 26 vom 338 m hohen Berg **Skuruhatt.** Die tiefe Schlucht **Skurugata** 27 ist mit ihren bis zu 60 m steil aufragenden Wänden aus braunem Porphyr ein beeindruckendes Zeugnis der besonderen Topografie Smålands. Entstanden ist die 800 m lange, 7 bis 24 m breite Spalte durch das Abschmelzen des Eises vor rund 10 000 Jahren. In der tiefen Klamm wird es auch sommers nicht wärmer als 10 °C.

Vimmerby Turistbyrå: Västra Tullportsgatan 3, Box 3, 59821 Vimmerby, Tel. 0492-310 10, Fax 130 65, turistbyra@vimmerby.se, auch Ferienhausvermietung.

Mitte Aug. steigt das berühmte **Open Air Hultsfredsfestivalen**, das Mekka der skandinavischen Rockfans, am See Hulingen, Tickets unter 0495-120 30.

Bahn: Vimmerby liegt an der Strecke von Linköping nach Hultsfred. Informationen zum Nahverkehr s. Växjö.

Gotland

Karte S. 165

Die größte Insel der Ostsee steckt voller Wunder: Visby, die ›Stadt der Rosen und Ruinen‹, versetzt ihre Besucher ins romantische Mittelalter. Die Inselstrände bieten neben makellos weißem Sand skurrile Kalksäulen und lotrechte weiße Klippen, und überall auf der Insel geben Labyrinthe, Schiffssetzungen und Bildsteine aus grauer Vorzeit Rätsel auf.

Gotland ist mit 3140 km² Fläche etwas größer als das Saarland oder Luxemburg und liegt etwa 100 km östlich vom schwedischen Festland mitten in der Ostsee. Ähnlich wie Öland besteht es aus einer flachen Kalksteinplatte, die in drei Stufen max. 70 m aus dem Meer ragt, entstanden aus den Ablagerungen eines 400 Mio. Jahre alten tropischen Korallenriffs. Wechselnde Wasserstände während der späteren Eiszeiten sind für die Stufenbildungen der Kalkklippen und Strandwälle verantwortlich. Sie formten auch die skurrilen Silhouetten der *raukar,* eigentümliche Kalksteinsäulen, die aus härterem Riffkalk bestehen und deshalb der Erosion trotzen konnten.

Etwa die Hälfte der Insel nehmen Wälder ein, ein Viertel Heidegebiete, auf deren Magertriften Schafe weiden und so die Landschaft offen halten. Sie helfen mit, die geradezu mediterran anmutende Flora zu erhalten. Der durchlässige Kalkgrund erwärmt sich schnell und bietet einer besonderen Pflanzenwelt Lebensraum: Über 30 Orchideenarten, Bodendecker wie Sedum- und Saxifraga-Arten, wilde Gewürzkräuter wie Thymian, Wermut, Beifuß und Ysop, Adonis- und andere Sonnenröschen fühlen sich in der von Wacholder geprägten kargen Heidelandschaft wohl.

Die alte Schafsrasse Gotlandsfår ist das Wappentier der Insel. Kennzeichen sind die schneckenförmig gedrehten Hörner. Doch sieht man diese Urviecher nur noch selten außerhalb von Freilichtmuseen. Auch eine eigene Pferderasse ist auf Gotland heimisch, Gotlandsrus. Die malerischen, mit dem Stroh einer Binsenart, Schneidegras, gedeckten Schafs- bzw. Pferdeställe sind typische Bauten im Norden und auf Fårö, ebenso wie Windmühlen.

Von Menschen besiedelt wird Gotland nachweislich seit 8000 Jahren, die frühsten Grabfunde datiert man ins 2. Jt. v. Chr.: Grabhügel, Schiffs- und Steinsetzungen sind auf der Insel besonders zahlreich. Man nimmt sogar an, dass die Grabform der Schiffssetzungen auf Gotland mit seiner seefahrenden Bevölkerung ihren Ursprung hat. Aus der Völkerwanderungs- und Wikingerzeit stammen die berühmten Bildsteine, die man nur auf Gotland findet und die häufig Szenen aus altnordischen Sagen zeigen, zu bewundern im Museum Gotlands Fornsal und im Freilichtmuseum Bunge.

Gotland war zur Wikingerzeit ab dem 8. Jh. ein wichtiges Zentrum des Ostseehandels, das belegen reiche Schatzfunde oströmischer, fränkischer und vor allem arabischer Münzen. Gotlands selbstständige Bauern waren zugleich Seefahrer und Händler. Bevor die Kreuzzüge die Handelsverbindungen zerstörten, gab es, kontrolliert von den Warägern (schwedischen Wikingern), einen regen Warenaustausch zwischen dem Ostseeraum, über das russische Flusssystem bis nach Byzanz, ans Schwarze Meer und damit zum Endpunkt der chinesischen Seidenstraße.

Visby, die Hauptstadt Gotlands, wurde führend im Handel nach Lettland und nach Nowgorod, als sich im 12. Jh. Gotlandfahrer aus Lübeck hier ansiedelten. Die Verbindungen zur deutschen Hansestadt waren eng, wie nicht nur der Baustil, sondern auch die in deutscher Sprache abgefassten Epitaphien im Dom dokumentieren. Die Stadt geriet immer mehr in Gegensatz zu den ebenfalls als

Bizarr und rätselhaft: Raukar, von der Natur geschaffene Skulpturen

Fahrleute Handel treibenden Gotländern des bäuerlichen Umlandes. 1288 kam es zum Krieg zwischen einem Bauernheer und der Stadt, die als mächtigen Verbündeten die Hanse im Rücken wusste.

Schon im 14. Jh. begann der Niedergang. Neben strategischen Überlegungen war es wohl auch der sprichwörtliche Reichtum der Insel, der im Jahr 1361 den sieggewohnten dänischen König Valdemar Atterdag zugreifen ließ. Die eigenständige, nur lose mit dem schwedischen Reich verbündete Insel war eine leichte Beute für die räuberischen Dänen. Bei dieser Gelegenheit, am 27. Juli 1361, zeigte sich der Hass zwischen der Stadt Visby und der Landbevölkerung der übrigen Insel in ganzer Härte. Das gotländische Bauernheer wurde von dänischen Truppen vor den Toren der Stadt niedergemetzelt, ohne dass die Bewohner Visbys ihm zu Hilfe gekommen wären. Fast 300 Jahre lang herrschten dänische Vögte. Selbst Gustav Vasa und die Angriffe der Lübecker im Jahr 1525 vertrieben die Dänen nicht. Nur die Kirchen der Stadt sind seitdem Ruinen, sie wurden wegen der nachfolgenden Reformation mit Ausnahme des Doms nicht wiederaufgebaut. Die Insel kam 1645 im Frieden von Brömsebro ganz friedlich an Schweden.

Seitdem schlummerte Gotland im Dornröschenschlaf, ein Bild, das zu den mittelalterlichen, mit Rosen berankten Mauern von Visby sehr gut passt. Auch die über 90 Landkirchen aus dem 12.–14. Jh., die vom Wohlstand der gotländischen Seefahrerbauern zeugen, blieben seit 700 Jahren fast unverändert erhalten – mit einzigartigen Schätzen mittelalterlicher Kunst: Kalkmalereien, Glasfenster, Holzkruzifixe und fein gearbeitete Skulpturen an den Portalen und Kapitellbändern. Der wirtschaftliche Niedergang, aber auch die Lage abseits der Kriegsschauplätze ließen die Altstadt von Visby mit ihrem Gassengewirr, den Kirchenruinen und der Stadtmauer unangetastet. Heute ist die ›Stadt der Rosen und Ruinen‹, die seit 1995 zum UNESCO-Weltkulturerbe zählt, ein populäres Reiseziel für Romantiker und Mittelalterinteressierte.

4 Visby

Die romantische Atmosphäre in **Visby** (22 600 Einw., davon ca. 3000 innerhalb der Stadtmauern) entfaltet sich besonders intensiv an lauen Sommerabenden, wenn man etwa von einem der wunderschönen Aussichtsplätze die Sonne über den malerischen Ruinen und den Dächern der Stadt im Meer untergehen sehen kann, auf lauschigen Plätzen und in schönen Gärten zu Abend isst oder durch die Kopfsteinpflastergassen vorbei an urigen Häuschen und gepflegten Fassaden streift. Zumindest in den Sommermonaten bleibt man dabei kaum allein – denn Visby ist ein außerordentlich viel besuchtes Touristenmagnet, und erst Ende August werden die Gassen wieder stiller, dann schließen bereits viele Straßencafés und Läden. Die Sehenswürdigkeiten innerhalb der Altstadt erkundet man am besten zu Fuß.

Die Stadtmauer

Ein guter Ausgangspunkt ist das Osttor, **Österport** **1**, einst das wichtigste Tor zwischen Stadt und Land. In der zweiten Hälfte des 13. Jh. erhielt die Österport einen Turm. Insgesamt besitzt Visbys Stadtmauer 27 Haupttürme und neun Satteltüme. Der älteste Teil der Mauer – die einzige so vollständig erhaltene in Nordeuropa – entstand bereits ab Mitte des 12. Jh. auf der Seeseite nördlich des ›Pulverturms‹ Kruttornet, der einst den Eingang zum Hafen Visby bewachte. Die Mauerhöhe betrug damals bereits 5 m. In der zweiten Hälfte des 13. Jh. kam dann die Mauer auf der Landseite hinzu, die nicht nur gegen äußere Feinde, sondern nicht zuletzt auch als Schutzmaßnahme der Städter vor der Landbevölkerung diente. Die Gesamtlänge der Stadtmauer beträgt heute 3,4 km mit einer Höhe von 12 m. Es werden geführte Wanderungen entlang der Mauer angeboten, aber auch auf eigene Faust kann man auf schönen Fußwegen durch das parkähnliche Gelände auf der Nord- und Ostseite streifen und den Anblick der Mauern und Wallgräben genießen.

Der Dom

Erst einige Zeit nach der Reformation, 1572, wurde die Kirche Sankta Maria zur **Domkirche** 2 erkoren und als einzige der Visbyer Kirchen wieder aufgebaut. Anfang des 13. Jh. als Gotteshaus der deutschen Gotlandfahrer errichtet – von jedem deutschen Schiff wurde ein Beitrag für den Bau erhoben –, präsentiert es sich heute als romanische Hallenkirche mit gotischen Zutaten; die eigentümlichen Turmhauben aus Holz stammen aus dem 18. Jh. Das Innere des Doms ist wegen seiner Epitaphien und Reminiszenzen an die Geschichte von Visby interessant. Als echte Kaufmannskirche besitzt er über dem Mittelschiffgewölbe übrigens zwei Geschosse Speicherraum, daher auch der Kranenbaum auf der Ostseite. Die Epitaphien aus dem 16. und 17. Jh., viele in deutscher Sprache, weisen auf die engen Verbindungen mit Lübeck hin. Im Hansa-Chor auf der Südseite wird der Flüchtlinge aus dem Baltikum 1944 gedacht und auch der Toten der Estonia-Katastrophe im Jahr 1994.

Stadt der Ruinen

Über die Södra Kyrkogatan sind es vom Dom nur wenige Schritte bis zum Stora Torget mit der ersten der insgesamt elf erhaltenen, mittelalterlichen Kirchenruinen Visbys: **Sankta Karin** 3 (= Katarina). In den Ruinen des ehemaligen Franziskanerklosters gibt es eine sehenswerte Ausstellung über die Stilentwicklung der mittelalterlichen Kirchen von Visby, die sich am westfälischen Kirchentypus orientierten (Mitte Juni–Mitte Aug. tgl. 11–17 Uhr, in der übrigen Zeit fragt man am besten in Gotlands Fornsal nach dem Schlüssel. Die meisten anderen Ruinen sind nur im Rahmen von Veranstaltungen zugänglich).

Vorbei an den Resten der Kirchen St. Lars, Drotten und Helgeand geht es hinunter zur Ruine **Sankt Nicolai** 4, einst eine der größten Klosterkirchen in Schweden und um 1230 als erster Dominikanerkonvent im Ostseeraum gegründet. Seit 1929 wird in der Ruine alljährlich ein Musikschauspiel aufgeführt. An der Nordfassade des dreischiffigen Kirchenbaus, wo einst der Kreuzgang lag, kann man noch die Ansätze der Spitzbögen erkennen. Bei dem Überfall der Lübecker 1525 auf Visby wurde auch diese Kirche beschädigt und nicht wieder aufgebaut.

Mit der Autorin unterwegs

Gotlands schönste Kirchen

Die über 90 Kirchen der Insel Gotland sind einzigartige Relikte des Mittelalters – jede hat eine andere Besonderheit. Feinster Skulpturenschmuck ziert die Portale in **Bro** (s. S. 168), **Martebo** und **Lärbro** (s. S. 169). Durch eine Runeninschrift über dem Portal datiert ist die Kirche von **Hellvi.** Und der Gemäldefries in **Bunge kyrka** (s. S. 170) gibt Rätsel auf.

Kaffeetrinken unter Ruinen

Alte, knorrige Apfelbäume und malerisch von Grün überwucherte Säulen und Portalreste bilden den romantischen Rahmen des Freiluft-**Cafés Sankt Hans** mitten in der Altstadt von **Visby,** wo Sie sich auf einen Kaffee oder zum Lunch niederlassen können.

›Skulpturenpark‹ der Natur

Genießen Sie den Sonnenuntergang bei einem Picknick an der Nordküste von **Fårö.** Am steinigen Strand bilden die von der Natur zu skurrilen Säulen geformten *raukar* die atemraubende Kulisse (s. S. 170 f.).

Stadt der Rosen

Gleich hinter der Ruine der Kirche Sankt Clemens liegt, auf der anderen Seite geschützt durch die Stadtmauer, der **Botanische Garten** 5, ein Kleinod, das man nicht verpassen sollte. Er ist berühmt für seine Rosenvielfalt und exotische Pflanzen wie Magnolien sowie Mandel- und Feigenbäume, die bezeugen, dass Gotland mit seiner Insellage klimatisch begünstigt ist. Insgesamt zählt der Garten 350 Arten Sträucher und Bäume. Natürlich darf auch hier eine efeuberankte romantische Ruine nicht fehlen: Nur ein Rest des Turmes blieb von der **Sankt Olofskyrka** 6 erhalten. Sie war dem norwegischen König und Heili-

Richtig Reisen-Tipp: Auf Visbys Norderklint

Betritt man die Altstadt durch die Österport und folgt dem Verlauf der Stadtmauer innen nach rechts, stößt man auf den kleinen Platz Klinttorget mit der Feuerwache und biegt links in die malerische Gasse Klintgränd. Vor den putzigen kleinen Häuschen blüht es den ganzen Sommer lang, vor allem Stockmalven und Rosen sorgen für bunte Farbtupfer. Die Gasse stößt auf die Trappgatan, der man nach rechts folgt – hier ist die **Klippenkante der Norderklint** erreicht, und man hat eine herrliche **Aussicht** auf den Dom in der Tiefe, zu dem breite Stufen hinabführen. Bevor man sich an den Abstieg macht, lohnt es sich, der schönen Blicke wegen, den Pfaden entlang der Klippe nach Norden zu folgen, bis die Norderport, das Nordtor der Stadtmauer, in Sicht kommt, neben der Österport der älteste Torturm, der ursprünglich mit Fallgitter versehen war. Die Ruine von Sankt Nicolai ist zu erkennen, daneben die der Helgeands kyrka.

gen Olaf geweiht. Er soll auf dem Weg von Russland nach Norwegen im Nordosten der Insel an Land gegangen sein und Gotland christianisiert haben. Noch heute führt ein Pilgerweg von Sankt Olofsholm mit der Sankt-Olafs-Kapelle nach Visby.

Über die Sankt Olofs gränd geht es in die Fiskargränd oder Skogränd, die beide mit ihrem Blumenschmuck als die schönsten Gassen von Visby gelten, und weiter zum ältesten und niedrigsten Teil der Stadtmauer, wo sich neben dem Fischertor (Fiskarporten) einsam der älteste der Befestigungstürme, der **Pulverturm (Kruttornet)** 7, erhebt.

Jenseits der Stadtmauer, wo noch im Mittelalter die Koggen der Hanse vor Anker lagen, erstreckt sich der Park **Almedalen** mit einem hübschen kleinen Teich. Auf den Rasenflächen lassen sich Einwohner Visbys als auch Touristen gern zum Picknick nieder oder nehmen ein kleines Sonnenbad im Windschutz der Mauer.

Entlang der Strandgatan

Von Almedalen sind es nur wenige Schritte zur Strandgatan und dem Donners Plats, von dem aus die Strandgatan in nördlicher und südlicher Richtung führt. Sie ist die Hauptlebensader des mittelalterlichen Visby. Die Kaufmannshäuser mit ihren Treppengiebeln dokumentieren die Blütezeit der Stadt im 13., 14. und 15. Jh. Sie sind mit ihrer Schmalseite zur Straße hin ausgerichtet – das kostete weniger Steuer – und hatten über dem gewölbten Hochkeller mehrere Stockwerke mit Speichern, die von der Giebelseite her über Kräne beladen wurden. Kontor und Wohnräume lagen meist separat dahinter auf dem langgestreckten schmalen Grundstück. Eines der wenigen erhaltenen Holzhäuser ist das urige **Burmeisterska hus** 8 von 1652 am Nordende des Platzes, mit reichen Wand- und Deckenmalereien und benannt nach seinem Erbauer Hans Burmeister, ein aus Lübeck zugezogener Kaufmann.

Beim Besuch von **Gotlands Fornsal** 9 faszinieren besonders die teils übermannshohen Bildsteine im Erdgeschoss. Die frühesten dieser nur auf Gotland gefundenen Monumente stammen aus dem 5., die jüngsten aus dem 11./12. Jh. ähneln schon den Runensteinen der Wikingerzeit. Die rein bildlichen, häufig rätselhaften Motive zeigen Szenen der altnordischen Mythologie, Schiffe, Menschen, Tiere. Berühmt ist die ›Schlangengöttin‹ – eine weibliche Figur, die Schlangen bzw. Drachen in den Händen hält. Auch die jedem Reisenden als Piktogramm für Sehenswürdigkeiten auf Wegschildern Skandinaviens bekannte Endlosschlinge ist einem solchen gotländischen Bildstein entlehnt.

Im ersten Stock des Museums steht neben Vorgeschichte und Wikingerzeit die mittelalterliche Sakralkunst Gotlands im Mittelpunkt. Beeindruckende Funde vom Schlachtfeld vor den Mauern Visbys vermitteln dem Betrachter eine Ahnung der grausamen Metzelei beim Überfall von Valdemar Atterdag 1361. In der Schatzkammer bezeugen Gold- und Silberfunde aus der Wikingerzeit, darunter oströmische, arabische und fränkische Münzen, dass es reichlich Gold auf Gotland gab

Jeden Sommer erwacht die Ruine Sankt Nicolai als Konzertbühne zu neuem Leben

– erst 1999 wurde wieder ein spektakulärer Schatz entdeckt: 67 kg in Silber und weitere 20 kg Bronzegegenstände. Das Metall in Form von – zumeist arabischen – Silbermünzen und schmucklosen Armreifen galt als Zahlungsmittel. Aber auch eindrucksvoll kunstfertig gearbeitete Schmuckstücke sind ausgestellt, die die Raffinesse der Metallkunst der Zeit unter Beweis stellen. Im zweiten Stock kann man sich über die vielfältige Geologie, Flora und Fauna Gotlands informieren (Gotlands Fornsal und Gotlands Naturmuseum, Strandgatan 14, Tel. 0498-29 27 00, www.lansmuseetgotland.se, Mitte Mai–Mitte Sept. tgl. 10–17, übrige Zeit Di–So 12–16 Uhr).

Wo sich die Strandgatan zu dem kleinen Platz Packhusplan erweitert, ragt mit ihrer imposanten fünfstöckigen Treppengiebelfassade die ›Alte Apotheke‹, **Gamla Apoteket** **10** auf (Strandgatan 28). Das einstige Kaufmannshaus mit Ursprüngen im 13. Jh. stand 2005 zum Verkauf, zum stolzen Preis von knapp 1 Mio. Euro.

Vom Sankt Hans plan zum Wallers plats

Hinter dem Sankt Hans Plan stehen die Kirchenruinen **Sankt Hans och Sankt Per** **11**. Im Schatten der imposanten Ruinen der beiden Kirchen kann man sich gemütlich zu Kaffee und Kuchen niederlassen oder mit kleinen Gerichten stärken.

Oberhalb der Ruinen spaziert man über die Hästgatan bis zum betriebsamen **Wallers plats,** wo eine Vielzahl an Restaurants und Cafés den Platz beleben. Von der Terrasse vor der Methodistenkirche bietet sich ein atemraubendes **Panorama** – über die Dächer der Stadt geht der Blick weit aufs Meer, und vielleicht kann man gerade eine der großen Fähren ausmachen, die den Hafen Visby anlaufen. Über die Hästgatan ist man im Nu wieder an der Österport. Alternativ kann man auch noch einen Einkaufsbummel auf Visbys Shoppingmeile **Adelsgatan** mit ihren zahlreichen Boutiquen und Designershops anschließen. Von hier verlässt man durch die **Kajsarport** **12** die Stadtmauer, nicht ohne

Visby: Cityplan

zuvor noch einen Blick in den **Kajsartornet** 13 zu werfen, der Ende des 17. bis Mitte des 19. Jh. als Gefängnis diente. Die Ausstellung zeichnet wahrlich ein wenig idyllisches Bild vom Strafvollzug dieser Zeit (Mitte Juni–Mitte Aug. tgl. 11–17 Uhr).

Außerhalb der Stadtmauern

Am Ende der Sankt Göransgatan trifft man auf ein interessantes Monument der Vorzeit, **Trojaborgen** 14. Solche Labyrinthe, deren Wege durch kleine Steine markiert werden, gibt es außer auf Gotland auch auf dem schwedischen Festland, insgesamt etwa 300. Dieses misst 18 m im Durchmesser. Man vermutet, dass diese Steinsetzungen im Zusammenhang mit Kulttänzen standen.

Das Labyrinth liegt zu Füßen der Kalkklippe **Galgberget** 15. Waldwege führen vom Parkplatz steil und über Treppenstufen auf die Höhe, wo der klägliche Rest des Galgenbaums steht. 1845 fand die letzte Hinrichtung statt. Die reiche Flora und die Aussicht aufs

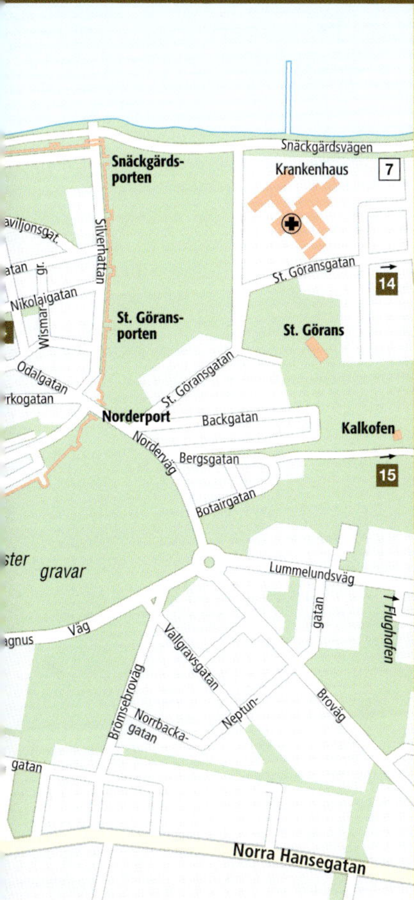

Sehenswürdigkeiten

1 Österport
2 Domkirche
3 Sankta Karin
4 Sankt Nicolai
5 Botanischer Garten
6 Sankt Olofskyrka
7 Pulverturm
8 Burmeisterska hus
9 Gotlands Fornsal
10 Gamla Apoteket
11 Sankt Hans och Sankt Per
12 Kajsarport
13 Kajsartornet
14 Trojaborgen
15 Galgberget

Übernachten

1 Almedalens Hotell
2 Hotell Sankt Clemens
3 Suderbys Herrgård
4 Hamnhotellet
5 Visby Fängelse Vandrarhem
6 Kneippbyn Husvagns- & Familjecamping
7 Norderstrands Familjecamping

Essen und Trinken

8 Donners Brunn
9 Värdshuset Lindgården
10 Bakfickan

Meer entschädigen für den mühsamen Aufstieg. Vom Norderstrand kann man nach dem Abstieg vom Galgberget am Meer entlang zurück in die Stadt wandern oder radeln.

i **Gotlands Turistförening:** Skeppsbron 4–6 (am Hafen), Box 1403, 621 25 Visby, Tel. 0498-20 17 00, Fax 20 17 17, www.gotland.info. Mitte Juni–Mitte Aug. tgl. 8–19, Mitte Aug.–Sept. Mo–Fr 8–17, Sa, So 11–14, übrige Zeit Mo–Fr 8–12, 12.30–16 Uhr. Stadtführungen, Ausflüge, Karten- und Infomaterial. Pauschalangebote (Unterkunft inkl. Fähranreise) bei Destination Gotland, Tel. 07 71-22 33 00, www.destinationgotland.se. Paketreisen auch bei www.gotlandsturistservice.com und www.gotlandsresor.se.

Almedalens Hotell 1: Strandvägen 8, Tel. 0498-27 18 66, Fax 21 85 02, www.almedalen.com. Sehr schöne zentrale Lage zwischen Meer und Park. Alle Zimmer mit Pantryküche und moderner Einrichtung, auch 3-Zimmer-Apartments für Selbstversorger; DZ Okt.–April 925–995 SEK, Hauptsaison 1250–1450 SEK, Apartments ab 1300 SEK/Nacht (max. 4 Personen).

Hotell Sankt Clemens [2]: Smedjegatan 3, Tel. 0498-21 90 00, Fax 27 04 43, www.clemenshotell.se. Das Hotel in der Innenstadt verteilt die 30 Zimmer auf fünf Gebäude, ruhige Lage gleich neben der Ruine St. Clemens; Mai–Mitte Sept. DZ 1060–1440 SEK, übrige Zeit 760–970 SEK.

Suderbys Herrgård [3]: Västerhejde, Tel. 0498-29 60 30 oder 29 70 60, Fax 26 48 67, www.suderbysherrgard.com. Angenehmes Hotel in einem Gutshof aus dem frühen 19. Jh. mit wunderschönem Blumengarten, 7 km südlich von Visby am RV 140 (Busverbindung), verkehrsgünstig und doch ruhig, mit Restaurant, zweckmäßig eingerichtete Budgetzimmer im Annex, Fahrradverleih, Golfplatz; DZ ab 850 SEK.

Hamnhotellet [4]: Färjeleden 3, Tel. 0498-20 12 50, Fax 20 12 70, www.gotlandsresor.se. Modernes Haus mit 8 Apartments und ca. 100 Zimmern direkt am Fährterminal; DZ Hauptsaison 960–1490 SEK, sonst 720–880 SEK.

Visby Fängelse Vandrarhem [5]: Skeppsbron 1, Tel. 0498-20 60 50, Fax 20 51 10, www.gotland.net/visbyfangelse. Im ehemaligen Gefängnis (Baujahr 1857) am Hafen ist es zwar nicht besonders gemütlich, auch sind die 28 Zellen winzig und nahezu im Originalzustand, doch die Lage und der Preis sind für Visby unschlagbar günstig. DZ 500 SEK ohne Frühstück und Bettwäsche.

Kneippbyn Husvagns- & Familjecamping [6]: Tel. 0498-29 61 50, www.kneippbyn.se. Der große Platz der Luxusklasse 3 km südlich von Visby ist sehr populär und daher in der Hauptsaison oft überfüllt, zur Ausstattung gehört u. a. ein beheiztes Schwimmbecken. Hauptattraktion für Kinder: die ›Villa Villekulla‹ (Kunterbunt) aus dem Pippi-Langstrumpf-Film; ab 175 SEK/Standplatz.

Norderstrands Familjecamping [7]: Tel. 0498-21 21 57, Fax 24 87 87, www.norderstrandscamping.se, Mitte April–Mitte Sept. Knapp 1 km nördlich von Visby direkt am Meer, allerdings kein allzu schöner Strand (Beton und Steine, Holzstege), Hütten- und Häuservermietung; Zelt 100–195 SEK, Caravan 120–245 SEK.

Donners Brunn [8]: Donners plats, Tel. 0498-27 10 90, Sommer tgl., Winter Mo–Sa 18–23 Uhr. Ausgezeichnetes Feinschmeckerlokal mit gotländischem Einschlag, Spezialitäten: u. a. Fisch- und Meeresfrüchte-Pfanne *(fisk- och skaldjursgryta)* oder Lammgerichte, ca. 240–255 SEK.

Värdshuset Lindgården [9]: Strandgatan 26, Tel. 0498-21 87 00, Sommer tgl., Winter Mo–Sa 17–24 Uhr. Serviert werden Gourmetküche und traditionelle gotländische Spezialitäten, nicht nur in dem historischen Gebäude aus dem 17. Jh., sondern auch im Innenhof unter alten Walnussbäumen. Hauptgerichte um 230 SEK, 3-Gänge-Menü 345 SEK (z. B. Lachs oder Lamm, als Dessert Maulbeerparfait).

Bakfickan [10]: Stora torget 1, Tel. 0498-27 18 07, Mo–Fr 11.30–22.30, Sa, So 12–22.30 Uhr. Das einzige Fischrestaurant in Visby, und noch dazu gut und günstig: Brathering *(stekt strömming)* 98 SEK, gebratener Barsch 185 SEK, auch leckere Desserts wie *krusbärspaj med kardemummaglass* (Stachelbeerkuchen mit Kardamomeis).

In Visby bieten die **Einkaufsstraßen** Adelsgatan und Hästgatan auch ein breites Angebot an Souvenirs**: Kunst und Kunsthandwerk,** vor allem Keramik, Handgewebtes, Stein-, Holz- und Metallarbeiten. Große **Supermärkte** mit Lebensmitteln liegen vor der Österport, außerhalb der Mauern. **Lederwaren,** u. a. **Felljacken:** Ödins Garveri, Tage Cervins gata 3.

In der ersten oder zweiten Augustwoche (Woche 32) während der **Medeltidsvecka** herrscht Volksfeststimmung in ganz Visby, die Altstadt wird zum mittelalterlichen Marktplatz, viele Einwohner tragen stil- und zeitgemäße Kleidung.

Stadtführungen in Visby und **Inselrundfahrten** mit dem Bus kann man im Turistbyrå buchen, allerdings nur in der Hochsaison ab Mittsommer bis max. Mitte Aug.

Einst Unterschlupf für Räuber und Schmuggler: die Höhlen des Högklint

Fahrradvermietung: viele Vermieter am Hafen und an der Österport (ca. 80 SEK/Tag).
Golf: 27-Loch-Platz Kronholmen in schöner Lage an der Westküste sowie die 18-Loch-Plätze Gotska (6 km nordöstlich Visby) und ein weiterer bei Suderbys Herrgård 7 km südlich am RV 140. Mitgliedschaft in einem Golfklub erforderlich.

Flug: Inlandsverbindungen ab Stockholm (Arlanda und Bromma) nach Visby (www.skyways.se, Tel. 0498-75 00 00; www.gotlandsflyg.se, Tel. 0498-22 22 22).
Autofähren: verkehren ganzjährig ab Oskarshamn (4 Std.) und Nynäshamn (Katamaran: 2 Std. 40 Min, sonst 5 Std., Zubringerbus ab Stockholm Cityterminalen, Fahrtzeit 1 Std. 30 Min.). Buchungen über www. destinationgot land.se, Tel. 0771-22 33 00) oder über ein Reisebüro.
Linienbusse: Auf der Insel verkehren Busse ab Busbahnhof in Visby (zwischen Söder- und Österport). Sie sind für die Mitnahme von max. drei Fahrrädern ausgerüstet. Fahrplan: Info bei Kollektivtrafiken Gotland, Tel. 0498-21 41 12, www. gotland.se/kollektivtrafiken.
Autoverleih: Die Mietpreise sind günstig (ca. 3240 SEK/Woche inkl. Kilometer). Mickes Biluthyrning, Hafen, Tel. 0498-26 62 62, www.mickesbiluthyrning.se: sehr günstig sind ältere Modelle (ab 250 SEK/Tag, 500 SEK/Woche); Avis-Godman, Donners Plats 2, Tel. 0498-21 98 10, Fax 21 84 20, www.godmansbiluthyrning.nu; Europcar (Filiale auch am Flugplatz), Tel. 0498-21 50 10.
Mopedverleih ebenfalls am Hafen, Tel. 0498-21 11 16.

Der Süden

Tofta und Umgebung

In **Toftastrand** 2 spielt sich im Sommer fröhliches Badeleben ab. Hinter dem schönen, flachen Sandstrand entlang einer weit geschwungenen Bucht folgen ein Dünengebiet und Kiefernwald. Im seichten Wasser können Nichtschwimmer gefahrlos planschen, der Strand wird zudem von einem Rettungsdienst überwacht. Daher ist Tofta ein beliebtes Ziel von Familien mit Kindern und der Campingplatz in der Saison stark frequentiert. Entspre-

Richtig Reisen-Tipp: Högklint

Der **Aussichtspunkt Högklint** 1 ist im wahrsten Sinn des Wortes eines der Highlights in Gotland und lohnt unbedingt einen Stopp. 48 m lotrecht hoch ragt die Kalkklippe, mit weitem Blick nach Visby und aufs Meer – der richtige Ort für dramatische Sonnenuntergänge. Folgt man vom Aussichtspunkt gen Süden einem holperigen Pfad, passiert man **Höhlen,** die einst Räubern und Schmugglern als Unterschlupf gedient haben sollen, und ›falsche‹ *raukar.* Die bizarren Kalkformationen im Landesinnern, aber auch am Strand sind mindestens ebenso spektakulär wie die echten und durch Abbruch von Klippenteilen entstanden. Vorsicht ist geboten, nicht zu nah an der Klippenkante gehen. Ein Teil des Gebiets wird Getsvältan genannt: Es heißt, die hier früher weidenden Ziegen hätten sich gelegentlich zu weit vorgewagt, den Weg von den Klippenvorsprüngen nicht mehr zurückgefunden und seien jämmerlich verhungert (*svälta* = verhungern). Etwa 1,5 km weit führt der **Pfad** durch herrliche Natur mit schönen Ausblicken – vor allem abends eine Augenweide.

chend gut ist das Serviceangebot: Restaurant, Bootsverleih, Beachvolleyball, Kiosk. Kinderfreundlich ist landeinwärts des RV 140 auch das Wikingerdorf **Vikingabyn,** wo im Sommer wie vor tausend Jahren Schmiede hämmern und ›echte‹ Wikinger alte Handwerke, Schwertkämpfe und Spiele vorführen. Im Juli findet ein historischer Markt statt (Tel. 0498-29 71 00, www.vikingabyn.se, Mitte–Ende Juni Fr–So, Juli–Mitte Aug. tgl. 11–17 Uhr).

Von Västergarn bis Näsudden

Västergarn 3 war noch im 10. Jh. einer der besten Häfen im Westen der Insel, wurde aber aufgrund der Landhebung bedeutungslos. Heute wird die ehemalige Meeresbucht Påviken von zahlreichen Vögeln bevölkert, die die Schilfbucht als eines der wenigen Feuchtgebiete auf der Insel sehr zu schätzen wissen.

Klintehamn 4 ist nach Visby der größte Hafen im Westen von Gotland. Riesige Hafenspeicher und moderne Windturbinen beherrschen die Silhouette. Naturidylle herrscht auf der Landzunge Warfsholm etwas nördlich des Orts. Wichtig ist der Hafen Klintehamn auch als Ausgangspunkt für Bootsausflüge auf die **Karlsöarna**. Die ›Karls-Inseln‹ sind Naturreservate und Brutplatz von Kolonien von Seevögeln wie Tordalken, Trottellummen und Gryllteisten. Das größere Eiland, **Stora Karlsö** 5 (2,46 km^2), bietet ein kleines Restaurant und eine Jugendherberge, einen Leuchtturm von 1887 sowie ein Museum. Im Frühsommer blühen üppige Orchideenwiesen und Wacholder und Laubbäume bestimmen das Bild. Lilla Karlsö bleibt dagegen den urtümlichen halbwilden Gotland-Schafen vorbehalten. (Bootsausflüge nach Stora Karlsö ab Klintehamn Mai–Mitte Sept., Tel. 0498-24 05 00, www.storakarlso.se, Übernachtung möglich, Fahrtzeit 45 Min., Tagesausflüge nach Lilla Karlsö ab Djupvik, Mai–Sept., Tel. 0498-48 52 48).

An der Hauptstraße 4 km südlich von Klintehamn liegt bei **Gannarve** 6, zwar nicht die größte, aber eine wegen ihrer Lage mit Blick aufs Meer und die Karls-Inseln besonders schöne Schiffssetzung aus der jüngeren Bronzezeit (7./8. Jh. v. Chr.).

Sehr idyllisch in Küstennähe liegt der historische Bauernhof **Petesgård** 7. Das steinerne Wohnhaus ist im Stil des 19. Jh. eingerichtet und gibt einen Eindruck vom Leben der wohlhabenderen gotländischen Bauern. Zum Hof gehört neben einem Ziehbrunnen auch eine Windmühle (Tel. 0498-29 27 00, Mitte Juni–Aug. tgl. 11–17 Uhr).

Weiter südöstlich, bei Grötlingbo, steht **Kattlundsgård** 8, Gotlands ältester erhaltener Seefahrerhof. 1294 war der Besitzer bereits im Englandhandel aktiv, wie Urkunden belegen, spätere Hofbesitzer waren als Richter am Thing tätig. Der älteste Teil der urtümlich und trutzig wirkenden Anlage, die langgestreckte Scheune (*ladugårdslängan*), liegt zur Straße hin und stammt aus dem Mittelalter (13. Jh.). Erst im 19. Jh. wurde dieser Teil um das obere Stockwerk erhöht, was am Mauerwerk gut zu erkennen ist. Sandstein-

Gotland
Gotska Sandön
Norsholmen
29 Ekevik
Skär
27 Helgumannen
Ringvide
26 Lauterhorn
Fårö
Suder-
sand 28
Sudersandsviken
Kappelshamnsviken
Harudden
24 Bläse
kalkbruk
Bästeträsk
Fårö sund
Fårösund
Bunge
25
Irevik
Hangvar
Kappels-
hamn
Rute
Skenholmen
21 Jungfruklint
149
Lickershamn
Valleviken
22 Lärbro
Stenkyrka
Hellvi
Furilden
Vallevik
Kyllaj
Nyhamn
Martebo 18
148
20 Lummelundagrottan
Tingstäde
23 Slite
Ytterholmen
Vägumeviken
Tingstäde-
träsk
Boge
19 Krusmyntagården
Lokrume
Hejnum
146
Bro 17
4
Vitviken
Visby
147
Botvaldvik
Endre
Källunge
Gothemån
Fridhem
1 Högklint
Dalhem
Hörsne
Gothem
Västerhejde
Träkumla
Oskarshamn
Nynäshamn
140
Stemkumla
Roma
Roma 13
kloster
Skarnvik
Tofta
Björke
Norrlanda
Katthammarsvik
Östergarnsholm
Sjonhem
Kräklingbo
2 Toftastrand
Eskelhem
Mästerby
Atlingbo
Herrvik
Väte
Östergarn
Vänge
Alå
Sysne
Västergarn 3
Utholmen
Torsburgen 15
Heide
Buttle
143
Kovik
142
Västerby
4 Klintehamn
Lojstahajd
16 Etelhems
Etelhem
Ljugarn 14
6 Gannarve
krukmakeri
Garde
Lausvik
Fröjel
Lilla Karlsö
Lojsta
Lye
Storholmen
Djupvik
Levide
Stånga
Linde
141
144
5
Närsholmen
Stora Karlsö
Ammunde
Sproge
Närshamn
Hemse
Bandlundviken
Silte
Kvarnåkershamn
Rone
Hablingbo
Ronehamn
Petesvik
Havdhem
7 Petesgård
Gansviken
140
Kattlundsgård 8
Näs
Näsudden
Fidenäs
Fide
Ostsee
142
Burgsviken
Öja kyrka 9
Burgsvik
Öja
Faludden
10 Bottarvegården
Hamra
Yttre
Stockviken
Vamlingbo
Storsudret
Vändburg
Sundre
11 Hoburgen
Holmhällar 12
0
10
20 km

Auf Gotland gibt es rund 90 Landkirchen, hier die Kirche von Tofta

schindeln an den Außenmauern schützen die Enden der dicken, jahrhundertealten Eichenbalken vor Verrottung, dazu dienen auch die an Vogelnistkästen erinnernden Holzanbauten. Auf der anderen Hofseite steht das Hauptgebäude – rund 30 Tonnen schwer sind die Dachplatten aus massivem Sandstein. Innen sind Küche, Schlafzimmer und Wirtschaftsgebäude eingerichtet wie vor 100 Jahren, ein Kräutergarten und ein Obstgarten mit alten Apfelsorten machen die Anlage komplett (Tel. 0498-29 27 00, Mitte Juni–Aug. tgl. 11–17 Uhr).

Auch auf der Wiese gegenüber Kattlunds stehen Windmühlen, die überall auf Gotland zu sehen sind. Insgesamt drehen zudem über 160 moderne Windturbinen ihre Rotoren auf der Insel, besonders auf der Halbinsel **Näsudden**.

Storsudret

Öja kyrka 9 an der südlichen Schmalstelle der Insel – hier ist Gotland nur ca. 3,5 km breit – ist nicht zu übersehen: Ihr hoher grauer Turm trägt den Spitznamen ›Graugans‹ und diente schon immer als Seezeichen. Ihre Berühmtheit verdankt die Kirche auch der Madonnenfigur, die heute im Museum Gotlands Fornsal in Visby aufbewahrt wird (Kopie in der Kirche), und dem reich geschmückten gotischen Triumphkruzifix aus dem späten 13. Jh. Der größte Ort im Süden ist **Burgsvik**, ein wichtiger Hafen für die Verschiffung des Sandsteins, der hier abgebaut wird. Drei Windmühlen stehen südlich vom Ort und kurz darauf fällt neben der Straße nach Hoburgen eine typisch südgotländische Hofanlage ins Auge: **Bottarvegården** 10. Die Gebäude sind zum Teil mit Sandsteinplatten, zum Teil mit Schneidegras gedeckt, liegen eng beisammen und sind eingerichtet wie im 19. Jh. Im Sommer ist der Hof häufig Schauplatz von Veranstaltungen (Tel. 0498-49 82 40, www.bottarve.se, Mai–Mitte Sept. tgl. 10–17 Uhr).

Die Südspitze Gotlands ist einsam und naturschön, wenn auch nicht ganz so karg wie der Norden. Ob per Fahrrad oder Auto, man sollte dem Schild ›Vacker kustväg‹ (schöne Küstenstraße) nach Hoburgen folgen. Der schmale Asphaltweg führt einspurig durch eine Wacholderheide an den sanft, bis zu 35 m hoch ansteigenden Kalkhängen. Bis zum mit Kieseln bedeckten Strand erstrecken sich riesige Sandsteinplatten, die hier im Süden als Baumaterial und für die Herstellung von Wetzsteinen abgebaut wurden.

Von der Höhe **Hoburgen** 11 bietet sich eine fantastische Aussicht über die Südspitze Gotlands. Der harte rötliche Kalkstein, den man hier findet, heißt Hoburgsmarmor und besteht hauptsächlich aus Fossilien, Seelilien (Krinoiden) und Stromatoporen. Der berühmte, sagenumsponnene *rauk* Hoburgsgubben steht einsam oben auf der Klippe, ein bizarr geformter Felsen, dessen Silhouette mit reichlich Fantasie an einen zerfurchten Riesenkopf erinnert. Die größte der zahlreichen Höhlen in den Klippen heißt Hoburgsgubbens Matsal (Speisesaal des Riesen). Die Legende vermutet unter den Klippen natürlich die Schatzkammer des Riesen.

Ein Ausflug in das naturschöne Gebiet um **Holmhällar** 12 weiter östlich lohnt auf jeden Fall: Parken kann man bei dem in einem Kiefernwäldchen gelegenen gleichnamigen Pensionat (Restaurant, Kiosk). Spaziert man von dort Richtung Meer, sieht man etwa 500 m vor der Küste die Insel Heligholmen liegen, ein Vogelschutzgebiet, wo verschiedene Seeschwalbenarten, Herings- und Silbermöwen brüten (April bis Juni: Betreten verboten!). Am Strand von Holmhällar erstreckt sich ein mehr als 1 km langes *rauk*-Feld, teils auch im Wasser. Besonders bemerkenswert ist wegen seiner eigentümlichen Horizontallage der *rauk* ›Austregalten‹.

Toftagården: Tofta, Tel. 0498-29 70 00, Fax 26 56 66, www.toftagarden.se. Stilvolles Hotel 18 km südlich von Visby, mit 48 komfortablen Zimmern, ab Mitte Aug.–Sept. auch Budgetzimmer ab 400 SEK. Vorzügliches Restaurant mit gotländischen Spezialitäten wie *Fårsmäckan* (Lammhackbraten) und Bärlauchsuppe.

Pensionat Holmhällar: Vamlingbo, Burgsvik, Tel. 0498-49 80 30, Fax 49 80 56, www.holmhallar.se Mitte Mai–Mitte Sept. Einmalige Lage nahe dem Strand und *raukar*-Gebiet. Die Ferienanlage inmitten eines von Kiefernwald bewachsenen Flugsandfelds verteilt sich auf mehrere Häuschen, auch komplett eingerichtete Ferienhäuser mit 1-3-Zimmern, Ferienwohnungen mit Selbstversorgung (450 SEK/2 Pers.) außerhalb der Saison. Im Sommer Restaurant (Lunch 85–100 SEK). Halbpension ab 450 SEK/Person.

Pensionat Warfsholm: Klintehamn, Tel. 0498-24 00 10, Fax 24 14 11, März–Nov., www.warfsholm.se. Wunderschöne Lage auf einer Halbinsel, gutes Restaurant (Juni–Aug.), Zimmer in jeder Komfort- und Preisklasse, vom Hotelstandard bis zur einfachen Budgetklasse im Annex (STF Vandrarhem: DZ ab 300 SEK/Person), Hotelzimmer mit Dusche/WC DZ 600–900 SEK.

STF Vandrarhem Hablingbo: Gute Vingård, Havdhem, Tel. 0498-48 71 61, Fax 48 72 71, www.gutevin.se, Mai–Okt. Übernachten auf dem einzigen gotländischen Weingut, nur 32 Betten stehen zur Verfügung – rechtzeitig buchen; DZ ab 300 SEK. Restaurant Vingården tgl. Ende Juni–3. Aug.-woche.

Tofta Camping: Toftastrand, Tel. 0498-29 71 02, Fax 29 71 06, Ende Mai–Aug.,tofta.camping@spray.se. Schöner Platz am schönsten Strand in Gotlands Westen, im schattigen Kiefernwald mit getrennten Bereichen für Zelte und Caravans, sehr gute Ausstattung (Laden und Restaurant); ab 150 SEK/Stellplatz.

Golf: 27-Loch-Platz Kronholmen in schöner Lage an der Westküste.

Busse ab Visby Busstation relativ häufig bis Tofta und Klintehamn, in den äußersten Süden bis Hoburgen nur 2-mal tgl.

Der Osten

Roma

Nur Ruinen blieben von **Roma kloster** 13. Das Zisterzienserkloster wurde 1164 von Mönchen aus dem småländischen Nydala gegründet und wuchs zu einem mächtigen Wirtschaftsbetrieb heran. Nach der Reformation wurden die Mauern für den Bau des Königshofs in unmittelbarer Nachbarschaft

schaft der Fabrik ragen nicht nur *raukar* in die Höhe, vor Slite liegt zudem Gotlands einziger Schärengarten.

Bläse kalkbruk

Am südlichen Ende der Bucht von Kappelshamn zweigt eine Straße nach Bläse ab. Sie führt entlang der Bucht, wo noch heute Kalkwerke arbeiten – die gesamte Küste trägt nicht von ungefähr den Namen ›Stenkusten‹. Der in den 1880er Jahren errichtete **Bläse kalkbruk** 24 war noch bis 1954 in Betrieb, doch heute qualmen die Schornsteine der Kalköfen nicht mehr – die Anlage ist Museum, und die Werksbahn fährt Besucher statt Steine durch das Gelände. Die Arbeitsschritte vom Kalkstein bis zum gelöschten Kalk, der als Rohstoff für den Bau und andere Zwecke verwendet wird, werden erläutert, und in der Werkshalle stehen kleine Holzkaten, die den häuslichen Alltag der Arbeiterfamilien in den 1920er bis 1940er Jahren illustrieren (Tel. 0498-22 46 62, Mai–Aug. Mo–Fr 10–18 Uhr, Sa, So 12–18 Uhr).

Bunge

Der trutzige Turm der ansonsten hochgotischen **Kirche** (14. Jh.) von **Bunge** 25 direkt neben der Straße RV 148 diente ursprünglich der Verteidigung. Die restaurierten Kalkmalereien auf der Langhauswand im Innern sind ikonografisch noch nicht entschlüsselt. Handelt es sich bei den Schlachtszenen um die Legende von der Thebäischen Legion oder um die Auseinandersetzung zwischen den Vitalienbrüdern und Deutschordensrittern? Vielleicht hat der Künstler auch beides kombiniert. Nordöstlich der Kirche stehen die Ruinen des stattlichen Pfarrhofs (*prästgård*), und auf der anderen Straßenseite befindet sich ein sehr schönes **Labyrinth** (Trojaborg).

Das benachbarte **Freilichtmuseum** Bunge zeigt rund 50 Gebäude, darunter zwei komplette zeittypisch eingerichtete Bauernhöfe aus dem 17. und 18. Jh. Unweit vom Eingang stehen vier Bildsteine; der berühmteste zeigt Szenen aus der Sage der entführten Königstochter Hildur, eine Art ›Helena des Nordens‹, deren durch eigenes Zutun unterstützter Raub dazu führte, dass ein blutiger Krieg zwischen den Sippen entbrannte (Tel. 0498-22 10 18, Mitte Mai–Aug. tgl. 10–16, Juli bis 18 Uhr).

Fårö

Die Insel **Fårö** vor der Nordostspitze Gotlands besitzt einen herben, spröden Charme, der sich nicht jedem erschließt. Stille und Einsamkeit, Natur pur kann man zwar an vielen Stellen Gotlands erleben, aber Fårö bietet noch einmal eine Steigerung. Man nähert sich der Insel per Fähre von **Fårösund** aus, wo man auch alle nötigen Einkäufe tätigen kann, bevor es in die ›Einöde‹ geht. Heute hat die Insel ungefähr 570 ganzjährige Bewohner, im Sommer sind es allerdings viel mehr, schließlich haben auch etliche Stockholmer hier ihre *sommarställe* (Sommerhaus). Der berühmteste *Fåröbor* ist sicherlich der Filmemacher Ingmar Bergmann.

Auf den kargen Sand- und Steinböden von Fårö hat es die Vegetation ziemlich schwer, Fuß zu fassen, besonders im Westen. Ein *rauk*-Gebiet erstreckt sich kilometerweit zwischen **Lauterhorn** 26 und der kleinen Ansiedlung **Helgumannen** 27. Eine parallel zur Küste verlaufende schmale Straße erschließt die Natursehenswürdigkeiten auch Reisebussen. Auf der flachen Insel ist aber auch das Fahrrad ein ideales Fortbewegungsmittel.

Bäume, sogar recht stattliche Kiefernwälder, gibt es dagegen im Süden, wo der Kalksteinsockel von Sand bedeckt wird. Daher liegen hier besonders schöne Sandstrände: Ungewöhnlich weicher und weißer Sand ist das Markenzeichen von **Sudersand** 28. Das seichte Wasser, der endlos lange Strand und der Dünengürtel machen ihn besonders attraktiv für Familien mit Kindern. Ruhiger, aber ebenfalls mit seichter Küste ist der Strand von **Ekevik** 29 auf der Nordseite.

Von Fårösund verkehrt im Sommer auch ein Boot zu einer weiteren einsamen Insel: **Gotska Sandön** liegt 40 km nördlich von Gotland und ist auch von Nynäshamn zu erreichen. Die ca. 8 mal 5 km große, seit 1963 als Nationalpark geschützte Insel trägt ihren Namen völlig zu Recht, denn sie besteht fast

Überall auf Gotland sind sie ein Blickfang: Windmühlen

ausschließlich aus Sand und ist bis auf das Nationalparkpersonal nebst Seehunden und zahlreichen Vogelarten unbewohnt. Wer die Einsamkeit und Stille auf der abgelegenen, nur von Kiefernurwald und Heidekraut bewachsenen Insel, gesäumt von Sandstränden und Leuchttürmen an allen vier Ecken richtig genießen will, kann in einfachen Hütten übernachten, für Proviant muss allerdings selbst gesorgt werden.

STF Vandrarhem Grannen: Kappelshamnsvägen 10, Lärbrö, Tel. 0498-22 50 33, www.grannen.se. Mitte Mai–Aug. Die Jugendherberge in Baracken des ehemaligen Militärkrankenhauses bietet eine ideale Basis zur Erkundung des Nordens. Ruhige Lage in einem Kiefernwald, netter Service; DZ ab 300 SEK. Zum Betrieb gehört auch ein Fitnesscenter.

Sudersands Semesterby: Fårö, Tel. 0498-22 35 36, Fax 22 36 73, www.sudersand.se. Die Ferienhaussiedlung am längsten Sandstrand im Süden von Fårö bietet u. a. Swimmingpools, Restaurant, Fahrradverleih. In der Hochsaison oft gut belegt. Voll ausgerüstete 4-Bett-Hütte mit Dusche/WC ca. 4100–5200 SEK/Woche (Sommer).

Slite Havscamping & Semesterby: Strandvägen, Slite, Tel. 0498-22 08 30, mobil 0705-78 73 05, Fax 22 08 11, Mai–Mitte Sept. Der kleine Platz mit 50 Ferienhäusern am Meer liegt hübsch an einer geschützten Bucht mit Strand und Schärenblick.

Krusmynta köket: Krusmyntagården, Brissund, Väskinde (10 km nördlich von Visby am RV 149), Tel. 0498-29 69 01, Juni–Aug. 11–18, Juli 11–20 Uhr. Leichte frische Küche neben dem Kräutergarten Krusmyntagården, Di und Do Lamm vom Grill; ca. 50–130 SEK.

Restaurant Grannen: Kappelshamnsvägen 10, Lärbro (ca. 1 km Richtung Kappelshamn), nur im Sommer geöffnet. Ein Pub an der Straße mitten im Wald, sehr populär und mit günstigen Preisen (Hamburger 57 SEK, Pizza 60–95 SEK, Lammhacksteak ca. 100 SEK).

Busse über Slite und Lärbro bis Fårösund. 1–2-mal tgl. Anschluss an Busse nach Fårö.

Kapitel 2

Der Westen

Auf einen Blick: Der Westen

Sandstrand, Salzluft, Hering und das ›Land der Täler‹

An den feinsandigen Stränden von **Hallands Küste**, der ›schwedischen Riviera‹, liegen Badeorte, die im Sommer aus allen Nähten zu platzen drohen. Aber man findet auch ruhige Strandabschnitte und unter Naturschutz stehende Dünen. Das Land ist flach bis auf wenige Höhenzüge, wie den Hallandsåsen. Er bildet die Grenze zwischen Skåne und Halland, die beide vor 1645 noch fest in der Hand der Dänen waren. Die historischen Verkehrswege verliefen entlang der Flüsse aus dem waldreichen Binnenland an die Küste

und wo sie den Küstenweg kreuzten, entstanden wichtige Städte: Laholm am Lagan, Halmstad am Nissan, Falkenberg am Ätran.

Schwedens zweitgößte Stadt liegt an der Westküste: **Göteborg**, an der breiten Mündung des Göta älv, ist Schwedens größter Hafen. Traditionell dem Handel verpflichtet, ist die Atmosphäre in der Westküstenmetropole quirlig-betriebsam, und auch sonst wirkt vieles ausgesprochen ›kontinental‹. Bimmelnde Straßenbahnen verbreiten fast so etwas wie Großstadthektik und die typisch schwedische Gelassenheit und Zurückhaltung machen hier bisweilen hitzigerem Temperament Platz. Wichtigstes Besuchermagnet der Stadt ist der Vergnügungspark Liseberg. Das maritime Erbe zieht sich wie ein roter Faden durch Göteborg, wie die Containerberge entlang dem Göta älv bis zu seiner Mündung. In der Universitätsstadt haben Wissenschaft, Kunst und Design einen hohen Stellenwert – und nicht zuletzt der Sport. Das Ullevi-Stadion ist immer wieder Gastgeber wichtiger Sportgroßereignisse.

Nördlich von Göteborg beginnt die **Schärenküste** von **Bohuslän:** eine herbe Schönheit mit unzähligen Felsinseln und -inselchen und einmaliger Natur. In einer Region, die mangels Ackerkrume so wenig und wenn, dann kärgliche Landwirtschaft ermöglichte, leben die Menschen traditionell vom Meer, von Fischfang und von der Seefahrt. Die ›Früchte des Meeres‹ wie *räkor* (Grönlandkrabben), Hummer, geräucherten Fisch und andere Köstlichkeiten bekommt man hier überall günstig zu kaufen. Die Fabriken, in denen der typisch schwedische süßsauer eingelegte Hering in die Gläser kommt, liegen in Bohuslän, vorzugsweise in den großen Fischereihäfen Lysekil, Smögen und natürlich auf der ›Heringsinsel‹ Klädesholmen.

Kein bisschen maritim zeigt sich dagegen die Provinz **Dalsland**. Vom nördlichen Vänerufer bis zur norwegischen Grenze erstreckt sich das ›Land der Täler‹. Die dazugehörigen

Berge sind nicht allzu hoch und die Täler mit Wasser gefüllt – das liebliche Dalsland ist von allen schwedischen Landschaften die wasserreichste Gegend und deshalb ein Paradies für Kanuten. Hauptsehenswürdigkeit ist ein Gesamtkunstwerk aus Technik und Natur: der Dalslands kanal. Er ist zwar nicht so lang und so berühmt wie der Götakanal, bietet aber spannende Erlebnisse, ob per Kanu oder Ausflugsschiff. Eine technische Sehenswürdigkeit ersten Ranges neben seinen 31 Schleusen ist das Aquädukt von Häverud.

Highlights

5 **Göteborg:** die Westküsten-Metropole trumpft mit viel maritimer Atmosphäre (s. S. 184)

6 **Felsritzungen in Tanum:** Einblick in Alltag und Mythos der Bronzezeit (s. S. 206)

Empfehlenswerte Routen

Entlang dem Dalslands kanal: Auf gewundenen Landwegen immer am Kanal entlang vom Vänersee bis nach Bengtsfors (s. S. 210)

Reise- und Zeitplanung

Wer an der zerklüfteten Schärenküste von Bohuslän unterwegs ist, kann mit den kostenlosen Autofähren lange Reisewege verkürzen und zudem das Erlebnis einer kleinen Schiffsreise genießen. Doch müssen je nach Saison evtl. Wartezeiten am Fähranleger in Kauf genommen werden. Deshalb sollte man genug Luft im Reiseplan einkalkulieren – Kilometer sparen heißt nicht unbedingt Zeit gewinnen. Für Göteborg ist ein Tag Besichtigung das Minimum, wer den Vergnügungspark Liseberg oder eines der großen Museen mit ins Programm nimmt, sollte zwei Tage rechnen. Die vielfältigen Sehenswürdigkeiten entlang der Westküste erfordern eine gute Woche. Wer vom Trubel an der Küste genug hat, kann bei einer Kanu- oder Floßtour inmitten unberührter Natur ausspannen: Nach Dalsland, reich an Seen und Flüssen, sowie, weiter nordöstlich, ins wilde Värmland (s. S. 310–319) ist es nur ein Katzensprung.

Klima und Reisezeit

Insbesondere die Sandstrände der ›schwedischen Riviera‹ und die Schären von Bohuslän sind zwischen Ende Juni und Mitte August ein touristischer Brennpunkt. Nicht nur schwedische Familien, auch Feriengäste aus den Nachbarländern Dänemark und Norwegen machen hier gerne Urlaub. Die Folge: Bei gutem Badewetter sind die Campingplätze schnell belegt, in den preiswerten Unterkünften ist oft kein Quartier mehr frei, und auch am Strand herrscht Parkplatzmangel. Wer nicht ins Landesinnere nach Dalsland ausweichen möchte: Ruhiger ist die spätsommerliche Nachsaison bei meist noch angenehmem Wetter. Die Nähe zur Nordsee beschert der Westküste auch im Sommer wechselhafteres Wetter als dem östlichen Schweden, und es kann gelegentlich Regenschauer geben, auch wenn weiter östlich im Inland noch stabile Hochdrucklagen herrschen.

Richtig Reisen-Tipps:

Vergnügungspark Liseberg: Göteborgs traditionsreicher Vergnügungspark liegt mitten in der Stadt (s. S. 192).

Naturreservat Brobacka und Schlossruine Gräfsnäs: Eine Eisenbahnfahrt unter Volldampf zu einer Schlossruine am See lässt sich bestens mit Wanderungen zu spannenden Naturattraktionen kombinieren (s. S. 199).

Nordens Ark: Schneeleopard, Wildkatze und Luchs fühlen sich hier wohl – der Tierpark bei Hunnebostrand an der Westküste ist kein gewöhnlicher Zoo (s. S. 206).

Hallands Küste

Karte S. 178

Zwischen Laholm und Falkenberg liegen die schönsten Sandstrände der schwedischen Westküste. Abseits vom Strandgetümmel findet man einsame Natur und kulturelle Highlights. Ab Varberg, dem quirligen Badeort mit Festung wird die Küste Richtung Göteborg allmählich felsiger – Bohusläns Schären kündigen sich an.

Laholm

Hallands älteste und kleinste Stadt **Laholm** 1 (23 000 Einw.) liegt landeinwärts, unweit der ›schwedischen Riviera‹, in Reichweite von kilometerlangen flachen Sandstränden wie Skummeslövsstrand und Mellbystrand. In die Ruinen der Burg, wo 1278 der schwedische König Magnus Ladulås und sein dänischer Kollege Erik Glipping zu Verhandlungen und Turnieren zusammentrafen, ist heute eine Lachszucht eingezogen. Für den üppigen Lachsfang im Lagan war Laholm von alters her berühmt. Seit aber ein Kraftwerk die Stromschnellen des Flusses ausbeutet und der Lachs nicht mehr wandern kann, wird der Nachwuchs hier gezüchtet.

Auch Laholm wurde erst mit dem Frieden von Brömsebro 1645 schwedisch. Die dänische Fachwerk- und Backsteinbauweise hat sich in der Altstadt **Gamleby** noch in schönen Beispielen erhalten. Sankt Clemens kyrka ist das älteste Gebäude der Stadt mit Ursprüngen im 13. Jh., sie wurde allerdings zu Beginn des 19. Jh. umgebaut. Das **Rathaus** (18. Jh.) am Stortorget erfreut mehrmals täglich durch ein Glockenspiel im Turm. Innen ist neben der Turistinformation das einzige Museum Schwedens, das ausschließlich Zeichnungen sammelt, untergebracht: **Teckningsmuseet** zeigt Werke schwedischer Künstler ab 1780 (Rådhuset, Tel. 0430-154 51, Mitte Juni–Aug. Mo–Di, Do–Fr 10–18, Mi 10–20, Sa, So 10–15 Uhr, übrige Zeit Mo–Di, Do–Fr 10–14, Mi 10–20, Sa 12–14 Uhr).

Bei Hasslöv, 12 km südlich von Laholm, bietet der **Lugnarohögen** 2 Einblick in die Zeit vor 3000 Jahren. Der Grabhügel barg eine 8 m lange Schiffssetzung sowie eine Steinkiste mit den verbrannten Resten einer Frau, die mit Bronzewerkzeug im Miniaturformat beigesetzt worden war. Ein unterirdischer Gang ermöglicht heute Besuchern den Zugang (Mai–Mitte Juni und Mitte Aug.–Mitte Sept. Sa, So 14–17, Mitte Juni–Mitte Aug. Mi 18–20, Do–So 14–17 Uhr).

Laholm Turist: Rådhuset, Box 78, 31222 Laholm, Tel. 0430-154 50, www.laholm.se. Mitte Juni–Aug. Mo–Fr 10–18, Sa, So 10–14, Sept.–Mitte Juni Mo–Fr 10–14 Uhr. Filiale in Mellbystrand (Juni–Aug.).

STF Vandrarhem Parkgården: Tivolivägen 4, Tel. 0430-133 18, Fax 153 25, vandrarhem@laholm.se, ganzj. Am Stadsparken nicht weit vom Zentrum, 19 meist 4-Bett-Zimmer, viele mit WC; DZ ab 280 SEK.
Marias Camping/Bengts Stugby: Mellbystrand, Tel. 0430-285 85, Fax 273 21, www.mariascamping.com, Mai–Aug. Feriendorf bis Anfang Okt. 6 km von Laholm, einfacher Platz, Ferienhütten direkt am Sandstrand, FKK-Abschnitte; Stellplatz ab 140 SEK.

Stadtwanderungen durch Gamleby, im Juli Di um 19 Uhr ab dem Rathaus.
Badestrände und die besten **Windsurfreviere** der Westküste: Mellbystrand (mit FKK) und Skummeslövsstrand.
Golf: zwei 18-Loch-Plätze in Laholm und Skogaby (ca. 10 km östlich).

Bahn: an der Zugstrecke Malmö–Göteborg–Oslo (nur IC-Halt). Informationen zum **Nahverkehr** s. Halmstad

Halmstad

Halmstad 3 (88 000 Einw.), die Verwaltungshauptstadt von Hallands län an der Mündung des Nissan, lockt rund um den Stora Torg mit großen Kaufhäusern und Einkaufsstraßen samt Cafés und Verführungen aller Art. Den **Marktplatz** mit Carl Milles' berühmtem Brunnen ›Europa und der Stier‹ (1926) säumen Fachwerkhäuser. Die **Sankt-Nicolai-Kirche**, deren heutiges Aussehen auf eine Restaurierung 1941 zurückgeht, besitzt im Innern eine schöne geschnitzte Kanzel von 1634 – die Inschrift ist dänisch, denn auch Halmstad gehörte bis 1645 zu Dänemark. Weitere hübsche Fachwerkhäuser findet man in der Kyrkogatan. Das im 17. Jh. erbaute **Schloss** ein Stück den Nissan abwärts ist heute Residenz des *landshövding* und nicht zu besichtigen. Einen Besuch kann man dem

Berühmt und beliebt: Tylösand, die ›Playa‹ Hallands

vor dem Schloss vertäuten Segelschiff ›**Najaden**‹ von 1897 abstatten, einem der kleinsten Vollschiffe der Welt.

Das **Museum** von Stadt und Län liegt vom Stora Torg flussaufwärts. Es präsentiert die ganze Vielfalt halländischer Kunst, von Bauernmalerei und Wandteppichen bis zu Galionsfiguren und Schiffsmodellen (Tollsgatan, Tel. 035-16 23 00, www.hallmus.se, Di, Do–So 12–16, Mi 12–20 Uhr).

Das **Freilichtmuseum Hallandsgården** liegt auf dem Galgberget am Rand der Stadt und versammelt etwa ein Dutzend historischer Gebäude aus ganz Halland sowie einige Bauernhoftiere und Gärten (Sofiavägen, Galgberget, Tel. 035-16 23 00, ganzj. zugänglich, Häuser geöffnet: Sommer 12–18 Uhr).

Zwar besitzt auch das Hallands Länsmuseum einige Werke der 1929 gegründeten, in Halmstad arbeitenden Künstlergruppe, aber am umfassendsten repräsentiert findet man die Halmstad-Gruppe auf **Mjällby Konstgård** 4, 5 km außerhalb in Richtung Steninge. Die Tochter eines der Gründungsmitglieder hat in dem alten Schulhaus nicht nur Werke der dem Surrealismus verpflichteten Künstler versammelt, sondern es werden auch Ausstellungen etwa zu französischer Kunst der

Klassischen Moderne veranstaltet (Tel. 035-3 16 19, Mitte April–Sept. Di–So 13–17 Uhr).

10 km Richtung Westen und man ist in Hallands bekanntestem Badeort: **Tylösand** 5 mit seiner berühmten, 5 km langen ›Playa‹. Anfang des 20. Jh. pflegte Prinz Bertil hier Golf zu spielen und brachte den Badeort in Mode. Heute ist bei gutem Wetter mit Staus bei der Anfahrt zum Strand zu rechnen. Dennoch findet sich meist noch ein ruhiges Plätzchen am Strand. Holzplanken führen bequem bis auf den wunderschönen breiten Sandstrand hinter Klippen und Dünen. Der viele Sand kam den Bauern früherer Zeiten, anders als den heutigen Touristen, nicht sehr gelegen. Die guten Ackerböden wurden häufig durch Wanderdünen verschüttet. Missernten und Armut waren die Folge, bis der Flugsand mit Waldpflanzungen festgelegt wurde. Einige der mit bis zu 36 m höchsten Dünen Nordeuropas findet man in dem Naturschutzgebiet **Haverdal** 6. Vom Wind in Schräglage getriebene Bäume, vereinzelt eine Windmühle sowie kärglich bewachsene Sanddünen und Wacholderheiden bestimmen das Landschaftsbild bis **Steninge**. Steine und Klippenstrand rechtfertigen den Namen dieses Ortes, doch auch hier gibt es sandige Abschnitte und Naturschutzgebiete.

Halmstads Turistbyrå: Halmstad slott, Box 47, 30102 Halmstad, Tel. 035-13 23 20, Fax 15 81 15, www.halmstad.se/turist. Mittsommer–Mitte Aug. Mo–Sa 9–19, So 11–18, Mai–Mitte Juni u. Mitte–Ende Aug. Mo–Fr 9–18, Sa 10–15, übrige Zeit Mo–Fr 9–17 Uhr.

Halmstads Vandrarhem: Skepparegatan 23, Tel. 035-12 05 00, www.hallonstenturist.se. Mitte Juni–Mitte Aug., nahe einer vierspurigen Ringstraße, aber in fußläufiger Entfernung zum Zentrum, 2–4-Bett-Zimmer mit eigener Dusche/WC; DZ 450 SEK, 4-Bett-Zimmer 600 SEK.

Krono Camping Tylösand: Tel. 035-3 05 10, Fax 327 78, Mai–Ende Aug. Großer Platz in schöner Lage unweit vom Strand, Vermietung von komfortablen Hütten und fertig aufgebauten Hauszelten; Stellplatz ab 130 SEK.

Lilla Helfwetet: Hamngatan 37, Tel. 035-21 04 20, Mo–Fr 11.30–14, Mo–Sa 18–23 Uhr. Feine Küche und modernes Ambiente in einem ehemaligen Elektrizitätswerk. Spezialitäten sind Lamm mit Pfifferlingen und Heilbutt mit Salsiccia; aber auch Vegetarisches, 125–300 SEK.

Konditori Tre Hjärten: Kyrkogatan 7, gemütliches Café-Restaurant in einem netten Fachwerkhaus am Markt.

Halmstad Lång Golf: Mitte Juni auf allen Plätzen der Gemeinde.

Golf: Halmstad nennt sich Schwedens ›Golfhauptstadt‹, es gibt allein sieben Golfplätze in der Umgebung. Der Klub in Tylösand gehört zu den besten in Europa.

Flug: Flugplatz 3 km nördlich der Stadt.

Bahn: Verbindungen nach Göteborg, Malmö, Kristianstad. Infos zum Nahverkehr: Hallandstrafiken, Tel. 0771-33 10 30, www.hlt.se.

Falkenberg

Falkenberg 7 (39 500 Einw.) an der Mündung des einst für seinen Lachsreichtum berühmten Ätran lohnt einen Abstecher, nicht nur für Freunde guten Biers, denn hier hat die **Falcon-Brauerei** ihren Sitz (Årstadsvägen, östlich der Stadt, Besichtigung der hypermodernen Brauerei Ende Juni–Anfang Aug., nach Anmeldung im Turistbyrå). Der Name stammt allerdings vom lebhaften Handel mit Jagdfalken, dessen Zentrum Falkenberg im Mittelalter war. Im alten Stadtzentrum Gamla Stan, heute ein ruhiges Viertel mit pastellfarben gestrichenen Holzhäuschen und Kopfsteinpflaster, liegt die weiß gekalkte, aus Feldsteinen errichtete **St. Laurentii kyrka**, die im Mittelalter als Wehrkirche diente. Die großen Fenster und der Turm (1787) sind spätere Veränderungen. Im Inneren zeigen die bemalte Holzdecke das Jüngste Gericht (18. Jh.), die Kalkmalereien (16. Jh.) an der Nordwand Szenen aus dem Alten, die an der Süd-

Blick in die Sankt Laurentii kyrka

wand aus dem Neuen Testament. 1892, nach dem Bau der neugotischen Kirche gegenüber dem Bahnhof, war die St.-Laurentii-Kirche 30 Jahre lang als Kino und Turnhalle zweckentfremdet, die Malereien übertüncht worden.

In der Krukmakaregatan (nahe der Bahnbrücke) arbeiten in der traditionsreichen Werkstatt von **Törngrens Krukmakeri** noch heute die Töpfer. Auf dem Weg zum Stadtzentrum kommt man an Falkenbergs Wahrzeichen, der **Tullbron** (Zollbrücke) von 1756 vorbei, eine der wenigen noch erhaltenen Steinbrücken des Landes. 1825 kostete der Übergang einen Öre für Fußgänger und fünf fürs Pferd, heute ist er kostenlos, für Anhänger und Caravans allerdings verboten. Am Hafen, im Fältströmska magasinet, versetzt das **Falkenbergs Museum** in die 1950er Jahre zurück, ebenso das zeittypisch eingerichtete Museumscafé (Fältströmska Magasinet, Skeppareströtet 2, Tel. 0346-88 61 25, Juni–Aug Di–So, übrige Zeit Di–Sa 12–16 Uhr).

8 km nordwestlich von Falkenberg gelangt man entlang der Küste zur Landzunge **Morups tånge** 8, die als Rastplatz für Zugvögel unter Naturschutz steht, mit dem 1842 errichteten Leuchtturm. Nebenan liegt der idyllische Fischerort **Glommen.**

i **Falkenbergs Turistbyrå:** Holgersgatan 11, Box 293, 31134 Falkenberg, Tel. 0346-88 61 00, Fax 145 26, www.falkenbergsturist.se. Juni–Aug. Mo–Fr 9.30–18, Juli–Mitte Aug. zusätzlich Sa 9.30–18, So 14–18, übrige Zeit Mo–Fr 10–17 Uhr.

Wärdshuset Hwitan: Storgatan 24, Tel. 0346-820 90, Fax 597 96, www.hwitan.se. Das historische Wirtshaus von 1734 am Ätranufer bietet im Sommer im Garten Musikuntermalung zu den Mahlzeiten, 35 Zimmer.

Laxbutiken: Heberg, E6 Abfahrt 49, Tel. 0346-511 10, tgl. 10–19 Uhr. Kombination aus Laden und Restaurant mit nur einer Spezialität: Lachs, das allerdings in unglaublich vielen Variationen; ca. 90–170 SEK.

Törngrens Krukmakeri: Krukmakaregatan, Tel. 0346-103 54, Mo–Sa 9.30–12 und 13.15–16 Uhr, Keramik.

Radfahren auf dem ausgeschilderten Radweg ›Ginstleden‹ entlang der halländischen Küste; Fahrradverleih im Ort.

Bahn: Zugstation an der Strecke Helsingborg–Göteborg. Informationen zum **Nahverkehr** s. Halmstad.

Varberg

Der Name **Varberg** 9 stammt von Vardhberg, was soviel wie Wartburg oder Festung bedeutet, und tatsächlich verdankt der quirlige Ort mit 54 600 Einwohnern seine Entstehung der Festung, die noch heute zu den Hauptsehenswürdigkeiten zählt. Im Kern aus dem 13. Jh. birgt sie, neben den Einzel- bis Sechserzellen der Jugendherberge im ehemaligen Gefängnistrakt, auch das **Länsmuseum** mit einer für Schweden einmaligen Attraktion: die Moorleiche des *Bockstensmannen*, eines Mannes, dessen Kleidung von Mitte des 14. Jh. vollständig erhalten geblieben ist. Der gute Zustand ist dem Fundort zu verdanken: Ein Bauer und sein zwölfjähriger Sohn fanden den Toten aus dem Mittelalter vor rund 60 Jahren beim Torfstechen im Moor Bockstens mosse. Warum er sterben musste, weiß man nicht: Man fand ihn jedenfalls von drei Pfählen durchbohrt. Eine weitere Attraktion mit mindestens ebenso viel historischem wie symbolischem Wert ist die Kugel, die König Karl XII. traf, als er im Jahr 1718 die norwegische Festung Fredrikshald belagerte (www.lansmuseet.varberg.se, Tel. 0340-828 30, Mittsommer–Mitte Aug. tgl. 10–17 Uhr, übrige Zeit Mo–Fr 10–16, Sa, So 12–16 Uhr).

Dank der Fährverbindung nach Grenå in Dänemark und seiner Tradition als Kurort ist Varberg im Sommer ein belebtes Pflaster. Elegante Seebadstimmung verbreitet das auf Stelzen ins Wasser hinausgebaute **Kallbadhus**. Es stammt aus der Mitte des 19. Jh., als Varbergs große Zeit als mondäne Sommerfrische begann. Im Innern befinden sich außer einem Café eine Sauna und ein Meerwasserschwimmbad.

In der Umgebung

Die südlich gelegenen, ehemaligen Fischerdörfer **Apelviken** und **Träslövsläge** sind be-

Elegante Seebadstimmung: Varbergs Kaltbadehaus

Mit der Autorin unterwegs

Rummel an der Playa

Tylösand ist der schickste Strand an Schwedens Westküste und dennoch ist der kieferngesäumte Sandstrand auch bei herrlichem Badewetter nicht überlaufen – er ist immerhin 5 km lang. Das Strandhotel lädt zum After-Beach-Drink mit Livemusik, und es gibt ein buntes Kinderprogramm (s. S. 179).

Eine Nacht hinter Gittern

Rechtzeitig vorbestellen sollten Sie, wenn Sie eine Nacht hinter ›schwedischen Gardinen‹ verbringen wollen. **Varbergs Vandrarhem** im ehemaligen Gefängnis in der **Festung** bietet Meerblick, kaum Komfort, aber viel Atmosphäre (s. S. 181, 182).

Wanderung

Von den verwitterten Gebäuden des einstigen Bauernhofs **Äskhults by** wandern Sie auf dem Hallandsleden durch liebliche Wald-und-Wiesen-Landschaft 10 km bis **Fjärås bräcka**, wo ein schöner Blick auf den See Lygnern Sie für den weiten Weg belohnt (s. S. 183).

Regionale Auskunftstelle

HallandsTurist: Box 68, 30103 Halmstad, Tel. 035-10 95 60, Fax 12 12 37, www.hallandsturist.se.

vorzugte Badeorte mit Sandstrand und besonders bei Surfern beliebt. Für Familien mit Kindern, die Abwechslung in den Strandalltag bringen wollen, bietet sich als Ausflugsziel der Vergnügungspark **Himleriket** südlich von Varberg an der E6 an: Zirkus, Kindertheater, Kutschfahrten und Ponyreiten gehören außer zahlreichen Wasserattraktionen zum Programm (Tel. 0340-433 70, ca. 7 km südlich von Varberg, an der E 6, Mitte Juni–Mitte Aug. tgl. 10–18 Uhr).

Auch die Halbinsel **Getterön** ist ein populäres Ferienziel, mit zahlreichen von Felsen unterteilten Badebuchten. Hier beginnt die eigentliche Schärenküste, wenn auch zunächst noch sehr flach, die sich bis nördlich von Göteborg erstreckt. Wanderwege erschließen die windige Halbinsel, die wegen des reichen Vogellebens unter Naturschutz steht.

Varbergs Turistbyrå: Brunnsparken, Box 150, 43224 Varberg, Tel. 0340-868 00, Fax 868 07, www.turist.varberg.se. Mai–Mittsommer u. Aug. Mo–Fr 10–18, Sa 10–14, Mittsommer bis 1. Aug.-woche Mo–Sa 9.30–19, So 13–18, übrige Zeit Mo–Fr 9.30–17 Uhr.

Best Western Varbergs Stadshotell: Kungsgatan 24–26, Tel. 0340-69 01 00, Fax 69 01 01, www.varbergsstadshotell.com. Traditionsreiches schickes Haus aus der Jahrhundertwende, direkt am Marktplatz, mit Wellnessabteilung Asia Spa; DZ ab 995/1095 SEK (Weekend), im Sommer Paketangebote.

Varbergs Fästning: Tel. 0340-887 88, Fax 62 70 00, www.turist.varberg.se/vandrarhem. Einzel- oder Mehrbettzimmer im ehemaligen Gefängnis in herrlicher Lage – teils haben die Zellen Meerblick –, sehr beliebtes Vandrarhem, deshalb rechtzeitig im Voraus buchen; ab 195 SEK pro Person.

Apelvikens Camping: Tel. 0340-141 78, Fax 875 38, www.apelviken.se, April–Okt. Großer Platz mit ca. 500 Stellplätzen, am Strand (und an der Bahnlinie), ca. 3 km Fuß-/Radweg zum Stadtzentrum, komfortabel ausgestattet, mit Swimmingpool, auch Hütten und (ganzj.) Ferienwohnungen; Stellplatz ab 120 SEK.

Klutamarknad: Textilienmarkt auf dem Stora Torget, Mi und Sa (im Sommer).

Hamnmagasinet: am Hafen; u. a. Silberschmiedearbeiten und Glaskunst.

Café Apelviksgården: Apelviken, Tel. 0340-196 60, im Sommer tgl. 10–18 Uhr. Kunsthandwerk in einem reetgedeckten Vierkanthof aus dem 17. Jh.

Medeltidsdagar: Mitte Aug. in der Festung.

Musikabende: im Societetsparken Mittsommer, Anfang Aug.

Gladjazzdagarna: an zwei Terminen im Juli, Dixieland unter freiem Himmel in den Straßen.

FKK-Strände gibt es südlich der Innenstadt. Tauchen, Segeln, Hochseeangeln und Golf sind möglich.
Windsurfschule: in Apelviken.
Kallbadhus: Tel. 0340-173 96, Mitte Juni–Mitte Aug., sonst Mi 13–20, Sa, So 9–17 Uhr. Sauna und Meerwasserbad,

Bahn: an der Zugstrecke Oslo–Göteborg–Kopenhagen. **Fährverbindungen** nach Grenå/DK (im Sommer tgl.), Informationen zum **Nahverkehr** s. Halmstad.

Kungsbacka

Nach dem großen Stadtbrand von 1846 wurde **Kungsbacka** 10 (69 000 Einw.) auf rechteckigem Grundriss großzügig neu angelegt und besitzt heute viele Holzhäuser im Stil der Jahrhundertwende. Ein Abstecher führt von Kungsbacka auf die **Onsala-Halbinsel**. Bei der hübschen Kirche des gleichnamigen Ortes ruht das Ehepaar Gathenhjelm in dem achteckigen Chor. Der ob seiner Erfolge als Kaperfahrer 1715 von Karl XII. geadelte Bauernsohn mit dem Spitznamen ›Lasse i Gatan‹ starb nur 29-jährig und wurde, wie später seine Frau, in einem der prächtigen Sarkophage aus italienischem Marmor beigesetzt, die er auf einem seiner Raubzüge erbeutet hatte. Sie waren angeblich ursprünglich für das dänische Königspaar bestimmt gewesen. Einen Besuch wert ist auch der kleine Fischerhafen **Gottskär** 11, wo man frische Schalentiere und die Aussicht auf den Kungsbackafjord genießen kann.

Äskhults by und Fjärås bräcka

Spätestens jetzt kann man der Küste auch einmal den Rücken kehren und einen Abstecher ca. 15 km südöstlich von Kungsbacka ins zutiefst ländliche Binnenland machen, nach **Äskhults by** 12. Das idyllisch auf einer Anhöhe gelegene Ensemble aus vier Bauernhofgebäuden ist nahezu unverändert wie im 18. Jh. belassen. Wo noch vor 100 Jahren 35 Bauern lebten, laden heute inmitten der durch Wind und Wetter ergrauten Holzhäuser – sie wurden nie gestrichen – Tische und Bänke zu Kaffee und Kuchen (www.askhultsby.se, Mai tgl. 11–17, Juni–Aug. 11–18, Sept. Sa, So 11–17 Uhr). Durch herrliche, von Steinmauern begrenzte Wiesen spaziert man hinunter zu einem idyllisch waldgesäumten Seeufer – Schweden wie im Bilderbuch. Auf dem insgesamt 380 km langen Wanderweg Hallandsleden sind es von hier etwa 10 km bis **Fjärås bräcka** 13, eine eiszeitliche Randmoräne. Von dort oben bietet sich eine schöne Aussicht auf Hallands größten Binnensee, den Lygnern, der vor 13 000 Jahren von den Gletscherablagerungen aufgestaut wurde. Beeindruckend ist auch das eisenzeitliche Gräberfeld von **Li** mit über 100 Bautasteinen, dessen größter 5 m misst.

Tjolöholms slott

Wem englische Schlossromantik liegt, der sollte unbedingt **Tjolöholm slott** 14 einen Besuch abstatten. Das etwas fremdartig wirkende Bauwerk, von dem Göteborger Kaufmann schottischer Herkunft J. F. Dickson im ›reinsten Tudorstil‹, wie man sich diesen Anfang des 20. Jh. vorstellte, errichtet, liegt in einer englischen Parkanlage, ergänzt durch ein ganzes Dorf mit ehemaligen Gesindehäusern. Am Rand des Geländes thront sogar eine neogotische Kirche, die man bei der Anfahrt hoch über dem Marschland der Halbinsel sieht. Im Sommer finden im Schloss Konzerte und Ausstellungen statt und im Wagenmuseum kann man Schwedens ältesten Staubsauger bewundern, ein tonnenschweres Ungetüm, das für die Pflege der Teppichböden im Schloss eingesetzt wurde (Tel. 0300-54 42 00, www.tjoloholm.se, Mitte Juni–Aug. tgl. 11–16 Uhr, Apr.–Mitte Juni, Sept. Sa, So und Feiertage 11–16 Uhr).

Kungsbacka Turistbyrå: Storgatan 41, 43432 Kungsbacka, Tel. 0300-83 45 95, Fax 83 45 99, tourist@kungsbacka.se. Mo–Mi, Fr 9.30–17, Do 9.30–18 Uhr.

Bahn: nach Göteborg und Malmö. **Bus:** nach Göteborg. Informationen zum Nahverkehr s. Göteborg.

Göteborg und Umland

Karte
S. 188, 198

Schwedens zweitgrößte Stadt gilt als besonders weltoffen und international, mit einem ausgeprägten Nachtleben – schließlich ist Göteborgs Hafen der größte des Landes. Maritime Attraktionen machen zwar den besonderen Reiz Göteborgs aus, aber auch Kunst und Design, Shopping und eine hochgelobte Gastroszene mit etlichen Spitzenrestaurants prägen den Ruf der Stadt.

5 Göteborg

Die günstige Lage macht Göteborg (482 000 Einw.) zu einem idealen Ausgangspunkt für Ausflüge in die Schären der Westküste. Aber auch die Stadt selbst bietet ein großes, abwechslungsreiches Programm und gerade für Familien mit Kindern gibt es zahlreiche Attraktionen: Man kann im Hafen echte Schiffe und im Universeum Natur und Wissenschaft erforschen, rund 20 Museen besichtigen und nicht zuletzt in Liseberg, Schwedens flächenmäßig größtem Vergnügungspark, Achterbahn und Riesenrad fahren.

Der Hafen, der sich nördlich der Stadt bis zur Götaälv-Mündung hinzieht, ist wegen des milderen Klimas im Unterschied zu denen der östlichen Ostsee praktisch eisfrei und ein wichtiger Wirtschaftsfaktor. Beispielsweise kommen die für den finnischen Markt bestimmten Bananen hier an. Die Region repräsentiert trotz aller Einbußen eine immense Wirtschaftskraft: 20 % der schwedischen Industrieproduktion werden hier erwirtschaftet. Weltweit ist die Stadt mit den Namen Hasselblad, Volvo und SKF (Svenska Kullagerfabriken) verknüpft.

Stadtgeschichte

1619 gründete König Gustav II. Adolf Göteborg bewusst als westliches Gegengewicht zur Ostseemetropole Stockholm, der sie bis heute in Rivalität und treuer Feindschaft verbunden bleibt. Vorläufersiedlungen hatte Göteborg bereits viele, die Geschichte seiner Bewohner ist eine Geschichte ihrer Umzüge. Im frühen Mittelalter besaß Schweden nur

einen schmalen Streifen Land an der Westküste, zwischen dem dänischen Halland im Süden und dem norwegischen Bohuslän im Norden. Hier an der Mündung des Götaälv war der einzige Zugang zur Nordsee des ansonsten ganz auf die Ostseehäfen angewiesenen Reiches. Als nächste schwedische Siedlung lag 40 km flussaufwärts die Stadt Lödöse, in der eingewanderte Deutsche und Schweden den Handel vom Väner-Umland und Västergötland an die Küste abwickelten. Etwas hinderlich dabei: Mit der Festung Bohus kontrollierten die Norweger den Nordarm der Flussmündung. Zusammen mit den verbündeten Dänen hatten sie die Schweden hier unweigerlich in der Zange.

Um das zu ändern, gingen die Schweden Schritt für Schritt vor: 1303 entstand zunächst am Südarm die Festung Gullberg, 30 Jahre später, weiter nördlich Lindholmen auf der Flussinsel Hisingen, wieder 30 Jahre später noch näher an der Flussmündung und nahe dem heutigen Göteborg, die Festung Älvsborg: Zu Beginn des 15. Jh. kontrollierten die Schweden den Südarm des Flussweges. Eine Stadt wurde gegründet und per königlichem Dekret bevölkert von den zwangsweise umgesiedelten Bürgern von Lödöse. ›Nya Lödöse‹ lag etwa im Bereich der heutigen Altstadt. Als die Dänen Älvsborg 1570 einnahmen, endete die florierende Handelstätigkeit abrupt. Die dänische Bedrohung ließ sich nicht militärisch lösen, nur durch Zahlung eines stattlichen Tributs. Die Investition sollte sich dennoch lohnen: Ab 1619 erstand in der sumpfigen Senke eine neue Siedlung, das heutige Göteborg, die Stadt der Einwanderer. Die Urkunde, in der der König zwei Jahre später die Stadtrechte festhielt, war auf Deutsch verfasst, schwedische Bürger stell-

Architektonisches Highlight: Göteborgs Oper

Göteborgs alter Stadtgraben mit Blick entlang der Flaniermeile Avenyn

ten nur ein Drittel des Magistrats, und holländischer Einfluss bestimmt bis heute das Stadtbild: Göteborg wurde von niederländischen Experten zur Festung ausgebaut. Den Zickzackwallgraben, der sich mit vorspringenden Bastionen um die Innenstadt zieht, erkennt man heute noch. Das Stadtgebiet wurde von den Entwässerungskanälen, denen die Straßen folgen, in langgestreckte Viertel unterteilt. Alle Grachten bis auf den Stora Hamnkanal wurden später zugeschüttet.

Zur Zeit Gustavs III. war Göteborg eine der wenigen Städte, in denen sich Juden niederlassen durften. Vor allem deutschstämmige jüdische Kaufleute bestimmten nicht nur das Geschäfts-, sondern auch das Kulturleben bis weit ins 19. Jh. Den Ausländern und ihrem Kapital verdankte Göteborg die Entstehung bedeutender Textilmanufakturen, aber auch der Handel, besonders mit England, florierte. Die kapitalstarken Handelshäuser besaßen eine Flotte von Ostindienfahrern. 1731 wurde die Ostindiska Kompaniet gegründet, Göteborg war der wichtigste Umschlagplatz des Nordens für Porzellan, Tee und Seide aus Fernost. Mitte des 18. Jh. zählte die Stadt rund 10 000 Einwohner.

Mit Napoleons Kontinentalblockade Anfang des 19. Jh. verstärkten sich die Bindungen nach England. Schwedens Tor zum Westen ignorierte das Handelsembargo des Korsen, und vor allem schottische Kaufleute mit Namen wie Chalmers, Dickson und Carnegie prägten bald das Handelsleben. 1804 nennt Ernst Moritz Arndt Göteborg »Schwedens England«: »Man frühstückt englisch, man

trinkt Porter und Portwein, man reicht vor und bei dem Tee Toddy, man reitet, man kleidet sich wie die beaux von Pallmall und Westminster …«

Die Innenstadt (Nordstaden)

Vom Skeppsbroplatsen führt der Stora Hamnkanalen Richtung Zentrum, der als einzige von den durch die holländischen Stadtplaner im 17. Jh. angelegten Grachten erhalten ist. Die palastähnliche Backsteinarchitektur an seinem Nordufer ist das **Ostindiska Huset** 1. Es wurde Mitte des 18. Jh. als Sitz der Ostindischen Kompanie errichtet, die dort bis 1813 residierte. Der Göteborger Stadtarchitekt Carl Wilhelm Carlberg und der Stararchitekt jener Zeit, Carl Hårleman, veranschaulichten mit dem imposanten Gebäude die ganze Macht und Herrlichkeit einer blühenden Handelsstadt, wie sie Göteborg im 18. Jh. repräsentierte. Nach einem Umbau wurde hier 1996 das Stadtmuseum eröffnet, mit Ausstellungen zur Geschichte der Industrialisierung, der Stadtentwicklung und natürlich des Ostindienhandels. Außerdem ist hier das einzige in Schweden geborgene Wikingerschiff zu sehen, ein Handelsschiff vom Typ ›Knarr‹. Allein schon die dekorative Innenarchitektur des restaurierten Ostindienhauses ist sehenswert: gusseiserne Säulen in den Hallen und ein prächtiges mit Wandmalereien und Glasfenstern ausgestaltetes Treppenhaus (Norra Hamngatan 12, Tel. 031-61 27 70, www.stadsmuseum.goteborg.se, Mai–Aug. tgl. 10–17 Uhr, übrige Zeit Di, Do–So 11–17, Mi 11–20 Uhr).

Vom Handelspalast sind es nur wenige Schritte am Kanal entlang und dann ein paar Stufen hoch bis zur **Christina kyrka** 2, auch Tyska Kyrkan (Deutsche Kirche) genannt. Sie wurde kurz nach der Stadtgründung 1623 als evangelische Kirche für die damals zahlreichen Deutschen, Holländer und Schotten gegründet. Ihr heutiges Aussehen geht allerdings auf einen Umbau von 1748 zurück. Noch heute ist sie die Kirche der sehr aktiven deutschen Gemeinde in Göteborg. Die Sonntagsgottesdienste werden in deutscher Sprache abgehalten.

Am Ende des Kanalbeckens liegt das Zentrum des alten Göteborg: Eine Statue des Stadtgründers und sein Name schmücken seit 1854 den ehemaligen Marktplatz: **Gustaf Adolfs Torg**. Das von Bengt Erland Fogelberg geschaffene Standbild gelangte erst in einem zweiten Anlauf an seinen Bestimmungsort. Nachdem der in München nach Fogelbergs Modell angefertigte erste Guss Schiffbruch erlitten hatte und die Helgoländer Schiffer für das geborgene Standbild eine horrende Summe verlangten, ließ man kurzerhand einen zweiten machen. Der Gustaf Adolfs Torg wird flankiert von **Rådhus** 3 und **Börse** 4, den Insignien wirtschaftlicher und bürgerlicher Macht, in blendend weiß-gelbem reinem Klassizismus. Das Rathaus auf der Westseite errichtete 1670 kein geringerer als

Göteborg: Cityplan

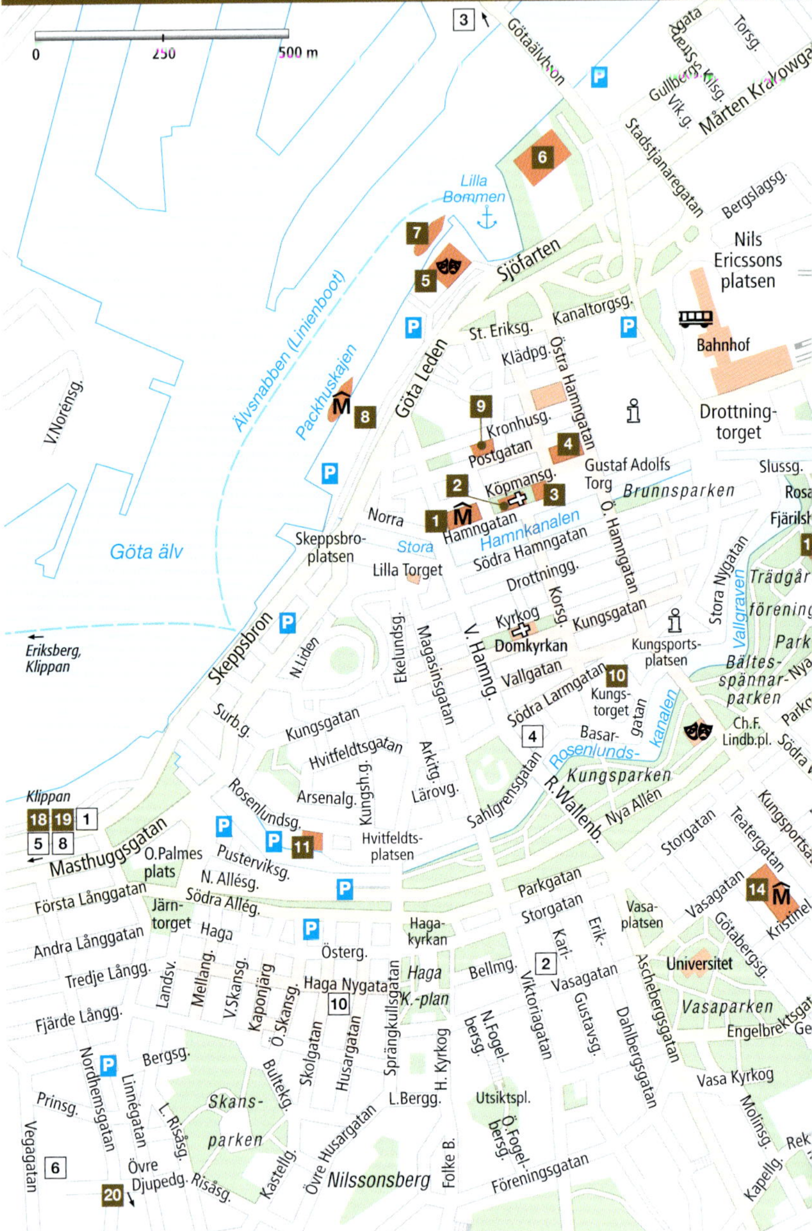

Sehenswürdigkeiten

1 Ostindiska Huset
2 Christina kyrka
3 Rådhus
4 Börse
5 Opernhaus
6 Utkiken
7 Barken Viking
8 Maritiman
9 Kronhuset
10 Saluhallen (Markthalle)
11 Feskekörkan (Fischhalle)
12 Palmhus
13 Konstmuseet
14 Röhsska Museet
15 Liseberg
16 Universéum
17 Världskulturmuseum
18 Sjöfartsmuseet
19 Masthuggskyrkan
20 Naturhistorisches Museum

Übernachten

1 Novotel
2 Hotel Excelsior
3 St. Jörgens Hotell & Pensionat
4 Hotel Flora
5 STF Vandrarhem Stigbergsliden
6 STF Vandrarhem Slottsskogen
7 Lisebergs Camping

Essen und Trinken

8 Sjörmagasinet
9 Thörnströms Kök
10 Sjöbaren
11 Restaurang Gabriel

der Stockholmer Hofbaumeister Nicodemus Tessin d. Ä., doch wurde es 1810 umgebaut; den vielgepriesenen und -gescholtenen Erweiterungsbau mit Innenhof (Nya Rådhuset) realisierte Gunnar Asplund 1936.

Jenseits der Östra Hamngatan, Richtung Bahnhof beginnt das Gewimmel des Einkaufszentrums **Nordstan**. Zum Glück gibt es an der zentralen Kreuzung in der überdachten Einkaufspassage einen Stand der Touristeninformation, die Ratlosen weiterhilft.

Der Hafen

Hat man glücklich den Ausgang aus dem Shoppinglabyrinth an der Östra Hamngatan gefunden, führt ein Abstecher über die vierspurige Schneise an den Hafen zum Lilla Bommen und zu zwei noch recht jungen Sehenswürdigkeiten der Stadt. Göteborgs **Opernhaus** 5 am Wasser wurde 1994 eröffnet und gilt mit Recht als eines der architektonisch schönsten Musiktheater (Architekt: Jan Izikovitz), vor allem abends mit Festbeleuchtung.

Blickfang Nummer zwei ist **Utkiken** 6, ein rot-weiß gestreiftes Bauwerk des Architekten Ralph Erskine. Das Hochhaus, im Volksmund auch ›Lippenstift‹ genannt, lädt zu einem Blick über die Stadt aus 86 m Höhe ein (Sa, So 11–16 Uhr, Mitte Mai–1. Sept. tgl. 11–19 Uhr). Die Hebebrücke dahinter – eine von 20 Brücken in Göteborg – klappt für größere Schiffe auf.

Nicht mehr auf große Fahrt geht das ehemalige Schulschiff, der Windjammer **Barken Viking** 7 von 1907, heute mit einem Restaurant, in das sich gut einkehren lässt. Das schwimmende Hotel wurde im Innern originalgetreu restauriert. Das Segelschiff, das einst Kap Hoorn umrundete, liegt seit rund 50 Jahren im Göteborger Hafen.

Vom Anleger **Lilla Bommen** starten Ausflugsboote in die Schären und die Paddan-Boote (›Paddan‹ heißt auch Kröte, passend für die flachen Boote, die auch unter niedrigen Brücken hindurchfahren können) zu Stadt- und Hafenrundfahrten, aber auch das Linienschnellboot Älvsnabben, das in nur 30 Minuten bis Klippan fährt und auf diese Weise ebenfalls eine Hafenrundfahrt bietet.

Am Packhuskajen hinter dem Opernhaus erstreckt sich eine Art Freilichtmuseum der Seefahrt, wohl das größte Schifffahrtsmuseum der Welt: **Maritiman** 8 (Göteborgs Maritima Centrum) versammelt vom Feuerschiff bis zum U-Boot eine Vielzahl moderner Militär- und Zivilschiffe. Für die Besichtigung sollten sich Nichtschwimmer allerdings aus der Kiste mit Schwimmwesten am Eingang bedienen, denn bei den vielen Stolperfallen und steilen Treppen auf den Schiffen ist es nicht ausgeschlossen, dass auch jemand mal über Bord geht. Feuerschiff und Frachter liegen friedlich neben dem riesigen Zerstörer, ein aufregendes Labyrinth mit Helikopter an Bord. Wie das U-Boot nebenan war er zu Zeiten des Kalten Krieges für das neutrale Schweden im Einsatz (Packhuskajen, www.goteborgsmaritimacentrum.se, Tel. 031-10 59 50, Mai–Aug. 10–18, März/April, Sept.–Okt. 10–16, Nov. Fr–So 10–16 Uhr).

Vom Hafen führt der Weg zurück in die Innenstadt durch die engen Straßenschluchten zwischen vielstöckigen Bürohäusern zu dem ältesten Gebäude der Stadt: **Kronhuset** 9. Es überlebte als eines der wenigen Backsteinhäuser die zahlreichen Stadtbrände, denen die ältere Holzbebauung zum Opfer fiel. Das in den Jahren 1643–55 als Zeughaus errichtete Bauwerk mit den kupferbeschlagenen Fensterläden diente später unterschiedlichen Zwecken, als Lager, als Garnisonskirche und Reichstagssaal. Am 4. Januar 1660 wurde der von Karl X. Gustav einberufene Reichstag hier feierlich eröffnet, doch eine schwere Lungenentzündung raffte den nur 37-jährigen König unerwartet dahin. Bis zur Regelung der Nachfolge – sein fünfjähriger Sohn Karl XI. wurde bei diesem Reichstag als König ausgerufen – und der Vormundschaft blieben alle Stadttore sicherheitshalber geschlossen. Kronhuset, jetzt gelegentlich Ausstellungsstätte des Stadsmuseum, ist umgeben von einem Hof und niedrigen gelb getünchten Häusern, **Kronhusbodarna,** in denen Kunsthandwerker ihre Produkte anbieten. Es gibt Keramik, Uhren, Antiquitäten und sogar eine Glasbläserei wird in einem der Häuser betrieben.

Entlang dem Wallgraben

Straßenbahngebimmel, Verkehrslärm, Menschengewimmel – vom **Kungsportsplatsen** fahren die Straßenbahnen nach Liseberg und ins Vasa-Viertel. Wenige Schritte entfernt vom Getümmel liegt auch die große Markthalle der Stadt, **Saluhallen** 10, in der es Lebensmittel, von Gemüse über Fleisch, Wurst und Käse bis hin zu südländischen Spezialitäten zu kaufen gibt. Wer hier Hunger bekommen hat, kann sich in einem Restaurant mit einem feinen Fischgericht stärken. Oder die Kungsportsavenyn stadtauswärts entlangbummeln, an der sich ein Café ans andere reiht. Hier an der Brücke (Kungsportsbron) über den Wallgraben, der die Stadt seit dem 17. Jh. im Zickzack umgrenzt, legen Paddan-Boote auf Stadt- und Hafenrundfahrten an. Bei dieser Kanalfahrt passiert man **Feskekörkan** 11, die berühmte Fischhalle von Göteborg, ebenfalls am Wallgraben gelegen. Der Verkauf beginnt um 7 Uhr, dann ist es hier am lebhaftesten. Einen Imbiss mit Krabbencocktail oder anderen frischen Schalentieren bieten Restaurants aber auch zu anderen Zeiten noch an. Der Name Feskekörkan ist Göteborger Dialekt für ›Fiskkyrkan‹ (Fischkirche) – der Spitzname bezieht sich auf das an ein Kirchenschiff erinnernde Äußere der Auktionshalle von 1874, entworfen von Victor von Gegerfeldt (Rosenlundsgatan, Di–Sa, im Sommer Mo–Sa 7–18 Uhr).

Göteborg ist mit 175 m² Grünfläche pro Einwohner Schwedens grünste Stadt – das haben jedenfalls die Stadtstatistiker ermittelt. Gleich jenseits des Wallgrabens liegt mit dem Park **Trädgårdsföreningen** eine grüne Oase in greifbarer Nähe zum Zentrum. Auf dem 1842 im Zuge der Stadterweiterung angelegten Gelände verbreitet das **Palmhus** 12 von 1878 mit seiner fragilen Glas- und Eisenkonstruktion viktorianische Atmosphäre. Im Fjärilshus (Schmetterlingshaus) werden tropische Schmetterlinge in entsprechender grüner Umgebung gehalten (Mai–Aug. tgl. 10–17, übrige Zeit 10–16 Uhr, www.tradgardsforeningen.se).

Avenyn, wie die Kungsportsavenyn kurz genannt wird, ist die Flaniermeile der Stadt, Bühne für Straßenmusikanten und für das Spiel des Sehen und Gesehenwerdens. An lauen Sommerabenden quellen die Straßencafés schier über, die den Boulevard zwischen Kungsportsplatsen und Götaplatsen säumen.

Den Auftakt der Kultur- und Vergnügungsmeile bildet das **Stora Teatern**. An ihrem Ende, am Götaplatsen, blickt der Poseidon von Carl Milles gütig und etwas von oben herab auf das flüchtige Treiben. Der Brunnen wird flankiert von dem Dreigestirn aus Stadsteater, Konserthuset und **Konstmuseet** 13. Das Kunstmuseum ist berühmt für die große Sammlung skandinavischer Malerei ab dem 19. Jh., als man hier das spezielle ›Licht des Nordens‹ auf die Leinwand bannte. Dabei sind die Werke von Carl Larsson, Anders Zorn, Edvard Munch und den dänischen Skagen-Malern nur oberflächlich den französischen Impressionisten verwandt. Natürlich fehlen auch die großen Klassiker der europäischen Kunstgeschichte nicht, angefangen von Rembrandt bis Van Gogh oder Picasso.

Mit der Autorin unterwegs

Schiffe, Schiffe, Schiffe

In Göteborgs Hafen liegt ein einzigartiges Schiffsmuseum vor Anker – im **Maritiman** können Sie überall an Deck gehen. Ob alter Frachter oder Kriegsschiff, alle können Sie treppauf, treppab erkunden (s. S. 190).

Ausflug in die Tropen

Das **Universéum** macht Naturwissenschaft zum Abenteuer. Kernstück sind ein tropischer Regenwald, Aquarien und spannende wissenschaftliche Experimente (s. S. 192 f.).

Flott über den Göta älv

Das Schnellboot **Älvsnabben** gehört zum Göteborger Nahverkehr. Die Fahrt den Göta älv abwärts beschert Ihnen gleichzeitig eine richtige Hafenrundfahrt, denn die Anlagen von Schwedens größtem Hafen erstrecken sich am Fluss entlang (s. S. 195).

Richtig Reisen-Tipp: Vergnügungspark Liseberg

Mit jährlich über 3 Mio. Besuchern ist **Liseberg** 15 Spitzenreiter nicht nur unter Göteborgs Attraktionen, auch für gesamtschwedische Verhältnisse steht Skandinaviens größter Vergnügungspark in der Beliebtheitsskala ganz oben.

Der traditionsreiche Park mitten in der Stadt bietet für jedes Alter das Passende, vom Enkel bis zum Urgroßvater: Nervenkitzel pur oder nostalgische Rummelplatzatmosphäre. Einfach großartig ist auch der Blick über die Dächer von Göteborg von der rotierenden Kabine des Lisebergstornet, die sich 85 m hoch bis auf 125 m ü. d. M. schraubt.

Neben dem ganzen Getöse und Gejohle gibt es ruhige Ecken, versteckt zwischen Blumenrabatten oder im Schatten natürlicher Urgesteinsfelsen am romantisch plätschernden Wasserfall. Dem Vergnügungspark angeschlossen ist ein Maxxima-Kino mit drei-dimensionalem Filmerlebnis auf einer Riesenleinwand von 11 mal 15 m (Extra-Eintritt).

Auch abends ist der Rummel noch lange nicht zu Ende: Dann finden auf verschiedenen Bühnen Konzerte, Musicals, Shows und Theateraufführungen statt, darunter viele mit internationalen Stars (Örgrytevägen, Tel. 031-40 01 00, www.liseberg.se, Mitte Mai–Mitte Aug. und Ende Nov.–Weihnachten tgl., Ostern–Mai und Sept.–Okt. Do, Fr–So).

Zu den Veteranen in Göteborgs Straßenbahnlinienverkehr gehören die Wagen der **Lisebergslinjen**. Sie verkehren ab Bahnhof über Brunnsparken bis vor die Tore von Liseberg. Die Fahrkarte wird beim Schaffner gelöst (April–Sept. nur Sa, Juli–Anfang Aug. tgl. 11–18 Uhr alle 15 bzw. 30 Min.)

1996 zog zusätzlich das Hasselblad-Fotomuseum in das Gebäude ein (Götaplatsen, Tel. 031-61 29 80, Di, Do 11–18, Mi 11–21, Fr–So 11–17 Uhr).

Vasastan und Haga

Fährt man nicht sofort mit der Straßenbahn zurück in die Innenstadt, so sollte man einen Bummel durch das Universitätsviertel **Vasastan** mit seinen Cafés, interessanten Läden und dem bunten Kulturangebot anschließen. Die Gegend um Vasaplats und Vasaparken wird geprägt von den großbürgerlichen Fassaden des ausgehenden 19. und beginnenden 20. Jh., als hier die intellektuelle Oberschicht residierte. 1887 war die Universität gegründet worden. Heute zählen Chalmers Technische Hochschule und Göteborgs Universität zusammen immerhin rund 48 000 Studierende. Auf Vasagatan lässt sich ungezwungen flanieren, das studentische Milieu ist eine angenehme Alternative zur Avenyn.

Das 1916 eingeweihte **Röhsska Museum** 14 in der Vasagatan ist das einzige umfassende zum Thema Kunsthandwerk und Design in Schweden. Seine Sammlungen von Möbeln, Textilien, Glas, Keramik, Buchkunst, darunter auch viel Fernöstliches, basieren auf Stiftungen u. a. der Familie Röhss (Vasagatan 37–39, Tel. 031-61 38 50, Di 12–20, Mi–Fr 12–17, Sa, So 11–17 Uhr).

In völligem Gegensatz zu den großzügigen Straßenfronten in Vasastan mit den üppig geschmückten drei- bis vierstöckigen Steinhausfassaden stehen die niedrigen, liebevoll und aufwändig restaurierten, pastellfarben gestrichenen Holzhäuschen im ehemaligen Arbeiterviertel **Haga**, heute eine der ruhigsten und gemütlichsten Ecken zum Wohnen und Einkehren. Kleine Geschäfte, Restaurants und Cafés reihen sich entlang der rechtwinklig angelegten Straßen.

Göteborgs Museumsmeile

In der Nachbarschaft von Liseberg und Messegelände haben sich weitere Top-Attraktionen angesiedelt: Allen voran das **Univer-**

»Wissenschaft ist ein spannendes Erlebnis«: das Universéum

séum 16. »Wissenschaft ist ein spannendes Erlebnis«, heißt die Devise, wenn die Besucher etwa im ›Univerzonas‹ durch tropischen Regenwald wandern, tödliche Schönheiten wie Kobra und Schwarze Witwe bewundern, durch den Haitunnel gehen, in der Unterwasserjukebox den Gesang des Mörderwals hören oder ungewöhnlichen Phänomenen mit Experimenten nachspüren (Tel. 031-335 64 50, www.universeum.se, Mitte Juni–Mitte Aug. tgl. 10–20, übrige Zeit Di, Do-So 11-18, Mi 11–20 Uhr).

Göteborgs ›Erlebnismeile‹ setzt sich seit Anfang 2005 mit dem Museum der Weltkultur, **Världskulturmuseum 17**, fort, das in einen preisgekrönten modernen Museumsbau einzog. In fünf verschiedenen Räumen setzen sich Wechselausstellungen mit den Fragestellungen einer sich stetig verändernden Weltkultur auf fünf Kontinenten auseinander (Södra vägen, www.varldskulturmuseet.se, Di, Sa, So 12–17, Mi–Fr 12–21 Uhr).

Stigberget, Majorna, Masthugget, Slottsskogen

In Göteborg konnten außer in Haga auch in den Stadtvierteln Majorna und Masthugget, wo früher Hafenarbeiter und Seeleute wohnten, noch Teile der ursprünglichen Holzbauten rechtzeitig vor dem Abriss gerettet werden. Mit der Straßenbahn Nr. 3, 4 und 9 ist man schnell am Stigsbergstorget, wo das **Sjöfartsmuseum 18** an die alten Zeiten der Seefahrt erinnert. Die Ausstellungen, u. a. illustriert mit zahlreichen Schiffsmodellen, veranschaulichen 400 Jahre schwedische Seefahrtsgeschichte. Die 44 m hohe Säule neben dem Museumsbau krönt die Skulptur ›Kvinna vid havet‹, der nach ihrem Mann auf See ausschauenden Seefahrerfrau, von Ivar Johnsson. Das Seefahrerdenkmal (den Turm kann man besteigen) erinnert an die im Ersten Weltkrieg auf See ums Leben gekommenen Soldaten (Karl Johansgatan 1–3, www.sjofartsmuseum.goteborg.se, Tel. 031-61 29

Blick von der Oper auf Utkiken

00, Mai–Aug. tgl. 10–17, sonst Di, Do–Fr 10–16, Mi 10–21, Sa, So 11–17 Uhr).

Schon wegen der atemberaubenden Aussicht lohnt sich der steile Weg von der Bangatan bzw. Kjellgatan hinauf zur **Masthuggskyrka** 19. Oben angelangt liegt dem Betrachter der gesamte Hafen zu Füßen, der Blick geht bis zur Älvsborgsbron. Die Kirche selbst, in den Jahren 1910–14 von Sigfrid Ericson im Stil der Nationalromantik aus rotem Backstein über einem Granitsockel gebaut, gilt als Musterbeispiel dieses Stils, der an altnordische Formen anknüpfen wollte. Fast erdrückend wirkt die dunkle Holzbohlendecke im Innern, von der die schwarzen gusseisernen Leuchter in rustikaler Einfachheit hängen, die senkrechten Stützen sind mit Schnitzereien verziert, Holzsäulen und das Ziegelmauerwerk innen sind weiß getüncht. Wie bei Seefahrerkirchen üblich, hängt natürlich ein Schiffsmodell von der Decke. Als Seezeichen grüßt die Masthuggskyrkan noch immer die heimkehrenden Seeleute (Storebacksgatan, geöffnet Mo–Fr).

Mit der Nr. 3 oder 9 einige Haltestellen weiter landet man im Stadtteil **Majorna,** ein reines Wohngebiet mit kleinen Kiosken und Tante-Emma-Läden. Hier wurde die alte Bebauung nicht abgerissen: schöne drei- bis vierstöckige gelbe Holzhäuser, die so genannten *landshövdingehus,* bei denen nur das unterste Geschoss aus Backstein ist. So umging man die wegen der Brandgefahr erlassene Vorschrift des *landshövding* (Regierungspräsidenten), nur Steinhäuser zu bauen.

Am grünsten ist zweifellos Göteborgs Stadtteil Slottsskogen: Der Park lockt Wissensdurstige und Erholungssuchende mit Schwedens ältestem Tierpark, dem Observatorium und vor allem dem **Naturhistorischen Museum** 20. Hier kann man abtauchen in die Tierwelt des Meeres; eine Attraktion ist der weltweit einzige ausgestopfte Blauwal, *Malmska val*. Aber auch andere Themen der Naturgeschichte werden in spannenden Ausstellungen beleuchtet (Tel. 031-775 24 00, www.gnm.se, Mai–Aug. tgl. 11–17, übrige Zeit Di–Fr 9–16, Sa, So 11–17 Uhr).

Den Götaälv flussabwärts

Mit dem Boot Älvsnabben schnell erreicht ist die Terra-Nova-Werft in **Eriksberg**, wo der Ostindiensegler Götheborg aus dem 18. Jh. originalgetreu nachgebaut wurde. Seine Jungfernfahrt führte ihn 2005 zunächst nach Stockholm – und anschließend natürlich nach China (Terra Nova, Eriksberg, www.soic.se, Juni–Aug. Mo–Fr 10–18, Sa, So 10–17, übrige Zeit Mo–Fr 11–18, Sa, So 10–16 Uhr).

Auch **Klippan** ist ein lohnendes Ausflugsziel. Hier landeten zu Zeiten der Ostindiska Kompaniet die großen Weltumsegler ihre Waren aus Fernost an, die, auf kleinere Boote umgeladen, flussaufwärts bis in die Stadt gebracht wurden. Im Sjömagasinet, heute ein Restaurant, war damals das Lager für chinesisches Porzellan und andere Waren aus der Ferne wie Tee und Stoffe. Über den Göta älv spannt sich 45 m hoch die 933 m lange Hängebrücke **Älvsborgsbron**, die auch noch den riesigen Fähren nach Dänemark die Durchfahrt ermöglicht. Auf dem Gelände von Klippans Kulturreservat sind Reste einer Zuckerfabrik, Carnegieska bruken, zu einer Art Freilichtmuseum mit Handwerkerateliers umgewandelt worden.

Elfsborgs Fästning auf einer winzigen Insel in der Hafeneinfahrt erreicht man in 30 Minuten per Boot ab Lilla Bommen. Die ab 1653 gebaute Festung konnte den letzten Dänenangriffen im Jahr 1719 erfolgreich trotzen, Spuren der Kanonenschüsse sind aber noch zu sehen.

i **Göteborgs Turistbyrå:** Kungsportsplatsen 2, 41110 Göteborg, Tel. 031-61 25 00, Fax 61 25 01, www.goteborg.com. Eine Dependance befindet sich im Einkaufszentrum Nordstan zwischen Bahnhof und Östra Hamngatan (Nordstadstorget), Buchung von Unterkünften. Mo–Fr 10–18, Sa 10–14, Ende Juni–Mitte Aug. tgl. 10–20 Uhr.

Novotel [1]: Klippan 1, Tel. 031-720 22 00, Fax 720 22 99, www.novotel.se, mit Blick auf die Hafeneinfahrt im Schatten der Älvsborgsbron, in früheren Hafenspeichern, 30 Min. Fahrtzeit mit dem Älvsnabben in die City, 150 Zimmer mit allem Komfort; DZ ab 920 SEK (Sommer) bis 1430 SEK (Winter).

Hotel Excelsior [2]: Karl Gustavsgatan 9, Tel. 031-17 54 35, Fax 17 54 39, www.hotelexcelsior.nu, nette Lage im Univiertel Vasastan nahe Avenyn, 60 Zimmer; DZ ab 700 SEK.

St. Jörgens Hotell & Pensionat [3]: Gamla Lillhagsvägen 127, 42249 Hisings-Backa, Tel. 031-55 39 81, Fax 55 39 82, www.st-jorgen.nu, Gegenüber dem Golfplatz, 11 Zimmer mit Dusche/WC, betreibt auch Vandrarhem Dalagärde (2 km entfernt); DZ ab 645 SEK.

Hotel Flora [4]: Grönsakstorget 2, Tel. 031-13 86 16, Fax 13 24 08, www.hotelflora.se. Das kleine Hotel in Familienbesitz liegt zwar am Gemüsemarkt, ist aber dennoch ruhig, 35 Zimmer; DZ ab 620–1200 SEK.

Barken Viking [7]: Gullbergskajen, Tel. 031-63 58 00, Fax 15 00 58, www.liseberg.se. Die Übernachtung auf dem schwimmenden Hotel mitten in Göteborgs Hafen ist auf jeden Fall ein Erlebnis. Die 52 Kabinen mit 107 Betten sind in maritimem Stil eingerichtet und lassen richtiges Kap-Hoorn-Feeling aufkommen; DZ 850 SEK.

STF Vandrarhem Stigbergsliden [5]: Stigbergsliden 10, Tel. 031-24 16 20, Fax 24 65 20, www.hostel-gothenburg.com. Das ehemalige Seemannsheim mit 91 Betten (2–6-Bett-Zimmer) liegt in Masthugget nahe dem Fähranleger, Straßenbahnverbindung ins Zentrum, Fahrradverleih; DZ ab 300 SEK.

STF Vandrarhem Slottsskogen [6]: Vegagatan 21, Tel. 031-42 65 20, Fax 14 21 02, www.sov.nu. Die Herberge im Viertel Linnéstaden verfügt über 165 Betten meist in Doppelzimmern (DZ ab 330 SEK).

Lisebergs Camping [7]: Kärralund, Tel. 031-84 02 00, 2,5 km vom Stadtzentrum, Straßenbahnverbindung, ganzj., mit angeschlossenem Vandrarhem, Hüttenvermietung.

Sjömagasinet [8]: Klippan 6, Tel. 031-775 59 20, Mo–Fr 11.30–14 und 18–22, Sa 17–22 Uhr. Das Gourmetrestaurant im ehemaligen Zwischenlager der Ostindiska Kompani von 1775 serviert vorzugsweise Fisch und Schalentiere zu noblen Preisen (285–435 SEK).

Thörnströms Kök 9: Teknologgatan 3, Tel. 031-16 20 66, Di–Sa 18–24 Uhr. Håkan Thörnström kocht schwedische Küche der Spitzenklasse, berühmt sind seine Desserts (145–345 SEK).
Sjöbaren 10: Haga Nygata 25, Tel. 031-711 97 80. Fischspezialitäten in ungezwungener Atmosphäre (100–170 SEK).
Restaurang Gabriel 11: Feskekörkan, Tel. 031-13 90 51, Di–Do 11–17, Fr 11–18, Sa 11–13.30 Uhr. Im ersten Stockwerk der Markthalle kommt garantiert nur Frisches auf den Tisch, Fisch- und allerlei Meeresfrüchte werden nach klassischen Rezepten zubereitet.

Für den Einkauf von Lebensmitteln empfiehlt sich die **Markthalle** Saluhallen nahe dem Kungstorget. Liebhaber von frischem Fisch und Schalentieren kommen Di–Sa (im Sommer Mo–Sa) ab 7 Uhr in der **Fischhalle** Feskekörkan zum Zuge. Eine riesige Auswahl an Kleidung, Schuhen und anderen Artikeln, aber auch Post, Apotheke und Banken findet man unter einem Dach im größten **Einkaufszentrum** Schwedens, Nordstan, zwischen Hauptbahnhof und Östra Hamngatan. Auch die **Fußgängerzone** entlang Kungsgatan, Vallgatan, Södra Larmgatan und Fredsgatan bietet etliche Modeboutiquen und Spezialgeschäfte. **Antiquitäten** gibt es auf zwei Etagen in den Antikhallarna, Västra Hamngatan und in der Umgebung der Andra Långgatan zwischen Järntorget und dem Masthugget-Viertel, **Kunsthandwerk** in den Kronhusbodarna zwischen Postgatan und Kronhusgatan sowie im Stadtteil Haga.

Göteborgspaket: Wer nicht viel Geld ausgeben will und in Göteborg nicht nur übernachten, sondern auch viele Sehenswürdigkeiten besuchen möchte, sollte sich das Göteborgspaket leisten. Das Pauschalpaket aus Hotelübernachtung und **Göteborgskort** (freier Eintritt zu den meisten Attraktionen der Stadt, Fahrt mit Bus und Bahn) kann vorab beim Turistbyrå gebucht werden (Angabe der Kreditkartennummer erforderlich).

Göteborg ist weithin bekannt für sein für schwedische Verhältnisse ausgeprägtes und lebendiges **Nachtleben**. Das Zentrum des Geschehens ist **Avenyn**, wo sich Pub an Pub reiht, im Sommer mit Tischen draußen, allerdings nicht gerade preiswert. Hier gibt es Nachtklubs und Diskotheken, z. B. das sehr populäre **Harley's** oder das Lokal **Bryggeriet.** Die **Linnégatan** ist dagegen ein eher ruhiges Pflaster mit gemütlichen Lokalen und zieht ein älteres Publikum an. Das ganz junge Nightlife konzentriert sich in der **Vasastan**, mit netten Studentenkneipen um **Vasaplatsen** und **Viktoriagatan**.

Der Freitagsausgabe der Zeitung ›Göteborgs Posten‹ liegt jeweils der Kulturteil ›Avenyn‹ mit aktuellem Veranstaltungsprogramm bei. Im Vergnügungspark **Liseberg** gibt es häufig Liveauftritte bekannter Gruppen oder Künstler. Regelmäßig wiederkehrende Veranstaltungen sind Göteborgs **Filmfestival**, Mitte Feb.; **Göteborgs Kalaset**, Stadtfest mit Feuerwerk und anderem Spektakel, 2. Augustwoche; **Jazz Festival**, Mitte Aug. Wichtige Sportveranstaltungen finden im Ullevi-Stadion statt.

Stadtrundfahrten per Paddan-Boot Ende April–Anfang Okt. ab Kungsportsbron; Stadtrundfahrt mit dem Minizug Mai–Aug. ab Trädgårdsföreningen, Eingang Södra Vägen. **Busrundfahrten** oder kombinierte Bus-Boots-Fahrten inkl. Hafenrundfahrt ab Turistbyrå Kungsportsplatsen.

Flug: Der internationale Flughafen Landvetter liegt 25 km außerhalb der Stadt, Bus zum Zentrum (Fahrtdauer 30 Min.). Flughafen Tel. 031-94 10 00. Der kleinere Flughafen Göteborg-City 17 km vom Zentrum, wird von Billigfliegern angeflogen Tel. 031-92 60 60.
Fähren: Von Deutschland aus ist Göteborg direkt per Autofähre ab Kiel und von Dänemark ab Frederikshavn zu erreichen (Straßenbahnverbindung vom Anleger zum Zentrum).
Bahn: Göteborg ist Eisenbahnknotenpunkt an der Strecke Oslo–Malmö/Kopenhagen

und Beginn der Strecke nach Stockholm.
Informationen zum Nahverkehr: Göteborgsregionens Lokaltrafik Tel. 031-80 12 35, www.vasttrafik.se.
Stadtverkehr: Straßenbahnlinien verbinden die Innenstadt mit den Außenbezirken, ergänzt durch ein dichtes Busnetz sowie den Älvsnabben, ein Tragflügelboot auf dem Götaälv zwischen Lilla Bommen und Klippan. Die Göteborgskort ermöglicht freie Fahrt in allen öffentlichen Verkehrsmitteln. Außerdem gibt es Tagesnetzkarten; Information und Verkauf bei Tidpunkten am Brunnsparken (schräg gegenüber Gustaf Adolfs Torg), Drottningtorget oder Nils Ericsonsplats (beide in Bahnhofsnähe), Tel. 031-80 12 35.

Ausflüge in die Umgebung

Gunnebo slott

Gunnebo slott 1, ca. 6 km südlich von Göteborg auf der E 6 Richtung Mölndal, ist geradezu ein Musterbeispiel gustavianischen Stils. Dass das Schloss ganz aus Holz gebaut ist, kann man von weitem kaum erkennen. In den Jahren 1784–96 ließ es der Göteborger Kaufmann John Hall für sich und seine Familie errichten. Nach Originalplänen des Architekten C. W. Carlberg wurde das Schloss inzwischen mit Küchengarten, Park und den seinerzeit gar nicht mehr gebauten Neben gebäuden wie Hühnerstall und Wohnungen fürs Personal originalgetreu wieder herge richtet (John Halls väg, Tel. 031-334 16 00, www.gunneboslott.se. Führungen Mai–Mitte Juni Sa, So 12, 13 und 14, Mitte Juni–Mitte Aug. tgl. 12, 13 und 14, übrige Zeit So 12 und 13 Uhr).

Nääs

Von Göteborg folgt man der E 20 etwa 25 km gen Osten bis zum Abzweig nach **Nääs slott** 2, ein Gutshaus in herrlicher Lage oberhalb des Sees Sävelången. Bis 1966 war in der 1880 entstandenen großbürgerlichen Residenz eine Gewerbelehrerschule untergebracht, die Ende des 19. Jh. als erste der Welt gegründet wurde. Heute finden hier Ausstellungen und Kurse zu Handwerk und Denkmalpflege statt und man kann *hemslöjd*-Waren (Kunsthandwerk) kaufen. Zum Mittsommerfest wird im Schlosspark mächtig gefeiert und schwedische Volksmusik sorgt für die entsprechende Stimmung (Tel. 0302-3 18 39, www.naas.se, Mai–Aug. Di–So 12–17 Uhr, Führungen stdl.).

In die Schären

Eine Tagestour in die Schären gehört zu einem Göteborg-Besuch einfach dazu – zumindest im Sommer bei schönem Wetter. Ein beliebtes Ausflugsziel ist **Marstrand** 3, ca. 30 km westlich auf einer Schäreninsel im Skagerrak. Die Kleinstadt, deren Wohl lange vom Heringsfang abhing, war schon vor gut 100 Jahren eine noble Sommerfrische. Der Baedeker von 1907 wusste: »König Oskar nimmt hier oft seinen Sommeraufenthalt.« Heute wäre ihm vermutlich zu viel Volk unterwegs: Es wimmelt im Sommer von Besuchern, Boote ziehen vorbei, im Jachthafen herrscht Hochbetrieb, die Straßen säumen Galerien, Kunsthandwerksläden und Caféterrassen. Über allem thront die graue Festung Carlstens Fästning, die in den 60er Jahren des 17. Jh. oberhalb der Stadt errichtet wurde. Seit 1781 leuchtete auf dem Burgturm Bohusläns erstes Leuchtfeuer den Fischern heim.

Zu Schwedens reizvollen Schärenidyllen gehören auf jeden Fall auch die zehn Inseln der Gemeinde **Öckerö** 4, etwa **Vinga** mit Leuchtturm, schönen Badeplätzen in den Klippen und Erinnerungen an den populären Volkssänger Evert Taube, dem hier ein Museum gewidmet ist.

Bootsausflüge in die Schären ab Lilla Bommen (gegenüber der Oper) nach Marstrand, Vinga und Elfsborgs Fästning, Tel. 031-60 96 60 (nach Marstrand auch Linienbusse); Bootsausflüge: Ende Mai–Mitte Aug. mit dem letzten noch betriebenen Dampfer Ångaren Bohuslän; Buchung über Turistinformation, www.steamboat.o.se.

Marstrand: Große **Segelregatta** im Juli.

Göteborgs Umland

Alingsås

Mit ihren Textilmanufakturen gehörte die idyllische Kleinstadt **Alingsås** 5 (35 700 Einw.) Mitte des 18. Jh. zu den wichtigsten Industriestädten Schwedens. Der Unternehmer Jonas Alströmer wurde aber weniger dank der Einführung neuer Strumpfwirktechniken berühmt denn als Initiator des Kartoffelanbaus. 1724 züchtete er auf seinem Gut Nolhaga die ersten schwedischen Erdäpfel. Noch immer gibt es in **Nolhaga Park** ein paar Kartoffelbeete, aber auch einen kleinen Tierpark.

Beim Bummel durch die Gassen um den Marktplatz mit dem Rathaus und einer Büste des ›Kartoffelkönigs‹ Alströmer stößt man auf Alströmerska Magasinet. Im Vorratsgebäude von Alströmers Fabrik und ältesten Steinhaus von Alingsås (1731) ist ein kleines **Museum** zur Stadtgeschichte eingerichtet (Tel. 0322-61 65 96, Di–Fr 12–16, Sa 10–14 Uhr).

Alingsås Turistbyrå: Stora Torget 1, 44181 Alingsås, Tel. 0322-61 62 00 (Rathaus), turistbyran@alingsas.se, Juni–Aug. Mo–Fr 10–18, Sa 10–14, Sept.–Mai Mo–Mi und Fr 11–15, Do 11–18 Uhr.

Beim **Kartoffelfestival** Mitte Juni werden überall in Alingsås neue Kartoffeln mit Hering serviert.

Bahn: Alingsås ist Station auf der Strecke Göteborg–Stockholm. Informationen zum **Nahverkehr** s. Göteborg.

Kungälv

Seit fast 700 Jahren thront die **Festung Bohus** 8, die dem Land Bohuslän den Namen gab, grau und düster hoch über dem Fluss und der Stadt Kungälv. Als Schauplatz zahlreicher blutiger Auseinandersetzungen ging sie in die Geschichte ein. Bis zum Frieden von Roskilde im Jahr 1658 markierte sie die Grenze zu Norwegen. Nur wenige Kilometer weiter südlich saßen die Dänen fest im Sattel, so dass Schweden nur rund 20 km Westküste besaß – eben das Gebiet an der Mündung des Götaälv. Die Burg, deren großer runder Hauptturm mit dem Spitznamen ›Vaters Hut‹ restauriert wurde, ist tatsächlich nie erobert worden (Bohus fästning, Tel. 0303-156 62, Mai–Sept., Mittsommer–Aug. tgl. Führungen 11, 12, 14, 15 Uhr).

Die Stadt **Kungälv** 9 (38 400 Einw.) zu Füßen der Burg kann auf eine über tausendjährige traditionsreiche Geschichte zurückblicken. Bis in das Jahr 1658 eine wichtige norwegische Ortschaft, wurde sie im Laufe der Streitigkeiten zerstört und 1682 in ihrer heutigen Lage an der Gabelung des Götaälv wieder aufgebaut. Etliche Holzbauten des alten Stadtkerns stammen noch aus dem 18. und 19. Jh., die Kirche am Gamla Torget wurde bereits im 17. Jh. errichtet.

Kungälvs Turistbyrå: Fästningsholmen, 44281 Kungälv, Tel. 0303-23 92 00, Fax 171 06, info@turism.kungalv.se, Mo 9.30–18, Di–Fr 9.30–17 Uhr.

Kungahälla Medeltidsdagarna: Mittelalterfest auf Bohus fästning, drei Tage in der zweiten Julihälfte.

Sightseeing per Boot: im Paddan, tgl. Mittsommer–Mitte Aug., Abfahrt am Hotel Fars Hatt, Kungälv, Tel. 0303-992 02.

Bus nach Göteborg. Informationen zum Nahverkehr s. Göteborg.

Richtig Reisen-Tipp: Naturreservat Brobacka und Schlossruine Gräfsnäs

Nordwestlich von Alingsås (8 km) liegt eine ungewöhnliche Natursehenswürdigkeit: **Brobacka** 6. Dem Bergpass zwischen den Seen Mjörn und Anten kann man die gewaltigen Kräfte, die beim Abschmelzen des Inlandeises wirksam waren, noch ansehen. Wirbelnde Wassermassen haben hier riesige Gletschermühlen (schwed. *jättegrytor*) ausgewaschen. Die größten dieser Rundformen im Fels besitzen einen Durchmesser von 18 m. In Schwedens kleinstem Naturum kann man den Blick für dieses Naturphänomen schärfen (Brobacka jättegrytsreservat, am RV 180, Naturum, Tel. 0322-121 49, 752 50, Mitte Mai–Mitte Sept. Sa, So 12–18 Uhr). Von dort führt ein Pfad bis zu einem Aussichtspunkt auf dem Bergkamm über dem See Åsjön. Ein Stück weiter, an der Südspitze des Sees Anten wird es noch wildromantischer: **Brudsängen** heißt eine Felsterrasse hoch über dem See mit Blick auf eine Höhle namens Nålsöga (Nadelöhr) in der Felswand auf der anderen Seeseite – der Sage nach die Wohnung eines Riesen, der eine Elfe entführt hatte, die sich dann vor Kummer in den See stürzte (Parkplatz am RV 190, kurzer Spaziergang auf Waldpfaden).

Von der Südspitze des Sees Anten verkehrt im Sommer am Wochenende eine dampflokbetriebene **Museumseisenbahn** 11 km weit zur **Schlossruine Gräfsnäs** 7. Im Schlosspark findet man Badestelle und Restaurant, ein kleines Freilichtmuseum mit historischen Gebäuden sowie Modelle von Wasserpumpen und -mühlen. Das 1571 befestigte, auf das frühe 14. Jh. zurückgehende Schloss besaß starke Wälle mit Wachttürmen, Laufgraben und Zugbrücke und ist seit dem letzten Brand Mitte des 19. Jh. eine malerische Ruine.

Dampfzugfahrten mit der Museumseisenbahn Anten–Gräfsnäs, Ende Mai–Aug. an Wochenenden, im Juli zusätzlich Di, Do, Tel. 0322-721 30 oder 61 62 00, www.agj.net.

Wildromantische, urwuchsige Natur: Brudsängen

Bohusläns Schären

Karte S. 205

Nördlich von Göteborg breitet sich die wunderbar zerklüftete Schärenlandschaft von Bohuslän aus – eine verwirrende Vielfalt aus von Wind und Wasser glatt geschliffenen Felseninseln. Darauf leuchten wie zufällig hingestreut bunte Holzhäuschen in allen Farben. Nicht nur optisch, auch kulinarisch kann man sich hier verwöhnen lassen: Hering, Hummer, Austern und Garnelen gibt es in Hülle und Fülle.

Tjörn und Orust

Bei Stenungsund biegt man von der E 6 ab und gelangt über die eindrucksvolle Brückenkonstruktion Tjörnbro auf die Insel Tjörn (ca. 15 000 Einw.) mit ihrem Hauptort **Skärhamn** 1. Aquarelle skandinavischer Künstler zeigt das auch architektonisch hochgelobte Akvarellmuseum (Tel. 0304-60 00 80, www.akvarellmuseet.org, Juni– Aug. tgl. 11–18, übrige Zeit Di, Mi, Fr–So 12–17, Do 12–20 Uhr), und im kleinen Seefahrtsmuseum wird an die maritime Geschichte des Küstenstrichs erinnert (Mai–Mitte Aug. Sa, So 15–18, Juli Mo–Fr 17–20, Sa, So 15–18 Uhr).

Ganz am Südzipfel der relativ dicht besiedelten Insel Tjörn liegt **Rönnäng** 2. Von hier bestehen Fährverbindungen zu den vorgelagerten Inseln Dyrön und Åstol. Besonders sehenswert das karge **Åstol** 3 mit seinen blank polierten Felsen, die eng bebaut sind mit bunten Holzhäusern, auch wegen der Räucherei mit Verkauf von frisch geräuchertem Fisch und Meeresfrüchten und dem Ausblick nach Marstrand. Eine Brücke führt von Rönnäng nach **Klädesholmen** 4. Der Geruch ist untrüglich: Auf der Insel wird Fisch verarbeitet – rund 40 % aller schwedischen Heringskonserven werden in Klädesholmen verarbeitet. Zahlreiche kleine Einlegebetriebe arbeiten in den Wellblechschuppen und Holzhäuschen. Das stört die Idylle aber nicht im geringsten: Kunterbunt und harmonisch in ihrer Vielfalt liegen die Häuschen dicht an dicht überall auf den Felskuppen und im Schutz der Klippen. Wenn im Winter die Stürme aus West und Südwest durch die Gassen heulen, setzt der salzige Wind dem Anstrich so sehr zu, dass er fast jedes Jahr erneuert werden muss. Über die Geschichte der Konservenindustrie auf der Insel informiert das **Museum Sillebua** (Sillgränd, c/o Bertil Pettersson, Tel. 0304-67 30 52, http//home.swipnet.se/sillebua, Juli tgl. 15–19 Uhr).

Die nördlich von Tjörn gelegene Insel Orust (15 200 Einw.) ist mit ihrer Nachbarin und dem Festland durch Brücken verbunden. Nach **Gullholmen** 5 auf der vorgelagerten Insel Härmanö verkehrt eine Personenfähre. Sehenswert ist das Skepparhuset von 1893. Das Kapitänshaus blieb mitsamt seiner Einrichtung aus der Jahrhundertwende erhalten (Juli–Mitte Aug. Di–Fr, So 15.30–18 Uhr). Bescheidener fiel die Behausung Stenstugan aus – das ärmliche Domizil war noch bis 1925 bewohnt (Mittsommer–Mitte Aug. Di und Do 16–18 Uhr). In Steinhütten wie dieser lebten nach dem Niedergang der Fischerei verarmte Menschen. Große Teile der Insel **Härmanö** sind Naturschutzgebiet, beliebt ist sie als Ausflugsziel wegen der stillen Badeplätze und der Wanderwege inmitten ungestörter Natur.

i **Bästkustens Turistbyrå:** Kulturhuset Fregatten, Box 66, 44421 Stenungsund, Tel. 0303-833 27, Fax 680 49, www.

bastkusten.se, Juni–Aug. Mo–Sa 9.30–18, Mittsommer–Ende Aug. zusätzlich So 11–15, übrige Zeit Mo–Mi, Fr 9–17, Do 9–18 Uhr.
Skärhamns Turistbyrå: Södra Hamnen, 47132 Skärhamn, Tel. 0304-67 10 40, Fax 67 16 70, skarhamn@bastkusten.se, Juni–Aug. Mo–Sa 9.30–18, Mittsommer–Ende Aug. auch So 11–15, übrige Zeit Mo–Fr 12–17, Sa 11–15 Uhr.

Bergabo Hotell: Kyrkvägen 22, Rönnäng, Tel. 0304-67 70 80, Fax 67 73 52, www.bergabo.com. Fast alle Zimmer des an einen Felshang gebauten kleinen Hotels haben eine wunderschöne Aussicht auf die Schären. Mit gutem Restaurant. 12 DZ (ab 990 SEK) und 10 Apartments, einfachere Zimmer, Mai–Sept. (ohne Dusche/ WC) DZ ab 400 SEK.
Stocken Camping: Ellös, Orust, Tel. 0403-511 00, Fax 511 30, www.stocken.nu. Mitte Juni–Mitte Aug. Anfahrt: Straße 178 ab Varekil. Schöner Platz mit guter Ausstattung, Fahrrad-, Boots- und Hüttenverleih; Stellplatz ab 130 SEK.

Handelsman Flink: Ellös, Tel. 0304-550 51, www.handelsman.flink.se, tgl. 12.30–22 Uhr. Beliebtes traditionelles Ausflugslokal am Wasser. Abends oft mit musikalischen Darbietungen und Erinnerungen an den in Schweden sehr populären Volkssänger Evert Taube, der Bohuslän und diesen früheren Laden von ›Handelsman Flink‹ oft besang. Serviert werden Fisch und Schalentiere, aber auch Vegetarisches und mindestens ein Fleischgericht; 85–350 SEK.
Café Emma: Hamnen, Mollösund, Tel. 0304-211 75, www.cafeemma.com, Sommer 12–21.30 Uhr. Im ehemaligen Hafenspeicher kocht man ökologisch und mit lokalen Produkten – schwedische Küche mit Mittelmeereinschlag, Vegetarisches sowie fangfrischer Fisch kommen auf die Teller; 110–160 SEK.

Heringskonserven gibt es nirgendwo in größerer Auswahl als in den Läden rund um Klädesholmen, **frischen und geräucherten Fisch** in Skärhamn.

Angeltouren im Schärengebiet starten tgl. Mai–Okt. von Rönnäng und Skärhamn (zahlreiche Anbieter, Adressen im Turistbyrå erfragen). Man fängt Dorsch, Makrele, Dornhai, Rochen.
Kanu/Kajakverleih: u. a. Stocken Camping, Orust, Tel. 03 04-512 00, www.orust-kajak.se (auch Kurse); Skärhamns Yacht Center, www.skarhamnsyc.se, Tel. 0304-67 17 72.
Fahrrad-Paketangebote inkl. drei Übernachtungen und Fahrradmiete vermittelt Bästkustens Turistkontor, Tel. 0303-815 50.

Segelregatta Tjörn runt am 3. Sa im Aug., eine der größten Schwedens.

Bus: nach Göteborg. Informationen zum Nahverkehr s. Lysekil.

Lysekil

Lysekil 6 ist der wichtigste Fischereihafen weit und breit und ein idealer Ausgangspunkt für Ausflüge per Boot in die Schärenwelt. Der große Frachthafen, Ölraffinerien, ein Meeresforschungszentrum und Betriebe der Fischereiindustrie sind Arbeitgeber für viele der etwa 14 750 Einwohner der Gemeinde. Trotz dieser Betriebsamkeit hat die Stadt mit ihrem Jachthafen und einer auf die Mitte des 19. Jh. zurückgehenden Badeorttradition viel von ihrem alten Charme erhalten. Aus dieser Zeit stammte das 1985 völlig abgebrannte, aber wiederaufgebaute **Societetshus**, das den angemessenen Rahmen für das Gesellschaftsleben der Badegäste, darunter König Oskar II., bot. Seit 1859 wirkte in Lysekil der Badearzt Carl Curman, dessen künstlerische Ambitionen in den beiden als Badehäuser errichteten **Curmanska Villorna** in nationalromantischem Stil mit Anklängen an wikingerzeitliche Ornamentik gipfelten. Sie liegen am Rand des Jachthafens.

Hauptattraktion von Lysekil ist aber zweifellos das Meerwasseraquarium **Havets Hus**. Hier kann man nähere Bekanntschaft mit der Unterwasserwelt des Skagerrak machen, nicht nur im Film. Im 140 000 Liter fassenden

Tunnelaquarium ziehen Heringsschwärme vorbei, man sieht Dorsch, Hummer und Katzenhai, insgesamt über 100 Meerestierarten (Strandvägen 9, Tel. 0523-196 70, www.havetshus.lysekil.se, Mitte Juni–Aug. tgl. 10–18, sonst 10–16 Uhr).

Am Ende der Turistgatan findet man das **Vikarvets Museum** mit einer großen Sammlung von Schiffsmodellen sowie Informationen über die Vergangenheit von Lysekil als Zentrum des Granitabbaus und der Heringsfischerei. Die Palette der Exponate reicht von der Speerspitze aus der Wikingerzeit bis zur Konservendose (Vikarvets Museum, Mitte Juni–Mitte Aug. tgl. 17–19 Uhr, sonst nur So 14–16 Uhr). Zum Museum gehört direkt am Strand eine restaurierte reetgedeckte Fischerkate.

Ein gutes Stück nördlich der heutigen Innenstadt liegt das 200 Jahre alte frühere Stadtzentrum **Gamlestan** mit engen Gassen und pastellfarben gestrichenen Holzhäuschen, die noch bewohnt werden, in die aber auch das eine oder andere Café oder Antiquitätengeschäft eingezogen ist.

Umgebung von Lysekil

Mit der Passagierfähre über den Gullmarn-Fjord – Schwedens einziger echter, d. h. mit der typischen Schwelle vor der Mündung – empfiehlt sich ein Abstecher nach **Fiskebäckskil** 7. Die meisten der alten Fischer- und Skipperhäuser in dem malerischen Örtchen werden heute als Sommerresidenzen genutzt, viele sind mit aufwändigen Schnitzereien verziert.

17 km nördlich von Lysekil bei **Brastad** 8 (Ortseingang Brodalen) lohnt es sich, vom RV 162 dem Schild ›*hällristningar*‹ zu folgen. Fast direkt neben dem Sträßchen kann man die außergewöhnlich schönen bronzezeitlichen Felsritzungen von **Backa** betrachten. Berühmt ist die als ›Schuster‹ titulierte, nahezu lebensgroße hammerschwingende Figur, deren Bedeutung jedoch bis heute unklar ist.

i **Lysekils Turistbyrå AB:** Södra Hamngatan 6, Box 113, 45323 Lysekil, Tel. 0523-130 50, Fax 130 59, turistinfo@lysekil.se, www.lysekilsturist.se, Sept.–April Mo–Fr 10–14 Uhr, im Sommer länger.

Havshotell: Turistgatan 13, Tel. 0523-141 20, Fax 142 04, www.strandflickorna.se. Hübsches kleines Hotel im Stil der Jahrhundertwende in ruhiger Lage, Zimmer mit persönlicher Note: Wohnen wie ein türkischer Konsul oder wie ein Kapitän; DZ ab 1195–1395 SEK.

Kusthotell Strand: Strandvägen 1, Tel. 0523-797 51, Fax 122 02, www.strandflickorna.se. Unter demselben Management wie Havshotell, aber einfacher ausgestattet. Alle 20 Doppel- und Mehrbettzimmer haben Dusche/WC, je nach Komfort (Vandrarhem mit eig. Bettwäsche und Selbstversorger oder mit Hotelservice); DZ 500–960 SEK.

Spuren der Eiszeit zeigen die Schären an der Westküste

Trellebystrands Familjecamping: Träleberg, Tel. 0523-121 83, Ende Mai–Aug., ca. 5 km nördlich der Stadt, am Saltö Fjord, mit Badestelle.

Bootsausflüge: in der Saison Bootstouren in die Schären, z. B. auf die Inseln Kornöarna, Gullholmen und Käringö oder nach Smögen; auch **Seehundsafaris**. **Angelfahrten** starten im Södra Hamnen vor Havets Hus, Infos und Tickets in Lysekils Turistbyrå.

Fähren: Autofähre über den Gullmarn; Personenfähre nach Fiskebäckskil. **Bus:** nach Uddevalla, Informationen zum **Nahverkehr:** Västtrafik, Tel. 0771-41 43 00, www.vasttrafik.se.

Uddevalla

Die Verwaltungshauptstadt von Bohuslän, **Uddevalla** 9 (50 000 Einw.), an der Mündung des Bäveå in den Byfjorden, ist auch heute noch eine wichtige Industriestadt mit Hafen. Vor rund 100 Jahren war sie ein Zentrum der Textilindustrie, in den 1920er Jahren produzierte man Sicherheitszündhölzer, später Metallwaren und Autos. Die Baumwollfabriken, aber auch die Konservenindustrie an der Küste sind Thema im **Bohusläns museum**, das überdies die Gemäldesammlung des Kaufmanns John Johnsson zeigt (Museigatan 1, www.bohusmus.se, Mai–Aug. Mo–Do 10–20, Fr–So 10–16, übrige Zeit Di–Do 10–20, Fr–So 10–16 Uhr).

Eine geologisch weltweit ziemlich einmalige Sehenswürdigkeit befindet sich nordöst-

Mit der Autorin unterwegs

Geheimnisse des Meeres

Havets hus, das ›Haus des Meeres‹ in Lysekil lässt Sie die Welt unter Wasser in riesigen Aquarien und Tunneln hautnah erleben – beeindruckend (s. S. 201 f.).

Grüße aus der Vorzeit

Auf dem Weg nach Lysekil können Sie bei Backa einige der schönsten Felsritzungen der Westküste betrachten: Schiffe, Tiere, Sonnenräder und eine große Figur mit Hammer, genannt ›der Schuster‹, sind zu sehen (s. S. 202).

Regionale Auskunftstelle

Västsvenska Turistrådet: Kungsportsavenyn 31–35, 41136 Göteborg, Tel. 031-81 83 00, Fax 81 83 01, www.vastsverige.com.

lich des Stadtzentrums: **Skalbankarna**, eine fast 13 m dicke Schicht aus unzähligen Muschel- und Krebsschalen, die die letzte Eiszeit vor rund 10 000 Jahren hier hinterließ. Diese Muschelbänke liefern uns den Beweis, dass der Meeresspiegel an der Westküste ehemals weit höher gelegen haben muss als heute. Leider sind von den Ablagerungen nur noch etwa 10 Prozent erhalten, der Rest wurde u. a. als Hühnerfutter verkauft. Heute bietet der kalkreiche Grund einer besonderen wärmeliebenden Flora und Insektenfauna den idealen Lebensraum. Im **Skalbanksmuseum** erfährt man mehr (Kurödsvägen 1, www.bohusmus.se, Juni–Aug. tgl. 11–17, Mai und Sept. Sa, So 11–17 Uhr).

Südlich der Stadt an der Ausfahrt Richtung Gustafsberg liegt ein schöner Aussichtsplatz, **Hästepallarna**, wo man den weitem Blick über den Byfjorden und die umgebende Landschaft genießen kann. Schwedens ältestes Seebad, **Gustafsberg** 10, liegt nur 4 km südlich von Uddevalla (Bus- und Bootsverbindung). Wie vor gut 200 Jahren kann man noch heute ein Tangbad im Varmbadhus nehmen.

Uddevalla Turistbyrå: Kungstorget 4, 45181 Uddevalla, Tel. 0522-997 20, Fax 997 10, www.uddevalla.com, Mo 10–18, Di–Fr 10–17 Uhr; Ende Juni–Mitte Aug. auch Büro am Gästehafen: Södra Hamnen, Tel. 0522-51 18 12, Mo, Di, Do 8–16, Mi, Fr 8–18, Sa, So 8–12 Uhr.

STF Vandrarhem Gustafsberg: Mitte Juni–Mitte Aug., Tel. 0522-152 00, Fax 386 58, jan-gustafsberg@telia.com. Gemütliche Herberge mit 55 Betten; DZ ab 330 SEK.

Ausflugsboote vom Hafen nach Gustafsberg, Smögen u. a.

Bahn: Zugverbindungen nach Göteborg, Vänersborg, Herrljunga, Strömstad. **Bus:** u. a. nach Lysekil.

Halbinsel Sotenäs

Smögen

Smögen 11 an der Spitze der Halbinsel Sotenäs ist zwar ein aktiver Fischereihafen, aber im Sommer in erster Linie Tummelplatz für Ausflügler. Auf dem einen Kilometer langen Holzsteg Bryggan sind in den in ehemaligen Bootsschuppen Geschäfte, Cafés und Restaurants untergebracht. Eine der täglich stattfindenden Fisch- und Garnelenauktionen miterleben ist ein echtes Erlebnis und erinnert daran, dass es hier auch noch Fischer gibt.

Vom Anleger Smögen brygga oder vom benachbarten Hafen **Kungshamn** – über eine Brücke mit Smögen verbunden und wie dieses Sitz etlicher Konservenfabriken – kann man einen Bootsausflug auf die naturgeschützte Insel **Hållö** machen, baumlos, aber besiedelt von 130 Pflanzenarten. Der Leuchtturm von 1842 ist der älteste in Bohuslän.

Hunnebostrand

Hunnebostrand 12 gilt als Hummerhauptstadt Schwedens. Im Herbst reisen scharenweise Gourmets an, begeben sich auf Hummersafari und besuchen die Hummerakademie. Einen Eindruck vom harten Arbeitsleben der im Granitabbau Tätigen vermittelt dagegen das Stenhuggarmuseum. Man kann sich sogar selbst in der Steinbearbeitung versuchen. Der Granitabbau gehörte noch bis in die 40er Jahre des 20. Jh. zu den wichtigsten Wirtschaftszweigen in Bohuslän (Tel. 0523-5 53 80, Mitte Juni–Mitte Aug. Di–So 15–18 Uhr, Führungen um 15 Uhr).

Sotenkanalen heißt die 7,5 km lange Wasserstraße zwischen Smögen und Hunnebostrand, die in den 1930er Jahren in den Granit gesprengt wurde. Zwischen lotrechten Felswänden verkehren im Sommer Ausflugsboote von Smögen aus. Der Kanal wurde angelegt, um ein ruhigeres Fahrwasser zu schaffen – allzuoft gerieten Schiffe bei der Umrundung der Halbinsel Sotenäs in Seenot.

Sotenäs/Smögen Turistbyrå: Tumlaren, Dinglevägen 59, 45622 Kungshamn, Tel. 0523-66 55 50, Fax 66 55 59, info@sotenasturism.se, ganzj., zuständig für die gesamte Halbinsel; im Sommer auch Turistbyrå in Smögen, Tel. 0523-375 44, und Hunnebostrand, Tel. 0523-581 63.

Smögens Havsbad: Hotellgatan 26, Tel. 0523-66 85 40, Fax 66 84 55, www.smogenshavsbad.se. Der moderne Hotelbau hinter dem denkmalgeschützten historischen Eingangsgebäude liegt zum Teil im Fels, herrliche Aussicht aufs Meer, mit Spa, Wellnesseinrichtungen, Zimmer in kühlem nordischen Design; DZ 1175–1550 SEK.
Wiggersviks Familjecamping: Kungshamn, Tel. 0523-326 35, Fax 703 81, www.wiggersvik.nu. Mitte April–Mitte Okt., an einer Meeresbucht rund 2 km von Kungshamn. Campinghütten, Ferienhäuser; Stellplatz ab 160 SEK.

Bootsausflüge von Smögen nach Hållö und durch den Sotenkanal, Info über Turistbyrå.

Fisch- und Krabbenmarkt in Smögen Mo–Do um 8, 17 und 20, Fr nur 8 Uhr.

Bus: Verbindung nach Uddevalla und Göteborg.

Tanum

Die Gemeinde **Tanum** ist flächenmäßig die größte von Bohuslän. Sie umfasst bekannte Küstenorte wie Fjällbacka und **Grebbestad** und reicht weit ins Landesinnere mit der wunderschönen Seenlandschaft um Norra und Södra Bullaresjön, Bullarebygden. Seit mindestens 10 000 Jahren wohnen hier Menschen, das beweisen die weltberühmten und zum Weltkulturerbe erklärten Felsritzungen.

Richtig Reisen-Tipp: Nordens Ark

Die ›Arche des Nordens‹ ist kein gewöhnlicher Zoo. **Nordens Ark** 13 ist spezialisiert auf vom Aussterben bedrohte Tierarten. Deshalb gibt es hier weder Elche noch Bären, wohl aber Luchs, Vielfraß und Waldren. Beim Spaziergang durch das wildromantische Gelände, mit Laubwaldhängen, steilen Felsschluchten und kleinen Bächen kann man einigen in der nördlichen Hemisphäre rar gewordenen Tieren begegnen. Die meisten Gehege durchquert man auf erhöhten Stegen mit Geländer, Gitter gibt es nur bei den Raubtieren. Die Stars unter den insgesamt rund 70 Tierarten der Arche sind die Schneeleoparden. Ziel des Zoos ist die Zucht gefährdeter Arten in Gefangenschaft, aber unter möglichst naturnahen Bedingungen, um sie letztlich wieder in ihren angestammten Gebieten anzusiedeln, z. B. europäische Wildkatzen, die erfolgreich im Bayrischen Wald ausgewildert wurden. Und auf dem Arche-Hof werden auch Haustierrassen wie Fjällko (Bergkuh) und Gutefår (Gotlandschaf) gezüchtet. Genug Programm für einen Tagesausflug: fürs Picknick findet man genügend Bänke und Grillstellen, und Einkehrmöglichkeiten gibt es für jeden Geldbeutel, u. a. in der gehobenen Gastronomie des Herrenhausrestaurants (Åby säteri, 45046 Hunnebostrand, www.nordensark.se, Tel. 0523-795 90, Mitte Juni–Mitte Aug. 10–18, übrige Zeit 10–16 Uhr).

Hamburgsund 14 war Anfang des 20. Jh. ein wichtiger Ausfuhrhafen nach Dänemark und Deutschland u. a. für Granit – als Material für den Straßenbau im Deutschland der Kaiserzeit bis zur Zeit des Nationalsozialismus ging nichts ohne bohusländischen Granit. Die Künstler der **Steinmetzwerkstatt KKV** in **Skärholmen** bei Bottna rücken mit der Flex dem Stein zu Leibe; eine Skulpturenausstellung ist vor dem Café der Kunstgalerie Stensalen zu sehen (Skärholmen, 45070 Hamburgsund, www.KKV-B.nu).

Südlich von Hamburgsund hatten schon die Wikinger Fuß gefasst. Wo einst ihre Burg Hornbore lag, findet alljährlich das Wikingerschauspiel ›Hornbore Ting‹ statt. Die Nachbauten von **Hornbore by** geben einen Eindruck von der Wohnkultur vor 1000 Jahren. Unter den rekonstruierten Gebäuden ist neben einem Langhaus auch ein Bootshaus – das einzige bisher wiederaufgebaute Haus dieses Typs (Mittsommer–Mitte Aug. tgl. 11–17 Uhr, www.hornbore.se). Zur Anlage gehört auch ein uriges Restaurant-Pub.

Der Name **Fjällbacka** 15 sagt es schon: Der Berghang liegt malerisch eingekeilt zwischen dem Meer und der 76 m steil aufragenden Felswand des Vetterberg. Die 200 m lange Schlucht Kungsklyftan war Drehort für den Film ›Ronja Räubertochter‹ und auch sonst ist Fjällbacka dem Kino verbunden: Die Schauspielerin Ingrid Bergman, die den Sommer oft auf der vorgelagerten Schäreninseln **Dannholmen**, verbrachte, ehrt eine Büste auf dem Marktplatz. Der Hafen bietet sich als Ausgangspunkt für Ausflüge auf die Inseln an, z. B. nach **Hjärterö** oder **Väderöarna**, Naturschutzgebiete mit reichem Vogelleben, zu denen während der Brutzeit im Frühsommer der Zugang teilweise verboten ist.

Grebbestad 16 ist berühmt als Schwedens Austernstadt. 80 % aller Austern werden in dem Fischerhafen angelandet, daneben Hummer und Langusten. Je weiter nördlich im Skagerrak, desto salzhaltiger wird das Wasser und desto günstiger die Lebensbedingungen für diese im Atlantik beheimateten Schalentiere.

i **Grebbestad Info Center:** Torget, Nedre Långgatan 48, 45772 Grebbestad, Tel. 0525-100 80, www.grebbestad.se, Sommer tgl. 10–20, übrige Zeit Mo–Fr 10–14 Uhr. **Fjällbacka Turistinformation:** Ingrid Berg-

Der Star im Nordens Ark: der Schneeleopard

mans torg, Tel. 0525-321 20, Sommer tgl. 9–20 Uhr.

Greby's Skaldjurscafé och Rökeri: Grebbestad, Strandvägen 1, Tel. 0525-107 16, Juni–Aug. tgl. 11–24, übrige Zeit Mo–Do 11.30–14, Di–Do 18–21, Fr, Sa 11–22 Uhr. In der einstigen Konservenfabrik direkt am Kai kann man u. a. frische Austern genießen; 59–259 SEK.

Hornbore Ting: Wikingerspiele und -markt am ersten Aug.-Wochenende.

Bootsausflüge in die Schären: Tel. 0525-204 00. **Kajakverleih:** Kajakcenter in Grebbestad, Tel. 0525-109 30.
Tauchen, u. a. nach Austern: Dyk och Äventyr, Grebbestad Tel. 0525-614 96.
Golf: bei Fjällbacka, www.fjallbacka.com/fjgk.

6 Tanumshede

Was die Leute der Bronzezeit sich bei ihrer Art der Steinbearbeitung gedacht haben, ist Gegenstand lebhafter wissenschaftlicher Diskussion. Die meist gewichtigen Zeugnisse sind besonders im Norden von Bohuslän äußerst zahlreich: Das größte und beeindruckendste Gebiet mit rund 3000 Jahre alten Steinritzungen findet man um **Tanumshede**, von der UNESCO als Weltkulturerbe eingestuft. Auf wenigen Quadratkilometern gibt es eine ungewöhnliche Fülle und Vielfalt. *Vitlyckehällen* ist ein riesiger Granitblock, über und über beritzt, der größte und figurenreichste überhaupt. Als Ergänzung zu den in den Granit geritzten Zeichnungen, die dem Betrachter durch Rotfärbung deutlich gemacht wurden, hat man in **Vitlycke** mittlerweile den Nachbau eines bronzezeitlichen Dorfes und ein Museum errichtet, das dem Besucher versucht, die Welt der Menschen jener Zeit näherzubringen (Tel. 0525-209 50, www.vitlycke.bohusmus.se, April–Sept. tgl. 10–18 Uhr). Die vier am besten erschlossenen Felsritzungen um Tanumshede sind neben Vitlycke, gegenüber dem Museum (auf der anderen Straßenseite südlich vom Ort): **Fossum** im Nordosten, **Litsleby** und **Aspeberget** im Süden.

Turistkontoret i Tanum: Bygdegårdsplan, Kultur- & Fritidsförvaltning, 45781 Tanumshede, Tel. 0525-183 80, Fax 183 60, www.tanumturist.se, Mo–Fr 8–16.30 Uhr.

Tanums Gestgifveri: Apoteksvägen 7, Tel. 0525-290 10, Fax 295 71, www.tanumsgestgifveri.com. Seit 1663 Gasthaus, 27 komfortable Zimmer; DZ ab 980 SEK.
Tanums Camping och Stugby: Tel. 0525-200 02, Fax 293 86, Juni–Aug. Einfacher Platz, 500 m von der E 6 im Gebiet der Felsritzungen, auch Hütten; Stellplatz ab 115 SEK.

Tanums Gestgifveri: Di–Fr 12–14, 18–21, Sa, So 12–20 Uhr. Das Restaurant in der traditionsreichen Gestgifveri mit Speisesälen im Stil des 17. Jh. gehört zu den besten in Schweden. Serviert wird feine Hausmannskost wie Fischtopf mit Safran und Knoblauch (155–245 SEK).

Bahn: Züge von Tanumshede nach Uddevalla und Strömstad,
Halt der **E 6-Expressbusse** Göteborg–Oslo. Informationen zum Nahverkehr s. Lysekil.

Strömstad und Koster-Inseln

Strömstad 17 (11 400 Einw.) war bis 1658 war nur ein kleines norwegisches Fischerdorf, im 19. Jh. begann jedoch auch hier das Badeleben. Bootsausflüge von Strömstad auf die autofreien **Kosteröar** sind sehr beliebt – auf den von der Sonne verwöhnten Inseln wächst eine besondere Lindenart – sicheres Zeichen für ein mildes Klima.

Wer sich für die Frühzeit in Skandinavien interessiert, kommt auch in dieser Region auf seine Kosten: 6 km westlich von Strömstad liegt die von vorzeitlichen Grabhügeln umgebene **Skee kyrka** 18, mit romanischen Portalen aus dem 12. oder 13. Jh. und Skulpturen aus dem 15. Jh. Der Grabhügel **Grönehögen,** mit 6 m Höhe und einem Durchmesser von 45–50 m der größte in Bohuslän, und **Blomsholmskeppet,** die zweitgrößte Schiffssetzung in Schweden (42 m lang, 9 m breit) aus der Völkerwanderungszeit, liegen wenige Kilometer nördlich an der E 6.

Die 2005 eröffnete neue **Svinesundbrücke** 19 bietet einen überwältigenden Blick auf die alte Granitbrücke; der Idefjord bildet hier die Grenze zu Norwegen.

Turistinformation Strömstad: Tullhuset, Norra Hamnen, Box 98, 45222 Strömstad, Tel. 0526-623 30, Fax 623 35, www.stromstadtourist.se, Mo–Fr 9–12 und 13–17, Sa 10–14 Uhr.

Laholmen Hotel: Tel. 0526-197 00, Fax 100 36, www.laholmen.se. Modernes Hotel mit 152 Zimmern in schöner Lage am Hafen von Strömstad, Restaurant und Nachtklub; DZ ab 1350 SEK.
Pensionat Hällekindsbaden: Tel. 0526-100 35, www.hallekind.se. 3 km südlich von Strömstad gelegen, nur im Sommer geöffnet. Hübsche Holzhäuser an einer Badebucht, einfache Zimmer, teils ohne eigenes Bad; DZ ab 695 SEK.
STF Vandrarhem Crusellska Hemmet: Norra Kyrkogatan 12, Strömstad, Tel. 0526-101 93, www.crusellska.com, März–Dez. Herberge in der Tradition der Badehotels. Schlichte 2- bis 5-Bett-Zimmer; DZ ab 400 SEK.
Daftö Feriecenter: Dafter, Tel. 0526-260 40, Fax 262 50, www.dafto.com. Kinderfreundlicher Fünf-Sterne-Platz an der Küste ca. 4 km südlich von Strömstad, Richtung Tjärnö, auch Vermietung von Campinghütten und Ferienhäusern, sehr komfortabel, mit Pool; Stellplatz ab 200 SEK.
Lagunen Camping & Stugor: bei Starekilen, Tel. 0526-123 65, www.lagunen.se, März–Sept. Schöne Lage am Meer 3 km südlich von Strömstad (an der Straße RV 176), mit Kanu- und Meerkajakverleih; Stellplatz ab 150 SEK, auch Vandrarhem.

Bahn: nach Göteborg über Uddevalla.
Fähre: zu den Koster-Inseln.
Bus: Expressbuslinie Göteborg–Oslo. Informationen zum Nahverkehr: Västtrafik, Tel. 0771- 41 43 00, www.vasttrafik.se.

Felsritzungen – Botschaften der Vorzeit?

Thema

Es gibt sie auch anderswo in Europa, in Irland und auf Malta, in Norddeutschland und Spanien. Aber so zahlreich und vor allem so gut erhalten wie auf den Granitfelsen in Norwegen und an der schwedischen Westküste in Bohuslän sind die Felsritzungen (*hällristningar*) sonst nirgends.

Allein in der Gemeinde Tanum zählte man 1713 Schiffs-, 1994 Menschen- und 465 Tierdarstellungen, die vor mindestens 3000 Jahren in mühsamer Arbeit in den Stein gemeißelt wurden. Bis heute ungeklärt ist ihre Funktion. Sind es magische Zeichen, um das Jagdglück zu beschwören? Oder raffinierte Kalender, zur Berechnung der Aussaat- und Erntetermine? Schon bei der Identifizierung der einzelnen Motive tappen die Forscher im dunkeln. Am besten sind die Ritzungen im Streiflicht zu erkennen, bei tief stehender Sonne etwa. Viele sind als Sehenswürdigkeit ausgeschildert und mit roter Farbe ›hergerichtet‹. Man hat bei einigen Ritzungen ältere Farbreste entdeckt – vielleicht haben schon ihre Schöpfer die Linien mit Erdfarben ausgefüllt.

Auffällig bei vielen Felsritzungen ist, dass sie scheinbar wahllos über- und nebeneinander ohne kompositorische Überlegungen angeordnet sind. Man weiß, dass unter den deutlich sichtbaren Ritzungen aus der Bronzezeit andere, ältere liegen. An ein und derselben Stelle wurde über längere Zeit immer wieder geritzt, möglicherweise von unterschiedlichen Kulturen mit verschiedenen Weltanschauungen. Womöglich waren die Plätze, wo sie entstanden, von Anbeginn heilige Orte über viele Generationen hinweg.

In der ältesten Schicht aus der mittleren Jungsteinzeit (ca. 3000 v. Chr.) konnten Schalengruben und Zickzacklinien identifiziert werden, vermischt oder geradezu in Wettstreit mit Waffendarstellungen wie Streitäxten, wobei eine Ritzung, über der anderen eingehauen, die andere offenbar absichtlich zerstören sollte. Fand hier etwa ein Streit der Kulturen statt? In den Ritzschichten der jüngsten Steinzeit dominieren die Waffen; Kontakte mit metallproduzierenden Völkern in Südeuropa sind nachgewiesen. Die jüngste, bronzezeitliche Schicht der Felsritzungen ist schließlich die am deutlichsten sichtbare: die ganze Palette bildlicher Darstellungen: Schiffe, Waffen, Tiere wie Schafe, Pferde, Schweine und Hirsche sowie Menschen. Zumeist halfen die hier dargestellten Gegenstände, die man anderswo in Gräbern gefunden hat, bei der Datierung; es ist ansonsten sehr schwer, ihr Alter festzustellen.

Die meisten *hällristningar* findet man am Rand einstiger Wasserwege; verständlich, denn in früher Zeit kam man fast nur auf dem Wasser vorwärts, im undurchdringlichen Waldland herrschte wegelose und gefährliche Wildnis. So erklären sich die Schiffsbilder, viele davon mit Tierköpfen am Bug. Schiffsopfer und -bestattungen kamen ebenfalls vor.

Viele unbekannte Motive werden im Rückschluss aus der bekannteren altnordischen Mythologie erklärt: Sonnenräder, Schlangenlinien, Tiergestalten, Fußspuren, Götterfiguren wie Thor mit dem Hammer usw. Doch da schriftliche Quellen aus der fraglichen Zeit fehlen, wird man wohl nie das Rätsel lösen können, welche Botschaft hinter den geheimnisvollen Zeichen der *hällristningar* steckt.

Dalsland

Karte S. 210

Mitten im Binnenland liegt das liebliche Dalsland, eine idyllische Seen-, Wald- und Wiesengegend. Dalsland ist von allen schwedischen Landschaften die wasserreichste und deshalb ein Paradies für Kanuten. Die vielen Seen und Flüsse verbindet der 150 Jahre alte Dalslands kanal.

Dals Rostock und Kroppefjäll

Vom einstigen Kurbetrieb in **Dals Rostock** 1 kündet nur noch das kleine Brunnsmuseum (im Sommer 13–18 Uhr) und das ehemalige Sanatorium, heute Vandrarhem. Vom Berg Borekulle südlich des Orts hat man eine herrliche Aussicht über den Örsjön bis zum Vänersee mit der Silhouette des Tafelbergs Kinnekulle im Südosten. Westlich von Dals Rostock zieht sich ca. 50 km lang der Höhenzug **Kroppefjäll** in Nord-Süd-Richtung. Kaum 250 m hoch, ragt er dennoch imposant aus dem flachen fruchtbaren Acker- und Weideland Dalboslätten heraus. Quer über das von kargem Nadelwald bewachsene Kroppefjäll führt ein schöner Wanderweg (Karl XII:s väg) in rund 15 km bis Järbo. Ein guter Startpunkt ist Forsebol südwestlich von Dals Rostock.

Ca. 4 km nordöstlich von Dals Rostock liegt **Gunnarsnäs** 2, dessen Glockenturm mit einem sonst in Schweden eher seltenen, aber für Dalsland typischen Material verkleidet ist: Schieferabbau hat hier lange Tradition, weshalb viele Gebäude in dieser Region mit den dunkelgrauen Platten gedeckt sind.

STF Vandrarhem Kroppefjäll: Dals Rostock, Tel. 0530-203 60, Fax 203 45, www.kroppefjall.com. Sehr schön gelegene Herberge mit modernen Zimmern in einem ehemaligen Sanatorium für Tuberkulosekranke an einem See mit vielen Spazierwegen. Mit Spa-Einrichtungen. DZ ab 340 SEK.

Wanderung auf dem Karl XII:s väg (15 km) ab Dals Rostock über das Kroppefjäll durch Wald-, Moor- und Wiesenlandschaft, Rasthütten vorhanden.

Route: Entlang dem Dalslands kanal nach Åmål

Der **Dalslands kanal** mündet bei Köpmannebro in den Vänersee und ist einer der schönsten Wasserwege Schwedens. Der 254 km lange Kanal kann im Sommer mit Booten be-

Dalsland

Beeindruckendes Relikt der Industriegeschichte: Das Aquädukt von Håverud

fahren werden. Ob mit eigenem oder geliehenem Fahrzeug, auf jeden Fall ist es eine spannende Tour durch 31 Schleusen. Auf einigen Strecken verkehren auch Ausflugsschiffe. Besonders reizvoll ist die kombinierte Tour: hin per Schiff und zurück per Schienenbus auf einer landschaftlich wunderschönen Strecke vorbei an Seen und Wäldern. Man kann dem Wasserweg aber auch auf der Straße folgen.

Åsensbruk

Die Werke dalsländischer Kunsthandwerker und Künstler, insbesondere Silberschmiedearbeiten und Möbel, stehen im Mittelpunkt des Dalslands museum in **Åsensbruk** 3, das als *ekohus* gänzlich ohne Kunststoffe errichtet wurde, nur aus Stein, Holz und natürlich Schiefer (Tel. 0530-300 98, www.dalslandsmuseum.se, Juni–Aug. tgl. 11–18, übrige Zeit Mi–So 11–17 Uhr).

Håverud

Eine technische Meisterleistung und zugleich ein Relikt der Industriegeschichte kann man in **Håverud** 4 bewundern. Der Dalslands kanal überquert die tiefe Schlucht des Hafreströmmen in einem 32,5 m langen Aquädukt, konstruiert aus Eisenplatten, die mit 33 000 Nieten verbunden sind, von denen noch keine ausgetauscht werden musste. 50 m oberhalb des Aquädukts quert außerdem die moderne Straßenbrücke die Schlucht, parallel verläuft die Eisenbahnbrücke. Die Streckenführung über ein Aquädukt erleichterte ganz erheblich den Warentransport auf dem Wasserweg vom See Stora Le zum Vänersee. Bevor der Dalslands kanal 1868 eingeweiht wurde, mussten die Lastkähne in Håverud mühsam umgeladen werden.

Tisselskog

Von Håverud aus kann man auch mit Ausflugsbooten nach **Tisselskog** 5 gelangen. Ansonsten geht es auf kurvenreicher Strecke mit vielen Bahnübergängen zu den Felszeichnungen am Hof Högbyn direkt am See Råvarpen. Im Café bekommt man hausgemachten Kuchen serviert und ein Archäologe erläutert die in Unmengen auf den umliegenden Felsen sichtbaren *hällristningar*. Informationstafeln regen zu eigenen Deutungsversuchen an, denn von der Wissenschaft endgültig ent-

Botschaften aus der Vorzeit: Hällristningar bei Tisselskog

schlüsselt sind die Symbole nicht. Interessant ist eine als ›Akrobat‹ bezeichnete männliche Figur, die einen Salto rückwärts auf einem Schiff zu machen scheint. Ähnliche Darstellungen kennt man auch aus der Ägäis – dass es zu jener Zeit Handelskontakte in den Süden gegeben hat, gilt inzwischen als gesichert.

Baldersnäs

Über Långbron führt der Weg weiter zum **Baldersnäs herrgård** 6, der schon im 19. Jh. über Schwedens Grenzen hinaus für seinen herrlichen Park bekannt war. In den 40er Jahren des 19. Jh. bereits als »nordisches Paradies« beschrieben, folgt er den Regeln des englischen Landschaftsgartens. Er liegt auf einer Landzunge im See Laxsjön. Etwa 240 verschiedene Laubgehölze ließ hier der Hüttenbaron und Schöngeist Carl Fredrik Waern ab 1823 anpflanzen, dazu gibt es künstliche Grotten, gotische Bauten und ein stattliches Holzschloss als Herrenhaus.

Das heutige Hauptgebäude, mit Restaurant und kleinem Hotel, stammt allerdings von 1910–12. Im Park gibt es auch Attraktionen für Kinder wie Bauernhoftiere, Aquarium und Spielplätze.

Bengtsfors

In **Bengtsfors** 7 (10 200 Einw.) am Südende des Sees Lelång wird im Freilichtmuseum Gammelgården auf dem Majberg mit einer Ausstellung im Halmens Hus an das uralte Handwerk des Strohflechtens erinnert, das hier im Sommer kundige Flechterinnen den Besuchern vorführen. Im Gammelgården sind auch eine Herberge und ein Café zu finden (Tel. 0531-126 42, www.halmenshus.com, Mai und Sept. Mi–So 10–16, Juni–Aug. Di–So 10–16.30, März–April und Okt.–Nov. Di–Fr 11–16, Dez. Di–So 11–16 Uhr).

Edsleskog

Auf dem RV 164 geht es nach Osten Richtung Åmål über die alte Pilgerstation in **Edsleskog** 8. Heute endet hier der 51 km lange Wanderweg Pilgrimsleden, der bei Holms kyrka nördlich von Mellerud seinen Anfang nimmt. Er folgt dem alten Pilgerpfad nach Nidaros (Trondheim) zu den Reliquien des hl. Olof, König der Norweger. Für die Pilger traf es sich gut, dass sich in Edsleskog eine heilkräftige Quelle und seit dem 12. Jh. eine dem hl. Nikolaus geweihte Kirche befanden. Die St. Nicolai källa sprudelt noch heute, die Kirche wurde dagegen nach einem Brand im Jahr 1902 nicht wieder aufgebaut. Allerdings steht westlich davon noch der Pfarrhof, mit mehreren schiefergedeckten Holzbauten und einem neu angelegten mittelalterlichen Kräutergarten. Auf der Weiterfahrt Richtung Åmål kann man die Golfspieler auf dem Green vor der Kulisse eines neoklassizistischen Gutshauses den Schläger schwingen sehen: In die von 1686 bis 1885 betriebene Eisenhütte **Forsbacka bruk** 9 sind heute ein Restaurant und Golfhotel eingezogen.

Åmål

Åmål 10 ist Cineasten bekannt: ›Raus aus Åmål‹ im Original noch deutlicher: ›Fucking Åmål‹ von Lukas Moodysson ist einer der Kultfilme des neuen schwedischen Kinos und machte den Ort am Westufer des Vänersees mit 127 000 Gemeindeeinwohnern zum Synonym für tiefste Provinz. Dazu passt, dass Dalslands einzige Stadt ohne Ampeln auskommt. Idyllische alte Häuser in der Innenstadt und schöne Aussichten über den Väner sind die Hauptsehenswürdigkeiten.

Melleruds Turistbyrå: 46490 Mellerud, Tel. 0530-183 08, 182 10, Fax 182 06, tourism@mellerud.se. **Åmåls Turistbyrå:** Hamngatan 1, 66231 Åmål, Tel. 0532-170 98, Fax 167 50, amalturism@telia.com, Mo–Fr 9–16 Uhr. **Bengtsfors Turistbyrå:** Tingshustorget, Bengtsfors, Tel. 0531-52 63 55, Fax 52 60 18, turism@bengtsfors.se, Juni–Aug. Mo–Fr 9–18, Sa, So 9–16, Sept.–Mai Mo–Do 10–16 Uhr.

Baldersnäs herrgård: Baldersnäs 52, Dals Långed, Tel. 0531-412 13, Fax 412 45, www.baldersnas.com. Im Herrenhaus, umgeben vom berühmten Englischen Park, 20 Betten; DZ 600–995 SEK; gute Küche (Menü ab 300 SEK).
STF Vandrarhem Bengtsfors: Gammelgården, Tel./Fax 0531-610 75, Mitte Mai–Mitte Aug., 2- bis 7-Bett-Zimmer in alten Gebäuden des Heimatmuseums; DZ ab 250 SEK.
Dalslands Camping & Kanotcentral: Tel. 0531-100 60, 102 60, Fax 100 70, Juni–Mitte Sept. 2,5 km westlich von Bengtsfors bei Ärtingen, Freibad, Kanuverleih, Hütten- und Häuservermietung.

Mit der Autorin unterwegs

Im Boot über die Schlucht

Eine faszinierende technische Meisterleistung ist das Aquädukt, über das der Dalslands kanal bei **Håverud** geführt wird. Prickelnd ist ein Schiffsausflug über die Wasserrinne, unter sich die tiefe Schlucht (s. S. 211).

Alles Stroh

Das sehenswerte **Halmens Hus in Bengtsfors** zeigt auch praktisch, was man mit Strohhalmen alles anstellen kann – außerdem eine gute Einkaufsadresse für Souvenirs (s. S. 212).

Regionale Auskunftstelle

Västsvenska Turistrådet: Kungsportsavenyn 31–35, 411 36 Göteborg, Tel. 031-81 83 00, Fax 81 83 01, www.vastsverige.com

Draisinefahrten auf der stillgelegten Bahnstrecke Bengtsfors–Årjäng (52,1 km) April–Okt., Info bei Dal-Västra Värmlands Järnväg, Tel. 0531-52 68 0 , www.dvvj.com.
Kanutouren, u.a. in Kombination mit den Draisinefahrten, können gebucht werden, Auskunft bei der Touristeninformation.
Ausflugsschiffe auf dem Dalslands kanal, kombinierbar mit Schienenbusfahrten. Befahren des Dalslands kanal mit Freizeitbooten, Infos: www.dalslandskanal.se.
Golf: 18-Loch-Golfplatz beim Herrenhaus Forsbacka, 7 km nordwestlich von Åmål.

Kanumarathon: Mitte Aug., www.kanotmaraton.se.

Bus: von Bengtsfors nach Åmål und Mellerud, Anreise nach Bengtsfors ab Mellerud im Sommer auch per **Schienenbus** entlang dem Dalslands kanal, s. a. Aktivitäten. Informationen zum **Nahverkehr:** Dalatrafik Tel. 0771-95 95 95, www.dalatrafik.se.

Kapitel 3

Väner, Vätter und Götakanal

Auf einen Blick: Väner, Vätter und Götakanal

Große Seen und ein historischer Wasserweg

Der **Vänersee** ist mit seinen 5648 km² Fläche Europas drittgrößter See, ein echtes Binnenmeer mit einem eigenem Schärengarten, der aus 22 000 Inseln besteht. Seine Ufer teilen sich die Landschaften Dalsland, Värmland und Västergötland. Das Südufer säumt das ertragreiche Land von Västergötland, im Norden ist der Väner verbunden mit den Seensystemen Värmlands und Dalslands, die bis ins Bergland an der norwegischen Grenze reichen.

Die Ufer beider großer Seen, Väner und Vätter, sind uraltes Kulturland: In der fruchtbaren Ebene von Västergötland finden sich nicht nur vorzeitliche Ganggräber und Runensteine, sondern auch Klosterruinen und Schlösser dicht an dicht, im Kinnekullebygden zwischen Lidköping und Mariestad stehen einige der ältesten Steinkirchen des Landes – eine Gegend voller Mittelalterromantik.

Auch die Ebene von Östergötland und die fruchtbaren Osthänge des **Vättersees**, mit 1912 km² Fläche Schwedens zweitgrößtes Binnengewässer, gehören zu den Kernbereichen früher Besiedlung und zu den schönsten Kulturlandschaften des Landes: Mittelalterliche Königshöfe, Runensteine und Kirchen sind Zeugen der Vergangenheit. Lang gezogen und schmal misst der Vättersee in Nord-Süd-Richtung 128 km bei nur 31 km Breite – seine Südspitze ragt noch ins nördliche Småland, Jönköpings län, seine Nordspitze in die Landschaft Närke, die wie eine Klammer zwischen dem Vättersee und den großen Seen Mittelschwedens liegt. Doch nicht nur reiche Kulturlandschaften, auch ein Rest wilde Urnatur findet sich zwischen den Seen: Der dichte Wald im Nationalpark Tiveden, mit riesigen Felsblöcken und geheimnisvollen Seen, gilt als Heimat der Trolle.

Der rund 200 Jahre alte Wasserweg des **Götakanals** verbindet nicht nur Väner- und Vättersee, sondern auch Schwedens West- und Ostküste: Von Göteborg am Skagerrak sind es rund 390 km auf dem Wasserweg via Väner- und Vättersee bis in die östliche Ost-

see. Der spektakulärste Abschnitt des Götakanals ist das Stück zwischen dem Vättersee und der Mündung bei Söderköping in die östliche Ostsee.

Der historische Wasserweg mit der ihm eigenen Schleusenromantik führt mitten durch Östergötland und trennt das reiche Land im Süden – die fruchtbare Ebene bei Linköping – von der Region Bergslagen im Norden. Auf der östlichen Kanalstrecke zwischen Vättern und Ostsee durchqueren alljährlich fast zwei Millionen Menschen auf Ausflugsschiffen und als Freizeitkapitäne die Schleusen. Fahrrad- und Spazierwege folgen heute einem Verkehrsweg, der im 19. Jh. einen wichtigen Faktor der Industrialisierung Schwedens darstellte.

Highlights

7 **Vadstena:** Eine absolut malerische Kleinstadt zwischen Kloster und Schloss (s. S. 239)

8 **Götakanal:** Der historische Wasserweg lockt heute Freizeitkapitäne und Radler (s. S. 244)

Empfehlenswerte Routen

Am Fuß des Kinnekulle: Rund um den Tafelberg südlich des Vänersees gibt es reichlich Historie und viel reizvolle Natur zu entdecken (s. S. 225).

Durch den Tiveden: Auf schmalen Straßen gelangt man in den Nationalpark mit wildem Urwald und Seen voller roter Seerosen (s. S. 228 f.).

Am Vätterufer zum Omberg: An der lieblichen Ostseite des Vättersees passiert man Zuckerbäcker und Klosterruinen, bevor man sich auf der Panoramastraße am Hang des Omberg mit schönsten Ausblicken vom See verabschiedet (s. S. 233).

Reise- und Zeitplanung

Auf der Südseite des Vänersees und entlang dem Ostufer des Vättersees reihen sich die Attraktionen und Sehenswürdigkeiten wie Perlen an einer Schnur. Für Besichtigungen und Abstecher oder auch für einen Badestopp am Seeufer sollte man deshalb ausreichend Zeit einplanen – erst recht wenn noch eine Ausflugsfahrt per Schiff im Programm vorgesehen ist.

Die zahlreichen Schlösser, Kirchen und Klöster in dieser Region bilden das passende Ambiente für kulturelle Veranstaltungen von Opernaufführungen über klassische Konzerte bis zu Ausstellungen, Theater-Events oder Mittelaltermärkten.

Klima und Reisezeit

Im Sommer erlebt man die Seen und den Götakanal von ihrer besten Seite. Bootstouristen steht der Götakanal zwischen Mai und September offen. Besonders im Juli und August herrscht lebhafter Schiffsverkehr auf der Wasserstraße und an den Schleusen, und auch auf den Seen verkehren zahlreiche Ausflugsboote. Dann sind die Sehenswürdigkeiten und touristischen Einrichtungen wie Restaurants und Cafés lange geöffnet, während im Mai, Juni und September häufig nur Wochenendbetrieb herrscht.

Richtig Reisen-Tipps:

Elchpirsch auf den Hunneberg: Begegnungen mit dem ›König der Wälder‹ und lotrechten Felswänden. Schon wegen der beeindruckenden Ausblicke bis zum Vänersee sollte man die Wanderung auf der Nordseite des Hunnebergs unbedingt unternehmen (s. S. 219).

Draisinefahrt bei Gullspång: Radelspaß auf einer stillgelegten Bahnstrecke. Und nahe Gullspång lädt eine Badestelle zur Abkühlung ein (s. S. 227).

Der Vänersee

Karte S. 222

Der Vänersee ist Europas drittgrößter See, zehnmal so groß wie der Bodensee. Vor allem das Südufer mit seinen Kirchen und Schlössern ist reich an Historie und birgt überdies zahllose reizvolle Naturerlebnisse: die Tafelberge Hunneberg und Kinnekulle, die Halbinsel Kålland oder den urwüchsigen Nationalpark Tiveden ...

Trollhättan

Bei **Trollhättan** 1 (53 000 Einw.) denkt noch immer ein jeder zunächst an die großen Namen der schwedischen Automobilindustrie. Doch hat nach Teilschließungen von Fabriken auch hier ein Strukturwandel eingesetzt. Innovativ und kreativ wie sie ist, hat sich eine andere Branche der alten Fabrikhallen bemächtigt: Seit Ende der 1990er Jahre wird hier in den größten schwedischen **Filmstudios** produziert, berühmte Filme wie ›Dancer in The Dark‹, ›Raus aus Åmål‹ oder ›Dogville‹ wurden hier gedreht. So spricht man nicht ohne Grund von ›Trollywood‹ – und Trollhättans Storgatan hat natürlich auch seinen ›Walk of Fame‹. Ein Führer zu Drehorten im Stadtgebiet ist bei der Touristeninformation erhältlich.

In den ehemaligen Nohab-Fabrikhallen, wo einst Turbinen und Loks gebaut wurden, Vorläufer der späteren Automobilindustrie, wird nicht mehr gehämmert und geschweißt. Eingezogen ist stattdessen u. a. das Wissenschaftszentrum **Innovatum**, wo sich Neugierige jeden Alters von den Wundern der Technik beindrucken lassen können (Åkerssjövägen, www.innovatum.se, Di–So 11–16 Uhr). Von dort kann man mit einer Seilbahn über das Gelände der Schleusen schweben. Nebenan auf dem Innovatum-Gelände steht im **SAAB Bilmuseum** das Auto im Mittelpunkt – rund 100 schöne Exemplare kann man hier im Original betrachten (Åkerssjövägen 1, tgl. 11–16 Uhr).

Die Schleusen

Seine Entwicklung zur Industriestadt verdankt Trollhättan dem besonders wasserreichen Götaälv, der hier 32 m in die Tiefe stürzt. Zur Energiegewinnung wurde der mächtige, von der Natur geschaffene Wasserfall schon früh genutzt, bereits im 15. Jh. klapperten hier die Wassermühlen. Heute wird die Kraft des Flusses so umfassend ausgebeutet, dass von einem Wasserfall meistens nichts mehr zu sehen ist. An drei Tagen im Jahr erwacht die alte Pracht wieder zu brausendem Leben: **Fallens Dagar**, die Tage des Wasserfalls, an einem Wochenende im Juli sind Höhepunkt der Saison: Dann wird der Staudamm geöffnet und bietet ein einzigartiges Schauspiel; auch an einigen Tagen zwischen Mai und August strömt für begrenzte Zeit das Wasser wieder statt durch Turbinen durch das natürliche Bett. In Trollhättan sind noch mehr technische Wunderwerke zu sehen, die alle mit dem Namen Christopher Polhem verbunden sind. Der Erbauer des Trollhätte-Kanal hatte zwar schon im 18. Jh. mit den Arbeiten begonnen, musste aber aus Geldmangel immer wieder pausieren, bevor im Jahr 1800 die Wasserfälle endlich umschifft werden konnten. Ein Spaziergang auf dem Slussleden führt zu der ältesten Schleuse (*sluss*) und zu weiteren von 1844 und 1916. Am höchsten Punkt informiert das **Kanalmuseum** (Tel. 0520-47 22 06, Anfang April, Mai, Sept. Sa, So u. feiertags 12–17, ca. Mitte Juni–Aug. tgl. 10–19 Uhr) über die Geschichte des Wasserweges, mit dem man der Verwirklichung des Traums von einer Schifffahrtsroute quer durch Schweden ein gutes Stück näherkam: Auf dem Götakanal kann man noch heute wie vor über 100 Jahren in sechs Tagen von Göteborg nach Stockholm schippern.

Visit Trollhättan: Åkerssjövägen 10, Box 901, 46129 Trollhättan, Tel. 0520-48 84 72, Fax 48 84 24, www.visittrollhattan.se, Mo–Fr 10–16, Sommer tgl. 10–18 Uhr.

Kung Oscar: Drottninggatan 17, Trollhättan, Tel. 0520-47 04 70, Fax 47 04 71, www.kungoscar.se. Das Hotel der First-Kette mit 74 Zimmern liegt zentral und bietet alle Annehmlichkeiten eines Businesshotels, u. a. Sauna, Restaurant; EZ ab ca. 600 SEK, DZ ab ca. 800 SEK (Sommerpreis).

Fallens Dagar: An drei Tagen Mitte Juli braust der Götaälv wieder zweimal täglich in alter Kraft in die Tiefe, und die ganze Stadt feiert. Das Schauspiel kann man außerdem Mai–Juni Sa, So 15 Uhr, Juli–Aug. zusätzl. Mi 15 Uhr erleben.
Novemberfestivalen: Filmfestival mit neuesten Werken des jungen schwedischen Kinos, www.novemberfestivalen.nu.

Flug: Inlandsflughafen Trollhättan-Vänersborg 7 km.
Bahn: Trollhättan liegt an der Strecke Göteborg–Karlstad, Infos zum Nahverkehr: Västtrafiken Tel. 0771-41 43 00, www.vasttrafik.se.

Falköping und Umgebung

Im Falbygden, dem fruchtbaren Landstrich zwischen Väner- und Vättersee, muss schon in grauer Vorzeit ein wichtiger Handelsplatz gewesen sein: Im Dreieck zwischen Axvall (östlich von Skara), Gökhem und Kymbo (südöstlich von Falköping) wurden über die Hälfte aller steinzeitlichen Ganggräber (*gånggrift*) in Schweden gefunden, allein 17 davon mitten in der heutigen Stadt **Falköping** 3 (31 000 Einw.). Im Falbygdens Museum sind kulturgeschichtliche Funde aus der Vorzeit der Region zu besichtigen (St. Olofsgatan 23, Tel. 0515-850 50, Di–Fr und So 13–16 Uhr). Eine andere Spezialität von Falköping ist Käse (*ost*), schließlich weiden im Falbygden die meisten Milchkühe des Landes.

Ein Stück weiter in südlicher Richtung auf dem RV 46, in Åsarp, können sich Kinder und Erwachsene in **Ekehagens forntidsby** 4 auf eine Zeitreise in die Vergangenheit begeben und sich mit dem Steinzeit- oder Bronzezeit-Alltag vertraut machen, etwa Mehl mit der Steinmühle mahlen, bogenschießen mit selbst gefertigten Pfeilen, spinnen oder paddeln im Einbaum (Norra Åsarp, 18 km südlich

Richtig Reisen-Tipp: Elchpirsch auf dem Hunneberg

Am Südrand des Vänersees ragen östlich von Vänersborg die merkwürdigen Tafelberge Halleberg und **Hunneberg** 2 auf – steil und kahl steigen die Felswände fast 100 m aus der flachen Landschaft empor, oben sind sie völlig flach, bewachsen von dichtem Nadelwald und durchsetzt mit sumpfigen Seen. Wandert man auf der Nordseite des Hunnebergs bis zum Rand, bietet sich eine atemraubende Aussicht von der Steilkante bis zum Vänersee. Auf dem seit alters her als königliche Jagddomäne geschützten Hunneberg leben unzählige Elche. Meist bleiben sie den Blicken der neugierigen Touristen verborgen – damit jeder einen Blick auf die ›Könige des Waldes‹ erhaschen kann, veranstaltet das Turistbyrå Vänersborg an Sommerabenden **Elchsafaris** per Bus (Juli, Aug. Mo und Do 18.30 Uhr. Turistbyrå Vänersborg: Järnvägsstationen, 46222 Vänersborg, Tel. 0521-27 14 00, Fax 27 14 01, www.vanersborg.se/turist, Juli–Aug. Mo–Fr 8–19, Sa, So 10–16, übrige Zeit Mo–Fr 8–17 Uhr.). Und das **Museum zum Thema Elch** auf dem Hunneberg klärt auf über die Geheimnisse dieser einzigartigen Urnatur auf dem ›Elchberg‹ (Älgens Berg/Kungajaktmuseet, Tel. 0521-22 02 80, Juni–Aug. tgl. 10–18, Sept.–Mai Di–So 11–16 Uhr).

Mit der Autorin unterwegs

Die Schleusen von Trollhättan

Der historische Schleusenwanderweg hoch über dem Tal führt nicht nur zu atemberaubenden Ausblicken und wilder Natur, sondern auch durch Industriegeschichte (s. S. 218 f.).

Ins finstere Mittelalter

Spüren Sie dem Hauch der finsteren Zeiten nach, als der schwedische Thron noch heftigst umkämpft war: Varnhem Kloster war vor 800 Jahren die Grabstätte der Könige (s. S. 223).

Draisine-Radeln

Auf der Trasse der ehemaligen Bahnlinie Torvedsbana radeln Sie von Gullspång aus vorbei an Wald, Wiesen und schönen lockenden Badestellen (s. S. 227).

Regionale Auskunftstelle

Västsvenska Turistrådet: Kungsportsavenyn 31–35, 411 36 Göteborg, Tel. 031-81 83 00, Fax 81 83 01, www.vastsverige.com

Falköping, Tel. 0515-500 60, Mitte Mai–Anfang Juli tgl. 10–16, Juli–dritte Augustwoche. 10–18 Uhr, www.ekehagensforntidsby.r.se).

Westlich von Falköping am RV 47 stößt man auf die Kirche von **Gökhem** 5, deren Inneres einen Blick wert ist. Denn die Gewölbe sind mit Malereien aus dem ausgehenden 15. Jh. geschmückt. In schlichten Bildern werden Szenen der Schöpfungsgeschichte sowie zum Gleichnis von den klugen und den törichten Jungfrauen gezeigt, gemalt von einem unter dem Namen Amund bekannten Künstler.

9 km nördlich von Falköping an der Straße nach Skara trifft man auf die Ruinen von **Gudhem** 6. Das Kloster war eines von elf im 12. Jh. in Schweden gegründeten Zisterzienserklöster (s. a. Alvastra, Varnhem). Die romanische Klosterkirche war reich mit Skulpturen geschmückt. Im Klostermuseum sind Portalreste und Kapitelle zu besichtigen.

Zwischen Falköping und Skara liegt der **Hornborgasjö** 7 rechts der Straße. Zur Kranichsaison im Frühjahr kommen jedes Jahr über Hunderttausend Vogelfreunde an den berühmten See, allein um den Balztanz der Kraniche auf den Feldern zwischen Bjurum und Dagsnäs zu beobachten. Angezogen wurden die Kraniche in so großen Mengen ursprünglich nicht nur vom Wasser – wo sie sicher vor Raubtieren rasten können –, sondern auch von den umliegenden Kartoffelfeldern, auf denen sie im Herbst eifrig ›Nachlese‹ hielten. Inzwischen werden auf den Feldern zwar keine Kartoffeln mehr angebaut, aber die Flächen werden ganz bewusst mit Getreide eingesät – schließlich ist der Kranichzug nicht zuletzt auch ein wichtiger touristischer Faktor in dieser Region. Im **Naturum Trandansen** (ca. Mitte März–Mitte April tgl. 7–20 Uhr)

Im Frühjahr ist Kranichsaison am Hornborgasjö

südwestlich des Sees steht mit Ausstellungen und Informationsveranstaltungen folgerichtig ganz der Kranich (*trana*) im Mittelpunkt und das einmalige Naturschauspiel der tanzenden Vögel. Der nährstoffreiche, schilfbedeckte Flachwassersee Hornborgasjö bietet das ganze Jahr über zahlreichen Wasservögeln einen optimalen Lebensraum. Im **Naturum Hornborga** auf der Ostseite des Sees kann man seiner Vogelwelt auf unterschiedliche Weise nahekommen: anhand eines Filmes und in einer Ausstellung werden die am See lebenden Arten vorgestellt, dann kann der Besucher auf eigene Faust von dem bequem mit Aufzug ausgestatteten Vogelturm einen Blick über den Schilfgürtel des Sees werfen. Verschiedene Wanderungen führen zu weiteren Aussichtsplätzen, z. B. dem alten Aussichtsturm auf der Halbinsel Fågeludden (Mitte März–Mitte Juni tgl. 9–19, Mitte Juni–Aug. 11–18, Sept. Sa, So 11–17 Uhr).

Falköpings Turistbyrå: Odengatan 24 (Collegium Park), 52142 Falköping, Tel. 0515-77 70 50, Fax 77 70 59, www.falkoping.nu, turistbyran@falkoping.se, Mo–Fr 9–16 Uhr (im Sommer auch länger und zusätzlich am Sa).

Osteria: Tel. 0515-131 90, Mo–Fr 10–18, Sa 10–14, So 11–16 Uhr. Im Verkaufslokal von Falbygdens Ost gibt es eine 25 m lange Käsetheke ...

Bahn: an den Strecken Göteborg–Stockholm und Nässjö–Jönköping–Töreboda. Informationen zum Nahverkehr: www.vasttrafik.se.

Vänersee

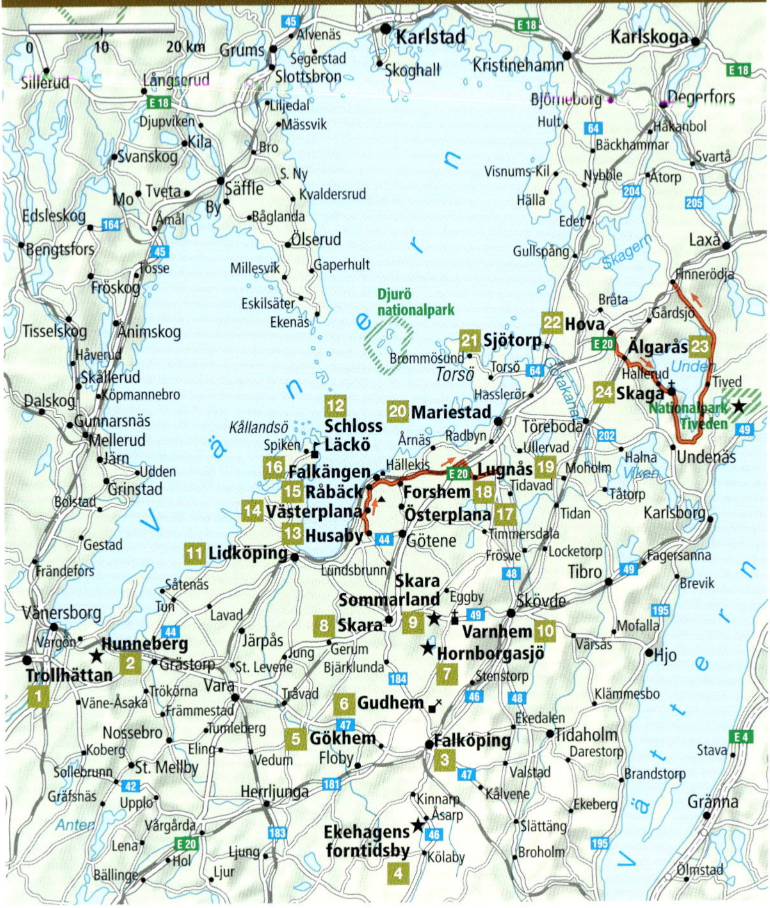

Skara

Die Domstadt **Skara** 8 (18 500 Einw.) wirkt heute etwas verschlafen, gehörte aber im Mittelalter zu den größten Städten Schwedens und war wichtiges Zentrum der Christenheit im ›wilden Norden‹. Um 1015 wurde die Stadt zu einem der ersten Bischofssitze in Schweden. Aus dieser Zeit stammen noch Teile der Krypta des **Doms,** wo sich auch das Grab Adalvards, des ersten Bischofs, und in einer Glasvitrine der winzige Silberkelch mit seinem Namenszug befinden. Bei einer Restaurierung Ende des 19. Jh. wurde der Dom im neugotischen Stil umgestaltet. Mit ihren 65 m Höhe ragen die Türme heute weithin sichtbar aus der Landschaft (Mo–Sa 10–16, So 10– 13.30, Juli tgl. 10–19 Uhr).

Beeindruckende Zeugnisse der Geschichte sind im **Länsmuseum** zu sehen: Eines der ältesten in Schweden erhaltenen Bücher ist das Skara-Missal (ca. 1100–1150), geschrieben von Mönchen aus Skara. Noch älter, nämlich rund 3000 Jahre alt, sind die 16 nahezu unversehrten und prächtig verzierten Bronzeschilde, die 1985 auf der Halbinsel Kålland beim Pflügen entdeckt wurden. Im Freilichtmuseum **Fornbyn** hinter dem Länsmuseum kann man etwa 30 alte Häuser aus der Region besichtigen (Stadsträdgården, Tel. 0511-260 00, www.skaramus.se, Di, Do–Fr 10–17, Mi 10–21, Sa, So 12–17 Uhr, Fornbyn Freilichtmuseum im Sommer geöffnet).

Bekannter noch als der Dom von Skara ist den meisten vermutlich – insbesondere Familien mit Kindern – **Skara Sommarland** 9 in Axvall 8 km östlich auf dem RV 49 Richtung Skövde. An Skandinaviens größten und stets gut besuchten Vergnügungspark grenzen direkt ein großer Campingplatz mit Hüttendorf und ein Einkaufszentrum (Tel. 0511-77 03 00, Juni–Aug. tgl. 10–17 Uhr, an Wochenenden bis 18, Juli bis 19 Uhr).

i **Skara Turistbyrå:** Skolgatan 1, 53288 Skara, Tel. 0511-325 80, Fax 325 84, turistbyran@skara.se, Mo–Do 10–18, Fr 10–17, Sa 10–13 Uhr.

STF Vandrarhem Skara-Eggby: Skarvavägen 3, Eggby, Tel. 0511-121 65, Fax 202 06, eggby@home.se, April–Sept. 15 km östlich von Skara, 6 km von Varnhem. Kleine Herberge mit 25 Betten, alle Zimmer haben Dusche/WC; DZ ab 290 SEK.

Bus: Verbindungen nach Falköping und Skövde. Informationen zum Nahverkehr s. Falköping.

Varnhem Kloster

Einige Kilometer östlich von Axvall am RV 49 liegt **Varnhem Kloster** 10. Durch Jan Guillous spannende historische Romane um die Abenteuer des Klosterzöglings und Kreuzritters Arn Magnusson ist das mittelalterliche Kloster ebenso wie viele andere Schauplätze der Bücher sehr populär geworden. Auf Arns Fußspuren (›I Arns Fotspår‹) leiten Broschüren die Touristen durch die Region südlich des Vänersees.

Die Klosterkirche Varnhem ist nicht nur mit einer fiktiven Romanfigur verknüpft, sondern auch mit berühmten Herrschern. So diente sie den Königen des Eriks-Geschlechts als Grabstätte. Das Grab des Stockholm-Gründers Birger Jarl findet man im Westteil der Kirche gegenüber dem Eingang. Die dreischiffige romanische Kirche mit Chorumgang und Kapellenkranz kann ihr französisches Vorbild nicht verleugnen: Das Kloster, um 1150 von Zisterziensermönchen aus Alvastra gegründet, entstand nach dem Muster von Clairvaux in Burgund. 1260 war die Kirche der Mönche fertig und mit einer Länge von 69 m damals die größte des Landes. Im Halbdunkel der Grabkapellen des Chorumgangs kann man die Inschriften der Denkmalstumben der Könige entziffern, eifrige Verfechter des Christentums in einem noch vom Asenglauben geprägten, unter verschiedenen Herrschergeschlechtern hin- und hergerissenen Land (Tel. 0511-265 34, April, Sept. tgl. 10–16, Mai–Aug. tgl. 10–18 Uhr).

Lidköping

Die 37 000-Einwohner-Stadt **Lidköping** 11 an der Mündung des Lindan in den Vänersee ist gegenüber Skara eine vergleichsweise junge Gründung: im Jahr 1446 erhielt die Siedlung östlich des Flusses, die heutige Gamla Staden, die Stadtrechte. Doch 1553 fiel sie weitgehend den Flammen zum Opfer und nur am Limtorget, wo früher der Kalk aus den Steinbrüchen des Umlands verkauft wurde, sind noch einige alte Häuser erhalten. Die Entwicklung der aufblühenden Hafenstadt am Südufer des Vänern stockte, bis der einflussreiche Adlige Magnus Gabriel de la Gardie, Herr auf Läckö slott, Mitte des 17. Jh. auf der Westseite des Lidan Nya Staden, die Neustadt, das heutige Stadtzentrum, errichten ließ. Er stiftete auch ein **Rathaus**: Das leuchtend rote Holzgebäude wurde allerdings ursprünglich als Jagdschloss auf der Halbinsel Kålland errichtet. 1672 transportierte man es Brett für Brett nach Lidköping, wo es am 10. Juni 1676 feierlich von den Bürgern eingeweiht wurde. Im Erdgeschoss ist heute ein gemütliches Café eingerichtet. Jeden Samstag findet auf dem Platz rundum ein großer Markt statt.

Lidköping ist auch noch heute ein wichtiger Hafen und Industriestandort. Zur **Porzellanfabrik Rörstrand** gehören ein Museum nebst Café. Das Fabrikmuseum zeigt historisches Porzellan aus der Produktion der traditionsreichen Firma, und im zugehörigen Laden kann man preiswert Fabrikware mit kleinen Fehlern erstehen (Mo–Fr 10–18, Sa 10–15, So 12–16 Uhr).

Das direkt am Seeufer gelegene **Vänermuseum** widmet sich vor allem dem Thema Wasser. Daneben besitzt es auch eine interessante geologische Abteilung. Im Paleo Geology Center kann man Versteinerungen von urzeitlichen Tintenfischen und Krebsen aus den an Fossilien besonders reichen Kalksteinbrüchen der Region bewundern. Eine Ausstellung zeigt außerdem das frühere Leben der Fischer und Schiffer am Vänersee. Dem Werk des Glaskünstlers Bertil Vallien ist ebenfalls ein Raum gewidmet – besonders schön ist sein imposantes Glasboot (Framnäsvägen 2, Tel. 0510-77 00 65, www.vanermuseet.se, Di–Fr 10–17, Do 10–19, Sa, So 12–17, Juni–Aug. auch Mo 10–17 Uhr). Im Museumsrestaurant werden typische Väner-Spezialitäten serviert. Anschließend kann man sich mit einem kühlen Bad in Schwedens größtem See erfrischen. Eine Badestelle liegt direkt vor der Tür.

Lidköping-Götene Turistbyrå: Stationshuset, Bangatan 3, 53132 Lidköping, Tel. 0510-77 05 00, Fax 77 04 64, www.lidkoping.se/turist.

STF Vandrarhem Lidköping: Gamla Stadens torg 4, Tel. 0510-6 64 30, Fax 233 00, www.lidkopingsvandrarhem.com. Die Herberge liegt mitten in der Stadt, 52 Betten in 2- bis 6-Bett-Zimmern; DZ ab 280 SEK.
SweCamp KronoCamping Lidköping-Vänern: Tel. 0510-268 04, Fax 211 35. Sehr großer Platz am Vänerufer, mit Strandbad und beheiztem Pool, 1 km von der Stadt, Hütten, Ferienhäuser, Bootsverleih; Stellplatz ab 160 SEK.
Filsbäcks Camping: Tel. 0510-54 60 27, 54 63 76. Östlich von Lidköping am Vänersee, 4 km auf dem RV 44 bis zur Stadt, Hüttenvermietung; Stellplatz ab 70 SEK.

Bahn: Lidköping liegt an der Strecke des Kinnekulletåget. Informationen zum **Nahverkehr** s. Falköping.

Kålland mit Schloss Läckö

An Stelle des heutigen **Schlosses Läckö** 12 stand Ende des 13. Jh. eine trutzige Bischofsburg. Gustav Vasa ließ die Kirchengüter konfiszieren, die er und seine Nachfolger dann an verdiente Krieger und Adlige verteilten; 1615 erhielt der Feldherr Jacob Pontusson de la Gardie Grafschaft und Schloss Läckö für seine Verdienste im Krieg gegen Russland.

Das prächtige, heute wie ein Märchenschloss am Vänerufer liegende Gebäude geht auf seinen Sohn Magnus de la Gardie zurück, der die Sommerresidenz zu einem üppigen Barockschloss umbauen ließ. 248 Räume, davon viele, wie der Rittersaal, mit Deckenmalereien und Porträtgalerien geschmückt, zeugen noch heute vom verschwenderischen Luxus der schwedischen Großmachtzeit.

Angeblich ziehen die Sommerausstellungen auf Läckö dreimal so viele Besucher an wie das Nationalmuseum in Stockholm. Der Schlossgarten ist im strengen französischen Stil wieder so angelegt worden, wie er dem Schlossherrn und seiner Frau Maria Eufrosyne einst zum Lustwandeln diente. Am Abend sorgen Konzerte, ein Restaurant und ein Pub dafür, dass auf Läckö immer etwas los ist (Veranstaltungsprogramm unter: www.lackoslott.se, Tel. 0510-48 46 60, Mai–Sept. Führungen 3–6 mal tgl. stdl. 11–15, Sa, So 11–16 Uhr).

Viele Familien kommen aber auch einfach nur zum Picknick in die Schärenlandschaft

Ein Märchenschloss am Vänerufer: Läckö slott

Ekens skärgård oder kaufen im nahe gelegenen Fischerort **Spiken** frische oder geräucherte Spezialitäten aus dem See: Renken (*sik*), Aal oder Lachs. Hier kommt man sich vor wie am Meer; schließlich ist der Vänern Europas drittgrößter Binnensee, auf dem es auch richtig stürmisch werden kann.

Getreidefelder zeugen von der Fruchtbarkeit der Schwemmlandböden auf Kålland, auch einige Windmühlen wurden restauriert und stehen malerisch über dem wogenden Korn. Auf dem Rückweg sollte man einen Abstecher zur ca. 7 km nach Westen vorspringenden Landzunge **Hindens rev** nicht versäumen. Es ist ein einzigartiges Erlebnis, auf der schmalen, 25–100 m breiten flachen Endmoräne hinauszuwandern, der Abschmelzkante des riesigen Gletschers, der hier vor ca. 10 000 Jahren lag und nur Steine und Kies hinterließ. Die Endmoräne markiert die Südgrenze des damals auf der skandinavischen Halbinsel lastenden Eises und setzt sich am nördlichen Vänerufer in Dalsland mit Hjortens udde fort. Die mit windgebeugten Bäumen und Sträuchern bewachsene Landzunge steht unter Naturschutz.

Café Sjöboden: Spiken, Kålland, Tel. 0510-104 08, Mai–Sept. 12–16, 17.30–22 Uhr. Spezialität ist der tgl. frische und geräucherte Fisch aus dem See, aber auch Fleischgerichte (125–215 SEK).

Rörstrands Fabriksmuseum und Fabriksbod (Fabrikverkauf): Fabriksgatan 4 (im westlichen Hafengebiet), Tel. 0510-823 48, Mo–Fr 10–18, Sa 10–15, So 12–16 Uhr.

Bootsausflüge ins weitläufige Schärengebiet Ekens Skärgård starten beim Schloss Läckö, Tel. 0510-263 00, 104 55.

Route: Am Fuß des Kinnekulle

Wer etwas Zeit hat, sollte für den Weg von Lidköping nach Mariestad die reizvolle Strecke am Fuß des Plateaubergs Kinnekulle wählen. Dieses Gebiet ist reich an Sehenswürdigkeiten. In **Husaby** 13 besaß Olof Skötkonung, der erste zum Christentum bekehrte schwedische König, einen Hof, und an dieser

Stelle ließ er wohl eine Bischofskirche bauen. An den Turm, im 11. Jh. als Wehrturm entstanden, baute man zuerst eine Stabkirche aus Holz. Im 12. Jh. wurde sie dann durch die heutige Steinkirche ersetzt. Das Innere beeindruckt durch zahlreiche Altertümer. Im Chor steht Schwedens ältestes Möbel: ein Bischofsthron aus dem 13. Jh. Der holzgeschnitzte Lettner, der Chor und Kirchenraum trennt, ist ebenfalls eine Rarität. Die Holzskulpturen und das Triumphkreuz stammen aus dem 14. Jh., eine Besonderheit ist der in die Wand eingelassene Ambo, eine altertümliche Art Kanzel. Die Kalkmalereien an Decke und Wänden aus dem 15. Jh. sind nur im Chor noch original erhalten (April tgl. 8–18, Mai–Sept. 8–20 Uhr). Der verwitterte Steinsarkophag draußen vor dem Eingang gehörte der Legende nach Olof Skötkonung. Olof, so heißt es, sei im Jahr 1008 vom englischen Missionar Sigfrid in der Quelle im Wald etwas unterhalb (Stufen) nordöstlich der Kirche getauft worden. Noch heute finden hier Taufen unter freiem Himmel statt. Auf der anderen Straßenseite finden sich Ruinen eines Bischofshofes aus dem 15. Jh., etwa 1 km nordöstlich mehrere hundert Steinritzungen aus der Bronzezeit bei Lilla Flyhov.

Gegenüber der Kirche von Husaby kann man den Weg auf dem insgesamt 45 km langen Rundwanderweg **Kinnekulleleden** fortsetzen. Er führt zunächst zur mittelalterlichen Kirche von **Västerplana** 14. Munkängarna heißt die bis zum 15. Jh. von Mönchen aus Vadstena angelegte, parkartige Waldlandschaft mit Eschen, Ulmen und Linden. Im Frühjahr ist der Waldboden von den weißen Blüten des intensiv nach Knoblauch duftenden Bärlauch bedeckt.

Die natürlichen Ressourcen werden in dieser alten Kulturlandschaft fleißig genutzt: Am Hafen von **Råbäck** 15 zeigt Råbäcks Mekaniska Stenhuggeri, wie man bis in die 1960er Jahre aus dem hier abgebauten Kalkstein Bausteine, Fensterbänke und andere nützliche Dinge fertigte (Öffnungszeiten in der Touristeninformation erfragen). Im Handwerkerdorf **Falkängen** 16 in Hällekis stellen Kunsthandwerker ihre Produkte aus und führen ihre Kunst vor: etwa Flickenteppiche weben oder Holzarbeiten (Mai–Aug. tgl. 10–18 Uhr; gleichzeitig Vandrarhem, s. Unterkunft).

Der 306 m hohe Gipfel des Plateauberges **Kinnekulle** mit einem Aussichtsturm im romantischen Stil des späten 19. Jh. bietet einen fantastischen Blick über den Vänersee. Die naturgeschützte Heidelandschaft von **Österplana** 17 verdankt ihre einzigartige Flora dem kalkhaltigen Boden.

Die Kirche von **Forshem** 18 vermittelt interessante Einblicke in die Bauweise mittelalterlicher Kirchen. Die Portalskulpturen aus dem 12. Jh. zeigen einen Spender bei der Anlieferung von Kalk und Steinmetzen bei der Arbeit an der Kirche (ganzj. tgl. 8–20 Uhr).

Bei **Lugnås** 19 weist das Schild ›Minnesfjäll‹ auf die Relikte des Sandsteinabbaus, der hier 800 Jahre lang ein Erwerbszweig war. Vor allem Mühlsteine wurden aus dem Lugnås-Tafelberg gewonnen. Durch das Aufkommen künstlicher Mahlsteine wurde der Sandsteinabbau allerdings Anfang des 20. Jh. unrentabel. Im Sommer kann man an Führungen durch die Stollen teilnehmen; keinesfalls sollte man auf eigene Faust hineingehen (Lugnås Qvarnstensgruva och Minnesfjället, Tel. 0501-406 86, Mai–Mittsommer Sa, So 12–17, Mittsommer–Mitte Aug. tgl. 12–17 Uhr).

i **Kinnekulle Turistbyrå:** Pilgrimsgården Husaby, Tel. 0511-34 32 60, nur im Sommer, übrige Zeit s. Lidköping S. 225, www.hallekis.com/turist.

STF Vandrarhem Falkängen: Hällekis, Tel. 0510-54 06 53, Fax 54 00 85, info@falkängen.nu, Mai–Aug. Die 2- bis 5-Bett-Apartments im Handwerkerdorf verfügen über Dusche/WC und Pantryküche; DZ ab 300 SEK.

Vin och Pimpinella: Hellekis Säteri och Högkullen, Tel. 0510-54 42 56, www.vinopim.com. April–Sept. tgl., sonst nur Sa, So. Das Restaurant auf dem Gipfel des Kinnekulle mit schöner Aussicht serviert aus lokalen, vielfach Ökoprodukten schonend zubereitete Kost, viel Vegetarisches (65–190 SEK).

Richtig Reisen-Tipp: Draisinefahrt bei Gullspång

Auf der Trasse der ehemaligen Bahnlinie Torvedsbana geht es 20 km weit von Gullspång nach Süden (hin und zurück ca. 4 Std.), nach Norden führt die Strecke weitere 40 km bis Degerfors. Abwechselnd durch Wald und Wiesen passiert man auch einige Seen und eine schöne Badestelle unweit vom Ziel in Gullspång. Die Draisinen haben Platz für max. zwei Erwachsene und ein Kind, Vorausbuchung ist Juli/Aug. ratsam: Gullspångs Turistbyrå, Alhöjden, 54721 Gullspång, Tel. 0551-361 40, gullspang.turistservice@telia.com.

Bahn: Der Kinnekulletåget verkehrt ab Herrljunga über Lidköping und Mariestad nach Laxå und Hallsberg an der Strecke Göteborg–Stockholm. Informationen zum **Nahverkehr** s. Falköping.

Mariestad und Umgebung

Als ›Perle des Vänern‹ bezeichnet sich stolz **Mariestad** 20 (23 900 Einw.). Gegründet wurde die Kleinstadt 1583 vom späteren König Karl IX., der sie nach seiner Gattin Maria von der Pfalz benannte. Als Konkurrenz zu der von seinem Bruder und Rivalen Johan III. beherrschten Bischofsstadt Skara geplant, dauerte der Bau des Domes 20 Jahre, ungefähr genauso lange war Mariestad auch Bischofssitz. Die frühere Residenz Karls IX. und seiner Frau, Schloss Marieholm, auf einer Insel in der Mündung des Tidan, dient dem **Vadsbo-Museum** heute als stilgerechter Ort für Wechselausstellungen zur Stadtgeschichte (Marieholm, Tel. 0501-75 58 31, Juni–Aug. Di–So 13–16, Mi 13–19 Uhr, übrige Zeit Sa, So 13–15 Uhr).

In **Sjötorp** 21, wo der Götakanal in den Väner mündet, erinnert ein Kanalmuseum an die Arbeiten zu diesem Jahrhundertbauwerk (s. S. 247): An der Schleuse kann man zusehen, wie die Schiffe abgefertigt werden – immer ein aufregendes Schauspiel. Das Kanalmuseum (mit Touristeninformation) in dem roten Hafenspeicher zeigt historische Schiffsmotoren und Details zur Kanalschifffahrt (Tel. 0501-514 34, Juni–Aug. tgl. 10–18 Uhr).

Mariestads Turistbyrå: Hamnplan, 54230 Mariestad, Tel. 0501-100 01, Fax 121 40, www.turism.mariestad.se, Mo–Fr 9–12.30, 13.30–17 Uhr (im Sommer länger und auch Sa, So).

Bergs Hotell: Mariestad, Kyrkogatan 18, Tel. 0501-103 24, www.bergshotel.com. Altmodisches kleines Hotel im alten Stadtkern, einfache Zimmer in einem Haus aus dem 18. Jh.; DZ 600 SEK.
STF Vandrarhem: Hamngatan 20, Mariestad, Tel. 0501-104 48, Fax 123 45. In einem historischen Gebäude der Altstadt, 60 Betten in 2- bis 6-Bettzimmern; DZ ab 280 SEK.
Ekuddens camping: Tel. 0501-106 37, Fax 186 01, Mai–Mitte Sept. Recht großer Platz (über 300 Stellplätze) an einem kinderfreundlichen Vänerstrand, 2 km nordwestlich von Mariestad; Stellplatz ab 120 SEK.
Askeviksbadets Camping: Sjötorp, Tel. 0501-514 09, April–Sept. 5 km nördlich von Sjötorp am RV 26, mit schöner Badestelle, Hüttenvermietung, Bootsverleih; Stellplatz ab 105 SEK.

Bootstouren auf dem Vänersee und Götakanal; Auskunft über organisierte **Angeltouren** im Turistbyrå Mariestad.
Strände: am Vänerufer zwischen Otterbäck und Sjötorp sind die Strände breit und flach abfallend, mit grobkörnigem Sand. 300 m vom RV 64, Badestelle beim Campingplatz Barfoten am Ortseingang nach Otterbäck. Außerdem: Askeviksbadet 5 km nördlich Sjötorp (s. Camping).
Fahrradvermietung: im Kanalmuseum Sjötorp.

Bahn: Der Kinnekulletåget verkehrt ab Herrljunga über Lidköping und Mariestad nach Laxå und Hallsberg an der Strecke Göteborg–Stockholm.

Route: Durch den Tiveden

Der **Nationalpark Tiveden** steht in auffälligem Kontrast zu dem klimatisch begünstigten Land südlich des Vänern. Entstanden ist das wilde, von teilweise unzugänglichen Wäldern bedeckte unebene Terrain vor ca. 1 Mrd. Jahren, als gleichzeitig mit der Spalte des Vättern der Granitgrund des schwedischen Urgesteins tiefe Risse bekam. Die Gletscher der Eiszeiten sorgten dafür, dass riesige Findlingsblöcke im Wald liegenblieben – die richtige Umgebung für Trolle, als deren Hort Tiveden lange galt. Nachdem der Wald über Jahrhunderte für die Herstellung von Holzkohle genutzt wurde, entwickelt sich in dem 1983 unter Naturschutz gestellten Gebiet ohne menschliche Eingriffe ein Urwald. Waldvögel wie Rauhfußkauz und Dreizehenspecht haben sich angesiedelt. Nur hier wächst wild die seltene rote Seerose.

Im Ort **Hova** 22 zweigt der RV 200 Richtung Älgarås von der E 20 ab. Jedes Jahr Anfang Juli erinnert die Mittelalterwoche von Hova an die entscheidende Schlacht im Jahr 1275. Damals kämpften hier Birger Jarls Söhne um die Macht, König Valdemar Birgersson verlor den Thron an seinen Bruder Magnus Ladulås. Die Mittelalterwoche von Hova mit ihren Ritterspektakeln und Gauklervorführungen lockt Zehntausende von Besuchern an.

Auch ein Hort für Trolle: der Nationalpark Tiveden

Erste Station auf dem Weg in die Einsamkeit des Nationalparks Tiveden ist **Älgarås** 23 (Abzweig vom RV 200 nach wenigen Kilometern). Fast übersieht man die kleine Holzkirche etwas außerhalb des Ortes, die zu den ältesten Holzgebäuden des Landes gehört (ursprünglich im 13. Jh. errichtet). Ihr Inneres ist schon wegen der einzigartigen Atmosphäre sehenswert. Die Decken sind in einem schlichten, volkstümlichen Stil ausgemalt. Ein kleiner Marienschrein aus dem 13. Jh. und ein Triumphkruzifix gehören zum Inventar.

Hinter der Kirche links führt der Weg fast ausschließlich durch Wald zu herrlichen einsamen Seen. Dennoch finden sich Spuren einer sehr frühen Besiedlung. Die Stabkirche von **Skaga** 24, auf einer Landnase am See Unden gelegen, steht an der Stelle eines uralten Heiligtums. Hier gibt es mehrere Quellen, und eine alte Sage rankt sich um diesen Ort. Die zwischenzeitlich abgebrannte Stabkirche wurde 2001 komplett neu errichtet.

Kurz vor **Undenäs** mit seiner imposanten Kirche (›Dom des Tiveden‹) geht es links nach Tived/Askersund. Die Straße führt mitten hinein in das urwüchsige Nationalparkgebiet des **Tiveden:** Beim Schild »Tivedstorp 10 km« rechts abbiegen, nach 5 km geht es weiter geradeaus über Schotterwege und nach 1 km führt ein Abzweig rechts nach Vitsand (4 km). Endstation ist der Parkplatz ca. 200 m vom Strand **Vitsand.** Der weiche Sand der langgezogenen Bucht am See Stora Trehörningen ist durchsetzt von Kiefernnadeln und -zapfen, das seichte Moorwasser erwärmt sich schnell – ein idyllischr Ort nicht nur zum Baden. Wanderwege führen von hier zu verschiedenen Natursehenswürdigkeiten, etwa zur **Stenkälla** (›Stein-Quelle‹, 1,6 km). Die Quelle entspringt unter haushohen Findlingsblöcken, die aussehen, als hätten Riesen sie durcheinandergewürfelt. Zurück auf der Straße Tived–Askersund hält man sich links ein Stück Richtung Tived, um kurz vor dem Ort nach rechts Richtung **Finnerödja** abzubiegen, wo man auf die E20 Richtung Örebro stößt.

Laxå Turistbyrå: Midsommarberget, 69530 Laxå, Tel. 0584-109 20, Fax 107 41, www.laxa.se, Juni–Aug. Mo–Fr 9–18, Sa, So 10–15 Uhr.

STF Vandrarhem Älgarås: Undenäsvägen, Älgarås, Tel.0506-404 50, Fax 402 37. Ruhige Lage. Nur acht Zimmer (2–6 Betten); DZ ab 280 SEK.

Medeltidsvecka: mittelalterliches Spektakel in Hova Anfang Juli.

Bahn: Laxå ist IC-Halt an der Strecke Göteborg–Stockholm.
Bus: gute Verbindungen nach Örebro. Informationen zum Nahverkehr s. Örebro.

Der Vättersee

Karte S. 237

Der Vätter ist ein geheimnisvoller See. Gespeist durch unterseeische Quellen, misst er an der tiefsten Stelle mehr als 100 m, die Ufer sind steil und das Wasser ist kristallklar. Zwischen Jönköping an seiner Südspitze und Askersund am Nordende liegen Naturattraktionen wie der Omberg und der Vogelsee Tåkern, malerische Ruinen und muntere Kleinstädte.

Der **Vätter** ist mit 1912 km^2 Fläche Schwedens zweitgrößtes Binnengewässer. Um den See ranken sich Sagen und Legenden, er fasziniert mit seinem klaren tiefblauen Wasser, das sich bei schlechtem Wetter schnell in eine schwarzgraue bedrohliche Wasserwüste verwandelt, die schon so manchem Schiff zum Verhängnis wurde: Über 120 Wracks liegen auf dem Grund des Sees. Gefürchtet sind besonders die Herbststürme, wenn die Winde ungehindert von Nord nach Süd über das langgestreckte Gewässer fegen und rasch hohe Geschwindigkeiten erreichen. Geologisch gesehen handelt es sich um eine tiefe, mit Wasser gefüllte Grabensenke im Urgestein. Merkwürdig ist, dass der Vättern am Südende bis über 100 m, im Norden dagegen nur 20 bis 30 m tief ist, noch verstärkt durch die Landhebung, die im Norden das Land schneller aufsteigen lässt als im Süden. In Jönköping an der Südspitze steigt der Pegel um 15 cm in 100 Jahren – noch kein Grund zur Besorgnis für die Stadt.

Das kristallklare Wasser und die steil abfallenden Ufer machen den Vätter beliebt bei Tauchsportlern, kinderfreundlich seichte Badestellen sind dagegen weniger häufig zu finden. Wer als Radfahrer den See umrunden möchte, kann dies beim Vättern-Runt-Marathon im Juni tun, oder man wählt auf eigene Faust die Strecke aus – vielleicht die Variante inklusive Schiffsfahrt über die flache Vättern-Insel Visingsö und hinüber zur Westseite. Am Ostufer des Vätter mit seinen fruchtbaren Hängen reihen sich die Sehenswürdigkeiten nur so aneinander. Auf Geheiß des Königs von Götaland Sverker ließen sich im 12. Jh.

Zisterziensermönche aus dem burgundischen Cîteaux hier nieder und brachten Obstbäume, Kräuter- und Arzneipflanzen nach Alvastra. In Vadstena gründete Schwedens einzige Heilige Birgitta im 14. Jh. ihr Kloster, das Wallfahrtsziel wurde. 200 Jahre später ließ hier Gustav Vasa eines seiner wuchtigen Schlösser bauen. Das Westufer ist weit weniger dicht besiedelt, die Ansiedlungen liegen weit auseinander, Verkehrsverbindungen sind spärlich und Sehenswürdigkeiten rar.

Hjo

Das Holzstädtchen **Hjo** 1 (8800 Einw.) ist eine der wenigen Städte am Westufer des Vättern. Die alten Holzhäuser und krummen Gassen des Zentrums sind ein malerischer Anblick. Dass Hjo einmal Kurort war, davon zeugen die Villen im 1876 angelegten Park am Seeufer, wo ein Aquarium mit allen im Vättern vorkommenden Fischen und ein Schmetterlingshaus zu besichtigen sind.

Hjo Turistbyrå: Floragatan 1, 54433 Hjo, Tel. 0503-352 55, Fax 352 95, www.hjo.se/turism, www.tretrastader.org.

Hjo Camping: Tel. 0503-31052, Fax 136 64. Der Platz am Seeufer liegt etwa 600 m nördlich vom Zentrum; Stellplatz ab 120 SEK.

Bus: Verbindungen nach Jönköping und Skövde.

Geheimnisvoller, sagenumwobener See: der Vätter

Karlsborg und Umgebung

Kaum zu glauben, aber die kleine 6900-Einwohner-Stadt an der Mündung des Götakanals in den Vättersee war einst als die wichtigste Stadt Schwedens vorgesehen – vorausgesetzt es wäre Krieg. In **Karlsborg** 2 steht eine der größten Festungen des Landes: **Karlsborgs fästning**, 1820 begonnen und erst 90 Jahre später fertig gestellt. Hier sollte die Königsfamilie in kriegerischen Zeiten Zuflucht finden und die Kronjuwelen und Goldschätze des Reiches gelagert werden. Anlass für die Kriegsangst zu Beginn des 19. Jh. war Schwedens Verlust von Finnland an Russland. Doch die Kosten für die gigantische Festung, die fast genauso groß ist wie die übrige Stadt Karlsborg, stiegen ins Astronomische, und König Karl XIV. Johan soll bei einem Besuch ausgerufen haben: »Ist die Festung aus Stein? Ich dachte, sie sei aus Gold!« Bei ihrer Fertigstellung war die Anlage natürlich militärtechnisch schon vollkommen veraltet. Ernstfällen war Karlsborgs fästning zum Glück nie ausgesetzt, doch wird die Anlage noch heute von Schwedens Armee genutzt. Geführte Touren durch die Burg unter Pulverdampf und Schlachtgetöse ist ein Erlebnis für sich und das Museum unter der Garnisonskirche steckt voller faszinierender Details für militärgeschichtlich Interessierte (Befälsgatan 7, K 3, www.k3.mil.se, Mitte Mai–Aug. tgl. 10–17, übrige Zeit Mo–Fr 10–15 Uhr, Führungen Anfang Juni–3. Aug.-woche tgl. 10–17 Uhr).

Forsvik bruk

In **Forsvik** 3,10 km nordwestlich von Karlsborg am Götakanal, steht Schwedens ältestes Sägewerk, das im Jahr 1409 errichtet wurde. In verschiedenen restaurierten Gebäuden wird heute wieder geschmiedet und Metall in Formen gegossen, in einer Mühle wird Getreide gemahlen und auf einer Werft kann man zusehen, wie ein Schaufelraddampfer von 1856 nachgebaut wird – das Original liegt 45 m tief auf dem Grund des Vättersees (Forsviks bruk, Tel. 0505-413 52, www.forsvik.com, Juni-Aug. tgl. 10–17 Uhr).

i **Karlsborgs Turistbyrå:** Ankarvägen 2 (an der Festung), 54630 Karlsborg, Tel. 0505-173 50, www.kalsborg.se, Mo–Do 9–12, 13–16, Fr 9–12, 13–15 Uhr.

Busse nach Askersund, Töreboda und Skövde.

Jönköping und Huskvarna

Das moderne **Jönköping** 4 am Südende des Vättersees, mit ca. 120 000 Einwohnern Hauptstadt von Nordostsmålands Region Jönköpings län, liegt an einem wichtigen Verkehrsknotenpunkt: Über den in westöstlicher Richtung verlaufenden Sandrücken zwischen Vättern und Munksjö (dem innerstädtischen See) führte schon vor 1000 Jahren eine Handelsroute, die hier mit den von Südwesten kommenden Wegen aus dem Nissan- und dem Lagantal zusammentraf. ›Juna köping‹ erhielt als erste Stadt in Schweden 1285 von Magnus Ladulås königliche Privilegien. Jönköpings Ruf als ›Streichholzstadt‹ begründeten die Gebrüder Lundström mit der Erfindung von Sicherheitszündhölzern – ein Riesenerfolg auf der Weltausstellung in Paris 1855. Ende des 19. Jh. boomte das Streichholzgeschäft. Daran erinnert das **Tändsticksmuseum** in der ältesten erhaltenen Streichholzfabrik von 1848 (Tändsticksgränd 27, Tel. 036-10 55 43, Juni–Aug. Mo–Fr 10–17, Sa, So 10–15,Sept.–Mai Di–Sa 11–15 Uhr).

Die ältesten Bauten liegen im Stadtteil östlich des Munksjö und werden leider immer weniger; 2001 brannten drei originale Holzhäuser ab. Das alte **Rathaus** und das Göta Hovrätt am Hovrättstorg wurden 1692 bzw. in den 40er Jahren des 17. Jh. vom Baumeister und *landshövding* Erik Dahlbergh entworfen. Im **Länsmuseum** kann man sich von den Werken des Malers John Bauer verzaubern lassen, der als Illustrator von Trollgeschichten und Märchen berühmt wurde. Er kam 1918 bei einem tragischen Schiffsunglück auf dem Vättern ums Leben (Dag Hammarskjölds Plats 2, www.jkpglm.se, Tel. 036-30 18 00, Di–So 11–17 Uhr, Mi bis 20 Uhr).

Jönköping geht im Osten unmerklich über in den Nachbarort **Huskvarna** 5. Der Name der erst 1911 zur Stadt erhobenen Siedlung ist weltweit Synonym nicht nur für Nähmaschinen, sondern auch für Motorsägen und andere land- und forstwirtschaftliche Maschinen. Aber mit der aus den über 100 m hohen Wasserfällen gewonnenen Energie wurden hier ab dem 17. Jh. auch Waffenschmieden und später Fahrradfabriken betrieben. Das **Husqvarna Fabriksmuseum** gibt einen guten Überblick über die Produkte und Herstellungsverfahren der letzten 300 Jahre (Hakarpsvagen 1, www.husqvarna-museum.nu, Mo–Fr 10–15, Mai–Sept. Mo–Fr 10–17, Sa, So 13–16 Uhr).

Jönköpings Turistbyrå: Resecentrum Järnvägsstationen, 55189 Jönköping, Tel. 036-10 50 50, Fax 10 77 68, turist@stk.jonkoping.se.

STF Vandrarhem Huskvarna: Odengatan 10, Tel. 036-14 88 70, Fax 14 88 40, www.huskvarnavandrarhem.se. Zentrale Lage, 98 Betten, alle Zimmer mit WC und Kabel-TV sowie bequemen Matratzen; DZ ab 360 SEK.
Swecamp Villa Björkhagen: Villa Björkhagen, Friggagatan 31, Jönköping, Tel. 036-12 28 63, Fax 12 66 87. Großer, komfortabel ausgerüsteter Platz am Vätterufer; Stellplatz ab 170 SEK.

Konsthantverkarna i Jönköping: Tändsticksgatan 20, Di–Fr 14–18 Uhr, Sa 10–14 Uhr, lokales Kunsthandwerk.
Markt: jeden Sonnabend auf dem Västra Torget.

Rosenlundsbadet, das Hallenbad gilt als größtes ›Erlebnisbad‹ in Skandinavien, in schöner Lage am Vättersee.

Flug: Regionalflugplatz Axamo 9 km südlich Jönköping.
Bahn: nach Nässjö, Hultsfred, Falköping, Göteborg. Informationen zum Nahverkehr: Jönköpings Länstrafik Tel. 020-44 43 33.

Route: Am Vätterufer zum Omberg

Das Klima am Ostufer des Vättern ist für schwedische Verhältnisse ausgesprochen mild und man passiert liebliche, von Obstbäumen bewachsene Hänge.

Wenige Kilometer südlich von Gränna ist das Gasthaus **Gyllene Uttern** 6 auf jeden Fall einen Halt wert. Selbst wenn man hier nicht einkehrt, sollte man sich den Blick von der Terrasse hinter dem einer Ritterburg nachempfundenen Gasthaus gönnen. Der Vättersee mit der flachen Insel Visingsö – oft kaum im Dunst auszumachen – und die von Gränna aus verkehrenden weißen Fährschiffe liegen dem Betrachter zu Füßen. Wer etwas mehr von der Vätterlandschaft sehen will, sollte nun die kleinere Touristenroute vorziehen, die ab hier parallel zur E 4 am See entlang führt.

Gränna

Am Ortsrand vor Gränna liegen der **Röttlegården** und weitere Hofgebäude aus dem 17. Jh. mit der im Sommer noch betriebenen Wassermühle **Rasmus kvarn**. In **Gränna** 7 selbst herrscht während der Schulferienzeit ein unglaublicher Trubel. Der Grund: Hier finden sich unzählige Läden mit Zuckerwerk, den berühmten *polkagrisar*. So machen vor allem Familien mit Kindern den Ort unsicher und die bunten Zuckerstangen beherrschen als überdimensionale Werbeträger sogar das Ortsbild. In einigen Fabriken kann man bei der Herstellung zuschauen.

Ein Abzweig vom *polkagris*-Parcours führt zum **Andréemuseum und Polarcenter**, das an den 1897 bei einer Polarexpedition verunglückten Ballonfahrer Salomon A. Andrée erinnert (Brahegatan 38–40, Tel. 0390-410 15, Mitte Mai–Mitte Sept. tgl. 10–19, übrige Zeit 10–16 Uhr). Ihm zu Ehren wird alljährlich im Frühjahr ein Treffen der schwedischen Ballonfahrer veranstaltet. Vieles von der alten Holzbebauung ist in Gränna noch erhalten, die 1652 als einzige Stadt im Reich ihre Privilegien statt vom König von den Grafen Brahe erhielt.

Mit der Autorin unterwegs

Besuch beim Zuckerbäcker

Aus dem Städtchen **Gränna** kommen die berühmten weiß-roten Zuckerstangen, *Polkagrisar*. Wie sie gefertigt werden, können Sie bei den Zuckerbäckern durchs Fenster beobachten (s. S. 233).

Vogelschau am See

Am schilfigen Tåkern-See erklimmen Sie am besten einen der Aussichtstürme, um sich einen Überblick über das reiche Vogelleben auf dem See zu verschaffen – Feldstecher nicht vergessen (s. S. 238).

Kurmarsch in Medevi brunn

Medevi brunn ist der älteste schwedische Kurort und sehr traditionell: Im Sommer können Sie zu Livemusik im Pavillon das Tanzbein schwingen oder beim ›Verdauungsspaziergang‹ Grötlunken mitmarschieren – ein unvergessliches Erlebnis (s. S. 242).

Regionale Auskunftstelle

Internet-Portal: www.vattern.se

Hinter Gränna geht es durch die flache Weidenlandschaft am See entlang, immer wieder eröffnen sich schöne Ausblicke. Eine Geländestufe höher erhebt sich die Schlossruine **Brahehus** 8, die über Wanderwege zu erreichen ist (Parkplatz 4 km nördlich von Gränna bei Uppgränna; Wanderdauer ca. 40 Min.). 1708 fiel auch dieses Schloss, 1636 von Per Brahe errichtet, einem Brand zum Opfer. Auch von der E 4 sieht man die Schlossruine – sogar von sehr nah –, doch nur von ihrer tristesten Seite.

Gränna Turistbyrå: Brahegatan 38–40 (Grenna Kulturgård), 56322 Gränna, Tel. 0390-410 10, Fax 102 75, turist@grm.se.

Västanå Slott: Tel. 0390-107 00, Fax 418 75, Mai–Sept. In herrlicher Lage 4 km südwestlich von Gränna, Aussicht über den Vättern und Visingsö, 16 Zimmer; DZ 1090–1390 SEK.

Grännastrandens Familjecamping: Tel. 0390-107 06, Fax 412 60, Mai–Sept. Direkt am Fähranleger, Sandstrand, Fußweg zum Zentrum, Hütten- und Zimmervermietung; Stellplatz ab 160 SEK.

Gyllene Uttern: Tel. 0390-108 00, Fax 418 80, www.gylleneuttern.se, Sommer tgl. 12–22, Winter Mo–Sa 12–20, So 12–16 Uhr. Die beste Aussicht über den See hat man von der Terrasse, das Restaurant bietet schwedische Hausmannskost in höchst modernem Gewand, z. B. Vätternröding oder Beefsteak mit Roten Früchten (145–249 SEK); mit Hotel (DZ ca. 1000–1900 SEK).

Busverbindungen nach Tranås und Jönköping. Nahverkehrsinfos s. dort.

Beim Zuckerbäcker in Gränna werden Kinderträume wahr

Insel Visingsö

Das einflussreiche Grafengeschlecht Brahe – König Erik XIV. hatte Per Brahe d. Ä. 1562 den Grafensitz verliehen – residierte auf der Insel **Visingsö** 9 im Vättersee. Über dem Anleger sind die kümmerlichen Reste des prächtigen, 1718 durch einen Brand zerstörten **Visingsborg slott** zu erkennen. Unter den Brahe-Relikten auf Visingsö ist der originalgetreu wieder angelegte **Kräutergarten** (*örtagård*) mit 750 Arznei- und Küchenkräuterarten besonders bemerkenswert. Das milde Inselklima lässt hier nicht nur Kräuter- und Obstgärten gedeihen. Im 19. Jh. pflanzte man sogar Maulbeerbäume für die königliche Seidenraupenzucht auf Visingsö an. Die Kokons reichten aber nur für ein einziges Kleid der Königin und die Ausstaffierung eines Salons im Königlichen Schloss. Per Brahe d. J. ließ im Jahr 1636 eine Schule und die **Brahekyrka** errichten, die heute wegen ihres reichen Inventars und vor allem wegen des Silberschatzes mit der Brautkrone der Ebba Brahe einen Besuch wert ist. Gustav II. Adolf war unsterblich in die Grafentochter verliebt; eine Ehe war allerdings für beide Familien nicht opportun, geheiratet wurde ja schließlich nicht aus Liebe.

Mit einem der speziellen Inselpferdewagen (*remmalag*) kann man sich bequem ans Südende der Insel nach **Näs** kutschieren lassen, wo die imposanten Überreste der ältesten Königsburg Schwedens aus der Mitte des 12. Jh. stehen, vom isländischen Geschichtsschreiber Snorri Sturlusson als ›stärkster Punkt im Reich‹ beschrieben. Dort beendete König Magnus Ladulås 1290 ganz friedlich seine Tage und löste damit heftige Wirren um seine Nachfolge aus. Schon 1318 wurde die Burg in den Machtkämpfen zwischen den

Königsgeschlechtern der Folkunger und der Nachfolger von Sverker und Erik niedergebrannt. Seitdem verschwinden ihre Trümmer nach und nach in den Fluten des Vättersees.

Visingsö Turistbyrå: am Hafen, Tel. 0390-401 34, 401 93, www.visingso.nu, visingsoturist@grm.se.

Erstadvikens Camping: Visingsö, Tel. 0390-405 83, Mitte Mai–Mitte Sept., einfacher Platz am Nordende der Insel.

Strandgården: Visingsö, am Fähranleger, Tel. 0390-403 59, Mo–Do 18–22.30, Juli geschl. Hier kann man essen wie bei Graf Brahe zu Hause: Gerichte aus dem berühmten, 600 Rezepte umfassenden Kochbuch der Grafen, außerdem: Fisch aus dem Vättern; 150–185 SEK; auch Zimmer.

Fähren nach Visingsö, im Sommer stdl., Fahrtzeit 20 Min., für Autos Reservierung nötig, Tel. 0390-410 25.

Kloster Alvastra

Das Vätternufer wird Richtung Norden mehr und mehr zur Steilküste – jenseits von Ödeshög nähert man sich dem Omberg mit seiner schroffen Felswand. An seinem Südrand bieten die weiß leuchtenden Ruinen des aus Omberg-Kalkstein gebauten Klosters **Alvastra** 10 einen malerischen Anblick. Gegründet wurde das später zu großem Einfluss und Reichtum gekommene Kloster 1143 von Zisterziensermönchen, die König Sverker d. Ä. aus Frankreich ins Land geholt hatte. Im Sommer finden vor der Kulisse der Klosterruine mit ihrem Rosen- und Kräutergarten Theateraufführungen statt.

Als Ellen Key (1849–1926) zur Jahrhundertwende das ›Jahrhundert des Kindes‹ ausrief, hatte sie das Schlagwort der Zeit getroffen. Ihre Bücher prägten die Reformpädagogik des 20. Jh. und wurden Bestseller. Den Erlös steckte sie in ein Haus in wunderschöner Lage am Vättern ca. 2 km von Alvastra: **Ellen Keys** Domizil **Strand** ist heute zu besichtigen (info@ellenkey.se. Tel. 0144-330 30, 350 00, Führungen Mitte April–Mittsommer und Mitte Aug.–Mitte Sept. Di–So 11, 14 und 15 Uhr, im Hochsommer öfter).

Rökstenen

Von Alvastra führt der ausgeschilderte ›Turistväg‹ wenige Kilometer gen Osten zum **Rökstenen** 11 – berühmt als der Runenstein mit der längsten und zugleich rätselhaftesten Inschrift. Die Runen auf dem überdachten Stein neben der Kirche datieren aus der Mitte des 9. Jh.: »Varin ließ diesen Gedenkstein für Vämod, seinen toten Sohn, ritzen«, heißt es da, und der Ostgotenkönig Theoderich wird erwähnt. Zu denken gibt den Forschern noch eine verschlüsselte Runeninschrift unten auf den Schmalseiten, die den Gott Thor nennt. Man nimmt an, dass sich auch Bezüge zu unbekannten Sagen finden.

Der Omberg

Von Alvastra führt eine Straße steil hinauf auf den 263 m hohen **Omberg** 12, der sich direkt am Vätterufer erhebt. Ein guter Ausgangspunkt für Wanderungen ist Stocklycke, wo ein **Naturum** neben dem Vandrarhem Filme und eine kleine Ausstellung zur Geologie des Omberg zeigt, außerdem erhält man Tipps für Wanderungen und Kartenmaterial (Mai–Aug. tgl. 11–17, April, Sept.–Mitte Okt. Sa, So 12–16 Uhr). Die herrliche Aussicht macht den Gipfel Hjässan zu einem beliebten Wanderziel. Unterhalb der rund 100 m senkrecht in den Vättern abfallenden Steilwände liegen Höhlen, die allerdings nur vom Wasser aus sichtbar sind.

Die kürzeste Wanderung im Omberggebiet mit seinen insgesamt zehn Naturreservaten führt 300 m vom Parkplatz Stocklycke vorbei an altem Buchenwald zu einer hügeligen, locker mit Laubbäumen bestandenen Wiese (Wegweiser: Stocklycke Äng). Hier lässt es sich auch wundervoll picknicken. Die Wiese wird wie in alter Zeit nur einmal im Jahr Anfang Juli gemäht. Im Spätsommer werden dann die Laubäste der Bäume beschnitten und auf diese Weise Laubheu gewonnen. Orchideen wie Rotes Waldvögelein und Bie-

Vättersee

0
10
20 km
Vänern
Skagern
Unden
Tiveden
Tiveden nationalpark
Vättern
Hålaveden
Sommen
Götakanal
Laxå
Ramundeboda
Röfors
Snavlunda
Åsbro
Glottra
Bo
Haddebo
Hjortkvarn
Askersund 18
Stjärnsunds slott 19
Mariedamm
Tybble
Ljusfalls-
hammar
Dohnafors
Häggeboda
Aspabruk
Olshammar
Godegård
Degerön
Tjällmo
Rå
Medevi brunn 17
Karlsby
Kvarn
Grytstorp
Borensberg
Ljungsbro
Linköping
Fornåsa
Varv
Motala
Varamobadet
V. Ny
Nässja
Vadstena
Rogslösa 14
kyrka
Hov
Skänninge 16
Vikingstad
Mantorp
Nykil
Tåkern
15
Rökstenen 11
Mjölby
Rök
Heda
Strålsnäs
Boxholm
Ycke
Hällan
Trehörna
Sommen
Bösebo
Ulrika
Sjöbo
Svalsjö
Tranås
Säby
Marek
Tidersrum
Torpa
Sundhults-
brunn
Asby
N. Yi
Marbäck
Bredestad
Österbymo
Åkersberg
Lägern
Svinhult
Skuruhatt
337 m
Skurugata
Härstorp
Bruzaholm
Ingatorp
Eksjö
Nässjö
Forserum
Tenhult
Flisby
Aneby
Solberga
Lekeryd
Huskvarna 5
Svarttorp
Målak
330 m
Haurida
Ölmstad
Viredda
Hullaryd
Linderås
Gripenberg
Gyllene Uttern 6
Gränna 7
Brahehus 8
Sten
Uppgränna
Visingsö
9
Visingsö
Västanå
Näs
Stava
Ödeshög
Hästholmen
Strand
Alvastra
10
Omberg
12
Borghamm
13
Jönköping
4
Norrahammar
Taberg
Röksberg
Mullsjö
Habo
Broholm
Slättäng
Utvängstorp
Ekeberg
Brandstorp
Madängsholm
Darestorp
Tidaholm
S. Fågelås
Klämmesbo
N. Fågelås
Hjo
1
Mofalla
Värsås
Skövde
Sventrop
Tibro
Frösve
Locketorp
Fagersanna
Brevik
Mölltorp
Karlsborg 2
Forsvik
3
Svanvik
Bölet
Tidan
Moholm
Undenäs
Bocksjö
Halna
Sättra
Ullervad
Bäck
Töreboda
Hasslerör
Lyrestad
Hallerud
Skaga
Tived
Älgarås
Sjötorp
Hova
Gårdsjö
Bråta
7
205
50
51
211
36
32
49
195
48
47
40
26
31
33
133
134
E 20
E 4
64
202

nenragwurz sind hier keine Seltenheit. Der Höhenzug des Omberg entstand als Folge der Verwerfungen, die letztlich auch dazu führten, dass sich der Graben des Vättern bildete. Während sich das Urgestein auf der Westseite absenkte, wurde das Gestein auf der Ostseite hochgedrückt und der Omberg mit seinem 263 m hohen Gipfel Hjässan entstand. Später lagerten die Gletscher der Eiszeit auf dem Granit- und Porphyruntergrund an einigen Stellen zusätzlich Kalk ab. Diesen Kalkinseln ist die artenreiche Flora des Omberggebietes zu verdanken.

Am Parkplatz beginnt eine nur in Richtung Borghamn befahrbare Panoramastraße (ausgeschildert mit »scenic route«). Gegenverkehr ist zum Glück nicht zu befürchten auf der schmalen Asphaltstraße entlang der Steilklippen, so dass man entspannt die vielen schönen Aussichten auf den Vättersee genießen kann. Etwa nach 4 km zweigt links von der Straße der wildromantische Pfad zum Storpissan Naturreservat mit bis zu 200-jährigen Fichten ab, die in Brusthöhe einen stolzen Stammumfang von 2,30 m haben.

Das Sträßchen führt nach 10 km vorbei an einem Kalksteinbruch zum Hafen von **Borghamn** 13. Hier liegen die Kalksteinplatten zum Abtransport, die heute vor allem zum Restaurieren alter Bauten genutzt werden. Kalkstein vom Omberg diente auch zum Bau des Klosters Alvastra und des Schlosses in Vadstena. Schiffsladungsweise wurde der Stein im 19. Jh. zum Bau der gigantischen Festung Karlsborg auf die andere Vätterseite gebracht.

Kurz bevor es zurück auf den RV 50 Richtung Vadstena geht, passiert man die interessante **Kirche von Rogslösa** 14 mit ihrem fantasiereich dekorierten mittelalterlichen Holzportal. Die schmiedeeisernen Beschläge zeigen scherenschnittartig u. a. die Hubertuslegende und den Sündenfall.

i **STF Vandrarhem Stocklycke:** Omberg, Ödeshög, Tel. 0144-330 44, Fax 330 42, www.stocklycke.info. Mitte Jan.–Anfang Dez., Mai–Sept. mit Restaurant. In schöner Lage direkt am Omberg-Naturum und einem Infozentrum, von hier aus gibt es gute Wandermöglichkeiten; DZ ab 300 SEK.

Vogelsee Tåkern

Auf der anderen Seite des RV 50 liegt der Vogelsee **Tåkern** 15. Er ist eine der wichtigsten Stationen für Zugvögel in ganz Europa. Mehr als 250 Vogelarten haben die Ornithologen an diesem flachen (nur ca. 80 cm tiefen) und besonders nährstoffreichen See mit seinen riesigen Schilfgebieten gezählt. Besonders lohnend ist ein Halt außerhalb der ›normalen‹ Reisezeiten: im April und Oktober, wenn Graugänse in Scharen (bis zu 25 000 im Herbst) einfallen (Information und Buchung von Führungen April–Mitte Okt., Tel. 0144-332 45, www.e.lst.se).

Skänninge

Skänninge 16, ist zumindest am ersten Donnerstag im August einen Abstecher wert, denn dann erinnert der Trubel auf dem *Skänningemarken*, wenn die ganze Stadt sich in einen großen turbulenten Markt verwandelt, an die einstige besondere merkantile Bedeutung der Stadt im Mittelalter. Es waren vor allem deutsche Kaufleute, die sich damals hier niederließen. Und die rote Backsteinkirche Vår Fru kyrka aus dem Jahr 1301 zeugt außerdem von der Rolle Skänninges auch als geistliches Zentrum vor dem Aufstieg von Vadstena.

In dieser Gegend von Östergötland finden sich besonders viele Runensteinen. Einer davon, **Högbystenen** südlich von Skänninge (bei der E 4-Ausfahrt 108), ist ein außergewöhnliches Exemplar und etwa 100 Jahre jünger als der Röksten; der Text der Inschrift besagt: »Ingegerd ließ diesen Stein für Assur, den Bruder ihrer Mutter, errichten, der in Griechenland starb.« Es ist zu vermuten, dass Assur in der Leibgarde des byzantinischen Kaisers diente.

Skänningemarken: großer Markt am ersten Mi/Do im Aug.

7 Vadstena

In der Klosterstadt am Vätterufer herrscht noch immer eine ganz eigene Atmosphäre – daran ändert auch der kleine Touristenzug nichts, der die Besucher auf eine Stadtrundfahrt entführt. Trotz der Vielzahl an Sehenswürdigkeiten ist Vadstena (7500 Einw.) eine idyllische Kleinstadt mit beschaulichen Gässchen geblieben.

Im Klosterbezirk

Von außen eher unscheinbar gibt sich die Hauptsehenswürdigkeit der Stadt: die ehemalige **Klosterkirche** der hl. Birgitta (1303–1373), auch Blå kyrka genannt. Sie entstand, wie die meisten Kirchen der Bettelorden, ohne Turm, nur mit einem kleinen Dachreiter. Weiter folgt sie getreu auf Elle und Zoll den Bauanleitungen, die Birgitta in ihren Visionen mitgeteilt worden waren, und die sie später in den ›Revelationes extravagantes‹ schriftlich niederlegte. So besitzt die erste Kirche des Birgittinenordens beispielsweise einen nach Westen statt nach Osten ausgerichteten Chor. Betritt man die Hallenkirche, sieht man links die Holzskulptur, die für ein Porträt der Heiligen gehalten wird, und rechts die Darstellung der ›ekstatischen Birgitta‹. In dem großen Grabmal im Eingangsbereich ruht Herzog Magnus von Östergötland, Gustav Vasas Lieblingssohn, der zeitweise geisteskrank war und 1595 im Schloss starb. Das wertvollste und interessanteste Ausstattungsstück – trotz einiger Beschädigungen – ist der Lübecker Birgittenaltar aus dem 15. Jh., den man im Nonnenchor einige Stufen abwärts hinter dem Altarraum findet. Im Zentrum zeigt er die Heilige, wie sie gerade einigen Kardinälen ein Exemplar ihres Buches überreicht. Die Hierarchie wird bildlich schon durch die Größenverhältnisse klargestellt – Birgitta scheute ja selbst die Auseinandersetzung mit dem Papst nicht. Die meisten Besucher verweilen auch bewundernd vor dem üppigen, in Brüssel gefertigten Marienaltar von 1520, heute der Hauptaltar. Den Reliquienschrein mit den sterblichen Überresten Birgittas, ihrer Tochter Katarina und anderer Heiliger findet man im Mönchschor.

Besonders empfehlenswert sind die im Sommer häufig stattfindenden abendlichen Orgelkonzerte – ein sinnliches Erlebnis nicht nur wegen der ausgezeichneten Akustik, sondern auch durch die effektvoll von Westen über den Vättersee durch die Chorfenster einfallenden Strahlen der untergehenden Sonne.

Den Hof hinter der Klosterkirche säumt das langgestreckte Gebäude des **Bjälboättens Palats**. Den Palast ließ Birger Jarl, der Begründer des in Bjälbo beheimateten Folkungergeschlechts, (*ätten* = die Familie, das Geschlecht) im 13. Jh. erbauen; es handelt sich damit um den ältesten Profanbau in Schweden. König Magnus Eriksson überließ ihn Birgitta, die darin das Nonnenkloster einrichtete. Im ehemaligen Königspalast entstanden Zellen für die Nonnen. Der kriegerische Gustav II. Adolf funktionierte später das Gebäude zum Lazarett für seine Soldaten um – der Klosterbetrieb war schon seit 1595 eingestellt.

Hinter dem Gebäude gelangt man an den See und steht bald vor dem **Klosterhotell,** daneben liegt das ehemalige Mönchskloster, heute ein Restaurant. Dessen Küche profitiert auch vom idyllischen **Kräutergarten** (*örtagården*), der nebenan liegt und in dem außer Küchenkräutern vor allem die zur damaligen Zeit in den Klöstern bekannten Arzneipflanzen wachsen.

Hinter dem daran anschließenden Obstgarten erhebt sich ein hübscher Turm aus rotweißem Backstein: Der **Rödtorn** ist der einzige Überrest der Stadtkirche Sankt Per, die 1829 abgerissen wurde. Fortan diente er der Klosterkirche als Glockenturm. Viele Stücke im Inventar der Blå Kyrka entstammen der früheren Stadtkirche.

Zum Vasa-Schloss

Ein Bummel durch die malerischen Gässchen von Vadstena führt hinüber ans andere Ende der Stadt zum Schloss. Man passiert die **Apotheke** in einem Holzbau aus der Mitte des 18. Jh. (seit 1830 als Apotheke genutzt

und noch heute mit der Einrichtung von 1863) und das kompakte, weiß gekalkte **Rathaus** mit seinem Turm aus dem frühen 16. Jh., das älteste im Land, schon 1417 zum ersten Mal erwähnt. Das heutige Gebäude stammt allerdings vom Ende des 16. Jh.

Wie um ein Gegengewicht zum Kloster zu setzen, dessen Bedeutung nach der Reformation allerdings stetig abnahm, ließ Gustav Vasa ab 1545 am anderen Ende der Stadt das imposante **Schloss** errichten. Das typische Vasa-Schloss mit den wuchtigen runden Ecktürmen, ursprünglich an drei Seiten von 9 m hohen Wällen und an einer Seite durch die Lage am See von Wasser geschützt, bildet heute die Kulisse für einen kleinen Jachthafen. Mitte des 19. Jh. hatte man die Schlosswälle abgerissenen; sie wurden erst 1995 für das Magazin des Landesarchivs (eines von insgesamt sieben in Schweden) rekonstruiert, das auch einen Teil des Schlosses nutzt.

Die Mitglieder der königlichen Familie residierten übrigens nicht im ungemütlichen Schloss, sondern in einem kleinen Holzbau auf der Südseite. Dort wurde 1552 auch die Hochzeit Gustav Vasas mit Katarina Stenbock gefeiert und damit seine dritte Eheschließung. Im Untergeschoss des Schlosses, in den Räumen der Touristeninformation, ist ein von Archäologen freigelegtes Stück Straßenpflaster aus dem Mittelalter zu besichtigen – dem ausladenden Schlossbau musste im 16. Jh. ein ganzes Stadtviertel weichen. Die Wände der ›Drottningvåningen‹, der königlichen Gemächer, in den oberen Stockwerken sind nicht nur mit Wandmalereien, sondern auch mit einigen Werken bedeutender flämischer Maler des 16. und 17. Jh. dekoriert: Hans van Aachens ›Judith und Holofernes‹, eine ›Kreuzabnahme‹ von Anthonis van Dyck, eine ›Susanna‹ aus der Rubens-Werkstatt und Jacob Jordaens' ›Traum‹, daneben Herrscherporträts und Brüsseler Gobelins. Das dritte Stockwerk mit den schönen Schmuckgiebeln außen und der Schlosskapelle ließ Gustav Vasas Sohn und zweiter Nachfolger, Johan III., anbauen (Tel. 0143-315 70, www.vadstena.se. Führungen Anfang–Mitte Mai Mo–Fr 10–15, Mitte–Ende Mai tgl. 11–16, Juni und Anfang–Mitte Aug. 10–18, Juli 10–19, Mitte–Ende Aug. 10–17, Anfang–Mitte Sept. Mo–Fr 10–16, Sa, So 11–15, Mitte–Ende Sept. Mo–Fr 11–14 Uhr).

i **Vadstena Turistbyrå:** Slottet, 59280 Vadstena, Tel. 0143-315 70, Fax 315 79, www.vadstena.com, Juni–Aug. tgl. 10–18, Sept.–Mai 10–14 Uhr.

Klosterhotell: Tel. 0143-315 30, Fax 136 48, www.klosterhotell.se, 45 komfortable Zimmer im früheren Nonnenkloster; DZ ab ca. 950 SEK.

Trutzig: Gustav Vasas Schloss in Vadstena

Privatzimmer: zahlreiche Angebote von Bed & Breakfast finden sich in der Altstadt von Vadstena.

Vätterviksbadets Camping: Tel. 0143-127 30, Fax 141 48, www.vadstenacamping.se. Mai–Mitte Sept. Großer Platz 3 km nördlich von Vadstena am Vätterstrand mit Wasserrutsche usw., Hüttenvermietung; Stellplatz ab 125 SEK.

Munkklostret: Klosterområdet, Tel. 0143-130 00, tgl. 12–23 Uhr. Spezialität im Klosterrestaurant ist Fisch: *Vätternröding*, außerdem Wildgerichte; 85–270 SEK.

Vadstena Valven: Storgatan 18, Tel. 0143-123 40, www.valven.se, Sommer Mo–Sa 11.30–22, So 12–22, Winter Mo–Fr 11.30–14, 18–22, Sa 12–15, 18–22, So 12–15 Uhr. Rustikales Ambiente im Gewölbe, wo typisch schwedische Hausmannskost mit Crossover-Einschlag serviert wird; 72–220 SEK.

Musikveranstaltungen im Schloss, **Opernaufführungen** der Vadstena Akademie im Sommer.

Bus: Verbindung nach Mjölby (an der Bahnstrecke nach Hallsberg), Linköping und Motala. Informationen zum Nahverkehr s. Linköping.

Medevi brunn

Nördlich der ›Stadt des Götakanals‹ Motala, wo man zu einer Erkundung des östlichen Kanalstücks starten kann (s. S. 246), empfiehlt sich als Zwischenstation Schwedens ältester Kurort **Medevi brunn** 17. Von Kurortrummel ist hier allerdings nichts zu spüren, im Gegenteil, die Zeit im weitläufigen Park mit dem alten Brunnenpavillon, wo zur Dämmerstunde zum Tanz aufgespielt wird, scheint stehengeblieben zu sein. Der allabendliche *grötlunken* (wörtlich: ›Grützen-Marsch‹), ein Verdauungsspaziergang mit Musikbegleitung, kommt einem nach kurzem Aufenthalt in diesem Refugium sogar fast wie eine Massenveranstaltung vor.

Ins Leben gerufen wurde der Kurort vom Stockholmer Arzt Urban Hjärne, der 1678 die Quellen untersuchen ließ. Zwar war die Wunderwirkung des eisenhaltigen Wassers schon lange bekannt, doch das Nachsuchen um medizinischen Segen hatte einen besonderen Grund: Dem König missfiel, dass der schwedische Adel zum Kuren ins Ausland reiste und dort sein Geld ließ. Heilkräftige schwedische Quellen mussten also her. Urban Hjärnes Büste schmückt heute den Platz oberhalb des eleganten Brunnengebäudes im Empirestil. Und immer noch wird das Heilwasser mit Kupferkellen von Hand aus dem 1,80 m tiefen Brunnen geschöpft.

Medevi Brunn: Tel. 0141-911 00, Fax 9 15 32, medevibrunn@swipnet.se, Juni–Aug. 18 km nördlich von Motala, im ältesten Kurort des Landes, Übernachten im noblen Hotelzimmer oder in der Jugendherberge, abends gelegentlich Tanz, Restaurant; DZ ab 360 SEK (STF Vandrarhem, Hotelzimmer mit Dusche/WC teurer). Das Restaurant serviert Gesundes und Vegetarisches in Crossover-Manier, 79–205 SEK.

Askersund und Umgebung

Das Städtchen **Askersund** 18 (ca. 11 500 Einw.) liegt ganz am Nordende des Vättern bzw. an seiner Fortsetzung, dem Alsen-See. Die überdimensioniert wirkende backsteinerne Landkyrka (im Unterschied zur Stadtkirche) befindet sich auf der einen und das Stadtzentrum mit kleinen Holzhäusern und der **Stadtkirche** auf der anderen Seite des Alsen-Zuflusses. Die Familie Oxenstierna von Stjärnsund ließ sich die **Landkirche** nach einem Brand im 17. Jh. als Mausoleum herrichten, und so überrascht der üppige Barockschmuck am Ostchor in französisch-holländischem Stil kaum noch, zumal wenn man bedenkt, dass die Entwürfe für den Bau von Jean de la Vallée stammen, dem Hausarchitekten des Reichskanzlers in Stockholm und Erbauer von Skokloster. Im Chor sind die aufwändig gearbeiteten Prunksärge des Herrn von Stjärnsund, Johan Oxenstierna, Neffe des Reichskanzlers, und seiner Frau Christina Soop, die ebenfalls einem einflussreichen Geschlecht mit Verbindung zum Hof angehörte, zu bewundern.

Askersund selbst ist Ausgangspunkt für Dampferfahrten auf dem Vättersee und lädt ein zum Besuch des kleinen **Bootsmuseums,** in dem Wrackteile von in den Fluten des unberechenbaren Sees versunkenen Schiffen sowie Schiffsmodelle und -originale präsentiert werden (Båtmuséet, Mittsommer–Mitte Aug. Mo–Fr 13–18, Sa, So 12–17 Uhr).

Stjärnsunds slott

Stjärnsunds slott 19, steht 5 km südlich von Askersund und präsentiert sich in vollendeter Schönheit, klassischer Strenge und strikter Symmetrie über einer Bucht des Alsen. Die Baupläne gehen zurück auf den in seiner Zeit führenden klassizistischen Architekten, Carl Fredrik Sundvall (1754–1831), der u. a. auch die Universitätsbibliothek in Uppsala entwarf. Auftraggeber war der ob seiner Verdienste um die Wirtschaft geadelte *brukspatron* (Hüttenbaron) Olof Burenstam. Er hatte das Gut seinerseits von den Oxenstierna gekauft, die an dieser Stelle schon ab 1637 ein Schloss errichtet hatten. Die Möblierung samt kostbarer Ausstattung stammt aus der Mitte des 19. Jh. als Stjärnsund zeitweise im Besitz des Prinzen Gustaf war, ei-

Klassische Schönheit: Stjärnsunds slott

nes Mitglieds der königlichen Familie Bernadotte und als ›Sängerprinz‹ bekannt (Tel. 0583-100 04, Mitte Mai–Aug. tgl. Führungen). Auch das Wagenmuseum mit alten Kutschen und eine historische Ausstellung in der ehemaligen Molkerei kann man sich ansehen. Zur leiblichen Stärkung kann man sich im Schlosscafé zu kleinen Mittagsgerichten sowie Kaffee und Kuchen vom Feinsten niederlassen. Ein Spaziergang im herrlichen weitläufigen Park mit uraltem Lindenbestand ist zu jeder Jahreszeit empfehlenswert.

Askersunds Turistbyrå: Torget, Lilla Bergsgatan 12 A, 69630 Askersund, Tel. 0583-810 88, Fax 100 68, turistbyran@askersund.se, Mitte Juni–Mitte Aug. tgl. 10–19, übrige Zeit Mo–Fr 10–12.30, 13–16 Uhr.

STF Vandrarhem Hargebaden: 69694 Hammar, Tel. 0583-77 05 56, Mai–Anfang Sept. 10 km südlich von Askersund, kleine Herberge mit 40 Betten, 300 m von einem kinderfreundlichen Strand; ab 140 SEK pro Person.

Aspa Herrgård: Aspa bruk, Tel. 0583-502 10, Fax 501 50, www.edbergs. com/aspa. Herrenhof aus dem 18. Jh., 38 sehr komfortable Zimmer und Suiten; DZ ab 1000 SEK.

Husabergsudde Camping: Tel. 0583-71 14 35, Mitte April–Mitte Sept.,1,5 km südlich von Askersund, direkt am See, einfache Hütten.

Aspa Herrgård: s. Hotels. Feinschmeckerrestaurant, 149–265 SEK.

Jazzfestival (*tradjazzfestival*) mit Dixielandkapellen Mitte Juni (Wochenende vor Mittsommer). **Antiquitätenmarkt** Anfang August mit Auktionen in Askersund.

Bootsfahrten auf dem Alsensee mit dem über 100 Jahre alten Dampfer ›Motala Express‹, reguläre Schiffsausflüge zur Hochbrücke von Stora Hammarsundet mit ›M/S Wettervik‹, Tel. 0583-810 88.

Bus: Verbindung nach Örebro über Hallsberg. Informationen zum Nahverkehr s. Örebro.

8 Der Götakanal

Karte S. 249

Der lange Götakanal ist einschließlich seiner Brücken und Schleusen ein einmaliges Denkmal der Technikgeschichte. Heute wie vor 100 Jahren verkehren historische Kanaldampfer von Göteborg nach Stockholm. Zwar müssen die wenigsten der Schleusen noch von Hand gekurbelt werden, aber in der Hochsaison haben die Schleusenwärter alle Hände voll zu tun, damit es nicht zum Stau kommt.

Motala

Die Stadt **Motala** 1 (ca. 42 000 Einw.) verdankt ihre Bedeutung vor allem ihrer besonderen Lage an der Mündung des Götakanals in den Vättersee. Die fächerförmige Anlage geht auf den Erbauer des Götakanals Baltzar von Platen (1766–1829) zurück, der im Jahr 1822 auch die Maschinenfabrik **Motala verkstad** gründete. An ihn erinnern sowohl ein Grabmal direkt am Wasser und sein Standbild auf dem Stortorget. Die Fabrikanlage von 1822 mit Dampfmaschinen und anderen Altertümchen steht während des Sommers Besuchern offen (Juni–Aug. So 13–16 Uhr); außerdem widmet sich eine Ausstellung am Hafen (Dockanområdet) der Lebensader Götakanal und seiner Geschichte (Göta Kanalutställning, Varvsgatan, Tel. 0141-20 20 50, Mittsommer– Aug. tgl. 9–18 Uhr).

Ebenfalls am Hafen lässt das **Motormuseum** Besucher in Nostalgie schwelgen: das Fernsehgerät im Schrank, die blinkende Jukebox und eine komplette Tankstelle aus den 1950er Jahren – auch das Moped des schwedischen Königs ist hier, mit dem er weiland den Schlosspark unsicher machte ... (Mai und Sept. tgl. 10–18, Juni–Aug. 10–20, übrige Zeit Mo–Fr 8–16, Sa, So 11–17 Uhr).

Das hübsch am Motala Ström gelegene **Charlottenborgs slott** zeigt eine Ausstellung von feinsten Holzschnitzereien der lokalen Künstlerin Sofie Isberg (1819–1875), ausge-

stopfte Vögel, Puppenstuben und ein Schulzimmer von anno dazumal sowie schwedische Malerei des 19. und 20. Jh. Das Schloss gehörte einem gewissen Ludwig Weirik Lewenhaupt, der sich im Dreißigjährigen Krieg so viele ›Verdienste‹ erstritten hatte, dass Königin Kristina ihn im Jahr 1651 mit reichlich Land bedachte. Das Schloss nannte er nach seiner Frau Charlotte, die heute noch als ›Weiße Dame‹ hier umgehen soll. Das Haus, wie es derzeit in klassischer Schlichtheit über dem Wasser steht, entstand nach einem Umbau 1799–1809 (Strandvägen, Tel. 0141-23 35 91, Mitte Juni–Juli Di, Mi, Fr, So 13–16, Do 13–18 , übrige Zeit Di–Fr und So 13–16 Uhr).

Motala Turistbyrå: Hamnen, Box 253, 59186 Motala, Tel. 0141-22 52 54, Fax 21 45 57, www.motala.se, Juni–Mitte Aug. Mo–Fr 9–19, Sa, So 9.30–17, übrige Zeit Mo–Fr 9–17 Uhr.

STF Vandrarhem Borensberg: Gamla Glasbruket, Box 122, Tel./Fax 0141-408 20. Direkt am Kanalradweg und an den Schleusen, 70 Betten in 2–6-Bett-Zimmern. Fahrrad, Boots- und Kanuverleih, Restaurant; DZ ab 370 SEK.

Camping: Z-Parkens Camping, Månvägen, 59152 Motala, Tel. 0141-21 11 42, Mai–Mitte Sept. Am Varamobad gelegene Freizeiteinrichtung mit bester Ausstattung; ab 110 SEK.

Diana – seit über siebzig Jahren unterwegs auf dem Götakanal

Mit der Autorin unterwegs

Löwen statt Marmor

In einem ehemaligen Marmorsteinbruch von **Kolmården** brüllen die Löwen. Gönnen Sie sich ein pralles Tagesprogramm in dem weitläufigen Zoogelände, über das Sie mit einer Seilbahn schweben können (s. S. 251 f.).

Glashütte

Eine hochkarätige Glashütte verbirgt sich im wald- und seenreichen nördlichen Östergötland. Stöbern Sie nach schönen Designerstücken im Fabrikladen von **Rejmyre** (s. S. 253).

Die Sechs Schleusen

Bergs slussar sollten Sie gesehen haben: An der spektakulären Schleusentreppe zwischen dem Götakanal und dem See Roxen ist immer etwas los.

Regionale Auskunftstelle

Östsvenska Turistrådet:
601 81 Norrköping,Tel. 011-19 44 73,
Fax 19 44 61, www.ostsvenskaturistradet.se
Internet-Portal: www.gotakanal.se

Das **Radrennen** Vätternrundan (300 km in einer Etappe um den See) findet alljährlich am Wochenende vor Mittsommer statt. **Autorennen** am Varamobad in der 29. Kalenderwoche.

Fahrten auf dem Götakanal und Vättersee sowie **Fahrradtouren** entlang dem Kanal von Motala nach Söderköping, auch Paketangebote (Fahrrad, Übernachtung) über Turistbyrå.
Kabinenkreuzer: über AB Götakanalbolag, Box 3, 59121 Motala, Tel. 0141-20 20 50, www.gotakanal.se. Wer mit dem eigenen Boot den Kanal befahren will, sollte sich dort vorab über die Bedingungen informieren.
Baden: Varamobadet (›Varamon‹), das größte Binnenseebad Skandinaviens mit 5 km Sandstrand und Asphaltpromenade. Wegen des bisweilen kräftigen Wellengangs ist die Bucht auch bei Surfern sehr beliebt. Ca. 500 m entfernt im Folkets Park am Stadtrand von Motala gibt es ein weiteres Bad, Mariebergsbadet mit beheiztem Pool und Minizoo.

Bahn: Motala ist Station an der Strecke Örebro–Mjölby. Informationen zum Nahverkehr s. Linköping.

Linköping und Umgebung

Seit dem 11. Jh. war **Linköping** 2 (136 600 Einw.) Bischofssitz, in der ersten romanischen Kirche wurden mehrere Könige gekrönt. Im 14. Jh. gestaltete man den **Dom** zu einer gotischen Hallenkirche um, die erst Ende des 15. Jh. mit Hilfe von aus Köln verpflichteten Baumeistern, darunter Adam von Düren, fertig wurde. Im Innern ist der frühere Hauptaltar mit Gemälden des niederländischen Manieristen Maarten van Heemskerck mit Szenen aus dem Leben des hl. Laurentius einen Blick wert, der 1566 vor dem Bildersturm im niederländischen Alkmaar gerettet wurde. Mit dem großen Stein rechts außen vor dem Eingang der Bischofskirche hat es eine besondere Bewandtnis: Nach einer alten Sitte wurde er früher an Karfreitag vor die Kirche gerollt, die mit Jesu Grab gleichgesetzt wurde. Am Ostertag rollte man den riesigen Stein wieder fort – Zeichen der Auferstehung Christi.

Während eines Sanierungskahlschlags in den 1950er Jahren begann man, erhaltenswerte alte Häuser umzusiedeln und südwestlich der Stadt eine Art Freilichtmuseum aufzubauen, das **Gamla Linköping**. Hierbei kamen insgesamt etwa 90 Häuser zusammen, in denen heute Wohnungen und Werkstätten sowie Lädchen und Cafés im Stil der Zeit um 1900 zu besichtigen sind.

Dass Linköping auch Universitätsstadt ist, macht sich bemerkbar am munteren Treiben in Straßencafés, in der Grünanlage hinter dem Dom, wo im angrenzenden Schloss (ursprünglich 15. Jh.) heute der *landshövding* residiert, und auf dem Marktplatz. Blickfang des Stora Torget ist Carl Milles' ›Folkunga-

Eine Reise auf dem Götakanal

Thema

Als ›Vater des Götakanals‹ gilt Baltzar von Platen, von dem das Wort überliefert ist: »Man kann, was man will, und wenn man sagt, man kann nicht, dann will man auch nicht.« Als Vertrauter des Königs forcierte der willensstarke Mann aus altem Rügenschen Landadel den Bau der Wasserstraße, die, statt wie von ihm angegeben 830 000, am Ende 9 Millionen Reichstaler verschlang, in heutiger Währung ungefähr 12 Millionen Euro.

Der Plan einer Verbindung zwischen der Nordsee und der Ostsee quer durch das Land hatte schon Gustav Vasa beschäftigt, aber erst im frühen 19. Jh. war die Zeit reif, ihn zu vollenden. Baubeginn war 1810. 22 Jahre später konnte König Karl XIV. Johan die 92,2 km lange Wasserstraße zwischen Motala und Mem bei Söderköping schließlich einweihen, die mit 58 Schleusen den Höhenunterschied vom Vättern zur Ostsee überwindet.

Einer der Beweggründe für den Bau mag die angeschlagene Machtstellung Schwedens im Ostseeraum gewesen sein – nach dem Verlust von Finnland und Vorpommern im Tausch gegen Norwegen war die Ostsee kein ›schwedisches Binnenmeer‹ mehr. Die strategischen Überlegungen gingen dahin, im Zentrum des Landes eine Verteidigungslinie aufzubauen, deren wichtigste Komponenten die Festung Karlsborg und der Götakanal waren.

Allerdings wurde das ›Blaue Band‹, wie der Kanal in Schweden auch genannt wird, dann doch nicht militärisch, sondern nur wirtschaftlich genutzt. Wie in anderen Ländern, die in der Industriellen Revolution steckten, kam dem Transport großer Rohstoffmengen zu den Produktionsstätten auf dem Wasserweg eine wichtige Rolle zu. Nicht umsonst holte sich Baltzar von Platen Rat beim englischen Kanalexperten Thomas Telford.

Heute gehört der Götakanal den Touristen. Die alten Treidelpfade sind ideale Radwege: Radler bewältigen die Strecke von Motala bis Söderköping teils per Schiff oder fahren zwischen Väner und Vätter die 34 km von Tåtorp am höchsten Punkt bis Sjötorp vorbei an 14 Schleusen. Andere machen einen Traum wahr und unternehmen eine nostalgische Reise von Stockholm nach Göteborg auf der insgesamt fast 390 km langen Strecke. Drei der 100 Jahre alten, speziell für die Maße des Kanals gebauten Schiffe sind noch im Einsatz, nur dass der Dieselmotor die Dampfmaschine inzwischen ersetzt hat. Noch immer läutet der Kapitän die Schiffsglocke, gleitet der Dampfer mit maximal 5 Knoten Geschwindigkeit durch die enge Fahrrinne, so dass man hautnah und lautlos die Landschaft vorbeiziehen sieht. Im Laufe der vier Tage an Bord kommt man schnell in Kontakt mit den Mitreisenden. In der ›schwimmenden Pension‹ wird man aus unserer schnelllebigen in eine völlig andere Zeit versetzt.

Ein bisschen Kreuzfahrt-Atmosphäre ist dabei, nicht zuletzt in Anbetracht des Preises: Die Vier-Tage-Reise mit Vollpension kostet ca. 8000–20 000 SEK pro Person (Fahrpläne und Preise: www.gotacanal.se). Wer nicht unbedingt an Bord übernachten will, kann auch Teilstrecken bereisen. Oder auch mit dem eigenen Boot fahren. Informationen: www.gotakanal.se.

Brunnen‹ (1927). Der Reiter ist Folke Filbyter auf der Suche nach seinem geraubten Enkelsohn. Das **Länsmuseum** zeigt neben schwedischer auch niederländische Kunst des 17. und französische Malerei des 18. Jh.; Prunkstück der Sammlung ist Lucas Cranachs ›Adam und Eva‹ (Raoul Wallenbergs plats, Tel. 013-23 03 00, Di 10–20, Mi, Sa, So 11–16 Uhr).

Eine der frühesten Kirchen der Gegend ist die Wehrkirche **Vårdsbergs kyrka** 9 km östlich von Linköping. Sie lag im 12. Jh. noch am Ende einer Meeresbucht und war so den räuberischen Überfällen von See her ausgesetzt. Das Obergeschoss des runden Turms diente ausschließlich der Verteidigung, im Untergeschoss wurde hingegen gebetet. Später, im 13. Jh., wurden ein Chorraum und Kreuzarme angebaut, so dass eine ›normale‹ Kirche entstand; die Wandmalereien stammen aus dem Jahr 1617.

Ekenäs slott

Um diese Zeit wurde auch das Renaissanceschloss **Ekenäs** 3 20 km östlich von Linköping errichtet, an der Stelle, wo am heute verlandenden Seeufer Svante Sture etwa ein halbes Jahrhundert früher eine Burg gebaut hatte. Das hübsche dreitürmige Schloss birgt, so heißt es, einige Geheimnisse. Denn Reichsrat Maurits Wellingk, der Anfang des 18. Jh. zwei Flügel anbaute, soll in einer Geheimkammer im Keller kompromittierendes Material eingemauert haben – und den Mitwisser gleich dazu. Außer düsteren Geheimnissen und Gespenstern bilden die alljährlich Anfang Juni stattfindenden Ritterspiele die größte Attraktion von Ekenäs (Ekenäs slott, Ringstorp, Tel. 013-7 41 21, www.ekenasslott.nu, Mitte Mai–Aug. nur Sa, So, Juli/Aug. Di–So 13–15 Uhr stdl. Führungen).

Vreta kloster

In der fruchtbaren Region von Östergötland gab es schon im 12. Jh. viele Königshöfe. König Inge und seine Frau Helena gehörten zu den ersten Christen und gründeten 1120 das erste Kloster Schwedens: **Vreta kloster** 4. Die ursprünglich für den König bestimmte Kirche übernahmen dann Zisterzienserinnen. In einer Kapelle sind zahlreiche Fürsten der frühen Zeit begraben, die nicht immer auf natürliche Weise ums Leben kamen: 1128 wurde Inges Neffe, Inge der Jüngere, vergiftet.

Kaga kyrka

Freunde mittelalterlicher Kalkmalerei sollten 7 km nordwestlich von Linköping einen Blick in die Kirche von **Kaga** 5 werfen. Die Malereien im Chor stammen vom Risinge-Meister, der um die Mitte des 15. Jh. tätig war, die im Langhaus dagegen von seinem Schüler Armund. Besonderes Interesse haben die Darstellungen von Ratten geweckt, eine Plage des Mittelalters und Peiniger der hl. Kakukilla, deren Martyrium Thema einer Darstellung ist.

Linköpings Turistbyrå: Hotell Ekoxen, Klostergatan 68, 58223 Linköping, Tel. 013-20 68 35, Fax 12 19 03, turism@linkoping.se.

STF Vandrarhem: Klostergatan 52A, Linköping, Tel. 013-35 90 00, Fax 35 90 80. Moderne Herberge mitten im Zentrum, alle Zimmer mit Dusche/WC, manche gar mit Pantryküche (Hotelstandard); DZ ab 390 SEK.
Glyttinge Camping, Tel. 013-17 49 28, Mai–Sept., großes Spielangebot für Kinder, Hüttenvermietung; Stellplatz ab 145 SEK.

Wärdshuset Gamla Linköping: Gästgivaregatan 1, Linköping, Tel. 013-13 31 10, www.wardshuset.com, tgl. 12–16 Uhr. Schwedische Hausmannskost mit Crossover-Einschlag in denkmalgeschütztem ›Freilichtmuseum‹-Ambiente: Die Preise werden in Reichstalern angegeben, 155–195 SEK.

Ritterspiele auf Ekenäs slott Ende Mai/Anfang Juni.

Bahn: Verbindung über Norrköping nach Stockholm, über Nässjö nach Malmö sowie nach Västervik und Kalmar.
Flughafen: 6 km entfernt.
Nahverkehr: Infos bei Östgötatrafiken, Tel. 0771-21 10 10, www.ostgotatrafiken.se.

Götakanal

Söderköping

Mit **Söderköping** 6 (14 000 Einw.) hat man fast das Ende des Götakanals, die Mündung in die Ostsee, erreicht. Der Kleinstadtidylle mit den kopfsteingepflasterten, verwinkelten Gassen sieht man nicht an, dass es sich hier zeitweise um eine der wichtigsten Handelsstädte Schwedens handelte. Bereits Ende des 13. Jh. als Niederlassung von Kaufleuten aus Lübeck gegründet – *köping* bedeutet wörtlich ›Kauf-ort‹ – war der Hafen, der vor der Landhebung gleich neben dem Rathaus von 1777 lag, wichtigster Stapelplatz des Mittelalters in Östergötland. 1567 zerstörten die Dänen die blühende Händler- und Handwerkerstadt. Das konnte auch Stegeborgs Festung, deren Ruinen noch die Einfahrt zur Bucht bewachen, nicht verhindern. Der Wiederaufbau der Holzstadt in Stein kam trotz königlicher Gunst nicht recht voran, nachdem Norrköping zum Verwaltungszentrum erklärt worden war. So blieben an vielen Ecken die malerischen alten Gassen erhalten, besonders um die St. Laurentii kyrka, eine Gründung des 13. Jh., und um die Drothems kyrka aus derselben Zeit. Die Entdeckung einer Heilquelle führte zur Entwicklung als Kurort, die schönen Anlagen des 19. Jh. werden noch immer genutzt und ziehen ebenso die Besucher an wie der lebhafte Bootsverkehr auf dem Götakanal.

i **Söderköpings Turistbyrå:** Stinsen (an der E22), Margaretagatan 19, 61480 Söderköping, Tel. 0121-181 60, Fax 158 33, www.soderkoping.se

Söderköpings Brunn: Skönbergsgatan 35, Tel. 0121-109 00, Fax 139 41, www.soderkopingsbrunn.se. Spa-Hotel mit gutem Restaurant, 130 Zimmer mit moderner Ausstattung; DZ ab 1155 SEK pro Person, Halbpension.

Bootsausflüge auf dem Götakanal s. Norrköping oder www.gotakanal.se, in die Schären von Sankta Anna und nach

Gerettetes Holzhausidyll: Gamla Linköping

Finnö. **Radtouren** entlang dem Götakanal nach Motala, Kartenmaterial im Turistbyrå.

Bus: Verbindung nach Norrköping und Linköping.
Boot: Verbindung nach Göteborg und Stockholm über Götakanal. Informationen zum Nahverkehr s. Linköping.

Norrköping und Umgebung

Im 19. Jh. wurde **Norrköping** 7 (124 000 Einw.) auch das ›schwedische Manchester‹ genannt. Die Industrietradition am Motala ström, der hier 22 m Gefälle hat, reicht bis ins 17. Jh. zurück. Die Metall-, Papier- und Textilfabriken nutzten von der Kraft des Wassers angetriebene Maschinen. Inzwischen wurde das alte Industrieviertel gegenüber dem Gamla Torget restauriert. Anstelle der größten Papierfabrik der Stadt, Holmens Pappersbruk, ist ein nach ihrem Gründer **Louis de Geer** benanntes modernes Kongress- und Kulturzentrum eingezogen. An den Brukspatron erinnert Carl Milles' Standbild gegenüber auf dem Gamla Torget (1945).

In einer ehemaligen Baumwollspinnerei ist »die schönste Fabrik Schwedens« (Milles) eingerichtet. Das **Museum der Arbeit** (Arbetets Museum) beleuchtet eingehend die Arbeits- und Lebensbedingungen des frühen Industriezeitalters. Das interessante Fabrikgebäude *Strykjärn* (Bügeleisen) nutzt mit sechseckigen Grundriss geschickt den Platz auf der Insel im Motala ström – rationelles Bauen zur optimalen Energieausnutzung. Dahinter erstreckt sich das passend *Strykbräd* (Bügelbrett) getaufte Holmens Museum, wo an die Arbeit in der alten Papierfabrik erinnert wird (Laxholmen, Tel. 011-18 98 00, www.

arbetetsmuseum.se, Sept.–Mai Mo, Mi–So 11–17, Di 11–20 Uhr außer an Feiertagen).

Norrköpings Konstmuseum ist nach Moderna Museet in Stockholm eines der bedeutendsten Museen für schwedische Kunst des 20. Jh., in der Sammlung etwa Isaac Grünewalds Gemälde ›Der singende Baum‹ von 1915. Mit Skulpturenpark und Kino ist es ein Muss für jeden Freund moderner Kunst (Kristinaplatsen,Tel. 011-15 26 00, www.norrkoping.se/konstmuseet, Mitte Mai–Mitte Aug. Di, Do–So 12–16, Mi 12–20, sonst Di, Do 11–20, Mi, Fr–So 11–17 Uhr).

Eine Sehenswürdigkeit der Vorzeit blieb im Südwesten der Stadt beim Freizeitgebiet **Himmelstalund** erhalten. Die figurenreichen Felsritzungen zeigen Menschen, Tiere, Waffen, Schiffe und Sonnensymbole aus der Zeit von vor 3000 Jahren. Ein Museum erläutert die Funde (Mitte Juni–Juli 11–18, Mai–Mitte Juni und Aug. 10–16.30 Uhr).

Löfstads slott

Der prachtvolle Adelssitz **Löfstads slott** 8, 10 km südlich von Norrköping bei Kimstad, stammt ursprünglich aus dem 15. Jh. Das alte Gemäuer – ein Teil fiel 1750 einem Brand zum Opfer – steckt voller verborgener Schätze: Hinterlassenschaften der über die Jahrhunderte wechselnden Besitzer und Einrichtungsgegenstände unterschiedlicher Moden und Epochen – selbst ein Spukzimmer im Obergeschoss des Hauptbaus hat das Schloss zu bieten. Hier wird eine Deutschlandkarte verwahrt, die der Kriegsherr im Dreißigjährigen Krieg benutzt haben soll (www.lofstad.nu, Führungen April, Sept., Okt. So 2 mal, Mai Sa, So 2–3 mal, Juni–Aug. 3–5 mal tgl.).

Kolmården

Der grüne Marmor aus dem Kolmården-Gebiet ist ein international begehrter Baustoff: die Pariser Oper und das New Yorker Rockefeller Center schmücken sich mit dem meergrün schillernden Stein. In der Region stehen aber auch noch viele alte Holzhäuser auf echtem Kolmården-Marmorfundament. Als in den 1960er Jahren der Marmorabbau in die Krise kam, war die Gründung von Kolmårdens Zoo eine bewusste Maßnahme, um in der strukturschwachen Region neue Arbeitsplätze zu schaffen.

Vor allem Familien mit Kindern lockt ein Ausflug in den **Kolmården Zoo** 9, 22 km nordöstlich von Norrköping. Der 1965 eröffnete ausgedehnte Tierpark gilt als der größte in Nordeuropa und ist in einer wundervoll wilden Naturlandschaft mit knorrigen Fichten und mächtigen Felsklötzen hoch über dem Ostseefjord Bråviken gelegen. Vom Bassin der Seehunde und Pinguine bietet sich ein herrlicher Blick aufs Wasser der Fjord-Bucht. Keinesfalls verpassen sollte man die Delphinshow im Delphinarium. Neben den Gehegen, zwischen denen breite Asphaltwege verlaufen, erstreckt sich der etwa gleich große Safaripark, den man auf einem Parcours mit dem eigenen Auto oder bei einer kommentierten Tour mit einem Minizug durchfährt, vorbei an Elch und Emu, Bär und Wolf, Zebra und Elenantilope. Besonders spannend ist das Tal der Löwen (Tel. 011-24 90 00, www.kolmarden.com, Mai 9–17, Juni–Ende Aug. 9–18 Uhr, übrige Zeit 10–16 Uhr; Kolmårdens Tropikarium, Tel. 011-39 52 50, April und Mitte Aug.–Anfang Okt. tgl. 10–17, Mai–2. Juniwoche 9–18, 2. Juniwoche–Mitte Aug. 9–19, sonst 10–16 Uhr).

Destination Norrköping: Dalsgatan 8, 60181 Norrköping, Tel. 011-15 15 00, Fax 15 50 74, info.destination@norrkoping.se.

STF Vandrarhem Turistgården: Ingelstagatan Norrköping, Tel. 011-10 11 60, Fax 18 68 63, info@turistgarden.se. Zentral gelegene Herberge mit 2–4-Bett-Zimmern, alle mit Fernsehen, einige auch mit Dusche/WC; DZ ab 340 SEK.
Himmelstalunds Camping: Tel. 011-17 11 90, Juni–Mitte Sept. Abfahrt von E 4, südlich der Stadt, Freizeitzentrum mit einfachen Hütten und Betten, nahe dem Gebiet mit Felsritzungen.
Swecamp Kolmårdens Camping & Stugby: Tel. 011-39 82 50, Fax 39 70 81, Mai–Mitte Sept., 22 km nordöstlich von Norrköping an der Meeresbucht Bråviken, unterhalb des Zoos. Hüttenvermietung, Zimmer; Stellplatz ab 140 SEK.

Der **6. Juni** (Nationaldagen) wird in Norrköping mit Straßenfesten und viel Musik gefeiert. Mitte Aug. findet ›**Karneval**‹ statt, mit Feuerwerk, Markt, Theater und Straßenumzügen. **Bronsåldersmöte** ist Schwedens größtes Vorzeitfestival am letzten Augustwochenende, mit Vorführungen urzeitlicher Handwerkstechniken und Theater.

Stadtführungen durch das Industriegebiet von Nörrköping veranstaltet das Turistbyrå.
Schiffsausflüge: auf dem Götakanal bis Söderköping (Rederi AB Kind, Tel. 0141-23 33 70) oder ab Söderköping bis in die Schären bei Arkösund bzw. auf dem schleusenreichen Stück zwischen Borensberg und Berg mit Lejonbåtarna, Tel. 011-12 78 01 oder 16 37 09; Es sind auch Mehrtagestouren mit Hotelübernachtungen und Schlossbesichtigungen möglich, die man beim Turistbyrå buchen kann.
Golf: sechs Plätze in der Umgebung.

Bahn: ausgezeichnete Verbindungen nach Stockholm, über Katrineholm nach Västerås und über Nässjö nach Malmö. Informationen zum Nahverkehr: Östgotatrafiken Tel. 0202-21 10 10.

Finspång und Rejmyre

Die Grenze zwischen den fruchtbaren Ackerflächen und Bergslagen, dem dicht bewaldeten Bergrevier im Norden Östergötlands, bilden der Götakanal und die Seenkette, die er verbindet. **Finspång** 10 (knapp 21 000 Einw.) 30 km nordwestlich von Norrköping ist eng mit dem Namen Louis de Geer (1587–1652) verbunden. Der Spross einer wallonischen Eisengießerfamilie aus Lüttich kam als Geschäftsmann über Amsterdam nach Schweden und übernahm 1641 die Waffenschmiede in Finspång von seinem niederländischen Vorgänger Willem de Wijk. Der Dreißigjährige Krieg bescherte dem Waffenproduzenten Reichtum und Wohlstand, und als einer der ersten Brukspatrone pflegten er und seine Familie, in deren Besitz der Betrieb noch 300 Jahre blieb, einen aufwändigen Lebensstil. Das **Schloss** wurde ab 1668 unter Louis de Geer d. J. in reinstem palladianischen Baustil errichtet, der damals in den Niederlanden en vogue war. Das Innere stattete man mit kostbaren Materialien aus. Die Schlossanlage mit Seitenflügeln und der Park mit Orangerie, Lustpavillons und zentralen Wasserspielen spiegelt das Selbstverständnis der Brukspatrone, die lebten wie in Mitteleuropa nur die Fürsten. Das Schloss wird heute von der Firma Siemens genutzt und ist der Öffentlichkeit nicht zugänglich.

Risinge gamla kyrka 11, 6 km südlich von Finspång, ist wegen ihrer Ausmalung berühmt. Der anonyme Künstler, der auch in Kaga (s. S. 248) um 1430–60 tätig war, ging als Risinge-Meister in die Kunstgeschichte ein. Die Kalkmalereien vor allem in den Stichkappen der Gewölbe sind Illustrationen zum Alten und Neuen Testament und den Apostellegenden.

In **Rejmyre** 12, 17 km nordöstlich, kann man zu einer Paddeltour durch das Seensystem des nördlichen Östergötland starten. Die berühmte Glashütte Reijmyre glasbruk ist für stilsicheres Design bekannt. Während der Arbeitszeit kann man die Glasbläser beobachten (Juli Mo–Fr 10–16, Sa 10–15, So 11–15, Mai, Juni, Aug. Mo–Do 9–16, Fr 9–14, Sa 10–15, So geschl. Uhr) und im Fabrikladen einkaufen.

i **Finspångs Turistbyrå:** Vibjörnsparken, 61280 Finspång, Tel. 0122-851 00, Fax 851 37, www.finspang.se, Juni–Mitte Aug. Mo–Fr 10–18, Sa 9–12, So 12–15, übrige Zeit Mo–Do 10–19, Fr 13–17 Uhr.
Rejmyre Turistbyrå: Glasbruket (an der Glashütte), 61014 Rejmyre, Tel./Fax 011-875 21, rejmyreturism@telia.com, Juni–Aug. Mo–Fr 10–17, Sa, So 10–15, Sept.–Mai Mo–Fr 10–16 Uhr.

Kanu: Die Gegend um Finspång und Rejmyre gehört zu den besten Kanurevieren Schwedens. Es gibt hier über 100 durch Wasserwege verbundene Seen und zahlreiche markierte Kanuwanderwege (Karten und Infos beim Turistbyrå). Kanuverleih: in Lotorp, ca. 6 km nordöstlich, u. a. Tel. 0122-185 00 oder 29461, www.finspangskanotcenter.net; außerdem in Rejmyre 17 km nordöstlich, z. B. Tel. 011-875 26, mobil 070-698 55 46.

Fabrikladen und Handelsby Rejmyre: Tel. 011-871 84, www.reijmyre.se. Winter Mo–Fr 9–17, Sa 10–16, So 11–16, im Sommer Mo–Fr 9–18, Sa, So 10–16 Uhr. Hier kann man allerlei schönes Kunsthandwerk erstehen.

Bus: Informationen unter www.ostgotatrafiken.se.

Blick in die Marienkirche in Risinge bei Finspång

Kapitel 4

Mittelschweden mit Stockholm

Auf einen Blick: Mittelschweden mit Stockholm

Das Herz Schwedens

Stockholms einzigartige Lage zwischen dem drittgrößten Binnensee Schwedens, Mälaren, und der Ostsee ist nicht nur äußerst romantisch und ideal für Ausflüge in die reizvolle Umgebung, sie war seit jeher auch der wichtigste Faktor für die gesamte Entwicklung der Stadt. Das Mälartal gehört zu den dichtestbesiedelten Regionen in Schweden. Und doch ist man schnell in der Einsamkeit der Natur, beispielsweise auf einem Felseiland in **Stockholms skärgård**. Die Schären aus rund 30 000 Felsinseln sind ein einmaliges Freizeitparadies vor den Toren der Stadt.

Die südlichen Schären gehören zur Landschaft **Södermanland** (Sörmland), auch bekannt als ›Land der Schlösser‹ – entsprechend reich ist die Auswahl an Sehenswürdigkeiten vor allem im südlichen Mälargebiet. Erholen von dem dichten ›Kulturprogramm‹ kann man sich beim Baden, Picknicken, Angeln, Kanufahren und Wandern.

Ganz anders die Bergslagen-Distrikte von Mittelschweden: Hier hat der Bergbau jahrhundertelang Tradition. Noch heute sind **Västmanland** und **Uppland** am Nordufer des Mälaren mit ihren Bergwerken und Metallschmieden die am stärksten industrialisierten Gebiete des Landes, ebenso wie Kopparbergs län in Dalarna. Ängelsbergs bruk in Västmanland und die Kupfergrube von Falun zählen wegen der einzigartigen Re-

likte früher Industriekultur zum UNESCO-Weltkulturerbe.

Weiter im Westen erstreckt sich das wilde **Värmland**. In breiten Flusstälern ziehen die Wassermassen aus den norwegischen Bergen zum Vänersee: Glafsfjord, Fryken und Klarälven, mit 500 km einer der längsten Flüsse Schwedens. Große Niederschlagsmengen, bis zu 700 m hohe Berge und magerer Boden lassen in dem dünn besiedelten Land kaum Ackerbau zu. Die großen Höfe gehörten reichen Hüttenbaronen. Dieser Landschaft setzte die auf Gut Mårbacka im Frykental geborene Schriftstellerin Selma Lagerlöf in ihren Romanen ein Denkmal.

Das Herz urschwedischen Brauchtums schlägt in **Dalarna**, und hier besonders am Siljansee: Bauernmalerei, Volksmusik und Volkstänze, Trachten. Dazu kann man hier Schweden wie aus dem Bilderbuch erleben: blühende Wiesen und viele kleine Holzhäuser. Im Westen liegen oberhalb der kargen Waldweiten die 1000 m hohen Gipfel bereits jenseits der Baumgrenze. Hier gibt es die südlichsten schneesicheren Wintersportgebiete Schwedens.

Highlights

- 9 **Stockholms Innenstadt:** Natur und Kultur auf 14 Inseln (s. S. 258)
- 10 **Schloss Drottningholm:** königliches Domizil am Mälarsee (s. S. 274 f.)
- 11 **Schloss Gripsholm und Mariefred:** ein dickes Schloss am See und eine malerische Kleinstadt (s. S. 290 f.)
- 12 **Siljansee:** eine liebliche Bilderbuchlandschaft, gerahmt von blauen Bergen (s. S. 320)
- 13 **Kupferbergwerk in Falun:** Weltkulturerbe der Industriegeschichte (s. S. 329)

Empfehlenswerte Routen

Auf dem Roslagsleden nach Norrtälje: gemütlich durch die vielfältige Landschaft nördlich von Stockholm (s. S. 286f.)

Vom Vänersee ins Frykental: vom lieblichen Väneruferins Reich der Wälder und Seen (s. S. 310f.)

Reise- und Zeitplanung

Auch wer auf der Durchreise ist, sollte mindestens zwei Tage für Stockholm mit seinem üppigen Kulturangebot einplanen; mehr Zeit benötigt, wer die Stadt als Startpunkt für Touren ins Umland nutzt. Um Dalarna zu erkunden, rechne man eine gute Woche und konzentriere sich auf das Siljangebiet. Eine Woche in Värmland lässt sich bestens in einen Westschwedenurlaub integrieren, z. B. als Kontrastprogramm zur quirligen Westküste.

Klima und Reisezeit

Wie in jeder Großstadt ist in Stockholm zu jeder Jahreszeit etwas los, doch am schönsten ist der Sommer: auf dem Mälarsee verkehren die Dampfer zu den Schlössern und Städten des Umlands oder in die Schären. Värmland und Dalarna sind im Sommer ideal zum Wandern oder Kanufahren. Im Winter bietet das Bergland schneesichere Wintersportgebiete.

Richtig Reisen-Tipps:

Stockholm von oben: Die schönsten Aussichtspunkte in Schwedens Hauptstadt sind nicht nur für Fotografen ein Muss (s. S. 278).

Floßtour auf dem Klarälven: Zur Entdeckung der Langsamkeit laden in Värmland 110 Flusskilometer auf einem Floß ein (s. S. 315).

Loka brunn und Grythyttan: Kulinarische Genüsse in der Provinz (s. S. 318)

Carl Larssongården in Sundborn: weltberühmtes Künstlerhaus mit schwedischer Wohnkultur (s. S. 330)

Stockholm

Cityplan
S. 262/263

Der unverwechselbare Charme der ›schwimmenden Stadt‹, wie sie Selma Lagerlöf so treffend beschrieben hat, beruht auf einem Mix von Natur und Kultur. Stockholm ist eine der spannendsten Hauptstädte Europas, zum Shoppen, zum Ausgehen und zum Entspannen im Grünen.

9 Die Innenstadt

Der Großraum Stockholm zählt über 1,8 Mio. Menschen, die Innenstadt – *Stockholm inom tullarna* – immerhin 766 000 Einwohner, Tendenz steigend, denn Schwedens Hauptstadt ist eine junge Stadt mit einer hohen Geburtenrate. Großzügig geplante, neue Wohnviertel entstehen, modernste Architektur direkt am Wasser wie in Nacka Strand und Hammarby Sjöstad.

Natürlich hat auch Stockholm trostlose Hochhaussiedlungen und graue Vorstädte, aber gerade die Innenstadt bietet viele grüne Oasen. Wo gibt es das sonst – eine Hauptstadt, in deren Stadtgebiet ein Nationalpark eingerichtet wurde, wo sich die Natur ungestört entfalten kann und wo man mitten in der Stadt angeln und baden, segeln und im Winter Eis laufen kann.

Die ›schwimmende Stadt‹

Stockholms Innenstadt verteilt sich auf 14 Felsinseln. Vor 6000 Jahren ragten an dieser Stelle allenfalls ein paar Inselchen aus dem Wasser, so wie heute draußen in den Schären. Mit der allmählichen Landhebung nach dem Abschmelzen des Eises wuchs auch Stockholm – der Name bedeutet wörtlich ›Pfahl-Insel‹. Er könnte sich darauf beziehen, dass im frühen 11. Jh. die Bewohner von Helgeandsholmen, der Keimzelle des späteren Stockholm, wo heute der Reichstag steht, an dem strategisch wichtigen Zugang vom Mälarsee zur Ostsee Holzpfosten errichtet hatten, zwischen denen eine Kette den Schiffen den Weg versperren konnte. 300 Jahre später war der Spiegel des Mälarsees durch die Landhebung höher als der der Ostsee, an den Stromschnellen (Strömmen) mussten die Waren umgeladen werden.

Die Schlüsselstellung an der einzigen natürlichen Einfahrt zum Mälargebiet, inmitten der fruchtbaren Ebenen und nahe den Eisenabbaugebieten von Bergslagen sicherte im frühen Mittelalter Stockholms Rolle als Zentrum des Ostseehandels: Bereits für die Mitte des 15. Jh. wird die Bewohnerzahl auf 5000–6000 geschätzt, darunter viele deutsche Kaufleute sowie finnische Handwerker und Tagelöhner. Der deutsche Einfluss war so groß, dass die deutsche Kaufmannschaft die Hälfte der Ratssitze im Magistrat innehatte.

Schlüssel zur Macht

Offizielle Hauptstadt wurde Stockholm erst im 17. Jh., aber ein Schlüssel zur Macht war es schon vorher. 1520 war die Stadt Schauplatz jener Hinrichtung von Mitgliedern nahezu sämtlicher einflussreichen schwedischen Adelsfamilien, mit der der dänische König Kristian II. die Aufständischen einzuschüchtern versuchte und die als ›Stockholmer Blutbad‹ in die Geschichte einging.

Ende des 17. Jh. war die Bevölkerung Stockholms auf 60 000 Einwohner angewachsen, waren der Reichstag und die Einrichtungen der Zentralverwaltung etabliert. Der König residierte auf Burg Tre Kronor, dem Vorläufer des heutigen Schlosses, das erst Mitte des 18. Jh. fertig wurde. Die drei Kronen bilden noch heute Stockholms Stadtwappen. Mit dem Niedergang der schwedischen Großmachtstellung im Ostseebereich ging auch eine Stagnation in der Stadtentwicklung einher und zu Beginn des 19. Jh. überflügelte die Fabrikmetropole Norrköping

Die ›schwimmende Stadt‹

Mit der Autorin unterwegs

Stockholm vom Wasser aus

Sightseeingboote mit Glasdach starten ab Strömkajen zur Runde um die Museumsinsel Djurgården – ideal als erster Einstieg in die Topografie der Stadt auf 14 Inseln.

Weiter Blick und Blauer Saal

Das Wahrzeichen für Stockholm schlechthin ist der Turm von **Stadshuset.** Nehmen Sie die Mühen des Aufstiegs auf sich, der Blick auf die Altstadt ist herrlich – bei einer Führung erfahren Sie interessante Details über das Rathaus der Stadt, wo jedes Jahr die Nobelpreisgala stattfindet (s. S. 264).

Markthallen

Gehen Sie auf kulinarische Entdeckungsreise in Stockholms Markthallen, die besten Adressen für einen Imbiss – im Gourmet-Treff **Östermalms saluhall,** in **Södermalmshallen** oder der Halle am **Hötorget** (s. S. 272).

Stockholm gratis

Der Eintritt in mehr als 20 Museen der Stadt ist gratis: dazu gehören so hochkarätige Musentempel wie Nordiska Museet, Historiska Museet mit Schatzkammer, Nationalmuseum und Moderna Museet.

sogar die Hauptstadt, bis am Ende des Jahrhunderts schließlich auch in Stockholm die Industrialisierung einsetzte und damit ein immenser Wachstumsschub. In den damaligen Randbezirken wie Södermalm und Norrmalm schossen die Mietskasernen aus dem Boden. Schlechte hygienische Verhältnisse machten Stockholm zu einer der ungesundesten Städte Europas.

Wie wichtig klare Luft und reines Wasser sind, wurde den Stockholmern Mitte der 1970er Jahre bewusst. Damals war das Wasser des Mälarsees nicht zum Baden zu empfehlen und die Einwohner der Innenstadt litten unter der hohen Abgas- und Lärmbelastung. Die Gegenmaßnahmen haben gegriffen. Heute verkehren Erdgas- oder Brennstoffzellenbusse und das Wasser des Mälar-Sees wird regelmäßig untersucht. Um den auch heute alltäglichen Verkehrsinfarkt in der Innenstadt zu bekämpfen, wird ab 2006 versuchsweise eine Maut für die Durchfahrt der Innenstadt eingeführt (*trängselavgift*), gleichzeitig soll der Nahverkehr für die Pendler ausgebaut werden.

Am Strömmen zum Stadshus

Der Rundgang beginnt am **Kungsträdgården** 1, dem ›Königsgarten‹. Er diente ursprünglich als Küchengarten für den königlichen Haushalt, wurde aber schon im Zuge des Schlossneubaus unter Nicodemus Tessin d. J. in einen streng komponierten Barockgarten umgestaltet. Der langgestreckte, baumumstandene Platz ist heute mit seinem Springbrunnen, den Cafés, einem überdimensionalen Schachspiel und der Freilichtbühne ein Treffpunkt, wo es an Sommernachmittagen ganz schön voll werden kann.

Kaum merklich geht der Kungsträdgården nach Süden in den Karl XII:s Torg über, erkennbar an der Statue des Königs, der für seine außenpolitischen Misserfolge bekannt ist und dessen Tod noch Rätsel aufgibt: Eine Kugel traf Karl XII. 1718, während er die norwegische Festung in Fredriksten belagerte. Woher das Geschoss kam, ist bis heute nicht geklärt. Er wäre nicht der letzte schwedische König, der einem Attentat zum Opfer fiel: Im Vorgängerbau der heutigen Oper, die den Platz auf der Westseite flankiert, wurde Gustav III. bei einem Maskenball erschossen. Der spektakuläre politische Mord von 1792 inspirierte Giuseppe Verdi zu seiner Oper ›Der Maskenball‹. Das Stockholmer **Opernhaus** 2 – 1891–96 im Neobarock errichtet – ist bis heute Schauplatz klassischer Opern- und Ballettaufführungen. Nebenan, am Gustav Adolfs torg mit dem Reiterstandbild des Königs, ist das passende Museum zum Thema zu Hause: **Dansmuseet** 3 widmet sich der Geschichte des Tanzes, wobei neben dem schwedischen besonders das klassische russische Ballett im Mittelpunkt steht (Gustav Adolfs torg 22–24, Tel. 08-441 76 50, Juni–

Aug. Mo–Fr 11–16, Sa, So 12–16 Uhr, übrige Zeit Mo geschl.). Direkt am Wasser führt eine Promenade entlang Strömmen. Hier sieht man manchmal Netzfischer und Angler ihr Glück versuchen. Jeder kann es ihnen gleichtun – das Angeln im Strömmen mit Handgerät ist an dieser Stelle laut einem Gesetz aus dem 15. Jh. frei.

Der Westflügel des **Reichstags** 4 auf der Insel Helgeandsholmen am anderen Ufer entstand Ende des 19. Jh. ursprünglich für die Reichsbank. Das Parlament tagt in dem eher nüchtern gestalteten Plenarsaal im halbrunden Westtrakt, hinter dessen Glasfassade im Obergeschoss sich die Besuchertribüne verbirgt. Ein Teil der Stadtmauer von 1530 ist gegenüber im unterirdisch angelegten **Medeltidsmuseet** 5 im Original zu sehen (Strömparterren, Tel. 08-50 83 17 90, Di, Do–So 11–16, Mi 11–18 Uhr). Archäologen fanden heraus, dass schon um 1010 eine rege Bautätigkeit in diesem Teil Stockholms herrschte und die Bewohner hier an strategisch wichtiger Stelle die Schifffahrt im Norrström, der natürlichen Verbindung des Mälarsees zur Ostsee, kontrollieren konnten.

Entlang Strömmen geht es zum **Stadshuset** 6, wo das Stadtparlament tagt (Hantver-

Stockholm: Cityplan

Sehenswürdigkeiten

1 Kungsträdgården
2 Opernhaus
3 Dansmuseet
4 Reichstag
5 Medeltidsmuseet
6 Stadshuset
7 Riddarhuset
8 Riddarholmskyrkan
9 Königliches Schloss
10 Myntkabinett
11 Storkyrkan
12 Nobelmuseet
13 Tyska kyrkan
14 Katarinahissen
15 Vasamuseet
16 Junibacken
17 Nordiska Museet
18 Skansen
19 Gröna Lund
20 Waldemarsudde
21 Dramaten
22 Nationalmuseum
23 Moderna Museet
24 Hallwylska Museet
25 Kulturhuset
26 Konserthuset
27 Adolf Fredriks kyrka
28 Strindbergsmuseet
29 Stadsbibliotek
30 Östermalms saluhall
31 Historiska Museet

Übernachten

1 Clarion Hotel
2 Tegnérlunden
3 Mälardrottningen
4 Långholmen
5 STF Vandrarhem ›af Chapman‹
6 STF Vandrarhem Zinkensdamm
7 STF Vandrarhem Fridhemsplan
8 Långholmens Husbilscamping
9 Östermalms Citycamping

Essen und Trinken

10 Bon Lloc
11 Clas på Hörnet
12 Den Gyldene Freden
13 Rolfs Kök
14 Spisa hos Helena
15 Strömparterren
16 Ciao Ciao Grande
17 Sibiriens Soppkök
18 Café Blå Porten
19 Hermans Trädgårdscafé
20 Sturekatten
21 Vete-Katten
22 Lasse i Parken

Stockholm: Cityplan

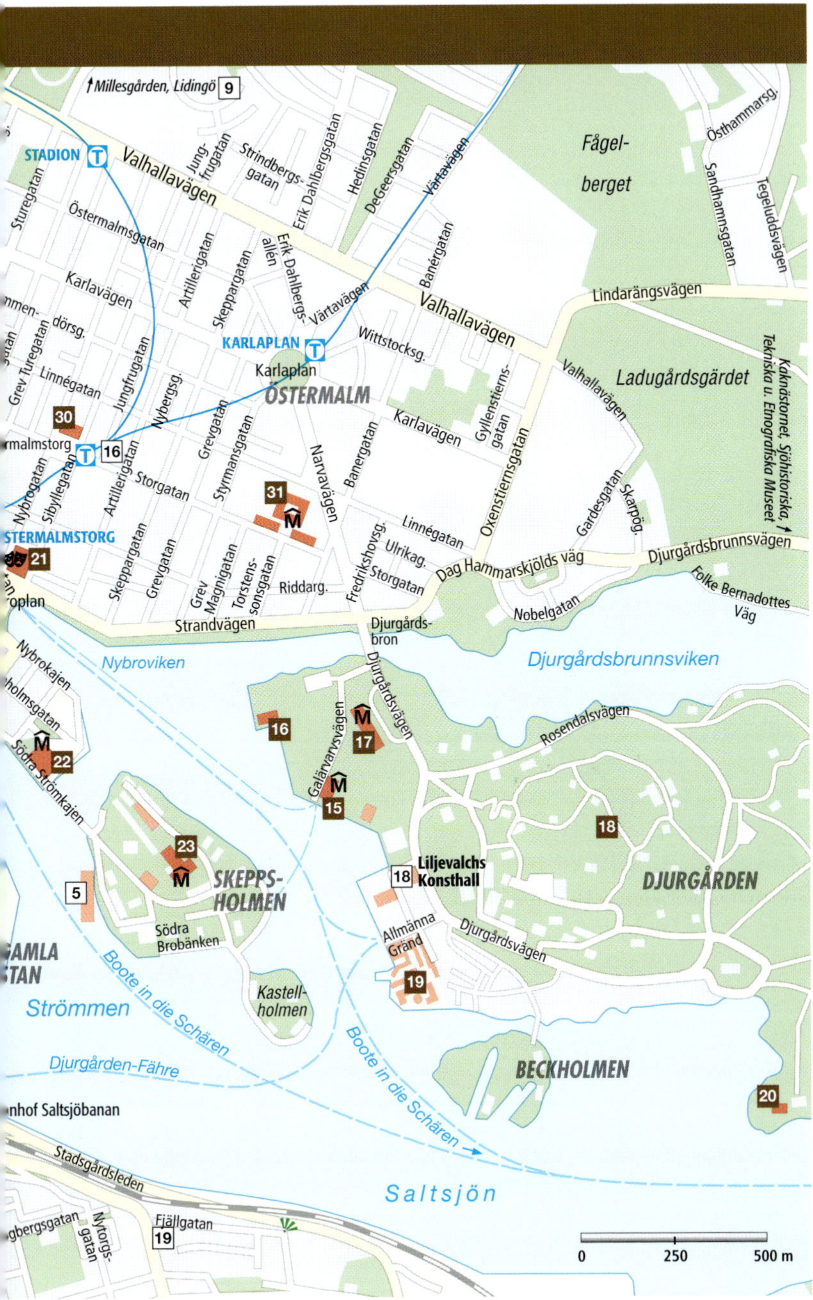
Millesgården, Lidingö 9
STADION
Valhallavägen
Sturegatan
Östermalmsgatan
Karlavägen
Jung-frugatan
Strindbergs-gatan
Erik Dahlbergsgatan
Hedinsgatan
DeGeersgatan
Värtavägen
Fågel-berget
Östhammarsg.
Sandhamnsgatan
Tegeluddsvägen
Artillerigatan
Skeppargatan
Erik Dahlbergs-allén
Banérgatan
Lindarängsvägen
Värtavägen
KARLAPLAN
Karlaplan
Wittstocksg.
ÖSTERMALM
Valhallavägen
Ladugårdsgärdet
Kaknästornet, Sjöhistoriska, Tekniska u. Etnografiska Museet
Grev Turegatan
Linnégatan
Jungfrugatan
Nybergsg.
Grevgatan
Styrmansgatan
Karlavägen
Gyllenstierns-gatan
Oxenstiernsgatan
30
16
Storgatan
Nybrogatan
Sibyllegatan
Artillerigatan
31
Narvavägen
Banérgatan
Linnégatan
Gardesgatan
Skarpög.
ÖSTERMALMSTORG
21
Skeppargatan
Grevgatan
Grev Magnigatan
Torstens-sonsgatan
Riddarg.
Fredrikshovsg.
Ulrikag.
Storgatan
Dag Hammarskjölds väg
Djurgårdsbrunnsvägen
Folke Bernadottes Väg
Nobelgatan
Strandvägen
Djurgårds-bron
Nybroviken
Djurgårdsbrunnsviken
Nybrokajen
Djurgårdsvägen
Galärvarvsvägen
16
17
15
Rosendalsvägen
22
Södra Strömkajen
23
SKEPPS-HOLMEN
18
Liljevalchs Konsthall
18
DJURGÅRDEN
5
Södra Brobänken
Allmänna Gränd
Djurgårdsvägen
19
GAMLA STAN
Strömmen
Boote in die Schären
Kastell-holmen
Boote in die Schären
BECKHOLMEN
Djurgården-Fähre
20
Saltsjöbanan
Stadsgårdsleden
Saltsjön
Fjällgatan
19
Nytorgs-gatan
0
250
500 m

Romantischer Zauber liegt über Riddarholmen

kargatan 1, Tel. 08-50 82 90 59, Führungen durch die Räume des Rathauses Juni–Aug. tgl. 10–15 Uhr stdl., Mai und Sept. tgl. 10, 12 und 14, übrige Zeit tgl. 10 und 12 Uhr; Turm: Juni–Sept. tgl. 10–16.30 Uhr). Den goldglänzenden Rathausturm – Wahrzeichen der Stadt – zieren die drei Kronen des Stockholmer Stadtwappens. In dem 1911–23 errichteten repräsentativen Bau knüpfte Architekt Ragnar Östberg an venezianische und niederländische Rathausvorbilder an und übersetzte sie in eine moderne Formensprache; bei einer Führung bekommt man auch den Blauen Saal zu sehen, alljährlich festlicher Rahmen für die Nobelpreisgala. Blau ist er allerdings nicht. Die Wände aus unverputzten roten Ziegeln fand Architekt Östberg so schön, dass er den Plan aufgab, sie unter einer Schicht aus blau gefärbtem Putz zu verstecken. Doch der Name blieb. Nicht versäumen darf man den Blick vom 106 m hohen Turm über die gesamte Innenstadt. 3000 Stockholmer Bürger stifteten seinerzeit die Kupferplatten fürs Dach und wurden damit Eigentümer eines Stückes vom Stadshus, in das jeweils ihr Name eingraviert ist.

Riddarholmen

Die Eisenbahnbrücke führt von Kungsholmen hinüber nach Riddarholmen. Links davon liegt **Riddarhuset** 7 (Tel. 08-723 39 90, Mo–Fr 11.30–12.30 Uhr). Der Prachtbau des 18. Jh. ist das Haus des schwedischen Adels und bewahrt alle Adelswappen des Landes, auch die erloschener Geschlechter.

Die gusseiserne Turmspitze der **Riddarholmskyrkan** 8 überragt alle Türme auf Gamla stan in ihrer neogotischen Pracht aus den 30er Jahren des 18. Jh. (Tel. 08-59 03 50 09, Mai–Aug. tgl. 10–16, Sept. nur Sa, So 12–15 Uhr). Das um 1280 als Klosterkirche der Franziskaner erbaute Gotteshaus wurde als Grablege der schwedischen Könige nach und nach dynastienweise von Grabkapellen umgeben: Der gustavianische Grabchor entstand 1634, der hochbarocke, karolinische, goldbesternte Kuppelchor mit dem Sarkophag Karls XII. 1671–1743 und als letzter der Bernadottesche Grabchor im Jahr 1860. Seither finden Schwedens Könige ihre letzte Ruhestätte im Grünen: im Hagaparken im Norden der Stadt.

Auf Riddarholmen, der ›Ritterinsel‹, hatten im 17. Jh. die Adligen ihre Paläste, viele werden heute von Regierungsbehörden genutzt. Am schönsten ist vielleicht Wrangelska Palatset mit seinen runden Ecktürmen, Sitz des Svea Hovrätt (Gerichtshof). Von der nach Evert Taube benannten und mit einer Statue des Sängers geschmückten Terrasse unterhalb hat man einen schönen Blick aufs Stadshus.

Rund ums Schloss

Ab Mitte des 13. Jh. standen auf der Nordseite der Insel Stadsholmen die noch eher bescheidenen Vorgänger des heutigen **Königlichen Schlosses** 9. Hofarchitekt Nicodemus Tessin hatte die Pläne für ein neues Schloss schon in der Schublade, als 1697 durch einen Brand das – nicht mehr zeitgemäße – alte Vasa-Schloss Tre Kronor zerstört wurde. Der Neubau nahm 60 Jahre oder zwei Generationen in Anspruch. Erst 1770 war das Schloss unter Tessins Sohn und seinem Nachfolger Carl Hårleman fertig gestellt. Mit seinen 608 Zimmern gehört der offizielle Arbeitsplatz des Königs zu den größten Schlössern Europas und nimmt allein einen halben Tag Besichtigungsprogramm ein. Wenn gerade kein Staatsbesuch ins Haus steht, können im Rahmen von Führungen im Kungliga Slottet die heute für Staatsempfänge genutzten Königlichen Paraderäume in Augenschein genommen werden (www.royalcourt.se, Mittsommer–Mitte Aug. tgl. 10–17, übrige Zeit Di–So 12–15 Uhr). Weitgehend unverändert aus der Zeit von 1730–55 erhalten blieben die Innenausstattungen der Schlosskirche (Slottskyrka) und des Reichssaals (Rikssalen) mit Königin Kristinas Silberthron. Die Schatzkammer (Skattkammaren) blendet mit dem Prunk der Reichsregalien.

Touristenattraktion Nummer eins ist aber das Schauspiel der **Wachablösung** im Yttre Borggården auf der Westseite des Schlosses, wo die königliche Leibgarde mit Musik und gelegentlich beritten einzieht. Start ist ca. 20 Min. vorher beim Armémuseum auf Östermalm (im Sommer Mo–Sa 12.15, So 13.15 Uhr, übrige Zeit nur Mi und Sa).

Die **Rüstkammer** (Livrustkammaren) im Untergeschoss des Schlosses fasziniert mit Ritterrüstungen aus der Vasa-Zeit und dem ausgestopften Pferd Gustav Adolfs, das, wie es heißt, im Dreißigjährigen Krieg nach der Schlacht von Lützen reiterlos zurückgekehrt war. Und im untersten Gewölbe defiliert man vorbei an den prächtigen Staatskarossen vergangener Zeiten, ob auf Kufen oder Rädern (Slottsbacken 3, Tel. 08-51 95 55 44, Juni–Aug. tgl. 10–17, übrige Zeit Di, Mi, Fr–So 11–17, Do 11–20 Uhr).

Im Palast gegenüber, im **Myntkabinett** 10, kann man sich überzeugen, dass auch ein so trockenes Thema wie Zahlungsmittel mit geschickter Beleuchtung dramaturgisch reizvoll präsentiert werden kann. Eine Sparschweinsammlung und Königin Lovisa Ulrikas Medaillen sind hier u.a. zu sehen (Slottsbacken 6, www.myntkabinettet.se, tgl. 10–16 Uhr).

Am Ende der steilen Auffahrt Slottsbacken ragt die **Storkyrkan** 11 auf (Trångsund 1, Tel. 08-723 30 00, Mai–Sept. tgl. 9–18, übrige Zeit tgl. 9–16 Uhr). Äußerlich an die Barockfassaden des Schlosses angepasst, entpuppt sich die schon 1306 geweihte Hochzeits- und Krönungskirche der schwedischen Könige innen eindeutig als spätgotische Hallenkirche. Blickfang im nördlichen Seitenschiff ist die Skulpturengruppe des hl. Georg (Sankt Göran) im Kampf mit dem Drachen von Bernt Notke. Reichsverweser Sten Sture ließ die beeindruckende Eichenholzskulptur im Jahr 1489 nach dem Sieg über die Dänen bei Brunkeberg aufstellen. In aller Drastik zeigt das Denkmal die Hässlichkeit des menschenfressenden Ungetüms, dagegen steht die makellose Gleichgültigkeit des Heiligen, der wie beiläufig zum Lanzenstoß ausholt. Meister Notke ging für seinen mystischen Realismus sehr weit: Für die Zackenflügel des Drachen wurden echte Elchschaufeln verwendet. Eine Kopie steht übrigens auf dem Köpmantorget in Gamla stan.

Gamla stan (Altstadt)

Ein Bummel durch die engen Gassen der Altstadt mit ihren Cafés, Restaurants, Kneipen und Kunsthandwerksläden ist ein ›Muss‹. Die Hauptachsen **Väster- und Österlånggatan** markieren den Verlauf der Strandlinie im Mittelalter. Dazwischen blieb das alte Straßennetz erhalten, die Bebauung stammt allerdings frühestens aus dem 17. Jh., wegen der Brandgefahr ausnahmslos in Stein. Die kurzen, parallel verlaufenden Gassen hinunter nach **Skeppsbron** entsprechen den Brücken zum Kai in früheren Zeiten, als Skeppsbron noch ein schwimmender Schiffsanleger war.

Stortorget ist mit seinen Ruhebänken und Cafés mit Blick auf die in warmen Rot- und Gelbtönen gestrichenen Fassaden ein beliebter Rastplatz für kopfsteinpflastermüde Touristen und Altstadtshopper. Die bis zu vier- oder fünfgeschossigen Steinhäuser entstanden im 17. und 18. Jh., lange nach dem 1520 von Dänenkönig Kristian II. hier angerichteten Stockholmer Blutbad (s. S. 28). Eines der schönsten ist das Haus der ehemaligen Stockholmer Börse (Baujahr 1778), wo heute das **Nobelmuseet** 12 eingerichtet ist. Das Obergeschoss bleibt den Mitgliedern der Schwedischen Akademie vorbehalten, die für die Auswahl der Preisträger verantwortlich sind. Eine Ausstellung zeigt die Geschichte des Nobelpreises sehr anschaulich und mit multimedialem Einsatz. Filmsequenzen stellen die Preisträger und ihre Arbeit vor, von Boris Pasternak über Albert Einstein bis Dag Hammarskjöld (Stortorget 2, www.nobel.se/nobelmuseum, Mitte Mai–Mitte Sept. Mo, Mi–So 10–18, Di 10–20, übrige Zeit Mo, Mi–So 11–18, Di 11–20 Uhr).

Östlich der Västerlånggatan, an der Ecke Svartmangatan/Tyska Brinken steht die **Tyska kyrkan** 13, wie die Sankta Gertruds kyrka meist genannt wird (Mai–Sept. tgl. 12–16, übrige Zeit nur Sa, So 12–16 Uhr). Hier hatte die reiche deutsche Kaufmannschaft, die sich in der St.-Gertruds-Gilde organisierte, schon im 14. Jh. ihren Versammlungssaal, der später zu einer Kirche umgebaut wurde. Gustav Vasas Bemühungen, den deutschen Einfluss zurückzudrängen, zwangen die Gemeinde vorübergehend, ihr Gotteshaus mit den Finnen zu teilen, der zweiten großen Ausländergruppe im Stockholm des 16. Jh., sie bekam aber ab 1609 wieder das alleinige Nutzungsrecht. Sehenswert im Inneren sind die Gemälde auf, unter und an der Empore – insgesamt über 100 Ölbilder aus dem 17. Jh. mit Szenen aus der Bibel nach den ›Icones Biblicae‹ von Matthäus Merian d. Ä. Auch die Kanzel in schwarzem Ebenholz und weißem Alabaster ist ein Blickfang in der barock gestalteten Kirche.

Die Österlånggatan passiert den oberhalb gelegenen **Köpmantorget** mit einer Bronzeversion des Drachenkämpfers Georg aus der Storkyrkan. Vorbei an Läden mit Mode, Antiquitäten, Kunsthandwerk und Souvenirs erreicht man, weiter der Österlånggatan folgend, den Platz **Järntorget**, wo man Kaffee trinken oder kaltes Eis aus frisch gebackenen Waffeln genießen kann. Den mächtigen barocken Bankpalast hinter der kleinen Bronzefigur des beliebten Volkssängers Evert Taube, der ganz unauffällig in Regenmantel und Sonnenbrille porträtiert ist, entwarfen die Hofarchitekten Tessin und Hårleman im späten 17. und frühen 18. Jh., heute ist hier der Sitz der Denkmalschutzbehörde (SFV, Statens Fastighetsverk), die verantwortlich ist für die Restaurierung wohl der meisten Top-Sehenswürdigkeiten Schwedens. Nimmt man von hier die Västerlånggatan wieder nach Norden, kann man einen Blick in die schmalste Gasse der Altstadt mit nur 90 cm Breite werfen: **Mårten Trotzigs gränd**.

Nach Södermalm

Am Südende der Insel Stadsholmen, auf der Gamla stan und das Schloss liegen, quert der Nord-Süd-Verkehr die Schleuse, **Slussen**, hinüber auf die große Insel im Süden, Södermalm. Slussen wurde ursprünglich Mitte des 17. Jh. vom Erbauer der Trollhättan-Schleusen, Christopher Polhem, zur Überbrückung

Södermalm hat noch viele ruhige Ecken abseits der Großstadthektik

des Gefälles zwischen Mälaren und Ostsee gebaut. In den 1930er Jahren passte man diesen Verkehrsknotenpunkt an die Erfordernisse des städtischen Autoverkehrs an. Den besten Blick über die genial angelegte Verkehrskreuzung hat man, wenn man sich die Stufen hinauf zum Stadtteil Södermalm bemüht oder den Aufzug **Katarinahissen** **14** benutzt (der Aufzug verkehrt Mo–Sa 7.30–22, So 10–22 Uhr).

Wer ungezwungene Unterhaltung und legere Cafés und Kneipen bevorzugt, tut gut daran, seinen abendlichen Bummel in den Stadtteil Södermalm zu verlegen. Beim Streifzug durch die teilweise steilen Gässchen des auf hoher Bergkuppe gebauten Stadtteils wird man nur wenige großartige Sehenswürdigkeiten, dafür viel authentische Atmosphäre, idyllische Flecken und vor allem herrliche Aussichtsplätze finden (s. S. 278).

Djurgården und Skeppsholmen

Vom Fähranleger Slussen bietet sich die Fahrt nach Djurgården an, zur ›Freizeitinsel‹ der Stockholmer. An lauen Sommerabenden zieht es halb Stockholm in die Lokale und zu den Bühnen auf Djurgården, dem ›Tiergarten‹, vom 16. Jh. an als königliches Jagdrevier genutzt. Gleich am ›Eingang‹ von Djurgården liegen einige Attraktionen: Drei Schiffsmasten ragen aus dem **Vasamuseet** **15**, dessen Form und Dimension sich nach seinem Ausstellungsstück bemessen, dem 1961 auf dem Grund der Ostsee geborgenen königlichen

Per Fähre geht es nach Djurgården, die ›Freizeitinsel‹ der Stockholmer

Flaggschiff ›Vasa‹. Es sank am 10. August 1628 auf seiner Jungfernfahrt vor Kastellholmen. Es heißt, die aufwändigen Aufbauten des Kriegsschiffs hätten letztlich seinen Untergang verursacht. 17 Jahre lang wurde daran gearbeitet, die geborgenen Holzteile zu konservieren und anschließend das ›größte Puzzle der Welt‹ wieder zusammenzusetzen (www.vasamuseet.se, Mitte Juni–Mitte Aug. tgl. 9.30–19, übrige Zeit Mo–Di, Do–So 10–17, Mi 10–20 Uhr).

Mit Kindern darf ein Besuch von **Junibacken** **16** nicht fehlen. Mit einer Gondel fahren kleine und große Besucher durch die Welt im Kindermaßstab zu eindrucksvollen Szenen aus den Büchern von Astrid Lindgren, die auch in deutscher Sprache aufbereitet sind

(Tel. 08-58 72 30 10, www.junibacken.se, Juni, Aug. tgl. 9–18, Juli 9–19 Uhr, übrige Zeit Di–Fr 10–17, Sa, So 9–18 Uhr).

Um die Wende zum 20. Jh. wurde im Stil der ›Vasarenaissance‹ **Nordiska Museet** **17** gebaut. Mit seinen umfassenden Sammlungen zur Volkskunde ganz Schwedens von Lappland bis Skåne ist es ein würdiges Pendant zu Skansen – beide gehören auch heute zusammen. Das Museum besitzt zudem etliche Gemälde von dem in erster Linie als Dramatiker bekannten August Strindberg (Tel. 08-51 95 60 00, www.nordiskamuseet.se, Juni–Aug. tgl. 10–17, übrige Zeit 10–16 Uhr).

Wenn man nicht den Bus nimmt, kann man mit den nostalgischen Wagen der **Museumsstraßenbahn Nr. 7** aus den 20er bis 60er Jahren des 20. Jh. weiterfahren – Djurgårdslinjen ist die einzige erhaltene Stockholmer Straßenbahnlinie.

Einen Gutteil der Insel nimmt **Skansen** **18** ein. Das 300 000 m^2 große, auf einer Bergkuppe gelegene Freilichtmuseum entstand 1891 auf Initiative des Direktors von Nordiska Museet, Artur Hazelius. Es versammelt Gebäude aus ganz Schweden, von Windmühlen aus Öland über Sennhütten (*fäbodar*) mit den dazugehörigen Tieren bis zum Sami-Lager mit Ren-Gehege aus dem hohen Norden. Dazu kommen ein Tierpark mit Kinderzoo, Freilichtbühne und Restaurants. Hazelius wollte ein lebendiges Museum schaffen, in dem man nicht nur etwas über die Vergangenheit lernen, sondern sich auch vergnügen kann (Tel. 08-442 80 00, www.skansen.se, Mai tgl. 10–20, Juni–Aug. 10–22, Sept. 10–17, Okt.–April 10–16 Uhr, historische Gebäude nur 11–15 bzw. 11–17/19 Uhr),

Der Vergnügungspark **Gröna Lund** **19** lockt mit Karussells, Riesenrad und anderen Rummelplatz-Attraktionen und besitzt eine beliebte Freilichtbühne, auf der im Sommer berühmte Stars ihre Gastspiele geben.

Wer etwas Zeit für den Ausflug nach Djurgården mitgebracht hat, kann durch den Ekoparken, als ›Nationalstadspark‹ mitten in der Stadt, einmalig in der Welt, streifen und vielleicht **Waldemarsudde** **20** besuchen, wohin sich Malerprinz Eugen (1865–1947) in sein

Domizil mit Atelier zurückzog. In der Jugendstilvilla werden neben den Werken des Prinzen seine Sammlung von Werken anderer Künstler der Zeit ausgestellt, darunter Ernst Josephson, Carl Larsson und Anders Zorn sowie Bror Hjorth und Edvard Munch (Tel. 08-54 58 37 00, www.waldemarsudde.com, Di, Mi, Fr–So 11–17, Do 11–20 Uhr).

Dramaten 21 nennen die Stockholmer kurz und bündig ihr Kungliga Dramatiska Teater. Hinter der figurenreichen Marmorprunkfassade des Jugendstilbaus, 1901–07 von Fredrik Liljekvist erbaut, verbirgt sich bis heute die nationale Bühne des Landes. Von 1963 bis 1966 war Ingmar Bergman hier Intendant. Nicht weit von Dramaten drängen sich am Nybroviken und Strandvägen die Ausflugsboote in die Schären und dahinter ragen die Hotelpaläste in erster Reihe an der Wasserlinie auf.

Hat man das **Nationalmuseum** 22 erreicht, kann eine neue Museumsrunde beginnen. Den Kunsttempel an der Skeppsholmsbron, 1860 eine der ersten Eisenbrücken des Landes, entwarf ein erfahrener Museumsbauer, der Architekt des Neuen Museums in Berlin, Friedrich August Stüler. Anders als auf der Berliner Museumsinsel entschied er sich bei dem 1846–66 errichteten Museum in Stockholm für die Neorenaissance – der Historismus des 19. Jh. ist ein variabler Baustil. Wichtige Werke niederländischer Maler des 17. Jh., u. a. Rembrandts ›Verschwörung der Bataver‹ und Arbeiten französischer Künstler des 18. Jh., aber auch eine Reihe schwedischer ›Klassiker‹ wie etwa Alexander Roslins berückende ›Dame mit dem Schleier‹ oder Prinz Eugens Landschaftsbilder sind in den Sammlungen vertreten, die es mühelos mit nahezu jeder kontinentalen Kollektion aufnehmen können (Tel. 08-51 95 43 00, www.nationalmuseum.se, Juni–Aug. Di 11–20, Mi–So 11–17, übrige Zeit Di, Do 11–20, Mi, Fr–So 11–17 Uhr).

Nach Um- und Neubau kehrte **Moderna Museet** 23 1998 größer und schöner an seinen angestammten Platz auf der Insel Skeppsholmen zurück. Die Sammlung zur Klassischen Moderne gehört zu den besten der Welt, und ein Besuch gibt einen hervorragenden Überblick über alle wichtigen Strömungen der Kunst des 20. Jh. von Dada bis zur Gegenwart. Der Spanier Rafael Moneo schuf die originelle Dachsilhouette des Gebäudes. Auf den 20 000 m² Fläche findet zusätzlich die Sammlung des **Architekturmuseums** Platz (Tel. 08-51 95 52 00, www.modernamuseet.se, Di, Mi 10–20, Do–So 10–18 Uhr). Gegenüber stellt das **Svensk Form Design Center** Arbeiten junger Designer aus (Tel. 08-463 31 30, Di–Do 12–19, Fr–So 12–17 Uhr).

Norrmalm-City

Die City verdankt ihre kühle, bisweilen abweisende und in manchen Ecken sogar schmuddelige Atmosphäre dem großen Umbau der 1950er Jahre, als in diesem Stadtteil im Zuge des U-Bahnbaus ein städtebaulicher Kahlschlag nur noch wenig von der älteren Bebauung übrig ließ. Die breiten, mehrspurigen Straßenschneisen Sveavägen und Birger Jarlsgatan, zugige Plätze, Hochhäuser und kalte Beton- und Glasfassaden sind das Er-

gebnis. Doch richtiges Großstadtleben pulsiert am ehesten in der City: Einkaufsstraßen und große Kaufhäuser locken konsumfreudige Touristen und Einheimische, viele Menschen arbeiten in den Bürogebäuden der umliegenden Straßen. Abends sind Kungsgatan, Sveavägen und Birger Jarlsgatan Flaniermeilen der Kinogänger und Bar-Besucher.

Kurz vor dem Norrmalmstorg, Endhalteplatz der Museumsstraßenbahn nach Djurgården und umgeben von Luxusläden, liegt **Hallwylska Museet** 24, das Architekt Isak Gustaf Clason nach venezianischen und spanischen Vorbildern 1893–98 als Privatpalais für den Grafen Walter Hallwyl errichtete. Als die Gräfin das Gebäude mitsamt der reichen Kunstsammlung dem Staat vermachte, wurde bestimmt, dass jede Veränderung unterbleiben müsse. So bekommt man hier einen authentischen Eindruck von der Wohnumgebung einer noblen Familie in der ersten Hälfte des 20. Jh. (Hamngatan 4, Tel. 08-51 95 55 99, Führungen tgl. jede volle Stunde Mittsommer–Mitte Aug. 11–16, Mi auch 18, übrige Zeit nur Di–So 12–15 und Mi 18 Uhr).

Entlang der Hamngatan geht es weiter mit Konsumtempeln und hektischem Großstadtleben. Das traditionsreiche, 1915 gegründete Nobelkaufhaus NK (Nordiska Kompaniet) macht den Anfang.

Nach den Planungen zur Neugestaltung der Innenstadt in den 1950er und -60er Jahren sollte **Sergels torg**, dort, wo Sveavägen, Klarabergsgatan und Hamngatan aufeinander treffen, das großstädtische Zentrum bilden. **Kulturhuset** 25 an der Südseite des Platzes ist das städtische Kulturzentrum, Forum für Ausstellungen, Stadttheater und andere kulturelle Ereignisse. Es gibt u. a. ein Internetcafé, das Jugendcafé LAVA, eine Comic-Bibliothek und innerhalb der Bibliothek eine große Auswahl ausländischer Zeitungen. Vom obersten Stockwerk hat man einen ausgezeichneten Überblick über das Verkehrsgewühl auf Sergels torg rund um den markanten Säulenbrunnen, der, in der Dunkelheit angestrahlt, richtig bezaubernd wirkt.

Über die Fußgängern vorbehaltenen Haupteinkaufsstraßen der City, Sergelgatan und Drottninggatan erreicht man **Hötorget** (Heu-

Skulpturen von Niki de Saint Phalle und Jean Tinguely vor Moderna Museet

markt). Auf dem Blumen- und Gemüsemarkt vor der antiken Säulenfront von **Konserthuset** 26 herrscht lebhaftes, orientalisch anmutendes Treiben. Das Gebäude, vor dem Carl Milles' Skulpturengruppe ›Orpheusbrunnen‹ steht, ist ein typisches Beispiel für den Kulturklassizismus der 1920er Jahre, alljährlich Schauplatz der Nobelpreisverleihung und, als Heimstatt des Stockholmer Philharmonischen Orchesters, natürlich von Konzerten. Jenseits des Hötorget ragen im Süden am Sveavägen die fünf hintereinandergestaffelten Hochhäuser auf, die schon aus der Ferne die Stockholmer City dominant markieren. Sie wurden in den 50er Jahren des 20. Jh. errichtet.

Konzerthaus und Hochhäuser hinter sich lassend geht es gen Norden, zur **Adolf Fredriks kyrka** 27, von Carl Fredrik Adelcrantz Ende des 18. Jh. in Anlehnung an Vorbilder des französischen Klassizismus gebaut. Aus derselben Zeit stammen im Innern das Altarrelief des auferstandenen Christus mit barock bewegter Draperie von Johan Tobias Sergel. Derselbe Bildhauer fertigte 1770 im Auftrag König Gustavs III. das Denkmal für René Descartes (Renard Cartesio): Eine Weltkugel, die enthüllt wird – Symbol der Aufklärung. Der französische Philosoph war 1650 in Stockholm gestorben, wo er sich auf Einladung von Königin Kristina aufhielt. Sein Leichnam wurde zwei Jahre später nach Paris überführt. Das Grab von Tobias Sergel selbst ist ebenso wie das des 1986 ermordeten schwedischen Ministerpräsidenten Olof Palme auf dem Friedhof zu finden.

Im Eckhaus zur Tegnérgatan, Drottninggatan 85, besteigt man den Aufzug, fährt in den 4. Stock und betritt eine Pilgerstätte für Literaturliebhaber. Im Jahr 1908 bezog August Strindberg (1849–1912) eine Dreizimmerwohnung in dem erst 1907 errichteten Haus, das mit für die damalige Zeit modernstem Komfort wie Strom, Aufzug und Zentralheizung ausgestattet war. Seit 1973 ist die Wohnung im ursprünglichen Zustand als **Strindbergsmuseet** 28 wieder hergerichtet. Hier, im Haus ›Blå Tornet‹ (der Blaue Turm), ist die einzige erhaltene der über 20 Wohnungen, die der vielseitig begabte Dramatiker, der auch malte und fotografierte, in Stockholm bewohnte (Tel. 08-411 53 54, www.strindbergsmuseet.se, Juni–Aug. Di–So 12–16, übrige Zeit Di 12–19, Mi–So 12–16 Uhr).

Wenige Straßen weiter ragt der ›Bücherturm‹ der **Stadsbibliotek** 29 auf. Ein Blick ins Innere des schlichten, schönen Baus – ein 1927 von Gunnar Asplund entworfenes Werk des Funktionalismus – lohnt sich nicht allein wegen der stattlichen Sammlung an Büchern (Sveavägen 73, www.ssb.stockholm.se, Mo–Do 9–21, Fr 9–19, Sa, So 12–16 Uhr).

Östermalm

Jenseits der Verkehrsachse **Birger Jarlsgatan** erstreckt sich der großbürgerlich-noble Stadtteil Östermalm mit seinen Gründerzeitpalästen, an denen vorbei man zum Östermalmstorg schlendern kann. Kulinarisch könnte man einen Ausflug nach Östermalm mit einem Besuch der **Östermalms saluhall** 30 krönen, wo Feinschmecker zwischen allerlei Köstlichkeiten wählen können.

Als kultureller Abschluss auf Östermalm bietet sich ein Besuch von **Historiska Museet** 31 an, dessen Schatzkammer insgesamt 50 kg Gold und 250 kg Silber aus der Wikingerzeit birgt, darunter der 1995 entdeckte Trollhättefund mit 2 kg schweren Goldreifen und die rätselhaften Goldkragen aus dem 5. Jh. mit winzigen Fabeltieren und Masken. Hier erfährt man alles über die gar nicht so graue Vorzeit von der Steinzeit vor 6000 Jahren bis zum Mittelalter, als die christliche Mission den hohen Norden eroberte (Narvavägen 13–17, Tel. 08-51 95 56 00, www.historiska.se, Mitte Mai–Mitte Sept. tgl. 11–17, übrige Zeit Di, Mi, Fr–So 11–17, Do 11–20 Uhr).

Gärdet

Mit der Buslinie 69 (Richtung Blockhusudden) geht es den Strandvägen entlang gen Osten, vorbei an der Konzerthalle **Berwaldhallen.** Ziel ist der Fernsehturm **Kaknästornet** (Ladugårdsgärdet, Tel. 08-667 21 05, Mai–Aug. tgl. 9–22, Sept.–April 10–21 Uhr). Der 1967 fertig gestellte Betonturm ist mit 155 m

Stockholms höchstes Bauwerk. 30 Sekunden braucht der Aufzug bis zur verglasten Aussichtsplattform, auf der einem das gesamte Stadtgebiet zu Füßen liegt. **Ladugårdsgärdet** heißt das ausgedehnte Heideland, dessen Flächen als Teil von Ekoparken weitgehend der Natur überlassen bleiben: ein beliebtes Revier zum Picknicken, Joggen, Drachensteigenlassen oder Radfahren – die ›Rasenpflege‹ geschieht nur gelegentlich, und zwar durch die ›königliche‹ Schafsherde höchst persönlich.

Am Weg liegen drei Museen: Im **Sjöhistoriska Museet** (www.sjohistoriska.nu, Di–So 10–17 Uhr) wird die Geschichte und Gegenwart der Seefahrt lebendig. Die Sammlung von Booten verschiedener Typen in Originalgröße wird aus Platzmangel im Sommer teilweise in der Bootshalle 2 nahe dem Vasamuseum auf Skeppsholmen gezeigt (s. S. 269). Technikinteressierte sollten **Tekniska Museet** (www.tekniskamuseet.se, Mo, Di, Do, Fr 11–17, Mi 10–20, Sa, So 11–17 Uhr) nicht verpassen: Es beeindruckt u. a. durch die Maschinenhalle mit historischen Flugzeugen, Loks und Autos, mit Erzgrube und Hammerschmiede sowie moderner Informationstechnologie. Im Teknorama kann man selber Experimente machen - besonders interessant für Kinder.

Das **Etnografiska Museet** schließlich (www.etnografiska.se, Mi 10–20, Mo, Di, Do–So 10–17 Uhr) präsentiert die Kulturen aller außereuropäischen Kontinente. Zu den größeren Exponaten gehören ein aus Zedernholz geschnitzter Totempfahl, eine mongolische Filzjurte sowie ein Indianerzelt.

Außerhalb der Innenstadt

Fjäderholmarna

Von Stockholm aus bieten sich eine ganze Reihe ganztägiger Ausflüge per Schiff in die einmalig schöne Inselwelt der Schären an (s. S. 282 f.). Die der Stadt am nächsten liegende Schärenidylle findet man auf den Inseln Fjäderholmarna, nur 25 Minuten Bootsfahrt vom Nybroplan entfernt. Restaurant, Fischräucherei, Bootsmuseum, Kunsthandwerker und Ostseeaquarium gehören zu den Attraktionen für große und kleine Besucher gleichermaßen. Einige Boote Richtung Fjäderholmarna legen unterwegs in **Nacka Strand** an. Der neue Stadtteil wirkt mit seiner blinkenden modernen Architektur, die in Stufen am steilen Fels aufsteigt, regelrecht futuristisch.

Millesgården

Mit Bus und Bahn erreichbar ist das Wohnhaus und Atelier des Bildhauers Carl Milles (1875–1955), einem der wichtigsten und international bekanntesten schwedischen Künstler. Der Skulpturenpark **Millesgården** in herrlicher Lage auf den Felsen von Lidingö zeigt fast das gesamte Werk des Künstlers – vornehmlich Bronzeplastiken –, der außer in Skandinavien vor allem in den Vereinigten Staaten arbeitete. Auf der Terrasse über dem Wasser sind die Kunstwerke besonders effektvoll in Szene gesetzt. Milles' eigene Sammlung umfasst eine Reihe antiker Skulpturen (Herserudsvägen 32, Lidingö, Tel. 08-446 75 90, Mitte Mai–Aug. tgl. 10–17, übrige Zeit Di–Fr 12–16, Sa, So 11–17 Uhr).

Tyresö und Tyresta

Kein königliches, aber ein besonders hübsch gelegenes Schloss ist **Tyresö slott** ca. 20 km südwestlich von Stockholm am Rand der Schären, eingebettet in einen zauberhaften englischen Park, der als einer der ersten in Schweden schon im 18. Jh. entstand. Das Schloss zeigt heute Möbel und Kunsthandwerk der Jahrhundertwende aus der Sammlung des letzten Besitzers, Marquis Klaes Lagergren (Tel. 08-770 01 78, Führungen Mitte Juni–Mitte Aug. tgl. 12–16 Uhr jede volle Stunde, Mai, Sept., Okt. nur So 12–14 Uhr).

In der Nähe liegt **Tyresta Nationalpark**, eine echte Wildnis in greifbarer Nähe zur Hauptstadt. Das 4000 Hektar große Areal umfasst Urwaldgebiete sowie Moore und Seen und kann auf Wegen zum Teil erwandert werden. Die meisten starten im Ort Tyresta by. Dort steht auch Nationalparkernas hus mit einer Ausstellung über alle Nationalparks in Schweden (Di–Fr 9–16, Sa, So 11–17 Uhr).

Wohnsitz der königlichen Familie: Schloss Drottningholm

10 Schloss Drottningholm

Ein Stockholmaufenthalt wäre unvollkommen ohne den Besuch wenigstens eines der an der Peripherie der Innenstadt gelegenen königlichen Schlösser. Allen voran **Drottningholm**, das sich die schwedische Königsfamilie zur Residenz erkoren hat. Zunächst von Baumeister Tessin d. Ä. und nach dessen Tod von seinem Sohn wurde Schloss Drottningholm 1690 im Stil französischer und holländischer Vorbilder fertiggestellt. Mitte des 18. Jh. ließ Kronprinzessin Lovisa Ulrika Seitenflügel mit Rokokoräumen anbauen. Der Herkulesbrunnen und andere Skulpturen im **Park** sind Kriegsbeute u. a. aus Prag. Im Innern birgt das Schloss Skulpturen und Gemälde schwedischer Hofkünstler wie David Klöcker Ehrenstrahl. Das im Originalzustand von 1766 erhaltene **Schlosstheater** wird heute noch genutzt. Eine Oper oder Ballettaufführung wie zu Zeiten Gustavs III. hier anzusehen, ist ein einmaliges Erlebnis. Den ausgedehnten Spaziergang durch den Park zum Lustschloss **Kina slott** sollte man nicht scheuen. Das 1995 originalgetreu bis ins Detail restaurierte Schlösschen spiegelt die Chinamode des 18. Jh. vollendet wider und zeigt mit Seidentapeten, lackierten Paravents und anderem Mobiliar sowie der exquisiten

königlichen Chinaporzellansammlung eine außerordentlich kostbare Ausstattung (Tel. 08-402 62 80, Mai–Aug. 10–16.30, Sept. tgl., übrige Zeit nur Sa, So 12–15.30 Uhr; Kina slott, Tel. 08-402 62 70, Mai–Aug. tgl. 11–16.30, Sept. 12–15.30 Uhr).

Hagaparken

Für den **Schlosspark von Haga** im Norden der Stadt sollte man etwas Zeit mitbringen, am besten leiht man sich dafür ein Fahrrad oder bewegt sich auf dem Wasser fort: Auf der Ostseebucht Brunnsviken verkehren im Sommer kleine Dampfer auf einer Rundlinie, die verschiedene Sehenswürdigkeiten ansteuern (alle Stunde, ab Stallmästaregården). Gleich am Nordeingang zum Park grüßen die **Kupferzelte,** 1787–90 im Stil römischer Heereszelte als Unterkunft für die königliche Leibwache gebaut. Die Fassaden der Holzbauten wurden mit Kupfer verkleidet und anschließend bemalt. Hier kann man bei einem Regenschauer Schutz suchen oder auch genüsslich Kaffee trinken.

Die Ideen für seinen Lustpark Haga hatte der ›Theaterkönig‹ Gustav III. auf Reisen in Italien und Frankreich 1783/84 gesammelt, ein großes Lustschloss sollte entstehen, dazu im Park Tempel, Grotten, Monumente – den hochfliegenden Plänen setzte 1792 der tödliche Schuss auf dem Maskenball ein jähes Ende. Geblieben ist **Gustav III:s Paviljong,** 1787 von Olof Tempelman entworfen, dessen Inneneinrichtung in Hellblau und Gold gustavianischen Stil in Reinkultur zeigt. Kronleuchter, Spiegel und große verglaste Scheiben zum See geben dem Salon ein einmaliges Flair (Tel. 08-4 02 61 30, Führungen Juni–Aug. Di–So jede volle Stunde 12–15 Uhr). Das eigentliche **Haga slott** dient dem schwedischen König heute als Besucherresidenz und ist nicht zu besichtigen. Als Teil von Ekoparken zählt Hagaparken zur grünen Lunge für die Stockholmer: Die weitläufigen Wiesen laden zum Picknick, auf den breiten Wegen wird gejoggt, Rad gefahren und Ball gespielt. Die großen Gewächshäuser von **Fjärils- och Fågelhuset** unweit der Kupferzelte bevölkern exotische Vögel und bunte Schmetterlinge (Tel. 08-730 39 81, www.fjarilshuset.se, April–Sept. Di–Fr 10–16, Sa, So 11–17.30, übrige Zeit Di–Fr 10–15, Sa, So 11–16 Uhr).

Ulriksdals slott

Ebenfalls im Norden liegt **Ulriksdals slott**. Mitte des 17. Jh. zeitgemäß barock umgebaut, ist das **Schloss** innen im Stil des frühen 20. Jh. eingerichtet. Zu sehen ist u. a. der Salon, den Gustav VI. Adolf bis 1973 bewohnte (Solna, Tel. 08-402 61 30, Führungen Juni–Aug. Di–So stdl. 12–15 Uhr). Der **Park** in wunderschöner Lage am Wasser begeistert Sonnenhungrige und Picknickfreunde. Die **Orangerie** zeigt Skulpturen schwedischer Bildhauer des 18. bis frühen 20. Jh. inmitten mediterraner Vegetation, dazu Gipsabgüsse berühmter klassischer Kunstwerke. Im ehemaligen Stall steht Königin Kristinas Krönungsequipage von 1650. Ein beliebtes Ausflugslokal ist Ulriksdals Wärdshus, das sich in einem hundert Jahre alten Bau im Wald vor der Zufahrt zum Schloss befindet. Das **Theater Confidencen** stammt von 1753 und ist damit Schwedens ältestes Theater. Im Sommer werden in dem restaurierten Haus Konzerte mit älterer Musik gegeben.

Stockholmskortet ist ideal, wenn man ein umfängliches Besichtigungsprogramm absolvieren möchte (24 Std. für 260 SEK, 48 Std. für 390 SEK und 72 Std. für 540 SEK): Sie bietet freie Fahrt mit Bus und Bahn im gesamten Stadtgebiet, Eintritt in rund 75 Museen und Schlösser sowie Rabatte auf Stadtrundfahrten, beim Einkauf in manchen Geschäften und Restaurants.
Pauschalangebote: Ähnliche Leistungen wie die der Stockholmskortet, kombiniert mit der Unterkunft in einem von ca. 50 Hotels in der Innenstadt oder in der weiteren Umgebung (Stockholm á la Carte) bietet Destination Stockholm. Das Angebot gilt im Sommer oder am Wochenende bzw. Feiertag. Eine Liste mit Hotelbeschreibungen und Preisen unter www.stockholm.at.

i **Stockholm Visitors Board:** Box 16282, 10325 Stockholm, Tel. 08-50 82 85 08, Fax 50 82 85 09, www.stockholmtown.com. Im Sverigehus, Hamngatan 27 (am oberen Ende des Kungsträdgården), Mo–Fr 9–19, Sa 10–17, So 10–16 Uhr. Hier erhält man Auskünfte und Anregungen zu Unternehmungen, kann die Stockholmskort, Netzkarten für Bus und Bahn (Turistkort, SL-Kort), Stadtpläne und Bücher kaufen.
Äußerst informativ und hilfreich ist das Heft ›What's on in Stockholm‹, das nicht nur Veranstaltungshinweise, sondern auch allerlei nützliche Adressen sowie die Öffnungszeiten und Eintrittspreise der Museen verzeichnet. Das Heft erscheint monatlich (Sommer) bzw. zweimonatlich (Winter) in englischer Sprache.

Zentrale Buchungsstelle für Hotelzimmer ist im Hauptbahnhof **Hotellcentralen**, Centralstationen, 11120 Stockholm, Tel. 08-789 24 90, Fax 791 86 66, hotels@svb.stockholm.se. Die Vorausbuchung ist gratis, man erhält dann eine Buchungsbestätigung (Angabe der Kreditkartennummer erforderlich). Die Direktvermittlung eines Hotel- oder Jugendherbergszimmers am Schalter im Hauptbahnhof kostet Gebühr.
Eine Alternative zum teuren Hotel ist **Bed-and-Breakfast** (EZ ab 400, DZ ab 500 SEK inkl. Frühstück). Voraussetzung ist, dass man mindestens zwei Nächte bleibt. Die Buchung sollte allerdings zwei bis drei Wochen im voraus geschehen und durch eine Anzahlung bestätigt werden. Agenturen u. a.: Bed and Breakfast Center, www.bbc.nu, oder Bed & Breakfast Service, www.bedbreakfast.se.

Hotels und Vandrarhem:
Clarion Hotel [1]**:** Ringvägen 98, Tel. 08-462 10 00, Fax 462 10 99, www.clarionstockholm.com. Das achtstöckige Hotel über der Stadtautobahn mit über 500 Zimmern bietet alle Annehmlichkeiten eines Großhotels wie Restaurants, Bars usw.; DZ 1595–3845 SEK.
Tegnérlunden [2]**:** Tegnérlunden 8, Tel. 08-54 54 55 50, Fax 54 54 55 51, www.hoteltegnerlunden.se. Das Drei-Sterne-Hotel liegt relativ ruhig am Park Tegnérlunden unweit von Strindbergsmuseet – ausgezeichnetes Frühstück auf der Dachterrasse mit Blick auf die Dächer der Stadt; DZ 1020–1610 SEK.
Mälardrottningen [3]**:** Riddarholmen, Tel. 08-54 51 87 80, Fax 24 36 76, www.malardrottningen.se. Schwimmendes Hotel auf der ehemaligen Luxusjacht von Barbara Hutton aus den 1920er Jahren; DZ 1030–1700 SEK.
Långholmen [4]**:** Långholmsmuren 20, Tel. 08- 720 85 00, Fax 720 85 75, www.langholmen.com. Im früheren ›Kittchen‹ in grüner Lage mit Badestelle vor der Tür ist selten ein Zimmer frei. Neben 2- bis 5-Bettzimmern in einfachem Standard (STF Vandrarhem: DZ ab 495 SEK) gibt es auch komfortable Einzel-

und Doppelzellen mit Frühstück; DZ 1240–1540 SEK.

STF Vandrarhem ›af Chapman‹ 5: Skeppsholmen, Flaggmansvägen 8, Tel. 08-463 22 66, Fax 611 71 55. Das Schulschiff von 1888 ist die beliebteste Jugendherberge der Stadt. Lage, Atmosphäre und Aussicht sind unübertroffen. Wenige Schritte vom Schiff, aber auf festem Boden, stehen in der ehemaligen Kaserne der Marine weitere Betten in 2- bis 6-Bettzimmern zur Verfügung.

STF Vandrarhem Zinkensdamm 6: Zinkens väg 20, Tel. 08-616 81 00, Fax 616 81 20, www.zinkensdamm.com. Holzhausidylle zwischen Schrebergärten und Hochhäusern im Südwesten von Södermalm nahe der Hornsgatan, Pub, Restaurant, 466 Betten in 2–4-Bettzimmern mit Etagenbetten. Auch Hotelzimmer: DZ mit Frühstück ab 1190 SEK, Vandrarhem DZ ab 470 SEK.

STF Vandrarhem Fridhemsplan 7: Sankt Eriksgatan 20 (am Fridhemsplan), Tel. 08-653 88 00, Fax 653 89 20, www.fridhemsplan.se. Die 2004 eröffnete Herberge bietet über 100 meist Doppelzimmer mit hotelähnlichem Komfort: max. 4 Betten (keine Etagenbetten), gute Matratzen, Internetzugang für mitgebrachte Laptops und Kabelfernsehen. Schöner Blick über die Dächer der Stadt vom Frühstückssaal; DZ ab 495 SEK.

Camping:

Eine Spezialbroschüre mit einer Beschreibung aller Camping- und Wohnmobilplätze in und um Stockholm verschickt die Schwedeninformation (s. S. 58).

Långholmens Husbilscamping 8: Långholmen, Tel. 08-669 18 90, 08-772 96 00, Mittsommer–Ende Aug. Speziell nur für Wohnmobile eingerichteter Platz in herrlicher grüner Umgebung mitten im Zentrum. Badestellen, Restaurants, Cafés in der Nähe; Stellplatz ab 190 SEK.

Östermalms Citycamping 9: Fiskartorpsvägen 32, Östermalm, Tel. 08-10 29 03, Mittsommer–Mitte Aug. Der kleine Platz liegt dem Zentrum am nächsten (1,5 km) im Wald beim Naherholungsgebiet Lill Jansskogen unweit vom Sportplatz Östermalms idrottsplats; Stellplatz 190 SEK.

Kupferzelt in Haga

Richtig Reisen-Tipp: Die schönsten Aussichtspunkte

Der 155 m hohe Fernsehturm **Kaknästorn** war lange Zeit Schwedens höchstes Bauwerk und ein Blick von oben überzeugt: Die Stockholm scheint tatsächlich auf dem Wasser zu schwimmen, überall zwischen den Inseln blinken die Mälarwellen; nur die Hochhaussilhouetten am Horizont stören ein wenig das Bild einer idyllischen Stadt in vollendetem Einklang mit der sie umgebenden Natur (Bus 69).

Der schönste Blick auf Riddarholmen und Gamla stan öffnet sich auf dem Turm von **Stadshuset**. Für Fotografen empfiehlt sich der Nachmittag, wenn man nicht mit Gegenlicht konfrontiert sein will.

Katarinahissen: Mit Sicherheit der beste Aussichtspunkt, um ›Stockholm bei Nacht‹ zu sehen; Zugang vom Mosebacketorg auf Södermalm.

Der mit Bänken bestückte Fußweg **Monteliusvägen** führt auf der nördlichen Klippenkante von Södermalm vom Ende der Skolgränd parallel zur Bastugatan – mit Paradeansichten auf Stadshuset und das Gewimmel im Zentrum der Stadt.

Ebenfalls auf Södermalm, Nähe Zinkensdamm, erreicht man über einen Weg mit zahlreichen Stufen den kleinen **Skinnarviksparken** mit fantastischem Blick.

Am Ende der **Duvnäsgatan** blickt man von den Klippen abends auf den Trubel in Gröna Lund und kann dabei zusehen, wie direkt zu Füßen das Beladen einer der Riesenfähren nach Finnland abläuft (Bushaltestelle Sofia, Nr. 46).

Fjällgatan: Zur Aussicht auf das Treiben in Djurgården und Skeppsholmen bekommt man auch eine Tasse Kaffee in einem der Terrassencafés.

Fåfängan: Ein Ausguck auf der Bergkuppe mit Café hoch oben über dem Finnland-Terminal. Hier genießt man umgeben von Bäumen den Weitblick und ein frisches Lüftchen (Bus 53).

Bon Lloc [10]**:** Regeringsgatan 111/ Ecke Tegnérgatan (am Eriksbergsplan), Norrmalm, Tel. 08-660 60 60, Mo–Sa 18–24 (Küche bis 23) Uhr. Hier kann man bestimmt nichts falsch machen: Bon Lloc ist seit langem das Spitzenrestaurant der Stadt, ausgezeichnet mit einem Michelin-Stern, und Chefkoch Mathias Dahlgren brachte seine Kunst bereits die Bocuse d'Or Medaille ein. Sein ›neuer Stil‹ orientiert sich an der katalonischen Küche: estilo nuovo euro-latino; ab ca. 500 SEK/Person.

Zur Hauptreisezeit machen auch die Stockholmer Urlaub. Deshalb sind in der Ferienzeit zwischen Mittsommer und der dritten Augustwoche viele Restaurants und Geschäfte ebenfalls geschlossen oder haben eingeschränkte Öffnungszeiten.

Clas på Hörnet [11]**:** Surbrunnsgatan 20, Vasastan, Tel. 08-16 51 36, Mo–Fr 11.30–23.30, Sa 17–24, So 17–22 Uhr. Clas und Annika Browall kochen in einem kleinen roten Holzhaus aus dem 18. Jh. mittelmeerisch veredelte schwedische Hausmannskost der Gourmetklasse; Lunch 100–275 SEK, Menü (drei Gänge, ohne Getränke) 400–450 SEK.

Den Gyldene Freden [12]**:** Österlånggatan 51, Gamla stan, Tel. 08-10 90 46, Mo–Fr 17–24, Sa 13–24 Uhr. Im 18. Jh. war dies das Lieblingslokal von Carl Mikael Bellman, schwedische Küche gutbürgerlich mit historischer Atmosphäre. Spezialitäten: Wurstkreationen mit Gourmetcharakter (ca. 100–300 SEK).

Rolfs Kök [13]**:** Tegnérgatan 41, Norrmalm, Tel. 08-10 16 96, Mo–Fr 11–1, Sa 17–1, So 17–23 Uhr. Die Inneneinrichtung mit offener Küche und sparsamen Details von Designer/Künstler Thomas Bohlin war Trendsetter der späten 1990er Jahre. Auf der Karte stehen Wild, Geflügel, Lamm und Fisch, südeuropäische Kräuter und schwedische Gerichte in bester Crossover-Kombination; Lunch 119 SEK, Hauptgerichte 175–275 SEK.

Spisa hos Helena 14: Scheelegatan 18, Kungsholmen, Tel. 08-65 54 49 26, Mo–Do 11–23, Fr 11–24, Sa 17–24 Uhr, So geschl. Kreative schwedische Küche mit Fernost- und Mittelmeereinschlag – die Palette reicht von klassischen *Wallenbergare* (Kalbsfrikadellen) mit Preiselbeeren und Kartoffelbrei bis zum Scampi-Wok mit Thai-Curry in Kokosmilch; Hauptgerichte 175–200 SEK.

Strömparterren 15: Norrbro, Helgeandsholmen, Tel. 08-21 95 45, Sommer tgl. 11–21/22, ab Ende Aug./Sept. nur 11–16 Uhr. Hier sitzt man angenehm draußen zwischen hohen, Schatten und Windschutz spendenden Hecken über dem Wasser oder im Schutz der Glasveranda mit Blick über Strömmen auf die Oper. Gutes Lunchangebot (um 100 SEK), außerdem Kaffee und Kuchen.

Ciao Ciao Grande 16: Storgatan 11, Östermalm, Tel. 08-667 64 20, Mo–Fr 11–22, Sa 12–22, So 13–22 Uhr. Authentische italienische Küche, Pizza in großer Auswahl (62–120 SEK) und Pasta (130–180 SEK) sowie einige wenige Fleischgerichte (max. ca. 230 SEK) stehen auf der Karte. Sehr beliebt – am Wochenende unbedingt Tisch vorbestellen!

Sibiriens Soppkök 17: Roslagsgatan 25/Ecke Frejgatan, Vasastan, Tel. 08-15 00 14, Mo–Fr 10–22, Sa 12–21 Uhr (Juli geschl.). Sibirisch an dieser Suppenküche ist nur die Lage ganz im Norden von Vasastan. Serviert werden Suppen aus aller Welt, die es in sich haben – von Thai bis ungarisch. Auch Tapas und andere Kleinigkeiten; 78–145 SEK.

Markthallen/Buden:

Gute **Fischlokale** findet man in der **Östermalms saluhall** 30: Lisa Elmqvists (120–298 SEK) und Tysta Mari (ca. 75–135 SEK), beide Mo–Fr 11–18, Sa 11–15 Uhr, So geschl. Günstig essen kann man auch in den anderen **Markthallen:** Hötorgshallen und Kungshallen (gegenüber Hötorget; Mo–Sa 11–22, So 12–22 Uhr) sowie Söderhallarna am Medborgarplatsen, z. B. bei **Södermanna**, Tel. 08-643 18 05, Mo–Fr 11–20 Uhr.

Cafés/Lunchrestaurants:

Café Blå Porten 18: Djurgårdsvägen 64 (neben Liljevalchs Konsthall), Djurgården, Tel. 08-662 71 62, Mo–Fr 11–22, Sa, So 11–19 Uhr; Lunch 85–120 SEK. Draußen im Innenhof neben der Kunsthalle sitzt man angenehm. Mittags warme Gerichte bzw. Lunchbüfett, ansonsten Kaffee und hervorragende Kuchen.

Hermans Trädgårdscafé 19: Fjällgatan 23a, Södermalm, Tel. 08-643 94 80, Mo–Fr 11–21, Sa, So 12–21 Uhr. Alles ökologisch und vegetarisch: Lunchbüfett (100 SEK) und Kuchen, Kräutertee und Kaffee – dazu eine wunderschöne Aussicht.

Sturekatten 20: Riddargatan 4, Östermalm, Tel. 08-611 16 12, Mo–Fr 8–20, Sa 9–17, So 12–17 Uhr. Eine steile Wendeltreppe führt von dem unscheinbaren Eingang in die sehr beliebte und gute Café-Konditorei. Auf zwei Etagen verteilt, laden niedrige Stübchen mit krummen Wänden und gemütlich altmodischen Sofas zum Verweilen. Spezialität: das Gebäck ›Sturekatten‹.

Vete-Katten 21: Kungsgatan 55, Norrmalm, Tel. 08-20 84 05, Mo–Fr 7.30–20, Sa 9.30–17 Uhr. Bäckerei der Spitzenklasse – vorne ist der Brotladen, hinten die Caféräume. Ein idealer Platz zum Ausruhen bei einer guten Tasse Kaffee nach dem Stadtbummel: Frühstück, kleine Mittagsgerichte (*paj* und Pasta) sowie *wienerbröd*, Torten und Kuchen.

Lasse i Parken 22: Högalidsgatan 56, Södermalm, Tel. 08-669 04 20, Mai und Sept. tgl. 11–17, Juni–Aug, tgl. 11–20, Okt.–März Sa, So 11–17 Uhr. Beschauliche Café-Idylle im roten Holzhaus mit Kachelofen, man sitzt im Grünen und doch nicht weit vom brausenden Verkehr über die Västerbron, Lunch (Mo–Fr), Sandwiches sowie Kaffee und Kuchen.

Die großen **Kaufhäuser** in der City sind Åhléns (Klarabergsgatan/Drottninggatan) und NK (Hamngatan). **Nobelboutiquen** findet man v. a. um den Norrmalmstorg, in der Biblioteksgatan und der Birger Jarlsgatan, originelles **Kunsthandwerk** und **Mode** in der Götgatan und Hornsgatan in Södermalm sowie im Viertel zwischen Renstiernas

gata und Götgatan südlich der Folkungagata, z. B. in Bondegatan und Nebenstraßen (›söder om Folkungagatan‹ – SoFo).
Antiquitäten und Kunsthandwerk sind besonders gut in Gamla stan vertreten, allerdings kann man hier kaum ein Schnäppchen machen. Weitere Antiquitätenläden und Antiquariate gibt es in der Roslagsgatan und entlang der Odengatan gegenüber Vasaparken (Vasastan).
STREET: Der Straßenmarkt mit Kunsthandwerk ähnlich dem Londoner Camden Market, findet Sa und So 10–15 Uhr in einem Parkhaus am Hornstulls Strand statt (T-Hornstull).
Gebrauchte Platten und CDs: Eine echte Fundgrube ist die Gegend um den Sankt Eriksplan (Vasastan).
Schwedisches Design: im Designtorget im Untergeschoss von Kulturhuset und in der Nybrogatan in Östermalm.

Das ausgeprägte Nachtleben der *jeunesse dorée* konzentriert sich von Stureplan bis Berzelii Park, während Södermalm In-Treff der Alternativszene ist. Wertvolle Tipps, wo was los ist, findet man in den Freitagsbeilagen der Tageszeitungen ›Dagens Nyheter‹, ›Metro‹ oder ›Svenska Dagbladet‹, z. T. gratis erhältlich in der Touristeninformation im Sverigehus.
Berns Salonger: Berzelii Park, Norrmalm, Tel. 08-56 63 22 22. Das traditionsreiche Etablissement – Strindbergs Roman ›Das Rote Zimmer‹ spielt hier – wurde vom britischen Designer Terence Conran 1999 runderneuert, Bar mit Nobelambiente und feiner Küche (um 150–300 SEK).
Wallmans Salonger: Teatergatan 3, Norrmalm, www.wallmans.com, Tel. 08-6 11 66 22. Ein Show-Restaurant mit Artisten als Kellnern – Shows, Variété.
Sturecompagniet: Sturegatan 4, Östermalm, Tel. 08-6 11 78 00. Diskothek, Nachtklub.
Debaser: Karl Johans torg 1, nahe Slussen/Gamla stan, www.debaser.nu. Club mit Rock, Pop etc., fast jeden Abend Programm.
Mondo: Medborgarplatsen, Södermalm, www.mondostockholm.com. Sehr angesagter Club mit vielen Live-Events.
Stampen: Stora Nygatan 5, Gamla stan, www.stampen.se. Traditionsreicher Jazzclub.
Fasching: Kungsgatan 63, Norrmalm (nahe Centralen), www.fasching.se, Tel. 08-53 48 29 60. Renommierte Spielstätte bekannter Jazzbands.
Engelen/Kolingen: Kornhamnstorg 59B, Gamla stan, Tel. 08-50 55 60 90. Livemusik aus Rock und Pop.
Mosebacke etablissement: Mosebacke Torg, Södermalm, www.mosebacke.se. Tanzvergnügen unter freiem Himmel mit herrlicher Aussicht nicht nur für die reiferen Semester.
Nalen: Regeringsgatan 74, Norrmalm, Tel. 08-56 63 98 00. Beliebtes Lokal im Stil der 1950er und -60er, Mi–So Live-Jazz.

Stockholm Spectacle: Ende Mai mit historisch gekleideten Gauklern und Musikanten in der Altstadt.
Jazzfestival: Mitte Juli
Stockholm Pride: die Schwulen- und Lesben-Parade Ende Juli/Anfang Aug.
Kulturfestival: Anfang Sept.
Intenationales Film Festival: im Nov.
Sportveranstaltungen: Midnattslopp Anfang Aug. (›Mitternachtslauf‹, 10 km, über Södermalm), Tjejmilen Ende Aug. (10,3 km langer Lauf für Frauen) oder Stockholm Open (Tennisturnier Ende Okt.).

Baden: Sehr beliebt und der Innenstadt am nächsten ist das Mälarsee-Bad auf der grünen Insel Långholmen, mit Fels- und Sandstrand, weitere stadtnahe Badestellen sind Smedsuddsbadet (Kungsholmen) und Brunnsviken (Haga).
Hallenbäder: u. a. Sturebadet, Sturegallerian, Luxusbad mit maurisch angehauchtem Jugendstildekor; ebenso schön und mit Jahrhundertwendeflair das Centralbadet, Drottninggatan 88 (beide im Zentrum).
Stadtrundfahrten werden per Boot oder Bus angeboten, mit verschiedenen Themenschwerpunkten.
Geführte Spaziergänge durch das Naturschutzgebiet Ekoparken oder Gamla stan (verschiedene Themen) werden im Sommer angeboten.

Eine Kopie von Auguste Rodins ›Denker‹ steht in Waldemarsudde

Stockholm aus der Luft: **Rundflüg** und **Ballonflüge**, Info unter Tel. 08-33 64 64, www.cityballong.se oder beim Stockholm Visitors Board.

Boots- und Fahrradverleih: an der Brücke nach Djurgården kann man Boote für Ausflüge und Fahrräder leihen: Skepp & Hoj, Djurgårdsbron, Tel. 08-660 57 57.

Ausflugsboote ins Mälargebiet, z. B. nach Drottningholm, Mariefred oder Birka, legen am Stadshuskajen neben dem Stadshus ab, Boote in die Schären am Blasieholmskajen vor dem Grand Hotel oder am Strandvägen. Tickets am Kai oder auf dem Boot.

Flug: Der internationale Flugplatz Arlanda liegt 44 km nördlich, von dort auch Inlandsverbindungen. Zum Flughafen Arlanda fährt der Flygbuss oder (etwa doppelt so teuer) der Zug ArlandaExpress (20 Min.). Der Flugplatz Bromma fertigt nur Inlandsflüge ab (8 km westlich). 100 km südwestlich bei Nyköping liegt Skavsta flygplats, der von Ryanair angeflogen wird.

Bahn: vom Hauptbahnhof (Centralen) Fernzüge in alle Teile des Landes, ab Busbahnhof Cityterminalen verkehren Überlandbusse und Zubringerbusse zu den Fährhäfen. Die Züge nach Nordschweden halten direkt unter dem Flughafen Arlanda.

Busse: Fernbusse in alle Teile des Landes, u. a. nach Härjedalen oder an die nördliche Ostseeküste verkehren ab Cityterminalen neben den Bahnhof Centralen.

Autofähren nach Finnland und auf die Ålandinseln ab Vikingterminalen (Södermalm) oder Värtahamnen: Silja Line Tel. 08-22 21 40, Viking www.vikingline.se, Tel. 08-452 40 00, Eckerölinjen, www.eckerolinjen.fi

Stadtverkehr: Ein gutes U-Bahn- *(tunnelbana)* und S-Bahnnetz erschließt Zentrum und Umland von Stockholm. Dazu kommt ein dichtes Busnetz in der Innenstadt. Mit einer Turistkort (24- bzw. 72-Stunden-Netzkarten) und der Stockholmskort kann man bis in die Außenbezirke Busse und Bahnen benutzen. Ansonsten kauft man am besten Streifenkarten *(rabattkuponger)* in SL-Verkaufsstellen, Tunnelbana-Stationen und Pressbyrån. Informationen zum Regionalverkehr: Storstockholms Lokaltrafik Tel. 08-600 10 00, www.sl.se.

Stockholms Umland

Karte S. 284/285

Ein Besuch in Stockholm wäre unvollständig ohne einen Ausflug in die Schären mit ihrer einzigartigen Natur. Auch die Ufer des Mälarsees locken mit einer Fülle von Attraktionen: Barockschlösser und Herrensitze, Runensteine und Messingschmieden, alte Universitäts- und Domstädte, dazwischen sanft gewellte Landschaft mit Äckern, Seen und Wäldern.

Die Schären

Viele Schäreninseln sind winzig klein, andere sind gerade groß genug, um nach Robinson-Art darauf zu wohnen. Viele gehören allein den Vögeln und den Seehunden. Am dichtesten besiedelt sind naturgemäß die inneren Schären – schwerer zugänglich und oft unwirtlich sind besonders die Außenschären. Oft fehlen Trinkwasser, Strom und andere Annehmlichkeiten der Zivilisation. Dennoch lebten über die Jahrhunderte Menschen in dieser Einöde: vom Fischfang, von bescheidener Landwirtschaft oder gar vom Eisenbergbau, als Leuchtturmwärter oder Lotsen.

Bei einer Bootsfahrt durch diese Landschaft bieten sich dem Auge immer neue reizvolle Ausschnitte: Zwischen runden Felsbuckeln verstecken sich Sandbuchten, liegen schmucke Segeljachten am Steg, blitzen kleine bunte Holzhäuser im Wald, ragen malerisch knorrig gewachsene Kiefern aus schmalen Felsspalten, wechseln schroffe Klippen mit flachen glatten Felsen. Hier bewegt man sich am besten zu Wasser, sei es per Dampfer, mit den flotten Linienbooten oder mit eigener Muskelkraft per Kajak oder Segelboot.

Vaxholm

Eine Dampferfahrt von Stockholm nach **Vaxholm** 1 vermittelt den besten Eindruck von der einzigartigen Inselwelt der Stockholmer Schären. Vaxholm ist die ›Schärenhauptstadt‹, hier endet der Bereich der inneren Schären. Der Segelboothafen ist einer der größten in den Stockholmer Schären, ständig pendelt die gelbe Autofähre auf die Nachbarinsel Rindö, und am Kai herrscht in der Saison den ganzen Tag Hochbetrieb: die weißen Schärenboote und Dampfer legen an und fahren weiter zu den Inseln rundum. Vaxholms strategische Bedeutung erkannte schon Gustav Vasa und ließ ein Kastell errichten. Die spätere Festung aus dem 19. Jh. wurde zum Museum umgerüstet – eine Fähre bringt Besucher hinüber (www.vfm.nu, Juni tgl. 12–16, Juli/ Aug. tgl. 11–17 Uhr).

Vor hundert Jahren gehörte die Kleinstadt zu den beliebtesten Sommerhausgebieten der Hauptstädter. Entsprechend viele alte Holzbauten mit schönen Veranden und Schnitzwerk sieht man deshalb in der ›Holzstadt‹, wo noch bis 1912 Steinhäuser verboten waren. Kleine Läden mit Kunsthandwerk sind darin eingerichtet, Cafés und Restaurants findet man in Hülle und Fülle.

i **Vaxholms Turistbyrå:** Rådhuset, 18583 Vaxholm,Tel. 08-54 13 14 80, Fax 54 13 36 53, www.vaxholm.se/turism, Okt.–April Mo–Fr 10–15, Sa, So 10–14, Mai u. Sept. Mo–Fr 11–16, Sa, So 11–15, Juni–Aug. Mo–Fr 10–18, Sa, So 10–16 Uhr.

Bus: SL-Bus 670 ab Stockholm T-Tekniska högskolan; **Boote** ab Stockholm, Strandvägen, Kajplats 16, www.strommakanalbolaget.com, ganzj. Sa, So 12 Uhr, Mitte Juni–Aug. 2–3-mal tgl. (Fahrtzeit 1,5 Std.).

Blidö und Ängsö

Von Furusund sind es noch zwei Fährpassagen (kostenlos), um die Insel Yxlan zu queren – dann ist **Blidö** 2 erreicht. Viele Stockholmer haben hier ein Sommerhaus, es gibt einen Laden, Tankstelle, Bushalteplätze. Blidö bedeutet vor allem Natur und die erschließt sich am schönsten vom Wasser aus. Einen Kanuverleih findet man in **Stämmarsund,** dem Fährort, gleich neben Blidö Wärdshus. Hier liegt auch das schön restaurierte Holzsegelschiff ›Helmi‹ vertäut, das Gruppen mieten können und – das Internetcafé (!). Etwa 20 km weiter ist das Südende der lang gestreckten Insel mit dem Naturreservat **Linkudden**. Das Gebiet wird durch Beweidung mit Schafen offen gehalten – im Frühsommer lohnt es, über die Wiesen, mit unzähligen bunten Orchideen, u. a. Holunderknabenkraut (›Adam und Eva‹), zu streifen. Von der Landspitze mit den flach abgeschliffenen Felsen geht der Blick aufs Wasser – ein Gefühl von Unendlichkeit und Weite stellt sich ein. Wen das an die typische Schärenidylle aus ›Ferien auf Saltkrokan‹ erinnert, der liegt richtig – Astrid Lindgren bewohnte ein Sommerhaus in Furusund, und auf den vorgelagerten Inseln Norröra und Söderöra wurde der Film gedreht.

Die 75 ha große flache Insel **Ängsö** 3, bereits seit 1909 Nationalpark – der älteste des Landes! – fasziniert durch ihre Orchideenwiesen und das reiche vielfältige Vogelleben. Besonders im Juni, wenn alles blüht, ist die Insel eine wahre Augenweide: Bärlauch, Lerchensporn und die gelben und rosa Orchideenblüten des Holunderknabenkrauts. Markierte Wege und an Feuchtstellen Planken leiten Besucher durch das Gelände, das Naturum zeigt eine kleine Ausstellung. Es werden auch geführte Kanutouren oder Bootsausflüge angeboten.

Blidö Wärdshus & Vandrarhem: Stämmarsund 1429, Blidö, Tel. 0176-825 99, Fax 822 32, Vandrarhem 822 99, www.blidowardshus.se. Sehr schöne Lage am Sund, gemütliche 2–4-Bett-Zimmer ohne großen Komfort, Dusche/WC über den Flur; DZ ab 400 SEK; gutes Restaurant u. a. mit Fischspezialitäten (155–225 SEK).

Bootsverleih: Blidö Kajak, Tel. mobil 070-266 75 90, www.blidokajak.se. Segelschiff Sandkilen ›Helmi‹, Hartmut Kaulbach, Tel. 0176-826 61, www.helmi.se.
Ausflüge per Boot zum Nationalpark Ängsö ab Stockholm (Fahrtzeit 2 Std.), Vaxholm oder Östanå (30 Min.), Mitte Mai–3. Aug.-woche Tel. 08-24 30 90, www.blidosundsbolaget.se, oder Tel. 08-679 58 30, www.waxholmsbolaget.se.

Bus: nach Blidö ab Norrtälje Busbahnhof mit SL-Bus 634 (30 Min. Fahrtzeit).

Mit der Autorin unterwegs

Inselhüpfen in den Schären

Erkunden Sie die Schären mit der Netzkarte **Båtluffarkort:** fünf Tage freie Fahrt mit den weißen Schärenbooten. Inklusive Tourenvorschläge kostet die Karte 300 SEK (bei der Touristeninformation oder am Anleger. Info: www.waxholmsbolaget.se).

Die Experiment-Fabrik

Der Naturwissenschaft auf die Spur kommen Sie in Södertälje: rund 400 Experimente warten in den vier Stockwerken einer ehemaligen Fabrik bei **Tom Tits experiment** auf Neugierige jeden Alters (s. S. 288).

Regionale Auskunftstellen

Sörmlandsturim AB: Box 58, 61122 Nyköping, Tel. 0155-24 59 00, Fax 28 83 69, www.sormland.se/turism.
Skärgårdsstiftelsen: Box 7669, 10394 Stockholm, Tel. 08-440 56 00, Fax 440 56 19, www.skargardsstiftelsen.se. Die Stiftung gibt das Heft ›Die Stockholmer Schären‹ mit Ausflugstipps in deutscher Sprache heraus.

Sandhamn

Sandhamn 4 liegt schon weit draußen, fast am offenen Meer – daher seine wichtige Rolle

Stockholm und Mälarsee

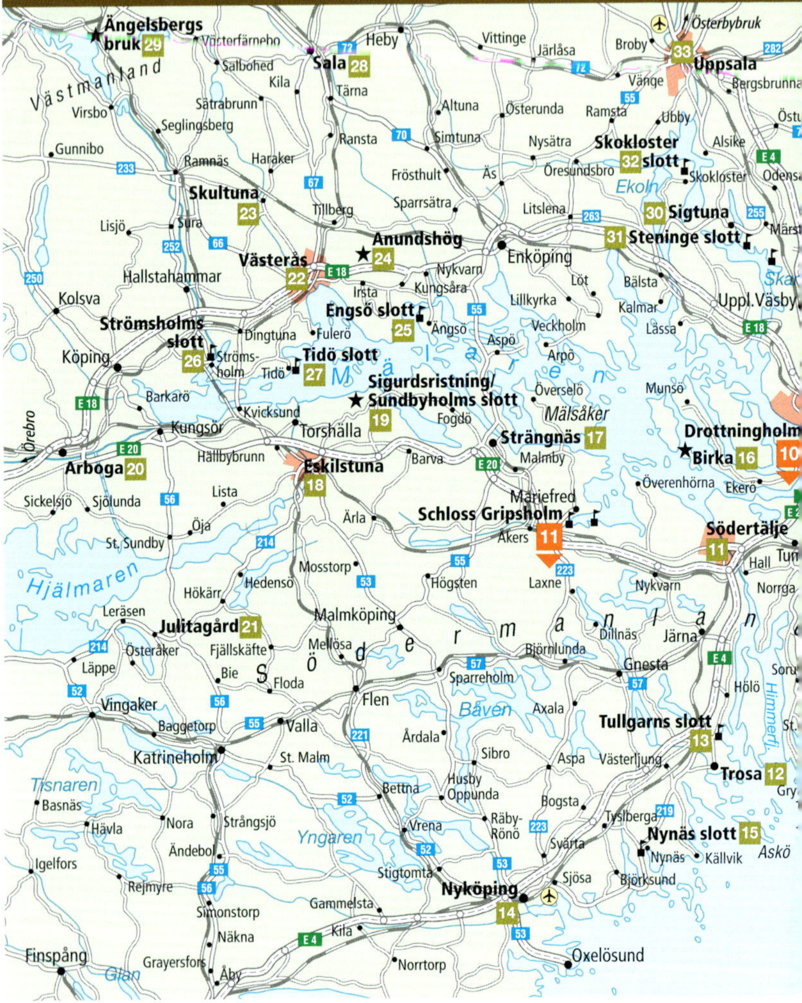

als Lotsen- und Zollstation. Seit Ende des 19. Jh., als der königlich-schwedische Jachtklub hier sein Clubhaus einrichtete, ist Sandhamn ein schickes Seglerparadies. Der Ort hat zwar nur rund 100 Einwohner, doch im Sommer geht es im Hafen hoch her, nicht nur während der Regatta Gotland Runt im Juli. Sandhamn ist bekannt für ausgeprägtes Nachtleben – im Sommer, so heißt es, zieht das segelnde Publikum vom Stureplan hierher. Tagesbesucher haben die engen Gassen des ehemaligen Fischerdorfs schnell erkundet und das von Carl Hårleman entworfene Zollhaus mit einem Blick gewürdigt, da bleibt noch Zeit für ein Bad an einem der schönen Sandstrände der Insel Sandö.

Dykarbaren: Tel. 08-57 15 35 54, nur im Sommer, tgl. 18–24 Uhr. Gute Küche und legendäre Bar. Weiterfeiern kann man im Nachtklub von Sandhamns Hotell & Konferens (Mi–So bis 2 Uhr).

Boot: ganzj. ab Stavsnäs (Bus bis Stavsnäs ab Stockholm Slussen), im Sommer auch ab Stockholm Strandvägen (Fahrtzeit: 2,5–3,5 Std.); oder Sa, So Dampfer ab Strömkajen, Tel. 08-679 58 30, www.waxholmsbolaget.se.

Gålö

Gålö 5 liegt 45 km südöstlich von Stockholm, und man kommt bequem auf dem Landweg auf die Insel, die keine mehr ist: Dank der Landhebung ist Gålö seit etwa 50 Jahren mit dem Festland verbunden. Die abwechslungsreiche Natur aus blanken Felsklippen, Sandstränden und Wäldern mit schönen Eichenbeständen sind Gålös Hauptattraktion.

Der längste Sandstrand in den Schären erstreckt sich auf der Ostseite bei Skälåker. Gålö havsbad ist im Sommer ein beliebter Familienstrand. Schöne Wanderpfade durch urwüchsige Natur findet man an der äußersten Ostspitze der Insel im Vogelschutzgebiet Havstornsudd. Dort machen im Frühjahr unzählige Eiderenten und Eisenten Station.

Utö

Auf **Utö** 6 leben heute rund 240 Menschen das ganze Jahr über und die Insel bietet eine gute touristische Infrastruktur. Allein schon wegen der respektablen Fülle an Sehenswürdigkeiten lohnt der Besuch. Seit dem 12. Jh. bis ins Jahr 1879 wurde auf Utö Eisenerz abgebaut. Die Häuser der Arbeiter aus dem 18. Jh. stehen noch und ein kleines **Museum** erinnert an die frühe Industrie (Sommer tgl. 13–15 Uhr). Von einem markierten Rundgang über das Bergwerksgelände blickt man in die heute mit Wasser gefüllten Schächte von über 200 m Tiefe. Neben der Grube steht **Utö Kvarn**, eine Windmühle von 1791 mit Originalausstattung, und von der Anhöhe bietet sich eine ausgezeichnete Sicht über die ganze Insel.

Auf die Industrie folgte 1889 der Badetourismus, als ein Großhändler die Insel kaufte und ein Sommerparadies schuf – hierher kamen Größen wie Greta Garbo zum Ausspannen. Die Jahrhundertwendevillen sind auch heute Ziel von Sommergästen und die Insel ist im Sommer gut besucht. Will man das quirlige Hafendorf Gruvbyn hinter sich lassen, kann man ein Fahrrad mieten und die abwechslungsreiche Natur der 10 km langen Insel erkunden, deren nördlicher Teil unter Naturschutz steht. Der kalkhaltige Untergrund lässt eine interessante Flora sprießen, die wiederum Schmetterlinge anzieht; sogar der seltene Apollofalter kommt hier vor. Die schönen Sandstrände von Utö und Umgebung sind beliebte Plätze zum Baden und Sonnen.

Utö turistbyrå: Gruvbryggan (Anleger), Tel. 08-50 15 74 10, www.utoturistbyra.se (nur im Sommer geöffnet).

Utö Värdshus: Gruvbryggan, Skärgården, Tel. 08-50 42 03 00, Fax 50 42 03 01, www.uto-vardshus.se. 18 DZ (Halbpension Weekendpaket ab ca. 1200 SEK/Person), im Annex auch 4-Bett-Häuschen mit Dusche/WC. Erstklassiges Restaurant (Feb.–Dez. tgl. 12–22 Uhr), das im Jahr 2004 zum besten Skärgårdskrog gewählt wurde. Schwerpunkt: Fisch und andere lokale Produkte aus den Schären, wie Zander Barsch, Ostseehering (*strömming*), aber auch Lamm (95–225 SEK).
STF Vandrarhem Utö: im Annex des Hotel-Restaurants, Tel. 08-50 42 03 15, Fax 50 42 03 01, Mai–Sept., 2- bis 4-Bett-Zimmer mit 44 Betten in der Sommervilla, gutes Restaurant; DZ ab 560 SEK.
Camping: Tel. 08-50 15 74 50. Zeltplatz 400 m vom Anleger mit Einkaufsgelegenheit, nahe beim Sandstrand.

Angeln: Angler finden hier wie auch sonst überall in den Schären gute Reviere, besonders für Hecht und Barsch.
Kajak: Verleih und geführte Touren bei Skärgårdsgummans kajaker & äventyr, Tel. 08-50 15 76 68.
Fahrradverleih: über das Hafenamt bzw. Vandrarhem.

Boote: nach Utö ganzj. ab Årsta brygga (45 Min., *pendeltåg* bis Västerhaninge, dann Bus 846), im Sommer auch direkt ab Stockholm Strömkajen (Sa, So Dampfer S/S Saltsjön, Fahrtzeit: 3,5–4 Std.).

Route: Auf dem Roslagsleden nach Norrtälje

Die E 18 ist die schnellste Verbindung von Stockholm nach Norrtälje. Folgt man aber der Ausfahrt Richtung RV 126/Åkersberga kann man gemütlich seiner Wege zockeln und die Landschaft genießen: Dicke, sorgsam umpflügte Findlinge liegen mitten auf dem Acker, kleine Birken- und Kiefernwälder, Gehöfte, immer wieder blinken die Wasserflächen kleiner Seen hinter den Bäumen – dieser Mix ist typisch für Roslagen. Der Name leitet sich von der mittelalterlichen Bezeichnung dieser Küstenregion ab: Roden – stammt wiederum vom altnordischen Wort für Schiff: *rodr* – offensichtlich verwandt mit dem deutschen ›Ruder‹.

Einen ersten Halt kann man bei der Kirche von **Roslags-Kulla** 7 einlegen, die einsam auf einer Kuppe steht. Die Kirche, ein Zentralbau mit vier Kreuzarmen, ist nahezu im Originalzustand erhalten geblieben, wie sie der Gutsherr von Östanå 1706 errichten ließ – komplett aus Holz gebaut, mit Holzsäulen und Kuppeldach ebenfalls aus Holz sowie mit Holzschindeln gedeckt.

Fast am Weg liegt Schwedens Waffenschmiede des 17. und 18. Jh.: In **Wira bruk** 8 ließ einst der kriegslustige König Karl XII. Schwerter und Degen schmieden, in friedlicheren Zeiten stellte man die Produktion um auf Äxte und Sensen. Heute zeigen in den roten Häuschen am Fluss Wiraån nach alten Methoden arbeitende Kunstschmiede ihr Können (www.wirabruk.com, Mittsommer–Mitte Aug. tgl. 11–16, übrige Zeit nur Sa, So).

Folgt man weiter dem RV 126 in Richtung Norrtälje, taucht am Abzweig nach Furusund und Blidö der Wegweiser nach **Penningby slott** 9 auf. Die trutzige, aber heute eher unscheinbare Burg mit den auf dicken Wackersteinen ruhenden wehrhaften Diagonaltürmen gehört zu den ältesten Profanbauten Schwedens. Sie wurde 1466 errichtet und im 17./18. Jh. zum Schloss umgebaut, das ein Brand 1831 zerstörte. Penningby ist bis heute in Privatbesitz (www.penningbyslott.se, Führungen Juli Di–So 11 Uhr).

Gustav II. Adolf gründete **Norrtälje** 10 1622, und das Hafenstädtchen gilt mit Recht als ›Roslagens Perle‹: Schmucke Holzhäuser

Im Schärengarten vor Stockholm

reihen sich entlang der kopfsteingepflasterten Gassen. Das in einer 1965 stillgelegten Maschinenfabrik eingerichtete **Technikmuseum Pythagoras** gehört zu den besterhaltenen Industriedenkmälern des Landes (Führungen Juli/Aug. Di–So 11 und 13 Uhr, www.pythagoras-museum.com).

i **Norrtäljes Turistbyrå:** Danskes gränd 4–6, Tel. 0176-719 90, Fax 106 18, www.norrtalje.se/turist, www.roslagen.se, Mo–Fr 10–19, Sa 11–17, So 11–15 Uhr.

Norrtelje: am Hafen, Tel. 0176-191 40, tgl. 11–22 Uhr: Auf dem fest vertäuten Dampfer, der über 30 Jahre lang in den Schären unterwegs war, wird schwedische Hausmannskost serviert: Kaptens Lunch zwischen 11 und 16 Uhr (124–169 SEK) mit Ångbåtsbiff, Rinderhacksteak mit Zwiebeln und Kartoffeln, weitere Hauptgerichte u. a. Zanderfilet oder Lammbraten (109–199 SEK).
Café En Liten Smula: Tillfällegatan, Norrtälje, Mo–Fr 10–18, Sa, So 10–16 Uhr. Therese Wikströms ausgezeichnete Konditorei ist eine der Attraktionen von Norrtälje. Das gemütliche Café in der Kopfsteinpflastergasse im Zentrum ist landesweit berühmt.

Kajaktouren: Kajak&Uteliv: Västernäs, Rådmansö, Tel. 0176-414 15, www.kajak-uteliv.com. Geführte Touren u. a. nach Ängsö.

Bus: von Norrtälje alle 20 Min. SL-Bus 676 nach Stockholm, Tekniska Högskolan (Fahrtzeit 1 Std.).

Södertälje

Södertälje 11 (80 000 Einw.), 25 km südwestlich von Stockholm, gehört heute zu Stockholms län und hieß ursprünglich nur Tälje – in Abgrenzung zu Norrtälje nördlich von Stockholm nannte man die Stadt später Södertälje. Aufgrund der günstigen Lage war hier schon während der Wikingerzeit ein bedeutender Handelsplatz.

Hauptattraktion vor allem für wissbegierige Besucher ist das wohl größte und interessanteste Wissenschaftszentrum Schwedens: Bei **Tom Tits experiment** kann man verblüffende Naturphänomene mit allen Sinnen erfahren. Die rund 400 aufregenden Experimentstationen sind über die vier Stockwerke einer ehemaligen Fabrik verteilt (Storgatan 33, Tel. 08-52 25 25 00, www.tomtit.se, Juli–Aug. tgl. 11–17, übrige Zeit Mo–Fr 10–16, Do bis 19 Uhr, Sa, So 10–17 Uhr).

Außer einem Spaziergang am Kanal lohnt sich bei schönem Wetter ein Ausflug ins Freilichtmuseum **Torekällberget** westlich vom Zentrum. Das Freigelände zeigt Ausstellungen zur Stadtgeschichte, alte Gebäude und Handwerkstechniken sowie Bauernhoftiere (Tel. 08-55 02 14 22, Juni–Aug. tgl.10–18, April, Mai, Sept. tgl. 10–16 Uhr).

i **Södertälje turistbyrå:** Saltsjögatan 2, 15171 Södertälje, Tel. 08-55 02 27 00 Fax 55 02 34 01, www.sodertalje.nu. Juni–Aug. Mo–Fr 9–18, Sa 10–14, übrige Zeit Mo–Fr 10–18 Uhr.

Bahn: Bahnhof Södertälje Syd an der Hauptstrecke Stockholm–Göteborg, *pendeltåg* nach Stockholm ab Södertälje Centrum.

Trosa

Ein Bummel am Fluss Trosaån entlang bis zum schmucken Hafen gehört zum ›Pflichtprogramm‹ in **Trosa** 12. Im Sommer wimmelt es deshalb in den Lädchen und Cafés vor Besuchern. Die alte Kirche aus dem 13. Jh. liegt noch heute 5 km weiter landeinwärts, wegen der Landhebung musste die Siedlung im 17. Jh. näher an die Küste verlegt werden. In Trosa jedenfalls scheinen die Uhren langsamer zu gehen. In einem der niedrigen Häuschen aus dem frühen 19. Jh., in der ehemaligen Gerberei **Garvaregården** ist ein Museum mit Ausstellung zum Gerberhandwerk sowie Café eingerichtet (nur Juni–Aug. geöffnet).

In einer Ostseebucht östlich von Trosa thront ganz königlich **Tullgarns slott** 13 – ein ideales Ausflugsziel, das Natur und Kultur aufs Beste vereint. Hier stand schon im Mittelalter eine Burg, das jetzige Gebäude wurde allerdings im frühen 18. Jh. errichtet, als Magnus Julius de La Gardie hier residierte. Die Krone zeigte bald Interesse an dem herrlich gelegenen Anwesen und kaufte Tullgarn 1772. Mit seiner Originaleinrichtung aus dem 18. Jh. in reinstem gustavianischen Stil ist das Schloss, das ehemals dem jüngeren Bruder König Gustavs III. als Sommerresidenz diente, so manchem Stockholmer Königsschloss ebenbürtig (www.royalcourt.se, Mitte Mai–Aug. tgl., Sept. nur Sa, So 11–16 Uhr stdl. Führungen).

Die herrliche küstennahe Umgebung steht heute unter Naturschutz: **Tullgarns naturreservat** umfasst eine sehr vielseitige Landschaft aus Wiesen, Laub- und Nadelwald – und viel Wasser. Eine Besonderheit sind die knorrigen, viele hundert Jahre alten Eichen, die man v. a. auf der Landzunge Näset findet.

Trosa Turism: Rådhuset, Torget, Box 76, 61922 Trosa, Tel. 0156-522 22, Fax 522 23, www.trosa.com, Mai Di, Mi, Fr 9–17, Juni–Aug. Mo–Fr 9–19, Sa, So 10–15, übrige Zeit Di, Mi, Fr 9–17 Uhr.

Bomans Hotel: Östra Hamnplan, Trosa, Tel. 0156-525 00, Mo–Fr 12–14, 18–21, Sa 18–21 Uhr. Individuelles, gemütliches Hotel-Restaurant direkt am Hafen; DZ ab 1150 SEK. Feine Hausmannskost; 115–225 SEK.

Bus: nach Trosa ab Södertälje, Nyköping und ab Zugstation Vagnhärad (Länsbuss) nach Tullgarn. Bus 702 ab Södertälje hamn, dann noch 1 km Fußweg zum Schloss.

Nyköping

Die sicherlich eindrucksvollste Sehenswürdigkeit in der Hauptstadt von Södermanlands län, **Nyköping** 14 (49 000 Einw.), ist die Burg Nyköpingshus. Die mittelalterliche Festung (13. Jh.) auf einer Klippe im Fluss ließ König Karl IX. im 17. Jh. zum Renaissanceschloss umbauen, das aber 1665 dem großen Stadtbrand zum Opfer fiel. Doch sind inzwischen Teile restauriert und können besichtigt werden, wie der Königsturm und die ehemalige Residenz des *landshövding.* Hier werden alljährlich mit einem Theaterstück die historischen Ereignisse in Erinnerung gerufen, mit denen Nyköping in ganz Schweden assoziiert wird: ›Nyköpings gästabud‹ von 1317. Damals lud König Birger Magnusson seine Brüder, die Herzöge Erik und Valdemar zum Gastmahl auf die Burg. Die Brüder, Konkurrenten um den Thron, ließ er auf der Burg einkerkern und verhungern. Heute ist hier das Sörmlands läns museum untergebracht, das abgesehen von Erinnerungen an die schaurige Geschichte aus dem Mittelalter wechselnde Ausstellungen zeigt (Tel. 0155-24 57 00, Mitte Juni–Mitte Aug. tgl. 10–17, übrige Zeit Di–So 11–17 Uhr).

Sörmland (kurz für Södermanland) gilt als Land der Schlösser: Eines davon ist **Nynäs slott** 15. Das Hauptgebäude der Gutsanlage stammt aus dem 17. Jh. und ist mit Möbeln aus Stilepochen von Barock bis 19. Jh. eingerichtet (Tel. 0155-26 15 05, Mittsommer–Mitte Aug. tgl. 12–16 Uhr, Mitte Mai–Mittsommer und Mitte Aug.–Anfang Sept. nur Sa, So). Das Schlossgut liegt nahe der Ostseeküste, und die Umgebung bietet eine interessante Landschaft, darunter das Naturreservat Nynäs: blumenreiche Wiesen (u. a. mit Orchideen) wechseln mit lichtem, elchreichem Laubwald, die Schärenküste mit felsigen Inseln und flachen Buchten bietet Reviere für Seeadler und Robben.

Nyköpings turistbyrå: Stadshuset, Stora Torget, 61183 Nyköping, Tel. 0155-24 82 00, www.visitnykoping.se, Mo–Fr 8–17 Uhr.

Hertig Karls marknad: Kultur und Kulinarisches beim ›Herzog-Karl-Markt‹ Mitte August.

Flug: Flughafen Skavsta: u. a. Verbindungen nach Frankfurt-Hahn und Düsseldorf-Niederrhein, 10 km entfernt (Taxi- und Busverbindung, www.lanstrafiken.se).
Bahn: Zug u. a. nach Stockholm, Norrköping, Linköping.

Das östliche Mälartal

Birka

Schwedens erste bekannte Stadt **Birka** 16 lag auf der Mälarinsel Björkö. Um 760 gegründet, stieg sie zu einer der wichtigsten Handelsstädte im Norden auf. Die Kontakte reichten von der Wolga bis nach Byzanz mit Anschluss an die Seidenstraße nach China. Im Jahr 825 unternahm der Missionar Ansgar Anstrengungen, die Kaufleute und Handwerker von Birka zu christianisieren. Ansgars Reise war jedoch nicht sehr erfolgreich. Aber dank seiner Schilderung konnte man Birkas Lage auf der Mälarinsel Björkö später überhaupt lokalisieren. Um 960 wurde die Stadt zugunsten des neu gegründeten Sigtuna aufgegeben. Erst rund 1000 Jahre später wurde Birka von Archäologen ausgegraben, und die Erkenntnisse über die Wikingerstadt Birka illustriert ein kleines Museum (Tel. 08-56 05 14 45, Mai–Mitte Sept. Mo–Fr 11–16, Sa, So 11–17, Juli tgl. 10.30–18.30 Uhr).

Ansonsten bietet die Insel viel Natur und gute Badestellen. Zahlreiche der hier ausgegrabenen Kunstwerke aus der Wikingerzeit kann man im Historiska Museum oder im Museum von Sigtuna (s. S. 300 f.) sehen.

Auf der Nachbarinsel **Adelsö** (Bootsverbindung) lag einst ein Königshof Hovgården. Doch nur die Ruinen der im 14. Jh. niedergebrannten Burg Alsnö hus sind noch zu besichtigen.

Boote mit Strömmakanalbolaget ab Stockholm Stadshusbron (Fahrtzeit ca. 1,5 Std.) tgl. Mai–Mitte Sept., www.strommakanalbolaget.com. Außerdem ab Södertälje (ca. 1 Std.), Västerås via Strängnäs (ca. 2,5 Std.), Härjarö (30 Min.) und Adelsö (ca. 15 Min.).

Strängnäs

In **Strängnäs** 17 ist man auf historischem Boden, wo man geht und steht. 1523 wählte der Reichstag in der Bischofsstadt Gustav Vasa zum neuen König. Der zwischen dem 13. und 15. Jh. auf einer Anhöhe erbaute **Dom** besitzt neben Resten mittelalterlicher Wandmalerei (14./15. Jh.) kostbare Inventarstücke wie Bernt Notkes Statue des hl. Erik und einen Brüsseler Altar von 1490. Der 1611 verstorbene Karl IX. liegt im Dom begraben – das Grabdenkmal zeigt seine vergoldete Kupferrüstung. Ergreifender ist für die meisten Besucher das Kindergrab der Prinzessin Isabella. Die Tochter Johans III. starb 1566, während ihr Vater in Gripsholm gefangen saß.

Strängnäs Turistbyrå: Västerviken, 64530 Strängnäs, Tel. 0152-2 96 99, Fax 2 96 95, turism@strangnas.se, Mai Sa 11–15, Juni–Aug. Mo–Sa 10–18, So 11–15, Sept. Mo–Fr 10–15 Uhr, Okt.–April geschl.

Bahn: ab Stockholm über Södertälje nach Strängnäs (Mälarbanen).

11 Schloss Gripsholm und Mariefred

Dereutschen Lesern ist **Gripsholm** dank Kurt Tucholskys Roman gleichen Titels wohl bekannt. So beschrieb er das Schloss: »Das Schloss Gripsholm strahlte in den Himmel; es lag beruhigend und dick und bewachte sich selbst.« Das rote Backsteinschloss auf einer kleinen Insel im Mälarsee mit seinen wuchtigen Rundtürmen und den dicken Mauern umgibt tatsächlich eine wehrhafte Aura. Schon Reichsrat Bo Jonsson Grip – auf den der Name Gripsholm zurückgeht – ließ 1380 eine Burg anlegen, Gustav Vasa ab 1537 den heutigen Bau errichten. Seine Söhne Erik XIV. und Johan III. hielten sich gegenseitig hier gefangen. Später machte ›Theaterkönig‹ Gustav III. seinem Beinamen alle Ehre und richtete 1782 ein Schlosstheater ein. Außer den Herrscherporträts der umfangreichen staatlichen Porträtsammlung kann man bei der

Schlossbesichtigung auch die Gemächer mit Originalmobiliar betrachten (www.royalcourt.se, Mitte Mai–Mitte Sept. tgl. 10–16, übrige Zeit Sa, So 12–15 Uhr).

In einem Nebengebäude des Schlosses, der ›Königsscheune‹, steht Grafik im Zentrum: **Grafikens Hus** zeigt Werke in- und ausländischer Künstler der Moderne (Tel. 01 59-2 31 60, Mai–Aug. tgl. 11–17 Uhr).

Die Gassen des nahen Städtchens **Mariefred** laden zum Bummel ein, Cafés und Restaurants zum Einkehren. Die Kirche, deren Kirchturm man vom Schloss aus malerisch über das Wasser leuchten sieht, stammt von 1624, hübsch ist auch das Rathaus von 1784. Die klassische Anreise nach Mariefred, die auch Tucholsky in seinem Roman beschreibt, ist noch immer per Dampfzug von Läggesta aus. Kurt Tucholsky hatte dort ein Haus gemietet. Seine Bücher wurden in Deutschland verbrannt und er selbst 1933 von den Nationalsozialisten ausgebürgert. Nach Jahren des Exils in Schweden starb er 1935; seine Urne wurde auf dem Friedhof in Mariefred beigesetzt.

i **Mariefreds Turistbyrå:** Rådhuset, 64730 Mariefred, Tel. 01 59-2 96 99, Fax 2 97 95; turism@strangnas.se, Mai Sa, So 11–15, Juni–Aug. Mo–Sa 10–18, So 11–15, Sept. Mo–Fr 10–15, Sa, So 11–15 Uhr, Okt.–April geschl.

Gripsholms Värdshus & Hotel: Kyrkogatan 1, Mariefred, Tel. 0159-347 50, Fax 347 77, www.gripsholms-vardshus.se. Luxushotel mit Ursprüngen im Jahr 1609 und Blick auf Schloss Gripsholm, 45 DZ; erstklassiges Restaurant (195–245 SEK).

Gripsholms Slottspaviljong: Lottenlund, Mariefred, Tel. 0159-100 23, Mitte April–Mitte Sept. Sa, So, Mai–Aug. tgl. 11–18 Uhr. Der moderne Holzpavillon mit schöner Aussichtsveranda bietet gute und günstige Gerichte.

Bahn: ab Stockholm über Södertälje nach Strängnäs (Mälarbanen); Museumseisenbahn Läggesta–Mariefred (nur im Sommer),

Boot: Dampfer von Stockholm, Uppsala und Västerås (Sommer).

Immer noch ein beruhigender Anblick: Schloss Gripsholm am Mälarsee

Westliches Mälartal und Hjälmaren-See

Karte S. 284/285

Prächtige Schlösser und Herrensitze verstecken sich in den Buchten von Mälaren und Hjälmaren. Der Reichtum dieser Region gründet auch auf eine frühe Industrialisierung. Aus dem angrenzenden Bergwerksdistrikt kamen Erze zur Verschiffung an den See. Heute wird die Industriekultur in stillgelegten Fabriken zum spannenden Erlebnis.

Eskilstuna

Eskilstuna 18 (91 000 Einw.) ist für seine Messer- und Scherenschmieden bekannt. Karl X. Gustav holte als Experten Reinhold Rademacher aus Livland in die Stadt. Die nach ihm benannten im 17. Jh. entstandenen Schmiedewerkstätten, die **Rademachersmedjorna**, waren Musterbetriebe der Zeit, und noch heute arbeiten hier Gold-, Messer- und Kupferschmiede (Rademachergatan 50, Mo–Fr 10–16 Uhr). Außer Rademacher siedelten sich weitere deutsche und niederländische Handwerker an – »Gott mit uns«, steht über der Tür eines der historischen Holzhäuser.

Zwei Brücken über den Fluss führen vom Schmiedeviertel zum **Munktellmuseum**. In der ehemaligen Fabrikwerkshalle stehen sauber aufgereiht die Traktormodelle aus dem Hause Bolinder-Munktell, heute Volvo. Hochinteressant: Ein Schnitt durch einen Motor zeigt, wie das ›Herz‹ eines Traktors funktioniert und die Teile ineinandergreifen (Tel. 016-15 13 75, 15 12 39, www.munktellmuseet.volvo.com, Mo–Fr 10–16, So 13–16 Uhr).

Faktorimuseet gleich nebenan vermittelt die spezielle Industrie- und Technikgeschichte der Stadt ebenfalls ganz handfest, besonders wenn am ersten Sonntag jeden Monats die Dampfmaschinen angeworfen werden (Faktoriholmarna, Tel. 016-10 23 75, Di–So 11–16 Uhr).

Im Altstadtviertel von Eskilstuna um die Köpmangata zeigen im **Tingsgård** aus dem 18. Jh. Glasbläser und -maler ihr Können und auf der Caféterrasse am malerischen Eskilstunaå kann man sich mit gutem Essen verwöhnen lassen.

Etwas außerhalb der Innenstadt liegt **Parken Zoo,** ein weitläufig angelegter Tier- und Vergnügungspark, an dem vor allem Familien mit Kindern kaum vorbeikommen werden. Hauptattraktion sind die Weißen Tiger (Tel. 016-10 01 01, www.parkenzoo.se, Mai–Aug. tgl. ab 10 Uhr).

Sigurdsristning und Sundbyholms slott

10 km nordöstlich von Eskilstuna steht – mitten in einem der nördlichsten Buchenwälder Schwedens – der berühmte Runenstein mit der **Sigurdsristning** 19. Zur Wikingerzeit führte hier eine Brücke über den damals 60 m breiten Fluss – heute nurmehr ein Bach. Die über 4 m breite und fast 2 m hohe Felsritzung ließ eine gewisse Sigrid um 1030 für ihren verstorbenen Mann in den Felsblock arbeiten. Die Sigurdsristning zeigt eine Episode aus der Volsunga-Saga, die in der Edda berichtet wird: Sigurd Fafnesbane röstet im Feuer das Herz des Drachen, den er gerade im Auftrag seines Ziehvaters, des Schmieds Reigen, getötet hat. Als Sigurd seinen Finger, an dem etwas Drachenblut klebt, ableckt, versteht er die Sprache der Vögel. Diese (rechts auf einem Baum sitzend zu sehen) warnen ihn vor der Heimtücke des Reigen, der es nur auf den Goldschatz abgesehen hat. Sigurd tötet Reigen (der Enthauptete liegt

Drachenblut und Goldschatzraub: Sigurdsristning bei Eskilstuna

links im Bild) und zieht mit seinem Pferd und dem Schatz, zu dem auch der verfluchte Ring der Nibelungen gehört, von dannen …

Das 1648 gebaute **Sundbyholms slott** am Mälarsee ist heute beliebtes Ausflugsziel. Im alten Schlossbau ist ein Restaurant (im Sommer nur Abendbetrieb), und in kleinen, komplett eingerichteten Häusern daneben sind Hotelzimmer untergebracht. Am Mälarufer gibt es einen Jachthafen, von wo aus man mit einem Potonboot zu einer der Inseln im See schippern kann. Und ganz in der Nähe ist einer der wenigen größeren Sandstrände am Mälarufer zu finden.

Eskilstuna Turistbyrå: Stora Fristadshus, Rademachergatan 50 (Rademachersmedjorna), Postadresse: Eskilstuna Marknadsförening, 63186 Eskilstuna, Tel. 016-10 70 00, Fax 14 95 00, info@turism.eskilstuna.se, Mo–Fr 9–17 Uhr.

Sundbyholms slott: Sundbyholm, Tel. 016-42 84 00, Fax 965 78, www.sundbyholms-slott.se. Romantik-Hotel in einem Schloss aus dem 17. Jh. am Mälarsee, komplett mit Jachthafen, Strand, Restaurant; DZ ab 1400 SEK.

Parken Zoo Vilsta Camping: Eskilstuna, Tel. 016-10 01 80, 10 01 81, www.parkenzoo.se. Familiencampingplatz in sehr schöner Lage direkt am Fluss, nicht weit von Parken Zoo (ermäßigter Eintritt), Kanuverleih, Campinghütten; Stellplatz ab 100 SEK.

Restaurant Tingsgården: Rådhustorget 2, Eskilstuna, Tel. 016-016-51 66 20, Mo–Fr 11.30–14, 18–21, Sa 13–21 Uhr. Hervorragende Küche – schwedische Klassiker einfallsreich variiert in Richtung Crossover; Lunch 95–225 SEK (2-Gänge-Menü).

Stora Sundbyholm Festival, Musikveranstaltung mit Starauftritten Ende Juni; gleichzeitig findet das einwöchige **Sommerfest Kalas** statt, mit Musik, Kabarett und Artisten überall in Eskilstuna.
Angelwettbewerb mit Drachenbootrennen, Tanz auf dem Marktplatz u. a. während zwei Tagen um den 22. August.

Mit der Autorin unterwegs

Landleben mustergültig

Julita herrgård verbindet das Nützliche mit dem Schönen. Spazieren Sie durch den Obstgarten mit alten Apfelsorten, lassen Sie sich durchs Herrenhaus führen und werfen Sie einen Blick ins Haus des Kinderbuchhelden ›Pettersson‹ (s. S. 295 f.).

Messing und mehr

Stöbern Sie nach stilvollen Souvenirs in dem gut sortierten Fabrikladen der Messingschmiede **Skultuna** (s. S. 297).

Abenteuer in der Grube

Steigen Sie ab in 60 m Tiefe und entdecken Sie die **Silbergrube von Sala** – die Gruben-Tour ist ein Erlebnis (s. S. 299).

Schwedens älteste Stadt

Lassen Sie sich in Tant Bruns Kaffestuga den Kuchen schmecken: Kleinstadtidylle erwartet Sie in Schwedens ältester Stadt **Sigtuna** (s. S. 300 f.).

Regionale Auskunftstelle

Sörmlandsturim AB: Box 58, 61122 Nyköping, Tel. 0155-24 59 00, Fax 28 83 69, www.sormland.se/turism.

Bahn: Zug über Västerås nach Stockholm, über Sala nach Mora, über Norrköping, Nässjö nach Malmö.
Bus u. a. nach Stockholm. Infos zum Nahverkehr: Länstrafiken Sörmland, Tel. 020-22 40 00, www.lanstrafiken.se/sormland.

Örebro und Hjälmaren-See

Reiseatlas S. 5 A1
Örebro (127 000 Einw.) ist zwar die siebtgrößte Stadt Schwedens, aber die Innenstadt, durch die sich der grün gesäumte Fluss Svartån schlängelt, vermittelt alles andere als pulsierende Großstadtatmosphäre.

Wo die beiden Fußgängerstraßen Drottninggata und Storgata heute durch die ›große Brücke‹, Storbron, verbunden werden, erstreckte sich schon in früher Zeit die natürliche ›Kies-Brücke‹ im Svartå, die Örebro den Namen gab (altschwed.: *öre* = Kies, *bro* = Brücke) – als ›Brückenstadt‹ liegt sie auf dem wichtigsten Weg zwischen Schwedens Westküste und der östlichen Ostsee.

Zur Sicherung dieses strategisch bedeutsamen Übergangs ließ Birger Jarl im 13. Jh. eine Festung errichten, die Ende des 16. Jh. durch ein prächtiges **Renaissanceschloss** ersetzt wurde, das auch König Gustav II. Adolf als Residenz diente. Das Schloss beherbergt heute im Untergeschoss die Touristeninformation und im zweiten Stock ein Museum mit Exponaten zur Geschichte von Stadt und Provinz. In der Geschichte Schwedens spielt Örebro slott als zeitweiliger Sitz des Reichstags eine wichtige Rolle (Tel. 019-21 21 21, www.orebro.se/slottet, englischsprachige Führungen Juni–Aug. 2-mal tgl., sonst nur Sa, So 1-mal tgl.; Museum Juni–Aug. Mo–Fr 10–18, 10–16 Uhr, im Winter Sa, So bis 14 Uhr).

Vor allem historische Bedeutung besitzt die **St. Nicolai-Kirche** aus dem ausgehenden 13. Jh.: Der am 4. Mai 1436 auf einer Insel im Hjälmaren-See von seinen politischen Gegnern ermordete Engelbrekt Engelbrektsson soll hier beigesetzt worden sein. In der Folge entstand ein wahrer Heiligenkult um den schwedischen Volkshelden. Ob die heute als Engelbrektskapellet bezeichnete Kirche wirklich seine Grabstätte ist, bleibt ungewiss. Sicher dagegen ist, dass die St. Nicolai-Kirche im Jahr 1810 kurzerhand zum Reichssaal umfunktioniert wurde und der Reichstag hier den Franzosen Jean-Baptiste Bernadotte zum schwedischen Thronfolger wählte – in Ermangelung eines anderen passenden Nachfolgers. Der ehemalige Marschall Napoleons begründete als Karl XIV. Johan eine neue Dynastie – die bis heute regierenden Bernadottes.

Ob zu Fuß oder per Fahrrad – eine Tour auf der ausgeschilderten Strecke entlang dem von üppigen Bäumen beschatteten Ufer des

Svartå, führt vom Schloss über die Schlossparkinsel und eine weitere Brücke zum **Länsmuseum**. Die Kunstsammlung umfasst vor allem Malerei des 19. und 20. Jh., gezeigt werden aber auch interessante Wechselausstellungen. In dem hübschen, mit Skulpturen geschmückten Innenhof des Museums lässt sich eine geruhsame Kaffeepause einlegen (Engelbrektsgatan 3, Tel. 019-6 02 87 00, www.orebrolansmuseum.se, tgl. 11–17 Uhr, Mi bis 21 Uhr).

Weiter am Fluss entlang geht es durch den Stadtpark, vorbei an **Barnens Ö,** einer durch eine kleine Ruderbootfähre erreichbaren Insel mit Attraktionen für Kinder, wie Minieisenbahn, Ponyreiten und Kutschfahrten (Mai–Aug. Mo–Fr 10–17 Uhr). Nach ca. 1 km ab Schloss erreicht man die **Museumsstadt Wadköping** (Mai–Aug. tgl. 11–17, Sept.–April Di–So 11–16 Uhr). Als man in den 1950er Jahren daranging, die Altstadt von Örebro zu sanieren, drohte vielen der schönen alten Holzhäuser der Abriss. Man siedelte sie an den Rand der Innenstadt um und gab ihr den Namen ›Wadköping‹ – der Name geht auf die fiktive Stadt in einem Roman des aus Örebro stammenden Hjalmar Bergman zurück. In die historischen Häuschen sind Antiquariate, Cafés und Kunsthandwerksläden eingezogen.

Das Herrenhaus **Karlslund** westlich der Innenstadt wurde Ende des 16. Jh. als Königshof für Karl IX. angelegt und diente später, im 19. Jh., bürgerlichen Besitzern als landwirtschaftliches Mustergut: Es war im Jahr 1886 das erste, das vom Licht elektrischer Glühlampen illuminiert wurde – dabei lag Edisons Erfindung erst wenige Jahre zurück. Das elegante Hauptgebäude stammt von 1801. Auf dem Gelände des ehemaligen Gutshofs sind zahlreiche Wirtschaftsgebäude erhalten und als Museen eingerichtet. Im ausgedehnten Park sollen sogar Biber am Svartå gesichtet worden sein (www.karlslundsherrgard.se, www.orebro.se/astaden).

Verlässt man Örebro auf dem RV 60 gen Norden, springt er sofort ins Auge: Der 60 m hohe Wasserturm **Svampen** (›Pilz‹) ist ein Prachtexemplar seiner Gattung von 1958. Vom Restaurant/Café in rund 50 m Höhe bietet sich eine fantastische Rundumsicht auf Stadt und Umgebung (Mai–Mitte Aug. tgl. 10–18, übrige Zeit Sa, So 11–16 Uhr). Sein genaues Pendant steht in der arabischen Wüste: Ein saudischer Prinz ließ einen zweiten Svampen für die Wasserversorgung von Rijad bauen.

Arboga

Die hübsche Kleinstadt **Arboga** 20 an der E 20 39 km östlich von Örebro, gehört schon zu Västmanland. Bei der allsommerlich stattfindenden *Medeltidsvecka* lassen in Sackleinen und groben Wollstoff gehüllte Einwohner die gute alte Zeit wieder aufleben, als 1435 in Arboga der erste schwedische Reichstag zusammenkam und Engelbrekt Engelbrektsson zum Reichshauptmann wählte. Die strahlend weiß getünchte **Heliga Trefaldighetskyrka**, die als Kirche eines Franziskanerklosters um 1300 errichtet wurde, beherbergt die größten Messingleuchter aller schwedischen Kirchen, und außerdem eine prächtige Kanzel von Burchard Precht (1736). Beim Bummel durch die kopfsteingepflasterten Gässchen gelangt man zum **Bryggerimuseum,** Pilgerziel der Heimbrauer, denn Arboga ist seit alters her für sein gutes Bier bekannt, und hier kann man den Entstehungsprozess mitverfolgen.

Julita gård

Auf dem Gutshof **Julita gård** 21, 46 km östlich von Örebro am See Öljaren, wachsen regionale und bis zu 400 Jahre alte Apfel- und Birnensorten, und es werden seltene Haustierrassen gezüchtet, um ein lebendes ›Genarchiv‹ anzulegen. Weitere Nutz- und Kräutergärten nehmen einen Teil des weitläufigen Parks am See ein. Das stattliche Herrenhaus (Mitte 18. Jh.) kann bei Führungen besichtigt werden, und im Feuerwehrhaus (Brandstation) kann man einen prächtigen Packard von 1928 bewundern, der bis 1951 als Feuerwehrauto diente – das Gut war völlig autark organisiert. Genauso autark leben auch die Bilderbuchhelden Pettersson (schwedisch: Pettsson) und Findus in ihrer Hütte, die originalgetreu nachgebaut und zu betreten ist – hier sieht es tatsächlich ganz und gar so aus wie in den Büchern von Sven Nordqvist (Tel. 0150-48 75 00, www.nordiskamuseet.se, Mitte Juni–Mitte Aug. tgl. 10–18, Mai–Mitte Juni und Mitte Aug.–Sept. 11–16, Park ganzj., im Winter nur Fr–So 12–16 Uhr).

Destination Örebro: Box 32800, Slottet, 70135 Örebro, Tel. 019-21 21 21, Fax 10 60 70, destination@orebro.se, Juni–Aug. Mo–Fr 10–18, Sa, So 10–16, , Sept.–Mai Mo–Fr 10–18, Sa, So 10–14 Uhr.

STF Vandrarhem Örebro: Kaptensgatan 1, Tel. 019-31 02 40, Fax 31 02 56, vandrarhem@hepa.se. Die Herberge mit komfortablen Zimmern in einer früheren Kaserne liegt ca. 1,5 km nordöstlich vom Stadtzentrum (Busverbindungen); DZ ab 300 SEK.
Gustavsvik Camping: Tel. 019-19 69 50, Fax 19 69 61, www.gustavsvik.se. Mai–Okt. Hypermoderner Platz im gleichnamigen Freizeitzentrum 1 km südlich von Örebro, mit u. a. Erlebnisbad (Nordeuropas größtes Hallenbad) und 18-Loch-Golfplatz. Ca. 800 Plätze und 20 Campinghütten; Stellplatz ab 190 SEK.
Außerhalb von Örebro in Julita Gard:
STF Vandrarhem Julita: Tel. 0150-48 75 55, Fax 48 75 51, www.nordiskamuseet.se. Herberge auf dem Gelände von Gut Julita, 34 Betten in 2–4-Bett-Zimmern, die ideale Basis für einen eingehenden Besuch des Musterguts (im Übernachtungspreis inbegriffen); DZ ab 460 SEK.

Café Nova: im Wasserturm Svampen, Dalbygatan 3, Tel. 019-611 37 35, www.svampen.nu, Mai–Mitte Aug. tgl. 10–18, Sept.–April Sa, So 11–16 Uhr. Kleine einfache Gerichte um 70 SEK sowie Kaffee und Kuchen – hierher kommt man wegen der Aussicht!

Angeln: Im Svartå werden jedes Jahr Lachsforellen ausgesetzt, das Angeln im Stadtgebiet ist kostenlos, Information im Turistbyrå.
Bootsfahrten: Möglich sind Touren auf dem Hjälmare kanal.

Flug: Inlandsflughafen 17 km entfernt.
Bahn: exzellente Fernzugverbindungen: u. a. nach Stockholm, Göteborg, Gävle. Informationen zum Nahverkehr: Länstrafiken Örebro Tel. 020-22 40 00.

Västerås und Umgebung

Västerås 22 ist die Hauptstadt von Västmanlands län, der größte Binnenhafen des Landes und mit 131 000 Einwohnern immerhin auf Platz sechs der Städtestatistik Schwedens. Das architektonisch moderne Erscheinungsbild mit einem Wolkenkratzer in der Skyline (das 25 Stockwerke hohe Radisson SAS Plaza Hotel) und dem Anfang des 21. Jh. direkt am See errichteten schicken Wohnviertel Mälarstaden täuscht. Denn in Västerås ist so viel Interessantes aus einer langen Stadtgeschichte bewahrt, dass ein Halt lohnt – und

Zeugnis magischer Rituale? – Das Steinlabyrinth bei Västerås gibt Rätsel auf

nicht nur, um die dicken, kurzen und mit Dill eingelegten Salzgurken *Västeråsgurkor* einzukaufen, die es hier wie jedoch fast überall in Schweden noch auf dem Markt gibt.

Die zur Wikingerzeit als Handelsplatz an der Mündung des Svartå in den Mälarsee errichtete Siedlung hieß im Unterschied zu Östra Aros (Uppsala) Västra Aros (*aros* = Flussmündung). Daraus wurde später Västerås. Schon 1120 wurde die Stadt Bischofssitz sowie schließlich Münzpräge. Der einzige Stadtteil, in dem das mittelalterliche Straßennetz erhalten blieb, ist **Kyrkbacken** nördlich des Doms mit seinen alten Holzhäuschen, die ältesten aus dem 18. Jh.

Mit seiner 102 m hohen Turmspitze, 1693 von Nicodemus Tessin d. J. entworfen, setzt der **Dom** noch immer einen wichtigen Akzent in der Stadtsilhouette. Sein ältester Teil datiert um 1240. Im Innern sind ein mittelalterliches Triumphkruzifix (frühes 14. Jh.) und verschiedene kostbare Altarschreine Brüsseler und Antwerpener Provenienz zu bewundern. Der unglückliche König Erik XIV., der nach der Absetzung durch seinen Bruder 1577 als Gefangener starb, verdankt den stilvollen Sarkophag aus Carraramarmor einem seiner späteren Nachfolger, Gustav III. In der Kirche sind außerdem Reichsrat Magnus Brahe (gest. 1633) und dessen zwei Ehefrauen beigesetzt.

Skultuna

Ein Stück den Svårtå aufwärts liegt **Skultuna** 23, seit dem frühen 17. Jh. ein Begriff wegen seiner Messingschmiede. 1607 gegründet, ist sie die älteste in Schweden. In dem Fabrikladen kann man günstig und in großer Auswahl formschöne Messingleuchter, -kannen und weitere Gegenstände, aber auch anderes namhaftes schwedisches Design erstehen.

Anundshög

Biegt man von der E 18 östlich von Västerås Richtung Gävle ab und orientiert sich dann nach Tortuna, stößt man bei Badelunda auf eine ganze Reihe vorzeitlicher Sehenswürdigkeiten: Der markante Grabhügel **Anundshög** 24 direkt neben der Straße ist 14 m hoch und hat einen Durchmesser von 60 m. Es heißt, der legendäre König Bröt-Anund liege hier begraben. Der Grabhügel aus dem 5.–8. Jh. wurde nie, doch allein die Größe deutet auf eine wichtige Persönlichkeit hin. Zu seinen Füßen gibt es noch zwei große Schiffs- und drei kleinere Steinsetzungen sowie weitere Grabhügel, ein Stück weiter einen Runenstein und eine Steinreihe, die darauf schließen lassen, dass hier Anfang des 11. Jh. der Königsweg Eriksgata verlief. Im 2 km entfernten Tuna hat man bei Ausgrabungen reiche Goldfunde gemacht, die jetzt im Länsmuseum in Västerås zu sehen sind. Wahrscheinlich gründete sich der Reichtum in dieser Region auf den Eisenhandel. Bei Tibble, vom Anundshögen wenige 100 m zurück Richtung Västerås und dann links einen Feldweg hinein, findet sich ein beeindruckendes Arrangement von fast 3000 kleinen Steinen zu einem **Labyrinth**, dessen Öffnung zur Sonnenuntergangsseite zeigt. Es gibt noch heute Rätsel auf. Diente es einem Fruchtbarkeitskult?

Engsö slott

Engsö slott 25, etwa 10 km südlich der E 18 wunderschön auf einer Mälarinsel gelegen, ist ebenfalls von einem Geheimnis umgeben. Als Schlossherr Johan Sigismund Sparre im Kartenspiel gegen den Teufel gewann, soll eine mysteriöse Kette unbekannten Ursprungs in seinen Besitz gekommen sein. Der Pferdefuß: Die Kette musste im Schloss bleiben. Tatsächlich traf jeweils ein Unheil ein, sobald sie entfernt wurde; zweimal brannte das Schloss. Daher wird die kette heute sicher in einer Mauernische verwahrt. Das Schloss geht auf das späte 15. Jh. zurück, das jetzige Aussehen verdankt es Carl Hårlemans architektonischen Bemühungen in den 40er Jahren des 18. Jh. Der außen so schlicht wirkende Kubusbau besitzt ein selten intaktes Rokokointerieur mit prächtigen Kachelöfen, Möbeln, Tapeten und eine Porträtsammlung. Die Schlosskirche aus dem 14. Jh. zeigt noch Wandmalereien, und im ausgedehnten Park mit angrenzendem Naturschutzgebiet kann man schöne Spaziergänge machen (Tel. 0171-44 40 12, www.engsoslott.com, Mai–Aug. Sa, So und feiertags 12–17 Uhr, Juli–15. Aug. zusätzl. Mo–Do 12–17 Uhr).

Strömsholms slott

Ein Muss nicht nur für Reitsport- und Pferdefreunde ist **Strömsholms slott** 26 westlich von Västerås. Das Schloss mit Anleihen beim französischen und italienischen Barock, ist Sitz eines Gestüts, das bereits im 17. Jh. von Gustav Vasa gegründet wurde. Das Schloss bietet einen prächtigen Anblick, es thront auf einer Insel an der Mündung des Kolbäckså in den Mälarsee. Ein Großteil der Inneneinrichtung entstand im 18. Jh. in gustavianischem Stil, z. B. die Chinoiserien im ehemaligen Speisesaal. Die Gemäldegalerie zeigt vornehmlich Tierbilder, insbesondere Werke des Hofmalers David Klöcker Ehrenstrahl, z. B. Pferdebilder. Dazu passt, dass Strömsholm alljährlich Schauplatz berühmter Pferdesportveranstaltungen ist (Tel. 0220-430 35, www.royalcourt.se, Mai Sa, So und feiertags 12–16, Juni und Aug. tgl. 12–16, Juli 12–17 Uhr).

Tidö slott

Ein ebenfalls bestens erhaltenes Mälarschloss aus dem 17. Jh. ist **Tidö** 27 15 km südlich von Västerås. Reichskanzler Axel Oxenstierna ließ es 1625–45 errichten. Zu besichtigen sind die Repräsentationsräume mit schönen Intarsientüren, die Schlosskapelle, ein Wagen- und ein Spielzeugmuseum mit 30 000 Exponaten (wegen Renovierung voraussichtlich bis Juni 2006 geschl.)

i **Västerås Turistbyrå:** Kopparbergsvägen 3 (im Konserthus), 72213 Västerås, Tel. 021-39 01 00, Fax 30 38 88, malarstaden@vasteras.se, Mo–Fr 10–18, Sa 10–15 Uhr.

Nahe Västerås:
Lövudden Konferens- och Fritids-

center: Tel. 021-18 52 30, Fax 12 30 36, www.lovudden.nu. Ca. 4 km außerhalb, schöne Lage am Mälarsee, Hotel- und Freizeitanlage mit 40 gut ausgestatteten Zimmern, außerdem preiswerte Zimmer im Vandrarhem-Stil; DZ 650–890 SEK.
Johannisbergs Camping: Tel. 021-14 02 79, Fax 14 07 28, ganzj. Direkt am Mälarsee 5 km südwestlich von Västerås, mit Sandstrand, Vermietung einfacher Hütten, Windsurfen, Segelschule, Kanuverleih; Stellplatz ab 150 SEK.

In Västerås:
Kalle på Spången: Kungsgatan 2, Västerås, Tel. 021-12 91 29, Mo–Fr 10–22.30, Sa, So 11–22.30 Uhr. Nettes Café/Lokal in einem historischen Holzhaus am Fluss, auch kleine Gerichte.

Skultuna messingsbruk: Tel. 021-783 00, 10 km nördlich von Västerås, Verkauf von Messinggegenständen, Di–Fr 10–17, Sa, So 10–16 Uhr, Führungen Mitte Juni–Mitte Aug. 11 und 14 Uhr.
Nykvarns hantverksby: 22 km östlich von Västerås, Tel. 0171-44 20 55. Um ein vierstöckiges altes Mühlengebäude angelegt; in ehemaligen Ställen und Scheunen wird heute gewebt, geschmiedet und Holz bearbeitet. Originelle Gegenstände kann man hier auch erwerben.

In Västerås:
Village: Sigurdsgatan 25, Tel. 021-41 88 22. Bekanntes, beliebtes Musiklokal mit guter Küche, Livekonzerte, Jazz, Blues u. a.
Sky Bar: im 24. Stock des Radisson Plaza Hotels, ab 20 Uhr geöffnet.

Bootsausflüge nach Strängnäs, Mariefred, Björkö (Birka) und Stockholm.

Flug: Inlandsflughafen 5 km nach Kopenhagen.
Bahn: nach Örebro, Stockholm (Mälarbana) und Katrineholm. Informationen zum Nahverkehr: Västmanlands. Lokaltrafik: Tel. 0774-41 04 10, www.vl.se; Trafik i Mälardalen, www.timtrafik.se.

Sala

Schöne Parkanlagen mit Seen und weißen Brücken prägen das Bild der einstigen Grubenstadt **Sala** 28 (21 500 Einw.). Die hübsche backsteinerne Stadtkirche stammt aus der Mitte des 17. Jh. Die Sala sockenkyrka etwa 1 km nördlich ist 300 Jahre älter und besitzt die frühesten Werke von Albertus Pictor, der zusammen mit seinem Lehrer in der Zeit vor 1467 die Kirche innen ausmalte.
Die Legende berichtet, ein Bauer habe die Silbervorkommen in Sala Ende des 15. Jh. dadurch entdeckt, dass seine Kühe immer mit silbrigglänzenden Hörnern von der Weide im Wald heimkamen. Unter Gustav Vasas Ägide geschah die planmäßige Ausbeutung des Bleiglanzes, der ein Prozent reines Silber enthält, ein sehr hoher Anteil. Der König, stets um die Sanierung seiner Staatskasse bemüht, ließ bis zu vier Tonnen Silber jährlich aus der Grube holen.

Noch bis 1877 wurden in Sala nach der alten Feuermethode vor allem Blei-, Zink- und Kupfererze gewonnen. Das erzhaltige Gestein wurde durch das Anzünden großer Feuer und die anschließende rasche Abkühlung ›aufgebrochen‹. Der Berg bekam Risse und konnte mit großem Arbeitseinsatz und unter Lebensgefahr in handliche Stücke zerlegt werden. Seit 1908 ist die Grube stillgelegt. Mit Helm, Stiefeln, Overall und Taschenlampe ausgerüstet, können Besucher heute in die schaurigen Tiefen steigen. Die längste und anstrengendste Variante einer Grubentour dauert zwei Stunden, führt bis in 60 m Tiefe und, besonders beeindruckend, an den Rand des 318,6 m tiefen ›Karl XI.-Schacht‹ (Tel. 0224-1 95 41, www.salasilvergruva.se, Führungen durch die Silbergrube Juni–Aug. tgl. 10–17, übrige Zeit Sa, So 12–16 Uhr).

Sala Turistbyrå: Norrbygatan 12 (Kommunhuset), Box 304, 73325 Sala, Tel. 0224-552 02, Fax 773 22, www.sala.se/turism, Mo–Fr 8–17 Uhr.

Bahn: nach Västerås, Uppsala, Stockholm, Mora, Norrköping.

Von der UNESCO zum Weltkulturerbe erklärt: Ängelsbergs bruk

Ängelsbergs bruk

Das weltweit einzige Beispiel einer frühen Stangeneisenschmiede in **Ängelsbergs bruk** 29 bei Fagersta im nördlichen Bergslagen von Västmanland wurde von der UNESCO als Weltkulturerbe eingestuft. Die komplette Anlage mit Hammerschmiede, Arbeiterwohnungen und dem Herrenhof des Hüttenbesitzers kann im Rahmen von Führungen besichtigt werden. Ganz in der Nähe trifft man auf eine Kuriosität der Industriegeschichte: Auf **Oljeön**, der Ölinsel, stand Schwedens einzige Ölraffinerie. Mangels eigener Ölquellen importierte August Ålund, der eine Methode zur Umdestillation erfunden hatte, in den 70er Jahren des 19. Jh. Rohöl aus Texas, wo die Raffinationstechnik allerdings noch in den Kinderschuhen steckte und destillierte daraus auf der Insel im See Åmänningen Petroleum und Schmieröle. Die Fabrik war noch bis 1907 in Betrieb, sie ist heute im Rahmen von Bootsausflügen zu besichtigen (Führungen durch die ehemalige Stangeneisenschmiede Mai/Juni Sa, So, ab Mittsommer–Mitte Aug. tgl.; Bootsausflüge mit Führung auf Oljeön Mittsommer–Mitte Aug. 3-mal tgl., Mitte Aug.–Sept. Sa, So 2-mal tgl.; Tel. 0223-300 35 oder bei Turistbyrå Fagersta, Tel. 0223-131 00).

Sigtuna und Umgebung

Sigtuna 30 gilt als Schwedens älteste noch bestehende Stadt. König Olof Skötkonung ließ hier 995 die ersten Münzen des schwedischen Königreichs prägen. Dass Sigtuna von Christen bewohnt wurde, zeigen die drei romanischen Kirchenruinen und die Sankta Maria kyrka, die aus Backstein als Klosterkirche eines Dominikanerkonvents entstand. Sigtuna war der erste Bischofssitz im Land der Svear, eine Rolle, die es erst 1164 an Uppsala abgab. Das **Museum** zeigt die reichen Funde aus Wikingerzeit und frühem Mittelalter im Stadtgebiet (Stora Gatan 55, Juni–Aug. tgl. 12–16, Sept.–Mai Di–So 12–16 Uhr). Im 12. Jh. begann der Niedergang der Stadt, die fortan im Dornröschenschlaf verharrte; so brauchte sie auch nur ein kleines, Schwedens kleinstes, **Rathaus** von 1744 (Juni–Aug. tgl.

12–16 Uhr). Dies, die niedrigen Häuschen mit Kunsthandwerksläden, Cafés und Restaurants machen den Charme der Kleinstadtidylle perfekt. Eines der Häuser, Stora gatan 39, ist **Lundströmska Gården**, bis 1904 das Haus des Gemischtwarenhändlers Lundström mit gutbürgerlicher Einrichtung des 19. Jh. (Mitte Juni–Mitte Aug. tgl. 12–16 Uhr).

Etwa 10 km östlich von Sigtuna befindet sich **Steninge slott** 31, ein hübsches Barockschloss im Stil einer römischen Villa, das im Rahmen von Führungen Besuchern geöffnet ist (www.steningeslott.com, Schlossführungen Mitte Juni–Mitte Aug. tgl. 12 und 14 Uhr, sonst nur am Wochenende). Im Kulturzentrum nebenan kann man Glasbläsern bei der Arbeit zusehen und lokales Kunsthandwerk kaufen.

Skokloster slott

Skokloster 32 ist das stattlichste Adelsschloss am Mälarsee und bevorzugtes Ziel der Ausflugsschiffe auf dem Mälaren. Bauherr Carl Gustav Wrangel (1613–76) hatte sich als Feldherr im Dreißigjährigen Krieg ausgiebig bereichert. Für seinen Landsitz beauftragte er den Erfurter Architekten Caspar Vogel, der dem Herzog von Gotha schon ein ähnliches Schloss errichtet hatte – vollkommen quadratisch mit vier gleich hohen und gleich großen Flügeln um einen Innenhof, dazu vier Ecktürme. Das Bemerkenswerte: Das Schloss blieb nahezu unverändert erhalten – mitsamt einer Baustelle, denn der über zwei Stockwerke reichende Bankettsaal wurde nicht mehr fertig. Die Ausstattung aus der Großmachtzeit 1660–70 umfasst Stuckdecken, Täfelungen, Kamine, Kachelöfen und zahlreiche Familienporträts, dazu die umfangreiche Waffensammlung des Feldherrn von Wrangel. Auf dem Schlossgelände ist das Motormuseum mit alten Automobilen und Motorrädern ein großer Anziehungspunkt für Interessierte. Höhepunkt des Jahres ist *Skoklosterspelen.* Ritterturniere und Ringreiten, Gaukler und Feuerschlucker machen dann – etwas anachronistisch vor der noblen Barockkulisse aus dem 17. Jh. – den Schlosspark unsicher (Tel. 018-38 60 77, www.skokloster.se, stdl. Führungen Sa, So sowie Mai tgl. 12–15, Juni–Mitte Aug. tgl. 11–16, Sept. Mo–Fr 13 und 15, Okt. Mo–Fr nur 13, Sa, So 12, 13, 14 und 15 Uhr).

Sigtuna Turistbyrå: Drakegården, Stora gatan 33, 19323 Sigtuna, Tel. 08-59 48 06 50, Fax 59 48 06 59, http://sal.sigtuna.se/turism, Juni–Aug. Mo–Sa 10–18, So 11–17, Sept. Mo–Fr. 10–17, Sa, So 11–16, Okt.–Mai Mo–Fr 10–17, Sa 11–16, So 12–16 Uhr.

Skoklosters Wärdshus & Hotel: Tel. 018-38 61 00, Fax 38 61 55, www.skokloster.se. Das moderne Haus im funktionellen Stil der 1960er Jahre bietet 70 in heller Birke eingerichtete Zimmer, manche haben sogar Blick auf Schloss und See; DZ ab 604/700 SEK.

Skoklosters camping: Bålsta, Tel. 018-38 60 35, Fax 38 60 96, Mai–Mitte Sept. Kleiner Platz mit Zimmer- (insges. 8 Betten) und Hüttenvermietung, Kanuverleih.

Tant Bruns Kaffestuga: Laurentii gränd 3, Sigtuna, tgl. 10–18, Sommer Mo–Fr 10–19, Sa, So 10–20 Uhr. Kaffee und Leckereien der hauseigenen Bäckerei in einem urgemütlichen Holzhaus.

Steninge slott Kulturcenter: Steninge slott, Märsta, Tel. 08-59 25 95 00, April–Dez. Mo–Sa 10–17, So 11–17 Uhr, Kulturzentrum (u. a. Glasbläserei, Töpferei), Fabrikladen für Designware.

Traditionelle **Mittsommerfeier.**
Sigtunamöte: Markt wie Anno dazumal Ende Aug.
Musikwoche: Anfang Juli vor Schloss Skokloster.
Skoklosterspelen: Ritterspiele Mitte Juli.

Bootsverbindungen: Mittsommer–Mitte Aug. von Stockholm und Skokloster nach Sigtuna.
Buslinie 570 nach Sigtuna ab Märsta (pendeltåg von Stockholm) oder von Uppsala.

Uppsala und Umgebung

Cityplan S. 304

Architektonisch und atmosphärisch atmet Uppsala den Charme alter Universitäts- und Residenzstädte: Das Vasaschloss auf dem Hügel, die Bibliothek mit der berühmten Silberbibel und der Dom zählen zu den Highlights – nicht zu vergessen die ›Königshügel‹ vor der Stadt.

Uppsala

33 Dass man in der mit ca. 302 000 Einwohnern viertgrößten Stadt Schwedens ist, merkt man Uppsala oftmals kaum an, zumindest nicht im Zentrum. Und im Sommer während der Semesterferien ist die alte Universitätsstadt ohnehin eher ruhig.

Im Jahr 1477 wurde hier die damals nördlichste Universität der Welt gegründet. Ganz bewusst hatten die christlichen Herrscher 1164 ihren Bischofssitz gerade bei den Königshügeln errichtet, dem alten Kultzentrum der Svear, die sich noch lange der christlichen Missionierung widersetzt hatten. Aber schon im 13. Jh. zog der Bischof um – die Landhebung ließ den Hafen trockenfallen – von Gamla Uppsala an den Fluss Fyrisån gegenüber der Handelssiedlung Östra Aros. Von dort gab es ausgezeichnete Verbindungen zum reichen Landstrich um den Mälarsee. Auf diese Siedlung wurde der Name Uppsala einfach übertragen.

Die Stadt wurde schon damals vom Fluss in eine aktive, dem Handel verpflichtete Seite und eine an Lehre, Glaube und schließlich Macht orientierte Seite geteilt: Am Westufer des Fyriså dominieren Dom, Universität und Schloss, während das Ostufer mit Cafés und Läden zum Flanieren und Einkaufsbummel einlädt.

Eine Besonderheit von Uppsalas Studentenleben sind die ›Nationen‹, nach den jeweiligen Landschaften benannte Versammlungshäuser, in denen man sich zum gemeinsamen Essen, Trinken und Reden trifft und die den oft von weit her kommenden Studenten ein Gefühl von Heimat unter Landsleuten vermitteln wollen. Mit Burschenschaften haben diese ›Nationen‹ jedoch nichts gemein.

Der Dom

Den **Dom** 1, die größte Kathedrale des Nordens, wird man kaum übersehen, denn die hohen Doppeltürme dominieren weithin die Stadtsilhouette. Der exakt 118,7 m hohe wie lange Bau wurde im 13. Jh. nach französischem Vorbild begonnen, aber erst 1435 eingeweiht. Sein einheitlich gotisches Äußeres und die Spitztürme erhielt er Ende des 19. Jh. durch Helgo Zettervall. Man warf dem Architekten die allzu freizügige Auslegung der vermuteten Bauabsichten im 13. Jh. vor. Dem Innern merkt man noch den schlichtenden Einfluss der westfälischen Baumeister an, von französischer Gotik ist es weit entfernt.

Prunkstück ist der Schrein des hl. Erik aus vergoldetem Silber, der die Gebeine des niemals offiziell heilig gesprochenen, der Legende nach 1160 bei einer Schlacht vor der Stadt getöteten Königs bergen soll. Gustav Vasas Sohn stiftete den Schrein 1573. Sein Vater hatte den ersten Eriksschrein konfiszieren lassen. Ein kleines goldenes Krönchen glänzt seit 1990 gegenüber dem Eriksschrein. Die Birgittenkrone enthält eine Reliquie der hl. Birgitta, Gründerin des einzigen schwedischen Nonnenordens.

Gustav Vasas prunkvolles Grabdenkmal, das den König von zwei seiner Frauen flankiert liegend zeigt, steht hinter dem Hauptaltar. Der Flame Willem Boy stellte es erst 1583 fertig. Die Jagellonenkapelle links vom Altar beherbergt die Grabmäler von Johan III. und dessen Frau Katharina Jagellonica. Auch an-

Imposanter Wissenstempel: die Universität von Uppsala

Uppsala: Cityplan

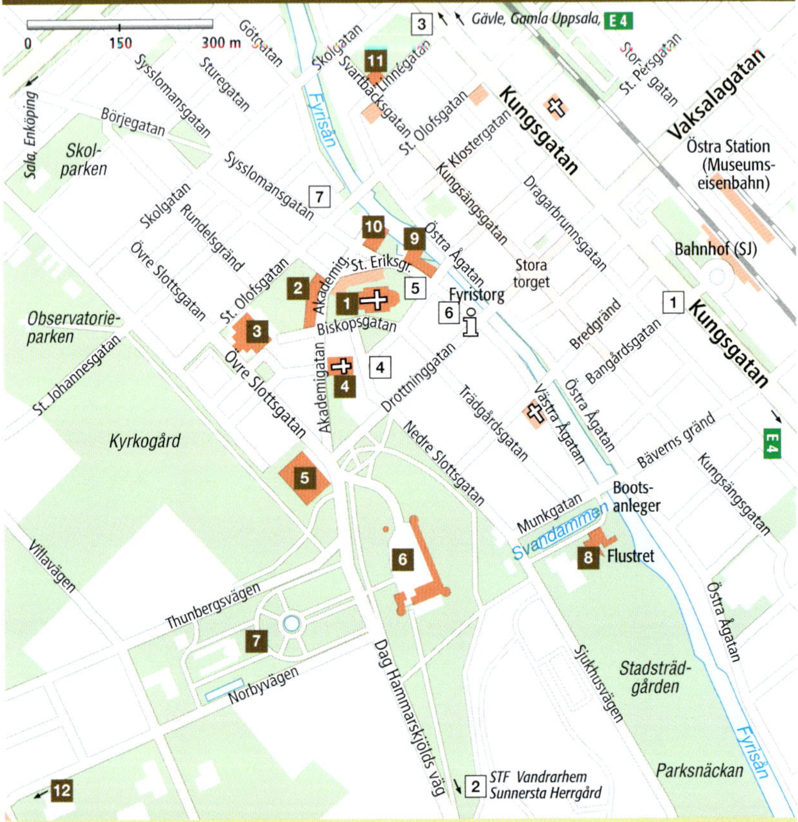

Sehenswürdigkeiten

1 Dom
2 Gustavianum
3 Universität
4 Trefaldighetskyrka
5 Universitätsbibliothek
6 Schloss
7 Botanischer Garten
8 Flustret
9 Upplands museum
10 Markthalle
11 Linnéträdgården
12 Bror Hjorths hus

Übernachten

1 Comfort Hotel Svava
2 Sunnersta Herrgård
3 Fyrishovs Stugby & Camping

Essen und Trinken

4 Wermlandskällaren
5 Domtrappkällaren
6 Hambergs Fisk
7 Café Ofvandahls

dere Berühmtheiten fanden ihre letzte Ruhe im Dom, darunter Carl von Linné – dessen Spuren man in Uppsala des öfteren begegnet –, der Theologe und Erzbischof Nathan Söderblom und der Philosoph Emanuel Swedenborg. Das Dommuseum im Nordturm zeigt kostbare Sakralgewänder, Silber und die Begräbnisregalien der Könige, außerdem das Gewand, das der unglückliche Svante Sture trug, als er wie seine Brüder 1512 im Schloss zu Uppsala ermordet wurde (Domschatzkammer, Mai–Sept. Mo–Sa 10–17, So 12.30–17 Uhr, Okt.–April Öffnungszeiten unter Tel. 018–18 72 01 erfragen).

Gustavianum

Das **Gustavianum** 2 in der ehemaligen Bischofsresidenz dem Dom gegenüber stiftete Gustav II. Adolf 1625 als Universitätsgebäude. Die Kuppel überwölbt das Anatomische Theater, das Olof Rudbeck im späten 17. Jh. für seine Medizinvorlesungen einrichten ließ. Von den steil ansteigenden Sitzreihen des genial konstruierten Raumes konnten alle Studenten den Seziertisch betrachten. Der eigentliche Höhepunkt im Museum Gustavianum ist aber der Kunstschrank, den Gustav Adolf 1632 von der Stadt Augsburg geschenkt bekam. Er gehört zu den ältesten erhaltenen Stücken dieser Art, die so etwas wie die Keimzelle heutiger Museen darstellen: Die Reichen und Mächtigen jener Zeit sammelten Kunst, Kostbarkeiten und Raritäten wie Krokodilbabymumien, Schlangenhäute und Schneckenhäuser, Edelsteine und Vexierspiegel und führten diese, in sogenannten Wunderkammern oder eben solchen Kunstschränken aufbewahrten Schätze bei Gelegenheit ihren Gästen vor. Im Obergeschoss des Museums sind wikingerzeitliche Funde aus der Region ausgestellt (Akademigatan 3, Tel. 018-4 71 75 71, Juni– Aug. Di–So 10–16, übrige Zeit Di–So 11–16 Uhr).

Zur Universitätsbibliothek

Runensteine säumen den Weg zwischen Gustavianum und **Universität** 3. Man kann ruhig einen Blick hinein werfen: Die Halle des Ende des 19. Jh. errichteten Wissenstempels

Mit der Autorin unterwegs

Studentenstadt Uppsala
Lassen Sie beim Bummel auf der Svartmansgata und am Fyriså die Atmosphäre der Universitätsstadt **Uppsala** auf sich wirken.

Besuch bei Carl von Linné
Wandeln Sie auf den Spuren des berühmten Botanikers nach **Linnés Hammarby,** südlich von Uppsala (s. S. 308).

Zur alten Schmiede
Bestaunen Sie die einzige erhaltene Wallonschmiede aus dem 17. Jh. in **Österbybruk** und spazieren Sie durch den Park zu Bruno Liljefors' Maleratelier (s. S. 309).

Regionale Auskunftstelle
Uppsala Tourism: Fyristorg 8, 75310 Uppsala, Tel. 018-727 48 00, Fax 13 28 95, www.uppsalatourism.se/de.

überwältigt durch edle Klassik, in grünem Kolmården-Marmor mit sparsamen Akzenten in Gold und römischer Thermenarchitektur nachempfunden. Beim langsamen Aufstieg Richtung Universitätsbibliothek passiert man eine schmucke kleine Backsteinkirche. Die **Trefaldighetskyrka** 4 wurde im frühen 14. Jh. an der Stelle einer älteren Holzkirche (12. Jh.) gebaut, die im Zuge des Dombaus abgerissen worden war. Die Wandmalereien aus dem 15. Jh. sind einen Blick wert.

Die 1620 gegründete älteste Büchersammlung Schwedens besitzt die **Universitätsbibliothek** 5 Carolina rediviva: ca. 5 Mio. Bände und etliche Regalmeter Handschriften, darunter die berühmte Silberbibel, eine Abschrift aus dem 6. Jh. der Bibelübersetzung von Bischof Wulfilas (311–83) ins Gotische, und die Carta Marina des Olaus Magnus von 1539 (Dag Hammarskjölds väg 1, Tel. 018-4 71 39 00, Mitte Juni–Mitte Aug. Mo–Fr 9–17, Sa 10–17, übrige Zeit Mo–Fr 9–20, Sa 10–17, Mitte Mai–1. Sept.-woche zusätzlich So 11–16 Uhr).

Das Schloss

Den Hügel über der Stadt mit dem wuchtigen **Schloss** 6 sollte man sich nicht scheuen zu besteigen, denn die mit Kanonen und einem Glockenstuhl bestückte Aussichtsterrasse bietet einen unübertroffenen Blick über die Stadt. Hier hing die Glocke ›Gunilla-klockan‹, ein Geschenk der Frau König Johans III. Königin Gunilla Bielke. Nach einem Brand 1702 schwer geschädigt, wurde das typische Vasa-Schloss mit den dicken runden Ecktürmen 1757 wieder aufgebaut und wirkt bis heute eher festungsartig als prunkvoll. Der Reichssaal war nicht nur Schauplatz von Krönungen, wie der Gustavs II. Adolf, sondern auch 1654 der Abdankung der zum Katholizismus konvertierten Kristina (Schlossführungen, Juni–Aug. tgl. 10–16 Uhr). Heute ist hier außer dem ›Regierungspräsidenten‹ für Uppland (*landshövding*) und zahlreichen Behörden das **Konstmuseum** mit der universitätseigenen Sammlung von Gemälden des 14. Jh. bis Mitte des 19. Jh. sowie mit Wechselausstellungen moderner Kunst untergebracht (Tel. 018-727 24 82, im Sommer Di–Fr 12–16, Sa, So 11–17 Uhr).

In dem dunklen Gewölbe des **Sturevalven** und auf zwei weiteren Etagen sind mit Hilfe von Wachsfiguren denkwürdige Momente der Schlossgeschichte nachgestellt. Hier wurde im Jahr 1512 der grausame Mord an den Brüdern Sture verübt (Tel. 018-50 77 72, www.vasaborgen.se, Juni–Aug. tgl. 10–16 Uhr).

Vom Schlosshügel geht der Blick zum im 17. Jh. als barocker Schlossgarten angelegten **Botanischen Garten** 7, der heute in Freiland und Gewächshäusern rund 10 000 Spezies aus aller Welt versammelt (Mai–Aug. tgl. 7–20.30, Sept.–April 7–19 Uhr).

Am Fyriså entlang

Steigt man den Schlossberg auf der Südseite hinab und hält sich links, kommt man zum Stadtgarten **Stadsträdgården** mit schönen Spazierwegen am Fluss Fyrisån. Hier fahren auch die Ausflugsboote nach Skokloster und Sigtuna ab. Vorbei an dem traditionsreichen Lokal **Flustret** 8 folgt man dem Fluss Richtung Innenstadt und Fyristorg.

Wenige Schritte hinter der Touristeninformation und vor der Markthalle passiert man ein großes weißes Gebäude auf einer Insel im Fluss: **Upplands museum** 9 ist in der ehemaligen universitätseigenen Wassermühle eingerichtet, die seinerzeit erheblich zum Budget der Akademie beitrug. Schwerpunkte bilden Exponate zur Folklore aus Uppland, wie ein Exemplar der berühmten Tastengeige (*nyckelharpa*) aus Österbybruk samt Klangbeispielen, und eine Ausstellung zur Stadtgeschichte (St. Eriks torg 10, Tel. 018-16 91 00, www.upplandsmuseet.se, Di–So 12–17 Uhr).

Vorbei an der **Markthalle** 10 (saluhall), die nach einem Brand 2002 modern in Glas und Backstein wieder errichtet wurde, und weiter am Fluss entlang, spaziert man bis zur Gusseisenbrücke, die Fußgängern und Radfahrern

Carl von Linné tapezierte sein Sommerhaus bei Uppsala mit Herbarienblättern

vorbehalten ist. Jenseits des Fyriså stößt man auf die Linnégatan und hinter einem unscheinbaren Zaun auf den Eingang zum **Linnéträdgården** 11. Der Garten wurde nach alten Plänen so angelegt, wie er vom Erfinder der botanischen Taxonomie (Einordnung in ein biologisches System) 1745 selbst geplant wurde: Die Pflanzen stehen hier nach dem Linnéschen System sortiert in Reih und Glied. Das Wohnhaus wie auch den Garten übernahm Carl von Linné von seinem Lehrer Olof Rudbeck d. Ä. (1630–1702). Mitte des 17. Jh. war es eines der ersten Steinhäuser in Uppsala. Zu besichtigen sind neben der Gartenanlage Linnés Arbeitsgeräte, ausgestopfte Tiere und Schildkrötenpanzer aus seinem Naturalienkabinett sowie die berühmte ›Zaubertrommel‹, ein Mitbringsel von seiner lappländischen Reise, mit der sich der Entdeckungsreisende voller Stolz in Holland porträtieren ließ (Svartbäcksgatan 27, Tel. 018-13 65 40, Museum: Juni–Mitte Sept. Di–So 12–16, Garten: Mai–Aug. tgl. 9–21, Sept. 9–19 Uhr).

Ein ganzes Stück stadtauswärts wohnte und arbeitete der Künstler Bror Hjorth (1894–1968). **Bror Hjorths hus** 12 zeigt die größte Werkschau des eigenwilligen Malers und Bildhauers, der stilistisch zwischen Expressionismus und naiver Kunst anzusiedeln ist und durch seine Holzskulpturen und farbenfrohen Gemälde bekannt wurde. Eines seiner Werke, den ›Tänzerbrunnen‹, kann man vor dem Bahnhof von Uppsala sehen (Norbyvägen 26, Tel. 018-56 70 30, www.brorhjorthshus.com, Mitte Juni–3. Aug.-woche Di–So, übrige Zeit Do, Sa, So 12–16 Uhr).

Gamla Uppsala

Etwa 5 km Luftlinie in Richtung Norden liegt **Gamla Uppsala** mit seinen vielen weithin sichtbaren Königshügeln. Jeder birgt ein Grab; bei Untersuchungen im 19. Jh. wurden die verbrannten Reste der Toten und kostbare Grabbeigaben wie Goldblech, Glasgegenstände und Schmuck gefunden, die ins 6. Jh. datiert werden. In direkter Nachbarschaft steht ganz schlicht die älteste Domkirche von Uppsala, der Legende nach um die Mitte des 11. Jh. erbaut und rund 100 Jahre später zum schwedischen Erzbischofssitz erhoben. Damals war die Kirche doppelt so groß wie heute. Viele Forscher nehmen an, dass sich hier noch bis ins 11. Jh. ein Kultplatz der altnordischen Religion befunden hat; Beweise eines Odinstempels fanden sich bisher noch nicht, wohl aber Reste von Holzbauten unter der Kirche. Im Museum nebenan sind interessante Funde aus den Hügeln und eine Ausstellung zur Geschichte von Gamla Uppsala zu sehen (Bus ab Dragarbrunnsgatan, Tel. 018-23 93 00, Mai–Aug. tgl. 11–17, Jan.–April und Sept.–Mitte Dez. Mi, Sa, So 12–16 Uhr)

Ein kleines Freilichtmuseum über die typisch ländliche Lebensweise Upplands in früheren Zeiten ist etwa 500 m hinter der Kirche zu finden: **Disagården** (Mitte Mai–Aug. tgl. 10–17 Uhr).

Linnés Hammarby

Linnés Hammarby, diesen reizenden Ort noch in Sichtweite der Domtürme hatte sich Carl von Linné (1707–1778) als Sommersitz auserkoren, hier empfing er seine Studenten zur ›Sommerakademie‹. Die Räume des ab 1762 gebauten Holzhauses sind in Originaleinrichtung erhalten und bergen allerlei Kuriositäten. So tapezierte der Botaniker sein Arbeits- und Schlafzimmer mit Herbarienblättern aus zeitgenössischen Druckwerken – die Arbeit immer vor Augen! Der Garten ist Linnés Zeit nachempfunden und symmetrisch angelegt. Ein schöner Weg führt auf den Hügel mit Linnés Sibirischem Garten und einem gelb-weiß gestrichenen Steinhaus, in dem der Forscher sein Archiv aufbewahrte. Das Haus besaß keinen Kamin, denn Linné hatte panische Angst, seine Aufzeichnungen könnten ein Raub der Flammen werden – wie die von Olof Rudbeck zuvor (ca. 13 km südöstlich, Verbindung mit Bus 808, Tel. 018-32 60 94, Mai–Aug. Di–So 12–16 Uhr; Park 8–20 Uhr).

i **Uppsala Tourism:** Fyristorg 8, 75310 Uppsala, Tel. 018-727 48 00, Fax 13 28 95, www.uppsalatourism.se/de, Mo–Fr 10–18, Sa 10–15, Mitte Juni–Mitte Aug. zusätzlich So 12–16 Uhr.

Comfort Hotel Svava [1]: Bangårdsgatan 24, Tel. 018-13 00 30, Fax 13 22 30, www.hotelsvava.com. In einer Einkaufspassage gegenüber dem Bahnhof, 112 Zimmer; DZ ab ca. 900 SEK.

Sunnersta Herrgård [2]: Sunnerstavägen 24, Tel. 018-32 42 20, Fax 32 40 68, Herrenhaus in schöner Lage in einem Park am See, 6 km südlich der Stadt (Bus ins Zentrum), 40 Zimmer z. T. mit Bad/WC, auch einfache Zimmer in den Seitenflügeln (STF Vandrarhem: DZ ab 380 SEK).

Fyrishovs Stugby & Camping [3]: Idrottsgatan 2, Tel. 018-727 49 60. Komfortabler Platz am nördlichen Stadtrand beim populären ›Erlebnis‹-Bad Fyrishov, Hüttenvermietung.

In der **Markthalle** **10** bieten etliche Bistros einen Imbiss an.

Wermlandskällaren [4]: Nedre Slottsgatan 2, Tel. 018-13 22 00, Mo–Sa 18–23 Uhr. Traditionelle schwedische Küche im Kellergewölbe, das Obergeschoss nutzt die Studentengesellschaft Värmlands nation, daher der Name des Restaurants, das viel Nordschwedisches auf der Karte hat, u. a. *löjrom* und Rentierfleisch (165–320 SEK).

Domtrappkällaren [5]: Sankt Eriksgränd 15, Tel. 018-13 09 55, Mo–Fr 11.30–14.30, 17.30–23, Sa 17–23 Uhr. In dem altem Gemäuer unterhalb des Doms wird sehr gute Küche serviert, Spezialitäten sind Fleisch und Wildgerichte. Pub-Lunch ab 70 SEK, sonst 120–175 SEK, abendliches 6-Gänge-Menü um 650 SEK.

Hambergs Fisk 6**:** Fyristorg 8 (neben Touristeninformation), Tel. 018-71 00 50, Di–Sa 11.30–22 Uhr. Das Fischgeschäft mit Restaurantbetrieb serviert Fisch fein und lecker zubereitet, von *stekt strömming* (85 SEK) bis Heilbutt (240 SEK).
Café Ofvandahls 7: Sysslomansgatan 3–5, Mo–Fr 8–18, Sa 9–18, So 10–18 Uhr. In dem über 100 Jahre alten Café sitzt man sehr gemütlich auf rotem Samt oder altersbraunen Stühlen, zum Lunch gibt es *paj* und Piroggen (59–69 SEK).

Hauptshoppingmeilen sind Svartbäcksgatan, Stora Torget und Kungsängsgatan. **Buchantiquariate**, die im Sommer samstags ihre Stände am Fluss nahe der Dombrücke aufbauen, gibt es an der Dragarbrunnsgatan jenseits Bangårdsgatan. Die englischsprachige **Buchhandlung** Uppsala English Bookshop verbirgt sich in einem Häuschen, bis oben mit Büchern vollgestopft und erreichbar über einen Innenhof zwischen Fluss und Svartbäcksgatan (Sankt Olofsgatan). In der **Markthalle** zwischen St. Eriks torg und Fluss werden u. a. Delikatessen, Fisch sowie einheimische und orientalische Spezialitäten verkauft. **Östra Station:** Sticksparet, Design, Kleidung aus Leinen und Seide, Riesenauswahl im ehemaligen Güterspeicher hinterm Bahnhof. Auch Café.

Flustret 8: Svandammen, Tel. 018-13 01 14. Das legendäre Etablissement im romantischen Holzschnitzwerkstil und Bestlage am Fluss ist abends Schauplatz für Tanz und Shows nicht nur für reifere Semester.
Katalin's: Östra Station, Tel. 018-14 06 80, www.katalin.com: In dem stillgelegten Bahnhof finden Livekonzerte von Jazz- und Rockbands sowie Solisten statt.

Valborgsmässoafton: 30. April, die Walpurgisnacht wird in allen Studentenstädten sehr ausgiebig mit Böllerschüssen und viel Musik und Tanz gefeiert.
Linnévecka: Anfang Aug. zu Ehren des schwedischen Naturforschers und Botanikers Carl von Linné, mit Blumenschmuck, Musik, zeitgenössischen Kostümen und Anekdoten aus dem 18. Jh. (www.linne.org).

Spaßbad Fyrishov: Idrottsgatan 2, Tel. 018-727 49 50, www.fyrishov.se. **Bootsausflüge** im Sommer nach Stockholm, Sigtuna, u. a. mit dem historischen M/S ›Kung Carl Gustaf‹ nach Skokloster, Tel. 018-14 48 00, www.kungcarlgustaf.se;
Fahrt mit der Dampflok: Mit dem ›Lennakatten‹ ab Uppsala Östra Station nach Länna und Fjällnora, Tel. 018-13 05 00.

Flug: Der internationale Flughafen Arlanda liegt 25 km südlich (Busse).
Bahn: u. a. nach Stockholm (pendeltåg alle 30 Min.), Avesta und Gävle. Informationen zum Nahverkehr: Upplands Lokaltrafik Tel. 0771-14 14 14, www.ul.se.

Österbybruk

Reiseatlas S. 10 D3
Schon Gustav Vasa ließ in **Österbybruk** das Eisen schmieden: Aus der nahen Grube Dannemora kam das Erz, Holz für den Ofen und die notwendige Wasserkraft für das Hammerwerk lieferte die Natur gratis. Wie in Lövstabruk und anderswo begann auch hier die große Blütezeit erst Mitte des 17. Jh. als Louis de Geer (1587–1652) aus Lüttich die Regie übernahm.

Veranstaltungen zum Thema Industriekultur finden heute zwischen Juni und August in Österbybruk statt, ein vielfältiges Programm mit Konzerten, Ausstellungen und Handwerksvorführungen. Natürlich kann auch die weltweit einzige komplett erhaltene **Wallonschmiede** aus dem 17. Jh. besichtigt werden (Mai, Ende Aug.–Mitte Sept. Sa, So, Juni–3. Aug.-woche tgl. Führungen). Sehenswert im Park ist das **Atelier von Bruno Liljefors,** wo der vor allem als Tiermaler bekannte Künstler ab den 1920er Jahren arbeitete (Ånghammaren Österbybruk, Tel. 0295-214 92, www.vallonbruken.nu, Juni–Aug. tgl. 11–17 Uhr. Bus 817 von Örbyhus an der Zugstrecke Uppsala–Tierp oder Linie 823 ab Uppsala).

Värmland

Karte S. 313

Mit seiner norrländisch geprägten Landschaft bietet Värmland relativ weit südlich in Schweden bereits echte Wildniserlebnisse. Wolf, Luchs und Vielfraß leben hier, doch bei Paddel- und Floßtouren trifft man meist ›nur‹ Elch und Biber. Selma Lagerlöf hat diese Landschaft in ihren Büchern verewigt, und bis heute zieht es Künstler hierher, um Inspiration aus der Natur und aus der alten Handwerkstradition zu schöpfen.

Route: Vom Väner ins Frykental

Von Åmål (s. S. 213) am Vänerufer verkehrt im Sommer eine Museumseisenbahn mit Dampfzügen 25 km nach Svanskog. Auf der Straße geht es über Forsbacka auf kleinen Nebenstrecken über die Grenze zwischen Dalsland und Värmland durch Wälder und vorbei an Seen nach **Svanskog** 1, das bereits in Värmland liegt und als Kulisse für die Freilichtaufführung eines Schwanensee-Balletts durchaus herhalten könnte: Es liegt eingebettet zwischen Seen. Pilgerwege ins norwegische Nidaros (Trondheim) führten hier entlang; die heutige Kirche stammt von 1733, hatte aber mindestens zwei Vorgänger.

Glafsfjorden

Nördlich von Svanskog trifft man auf die E 18, die Hauptstrecke nach Oslo, der man ca. 10 km nach Osten folgt, um in Nysäter auf den RV 175 nach Norden abzubiegen. Die Straße führt an den Ausläufern des als ideales Kanugewässer berühmten **Glafsfjorden** entlang. Die Eichen im Naturreservat **Stömne** 2 sind die nördlichsten im Värmland: Langsam, aber sicher nähert man sich nun den von Nadelwald beherrschten nördlichen Gefilden, und die Grenze der gemäßigten Laubwaldregion, der **Limes norrlandicus**, ist bald überschritten. Am Glafsfjorden, den man kurz hinter Stömne auf einer Brücke überquert, überwintern große Scharen von Singschwänen, die den Sommer allerdings lieber im arktischen Tundrengebiet verbringen.

Klässbol 3 am Ostufer des Glafsfjorden steht seit 1920 für gediegene Tischkultur, wie sie etwa beim Nobel-Bankett in Stockholm auf den Tisch kommt – die letzte Damastleinenweberei in Europa fertigt hier Tischdecken, Servietten und Handtücher. Die Qualität hat ihren Preis. Im Fabrikladen kann man die Wäsche in ›Aussteuerqualität‹ erwerben.

Arvika

Die Gegend um **Arvika** 4 (26000 Einw.) ist bekannt für seine florierende Kleinindustrie. Eine vom Turistbyrå Arvika vorgeschlagene Route, ›Hantverksrundan‹, führt zu Kunsthandwerksbetrieben mit hochwertigem Angebot an Glas, Möbeln oder Zinn.

Am Rackensee nördlich von Arvika entstand um das Jahr 1900 so etwas wie ein ›schwedisches Worpswede‹. Der aus dem nahen Taserud stammende Bildhauer Christian Eriksson vermietete, nach seinen Pariser Lehrjahren, die väterliche Möbelschreinerei an befreundete Künstler und Kunsthandwerker, die in einem möglichst einfachen Leben fern der Stadt Auswege aus dem vorherrschenden Akademismus des offiziellen Kunstbetriebs suchten. Sie gehörten zu den ›nordischen Impressionisten‹ und schufen eine zwischen Jugendstil und Symbolismus angesiedelte, von den Stimmungen in der Natur inspirierte Kunst. Am bekanntesten neben Eriksson, den es nicht lange in der Abgeschiedenheit Värmlands hielt, wurde Gustaf Fjæstad mit seinen Winterlandschaften. Zur Rackstadkolonie gehörten außerdem seine Frau Maja, Björn und Elsa Ahlgrensson sowie Fritz Lindström. Sie bauten sich einfache Häuser am Seeufer und lebten zum Teil in großer Armut als unbekannte ›Heimatmaler‹. ›Entdeckt‹ wurden diese Reformer des Nordens erst vor wenigen Jahrzehnten. Einblick in ihr Werk gibt das **Rackstad-Museum**. Es wurde bei der ehemaligen Möbeltischlerei der Erikssons errichtet, wo auch **Oppstuhage**, Christian Erikssons Atelier und Wohnung, zu besichtigen ist, erbaut im Jahr 1896, nach seiner Rückkehr aus Frankreich (Kungsvägen 11, Tel. 0570-809 90, www.rackstadsmuseet.s.se, Juni–Aug. tgl., übrige Zeit Di–So 11–17 Uhr, mit Café).

Turistbyrå Arvika: Storgatan 22, 67131 Arvika, Tel. 0570-817 90, Fax 817 20, turist@arvika.se, Mitte Juni–Mitte Aug. Mo–Sa 9–18, So 12–16, übrige Zeit Mo–Fr 10–12, 13–16 Uhr.

Ingestrand Camping: Tel. 0570-1 48 40. Großer Platz am Glafsfjorden, 4 km südlich von Arvika, Kanu- und Ruderbootverleih, Angeln, Campinghütten, Hausvermietung; Stellplatz ab 110 SEK.
Glaskogen: Lenungshammar, Tel. 0570-4 40 70, 816 00, www.glaskogen.se, Mai–Sept. 40 km südwestlich von Arvika zwischen Övre Gla und Stora Gla im Naturreservat; Wandermöglichkeiten und Kanuverleih; Stellplatz ab 130 SEK, Hütte ab 325 SEK/Tag.

Klässbols Linneväveri: Tel. 0570-46 01 85, www.klassbols.se, ganzj. Mo–Fr 9–18, Sa 10–15, Mai–Sept. auch So 10–15 Uhr, Leinenweberei.
Hantverksrundan: beschilderter Rundweg zu Handwerksbetrieben rund um Arvika, Info und Adressen beim Turistbyrå.

Elch- und Bibersafaris: Mitte Juli–Mitte Aug., Buchung über Turistbyrå.

Mit der Autorin unterwegs

Feines Leinen alter Tradition
Leinen und nur Leinen wird hier gewebt: Schauen Sie den Leinewebern bei der Arbeit zu in der berühmten Fabrik von **Klässbols Linneväveri** (s. S. 310).

Elch und Biber auf der Spur
Starten Sie zur Kanutour auf dem **Glafsfjord** und halten Sie Ausschau nach Bibern und Elchen (s. S. 310).

Oh Täler weit ...
Machen Sie Halt in **Frykdalshöjden** und genießen Sie den Blick über das romantische Frykental – Szenerie für die Romane der Selma Lagerlöf (s. S. 311 f.).

Regionale Auskunftstelle
Värmlands Turistråd: Drottninggatan 45, 65225 Karlstad, Tel. 054-14 80 41, Fax 14 80 42, www.varmland.org.

Kanutouren auf dem Glafsfjorden, Arvika Kanot & Turistcenter AB, Tel. 0570-182 45, Fax 157 23, oder Wermes Hyrkanoter Lenungshammar Tel. 0570-440 07.
Wanderungen im Naturreservat Glaskog.
Dampfzugfahrten: Svanskogsbanan Åmål–Svanskog Juli–3. Augustwoche an Wochenenden und zu bestimmten Anlässen, teils mit Musikbegleitung, www.jaaj.tk.

Bahn: Arvika liegt an der Zugstrecke Stockholm–Karlstad–Oslo (Linx). Informationen zum Nahverkehr: Värmlandstrafik, Tel. 0563-532 34, www.kollplatsen.com.

Das Fryken-Tal
Von Arvika nimmt man den RV 61 Richtung Karlstad bis kurz hinter Brunskog, wo man den Abzweig auf den RV 238 nach Sunne nicht verpassen darf. Hinter Skog lohnt sich unbedingt ein Halt am Aussichtspunkt **Frykdalshöjden** 5. Die Aussicht vom Turm ist überwältigend: Über die dunklen Baumwip-

fel blickt man in ein Bilderbuchschweden, das Tal des Fryken-Sees mit seinen Feldern, Wiesen, rot leuchtenden Gehöften und weißen Kirchtürmen, dahinter schimmern blau im Dunst die bewaldeten Bergrücken.

Von hier sieht man schon den Kirchturm von **Östra Ämtervik** 6. Auf dem dortigen Friedhof befindet sich das Familiengrab der Lagerlöfs, und hier ruhen auch viele der Personen, die Selma Lagerlöf als Vorbilder für ihre Romanfiguren nahm.

Auch die Schauplätze etwa aus ihrer ›Gösta Berlings Saga‹ sind rundum zu finden. Dem Ekeby des Romans entspricht das stattliche Herrenhaus im Park **Rottneros** 7, den man wegen seiner vielen Skulpturen, gepflegten Blumenrabatten und Springbrunnen besucht. Auch Kinder haben hier ihren Spaß, etwa an schönen Spielplätzen oder im ›Nils Holgerssons Äventyrspark‹ (Märchenpark). Neben Repliken antiker Kunstwerke wie der Nike von Samothrake, die hoch über der Seeterrasse ihre Flügel ausbreitet, sind Werke der schwedischen Bildhauer Carl Eldh, Christian Eriksson und Kopien von Carl Milles' beeindruckendem Orpheusbrunnen (das weniger imposant wirkende Original steht am Hötorget in Stockholm) zu sehen. Insgesamt rund 100 Skulpturen ließ der Eigentümer Svante Påhlsson in den 1920er und 1930er Jahren aufstellen. Das nach einem Brand 1932 im palladianischen Stil neu errichtete Herrenhaus ist, mit Ausnahme des älteren Kavaljersflygel (1784) mit einer Ausstellung von Kunsthandwerk, allerdings nicht zu besichtigen (Tel. 0565-602 95, www.rottnerospark.se, Mitte Mai–Mittsommer und Mitte Aug.–Mitte Sept. tgl. 10–16, Mittsommer–Mitte Aug. tgl. 10–18 Uhr).

Sunne

Die Stadt **Sunne** 8 (13 600 Einw.), Zentrum der gesamten Region, heißt bei Selma Lagerlöf Bro, und hier führt tatsächlich eine Brücke über den insgesamt 71 km langen Fryken, der in einen oberen, mittleren und unteren Abschnitt geteilt ist. Ein Skulpturenporträt der Dichterin findet man im Park nicht weit vom Turistbyrå.

In die sprichwörtlich gute alte Zeit entführt auch der **Dampfer ›Freja af Fryken‹**, der im Sommer vom Anleger in Sunne aus auf dem See seine Runden zieht. Fast 100 Jahre verbrachte das Schiff auf dem Grund des Sees, bis es 1995 geborgen und restauriert wurde. Die Dampfmaschine, die den Schiffsveteran antreibt, ist noch älter – und läuft wie geschmiert. ›Freja af Fryken‹ legt auch in Kil und Torsby an.

Sundsbergs gård ist Selma-Lagerlöf-Lesern bekannter unter dem Namen Björne. Der Hof spielt als Residenz des Bergwerksbesitzers Melchior Sinclaire im Roman ›Gösta Berling‹ eine wichtige Rolle. Der Schauplatz der Weltliteratur ist heute zu besichtigen, hergerichtet als Museum värmländischer Herrenhofkultur von Barock bis Jugendstil (Tel. 0565-103 63, So vor Mittsommer–2. So im Aug. Di–So 14–18 Uhr).

Das niederschlagsreiche Frykental zwischen Sunne und dem 36 km entfernten Torsby verwandelt sich in der kalten Jahreszeit in ein schneesicheres **Wintersportgebiet**, das mit etlichen Skiliften ausgestattet ist und Abfahrten verschiedener Schwierigkeitsgrade bietet. Gespurte Loipen für den Langlauf findet man z. B. in Sundbergs friluftsområde. Ca. 5 km nordwestlich von Rottneros liegt ein großes Skigebiet mit bester Infrastruktur, SkiSunne.

Mårbacka

Das Gut **Mårbacka** 9, am östlichen Ufer des Fryken, wo Selma Lagerlöf am 20. November 1858 geboren wurde und aufwuchs, hatte nach dem Tod des Vaters verkauft werden müssen, bis es Selma Lagerlöf dank ihrer literarischen Erfolge gelang, das Gut zurückzukaufen. In den 1920er Jahren ließ sie einen Neubau errichten und lebte bis zu ihrem Tod 1940 auf Mårbacka. Das Anwesen ist bis heute als Gedenkstätte für die Literaturnobelpreisträgerin des Jahres 1909 unverändert erhalten (Mårbacka Minnesgård, Tel. 0565-310 27, www.marbacka.s.se, Mitte Mai–Ende Aug. tgl. 10–16, Juli 10–17 Uhr).

Värmland

Sunne Turistbyrå: Kolsnäsvägen 41, 68680 Sunne, Tel. 0565-164 00, Fax 164 60, turist@sunne.se, Mo–Fr 9–17 Uhr

STF Vandrarhem: Hembygdsvägen 7, Tel./Fax 0565-107 88 oder Turistbyrå. Die Herberge, z. T. in den historischen Häusern des Hembygdsgården, bietet spartanisch eingerichtete Zimmer oder solche mit musealem Charakter; DZ ab 300 SEK.

Kolsnäs SweCamp: Tel. 0565-164 00. Am Südrand der Stadt, abseits des RV 45, große Anlage mit Freibad, Wasserrutschbahn, Fitnesscenter, nahe dem Folkpark, Kanu- und Tretbootverleih; Campinghütten 290–730 SEK, Stellplatz 130–170 SEK.

Außerhalb:

Länsmansgården: Ulfsby herrgård, Tel. 0565-140 10, Fax 71 18 05, www.lansman.com. Der Name des Herrenhofhotels am

Westufer des Frykensees 4 km nördlich von Sunne ist dem Roman ›Gösta Berling‹ entlehnt. Das stilvolle Herrenhaus bietet eine sehr standesgemäße Unterkunft in 24 komfortablen DZ (ab 940 SEK). Das Restaurant im Speisesaal mit Seeblick serviert vor allem värmländische Spezialitäten, Lunch (ca. 100 SEK), andere Gerichte 105–250 SEK.
Sillegården: Brunnsvägen 21, Västra Ämtervik (ca. 15 km nördlich von Sunne), Tel. 0565-500 05, Fax 505 05, www.sillegarden.se, Mai Wochenende, Mitte Juni–3. Aug.-woche Mo–Sa 12–15, 16–20, So 12–18 Uhr. Das traditionsreiche Pensionat führte vor 100 Jahren die Textilkünstlerin Ida Sahlström. Idas blaue Gardinen schmücken den Speisesaal, und die 15 einfachen Zimmer erinnern an die Jahrhundertwende (DZ 600–700 SEK). Das Restaurant (Mitte Mai–Mitte Aug. tgl. 12–20 Uhr) bietet gute schwedisch-värmländische Hausmannskost, wie Pfifferlingssuppe oder Ofenlachs mit Tomatensauce ca. (70–240 SEK). Ausstellungen von Kunsthandwerk.

Wellness-Center: Kurbehandlungen und Bad im Quality Spa Selma Lagerlöf, das zu einem großen Hotelkomplex gehört (www.selmaspa.se, Tel. 0565-166 10).
Dampferfahrten mit ›Freja af Fryken‹, Tel. 0554-415 90, www.angbatfreja.nu.
Wintersport: SkiSunne mit neun Abfahrten und sieben Liften am Berg Finnfallet, Ski-Unterricht, Snowboard- und Skiverleih, Eisklettern an einem 20 m hohen Eisturm (!) – und ein Gipfel-Restaurant zum Aufwärmen (Dez.–Ende März).

Bahn: Sunne liegt an der Zugstrecke Kil–Torsby.
Bus: nach Karlstad. Informationen zum Nahverkehr s. Arvika.

Torsby

Torsby 10 (13 000 Einw.) am oberen Ende des Fryken-Sees war das Zentrum der einstigen Finnenkolonie im nördlichen Värmland. Im **Finnkulturcentrum** auf Torsby herrgård wird daran erinnert, dass die Siedler im 16. und 17. Jh. mit Steuerfreiheit und anderen Vergünstigungen ins Land geholt wurden, dem Wald durch Brandrodungen Boden abgewannen und auf den mageren Böden versuchten, Essbares anzubauen (Tel. 0560-162 93, www.finnkulturcentrum.com, Mitte Juni–Mitte Aug. tgl. 11–16, sonst Di–Fr 12–16, Sa 10–14 Uhr). Typisch für die finnischen Siedlungen, wie man sie bei Gräsmark und Lekvattnet nahe der norwegischen Grenze findet, sind das schornsteinlose Haupthaus (*pörte*), aus dem der Rauch vom Herdfeuer nur über eine Dachluke entweichen konnte, natürlich eine Sauna, einen Trockenschober für das Brennholz und die Saat sowie Räucherhütten. Auch heute noch können abgelegene Finnensiedlungen wie etwa Ritamäki nur auf kilometerlangen Fußwegen erreicht werden. Mit dem Aufkommen des Bergbaus entwickelte sich ein Interessenkonflikt zwischen Hüttenbaronen und finnischen Siedlern, bei dem natürlich letztere den Kürzeren zogen. Die Hüttenbarone bestanden auf dem ungehinderten Zugang zum Brennstofflieferanten Wald, den sie durch die Rodungen ernsthaft gefährdet sahen.

In Utterbyn, ca. 5 km nördlich von Torsby, steht der Hof **Sahlströmsgården.** Die Nachfahren des Großbauern, dem er im vorletzten Jahrhundert gehörte, entwickelten sich zu originellen Künstlerpersönlichkeiten, die dem Hof ihren Stempel aufprägten. So fertigte Ida Sahlström, die den Spitznamen ›Fryksdalsmora‹ trug, um die Jahrhundertwende zum 20. Jh. kunstvolle Webteppiche – auch heute ist ein Gutteil der Ausstellungen dieser Handwerkskunst gewidmet und ein Laden verkauft Garn und anderes Materialien für die Weberei (Führungen Mittsommer–Mitte Aug. Mi–Sa 14 Uhr, Restaurant mit günstigem Tagesgericht, www.sahlstroms garden.se).

Das Naturreservat **Hovfjället** nordwestlich von Torsby lässt sich im Sommer hervorragend erwandern, im Winter verwandeln sich die Hänge des 542 m hohen Berges in ein attraktives Wintersportgebiet mit Möglichkeiten für Lang- und Abfahrtslauf sowie einer Snowboardpiste.

Richtig Reisen-Tipp: Floßtour auf dem Klarälven

Im Sommer bietet sich im Tal des Klarälven eine besonders friedvolle und entspannende Methode der Fortbewegung an: Auf selbst gebauten oder wahlweise auch fertig geschnürten Flößen kann man sich 110 Flusskilometer weit von **Sysslebäck** bis südlich von **Ekshärad** abwärts treiben lassen, wobei die Höchstgeschwindigkeit meist nicht mehr als 2 km pro Stunde beträgt.

Die klassischen Flöße werden unter fachkundiger Anleitung ohne auch nur einen einzigen Nagel und nur mit Hilfe von Seilen aus runden Stämmen gebaut – es ist die naturnahere Methode, und das Holz soll später auch in Fabriken weiterverarbeitet werden. Wem das zu abenteuerlich ist: Als Komfortvariante gibt es auch bereits vorgefertigte Pontonflöße mit angenehm glatter Oberfläche. Auf so einem Gefährt läßt es sich bequem mit bis zu vier oder sechs Personen einschiffen. Als Standardausrüstung gehören Sonnenzelt und Flagge (sehr wichtig!), Proviant- und Wasserbehälter, Schwimmwesten, Paddel und eine lange Stange dazu. Auf Wunsch wird auch eine Campingausstattung zur Verfügung gestellt, denn auf der drei- bis sechstägigen Reise im Zeitlupentempo wird zum Übernachten jeweils eine Sandbank oder ein grasbewachsenes Uferstück angesteuert (manchmal auch in Nähe eines Campingplatzes), um dort sein Nachtlager aufzuschlagen. Natürlich kann man sich auch direkt auf dem Floß bequem zur Nachtruhe betten.

Der Umgang mit dem urtümlichen Gefährt ist an sich einfach, hat man erst einmal die richtige Fahrrinne erreicht, so treibt es sich leicht dahin. Doch beschreibt der Klarälv in seinem Bett etliche natürliche Kurven, 32 Schlenker nach Westen und 31 nach Osten gilt es immerhin zu bewältigen. Zum Manövrieren im Strom wird die lange Stange zum wichtigsten Hilfsmittel und das Staken im schlammigen Grund sollte durchaus etwas geübt werden. Dennoch, besonders anstrengend ist eine solche Floßtour nicht; sie bietet vor allem einzigartige Naturerlebnisse – ein Fernglas gehört also unbedingt mit ins Gepäck. Von Nord nach Süd vollzieht sich unterwegs der Wechsel von nördlicher Wildmark mit Beständen von Wolf, Luchs und Vielfraß zu den gemäßigteren Breiten. Neben zahlreichen verschiedenen Wasservögeln lassen sich mit ziemlicher Sicherheit auch Biber, Elche und Otter aus nächster Nähe beobachten. Und ein Trost obendrein: Die Erfahrung zeigt, dass sich deutlich weniger Mücken mitten auf dem Wasser als am Ufer herumtreiben.

Floßfahrten: Vildmark i Värmland, Box 209, 68525 Torsby, Tel. 0560-140 40, Fax 130 68, www.vildmark.se; mit fertigen Pontonflößen: Branäsflotten/Sverigeflotten, Klara strand 66, 68063 Likenäs, Tel. 0564-402 27, Fax 403 00, www.sverigeflotten.com. Preis: ca. 1800 SEK pro Person (drei Tage ohne Zelt und Kochmöglichkeit), 2300 SEK pro Person (sechs Tage).

Infocenter Torsby: Gräsmarksvägen 12, 68530 Torsby, Tel. 0560-105 50, Fax 105 00, turist@torsby.se, Mo–Fr 9–16 Uhr.

Bredvikens Camping: Tel. 0560-710 95, Fax 301 97, Mitte Mai–Mitte Sept. Am Westufer des Fryken 4 km südlich von Torsby, 200 m von RV 45, Badestrand, Kanu- u. Surfbrettverleih, einfache Hütten.

Floßfahrten auf dem Klarälven (s. Richtig Reisen-Tipp)

Wintersport: Skigebiet Hovfjället mit Langlauf, Abfahrtslauf und Snowboardpiste.

Wandern: Im Sommer bieten sich gute Wandermöglichkeiten.

Bahn: Verbindung von Karlstad. Informationen zum Nahverkehr s. Arvika.

Das Klarälven-Tal

Munkfors

Die Macht der Hüttenbarone, die ab dem 18. Jh. die Finnen aus den Wäldern vertrieben, findet man noch gut repräsentiert in **Munkfors** 11 (4000 Einw.), 26 km östlich von Sunne im Klarälvtal. Eindrucksvoll steht der rostige Riesenhammer der Stahlschmiede vor dem ehemaligen Kontor. Wo einmal die Luft von dem ohrenbetäubenden Lärm seiner Hammerschläge dröhnte, stehen die alten Gebäude nun still und verlassen. Die 1988 abgebrannte und originalgetreu wiederaufgebaute Mekaniska Verkstaden wurde als Hüttenmuseum mit verschiedenen Modellen eingerichtet, die sich auch in Bewegung setzen lassen, um die Arbeitsvorgänge zu veranschaulichen. Das Martinswerk am Ende des großen Werksgeländes war 1868 das erste in Schweden und ist heute das letzte erhaltene in Europa. Bei der 1864 vom Franzosen Pierre Martin entwickelten Methode wird dem Roheisen Schrott zugesetzt, beides zusammen in einem Reduktionsbrand bei ca. 1500 °C ›gefrischt‹, d. h. von unerwünschten Inhaltsstoffen befreit und zu Stahl umgeformt. So konnte Schrott als billiger Rohstoff recycelt werden.

Ekshärad

Auf dem Friedhof von **Ekshärad** 12, ca. 50 km das Klarälven-Tal flussaufwärts, schmückt viele Gräber statt eines Steins ein schmiedeeisernes Kreuz. Die Kreuze sind mit kleinen Eisenplättchen behängt, die sich im Wind leicht bewegen, nicht viel anders als die Birkenblätter der Bäume ringsum. Viele der filigranen Schmuckstücke sind über hundert Jahre alt. Die Holzkirche selbst stammt aus dem 17. Jh. und besitzt als ältestes Inventar einen Taufstein aus norwegischem Speckstein aus dem 13. Jh. Die Vorgänger der Kirche fielen Überschwemmungen zum Opfer; die mächtigen Frühjahrshochwasser des Klarälven richten noch heute große Schäden an.

Dem ruhig dahinfließenden, breiten Fluss, der zwischen den dicht bewaldeten Hügeln dahinmäandert und mancherorts auch Sandbänke freigespült hat, traut man solch übles Tun kaum zu. Zwischen Sysslebäck und Ekshärad hat der Klarälv nur wenige Gefälle und ist frei von Stromschnellen – ein ideales Revier für geruhsame Paddel- und Floßfahrten.

Im Klarälven-Tal verlief bis zur Reformation der wichtigste Pilgerweg nach Nidaros (später Trondheim), Pilgrimsleden. Daran erinnert in der Kirche von **Stöllet** 13 eine Holzskulptur des hl. Olof.

i **Munkfors Turistbyrå:** Tallåsvägen 12, Box 13, 68421 Munkfors, Tel. 0563-54 10 81, Fax 54 10 82,tourist@munkfors.se, Mo–Fr 9–13 Uhr (Juni–Aug. auch länger).

SweCamp Klarälvens Camping: Stöllet, Tel. 0563-811 55, Fax 811 04

Die Entdeckung der Langsamkeit: eine Floßtour auf Klarälven

oder Tel. 0560-140 40, Fax 130 68, www.vildmark.se. Großer Platz am Fluss, bei der Wegkreuzung RV 62/45. Kanuverleih, Floßfahrten, Hütten- und Hausvermietung; Stellplatz ab 120 SEK.
Värnäs Camping: Tel. 0563-813 65, Stöllet, 800 m nördlich der Kreuzung RV 62/45. Kanu- und Ruderbootverleih, Hütten- und Ferienhausvermietung (300–450 SEK/Tag), Stellplatz ab 90–110 SEK.

Floßfahrten mit Naturflößen sowie Kanutouren auf dem Klarälven. **Angeln** ist auch vom Floß aus mit Angelkarte *(fiskekort)* möglich. Verkauf der Angelkarten und Bootsverleih s. Camping.
Wintersport: Abfahrtslauf in Ekshärad. In Branäs, ca. 65 km nördlich von Ekshärad, findet man Värmlands größte und modernste Wintersportanlage: 17 Abfahrten, Kabinenbahn, Loipen, Skischule und Feriensiedlung.

Bus: von Karlstad über Munkfors, Stöllet bis Långflon (an der norwegischen Grenze).

Karlstad

Värmlands Hauptstadt **Karlstad** 14 breitet sich an der Mündung des Klarälven in den Vänersee aus. Wunderschön im Grünen mitten im Delta des großen Stroms auf einer Halbinsel findet man den geschwungenen Bau des **Värmlands museum**, das die Geschichte der Region informativ, zeitgemäß

Richtig Reisen-Tipp: Loka brunn und Grythyttan

Ein kleiner Abstecher in Sachen Wellness und Gaumenfreuden führt vom Värmland ins benachbarte Västmanland zum Kurort **Loka brunn** 16, noch heute bekannt für vorzügliches Mineralwasser. In historischen Kurgebäuden kann man erkunden, wie »Wellness« vor 300 Jahren aussah, oder man gibt sich im Spa-Hotel genüsslich der modernen Variante hin (www.lokabrunn.se, Museum Juni–Aug. Di–So 11–16, übrige Zeit Mo–Do 15–18, Sa 10–15 Uhr).

15 km weiter nördlich liegt **Grythyttan** 17, keine Eisen-, aber eine Köcheschmiede. In Måltidens Hus hat man sich der Kultivierung des guten Geschmacks verschrieben – auch optisch ist das moderne Gebäude ein Augenschmaus. Der Bau stand ursprünglich als Schwedens Pavillon auf der Weltausstellung 1992 in Sevilla. Schweden ist wahrlich eine große Koch-Nation, wie die zahlreichen Lorbeeren weltweit für Vertreter dieser Zunft beweisen. Im Gebäude der Restauranthochschule, ein Zweig der Universität Örebro, gehört selbstverständlich eine Kochbuchsammlung zum Herzstück der Institution, hier werden Köche und Sommeliers ausgebildet. Doch grau ist alle Theorie. Die Praxis jedenfalls kann man gleich vor Ort testen. Eine Mittagsmahlzeit sollte man sich in der Kantine im ›Haus der Mahlzeiten‹ gönnen, schließlich wird sich hier niemand blamieren wollen. Smaklig Måltid!

Måltidens Hus, Kantinen Hyttblecket: Sörälgsvägen 4, Grythyttan, Tel. 0591-340 60, www.maltidenshus.com, im Winter Mo–Fr, im Sommer tgl. 11.30–14.30 Uhr.

und eindrucksvoll präsentiert (Di–So 8.30–17, Sa und So 11–17, Juli/Aug. tgl. 10–17 Uhr).

Wichtig in Värmlands Vergangenheit war die Union mit Norwegen, die 1905 ganz friedlich aufgelöst wurde – und zwar in Karlstad. An diesen historischen Akt erinnert die Friedensstatue auf dem **Stora Torget**. Eine weitere, weitaus kleinere Statue vor dem Stadshotellet stellt die in ganz Schweden bekannte Sola dar, eine Kellnerin des Hotels, deren heitere Gemütsart sogar sprichwörtlich wurde: »Du skiner som Sola i Karlstad« (Du strahlst wie Sola in Karlstad), sagt man zu einem Menschen, der besonders froh aussieht.

Sehenswert in der umtriebigen Einkaufsstadt sind einige Gebäude, die den großen Brand von 1865 überstanden haben: Dom, Bischofssitz sowie **Östra Bron**, mit zwölf Bögen Schwedens längste Steinbrücke.

Wer von Einkaufstrubel und Museumswanderungen genug hat: Im **Mariebergsskogen** südwestlich vom Zentrum kann man sich einmal mehr von der Natur faszinieren und belehren lassen, in der Ausstellung des Värmlands Naturum, im Kinderzoo oder beim Spaziergang durch uralten Wald. Es gibt auch eine Badestelle im Stadtpark – nicht die einzige. Denn die **Schären** des nördlichen Väner liegen den Bewohnern der Stadt sozusagen vor der Haustür und sind wunderschön zum Angeln, Kanufahren und Baden. Besonders **Hammarö** im Süden sowie Bomstad und Skutberget westlich der Stadt sind beliebte Ausflugsziele.

i **Karlstads Turistbyrå:** Bibliotekshuset, Västra Torggatan 26, 65184 Karlstad, Tel. 054-29 84 00, Mo–Do 9–18, Fr 9–17, Sa 11–15 Uhr.

Elite Stadshotellet Karlstad: Kungsgatan 22, Tel. 054-29 30 00, Fax 29 30 31. Schmuckes Stadthotel im Zentrum und direkt am Fluss Klarälv gelegen, Jugendstilcafé, 795–1395 SEK/DZ.

STF Vandrarhem Hammarö/Skoghall: Djupsundsvägen 1, Skoghall, Tel. 054-51 04 40, Fax 51 81 58, Mitte Juni–Mitte Aug., 6 km südlich. Im Mündungsgebiet des Klarälven in den Väner, unweit vom Strand mit Badestelle,

Angelmöglichkeit am Klarälven, 80 Betten in Zimmern mit Dusche/WC; DZ ab 260 SEK.
Skutbergets Camping: 7 km westlich von Karlstad, Tel. 054-53 51 20, Fax 53 51 21. Am Vänern, mit eigenem Strand und verschiedenen Sportangeboten, Stellplatz 110–165 SEK, Ferienhaus 600–975 SEK.

Karlstad ist Värmlands größte Einkaufsstadt. In der **Fußgängerzone** im Zentrum findet man alle großen Warenhäuser und Ladenketten der Mode- und Schuhbranche vertreten. Das außerhalb Karlstads gelegene Einkaufszentrum **Bergvik Köpcenter** ist Schwedens viertgrößtes – die Kundschaft reist auch zahlreich von jenseits der norwegischen Grenze an.
Konsthantverkare: Södra Kyrkogatan 6, Karlstad, www.konsthantverk.net. Eine Galerie, der fast 50 Kunsthandwerker aus der Region angeschlossen sind. Wechselnde Ausstellungen hochkarätigen Kunsthandwerks.
ReForma: Herrgårdsgatan 13. Angeboten werden Werke der 15 Mitglieder der Kunsthandwerker-Kooperative, wie Keramik, Glas, Metall- und Textilkunst.

Baden: Bomstad und Skutberget, sandige Badestrände westlich der Stadt am Väner, s. auch Camping
Fahrradverleih: Kostenlose Leihräder bei der Touristeninformation bzw. am Marktplatz (›Solacykeln‹)
Kanuverleih: z. B. in Hammarö, www.vanerkajak.se
Ausflüge per Boot: vom Ableger am Inre Hamn.

Bahn: Züge nach Oslo, Stockholm, Göteborg.
Bus: nach Säffle, Ludvika.

Kristinehamn

Kristinehamn 15 wirkt ein wenig verschlafen-kleinstädtisch mit seinem beschaulichen Altstadt- und Künstlerviertel **Vågen** unweit des Hafens, wo man nette Kunsthandwerksläden und Galerien und abends ein bisschen Restaurantbetrieb am Wasser findet. Vom **Hafen** verkehren Ausflugsboote (Mitte Juni–Mitte Aug.) zu den Schären des Vänersees – herrliche Badestellen und unberührte Natur inbegriffen. Wenn es nicht gerade auf großer Tour ist, liegt im Hafen der Nachbau eines schmucken, fast 30 m langen holländischen Segelschiffs aus dem 17. Jh.: ›Bojorten‹.

Im nördlich gelegenen Stadtteil Marieberg, wo sich ursprünglich verschiedene psychiatrische Kliniken befanden, steht die moderne **Kunsthalle**. Neben der eigenen Sammlung lokaler Kunst zeigt das Museum Wechselausstellungen namhafter nationaler wie internationaler Künstler (Dr. Enwalls väg 13 B, Marieberg, Di–So 12–16 Uhr, www.kristinehamnskonstmuseum.com). Eine Attraktion sichert der Stadt die Erwähnung in so manchem Kunstgeschichtsbuch: Kristinehamn besitzt einen echten **Picasso**. Die 15 m hohe **Skulptur**, die der Künstler der Stadt 1965 schenkte, ragt, ähnlich einem Totempfahl, 2 km südlich am Vänerufer in der idyllischen Schärenlandschaft auf.

Kristinehamns Turistbyrå: S. Torget 3, 681 84 Kristinehamn, Tel. 0550-881 87, Fax 881 96, www.kristinehamn.se, Mo–Fr 9–12, 13–16 Uhr, im Sommer länger und auch am Sa und So.

Lusaskens Vandrarhem: Axel Kumliens väg 5, Marieberg, Tel. 0550-146 60, mobil 070-6716867, www.lusasken.com/vandrarhem. Die kleine, nette, familiär geführte Herberge in einer ehemaligen psychiatrischen Klinik liegt im ruhigen Stadtteil Marieberg (2 km vom Zentrum); DZ ab 300 SEK.

Ausflüge per Kanu oder Fahrrad/Auto in die Schären südlich von Kristinehamn zu den als Naturreservaten geschützten Inseln Välön, Kalvön und Sibberön (im Sommer Fähre).

Bahn: nach Oslo, Stockholm, Hallsberg, Kil und Karlstad. Endstation der Inlandsbana-Route (nur Sommerbetrieb).

Dalarna

Karte S. 322/323

Die Berge und endlosen Wälder von Dalarna geben schon einen Vorgeschmack auf den hohen Norden. Inmitten der Wildnis liegt der herrliche Siljansee, eingerahmt von blauer Bergkulisse. Handgeschnitzte Holzpferdchen, fiedelnde Musikanten und Bauerntrachten – Schwedens Volkskultur in Bilderbuchqualität ist am Siljan zu Hause.

12 Der Siljansee

Das Rätsel der Entstehung des Siljansees ist noch nicht restlos geklärt, aber man nimmt an, dass das ringförmige Seensystem, dessen südlichen Teil der Siljan bildet, durch einen Meteoriteneinschlag vor etwa 360 Mio. Jahren zustandekam. Die zuvor abgelagerten Gesteine sanken in den gigantischen Krater ab und wurden so vor späteren Zerstörungen durch das Inlandeis bewahrt. Sie bilden die guten Böden am Rand des Siljansees. Die Kalkinseln im Urgestein bieten nicht zuletzt auch seltenen Orchideen, die in zahlreichen Naturreservaten geschützt werden, einen günstigen Lebensraum.

Die Orte am Siljan mit ihrer alten Bauernkultur pflegen die typisch schwedische Volksmusik – im Sommer gibt es reichlich Gelegenheit, dem mehrstimmigen Geigen- plus Akkordeon-Sound der in Trachten gekleideten Ensembles zu lauschen, die zu verschiedenen Anlässen aufspielen. Am bekanntesten ist die Veranstaltungsreihe Musik vid Siljan (›Musik am Siljan‹) im Juli.

Am Südufer

In **Leksand** 1 (15 400 Einw.) am Südende des Siljan verlässt der Österdalälven den See. Wunderschön am Seeufer in der Nähe der Kirche – eine der ältesten der Region – liegt **Hildasholm**. Die Sommervilla ließ der Schriftsteller und Kunstsammler Axel Munthe 1911 als Hochzeitsgeschenk für seine Frau Hilda Penningby errichten. Erst nach dem Tod seiner Frau 1967 gab er dem Haus den Namen Hildasholm. Die Engländerin Hilda Penningby sorgte für die exquisite und eigenwillige Einrichtung – *very British* – und natürlich für englische Gartenkunst (Klockaregatan 5, Tel. 0247-100 62, www.hildasholm.org, Juni–Mitte Sept. stdl. Führungen Mo–Sa 11–17, So 13–17 Uhr).

Nördlich von Leksand verläuft parallel zur Schnellstraße RV 70 Richtung Rättvik eine besonders schöne Strecke über Hjortsnäs und **Tällberg** 2, die herrliche Ausblicke auf den See bietet. Dieses ist auch einer der schönsten Abschnitte des ausgeschilderten Radwanderwegs um den See (Siljansleden).

Ein richtiges ›Handwerkerdorf‹ ist **Västanvik** 3 5 km westlich von Leksand. Wie Textilien von Hand bedruckt werden, kann man sich in der Fabrik der Designerfirma Jobs ansehen (Führungen Mitte Juni–Mitte Aug. Mo–Fr ab 11 Uhr).

Die Natur des Siljan-Gebiets steht im Mittelpunkt des **Siljansnäs Naturum** nördlich des Dorfes. Zu dem Naturzentrum gehören Naturpfad und Aussichtsturm – die Aussicht über die Baumwipfel vom Björkberget über den Siljan ist kaum zu übertreffen.

i **Siljan Turism Leksand:** Norsgatan 40, 793 30 Leksand,Tel. 0247-79 61 30, Fax 79 61 31, leksand@siljan.se, Mo–Fr 10–17 Uhr.

In Leksand: Leksands Gästhem, Krökbacken 5, Tel. Tel. 0247-1 37 00, Fax 137 37, www.leksands guesth.nu. 3 km nördlich, 16 Zimmer mit Frühstück in einem alten Schulhaus, das auch einen Trödelladen beherbergt. Golfplatz in der Nähe (Golfpakete); DZ ab 560 SEK

In Tällberg: Klockargården, Siljansvägen 6, Tel. 0247-502 60, Fax 502 16, www.klockargarden.com. Schön renovierte, urige Holzgebäude mit Seeblick und Handwerkszentrum, Souvenirladen usw.; DZ ab 990 SEK.

In Tällberg: Åkerblads Gästgiveri, Sjögattu, Tel. 0247-508 00, tgl. 12–21 Uhr. Das noble Restaurant in dem Hof mit Ursprüngen im 16. Jh. bietet Wild und Fleischgerichte, Fisch aus lokalen Gewässern, Gerichte ca. 190–320 SEK. Auch Romantik-Hotel; DZ ab 900 SEK.

In Siljansnäs: Buffils Annas restaurang & Kaffestuga, Björkberget, Tel. 0247-233 00, www.bjorkberget.se, So–Fr 11–18, Sa 11–19 Uhr (im Sommer abends auch länger). In dem

Die Landschaft am Siljansee gilt als das ›Herz Schwedens‹

Ausflugslokal mit Aussicht kommen regionale Spezialitäten wie Regenbogenforelle aus dem Siljan und Rengeschnetzeltes auf den Tisch (65–170 SEK), legendär sind die hausgemachten *munkar* (Fettkringelgebäck).

In Leksand: Leksands Hemslöjd, Kyrkallén Leksands Kulturhuset, verkauft Produkte, die Textilkünstler der Region hergestellt haben.

In Tällberg: Volkstümliches Kunsthandwerk wie Textilien und Holzarbeiten findet man im Klockargården Hotel/Café und Åkerblads Hotel.

In Västanvik (6 km westlich von Leksand) gibt es einen Fabrikladen der Textildesigner Gocken und Lisbeth Jobs, mit Dekostoffen, Taschen usw. in originellen Mustern: **Jobs Boden,** im Sommer Mo–Fr 10–18, Sa und So 10–16 Uhr, www.jobsboden.com.

Insjöns Väveri: 10 km südlich am RV 70 Richtung Borlänge, Mo–Fr 9.30–18, Sa 10–14, Juni–Aug. zusätzl. So 11–15 Uhr, www.vidukar.nu. Leinenweberei mit Fabrikladen.

Bahn: Leksand ist Halt an der Strecke Stockholm–Mora.

Bus nach Tällberg. Informationen zum Nahverkehr s. Borlänge.

Am Ostufer

Rättvik 4 (ca. 10 900 Einw.) am Ostufer des Siljansees ist über Schwedens Grenzen hinaus bekannt für Volksmusik und -tanz. Ab Mittsommer jagt eine Attraktion die andere; bis Anfang Juli finden die Kirchbootrennen auf dem Siljansee statt, und im Juli folgt das Volksmusikfestival Musik vid Siljan. Aber schon im August kehrt Ruhe ein, nur von den Ausflugsdampfern klingen noch Akkordeonklänge über den stillen See.

Vom Aussichtsturm des 325 m hohen Berges **Vidablick** (›Weitblick‹) 5 km südlich der Stadt verschafft man sich den besten Überblick auf den See, die roten Holzhäuschen und die Wiesen an den Ufern zwischen Rättvik und Vikarbyn (Mitte Mai–Anfang Sept.).

Berühmt ist Rättviks **Långbrygga,** der 628 m weit in den See ragende, inzwischen

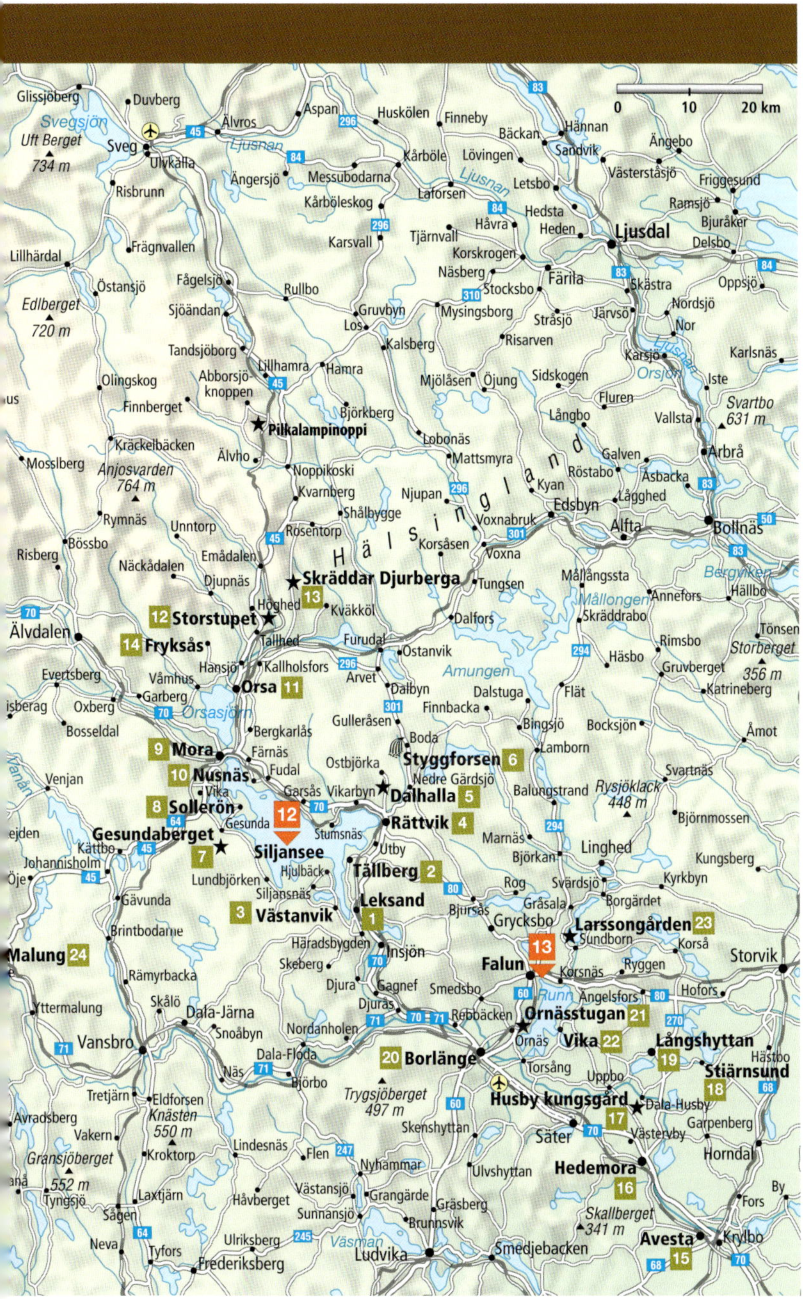
0
10
20 km
Glissjöberg
Duvberg
Svegsjön
Uft Berget
734 m
Sveg
Älvros
Aspan
Huskölen
Finneby
Bäckan
Hännan
Ängebo
Ljusnan
Ulvkälla
Ängersjö
Messubodarna
Kårböle
Lövingen
Sandvik
Västerståsjö
Friggesund
Risbrunn
Kårböleskog
Laforsen
Letsbo
Ramsjö
Bjuråker
Hedsta
Håvra
Heden
Ljusdal
Delsbo
Lillhärdal
Frägnvallen
Karsvall
Tjärnvall
Korskrogen
Näsberg
Färila
Skästra
Oppsjö
Östansjö
Fågelsjö
Rullbo
Stocksbo
Nordsjö
Edlberget
720 m
Sjöändan
Gruvbyn
Los
Mysingsborg
Stråsjö
Järvsö
Nor
Kalsberg
Risarven
Tandsjöborg
Lillhamra
Hamra
Karsjö
Orsjön
Karlsnäs
Olingskog
Abborsjö-
knoppen
Mjölåsen
Öjung
Sidskogen
Iste
Finnberget
Björkberg
Fluren
Vallsta
Svartbo
631 m
Pilkalampinoppi
Långbo
Krackelbäcken
Lobonäs
Mattsmyra
Galven
Arbrå
Mosslberg
Anjosvarden
764 m
Älvho
Noppikoski
Röstabo
Åsbacka
Kvarnberg
Njupan
Kyan
Lågghed
Shålbygge
Edsbyn
Rymnäs
Unntorp
Voxnabruk
Alfta
Bollnäs
Bössbo
Rosentorp
Korsåsen
Risberg
Hälsingland
Voxna
Nackådalen
Emådalen
Djupnäs
Skräddar Djurberga 13
Tungsen
Mållangssta
Bergviken
Hällbo
Mållongen
Annefors
Höghed
Kväkköl
Älvdalen
12 Storstupet
Skräddrabo
Dalfors
Tönsen
14 Fryksås
Tallhed
Furudal
Rimsbo
Storberget
356 m
Ostanvik
Häsbo
Evertsberg
Hansjö
Kallholsfors
Amungen
Gruvberget
Vâmhus
Arvet
Dalbyn
Dalstuga
Katrineberg
Oxberg
Garberg
Orsa 11
Flät
Orsasjön
Finnbacka
Bosseldal
Bergkarlås
Gulleråsen
Bingsjö
Bocksjön
Åmot
Mora 9
Boda
Färnäs
Lamborn
Nusnäs 10
Fudal
Ostbjörka
Styggforsen 6
Svartnäs
Venjan
Nedre Gärdsjö
Vika
Garsås
Vikarbyn
Dalhalla 5
Balungstrand
Rysjöklack
448 m
Solleröen 8
Björnmossen
12
Rättvik 4
Gesunda
Stumsnäs
Gesundaberget 7
Marnäs
Linghed
Kättbo
Utby
Björkan
Kungsberg
Johannisholm
Siljansee
Hjulbäck
Tällberg 2
Rog
Svärdsjö
Kyrkbyn
Öje
Lundbjörken
Siljansnäs
Gävunda
Leksand 1
Gråsala
Borgärdet
Västanvik 3
Bjursås
Grycksbo
Larssongården 23
Brintbodarne
Sundborn
Korså
Häradsbygden
13
Malung 24
Insjön
Storvik
Skeberg
Falun
Ryggen
Rämyrbacka
Korsnäs
Djura
Gagnef
Smedsbo
Runn
Angelsfors
Hofors
Skålö
Yttermalung
Djurås
Ornässtugan 21
Dala-Järna
Rebbäcken
Snoåbyn
Nordanholen
Vansbro
Ornäs
Vika 22
Långshyttan 19
Hästbo
Dala-Floda
20 Borlänge
Stjärnsund 18
Näs
Torsång
Uppbo
Björbo
Tretjärn
Eldforsen
Trygsjöberget
497 m
Husby kungsgård 17
Dala-Husby
Avradsberg
Knästen
550 m
Garpenberg
Vakern
Skenshyttan
Säter
Västerby
Lindesnäs
Granssjöberget
Kroktorp
Flen
Horndal
Nyhammar
552 m
Ulvshyttan
Hedemora 16
Tyngsjö
Laxtjärn
Västansjö
By
Håvberget
Grangärde
Gräsberg
Fors
Sågen
Sunnansjö
Skallberget
341 m
Brunnsvik
Neva
Ulriksberg
Avesta 15
Krylbo
Tyfors
Väsman
Ludvika
Smedjebacken
Frederiksberg

Mit der Autorin unterwegs

Eine Villa am See

In der **Villa Hildasholm** in **Leksand** am Siljansee begegnet Ihnen kultivierte englische Wohnkultur der 1920er Jahre (s. S. 320).

Ein Künstlerhaus

Lassen Sie sich inspirieren: Wie sich der berühmte Maler, Grafiker und Bildhauer Anders Zorn vor 100 Jahren zu Hause einrichtete, können Sie im **Zorngården** in Mora sehen (s. S. 326).

Wanderung zum Wasserfall

Wandern Sie im **Nationalpark Fulufjället** zum Wasserfall **Njupeskär** – mit 70 m Fallhöhe ist er Schwedens höchster (s. S. 331).

Regionale Auskunftstelle

Turistinformation Dalarna, Trotzgatan 10–12, 79183 Falun, Tel. 023-6 40 04, Fax 833 14, www.dalarna.se/turism.

rekonstruierte Holzsteg von 1895, an dem die Dampfer seit über 100 Jahren anlegen – der Siljan ist einfach zu flach auf dieser Seite. Im Wasser spiegelt sich, von weitem als Wahrzeichen Rättviks erkennbar, der weiße Turm der **Kirche**. Die sonntäglichen Kirchbootfahrten erinnern an die alten Zeiten, als die Gläubigen – Gottesdienstbesuch in regelmäßigen Abständen war Pflicht – den Weg übers Wasser nahmen, was praktischer war als die wegelosen Wälder zu durchqueren. Die Hütten neben der Kirche dienten als Unterkunft und stammen z. T. aus dem 16. Jh.

Die Naturgeschichte der Region, etwa die Entstehung des Sees, schildert das **Naturmuseum** von Kulturhuset (Eingang gegenüber der Gemeindebibliothek, Mo–Do 11–19, Fr 11–15, Sa 11–14, So 13–17 Uhr).

Nördlich von Rättvik finden sich naturgeschichtlich interessante Plätze. Zur Freiluft-Konzerthalle wurde der gigantische, ehemalige Kalksteinbruch 7 km nördlich von Rättvik umfunktioniert: **Dalhalla** 5 steht heute für hochkarätige Musikveranstaltungen von Oper bis Pop und Rock. Führungen geben Einblick in die geologischen Besonderheiten dieses speziellen Konzertsaals (Mitte Juni–Mitte Aug., Tel. 0248-79 79 50).

20 km nördlich von Rättvik (Abzweig vom RV 301 in Boda kyrkby) ist der Wasserfall **Styggforsen** 6 an heißen Sommertagen ein erfrischendes Wanderziel, und es gibt ein Café an Ort und Stelle. Bei einer Rundwanderung (ca. 1 km) erfährt man Interessantes über den Meteoriteneinschlag, der die Landschaft des Siljangebietes – so vermuten es Forscher – vor rund 360 Mio. Jahren schuf.

Siljan Turism Rättvik: Box 21, 79521 Rättvik, Tel. 0248-79 20 20, Fax 79 20 21; **Rättviks Turistbyrå:** im Bahnhof, Tel. 0248-79 72 10, 12551, rattvik@siljan.se, Mo–Fr 10–17 Uhr (im Sommer länger und auch am Wochenende).

Zimmerbuchung für die Siljanregion: Tel. 0248-79 72 00, www.siljan.se.
Gärdebygården: Hantverksbyn, Tel. 0248-302 50, Fax 306 60, www.hantverksbyn.se. 50 Zimmer mit schöner Aussicht am Hang, auch gute Küche; DZ ab 850 SEK.
Utbygårdens Vandrarhem: Utby (6 km südlich von Rättvik), Tel. 0248-304 77, 304 37. Am RV 70, doch ruhig, schöne, meist 1- oder 2-Bett-Zimmer mit Aussicht auf den See, sehr freundliche Betreuung; DZ ab 340 SEK.
Siljansbadets Camping: Tel. 0248-516 91, Mai–Sept., ortsnah am Siljanstrand, nur 200 m vom Bahnhof, auch Häuser- und Hüttenvermietung; Stellplatz ab 105 SEK.
Rättviksparkens SweCamp: Tel. 0248-561 11. In einem Freizeitgebiet mit Schwimmbad, 0,5 km vom Ortskern, kinderfreundlich, Zimmer, Häuser- und Hüttenvermietung; Stellplatz ab 110 SEK.

Hemslöjdsstugan: gegenüber vom Bahnhof am kleinen Marktplatz, Juni–Aug. Mo–Fr 11–18, Sa 10–14, übrige Zeit Di–Fr 12–18, Sa 11–14 Uhr. Sehr schöne handgearbeitete Textil- und Holzwaren, Gewebtes in unterschiedlichen Mustern und Schlägen.

Kirchboot auf dem Siljansee

Mittsommerfeiern, bei denen die Dörfer eine Woche lang wetteifern, wer die schönste Majstång hat.
Musik vid Siljan: Anfang Juli, klassische Musik und Folkloreveranstaltungen.
Kirchbootrudern jeden So Mittsommer bis Mitte Aug., Kirchbootrennen an verschiedenen Orten am Siljansee, Info beim Turistbyrå.
Musik-Events in der Dalhalla (s. S. 324), Programminfos unter www.dalhalla.se.

Baden: Das Bad hinter dem Bahnhof Rättvik und nahe der Långbrygga ist wegen des seichten Wassers beliebt bei Familien mit Kindern.
Golf: zwei 18-Loch-Golfplätze in der Umgebung von Rättvik; Rättviks Golf by, Tel. 0248-510 30, www.Siljan.se/fi/rattviksgolfby; Furudals bruk, www.furudalsgolf.com, auf dem 6-Loch-Platz ca. 35 km nördlich von Rättvik kann man auch ohne Mitgliedschaft spielen (pay & play).

Bahn: an der Zugstrecke Stockholm–Mora; Informationen zum Nahverkehr s. Borlänge.

Am Westufer und Nordufer

Auf der Westseite des Siljan bietet der **Gesundaberget** 7 mit seinen 514 m Höhe den besten Aussichtsplatz weit und breit (Sessellift auf den Gesundaberg, Mittsommer–Mitte Aug. tgl. 11–18 Uhr, Mittsommer bis 3 Uhr).

Am Fuß des Berges wohnt nach alter Überlieferung der Weihnachtsmann, schwedisch *tomte.* Diesem Umstand trägt ›**Tomteland**‹ etwa mit Führungen durch die ›Privaträume‹ Tomtes, einer Trollschule oder Märchenlesungen Rechnung. Bis auf wenige Ausnahmen (etwa dem Tanz um den Weihnachtsbaum) ist verständlicherweise nur im Sommer Einblick in das Leben des in der Winterzeit arg Gestressten erlaubt (Gesundaberg, Tel. 0250-287 70, www.santaworld.se, Mitte Juni–Mitte Aug. tgl. 10–17 Uhr).

Die Insel **Sölleron** 8, durch eine Brücke mit dem Ort Gesunda verbunden, rühmt sich eines besonders milden Klimas und ist seit der Völkerwanderungszeit dicht besiedelt. Ausgrabungen in Bengsarvet, Dalarnas größtem Grabfeld, haben 123 Gräber ans Tageslicht gebracht. Auf der Insel werden die traditionellen langen Kirchboote gebaut.

Mora

Außer als Touristenort ist **Mora** 9 (20 000 Einw.) vor allem bekannt für zweierlei: für Mora-Stahl – die Metallindustrie ist noch immer ein wichtiger Erwerbszweig im ›schwedischen Solingen‹ – und als Ziel des Vasaloppet, jenes Volkslaufs auf Skiern mit historischem Hintergrund. Der Vasalauf im März ist jedenfalls alljährlich ein nationales Ereignis. Sogar ein **Museum** zum Thema Vasaloppet wurde eingerichtet (Tel. 0250-392 25, Mitte Mai–Ende Aug. tgl. 10–18, übrige Zeit Mo–Fr 11–17 Uhr).

Zu den wenigen schwedischen Künstlern, die schon zu Lebzeiten international Anerkennung genießen konnten, gehört Anders Zorn (1860–1920), der Sohn eines deutschen Bierbrauers. Als er sich die Holzkate seiner Großeltern in Mora zum Domizil **Zorngården** ausbaute, war er schon ein reicher und berühmter Mann. Er ließ das traditionelle Holzhaus mit den neuesten technischen Errungenschaften wie Telefon und Zentralheizung ausstatten, erhielt aber den altertümlichen Charakter (Vasagatan, Tel. 0250-165 60, www.zorn.se, Mitte Mai–Mitte Sept. stdl. bis halbstdl. Führungen Mo–Sa 10–16, So 11–16 Uhr – Mittsommer nur 10–15 Uhr–, übrige Zeit Mo–Sa stdl. 12–15, So 13–16 Uhr). Im **Zornmuseum** gegenüber Zorngården kann man Werke des Malers, Bildhauers und Grafikers, der u. a. drei amerikanische Präsidenten porträtierte, bewundern, neben Ölbildern Aquarelle, Zeichnungen und nicht zuletzt auch seine kulturhistorischen Sammlungen (Vasagatan 36, Tel. 0250-165 60, Mitte Mai–Mitte Sept. Mo–Sa 9–17, So 11–17, im Juli Do bis 19 Uhr, übrige Zeit Mo–Sa 12–17, So 13–17 Uhr).

Anders Zorns Interesse für Kulturgeschichte war – typisch für seine Zeit – groß, und er sorgte dafür, dass verschiedene alte Gebäude nach Mora versetzt wurden. Am Ortsrand vereint **Zorns Gammelgård** eine komplette Hofanlage, z. T. aus dem Mittelalter, und in einem separaten Gebäude die Textilsammlung des Künstlers (Textilkammare und Gammelgården, Tel. 0250-104 54, Juni–Aug. tgl. 12–17 Uhr).

Nusnäs

Am Ostufer des Sees südlich von Mora liegt **Nusnäs** 10, das als Heimat der Dalapferdchen gilt. In der Fabrik kann man die Entstehung der *dalahästar* verfolgen, die nach wie vor in Handarbeit geschnitzt und bemalt werden – neben dem Plüschelch wohl das beliebteste Souvenir aus Schweden, das man natürlich im Fabrikladen auch kaufen kann.

i **Siljan Turism Mora:** Stationsvägen 3 (im Bahnhofsgebäude), 79232 Mora, Tel. 0250-59 20 20, Fax 59 20 21, mora@siljan.se, Mo–Fr 10–17 Uhr (im Sommer länger und auch am Wochenende).

Zentrale Buchung von **Unterkunft** im Siljangebiet: s. Rättvik

Mora Parkens Camping: Tel. 0250-276 00, Fax 276 01. Stadt- und dennoch naturnah am Fluss, ganzj., Camping-Hütten und Zimmer; Stellplatz ab 110 SEK.

Stahlmesser und -klingen: Frosts Knivfabrik, Östnorsvägen, ca. 3,5 km außerhalb Richtung Älvdalen (RV 70), Mitte Juni–Mitte Aug. Mo–Fr 12–20 Uhr.

Dalapferdchen: In Nusnäs bei Nils Olsson Hemslöjd, Tel. 0250-372 00, Mo–Fr 8–17, Sa 10–14 Uhr.

Vasaloppet: Ski-Volkslauf Ende Feb./Anfang März, www.vasaloppet.se.

In Mora: In Mora gibt es einen Jachthafen, Schwimm-, Tennis- und Eishalle sowie eine 18-Loch-Platz des Mora Golf Club, www.moragk.w.se. Ein weiterer Golfplatz auf Sollerön, www.solgolfnu.

Dampferfahrten: im Sommer mit ›M/S Gustaf Vasa‹ auf dem Siljansee nach Rättvik und Leksand.

Flug: der Inlandsflugplatz Mora/Siljan mit Verbindungen nach Stockholm, Göteborg u. a. 10 km außerhalb.

Bahn: Endstation der Eisenbahnstrecke von Stockholm, Startpunkt der Inlandsbana-Schienenbusse nach Östersund (Sommer).

Orsa und Umgebung

Die Kirche von **Orsa** 11 (7000 Einw.), ursprünglich im 14. Jh. errichtet, blieb als eines der wenigen Gebäude vom großen Stadtbrand im Jahr 1901 verschont. Die Wandmalereien im Chor stammen aus dem 15. Jh., als die Kirche stark vergrößert wurde, sind allerdings nicht gut erhalten.

Vor allem für Kinder ist der Besuch bei Meister Petz in **Grönklitt**, dem größten Bärenpark Europas nördlich des Ortes eine Verlockung, wo die Tiere zusammen mit Wolf und Luchs in ihrer natürlichen und weitläufigen Umgebung leben. Falls sich die Bären gerade rar machen: Von den Aussichtsrampen eröffnet sich auch ein herrlicher Blick auf den See (Tel. 0250-462 00, Mitte Mai–Mitte Sept. tgl. 10–15, 2. Juniwoche–Mitte Aug. 10–18 Uhr).

Die Umgebung von Orsa ist ein beliebtes Wintersportgebiet, im Sommer bieten sich Wanderungen an, z. B. in der **Schlucht des Emå**, den die Schienen der Inlandsbana auf einer hohen Brücke queren. Den Blick von der Eisenbahnbrücke in den 34 m tiefen Canyon sollten nur Schwindelfreie wagen! Man erreicht die Schlucht **Storstupet** 12 außer per *rälsbuss* über einen Abzweig von der zum Flugplatz führenden Straße (rechts). Vom Storstupet aus geht es weitere 6 km Wanderweg zum **Helvetesfall**, einem höchst beeindruckenden Wasserfall.

Nördlich des Orsasjön gab es früher viele Sennereien (*fäbodar*). Weil die Bauern ihrem Vieh in den Tälern nicht ausreichend Weidegrund bieten konnten – der beste Boden wurde als Ackerfläche benötigt –, brachte man Kühe, Ziegen und Schafe im Sommer auf die ›Alm‹, d. h. auf nur zum Teil gerodete Flächen im Wald, wo sie weitgehend selbstständig auf Futtersuche gingen. Zum Hüten, Melken und Verarbeiten der Milch lebten im Sommer Hirten in den einfachen Hütten. Die Sennerei **Skräddar Djurberga** 13 nordöstlich von Orsa ist seit dem 17. Jh. in Betrieb. Heute werden hier im Sommer Milch, Dickmilch und *tunnbröd* serviert sowie in Kupferkesseln auf dem Feuer gekochter Kaffee und frisch bereitete *mesmör.* Der süße Brotaufstrich entsteht, indem die Milch stundenlang auf dem offenen Feuer im Kessel gekocht wird, so dass viel Flüssigkeit verdampft und der Milchzucker karamelisiert. (Tel. 0250-428 30, 25 km nordöstlich von Orsa, die Sennerei ist bewirtschaftet Mittsommer–Mitte Aug., 12–17 Uhr).

In der ehemaligen *fäbod* **Fryksås** 14 nordwestlich von Orsa gibt es keine Kühe mehr, die alten Gebäude wurden zu komfortablen Übernachtungshütten umgebaut und bieten einen unschlagbaren Weitblick.

Ca. 40 km nördlich von Orsa erstrecken sich die ausgedehnten Waldweiten der **Orsa finnmark** (s. S. 336).

i **Siljan Turism Orsa:** Dalagatan 1, 79430 Orsa, Tel. 0250-55 25 50,Fax 55 25 51, orsa@siljan.se, Mo–Fr 10–17 Uhr (im Sommer länger und auch am Wochenende).

STF Vandrarhem Orsa: Gillevägen 3, Tel. 0250-421 70, 423 65. Sehr komfortable Herberge am Ortsrand, 68 Betten, 4-Bett-Zimmer mit Dusche/WC sowie 2-Bett-Zimmer, schöner Blick von der Terrasse auf die Berge; DZ ab 260 SEK.

Fryksås Fäbod Hotell & Gestgiveri: Tel. 0250-460 20, Fax 460 90, www.fryksashotell.se. Herrliche Lage 13 km nordwestlich von Orsa mit Weitblick von 503 m Höhe, 4-Bett-Hütten mit allem Komfort in der ehem. Sennerei, 2-Personen-Hütte ab 1265–1800 SEK. Das Restaurant legt den Schwerpunkt auf Wild – z. B. Elch und Bär – und traditionelle schwedische Hausmannskost (145–285 SEK).

Bahn: Station der Inlandsbana nach Östersund (Sommer); **Bus** nach Mora.

Im Tal des Dalälven

Ab dem 14. Jh. arbeiteten in der alten Industriestadt **Avesta** 15 die Eisenschmieden, im 17. Jh. wurde das in Falun geförderte Kupfererz weiterverarbeitet, und bis ins 19. Jh. wurden sämtliche schwedischen Kupfermünzen hier geprägt. Im Zentrum findet man im Gamla Byn ein Myntmuseum und alte Bebauung aus dem 17. Jh.

Die Stadtprivilegien von **Hedemora** 16 gehen auf das Jahr 1446 zurück. Damit ist es die älteste Stadt in Dalarna und war vor allem Umschlagplatz für Pelzwaren. Um den Markt **Stora Torget** gibt es noch einige ältere Bauten: Rathaus (1761), alte Apotheke (1752) und Stadshotell (1860). Eine Besonderheit ist das **Hedemora Gamla Teater,** eine Kombination aus Speicher (unten) und Theatersaal (oben), in den 20er Jahren des 19. Jh. Spielstätte für die an Markttagen aufgeführten Volkstheaterstücke.

Wer sich für Bergwerksgeschichte interessiert, kann sie sich auch erwandern: ›Husbyringen‹ ist ein 60 km langer Wanderweg mit kulturgeschichtlich interessanten Stationen. Benannt wurde er nach **Husby kungsgård** 17, wo Mitte des 14. Jh. die frühesten Schürfrechte für die Kupfergrube von Falun festgelegt wurden. Das im Jahr 1700 entstandene Herrenhaus **Stjärnsund** 18 gehörte dem berühmten Bergwerksingenieur und Erfinder Christopher Polhem (1661–1751) und seinem Geschäftspartner Gabriel Stjerncrona, die hier Eisen abbauen ließen. Eine von Polhems Erfindungen, der sich vor allem im Kupferbergwerk von Falun einen Namen machte, war die so genannte Stjärnsund-Uhr. Auch eine Straße mit Arbeiterhäusern des 19. Jh. ist in Stjärnsund erhalten. Danach verlagerte sich der Eisenabbau nach **Långshyttan** 19, einer weiteren Station auf dem Bergwerkskultur-Wanderweg Husbyringen (Info über das Turistbyrå Hedemora oder unter www.husbyringen.se).

Hedemora Turistbyrå: Långgatan 1, Box 201, 77628 Hedemora, Tel. 0225-343 48, Fax 341 24, turistbyran@hedemora.se, Mo–Fr 10–12, 13–17 Uhr.

Dala-Husby Hotell & Restaurang: Smedbyvägen 56, Dala-Husby, 17 km nördlich von Hedemora am beschilderten ›Husbyringen‹, Tel. 0225-412 70, Fax 411 25, www.dalahusbyhotell.com, Restaurant tgl. 12–22 Uhr. Spezialitäten sind Wild und Fisch in spannenden Kombinationen, z. B. Rinderbraten mit Anchovis und Kohlcreme (Tagesgericht 95–135 SEK, Hauptgerichte 250–300 SEK). 14 Zimmer; DZ ab 990 SEK, im Sommer wird auch eine 4-Bett-Hütte (Härbren) im Garten vermietet (300 SEK /Person).

Bahn: an der Strecke Stockholm–Borlänge (Tågkompaniet).

Borlänge

Borlänge 20 (47 000 Einw.) ist zugleich die jüngste und die größte Stadt Dalarnas. Stadt wurde sie erst im Jahr 1944. Dominiert wird sie von der Eisenindustrie. In der Mineraliensammlung von **Geologiska Museet** können Steinesammler ihren Blick schärfen (Floragatan 6, Tel. 0243-21 10 92, Mo–Fr 11–17, Sa 11–14 Uhr).

Framtidsmuseet (das Zukunftsmuseum) bietet einen populärwissenschaftlich gut aufbereiteten und durch eigene Experimente untermalten Einblick in die historische Entwicklung der Naturwissenschaften (Jussi Björlingsväg 25, Tel. 0243-79 39 00, www.framtidsmuseet.se, Mo 13–17, Di–Fr 10–17, Sa und So 12–17 Uhr).

8 km nordöstlich von Borlänge sollte man zur **Ornässtuga** 21 abbiegen. Das mittelalterliche Holzgebäude ist in ganz Schweden berühmt als Aufenthaltsort von Gustav Vasa auf seiner Flucht vor den dänischen Verfolgern. Ob er nun dort übernachtete oder nicht, der 26 m lange, Anfang des 16. Jh. entstandene Bau ist mit seinen hübschen Laubengängen im Obergeschoss und an der Außentreppe ungewöhnlich gut erhalten (Ornäs, Tel. 22 30 72, Juni–Aug. Mo–Sa 10–18, So und Feiertage 12–16 Uhr).

Die Kirche von **Vika** 22 an der Ostseite des Runnsjö ist im Innern über und über mit Kalkmalereien aus dem 16. Jh. geschmückt und besitzt einige mittelalterliche Holzskulpturen.

Borlänge & Co: Sveagatan 1, 78433 Borlänge, Tel. 0243-25 74 90, Fax 25 37 17, www.borlange.com, Mo–Fr 10–18, Sa 10–14, Sommer Mo–Fr 9–18, Sa 10–14 Uhr.

Bahn: Borlänge ist Knotenpunkt der Bahnlinien Gävle–Mjölby und Stockholm–Mora. Informationen zum Nahverkehr: Dalatrafik Tel. 020-23 24 25 (innerhalb Dalarnas län) oder 0243-625 95.

13 Falun

Falun (55 000 Einw.) am Nordende des Runnsees wird bis heute assoziiert mit der berühmten **Kupfergrube**, deren Krater ›Stora Stöten‹ deutlich sichtbar gegenüber dem Grubenmuseum gähnt. Die riesige Kupfergrube wurde bereits seit dem Mittelalter ausgebeutet, und lieferte neben Kupfer, Blei, Zink und anderen Metallen als Nebenprodukt die allseits bekannte *falu rödfärg*, jene rostrote Eisenfarbe, die Schwedens Holzhäuser so unverwechselbar schwedisch macht.

Der gigantische Krater entstand durch einen katastrophalen Bergsturz am Mittsommertag im Jahr 1687. Seit 1992 ist die bis zu 600 m tiefe Grube nicht mehr in Betrieb. Bei einem Spaziergang um Stora Stöten kann man den Panoramablick über die Stadt genießen, bevor man mit dem Fahrstuhl 50 m in die Tiefe fährt, um die Stollen zu durchwandern. Das in großen Mengen in der Grube vorkommende Vitriol besitzt konservierende Eigenschaften, und so bleiben die Weihnachtsbäume auch unter Tage gut zehn Jahre lang grün. Mit dieser Merkwürdigkeit hängt auch die unglaubliche Geschichte zusammen, die sich in der Grube zutrug: Eines Tages fand man in einem halb vergessenen Stollen einen leblosen jungen Mann, der zu schlafen schien. Man schaffte den offenbar erst kürzlich ums Leben Gekommenen ans Tageslicht, doch niemand kannte ihn. Nur eine alte Frau sah in ihm ihren Verlobten Fet-Mats, der 40 Jahre zuvor in der Grube verschollen war. Die wahre Geschichte lieferte den Stoff für zahlreiche Werke der Literatur. Neben einem Besuch der Grube (Mai–Juni, Aug. tgl. 10–17, Juli 10–18, Sept. 12–16.30, Okt.–April Sa, So 11–16 Uhr), lohnt ein Besuch des Grubenmuseums (Kopparberget, Tel. 023-78 20 30, www.kopparberget.com, Mai–Juni, Aug. tgl. 10–17, Juli 10–18, Sept. 12–16.30, Okt.–April Mo–Fr 11–17, Sa, So 11–16 Uhr).

Die Kupfergrube von Falun

Richtig Reisen-Tipp: Carl Larssongården in Sundborn

Kurz nach der Wende zum 20. Jh. zog es viele Künstler aufs Land, besonders nach Dalarna. Der wohl im Ausland bekannteste schwedische Maler, Carl Larsson, schuf sich in dem idyllisch am See gelegenen Haus, dem **Larssongården** 23 in Sundborn, 15 km nordöstlich von Falun, sein Heim nach eigenen Vorstellungen. Die Inneneinrichtung verfehlt noch heute ihre Wirkung nicht auf die zahlreichen Besucher des Larssongården. Das Haus und seine Einrichtung bilden eine durch und durch persönlich gestaltete Einheit, ein Gesamtkunstwerk, in dem ein wenig die fröhlich-unbeschwerte Atmosphäre fortlebt, die dieser Maler in seinen Bildern oft festgehalten hat. Vor allem Larssons Frau Karin prägte als Textilkünstlerin vieles von dem, was bis heute durch Möbelkaufhäuser verbreitet als skandinavischer Einrichtungsstil äußerst populär ist. Wer einen Sinn dafür hat, sollte den Besuch im Larssongården nicht versäumen, wo man sich viele Anregungen holen kann (Carl Larssongården, Sundborn,www.carllarsson.se, Tel. 023-6 00 53, Juni–Sept.. tgl. 10–17, Führungen Mo–Fr 11 Uhr).

Die meisten von Larssons Gemälden sieht man an anderer Stelle, etwa in Stockholmer Museen, aber die interessanten Porträts, die er von seinen Sundborner Nachbarn anfertigte und der Gemeinde hinterließ, sind in Sundborn zu besichtigen (Carl Larsson Porträtsammlung, Kyrkvägen 18, Sundborn, Tel. wie oben, Mitte Juni–Anfang Aug. Mo–Sa 11–17, So 13–17 Uhr, übrige Zeit nach Anmeldung im Larssongården).

Erst Mitte des 17. Jh. bekam die Grubensiedlung Stadtrechte, und typisch für diese Zeit ist auch die Backsteinkirche **Kristine kyrka** (1642–55) am Stora Torget mit ihrer prächtigen Barockeinrichtung. Faluns ältestes Gebäude ist aber die **Stora Kopparbergs kyrka,** z. T. aus dem 14. Jh., mit Wandmalereien. Auf dem Friedhof wurde der berühmte Fet-Mats begraben, 40 Jahre nach seinem Tod so gut erhalten, als sei er erst am Vortag aus dem Leben geschieden.

Im modernen Bau des **Dalarnas Museum** wird ein Überblick über die Folklore des Landes gegeben: Trachten, Bauernmalereien, aber auch die typische Musik der Region sind hier repräsentiert und ebenso das Arbeitszimmer der Nobelpreisträgerin Selma Lagerlöf. Sie wohnte ab 1897 eine Zeitlang in Falun, wo sie als Lehrerin arbeitete. Hier entstand, als Lehrbuch für den Heimatkundeunterricht, ihr berühmtes Buch ›Wunderbare Reise des kleinen Nils Holgersson mit den Wildgänsen‹ (Stigaregatan 2–4, Tel. 023-76 55 00, www.dalarnasmuseum.se, Mai–Aug. Mo–Fr 10–17, Sa, So 12–17, übrige Zeit auch Mi bis 21 Uhr).

i **Falu Turistbyrå:** Trotzgatan 10–12, 79183 Falun, Tel. 023-830 50, Fax 833 14, www.visitfalun.se, Mo–Fr 9–18, Sa 9–14 Uhr.

First Hotel Grand: Trotzgatan 9–11, Tel. 023-79 48 80, Fax 141 43. Zentral gelegenes Großhotel mit 183 komfortablen Zimmern; DZ ab 780 SEK.

STF Vandrarhem Hälsinggården: Vandrarvägen 3, Tel. 023-1 05 60, Fax 141 02, stf.vandrarhem.falun@telia.com. 3 km außerhalb, rauchfreie Konferenzanlage, im Sommer über 200 Betten in 2- und 4-Bett-Zimmern, Fahrradverleih, Busverbindung ins Zentrum; DZ ab 300 SEK.

Falu fängelse: Villavägen 36, Tel. 023-79 55 75, Fax 79 54 74, www.falufangelse.se. Originelle Unterkunft in zentraler Lage: im ehemaligen Gefängnis; ab 200 SEK/Person.

Lugnet: Tel. 023-8 35 63, ganzj. Der Platz liegt 2 km nordöstlich vom Ortszentrum in der Freizeitanlage, wo 1993 die Ski-WM ausgetragen wurde, Häuservermietung; Stellplatz ab 115 SEK.

Banken Bar & Brasserie: Åsgatan 41, Tel. 023-71 19 11, Mo–Sa 11–23 Uhr. In dem ehemaligen Banklokal bekommt man mittags kleine Gerichte im französischen Bistrostil, sehr populäres Lunchrestaurant, ab 80 SEK.

Folkmusikfestival: zweite Juliwoche, mit breitem Programm aus der internationalen Folk-Szene, von Afrika bis Irland
Falu marknad Ende Aug., Markt in der Innenstadt.

Flug: Inlandsflughafen Dala Airport, 28 km
Bahn: Verbindungen nach Borlänge, Gävle, Stockholm und Örebro
Busse nach Stockholm. Infos s. Borlänge.

Ins Idrefjäll

Die Gemeinde **Malung** 24 (10 400 Einw.) ist Zentrum der schwedischen Lederindustrie und in zahlreichen Geschäften sind bei Leder- und Pelzwaren gute Schnäppchen zu machen. Der gleichnamige Ort Malung liegt am Kreuzungspunkt des RV 45 mit der Strecke nach Norden Richtung **Sälen** 25, Schwedens größtes Skigebiet. Die umgebenden Berge steigen bis auf 900 m und mehr an – Skilifte und Abfahrten erschließen die kalten und zum Teil kahlen Höhen – hier zeigt sich Dalarna schneesicher und frostig, bisweilen auch im Sommer: **Idre** 26 misst regelmäßig die kältesten Temperaturen von ganz Schweden. Auf Idres Hausberg Städjan (1131 m) führt Schwedens höchstgelegene Straße mit atemraubender Aussicht.

Nördlich von Idre findet man auf 816 m Höhe vor der majestätischen Kulisse der 1200–1500 m hohen Berggipfel (die schon in Norwegen liegen) Schwedens südlichste Bergstation. **Grövelsjöns Fjällstation** 27 ist Sommer wie Winter ein ausgezeichneter Ausgangspunkt für Wanderungen ins *kalfjäll*, für Kanu- oder Skitouren. Im nahegelegenen **Idrefjäll** 28 gibt es weitere Skigebiete mit guter Infrastruktur.

Den **Nationalpark Fulufjället** steuert man am besten von Särna aus an (25 km südwestlich von Särna). Das 2002 zum Nationalpark erklärte Gebiet an der Grenze zu Norwegen umfasst große *kalfjäll*-Heiden, wo Flechten wachsen, die in anderen *kalfjäll*-Regionen meist dem Appetit der Rentiere zum Opfer fallen. Das wichtigste Besuchermagnet ist allerdings Schwedens höchster Wasserfall, **Njupeskär** 29, der 70 m lotrecht in eine tiefe Schlucht stürzt – die gesamte Fallhöhe beträgt sogar 123 m. In **Särna** 30 selbst erinnert ein Gedenkstein bei der alten Kirche Gammelkyrka (17. Jh.) an die früheren Besitzverhältnisse – die gesamte Region war bis 1644 norwegisch.

Sälens Turistbyrå: Centrumhuset, 78067 Sälen, Tel. 0280-187 00, Fax 187 15, info@salen.se, Mitte Aug.–Nov. Mo–Do 9–18, Fr 10–18, Sa 10–14, Mai–Mitte Aug. und Dez.–April Mo–Do 9–18, Fr 10–18, Sa 10–16, So 9–16 Uhr.
Idre Turism AB: Kulturhuset, Framgårdsvägen 1, 79091 Idre, Tel. 0253-200 00, Fax 320 40, info@idreturism.se.

STF Fjällstation Grövelsjön: Idre, Tel. 0253-59 68 80, Fax 232 25, info@grovelsjon.stfturist.se., Weihnachtsferien, Feb.–Mitte April, Mitte Juni–3. Sept.-woche. Die Bergstation mit 150 Betten in teils komfortablen 1- bis 4-Bett-Zimmern sowie einigen Hütten für bis zu 6 Personen liegt am Fuß des Långfjället, umgeben von um die 1000 m hohen Gipfeln. Ausflugs- und Sportmöglichkeiten, Kanu- und Skiverleih, geführte Wandertouren, Skischule. Mit Restaurant und Laden für Selbstversorger. Ab 205 SEK/Person, je nach Komfort.

Wintersport; im Sommer stehen hier Wandern, Reiten und der Besuch von Sennereien (*fäbodar*) auf dem Programm.

Bahn: Zugverbindungen Borlänge–Malung (Tågkompaniet).
Bus: Verbindungen von Mora nach Särna, Idre, Idrefjäll und Grövelsjön.

Kapitel 5

Der Norden

Auf einen Blick: Der Norden

Im Land der Mitternachtssonne

Je weiter nördlich die Reise geht, desto spärlicher wird die Besiedelung. Nur wenige Verkehrswege schlagen eine Schneise in die Wildnis. Einer davon ist die **Inlandsbana**. Die Eisenbahn hat ihre Bedeutung im Gütertransport zwar keineswegs verloren, doch ist sie heute vor allem eine Touristenattraktion. Der **Inlandsvägen** (RV 45) – auch ›Via Lappia‹ genannt – verläuft parallel zur Inlandsbana. Die Straße, die über rund 1800 km von Göteborg nach Karesuando führt, ist die Hauptverkehrsader im hohen Norden und wird neben der E 4 als Route ans Nordkap benutzt.

In **Härjedalen** ist auch landschaftlich die Grenze nach Norrland überschritten, hier liegt Schwedens südlichster Gletscher, Helagsfjället. Die unbewaldeten Zonen jenseits der Baumgrenze sind im Sommer bevorzugte Rückzugsgebiete der Rentiere vor der Mückenplage im tiefer gelegenen Waldland.

In **Jämtland** ist das Gebiet um den See Storsjö dank guter Böden und mildem Kleinklima uraltes Kulturland. Jämtland gehörte wie Härjedalen bis 1645 zu Dänemark-Norwegen, und seine Bewohner frönen noch heute einem gewissen ›Separatismus‹, indem sie beispielsweise die weiß-grüne Flagge Jämtlands statt der schwedischen am Haus hissen.

Reizvolle Abstecher von Inlandsvägen und Inlandsbana führen in die Flusstäler, die traditionellen Verkehrswege früherer Zeiten. In ihnen transportierte man in alter Zeit Holz, Erz, Gold und Silber aus dem Gebirge zu den Hafenstädten an der Ostsee, die kaum 100 km entfernt ist. Wem es also in der Wildnis zu langweilig oder zu ungemütlich wird, der kann in die Küstenstädte mit ihrem Kulturangebot ausweichen: Gävle, Sundsvall, Hudiksvall, Härnösand, Umeå, Luleå ...

Ebenso führen Stichstraßen ins Gebirge, wo jeglicher Autoverkehr endet. Hier schlängelt sich der rund 440 km lange Wanderweg ›Kungsleden‹ an den zahlreichen Nationalparks von **Lappland** entlang bis nach Abisko. Der höchste Berg Schwedens, der **Kebnekaise**, liegt südlich von Kiruna, sein Gipfel in 2111 m Höhe ist von ewigem Eis bedeckt. Ausgehend vom See Torneträsk im Abisko Nationalpark beginnt der **Torneälv**, einer der letzten unregulierten Flüsse Schwedens, seine Reise an die Ostsee, wo er als mächtiger Strom mündet.

Der nördliche Ostseeraum ist noch heute am stärksten von der Landhebung betroffen, die nach dem Ende der Eiszeit vor rund 10 000 Jahren noch immer andauert und pro Jahr bis zu 15 mm beträgt. Buchstäblicher

Höhepunkt ist **Höga Kusten**. Der felsigen, von Fjorden unterbrochenen Küste liegt eine von bunten Fischerhäusern gespickte Inselwelt zu Füßen.

Die Insel Ulvö gilt als die Hochburg der kulinarisch zwischen Schweden und dem Rest der Welt heftig umstrittenen Delikatesse *surströmming*, die man nur sehr wohlwollend mit ›saurer Hering‹ übersetzen kann (s. S. 382).

Highlights

14 **Abisko Nationalpark:** üppige Blumenwiesen und erhabenes Bergpanorama am See Torneträsk (s. S. 366–368)

15 **Kukkolaforsen:** wirbelnde Wasser am breiten Grenzfluss Torneälv (s. S. 370 f.)

Empfehlenswerte Routen

Vildmarksvägen von Strömsund ins Marsfjäll: auf dem RV 342 vorbei an blauen Seen, kahlen Weiten und atemberaubender Bergszenerie an der Grenze zwischen Jämtland, Lappland und Norwegen (s. S. 349–352)

Im Tornedal zur Ostsee: entlang des ungezähmten Torneälv von Lapplands Bergen an die Schärenküste (s. S. 368–370)

Reise- und Zeitplanung

Wahlweise auf der Schiene (Inlandsbana) oder auf der Straße lässt sich mit zwei bis drei Zwischenstopps die Strecke von Mora/Orsa nach Gällivare (insgesamt 1067 km Bahnkilometer) in zwei bis drei Tagen bewältigen. Für Reisende nach Fahrplan ist Östersund unvermeidliche Zwischenetappe. Für Abstecher ins Gebirge, z. B. nach Ammarnäs oder Arjeplog, berechne man je einen Tag extra.

Klima und Reisezeit

Norrlands Bergland ist Sommer- wie Winterreiseziel. Die **Mitternachtssonne** scheint nördlich des Polarkreises von Ende Mai bis Ende Juli rund um die Uhr. Lange Schönwetterperioden mit 30 °C Tagestemperatur und – wegen der anhaltenden Sonneneinstrahlung – kaum Abkühlung in der Nacht sind keine Seltenheit. Kühle Tage sind gerade im Gebirge dennoch möglich, das sollte man bei der Ausrüstung bedenken. Anders die Küste: Schönes Spätsommerwetter hält sich an der Ostsee oft viel länger als im Inland, wo die Berge immer mal wieder von einem norwegischen Tiefdruckgebiet gestreift werden.

Schneesicher ist das Gebirge ab Dezember/Januar. Angenehmer sind März und April, wenn die Tage werden schon wieder länger werden. Die Ferienzeit von Mittsommer bis Mitte August ist Hochsaison zum Bergwandern und für Aktivurlaub aller Art – dann sind aber auch die Mücken am aktivsten. Nach den ersten Frösten im September hat man vor ihnen meist Ruhe.

Richtig Reisen-Tipps:

Freilichtmuseum Jamtli: Im Jamtli Historieland in Östersund kann man leicht einen ganzen Tag verbringen. Das Freilichtmuseum widmet sich der Alltagskultur Norrlands. Auch für Kinder spannend (s. S. 343).

Wanderweg Kungsleden: Auf dem ›Königsweg‹, an Lapplands Fjäll entlang, erlebt man die spektakuläre lappländische Bergwelt mit ihren großen Nationalparks (s. S. 354)

Die Inlandsbana: 1000 km auf der Schiene durch die Wildnis. Die Inlandsbana erschließt seit 1937 die menschenleeren Waldweiten Lapplands (s. S. 362).

Skuleberg und Nationalpark Skuleskogens: Mit der Seilbahn oder auf einem alpinen Klettersteig hinauf auf den Berg an der ›Hohen Küste‹ und eine fantastische Aussicht genießen. Und dann in die wilde Natur eintauchen... (s. S. 380)

Durch das Bergland von Härjedalen und Jämtland

Karte S. 338

Am Rand der Berge von Härjedalen und Jämtland liegen liebliche Täler voller ländlicher Idylle: farbenfroh blühende Bergwiesen, schmucke weiße Kirchen, sprudelnde Bäche neben der Straße und Sennereien, in denen man die typische Dickmilch *filmjölk* bekommt. Die alte Kulturlandschaft um den See Storsjö mit Jämtlands Hauptstadt Östersund lohnt einen längeren Zwischenstopp.

Nördlich von Orsa quert der Inlandsvägen RV 45 den Fluss Emån (Ämån). Die Passagiere der Inlandsbana haben hier bei einem Fotostopp Gelegenheit zu einem Schwindel erregenden Blick in die 40 m tiefe Schlucht **Storstupet**. Und noch atemberaubender erscheint Wanderern in der Schlucht der Anblick des Schienenbusses mitten auf der filigran wirkenden Eisenbahnbrücke von 1902. Der merkwürdige Turmaufbau am Bahnhof **Emådalen** ein Stück weiter ist ein Relikt aus der Zeit der Dampfloks: Hier wurden die Dampfkessel, denen das Wasser ausgegangen war, von oben wieder aufgefüllt. Das war auch dringend notwendig, denn wenige Kilometer weiter musste sich die Lok zum höchsten Punkt der gesamten Strecke 524 m ü. NN hinaufquälen.

Orsa finnmark

An der Wildhüterstation **Noppikoski** 1 ist die Finnmark im nördlichen Dalarna erreicht. Im 17. Jh. siedelten Finnen in der einsamen Waldwildnis und prägten viele Ortsnamen. Es ist schon ein besonderes Abenteuer, auf holperigen Schotterwegen vom RV 45 dem Schild ›Pilkalampinoppi‹ folgend abzubiegen und nach Überqueren der Inlandsbana-Gleise durch ein Meer von Bäumen, unterbrochen nur durch bodenlose Moorseen, zu fahren. Schließlich geht es unvermittelt einen Berg hinauf, den man zu Fuß in ca. 10 Minuten erklimmt. Vom 644 m hohen Feuerwachturm **Pilkalampinoppi** 2 aus sieht man bis zum Horizont nichts als Wasser und Wald, kein Kirchturm und kein Asphaltband stören die Naturharmonie. Der hübsche Holzturm wurde 1888 als erster Brandschutzturm Schwedens errichtet, nachdem immer wieder riesige Waldbrände gewütet hatten. Wann immer sich über dem Wald ein Rauchwölkchen zeigte, schlug der Brandschutzwart Alarm. Ohne Telefon dauerte es aber auch noch etliche Stunden, bis Hilfe vor Ort eintraf.

Härjedalen

Das ist auch in Schweden ungewöhnlich: ein Wohnhaus, das seit 1910 original mit seiner gesamten Einrichtung aus dem 18. und 19. Jh. erhalten geblieben ist. Die Besitzer des Gammelgården in **Fågelsjö** 3 bezogen nämlich buchstäblich von heute auf morgen ihr gleich nebenan errichtetes neues Domizil, das ›Amerika-Haus‹. Amerika hatten die Bauherrn allerdings nie gesehen, als einzige Vorlage für den Bau diente eine Ansichtskarte aus der Neuen Welt. Im alten Haus ließen sie das gesamte Inventar zurück, selbst das blau bemalte Spielzeugpferdchen der Kinder – ein Glück für die Nachwelt, die all dies nun unversehrt besichtigen kann. Die gute Stube im ersten Stock ist mit Wandmalereien eines

Rättviker Malers von 1856 dekoriert (Mitte Juni–Mitte Aug. tgl. 10–17 Uhr, im Sommer auch Handwerksausstellungen und -kurse).

Der **Nationalpark Hamra** 4 östlich des RV 45 bei Fågelsjö ist Schwedens kleinster Nationalpark. Das nur 28 ha große Areal blieb seit etwa 100 Jahren von Sägen und Äxten unberührt. Pfade führen durch den ansonsten unpassierbaren Urwald – von Sturm oder Alter gefällte Bäume und riesige Felsblocks versperren den Weg. Die bis zu 300 Jahre alten Fichten im Ostteil des Parks sind malerisch mit Bartflechten ›geschmückt‹.

In **Sveg** 5, auch ›Härjedalsporten‹, Pforte nach Härjedalen, genannt, kreuzt der Inlandsväg das Tal des Ljusnan. Die kombinierte Bahn-und-Straßenbrücke heißt seit 2001 auch ›Mankellbro‹ – der Krimiautor Henning Mankell verbrachte seine Jugend hier und machte sie in einem seiner Romane zum Handlungsschauplatz. Es kann nur immer entweder ein Zug oder ein anderes Fahrzeug die Brücke benutzen. Der Ortsname Sveg rührt her von dem ›Schwenk‹ (schwed. *sväng*), den der Fluss Ljusnan hier macht.

Im Ort findet man außer Tankstelle, Hotel und Imbissstube zwar auch einen Gammelgården mit alten Gebäuden, aber 16 km Ljusnan-abwärts in **Älvros** 6 hat sich das alte Dorfbild besser erhalten, sogar mit einigen Häusern aus dem 17. Jh. Gegenüber den alten Gebäuden des Hembygdsgården steht die Kirche mit dem schönen separaten Glockenturm aus Holz am Flussufer. Sie stammt weitgehend aus dem 18. Jh., die Innenausmalung vom lokalen Künstler Erik Wallin. Man beachte die mit Wolken bemalte Decke und das hölzerne Sterngewölbe.

Der RV 45 führt über **Ytterhogdal** und **Överhogdal** 7, wo 1910 die mittelalterlichen Bildteppichfragmente gefunden wurden, die heute im Museum in Östersund ausgestellt sind. Parallel verlaufen die Gleise der Inlandsbana durch menschenarmes und bärenreiches Gebiet – um den Halt **Röjan** 8 gibt es wilde Wasserfälle und Stromschnellen und gute Angelgewässer wie den Lilla Sörtjärn.

Eine schöne Alternativroute ist der RV 84 Richtung Funäsdalen (s. S. 339 f.). Wer den Abstecher bis dorthin nicht machen will,

Bodenlose Schönheit – Seerosen in einem Moorsee in Orsa finnmark

Hjärjedalen/Jämtland

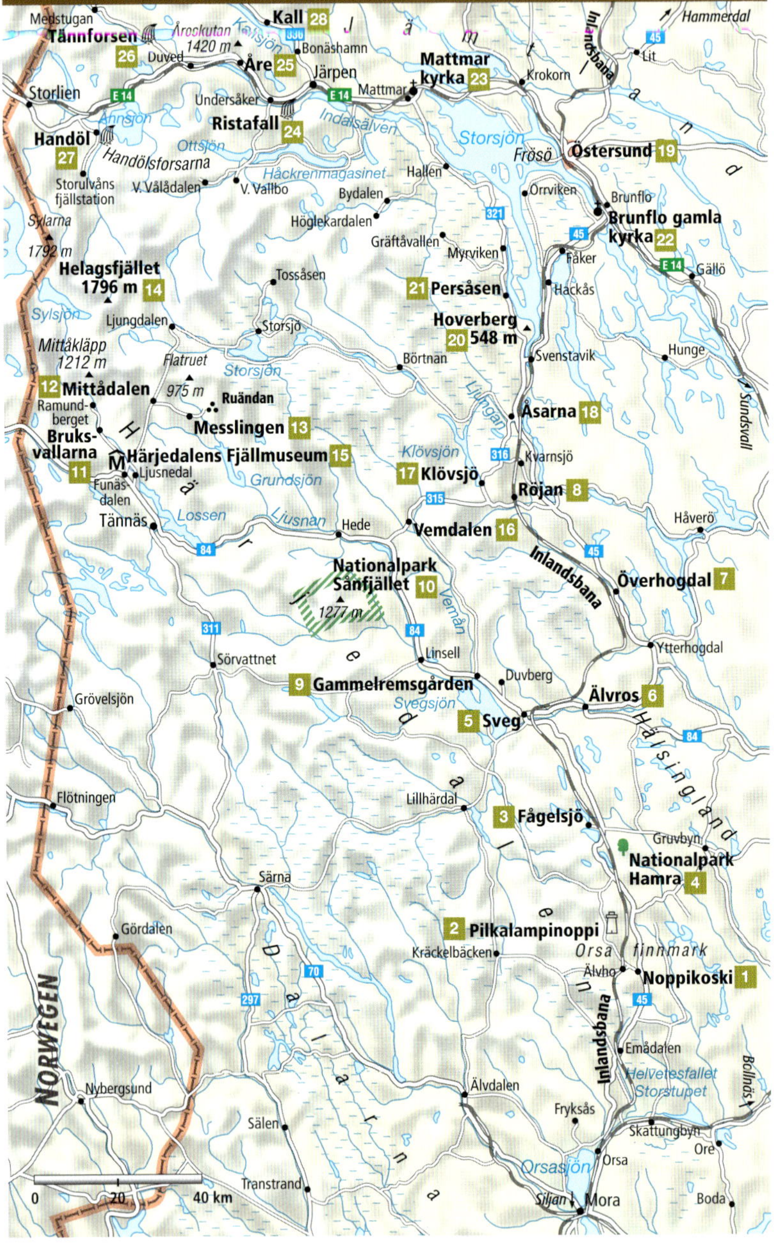

wechselt auf den RV 315. Gleich beim Abzweig 15 km hinter Sveg Richtung Vemdalen liegt in Glissjöbergsremmet der Hof **Gammelremsgården** 9, ein schönes Beispiel solider alter Holzbauweise. Der Gründer des Hofes im 17. Jh. war vermutlich ein finnischer Einwanderer, dem es in der Orsa finnmark ›zu eng‹ geworden war. Seine Nachkommen wurden durch Handel wohlhabend. Das heutige Hauptgebäude stammt vermutlich von 1774, so sind jedenfalls die Wandmalereien von Erik Wallin datiert, der auch die Kirche von Älvros dekorierte. Die Decke im Andachtsraum des Hauses stammt aus einer Stabkirche – die andere Hälfte fand man in Vemdalen (Mitte Juni–Mitte Aug. tgl. 11–17 Uhr, im Juli Di Handwerksvorführungen).

Im Tal des Vemå öffnen sich Ausblicke auf so genanntes *kalfjäll*, unbewaldete Berggipfel, wie das bis auf 1277 m ansteigende Gebirgsmassiv **Sånfjället** 10. Seit 1910 ist das 10 440 ha große Gebiet Nationalpark, um den Lebensraum der hier sehr zahlreichen Bären zu schützen. Am ehesten hat man bei einer Bärensafari die Chance, einem Bären ohne Risiko in freier Wildbahn zu begegnen.

Nyvallen fäbod: Infozentrum in der Sennerei, Mittsommer–Aug. tgl., Sept. Sa, So 10–18 Uhr. Buchung von Bärensafaris über Hede turistbyrå, Tel. 0684-410 80.
Härjedalsporten/Svegs Turistbyrå: Folkets Hus, Ljusnegatan 1, 84232 Sveg, info@herjedalsporten.se, Tel. 0680-107 75, Fax 107 76.

STF Vandrarhem Mysoxen: Fjällvägen 12–14, Sveg, Tel. 0680-170 00, Fax 100 62, hotell@mysoxen.se. Zentral, unweit von Bahnhof (300 m) und Ortszentrum, 26 Betten in Zimmern mit Dusche/WC, Telefon usw., auch Restaurant; DZ ab 350 SEK.
Svegs Camping: Kyrkogränd 1, Tel. 0680-130 25. Mitten im Ort am Fluss Ljusnan, ganzj. Hüttenvermietung.

Bahn: Inlandsbana von Mora oder Östersund, Sommerbetrieb, Halt in Röjan.
Bus: nach Ljusdal, Mora, Östersund, Vemdalen, Funäsdalen.

Mit der Autorin unterwegs

Wanderung
Starten Sie zur Bergwanderung am Fuß von Schwedens südlichstem Gletscher **Helagsfjäll** (s. S. 340).

Bilderbuchdorf
Klövsjö by in Jämtland gilt als Schwedens schönstes Dorf – unverändert wie vor Jahrhunderten (s. S. 341).

Wilde Wasser
Wandern Sie an den Fuß des wild brausenden Wasserfalls **Tännforsen** am Rand der Waldwildnis (s. S. 345).

Ein schöner Rücken ...
Machen Sie eine Runde um den **Kallsjö** (s. S. 346) und lassen Sie sich vom Blick auf die schöne Rückseite des Berges Åreskutan entzücken.

Regionale Auskunftstelle
Jämtland/Härjedalen Turism, Rådhusgatan 44, 83182 Östersund, Tel. 063-14 40 22, Fax 10 93 35, www.jamtland.info

Abstecher nach Funäsdalen

Funäsdalen lohnt einen längeren Abstecher, denn es ist nicht nur ein beliebter Wintersportort, sondern auch im Sommer ein idealer Ausgangspunkt für Bergwanderungen, Angel- oder Kanutouren und für Ausflüge zu Sennereien, von denen einige noch bewirtschaftet werden, etwa in **Bruksvallarna** 11 oder im **Mittådal** 12 an den Hängen des Mittåkläpp. Härjedalen gilt als schwedische Landschaft mit den meisten Gipfeln über 1000 m südlich vom Polarkreis, und eine von Schwedens höchst gelegenen Straßen führt von Funäsdalen auf 975 m Höhe über das *kalfjäll*-Gebiet **Flatruet** nach Ljungdalen im Norden (ca. 35 km). Bei **Messlingen** 13 wurden 4000–6000 Jahre alte Felsritzungen und -malereien entdeckt. In dieser Region hat man Gelegenheit zu einzigartigen Bergwan-

Schweden wie im Bilderbuch: Klövsjö

derungen mit Blick auf Schwedens südlichsten und immerhin knapp 1800 m hohen Gletscher im **Helagsfjället** 14, an dessen Fuß die Svenska Turistföreningen (STF) für Wanderer ausgerüstete Berghütten unterhält (geöffnet März/April, Mittsommer–Sept.).

Härjedalens Fjällmuseum 15 in Funäsdalen widmet sich dem Alltag der Bergbauern und der samischen Ureinwohner sowie der Grubenarbeiter in früheren Zeiten – in Ljusnedal gab es ein Bergwerk. Die Ausstellung entstand aus einer seit 1893 zusammengetragenen Privatsammlung, ist ansprechend und informativ konzipiert und auch besonders passend für Kinder gestaltet (Tel. 0684-164 10, www.herjedalen.se/fjellmuseum im Sommer tgl., Nov. geschl., übrige Zeit Di–Fr 11–17 Uhr).

Funäsdalsfjäll AB: Rörosvägen 30, 84095 Funäsdalen, Tel. 0684-164 10, Fax 290 26, info@funasdalsfjall.se.

Hotel Tänndalen: Tänndalen, Tel. 0684-220 20, Fax 224 24, www.tanndalen.se, ca. 28.6.–21.9. und 20.12.–1.5. Hochkarätige Ferienanlage 12 km westlich von Funäsdalen, 160 Betten, Sauna, Skibus, eigene Lifte, gutes Restaurant, Pool, Luxusapartments und -hütten; DZ ab 1100 SEK.
Skarvruets Fjällhotel och STF Vandrarhem: Tel. 0684-221 11, Fax 223 11. Herberge und Hotel 7 km westlich von Funäsdalen auf 830 m Höhe nahe der Baumgrenze. Gute Skigebiete, Bergwanderrouten direkt vor der Tür. Mit Restaurant; DZ ab 290 SEK.
Funäsdalens Fjällcamping: Kvarnströmmen, Tel. 0684-216 10, Fax 216 42, ganzj. 2 km nördlich von Funäsdalen Richtung Bruksvallarna, 200 Plätze, die vor allem für Wintercamping ausgerüstet sind; Stellplatz ab 110 SEK.

Bergwandern zu bewirtschafteten Sennereien wie Bruksvallarna im Ljusnan-Tal und im Mittådal (auch Seilbahnen).
Moschusochsen-Safaris übers Turistbyrå.
Kanuverleih, Angeln: Infos übers Turistbyrå.
Golf: 18-Loch-Golfplatz in Ljusnedal, 9-Loch-Platz am Fuß der Berge in Ramundberget.

Bus: Verbindungen von Östersund und Sveg; am Wochenende verkehrt der Bus ›Härjedalingen‹ von Stockholm (Tel. 0680-605 80). Informationen zum Nahverkehr s. Östersund.

Vemdalen

Felder und Wiesen füllen den weiten, fruchtbaren Talgrund, und mittendrin leuchtet der hölzerne Zwiebelturm von **Vemdalen** 16. Die hübsche, achteckige **Barockkirche** entstand 1763 und ist innen mit Bibelszenen und -texten dekoriert. Hinter der Kirche erinnert die Bronzeskulptur ›Nybyggarna‹ an die Siedler, die im 18. Jh. die Kolonisierung weiter Landstriche im unwegsamen Gebiet vorantrieben.

Vemdalens Turistbyrå: Centrumgatan 1, 84092 Vemdalen, Tel. 0684-302 70, Fax 303 30 (gegenüber der Kirche), www.vemdalen.nu, Mo–Fr 10–12, 13–17 (Hochsaison), Mo–Fr 13–17 Uhr (Nebensaison).

Storhogna Högfjällshotell: Storhogna, Vemdalen, Tel. 0682-41 30 30, Fax 41 30 42, www.storhogna.com. Berghotel 16 km westlich Klövsjö, guter Ausgangspunkt für Wanderungen im Fjäll. 52 Zimmer und 33 Hütten oder Ferienwohnungen mit hohem Standard, Wellness-Center, Restaurant mit mediterran inspirierter Küche und lokalen Zutaten wie Ren oder *röding* (179–270 SEK); DZ ca. 1040–1390 SEK.

Jämtland

Klövsjö und Åsarna

Dass in Jämtland und Härjedalen im Winter reichlich Skibetrieb herrscht, zeigen die kahlen Abfahrts- und Liftschneisen an den Bergflanken auf der Weiterfahrt nach **Klövsjö** 17. Das Bauerndorf liegt wunderschön am Berghang über dem weitverzweigten See. Etliche alte Bauernhäuser sind erhalten und das von Hand gesenste Heu wird wie in alter Zeit auf Holzgestelle zum Trocknen gehäuft.

Von der Höhe geht es wieder abwärts nach **Åsarna** 18, wo Skandinaviens längste Steinbogenbrücke aus dem Jahr 1842 die Schnellen im Fluss Ljungan überspannt. Bekannt ist Åsarna als Skiort und Heimat berühmter schwedischer Weltmeister im Skilanglauf, weshalb sich der Ort mit dem Titel ›Guldbyn‹ (Golddorf) schmückt. Hier stößt man wieder auf den Inlandsvägen.

Kvarnsjö Camping: Tel. und Fax 0682-220 16, www.kvarnsjocamp.com, ca. 10 km östlich von Klövsjö, Hütten-, Häuser- und Zimmervermietung; Stellplatz ab 80 SEK.

Viltmarkscafé: an der Inlandsbana-Station Åsarna, am RV 45, Mai–Okt., Café mit lokalen Spezialitäten (belegte Brötchen), Verkauf u. a. von Ziegenkäse, Räucherfisch, Rentierfellen.

Angeln im Vemå und den Gebirgsseen, reiche Vorkommen von Edelfischen wie Äsche, Forelle, Saibling, Barsch, Felchen. **Golf**plätze (18- und 9-Loch), bewirtschaftete **Sennereien** (*fäbodar*; Auskunft im Turistbyrå); **Wintersport.**

Bahn: im Sommer Inlandsbana (Halt in Åsarna).
Busse ab Östersund, Wochenendbus von Stockholm.

Östersund

Jämtlands Hauptstadt **Östersund** 19 (58 300 Einw.) ist als einzige im Umkreis von vielen hundert Kilometern gut mit Geschäften ausgestattet, und Reisende mit der Inlandsbana finden reichlich Übernachtungsmöglichkeiten. Vor allem das **Freilichtmuseum Jamtli** (s. S. 343) lohnt mindestens einen Tag Zwischenstopp.

Architektonisch hat das 1786 gegründete Östersund nicht viel Aufregendes zu bieten. Das schwedische Militär unterhält hier einen seiner größten Standorte und die Armee ist der wichtigste Arbeitgeber. Die Lage am See vor der herrlichen Bergkulisse ist Östersunds größtes Kapital. Von der schmucken Seepromenade mit der Grünanlage Badhusparken starten im Sommer (Juni–Aug.) Dampferrundfahrten auf dem Storsjö. Mit dem 100 Jahre alten ›S/S Thomée‹ geht es zu den Inseln **Verkö** (Schloss, Restaurant), **Andersö** (Naturschutzgebiet) und **Norderö**. Kollisionen mit dem ›Storsjöodjur‹, dem legendären Seeungeheuer und nahen Verwandten des Monsters von Loch Ness, sind nahezu ausgeschlossen.

Historische Monumente und schöne Aussichtsplätze gibt es in Östersunds Umgebung vor allem auf der Insel Frösö, zu der eine Brücke hinüberführt. Unter dem Altar der ursprünglich mittelalterlichen **Frösö kyrka** fand man bei Ausgrabungen um einen Birkenstamm angeordnet die Knochen von Bär, Wildschwein, Hirsch und Eichhörnchen – Hinweise darauf, dass hier vermutlich schon vor Urzeiten ein Heiligtum war. Von der Kirche hat man einen herrlichen Blick aufs Umland (Mitte Juni–Mitte Aug. Mo–Fr 8–20, Sa, So 10–20, übrige Zeit Mo–Do 8–16, Fr 8–15 Uhr). Der nördlichste Runenstein Schwedens ganz in der Nähe berichtet davon, dass ein gewisser Östman hier bereits um 1050 die Bewohner Jämtlands taufte. Den besten Blick auf den See und die blaue Bergkulisse Richtung Norwegen hat man vom **Aussichtsturm** Frösötorn auf dem 468 m hohen Östberg (Mitte Mai–Mittsommer tgl. 11–18, Mittsommer–Mitte Aug. tgl. 9–21, Mitte Aug.–Mitte Sept. 12–18 Uhr, mit Café).

Sommarhagen, das Wohnhaus des Komponisten und Musikkritikers Wilhelm Peterson-Berger (1867–1942) im folkloristischen Stil, liegt ebenfalls auf der Insel Frösö und ist im Rahmen von Führungen zu besichtigen. Im Inneren kann man sich von den ungewöhnlichen Einrichtungsideen fürs eigene Zuhause inspirieren lassen (Juni u. Mitte–Ende Aug. tgl. 11–15, Mittsommer–Mitte Aug. 11–18 Uhr).

i **Turistbyrå Östersund:** Rådhusgatan 44, 83182 Östersund, Tel. 063-14 40 01, Fax 12 70 55, www.turist.ostersund.se, Juni u. Aug. Mo–Fr 9–17, Sa, So 10–15, Juli Mo–Sa 9–21, So 9–19, übrige Zeit Mo–Fr 9–17 Uhr.

Radisson SAS Hotel Östersund: Prästgatan 70, Tel. 063-55 60 00, Fax 10 67 29, www.radissonsas.se. Komforthotel im Zentrum, 176 Zimmer; DZ ab 895–1495 SEK.

Hotell Älgen/Pensionat Björnen: Storgatan 61, Tel. 063-51 75 25, Fax 13 80 65, www.hotelalgen.se. Ruhige Lage, 100 m vom Bahnhof, 35 Zimmer mit unterschiedlichem Komfort in zwei Häusern, freundlicher Service; DZ ab 550 SEK (Hotell Björnen) oder 650 SEK (Pensionat Älgen).

STF Vandrarhem: Södra Gröngatan 36, Tel. 063-341 30 oder 13 91 00, micke2@algonet.se, Mittsommer–1. Aug.-woche. Großzügige und komfortable Herberge, ca. 400 m vom Bahnhof, 112 Betten in Apartments mit Dusche/WC; DZ ab 330 SEK.

Vandrarhemmet Jamtli: Museiplan, Tel. 063-10 59 84, Fax 10 61 68, vandrarhemmet@jamtli.com. Einfache Herberge am Freilichtmuseum, 2- bis 4-Bett-Zimmer in Holzhäuschen; DZ ab 280 SEK.

Östersund Camping: Krondiksvägen 95, Tel. 063-14 46 15, Fax 14 43 23. Großer Platz 3 km südlich vom Zentrum, Hütten-, Häuser- und Zimmervermietung, Hütte ab 420 SEK, Stellplatz ab 120 SEK.

Frösö Camping & Stugby: Tel. 063-432 54, Fax 438 41. Auf der Insel Frösö vor Östersund, 5 km vom Zentrum, Hütten und Häuser mit Dusche/WC ab 450 SEK/Tag, Stellplatz ab 120 SEK.

Lits Camping / Little Lake Hill Canoe Center: Lit (22 km nördlich von Östersund), Tel. 0642-102 47, Fax 101 03, ove.djurberg@swipnet.se, Mitte Mai–Mitte Sept. Schöner Platz mit Kanuzentrum (Verleih, geführte Mehrtagestouren), Gokartbahn und Fahrradverleih; Ferienhütten (vollständig ausgerüstet: ab 595 SEK/Tag, einfach: ab 295 SEK), Stellplatz ab 125 SEK.

Restaurang Hov: Jamtli (im Freilichtmuseum), Tel. 063-15 01 03, Mittsommer–Ende Aug. tgl. 12–16, übrige Zeit Mo–Fr 11.30–14.30, Mi–Sa ab 17 Uhr à la carte (ca. 200 SEK). Im ältesten Restaurant am Ort gibt es auch Gerichte der traditionellen jämtländischen Küche, z. B. Ren, Pilze, *tunnbröd*. Das günstige Lunchbüfett ist sehr populär.

Richtig Reisen-Tipp: Freilichtmuseum Jamtli

Östersunds größte Attraktion ist **Jamtli Historieland**, ein Freilichtmuseum zur Alltagskultur in Norrland, das sich alles andere als museal gibt. Hier ist den ganzen Sommer über immer etwas los und ein Tag ist schnell vergangen: In der Sennerei wird aus frischer Sahne im alten Butterfass Butter gestampft, von der die Besucher gleich eine Kostprobe auf *tunnbröd* probieren können, das ein paar Häuser weiter im Holzofen gebacken wird. Die Kinder werden zeitgenössisch eingekleidet und zum Ziegenhüten oder bei der Heuernte eingesetzt. Alle ›Bewohner‹ der Häuser, ob Gebirgsbauern des 18. Jh. oder Leute aus den 50er Jahren des 20. Jh., beziehen die Besucher ein, laden zu einem kleinen Imbiss oder zu einem Becher Wacholderbier.

Neben dem Freigelände bieten die Ausstellungen in dem modernen Museum einen guten Überblick über die Geschichte und das Leben im Norden, über die Kultur der Sami und das Vordringen der ›Nybyggarna‹, die sich an die Kolonisierung der Wildnis machten.

Höhepunkt des Museums ist ein 1910 entdeckter Bildteppich aus dem 9. Jh. mit einem Fries von Tier-, Menschen- und Schiffsdarstellungen, die bis heute nicht gedeutet werden können. Erstaunlich an diesem nach seinem Fundort ›Överhogdals bonder‹ benannten mittelalterlichen Textil ist die Leuchtkraft der Farben des Wollgarns, aus dem der wie bestickt wirkende Bildteppich gewebt wurde. Die Kette besteht aus Leinen. Der größte Teil des über 1000 Jahre alten Leinen-Woll-Gewebes wurde in der Kirche von Överhogdal in einer Holzkiste für Putzutensilien gefunden (Tel. 063-15 01 00, www.jamtli.com, Mittsommer–Aug. tgl. 11–17, übrige Zeit Di–Fr 10–16, Sa, So 11–17 Uhr).

Gaupa Hantverk: Z-gränd (abseits Biblioteksgatan), Mo–Fr 10–18, Sa 10–14 Uhr. Von einer Kooperative betriebener Laden mit Kunsthandwerk meist lokaler Produktion.
Ost & Vilt: Prästgatan 19, Mo–Fr 10–18, Sa 10–14 Uhr. Kulinarische Delikatessen aus Jämtland.
Wikner konsthantverk: Persåsen, Oviken (53 km südlich von Östersund), Ausstellung und Laden Mo–Sa 10–16, So 12–16 Uhr (im Sommer auch länger).
Frösö handtryck: Rydellsväg 4, Krokom (21 km nördlich), Mo–Fr 10–15.30 Uhr, www.froso.com. Fabrikladen mit Stoffen vom Meter in schönem Design.

Storsjöyran eine Woche Ende Juli/Anfang Aug. Stadtfest mit Livemusik, Speis und Trank am Storsjö-Ufer – Restaurants geben in Zelten Proben ihrer Küche.

Baden: Außer im meist zu kalten Storsjö im Hallenbad Storsjöbadet oder dem geheizten Freibad Lövstabadet.
Fahrrad- und Inlinerverleih an der Seepromenade nahe Badhusparken (im Sommer).
Wintersport: Abfahrtslauf sowie Hundeschlitten- und Scootertouren.
Golf: auf drei Plätzen,

Flug: Inlandsflughafen 11 km von Östersund
Bahn: Zug über Gävle nach Stockholm und nach Sundsvall, Nabotåget nach Trondheim/Norwegen sowie (nur im Sommer) mit der Inlandsbana nach Mora und Gällivare;
Fernbus ab Stockholm und Sundsvall (Y-Buss). Infos zum Nahverkehr: Länstrafiken i Jämtlands län, Tel. 0771-10 01 10, www.lanstrafiken-z.se; Busse u. a. nach Frösö, Tel. 063-16 84 00, www.stadsbussarna.se.

Rund um den Storsjö

Wählt man bei der Anreise von Süden in Svenstavik die westliche Seeseite des Storsjö, statt dem Inlandsvägen entlang der Ostseite zu folgen, fährt man gerade auf den aus dem Kulturland aufragenden bewaldeten Buckel **Hoverberg** 20 zu. Eine Straße führt bis zum Aussichtspunkt auf dem 548 m hohen Gipfel. Als besondere Attraktion birgt der Porphyrberg in seinem Innern eine große Bergspalte, mit etwa 170 m Länge und 25 m Höhe die größte Höhle Schwedens. Sie entstand wahrscheinlich nach Absenken des Bergs als Verwerfungsspalte. Allerdings ist die Höhle nur im Hochsommer eisfrei und kann dann teilweise besichtigt werden (Juli–Aug. tgl. 10–20 Uhr).

Die Straße schlängelt sich mit weiten Ausblicken auf die Südzipfel des Storsjö nach Norden. In **Persåsen** 21 hat man Gelegenheit zu einer Rast im Café bei Wikner Konsthantverk. Wer eine Schwäche für originelle und rustikale Holzmöbel oder in Handarbeit aus Holz gefertigte Dinge hat, findet hier bestimmt ein Mitbringsel. Nebenan im Hotel/Vandrarhem kann man auch übernachten. Hinter Myrviken passiert man eines der Gebiete, in denen die nach Vanille duftende Orchideenart Kohlröschen (*brunkulla*), die Landschaftsblume von Jämtland, noch häufig auf den Wiesen wächst,

Dass es im frühen Mittelalter in dieser Region eine Grenze zu verteidigen gab, beweist der einzige erhaltene *kastal* Jämtlands neben der alten Kirche von **Brunflo** 22 16 km südlich von Östersund. Heute dient der 30 m hohe, viereckige Verteidigungsturm der Brunflo gamla kyrka als Glockenturm.

Mattmar kyrka 23 am nordwestlichen Ende des Storsjö ist berühmt für ihre Sammlung spätmittelalterlicher holzgeschnitzter Heiligenfiguren. Vom Parkplatz unterhalb bietet sich ein Panoramablick auf die Berge im Südwesten.

Åre

Auf den rund 100 km bis zur norwegischen Grenze bei Storlien finden sich im Tal des Indalsälven, dem man hier auf der E 14 folgt, und in den Nebentälern derart viele Natursehenswürdigkeiten, dass man sich etwas Zeit nehmen sollte. Kurz hinter Järpen bildet der schöne **Ristafall** 24 den Auftakt. Über das

Gelände eines Campingplatzes bei Undersåker gelangt man zu dem 14 m hohen Wasserfall, hinter dem der Åreälv eine ganze Strecke von Stromschnellen bildet.

Entlang dem zum See verbreiterten Indalsälv passiert die E 14 kurz darauf Schwedens schicksten Wintersportort und Gastgeber der Ski-WM 2007: **Åre** 25 (9700 Einw.). Noble Sporthotels beherrschen das Ortsbild, so dass man die kleine, doch so ungewöhnliche Åre gamla kyrka fast übersieht, eine turmlose romanische Steinkirche aus dem 13. Jh., deren Glockenturm erst im 17. Jh. dazukam. Eine Kuriosität ist die mittelalterliche Skulptur des hl. Olof, der ein vom Feldzug zurückkehrender Soldat Karls XII. einen Karolinerhut statt der fehlenden Krone aufgesetzt hat.

Jämtlands imposantester Wasserfall: Tännforsen

Jämtlands höchstem Berg, dem 1420 m aufragenden **Åreskutan**, nähert man sich am bequemsten von Åre aus mit der Kabinenbahn bis auf 1274 m; nach einem 1 km langen Fußmarsch ist schließlich der Gipfel erreicht.

Wasserfall Tännforsen

Jämtlands imposantesten Wasserfall erreicht man ca. 18 km hinter Åre (gebührenpflichtiger Parkplatz): Der **Tännforsen** 26 stürzt 60 m breit mit gewaltigem Schwung 37 m in die Tiefe; besonders schön ist die Regenbogenbildung über der Gischt – natürlich nur wenn die Sonne scheint. Unterhalb des Falles breitet sich der See Noren aus, dahinter erstrecken sich grüne Taiga und blaue Berge bis zum Horizont.

Handöl

Zurück auf der nach dem glücklosen König Karl XII. Karolinerleden benannten E 14 geht es vorbei am Ånnsjö mit seiner majestätisch aufragenden Bergkulisse. Dem Abzweig nach **Handöl** 27 sollte man unbedingt folgen, denn dort gibt es einiges zu sehen: In der Nähe der Sami-Kapelle (Baujahr 1806) erinnert das Karolinermonument an den Rückzug der Soldaten Karls XII. über die Berge von Norwegen im Winter 1718/19; mehrere Hundert wurden hier in einem Massengrab beigesetzt. In der Nähe tosen gewaltig Schwedens größte Flussfälle, **Handölsforsarna**, in drei Stufen in die 125 m tiefe Schlucht.

Der Fußweg durch Moorwald mit interessanter Flora wie Fettkraut, Moltebeeren und Moosglöckchen zu einem guten Aussichtspunkt mit Blick auf die Fälle beginnt am Täljstensbrott (Specksteinfabrik). Im **Hanriis hus** im Ort werden Skulpturen aus dem weichen Gestein, das vor allem für Kamine und als Talkum Verwendung findet, ausgestellt und verkauft.

Folgt man der Straße nach Storulvån ein Stück weit, kommt man in ein baumloses Moorgebiet, wo man am Fuß der Snasahögarna auf das weite kahle Moorland mit Krüppelbirkenwald rundum blicken kann. Von **Storulvåns Fjällstation** aus kann man zu Bergwanderungen durch die wilde einsame Landschaft aufbrechen.

Kall

Die (schönere, da nicht durch eine Seilbahn verschandelte) Rückseite des allgegenwärtigen Åreskutan sollte man sich keinesfalls entgehen lassen und deshalb bei Järpen ins ruhige Seitental von **Kall** 28 abbiegen. Die Ansicht des Berges mit seiner manchmal leicht umwölkten, kraterähnlichen Silhouette, davor der tiefblaue Kallsjö, die grünen Wiesen, weißen Birkenstämme und das weiße Dorfkirchlein geben eine unerträglich malerische Kulisse ab, fast schon kitschig, wäre sie nicht hundertprozentig echt! Kall ist außer für schöne Aussichten auch für seine Auktionen berühmt. Dabei geht es hoch her, Händler wie Privatsammler aus der ganzen Region kommen zusammen, aber jeder kann mitbieten.

Åre Turistbyrå: Järnvägsstationen, St. Olovs väg 35, 83013 Åre, Tel. 0647-177 20, Fax 177 12, www.areturistbyra.com, www.kallbygden.com.

Duveds Semesterby: Duved, Paradisvägen 3, Tel 0647-260 90, Fax 201 82, www.duved.com. 8 km westlich von Duved, 26 Ferienhäuser mit Küche, Dusche/WC; ab 320 SEK/Tag bzw. 1850 SEK/Woche.
Storulvåns Fjällstation: Duved, Tel. 0647-722 00, Fax 7 40 26, www.stfstorulvan.com. März/April und Ende Juni–Mitte Sept. 148 Betten in 2- und Mehr-Bett-Zimmern von komfortabel bis sehr einfach; je nach Ausstattung ab 310 SEK/Person.

Winterpreise
Generell gilt für alle Wintersportorte, besonders aber die hochkarätige Gegend um Åre: In der winterlichen Hochsaison vor Weihnachten und während der Sportferien im Februar sind Unterkünfte erheblich teurer als im Sommer. Dagegen kann man im Sommer von der komfortablen Ausstattung der Skihotels häufig zu erstaunlich niedrigen Preisen profitieren.

STF Vandrarhem Kallgården: Tel. 0647-412 00, Fax 410 04, www.kallgarden.se. In schöner Lage, Zimmer mit Komfort, mit Restaurant; DZ ab 330 SEK.

Hanriis Hus, Handöl, Tel. 0647-723 60, Mitte Juni–Ende Sept. tgl. 11–16, Juli–Mitte Aug. bis 17 Uhr, kleine Ausstellung über den Feldzug Karls XII. sowie über Specksteinabbau und -verarbeitung, mit Verkauf von Skulpturen.
Auktionen Juli/Aug. Mi in Kall.

Åre Extreme Challenge: Anfang Juli, Extremsportarten wie Mountainbiking, Wildwasserkanu etc.

Angeln von Edelfischen (Forelle, Saibling),
Bergwandern, z. B. ab Vålådalens Turiststation oder ab Storulvån zu Hütten im Sylarnagebiet. Eine Kabinenbahn fährt auf den Åreskutan (1274 m). Auch Klettern und Mountainbiking sind möglich.
Wildwasserfahrten *(forsränning);* außerdem gibt es Ausflugsboote auf dem Kallsjö.
Wintersport: um den Åreskutan liegt ein riesiges Skigebiet mit Liftanlagen, Loipen und Skiwanderwegen; auch Hundeschlittentouren.

Bahn: Verbindung ab Stockholm nach Östersund, einige Züge fahren auch durch bis Åre
Bus ab Östersund, bis Kall nur Mo–Fr. Informationen zum Nahverkehr s. Östersund.

Hjortron – Das ›Gold des Nordens‹

Thema

Kaum eine andere kulinarische Spezialität des Nordens – mit Ausnahme vielleicht von *löjrom*, dem Rogen einer Maränenart – muss so teuer bezahlt werden wie *hjortronsylt*, Moltebeeren-Marmelade. Was macht die gelborange gefärbten, großkernigen Früchte, die entfernt an Brombeeren erinnern, eigentlich so überaus begehrenswert?

Die Molte- oder Multbeeren *(Rubus chamaemorus)* gehören zu den Rosengewächsen, sind weitläufig mit den Himbeeren verwandt und als zirkumpolar orientierte Pflanzen allenfalls in norddeutschen Moorgebieten zu finden. Auch in Schweden kommen sie im Süden nur selten, beispielsweise in den Mooren des småländischen Hochlands vor. Das Besondere an der krautigen, niedrig wachsenden ›arktischen Himbeere‹: Es gibt männliche und weibliche Blüten, jeweils nur eine pro Pflanze. Die Vielzahl der großen weißen Blüten, die zwischen Mai und Juni die Moorflächen wunderschön beleben, täuscht also: Nur schätzungsweise ein Drittel davon sind weiblich und reifen vielleicht einmal zu einer Frucht heran.

Während der Reifezeit wechselt die Farbe der Beeren von grüngelb über rot bis orange und gelb. So leuchtend rot, wie sie immer auf den Fotos prangen, sind die Beeren allerdings noch völlig ungenießbar. Die Genussreife hat sich erst eingestellt, wenn sie dottergelb zwischen den typischen großen braunfleckigen Blättern leuchten und sich leicht vom Blütenboden lösen. Ende Juli beginnt die Pflückzeit; nicht alle Beeren werden auf einmal reif.

Charakteristisch ist der leichte Nachgeschmack nach Vanille, zuvor macht man allerdings ein eher an saure Äpfel erinnerndes Geschmackserlebnis durch. Einfach köstlich schmeckt die Kombination von *filmjölk* (Dickmilch) und Moltebeeren mit Zucker, die es auch fertig zu kaufen gibt. Am besten sammelt man die Beeren natürlich selbst, deren überaus hoher Vitamin-C-Gehalt die Bewohner des hohen Nordens in der Vergangenheit im Winter oft vor Skorbut bewahrte. Sie eignen sich hervorragend für die Herstellung von Marmelade, denn sie gelieren wegen des hohen Pektingehalts leicht und enthalten überdies als natürliches Konservierungsmittel Sorbin.

Und so kocht man Moltebeermarmelade (*hjortronsylt*): 1 kg Beeren waschen und abtropfen, 700 g Zucker in 1/2 Tasse Wasser auflösen und langsam zum Kochen bringen. Die Früchte hineingeben und 15–20 Min. unter ständigem Rühren sieden lassen, dabei immer wieder abschäumen. Anschließend in heiße saubere Gläser füllen.

Zwar ist die Ausbeute beim Pflücken begrenzt, aber dank der hohen Kilopreise zieht das ›Gold des Nordens‹ jedes Jahr massenweise Pflücker in die Sümpfe der Fjällgebiete von Jämtland und Lappland. Darunter sind nicht nur viele Norweger – denn jenseits der Grenze dürfen die Beeren nicht gepflückt werden –, sondern auch die Profis unter den *bärplockare*, häufig aus Osteuropa, die in großen Konvois anreisen und bewaffnet mit Gummistiefeln und Eimern in die Moore ziehen. Hier müssen sie alle einen hohen Blutzoll entrichten: Wo es *hjortron* gibt, gefällt es erfahrungsgemäß auch den Mücken besonders gut. Womöglich sind die Beeren deshalb so teuer?

Quer durch Lappland

Karte S. 353

Nördlich von Östersund ziehen sich zwei Verkehrswege durch die Waldweiten Lapplands gen Norden: Der Schienenstrang der Inlandsbana und der Riksväg 45, die bewährte ›Rennstrecke‹ ans Nordkap. Vor allem die nur im Sommer betriebene Bahn umweht ein Hauch von Wildwest-Romantik. Abstecher rechts und links von Weg und Gleis erschließen Lapplands verborgene Schätze.

Dorotea und Borgafjäll

An der Wende zum 19. Jh. wurde das zuvor als Bergvattnet bekannte Dorf nach der Gattin König Gustavs IV. Adolf schlicht in **Dorotea** 1 (3100 Einw.) umbenannt. Die großen Sägewerke künden von der Bedeutung der Forstwirtschaft für die Region. Ein ideales Ziel für Ausflüge in die Berge ist das ca. 100 km westlich gelegene **Borgafjäll**-Massiv 2, dessen höchster Gipfel 1477 m Höhe erreicht. Spektakulär ist die Steilwand Borgahällan, die fast 700 m in den See abstürzt.

i **Dorotea Turistbyrå:** Storgatan 46, 91732 Dorotea, Tel. 0942-140 63, Fax 141 81, www.dorotea.se. Mo–Fr 9–17 Uhr.

Hotell Borgafjäll: Tel. 0942-421 00, www.borgafjallen.se. Das vom weltbekannten Architekten Ralph Erskine in den 1950er Jahren entworfene Berghotel Borgafjäll ist neben der herrlichen Berglandschaft eine Sehenswürdigkeit. DZ 700–1200 SEK.
Borgagården: Borgafjäll, Tel. 0942-420 22. Ferienanlage mit Hütten; 4-Bett-Stuga 2500–3600 SEK/Woche.
Meselefors Vandrarhem & Camping: Tel. 0940-250 89, Fax 250 88, meselefors-camping@spraynet. Zwischen Dorotea und Vilhelmina (25 km südlich), am Fluss Ångermanälv, mit Hütten- und Zimmervermietung; Stellplatz ab 125 SEK.

Vilhelmina

Die im 19. Jh. gebaute **Kyrkstan** (Kirchstadt) von **Vilhelmina** 3 (7400 Einw.), das vor 1804 noch nach dem See Volgsjö hieß, besteht aus 27 renovierten Kirchhütten. In einigen davon kann man noch heute übernachten. Im oberen Teil der Kirchstadt unweit der Kirche zeigt das Hembygdsmuseum Vilhelmina im früheren Gemeindehaus (Sockenstuga) eine Ausstellung über das Leben der Siedler (*nybyggarna*), außerdem einen Grabfund aus dem 8. Jh. und Skier aus dem 4. Jh. (Mittsommer–1. Aug.-woche tgl. 10.30–18 Uhr). In einigen Kirchhütten wird samisches Kunsthandwerk angeboten und natürlich kann man Kanutouren, Bibersafaris und Angelausflüge unternehmen.

Die **Kirche** von Vilhelmina ist ein stolzer Bau: weiß gestrichen und aus Holz thront sie über der Kirchstadt. Im Inneren des 1840 fertig gestellten Gotteshauses, das eine Kapelle am Volgsjö ersetzte, gibt es interessante Scheinarchitekturmalerei (Trompe l'œil) im Chor zu bewundern. Auf dem Kirchhügel führt ein 2 km langer Wanderweg vorbei an Lappenkotas und anderen traditionellen Gebäuden der Sami im Wald. An der Mündung des Vojmå in den **Volgsjö** sind die Stromschnellen **Gubbseleforsen** etwa 1 km südlich des Zentrums ein erfolgversprechendes Angelrevier – eine Angelerlaubnis erhält man (gegen Gebühr) beim Turistbyrå.

Turistbyrå: Postgatan 10, 91232 Vilhelmina, Tel. 0940-152 70, Fax 102 02, tuby@vilhelmina.se.

Lilla Hotellet: Granvägen 1 (neben Turistbyrå), Vilhelmina, Tel. 0940-150 59, Fax 150 42, www.lillahotellet.vilhelmina.com. Kleines Hotel mit liebevoll eingerichteten Zimmern und freundlichen Wirtsleuten, auf Wunsch Abendessen; DZ ab 600 SEK.
Kyrkstan, c/o Hotell Wilhelmina: Volgsjövägen 16, Vilhelmina, Tel. 0940-554 20, Fax 101 56, www.hotell.vilhelmina.com. Außer modernen Hotelzimmern im Haus mit Seeblick (DZ ab 750 SEK) auch Ferienwohnungen in den Hütten des Kirchdorfs aus dem 19. Jh. sowie einfache Zimmer (ab 250 SEK/Person); Restaurant mit Terrasse und kräftiger Hausmannskost (ca. 200 SEK, preiswert: Lunch um 70 SEK).

Lokales **Kunsthandwerk** und eine **Galerie** findet man nahe der Kyrkstan von Vilhelmina in der Storgatan. Große Auswahl an Sami-Messern und Lederwaren: **Risfjells Sameslöjd,** Storgatan 8.

Hembygdsdagarna Mitte Juli mit Tanz, Folkloremusik und Markt.

Geführte **Busausflüge** ins Gebirge, **Bibersafaris:** Info im Turistbyrå.

Flug: Inlandsflugplatz in 12 km Entfernung.
Bahn/Bus: Vilhelmina ist Station der Inlandsbana (Sommer); Busse ab Östersund und Umeå. Infos zum Nahverkehr s. Umeå.

Mit der Autorin unterwegs

Wasserfall der Superlative

Storforsen ist als größter Wasserfall Nordeuropas eine Attraktion der Superlative, die Sie nicht versäumen sollten (s. S. 360 f.).

Winterzauber im Eispalast

Lassen Sie sich verzaubern im **Icehotel** – jedes Jahr anders, jedes Jahr neu wird es aus dem Eis des Torneälv in **Jukkasjärvi** errichtet und im Dezember eröffnet (s. S. 365).

Erlebnis untertage

Fahren Sie ein in die Grube, ob in **Kiruna** (s. S. 365 f.) oder **Gällivare** (s. S. 363 f.) – eines der riesigen modernen Erzbergwerke zu besuchen ist ein Erlebnis.

Regionale Auskunftstelle

Norrbotten/Lappland, Kyrkogatan 11, 97232 Luleå,Tel. 0920-25 79 90, Fax 43 53 61, www.norrbottenlappland.se

Vildmarksvägen: Von Strömsund ins Marsfjäll

Dass in Nordjämtland und Lappland die letzte Wildnis Europas zu finden sei, ist inzwischen auch per Gerichtsbeschluss verbürgt: Ein Hotelier am ›Vildmarksvägen‹, der mit diesem Etikett werben wollte, bekam Recht. Der Vildmarksvägen RV 342 führt von Strömsund nach Gäddede, passiert die Grenze zwischen Jämtland und Lappland und verläuft über den Pass Stekenjokk (geöffnet 15.6.–15.10.) zurück in die Waldweiten bei Vilhelmina. Gen Westen wird das Gelände mit zunehmender Höhe unwirtlicher. Auf dem baumlosen *kalfjäll* wachsen kaum noch Pflanzen, dazwischen liegen Moore. Die kaum 1500 m hohen Berge sind auch im Hochsommer schneebedeckt.

In **Strömsund** 4 zweigt der RV 342 Richtung Gäddede/Frostviken ab (133 km bis Gäddede) und schlängelt sich entlang unzähliger Seen und durch schier endlosen Wald Ströms Vattudal aufwärts. Aus der amphibischen Landschaft ragen auffällig zwei über 600 m hohe Berge mit charakteristischen Silhouetten auf: Der **Fågelberget** 5 beim gleichnamigen Ort mit seinem gekrümmten Profil und der auf einer Seite lotrecht abstürzenden Kahlfelswand ist besonders beeindruckend, in Västra Fågelberg führt ein Pfad durch lichten Wald hinauf. Der westlich gelegene **Kalberget** heißt auch ›der schlafende

Im kargen Waldland des Nordens

Löwe‹; zu ihm führt ein 3 km langer Wanderweg durch den Ulmenwald vom Ort Håkafot auf den Gipfel mit herrlicher Aussicht.

Frostviken

Gäddede 6 ist das Zentrum der Gemeinde Frostviken, in der nur knapp 1300 Menschen leben. Im Turistbyrå informiert ein Naturum über Flora und Fauna der Region (Mo–Fr 9–16, Mittsommer–Mitte Aug. Mo–Fr 9–19, Sa, So 10–16 Uhr).

Den imposanten Wasserfall **Hällingsåfallet** 7 erreicht man von Gäddede nach ca. 30 km Fahrt auf unasphaltiertem, aber gutem Weg. Der Fluss Hällingså hat über 800 m lang einen tiefen Canyon in den Schiefergrund gefressen, einen der tiefsten im Norden, mit 50–60 m hohen Wänden. Die Umgebung des 43 m hohen Wasserfalls besitzt wegen der hohen Luftfeuchtigkeit eine ganz besondere Flora und steht unter Naturschutz. Ein Stück weit führen Wanderwege am Rand des Canyons entlang (2,5 km) – Schwindel erregend.

Statt in Gäddede über die Grenze nach Norwegen zu fahren und den Weg an einen der schönen Fjorde fortzusetzen, geht es auf gut ausgebauter Asphaltstraße nach Norden Richtung Stekenjokk. Entlang der Straße verweisen Schilder auf Höfe, wo man *getost* kaufen kann, eine Spezialität der Berge von Jämtland: Ziegenkäse, der eher süß als salzig schmeckt und sich nahezu unendlich lange hält. Man fährt am erstaunlich dicht besiedelten Seeufer des Jormvattnet entlang, ein Paradies für Angler. Über eine Anhöhe geht es wieder abwärts ins nächste Seental zum Stora Blåsjön (Großer Blausee).

Am Ende des Sees zweigt eine 7 km lange schlaglochreiche Piste nach **Ankarede** 8 ab, ein vornehmlich im Winter bewohntes Sami-Dorf, das auch als Ausgangspunkt für Wildniswanderungen (mit Zelt) in die Berge dient. Die weiße, 1896 gebaute Holzkirche liegt mitten im rundum mit Zäunen eingehegten Dorf (kein Autoverkehr, geparkt wird draußen). Den Schlüssel für die Kirche bekommt

man beim Café gegenüber, wo Kaffee und selbstgebackene Kuchen serviert werden. Das Dorf besteht zwar zur Hauptsache aus roten Holzhäusern, links an der Kirche vorbei kommt man aber an den Fluss zu den traditionellen Holzkoten in Zeltform und den viereckigen *härbren* (Vorratshäuser), die auf Füßen stehen und ein Grasdach haben. Bei Kirchbesuchen, vor allem der berühmten Mittsommermesse, versammeln sich Sami-Familien hier im Dorf, ansonsten wirkt es im Sommer eher ausgestorben (Führungen durch das Sami-Dorf Tel. 0672-105 00).

Zurück auf der Asphaltstraße, passiert man den schönen See Ankarvattnet mit seinen Krüppelbirkenhainen am Ufer und folgt dem Wildwasserfluss Gauste, der auch kleinere Wasserfälle bildet (Gaustafallet). Hinter Leipikvattnet liegt das Karstgebiet von **Bjurälven** 9, wo in den 1920er Jahren die ersten Biber Schwedens wieder in Freiheit ausgesiedelt wurden. Der letzte war 1871 in dieser Gegend geschossen worden. Die baufreudigen Nager haben sich im Naturreservat inzwischen sehr gut eingelebt und scheinen sich nicht daran zu stören, dass bisweilen die Flüsse hier einfach im Kalkboden verschwinden. Das Wasser bildet mit Kohlendioxid aus der Luft Kohlensäure, die den Kalk chemisch zersetzt und so Ritzen und Kanäle hineinfrisst. Hier befindet sich auch **Korallgrottan**, mit fast 6 km Schwedens längste Höhle, die erst 1985 entdeckt wurde. Geführte Wanderungen und Bibersafaris bietet das Turistbyrå in Gäddede an.

Stekenjokk

Rund 40 km hinter Ankarede auf stetig ansteigender Strecke überquert man die Landschaftsgrenze nach Lappland und erreicht die Tundra- und *kalfjäll*-Gebiete bei **Stekenjokk** 10, wo 12 Jahre lang bis zum 31. Oktober 1988 Schwedens höchstgelegenes Bergwerk betrieben wurde. Nach der Renaturierung des Grubenfelds hat die Ausbeutung der Erde hier nicht viele sichtbare Spuren hinterlassen, obwohl insgesamt 7,1 Mio. t Erz gebrochen wurden, das neben Kupfer und Zink auch Silber und 980 kg Gold enthielt. Für die Angestellten entstanden 22 km entfernt in Klimpfjäll Wohnhäuser und ein Rathaus; die Wege zwischen Grube und Wohnort wurden mit großem Aufwand von September bis Juni künstlich schneefrei gehalten.

Heute profitieren Touristen von den ausgezeichneten Straßen in einer imposanten, wilden und menschenfeindlichen Umgebung. Ungehindert pfeift der kalte Bergwind über die baumlose Fläche, wo man winzige Bergblumen entdecken kann, und über die einige Wanderstrecken führen, markiert mit Steinmännchen. Inzwischen gehört das Land wieder den Rentieren. Auf 876 m ist die Passhöhe erreicht, es geht im Tal des Saxå abwärts, wobei man die Vegetationsstufen gut nachvollziehen kann: zunächst durch den Gürtel aus krüppeligem Birkenwald, dann erst durch Nadelwald.

Vom Nordufer des Kultsjö fällt der Blick auf das beeindruckende Marsfjällmassiv, dessen Gipfel 1589 m hoch aufragt. Ein kurzer Abstecher (ca. 2 km) führt links nach **Fatmo-**

makke 11, ein Kirchdorf der Sami an einer wichtigen Kreuzung der Rentierzugwege. Die hölzerne Kapelle von 1883 wird von rund 80 Kotas umgeben, dazu etliche Holzhäuser der Siedler (*nybyggarna*) am See Gikasjö. Alljährlich zum Mittsommerfest ist Fatmomakke Treffpunkt der samischen Bevölkerung aus der gesamten Gegend (Führungen durch die Kirchstadt Juni–Aug. 3-mal tgl., www.fatmomakke.se).

Marsfjäll

Auf der Weiterfahrt bieten sich über den Kultsjö hinweg immer wieder herrliche Ausblicke auf das Marsfjällmassiv (1589 m), das mit seinen sanft abgerundeten Flanken verheißungsvoll in der Ferne leuchtet. Von so viel Natur ließen sich auch Künstler nach **Saxnäs** 12 locken. In den 1940er Jahren war das Haus des Ehepaars Emma und Folke Ricklund Treffpunkt für Künstlerfreunde, die als Bezahlung für Kost und Logis jeweils ein Werk hinterließen. So kam eine interessante Sammlung zustande, bereichert durch etliche Reiseandenken aus orientalischen Ländern, die im **Ricklundgården** zu sehen ist (Tel. 0940-700 14, www.ricklundgarden.com, Mitte Juni–Mitte Sept. tgl. 12–18, übrige Zeit Mo–Fr 12–16 Uhr).

Am Ausfluss aus dem See bildet der Kultsjöå etliche Stromschnellen und stürzt in regelmäßigen Treppenabsätzen abwärts. Der ungewöhnliche Wasserfall **Trappstegsforsen** besticht weniger durch Superlative von Höhe und Breite als durch seine natürliche Harmonie. Die weitere Strecke ist reich an Stromschnellen und kleinen Wasserfällen, immer wieder laden Rastplätze an der Straße zum Picknicken ein, Angler kommen in diesem Gebiet auf ihre Kosten.

In **Stalon** sollte man dem Schild ›Utsikt‹ folgen und in Serpentinen hinauf zu einer Flugzeuglandebahn auf dem Gipfel des Stalonbergs fahren. Die Aussicht reicht bis zu teilweise noch im Hochsommer schneebedeckten Gipfeln auf der einen Seite und auf der anderen über das hinter dem Malgomaj-See immer weiter abfallende Land. Folgt man von Stalon dem ›Sagavägen‹ entlang dem Malgomaj, erreicht man nach etwa 70 km **Vilhelmina** (s. S. 348).

Turistbyrå Gäddede: Storgatan 40, 83090 Gäddede,Tel. 0672-105 00, Fax 41 27 28, www.frostviken.z.se, gaddede.turistbyra@stromsund.se

Saxnäsgården: Saxnäs, 91088 Marsfjäll, Tel. 0940-377 00, info@saxnas.se. 40 Zimmer und 14 vollausgerüstete Selbstversorgerhütten mit Kamin und Sauna, Spa und Wellness-Angeboten.
Kultsjögården STF Vandrarhem: Box 6, 91088 Marsfjäll, Tel. 0940-700 44, Fax 702 70, www.marsfjallen.com. Einfache Hütten für Selbstversorger, Imbiss/Pub nebenan, beliebte Jäger- und Anglerherberge, bietet auch entsprechende Pakete (inkl. Vollpension und Angelkarte); DZ ab 270 SEK.
Gäddede Camping: Tel. 0672-100 35, 105 00, Fax 103 21, ganzj. Kleiner Platz bei Gäddede am Südende des Kvarnbergsvattnet, Haus- und Hüttenvermietung, Kanuverleih.

›Midsommarmässa‹, großes Kirchfest am Mittsommerwochenende in Ankarede und im Sami-Kirchdorf Fatmomakke.

Bibersafaris, Angeln, Canyoning und ganztägige **Ausflüge** zur Korallgrotta organisiert das Turistbyrå Gäddede; **Bootstouren** mit Saxnäs Shipping Juni–Okt. auf dem Kultsjö, Tel. 0940-700 63; **Bergwandern, Angeln, Hundeschlittentouren; Klettern, Wintersport** im Kittelfjäll.

Bus: von Strömsund bis Gäddede/Stora Blåsjön und von Vilhelmina nach Klimpfjäll.

Storuman

Der Ort **Storuman** 13 liegt am Ausfluss des gleichnamigen Sees – aus ihm wird Richtung Ostsee schließlich der große Umeälv. Storuman liegt auch an einer wichtigen Straßenkreuzung: die E 18 Mo i Rana (Norwegen)–

Lappland

Umeå trifft hier auf den Inlandsvägen. Bedeutendster Faktor für den Aufschwung des Ortes von rund 3000 Einwohnern, der ursprünglich Luspens by hieß, war der Eisenbahnbau. Heute hat Storuman neben guten Einkaufsmöglichkeiten vor allem ein bedeutendes Angebot an Bildungseinrichtungen vorzuweisen. Einen Blick in die **Bibliothek** – das ehemalige Järnvägshotell – sollte man nicht versäumen: Das Innere ist mit schmiedeeisernen Leuchtern und Deckenmalereien versehen. Wahrzeichen des Ortes wie ganz Lapplands ist der ›**Wilde Mann**‹: Die 7 m hohe knallig rot-grüne Skulptur ist ein Blickfang auf dem Marktplatz. Traditionell ernennt die Gesellschaft Vildmannen jedes Jahr eine Person, die sich in besonderem Maße um das Land verdient gemacht hat, zum ›Wilden Mann‹ des Jahres – selbst dann, wenn es sich dabei um eine Frau handelt.

Richtig Reisen-Tipp: Wanderweg Kungsleden

Schon vor mehr als hundert Jahren begannen die ersten Planungen der schwedischen Wanderorganisation Svenska Turistföreningen (STF) für einen Weg, der (Wander-) Touristen die spektakuläre lappländische Bergwelt mit ihren großen Nationalparks erschließen sollte. 1926 war die Strecke Abisko–Kvikkjokk fertig.

Heute ist der 425 km lange ›Königsweg‹ zwischen Abisko im Norden und Hemavan im Süden Schwedens bekanntester Wanderweg und lockt die Wanderer in Scharen, Sommer wie Winter. In Abständen der Tagesetappen von 10–20 km Länge finden sich einfache Berghütten (Fjällstugor), in denen die Wanderer alles Lebensnotwendige vorfinden. Auf den Hütten gibt es weder Strom noch fließend Wasser. Gekocht und geheizt wird mit Holz oder Gaskochern. Holzhacken und Essenkochen müssen die Gäste selbst erledigen, auch wenn die Hütten von März bis Anfang Mai sowie zwischen Mittsommer und Mitte September bewirtschaftet sind und manche sogar Proviant verkaufen. Vorausbuchen kann man ein Bett in der Hütte nicht, aber es findet sich immer noch ein Plätzchen, notfalls auf dem Boden. Schlafsack und Bettwäsche sind mitzubringen. Natürlich kann man auch im eigenen Zelt übernachten.

Darüber hinaus gibt es entlang der Strecke Schutzhütten, im Sommer führen Brücken über größere Wasserläufe und Seen werden mit Boottaxis überquert. Auf der Wanderung erfährt man die unterschiedlichen Vegetationszonen vom Birkenwaldgürtel bis in die baumlosen Geröllhalden mit arktischer Flora. Der Kungsleden führt durch das Areal von Nationalparks wie Abisko, Stora Sjöfallet und Pieljekajse, kreuzt sogar die Südostecke des wilden Sarek. Besonders im Juli können Mücken in den Niederungen zur Plage werden – entsprechende Mittel mitnehmen oder eine Strecke höher im Gebirge wählen. Dorthin flüchten auch die Rentiere im Sommer vor den Insekten. Der höchste Punkt, Tjäktjapasset, liegt auf 1150 m (zwischen Abisko und Saltoluokta), der niedrigste ist Kvikkjokk mit 302 m. Der Weg ist markiert, verfehlen kann man ihn eigentlich nicht, doch ist es ratsam, eine genaue Karte, Fjällkarta, dabeizuhaben. Die Gefahren eines Wetterwechsels im Gebirge sind nicht zu unterschätzen, so dass man niemals allein wandern sollte. Und die richtige Ausrüstung sowie warme Kleidung auch im Sommer sind fürs Bergwandern unerlässlich. Größer und komfortabler, ja geradezu hotelähnlich sind die vier Turiststationen am Weg, von denen aus auch geführte Touren angeboten werden.

Informationen: Svenska Turistföreningen, Box 25, S-10120 Stockholm, www.stfturist.se.

Ausflug: Tärnaby-Hemavan

Rund 130 km von Storuman die E 12 aufwärts findet sich schon mitten in den Bergen **Tärnaby** 14. In dem berühmten Wintersportort stand einst die Wiege von Skiidol Ingemar Stenmark. Im nahe gelegenen **Hemavan** 15 ist Start bzw. Ende des Kungsleden (s. Richtig Reisen-Tipp) – eine der beliebtesten Etappen dieses Wanderwegs führt von hier am Gebirge entlang 75 km zum idyllischen Bergdorf Ammarnäs.

Storumans Turistbyrå: Järnvägsgatan 13, Box 193, 92324 Storuman, Tel. 0951-333 70, Fax 108 00, www.entrelappland.se.
Tärnafjällens Turistbyrå: Västra Strandvägen 1, 92064 Tärnaby, Tel. 0954-104 50 und 145 30, www.tarnaby.se.

Sandsjögårdens Värdshus: Sandsjönäs, Blattnicksele, Tel. 0952-500 29, www.sandsjögarden.se, Sept.–Mai tgl. 12–21, Juli 8–22/23 Uhr, ganzj. Hausgebackenes Brot und lokale Spezialitäten stehen auf der Karte des Wirtshauses mit Herberge, das etwa auf halbem Weg zwischen Storuman und Sorsele am RV 45 liegt (30 km bis Sorsele, nach Absprache Abholen vom Bahnhof möglich; DZ ab 790 SEK, Hütte 180–600 SEK/Tag), ideal für Angler. Besonders empfehlenswert sind Fischsuppe (85 SEK) und Elch-Burger (135 SEK).

STF Vandrarhem Tärnaby: Åkerlundska Gården, Östra Strandvägen 16, Tärnaby, Tel. 0954-301 50, Fax 106 27, info@hemavan.se Juli–Ende Sept. Die Herberge mit bester Aussicht auf See und Berg ist ein guter Ausgangspunkt für Bergwanderungen. 3 km entfernt Anschluss an den Kungsleden; DZ ab 320 SEK.

Storuman-dagarna am ersten Wochenende nach Mittsommer mit Markt, Tanz und Ernennung des ›Wilden Manns‹.

Bahn: Inlandsbana (Sommerbetrieb); **Bus:** nach Östersund und Gällivare (Inlandsbussen), nach Mo i Rana (Norwegen), Tärnaby, Lycksele, Umeå (Blå Vägen).

Sorsele

Sorsele 16 liegt an der Strecke der Inlandsbana und am Inlandsvägen RV 45. In der Umgebung gibt es hervorragende Angelgewässer. Insidertipps für die besten Fangplätze und Angelkarten hält das Turistbyrå im Bahnhof bereit und vermittelt auch Wildwasserfahrten auf dem Vindeläv, einer von Schwedens letzten unregulierten Flüssen. Ebenfalls im Bahnhof informiert ein **Museum** über die Inlandsbana, die hier auch ab und zu hält. Im Sommer stehen die alten Häuser des **Hembygdsgården** Besuchern offen, dann wird der Backofen befeuert und herrlich frisches *tunnbröd* gebacken: direkt aus dem heißen Steinbackofen ein unvergesslicher Genuss.

In der **Kirche** von Sorsele (1859) zeigen die Glasfenster von T. Norberg aus dem Jahr 1954 Motive aus dem Leben der Sami. Die weiße Holzkirche ist der Nachfolger einer bereits 1673 gebauten *lappkapell,* die 1744 durch einen Neubau ersetzt wurde.

Abstecher nach Ammarnäs

Von Sorsele sind es 92 km das obere Vindelälvtal aufwärts, bis die Straße in Ammarnäs endet. Das Tal wird immer enger, fantastisch steile Felsabbruchkanten säumen die Strecke, über die nach starken Regenfällen spontane Wasserfälle in die Tiefe stürzen. Am Talschluss weitet sich der postkartenschöne Blick auf die auch im Sommer schneegekrönten Berggipfel und die Seen, die sich lagunenartig vor der Bergkulisse ausbreiten.

Ammarnäs 17 ist ein authentisches Bergdorf, wo viele Bewohner noch von der Rentierzucht leben. Manche Grabsteine auf dem Kirchhof neben der kleinen holzschindelgedeckten Kirche tragen die Aufschrift ›renägare‹ als Berufsbezeichnung des Verstorbenen – Rentierbesitzer. Eine kuriose Sehenswürdigkeit mitten im Dorf ist Potatisbacken, der ›Kartoffelhügel‹. Hier reifen – dank der gärtnerischen Experimentierfreude eines gewissen Nils Johansson seit 1832 – knapp 50 km südlich des Polarkreises die äußerst schmackhaften kleinen *mandelpotatis,* und zwar in Rekordzeit und ohne, dass ihnen Spätfröste oder trockene Sommer etwas anhaben können. Der nach Süden gewandte sandige Moränenhang bietet ja auch rund um die Uhr Sonne. Sehenswert sind die Stromschnellen des Vindelälven 3 km nördlich des Ortes.

In greifbarer Nähe zu Ammarnäs liegt **Vindelfjällen**, Schwedens größtes Naturreservat und zugleich Europas größtes Naturschutzgebiet mit dem inselreichen See Tärnasjö, dem unberührten Lauf des Vindelälven und nicht zuletzt einer fantastischen Bergwelt.

Vindelälvens Turistbyrå: Stationsgatan 19, 92070 Sorsele, Tel. 0952-1 40 90, Fax 142 96, www.sorsele.se/turist; speziell zu Ammarnäs: www.ammarnas.net.

Hotell Ammarnäsgården: Tel. 0952-600 03, Fax 602 43, info@ammarnas turism.com, März–Sept., Hotel mit Bar, Disco,

Pool, Sauna, 30 Zimmer und 25 Ferienhäuser für Selbstversorger, auch Unterkunft im STF Vandrarhem; Restaurant mit Ren und Wild aus der Region; ab 180 SEK/Person

Wandern auf dem Kungsleden und im Naturreservat Vindelfjällen (75 km bis Hemavan); **Angeln** im Vindelälv, Beratung im Fiskecentrum Sorsele (s. Info); **Reiten** mit Islandpferden im Fjäll, Fjällhästen, Tel. 0952-603 00, www.fjallhasten.com.

Bahn/Bus: Sorsele ist im Sommer Inlandsbana-Haltepunkt; sonst: Zug bis Vännäs, Weiterfahrt mit Bus über Lycksele bis Sorsele; nach Ammarnäs Bus ab Sorsele. Informationen zum Nahverkehr s. Umeå.

Arvidsjaur

Von Sorsele sind es auf dem RV 45 etwa 84 km bis **Arvidsjaur** 18 (6800 Einw.). Dieser Name ist heute vor allem Autofans ein Begriff, denn hier muss sich auf winterlichen Pisten so manches neue Modell in aller Heimlichkeit dem legendären Elchtest unterziehen.

Von Arvidsjaur aus begann im frühen 17. Jh. die zwangsweise Christianisierung der Sami in Lappland. Die heutige **Holzkirche** stammt von 1902. Ein wichtiger Treffpunkt der Sami ist der Ort geblieben, hier sieht man sich im August zum Feiern. **Lappstaden** mit rund 80 Holzhäusern wurde als Unterkunft für die einst ohne Rücksicht auf das Nomadenleben zum regelmäßigen Kirchgang verpflichteten Sami errichtet und stammt in Teilen noch aus dem 17. Jh.

Dampfloks: An Sommerabenden zwischen Juli und Anfang Aug. verkehren am Wochenende Dampfloks von Arvidsjaur nach Slagnäs und zurück mit Eisenbahnwaggons der 1930er Jahre – inbegriffen sind ein Bad im Schein der Mitternachtssonne und Grillen am offenen Feuer (Info beim Turistbyrå).

Turistbyrå Arvidsjaur: Östra Skolgatan 18c, 93331 Arvidsjaur, Tel. 0960-175 00, Fax 136 87, www.arvidsjaurlappland.se, www.polcirkeln.nu.

Laponia Hotell: Storgatan 45, Tel. 0960-555 00, Fax 555 99, www.hotell-laponia.se. In zentraler Lage und mit 115 komfortabel eingerichteten Zimmern, Restaurant, Swimmingpool, Solarium, Sauna und Wellness-Bereich; ab 390 SEK/Person im DZ.

Camp Gielas: Järnvägsgatan 111, Tel. 0960-556 00, Fax 106 15, www.gielas.se. Caravan- und Zeltplatz 1 km vom Bahnhof im Ort, Vermietung von 4- bis 6-Bett-Hütten mit unterschiedlichem Komfort (4-Bett-Hütte ab 495 SEK/Tag).

Badesaison in der Schlucht von Bredsel bei Arvidsjaur

Wildwasserfahrten *(forsränning)* auf dem Piteälv; **Kanufahren; Angeln; Bibersafaris:** Information im Turistbyrå.

Flug: Inlandsflugplatz 13 km entfernt; **Bahn/Bus:** per Inlandsbana von Östersund (nur im Sommer); Bus ab Jörn (Bahnstrecke nach Stockholm). Informationen zum Nahverkehr s. Kiruna bzw. Luleå.

Abstecher nach Arjeplog

Noch vor Arvidsjaur zweigt der RV 95 Richtung Arjeplog vom Inlandsvägen ab. Er heißt auch **›Silvervägen‹,** denn über das Seensystem des Skellefteälv gingen die Silbertransporte aus dem Gebirge an die Küste nach Skellefteå, nachdem im 17. Jh. die Silbergrube in Nasafjäll, die älteste in Lappland, ihre Arbeit aufgenommen hatte. Wichtige Zwischenstation war **Arjeplog** 19 (3200 Einw.), das mit seiner hübschen Kirche wunderschön in die Seenlandschaft eingebettet liegt. Für den Silbertransport wurden Sami zwangsverpflichtet – die Rentiere mussten je bis zu 100 kg Erz tragen. 1640 begann unter Königin Kristina auch die Christianisierung der Sami, in Arjeplog wurde eine Kirche errichtet, und die Stadt erhielt Marktrechte. 1659 zerstörten die Norweger die Grube im Grenzgebiet Nasafjäll, aber ab 1695 begann die Kolonisierung des Landes durch *nybyggare.* Die Siedler erhielten 15 Jahre Steuerfreiheit, als Gegenleistung mussten sie den Wald roden und die Bestellung der Äcker und Wiesen übernehmen, ein mühseliges Unter-

Die Sami – ›Indianer Nordeuropas‹?

Den Sami ging es wie anderen Urbevölkerungen der Welt: Ihr Land Sápmi wurde zerstückelt, auf Norwegen, Schweden, Finnland und Russland aufgeteilt, und ihnen ohne Entschädigung genommen. Heute gibt es im gesamten Norden ca. 70 000 Sami, davon leben rund 20 000 in Schweden: Angehörige eines in seiner Existenz bedrohten Volkes.

Noch vor 1000 Jahren lebten Vorläufer der heutigen Sami im Mälartal, weit südlich von Lappland. Die Ureinwohner Nordeuropas, früher abfällig ›Lappen‹ genannt, wurden von den von Süden in ihr Land strömenden Nordgermanen nach und nach an den Rand gedrängt. Die Wurzeln des *Samefolk* gehen weit zurück in die Vorzeit, es bewahrt Reste einer archaischen, einst rund um den Polarkreis verbreiteten Kultur. Dazu gehört der Glaube an eine beseelte Natur, in der Sonne und Wind herrschen und Naturheiligtümer wie ungewöhnlich geformte Felsen oder bizarre Baumstümpfe verehrt werden. Als Mittler zur Geisterwelt spielt der *nojade*, der Schamane, eine große Rolle. Mit Hilfe seiner Trommel und des speziellen Gesanges *jojk* nimmt er in Trance Kontakt zu den Geistern auf. Seit der christlichen Mission ab dem 17. Jh. bezahlte mancher Nojade den Besitz seiner ›Zaubertrommel‹ mit dem Leben.

Bis ins 17. Jh. waren der Austausch von Waren und das Eintreiben von Steuern die einzigen Kontakte zwischen den Völkern des Südens und den Sami. Die Steuerlast erzwang letztlich eine Änderung ihrer Lebensweise: Sie wurden Rentierzüchter.

Was die Steuer nicht geschafft hatte, gelang schließlich dem Branntwein und der Bibel: die Zerstörung der samischen Kultur. Die Kirchgangspflicht war eine harte Belastung für Menschen, die ihren Rentierherden auch dorthin folgten, wo es keine Kirchen gab. Und als in Sápmi auch noch reiche Bodenschätze entdeckt wurden, plünderten die Schweden die Gruben aus und ließen das Erz von den Rentieren und den zwangsverpflichteten Sami bis zur Ostseeküste transportieren. Auf Entfremdung von der eigenen Kultur und Entwurzelung reagierten viele mit der Flucht in den Alkohol. Im frühen 20. Jh. drohte die Kultur der Sami zu verschwinden.

Nur noch ca. 3000 Sami in Schweden sind heute Rentierzüchter. Die Zugeständnisse an die moderne Technik, wie Geländefahrzeuge, Funk und Hubschrauber, haben die ursprünglich symbiotisch mit der Natur verzahnte Lebensweise verändert und die Rentierzucht

Thema

zur Fleischproduktion degradiert. Da bleibt nicht viel von der Romantik eines auf Skiern der Herde folgenden ›Lappen‹.

Doch gerade jüngere Sami bekennen sich heute zu ihrer Kultur. Sie sprechen *Sami* – Sendungen von *Sameradio* sind in Schweden im Rundfunk zu hören –, kommunizieren via Internet und machen ihre Musik: Im Zuge der Ethnowelle im Popgeschäft erlebt der Jojk seit einigen Jahren ein Revival.

Und die Sami machen ihre Rechte geltend. Seit 1993 gibt es in Schweden wie bereits in Finnland und Norwegen ein *Sameting*, ein Sami-Parlament, und eine gemeinsame Flagge für Sápmi. Aber vor Gericht scheiterte erneut 2001 in Schweden der Versuch, den Sami Landrechte zu sichern. Der Staat kann im Prinzip jederzeit Bodenschätze ausbeuten oder Staudämme bauen.

Wer sich über die Sami-Kultur informieren möchte, dem seien das Silbermuseum in Arjeplog mit seinem historischen Schwerpunkt und das Museum Ájtte in Jokkmokk als erste Adressen empfohlen. Ein besonderes Erlebnis ist es auch, in relativ traditioneller Weise lebende Sami-Familien zu besuchen und z. B. im Juni/Juli bei der Renkälbermarkierung dabeizusein oder eine Nacht auf dem Birkenreisiglager in der *kåta* zu verbringen. Die Touristenbüros geben Auskunft.

Die Rentierzucht war traditionell der wichtigste Erwerbszweig der Sami

fangen angesichts der harten klimatischen Bedingungen.

Das **Silbermuseum** entstand aus der Sammlung des Arztes Einar Wallquist, der 1922 aus Stockholm kommend zunächst einen Kulturschock erlitt. Der ›Lappendoktor‹ hatte nicht nur ein riesiges, fast menschenleeres Gebiet zu betreuen und war entsprechend oft und tagelang auf Reisen zu seinen weit verstreut lebenden Patienten, er hatte es auch nicht immer mit zahlungskräftigen Bürgern zu tun. Wallquist war ein Menschenfreund und wurde so manches Mal mit einem Silberlöffel oder einem Altertümchen entlohnt. Er verwahrte praktisch alles, versuchte aber jeweils die Geschichte der Gegenstände und das ›Umfeld‹ zu dokumentieren. Und so ist die Sammlung in Arjeplog heute vor allem ein Dokument der vergangenen Kultur des Nordens, während das ›offizielle‹ Sami-Museum Ájtte in Jokkmokk auch die aktuelle gesellschaftliche Situation und das heutige Leben des Samivolks im Norden thematisiert (Tel. 0961-612 90, www.silvermuseet.arjeplog.se, Mitte Juni–Mitte Aug. tgl. 9–18, sonst Mo–Fr 10–12, 13–16, Sa 10–14 Uhr).

Auch **Doktorsgården,** das Wohnhaus des ›Lappendoktors‹ und Museumsgründers mit dessen persönlicher Einrichtung ein paar Schritte weiter im Ort, ist zu besichtigen (Mittsommer–Ende Juli).

Arjeplog-Lappland Besöksservice AB: Torget 1, Box 4, 93090 Arjeplog, Tel. 0961-222 30, Fax 222 39, www.arjeplog lappland.se, Mo–Fr 8–17 Uhr.

STF Vandrarhem Lyktan: Lugnetvägen 4, Tel. 0961-612 10, Fax 101 50, www.hotellyktan-arjeplog.se, Mai–Nov., 28 Betten in 2- bis 4-Bettzimmern mit eigener Dusche/WC; DZ ab 300 SEK.
Fjällgården: Dr. Wallquist väg 8, Tel. 0961-102 60, http://come.to/fjallgarden. Zimmer im Vandrarhem-Stil, freundliches Haus mit Selbstversorgerküche; DZ ab 200–240 SEK.
Kraja Fritidsanläggning: Tel. 0961-315 00, Fax 315 99, am RV 95 ca. 1 km westlich auf einer Halbinsel am See Hornavan: Hotel, komfortable Hütten, Bootsverleih, Sauna, Restaurant; DZ im Hotel ab 845 SEK, Hütte ab 575 SEK/Tag, Stellplatz ab 145 SEK.

Ausflüge in die Wildnis zum Beerenpflücken und Renkälbermarkieren zusammen mit Sami-Familien, Båtsuoj, Tel. 0960-130 14, www.algonet.se/~same-id (auch als Paket mit Anfahrt und Essen, buchbar über Inlandsbana Tel. 0771-66 44 33).

Bus: von Arvidsjaur (Inlandsbana) und Jörn (Bahnstrecke nach Stockholm). Informationen zum Nahverkehr s. Kiruna bzw. Luleå.

Moskosel

In **Moskosel** 20 nähert sich der Inlandsvägen erneut der Trasse der Inlandsbana. Im Bahnhof zeigt das Rallaremuseum eine Fotoausstellung und ein Originalkontor. *Rallare* hießen die Bahnarbeiter, die in den 1920er und 30er Jahren die Bahngleise durch die Wildnis bauten. Vor dem Bahnhof liegt einer der schweren Riesenhämmer, mit dem jeder selbst probieren kann, einen dicken Nagel in die Schwellen zu schlagen oder die Schienen mit dem Stemmeisen anzuheben (Tel. 0960-303 69, Mitte Juni–Anfang Aug. tgl. 10–18 Uhr, übrige Zeit über Turistbyrå Arvidsjaur).

Trollforsen

Hinter Moskosel quert der Inlandsvägen den **Piteälven**. Berühmt bei Anglern und Wildwasserkanuten sind die Stromschnellen **Trollforsen** 21, die der Fluss hier bildet (Rastplatz). Die Eisenbahnbrücke über den Piteälv (etwa 10 km nordwestlich) ist ebenfalls ein beliebter Standort für Sportangler. Hier müssen die Passagiere aussteigen und der Zug fährt langsam über die Holzbrücke, auf der auch die Straße den Fluss quert. Der Zugführer muss deshalb vorher eine Schranke von Hand betätigen.

Abstecher zum Storforsen

Storforsen 22, der ›große Wasserfall‹, gilt allen anderen Anwärtern zum Trotz als bester Kandidat für das Prädikat ›größter Wasserfall des Nordens‹. 33 km östlich vom RV 45 Richtung Älvsbyn (RV 374) fällt der ungebändigte Piteälv hier nämlich nicht nur 82 m tief, sondern auch außerordentlich lang: über 5 km. Seinen Gischt sieht man schon weithin von der Straße. Und natürlich dröhnt er ganz mächtig. Aber der Fall ist inzwischen sehr gezähmt. Um besser flößen zu können, wurde das Wasser schon vor knapp 100 Jahren umgeleitet, so dass die wüste Felsenlandschaft des *döda fallet* (toter Fall) zurückblieb. Dort kann man die Wirkungen des Wassers auf Stein gut beobachten, z. B. in den tiefen Gletschermühlen (*jättegrytor*). Heute ist der Storforsen gelegentlich Schauplatz von Ballett- oder anderen Freilichtaufführungen. Das Gebiet ist gut zugänglich, mit Rastplätzen, Naturum und Flößereimuseum (Tel. 0929-319 82, Mitte Juni–Mitte Aug. tgl. Führungen).

Jokkmokk

Auf der Fläche der Kommune **Jokkmokk** 23 (5500 Einw.) fänden mühelos die drei südschwedischen Provinzen Skåne, Blekinge und Halland Platz. Der Ort ist seit jeher Zentrum der Lule lappmark, und entlang dem Luleälv führte seit Ende des 17. Jh. ein weiterer wichtiger Transportweg von den Erzgruben im Gebirge zur Mündung bei Luleå. An Jokkmokks Tradition als Marktplatz für die im Winter im Waldland lebenden Sami knüpft noch der Lappmarknad im Februar an.

Der Polarkreis: Kurz vor Jokkmokk ist er erreicht! Für ein Erinnerungsfoto stehen ausreichend Schilder bereit. Allerdings wandert der nördliche Polarkreis jedes Jahr ca. 14,5 m nach Norden: Massebewegungen in und auf der Erde lassen die gedachte Erdachse, die ja an den Polen ›durchstößt‹, spiralförmig rotieren, verschieben so die Pole und auch die Polarkreise. Die Markierungen auf der Straße müssten also eigentlich von Zeit zu Zeit geändert und Rastplätze sowie Polarkreis-Imbissbuden entsprechend mobil sein ...

Jokkmokk ist heute das kulturelle Zentrum der schwedischen Samen, hier befindet sich die Volkshochschule, wo u. a. die traditionellen Handwerkstechniken für *Sameslöjd* gelehrt werden, und als größte Sehenswürdigkeit für Besucher das 1989 eingeweihte **Fjäll- och Samemuseum Ájtte,** das bedeutendste Museum zur Samikultur in Schweden. Der Grundriss des Museums – *ájtte* heißt Vorratsspeicher – entspricht einem Rengehege, mit von allen Seiten auf einen zentralen Raum zulaufenden Gängen, durch die der Besucher auf die Reise zu verschiedenen Themenbereichen der samischen Lebenswelt geschickt wird: Rentierzucht im Jahreslauf, Geschichte, Religion und Kultur der Sami, unterstützt durch Filme, Diashows und moderne Animationstechniken. Das Museum widmet sich neben der Kultur ausdrücklich auch der Natur Lapplands, dem Gebirge und vermittelt in einer Ausstellung und der Bibliothek alles Wissenswerte über das Bergwandern. Im Museumsrestaurant gibt es samische Spezialitäten (Kyrkogatan 3, Tel. 0971-170 70, www.ajtte.com, Mitte Juni–Mitte Aug. tgl. 9–18, übrige Zeit Mo–Fr 10–16, Sa, So 12–16 Uhr, Okt.–April nur Mo–Fr).

Ein paar 100 m weiter liegt der **Fjällträdgården**. Durch das Gelände des zum Museum gehörenden Botanischen Gartens sprudelt ein Wildbach, und es werden die unterschiedlichen Lebensräume Lapplands vorgestellt (Juni–Aug. Mo–Fr 10–17, Juli–Mitte Aug. Sa, So 11–17 Uhr, für übrige Zeit Öffnungszeiten in Ájtte erfragen).

Abstecher nach Vuollerim

Bei einem Abstecher von Jokkmokk den Luleälv flussabwärts bietet sich Gelegenheit zu einer Reise in die Steinzeit. In **Vuollerim** 24 wurden 1983 Spuren eines Steinzeitdorfes entdeckt, das inzwischen ausgiebig von Archäologen untersucht wurde. Dort kann man leben wie das Jägervolk, das hier vor 6000 Jahren seine Spuren hinterließ; angeboten werden eine Komplettausbildung in Steinzeittechniken wie das Zurechtschlagen von Faustkeilen oder Feuermachen, und man erhält Einblicke in schamanistische Religion.

Richtig Reisen-Tipp: Die Inlandsbana

Der genau 1067 km lange Schienenstrang der Inlandsbana erschließt seit 1937 die menschenleeren Waldweiten Lapplands. Die eingleisige Strecke von Mora am Siljansee nach Gällivare in Lappland wird nur noch während der Sommermonate von bequem gepolsterten Schienenbussen befahren. Zur Freude der Touristen hält der Zug nicht nur an allen interessanten Stellen wie beispielsweise dem mit weißen Steinen im Moor markierten Polarkreis oder an besonders atemberaubenden Viadukten über wild schäumenden Flüssen, sondern auch zur Kaffeepause oder zum Mittagessen, für ein Bad im See oder eine Einkaufsrunde durch den Souvenirshop.

Mit an Bord sind Reiseführer (Guides), die mit mehrsprachigen Durchsagen auf Sehenswürdigkeiten hinweisen, etwa im Stil von »rechts sehen Sie einen Bären flüchten« oder »links eine Herde Rentiere«. Ren und Elch sieht man mit Sicherheit auf dieser Wildnistour, oft genug gibt es leider auch Kollisionen von Zug und Großwild. Verspätungen – sonst in Schweden unüblich – sind bei dieser Strecke also einzukalkulieren. Dafür ist die Reise ein Abenteuer, für das man kein Survival Training absolviert haben muss – vom bequemen Sessel aus sieht man die Wildnis vorbeigleiten.

Unerschrockene können rechts und links des Schienenstrangs mit Zelt und Rucksack zu eigenen Erkundungen starten oder sich auf geführte Bibersafaris, Goldwaschversuche oder auch Wildwasserfahrten einlassen. Langweilig wird es jedenfalls nie und Zeit hat man auf dieser Reise reichlich – entlang der Strecke stehen Unterkunftsmöglichkeiten von originell bis stilvoll zur Verfügung, von der Bahnarbeiterbaracke bis zum Hotel mit Swimmingpool.

Die Bahn verkehrt tgl. Mitte Juni–Mitte Sept. Tickets gibt es beim Guide im Zug, günstig sind Netzkarten für 14 Tage (1195 SEK). Die Strecke Östersund–Gällivare kostet ca. 700 SEK. Fahrpläne, Pauschalangebote und Buchung: Tel. 0046-771-53 53 53, www.inlandsbanan.se.

Alljährlicher Höhepunkt sind die um Mittsommer stattfindenden Hochzeiten nach Steinzeitritual (Anmeldung erforderlich; Tel. 0976-101 65, www.vuollerim6000.se, Mitte Juni–Mitte Aug. Mo–Fr 9–18, Mai–Mitte Juni und Mitte Aug–Sept. Mo–Fr 10–16 Uhr, übrige Zeit wechselnde Öffnungszeiten).

Porjus

Ein knappes Viertel der in Schweden aus Wasserkraft erzeugten Energie – und damit ein Zehntel der gesamten Stromproduktion – liefert der Luleälv. Das in den 50er Jahren des 20. Jh. gebaute Kraftwerk in Hårspranget ist mit einer Fallhöhe von 107 m Schwedens zweitgrößtes Wasserkraftwerk. Das alte Kraftwerk bei **Porjus** 25 ist heute Museum, Porjus selbst ein hübscher Ort. Dahinter erstreckt sich unberührte Landschaft, östlich liegt der **Muddus Nationalpark**, Brutplatz für rund 50 Vogelarten, darunter Singschwäne und Kraniche. Einer der wenigen Wege, der auf Planken durch die Moore führt, ist der 44 km lange ›Rallarstigen‹, ein Wanderweg mit Tradition: Auf diesem Weg schafften die *rallare* ab 1910, als in Porjus das Wasserkraftwerk gebaut wurde, das Baumaterial von Gällivare heran (Besichtigung nach Vereinbarung, Tel. 0973-776 00).

Abstecher nach Kvikkjokk

Kvikkjokk 26 liegt 120 km westlich am Fuß der Berge auf 330 m Höhe – hier enden alle Straßen im Gebirge. Auf dem Wanderweg Padjelantaleden lässt sich der **Nationalpark Padjelanta** in Teilen erwandern. Kvikkjokk ist auch bester Ausgangspunkt für Exkursionen in den **Nationalpark Sarek** – weniger erfahrene Wanderer schließen sich am besten einer Gruppe an.

Turistbyrå Jokkmokk: Stortorget 4, Box 124, 96223 Jokkmokk, Tel. 0971-222 50, 172 57, Fax 222 59, www.turism.jokkmokk.se

Hotel Jokkmokk: Solgatan 45, Tel. 0971-777 00, Fax 777 90, www.hotel-jokkmokk.se. In zentraler Lage, 200 m vom Bahnhof (Rabatt für Inlandsbana-Reisende), 75 komfortabel eingerichtete Zimmer; DZ ab 870 SEK (Mitte Juni–Mitte Aug.).
STF Vandrarhem Åsgård: Åsgatan 20, Tel. 0971-559 77, Fax 582 77, www.jokkmokk hostel.com. Mitte Dez–Mitte Jan. geschl. Optimale Lage zur Erkundung von Jokkmokks Sehenswürdigkeiten und Treffpunkt für Inlandsbana-Reisende und andere Nordlandfahrer, 300 m zum Bahnhof, mit Sauna. 62 Betten in 2-bis 5-Bett-Zimmern; DZ 320 SEK.
Skabram Stugby och Camping: Tel. 0971-107 52, info@skabram.com. 3 km westlich von Jokkmokk am RV 747 Richtung Karats, Häuser- und Zimmervermietung, Bootsverleih, Angeln; Stellplatz ab 100 SEK, Stuga ab 500 SEK/Tag, einfache DZ ab 250 SEK.

Danielssons Vilthandel: Forsviken, Vaikijaur, 5 km nördlich von Jokkmokk, im Sommer tgl. 9–21 Uhr. *Suovas* und andere Spezialitäten mit Blick auf den Sonnenuntergang (um 70–100 SEK).

Jokkmokks Tenn: Järnvägsgatan 19, Zinn- und Silberarbeiten im Sami-Stil; **Stencentrum** (nahe Fjällträdgården): Steinschleiferei, Verkauf von Steinschmuck.

Geführte Bergwanderungen, **Riverrafting** *(forsränning)*, **Goldwaschen** oder Besuche bei **Rentierzüchtern** und **Sami:** Infos und Buchung beim Turistbyrå.

Bahn/Bus: Jokkmokk ist Haltepunkt der Inlandsbana. Busse u. a. nach Boden, Luleå und Kvikkjokk. Nahverkehr s. Kiruna bzw. Luleå.

Gällivare

Auf dem gut ausgebauten RV 45 fährt man auf den Berg **Dundret** zu, den 820 m hohen Hausberg von Gällivare, auf dem man während der Mitternachtssonne Anfang Juni bis Mitte Juli ununterbrochen Sonnenschein genießen kann.

In **Gällivare** 27 mit seinen 19 000 Einwohnern, die sich auf einer Gemeindefläche halb so groß wie Belgien verteilen, kreuzen sich die wichtigsten Straßen und Schienenwege des Nordens: der Inlandsvägen und die von der Küste kommende E 10 sowie Inlandsbahn und Erzbahn.

Die hübsche **alte Holzkirche** von Gällivare liegt heute etwas abseits unten am Fluss jenseits der Bahngleise. Den Namen ›Ettöreskyrka‹ bekam sie, weil jeder Haushalt im Land vier Jahre lang je einen Öre als Beitrag zu den Baukosten leistete. Als sie 1755 fertig gestellt war, lag sie praktisch inmitten reinster Wildnis und gehörte zu den ersten festen Gebäuden im Doppelort Gällivare-Malmberget. Der Name Gällivare bedeutet auf Samisch ›Spalt im Berg‹ und bezeichnet einen der wichtigen Orientierungspunkte für die jährlichen Wanderungen. Die Kirche diente zunächst nur den Sami von Kaitum als Gotteshaus, daher auch der Name ›Lappkapell‹.

Erst gegen Ende des 19. Jh. begann mit dem Bau der Eisenbahnverbindung die Eisenerzförderung in **Malmberget** (Erzberg). Rund um die Grube wuchsen die bescheidenen Hütten der Arbeiter, die inzwischen wiederaufgebaute *Kåkstan.* Vom damaligen Leben in der Grubenstadt kann man sich im **Gruvmuseum** einen Eindruck verschaffen (Puoitakvägen 10, Tel. 0970-713 37, Mitte Juni–Mitte Aug. Mo–Fr 10–17 Uhr). Die von der staatlichen Firma LKAB betriebene **Grube** gehört heute zu den größten Untertagebergwerken in Europa. Bei einer Besichtigung werden die Besucher mit Bussen in bis zu 1000 m Tiefe gefahren (Besichtigung der Kupfer- und Eisenbergwerke, Mittsommer–1. Aug.-woche tgl., Buchung über Turistbyrå).

1882 wurde eine neue, größere **Kirche** in Gällivare geweiht. Weiß und breit gelagert

Weltberühmter Winterzauber: das Icehotel in Jukkasjärvi

ruht sie auf der anderen Seite der Bahn und näher am heutigen Zentrum. Das Hembygdsområde im Osten der Stadt am Vassaraälven versammelt die nördlichste Windmühle Schwedens, ein Lager mit Vorratsräumen (*härbren*) und Wohnstätten der Sami.

i **Turistbyrå Gällivare:** Centralplan 3 (neben dem Bahnhof), Box 56, 98236 Gällivare, Tel. 0970-166 60, Fax 667 39, www.gellivare.se/turism, Mo–Fr 8–17 Uhr.

Dundret: Gällivarevägen 17, Tel. 0970-145 60, Fax 148 27, www.dundret.se. Top-Sporthotel, 3 Restaurants, spezielle Wintersportangebote; DZ 1390–2150 SEK.

Gällivare Värdshus: Klockljungsvägen 2, Tel. 0970-162 00, Fax 1 55 45, http://homeswipnet.se/vardshuset. 27 Zimmer (Nichtraucher) in dem nüchternen Bau, meist Dusche/WC, Fernsehen und Telefon. 700 m vom Bahnhof, zentrale Lage; DZ 590–980 SEK.

Hotell Dundret: Per Högströmsgatan 1, Tel./Fax 0970-550 40, Bed & Breakfast in Bahnhofsnähe, 1–4-Bett-Zimmer; DZ ab 600 SEK.

STF Vandrarhem: Andra Sidan, Barnhemsvägen 2, Tel. 0970-143 80, Fax 165 86, info@explorelapland.com. In niedrigen Baracken in zentraler Lage stehen 89 Betten in 2- bis 8-Bett-Zimmern zu Verfügung, auch Zeltplatz; DZ ab 300 SEK.

Kåkstan: Malmberget, Tel. 0970-183 96, März–Aug. Wohnen in den neu im Stil der Grubenarbeiterwohnungen des 19. Jh. errichteten Baracken, einfach eingerichtete 4-Bett-Zimmer 360 SEK.

Bergwandern ab Ritsem und Saltoluokta am Rand des Stora-Sjöfallet-, Sarek- und Padjelanta-Nationalparks (STF Turiststationen März– Anfang Mai und Mittsommer–Mitte Sept.).

Ausflüge zu den Sami, Bewirtung mit Kaffee und *tunnbröd*, Übernachtungsmöglichkeit in der Kote auf Birkenreisig und Rentierfellen: Vägvisaren, Repisjaure (2,5 km außerhalb von Gällivare), Tel. 0970-694 98, Fax 140 84.

Infos zu Golf/Wintersport über Turistbyrå.

Flug: Flugplatz (Inland) 7 km, Tel. 0970-780 00, nach Stockholm www.swedline.com.

Bahn: Gällivare ist Kreuzungspunkt der Inlandsbana und Erzbahn Luleå–Narvik; Informationen zum Nahverkehr s. Kiruna.

Jukkasjärvi

Über den breit und träge dahinfließenden Torneälv erreicht man **Jukkasjärvi** 28, wo seit dem frühen 17. Jh. eine **Kapelle** steht; die heutige stammt von 1732. Sehenswert ist der Holztriptychon von Bror Hjorth (1958) im Inneren, der in farbstarken Reliefs u. a. die Bemühungen von Lars Laevi Laestadius schildert, der den Sami Abstinenz und einen rechtschaffenen Lebenswandel predigte. In dem Trunkenbold auf dem linken Flügel (in der Gruppe die Figur ganz rechts) hat sich der Künstler selbst porträtiert. Laestadius, der Gründer der nach ihm benannten christlichen Erweckungsbewegung, die bis heute unter den Sami stark verbreitet ist, wirkte auch einige Zeit in der Kapelle von Jukkasjärvi.

Eine Attraktion, die Jukkasjärvi weltberühmt machte, ist allerdings nur im Winter überhaupt zu sehen: das **Icehotel** wird alljährlich aus dem Eis des Torneälv errichtet. Im Sommer kann man hier in Blockhütten übernachten und immerhin noch eine Ausstellung von Eisskulpturen betrachten, die gut geschützt vor der Mitternachtssonne noch einen Hauch von Winter verbreiten (Juni–Mitte Aug. Eintritt 100 SEK).

Die Straße endet an der Raketenabschussbasis **Esrange** 29, die, inmitten von militärischem Sperrgebiet gelegen, zivilen Zwecken dient. Hier werden Satelliten ins All geschossen und überwacht und man widmet sich der Erforschung von Naturphänomenen wie dem Nordlicht (Info Tel. 0980-760 00, www.forskningsturism.se).

Kiruna

Kiruna 30 (23 000 Einw.) mit 20 000 km² halb so groß wie die Niederlande, war einmal die größte Gemeinde der Welt, inzwischen hat sie eine Stadt in Australien an Ausdehnung überflügelt. Allgegenwärtig und überall in der Stadt sichtbar ist der Erzberg Kirunavaara, dem Kiruna seine Existenz verdankt – und alles weitere der LKAB. Die staatliche Abbaugesellschaft wurde 1890 gegründet, im November 1902 fuhr der erste Zug mit Erz aus Kiruna nach Narvik. Planmäßig wurde der als unerschöpflich geltende Kirunavaara Stufe um Stufe abgebaut, zunächst im Tagebau, heute unter der Erde.

Nicht entgehen lassen sollte man sich eine Reise in die größte **Untertagegrube** der Welt, die per Straßenbahn (die bis 1959 die Arbeiter zu ihren Arbeitsplätzen transportierte) und Bus bis zu 370 m tief ins Innere des Erzbergs führt. Die Grube ist nach wie vor lukrativ – und das nicht nur wegen des Erzes: Inzwischen hat sich eine Pilzzucht in den wohltemperierten feuchten Untertagestollen etabliert und züchtet japanische Shiitake – eine gesuchte und gut bezahlte Delikatesse (Juni–Aug. tgl. Führungen, Anmeldung im Turistbyrå).

Bergschäden blieben bei so einem gigantischen Eingriff ins Erdinnere nicht aus. Inzwischen zeigen schon etliche Gebäude der Stadt Risse, und Bauexperten rechnen damit, im Lauf der kommenden Jahrzehnte die Gebäude Stück für Stück ab- und an anderer Stelle wiederaufbauen zu müssen. Wer das finanzieren soll, ist jedoch noch unklar.

Noch etwa 20 Jahre bleiben vermutlich dem **Rathaus** (1959): Es gilt als eines der schönsten modernen Bauwerke und stammt von dem Architekten Artur von Schmalensee, den Uhrturm gestaltete Bror Marklund. Die **Kirche**, auf Wunsch des Auftraggebers 1912 in Form einer überdimensionalen Lappenkote gebaut, thront auf der Anhöhe über der Innenstadt. Außen eher düster, ist sie in ihrem Inneren um so schöner, mit üppigen Holzschnitzereien und dem offenen Dachstuhl, einer eigens für diese Kirche gemalten Landschaft von Prinz Eugen als Altargemälde und Skulpturen von Christian Eriksson.

i **Kiruna Lappland Turistbyrå:** Folkets Hus, Lars Janssons gatan 17, Box 113, 981 22 Kiruna, Tel. 0980-188 80, Fax 182 86, lappland@kiruna.se, Sommer Mo–Fr 8.30–20, Sa, So 8.30–18 Uhr, übrige Zeit Mo–Fr 8.30–17 Uhr.

Icehotel: Marknadsvägen 63, Jukkasjärvi, Tel. 0980-668 00, Fax 668 90, www.icehotel.com. Originelles und komfortables Übernachten bei –4 °C (Dez.–März); DZ ca. 2800 SEK, Unterkunft in 2-Bett-Hütten ab 1290 SEK (Sommer) bzw. 2500 SEK (Winter).

Gullriset Lägenhetshotell: Bromsgatan 12, Kiruna, Tel. 0980-109 37, Fax 147 00, www.fabmf.se/gullriset. Zweckmäßig eingerichtete 2- bis 4-Bett-Apartments mit Küche in zweistöckigen Blocks, ca. 600 m vom Zentrum; DZ ab 500 SEK.

STF Vandrarhem Kiruna: Bergmästaregatan 7, Kiruna, Tel. 0980-171 95, Fax 841 42, www.kirunahostel.com. In zentraler Lage, einige der Zimmer sind komfortabel mit Dusche/WC ausgestattet; DZ ab 380 SEK.

Radhusbyn Ripan: Campingvägen 1, Kiruna, Tel. 0980-630 00, Fax 630 40, www.ripan.se. Große Zeltplatzanlage mit Restaurant, Pool,

Sauna, auch Häuser- und Zimmervermietung; 4-Bett-Hütte ab 660 SEK/Tag.

Sami-Kunsthandwerk bei Carl Wennberg, Bergmästaregatan 2, Kiruna, und Màttàrahkkà (an der E 10, 5 km nordwestlich von Kiruna, Handwerkskooperative von Sami-Frauen)

Wildwasserfahrten auf dem Torneälv in Jukkasjärvi, **Goldwaschen**, **Angeln, Bergwanderungen** und **Ausflüge** zu Rentierzüchtern bucht man im Turistbyrå. Ausflüge in die **Berge** und eine **Bootstour** über den Torneträsk unternimmt man ab Abisko (s. Abisko Nationalpark).
Infos zu Wintersport und Golf (in Björkliden) in der Turistbyrå.

Flug: Inlandsflugplatz 10 km entfernt; **Bahn:** Erzbahn Kiruna–Narvik mehrmals tgl. Halt in Kiruna, Abisko (Östra und Turiststation). Informationen zum Nahverkehr: Länstrafiken in Norrbotten Tel. 0771-10 01 10, www.ltnbd.se.

14 Abisko Nationalpark

Bevor sich die Straße zum Torneträsk und nach Abisko absenkt, passiert man fantastisch schroffe Berghänge und herrlich klare kalte Seen, Moor und Tundragebiete geben weite Blicke frei. Das erhabene Panorama des Sees Torneträsk mit den umgebenden Bergen schließlich ist atemberaubend, ein Vorgeschmack auf die herrlichen Ausblicke,

Lapplands karge Schönheit: erhabene Berge und eiskalte Seen

die man von Abiskos Hausberg Njulla haben kann, falls die Sicht klar ist.

In Abisko beginnt (oder endet) der Kungsleden, starten aber auch eine Vielzahl anderer Wanderwege. Der 7700 ha große **Abisko Nationalpark** umfasst die riesige Talsenke des rund 70 km langen Sees Torneträsk, dessen Uferwiesen im Juni und Juli eine üppige bunte Blütenfülle schmückt. Der lotrecht eingeschnittene Canyon des **Abiskojokk** gehört zu den spektakulärsten Sehenswürdigkeiten des Nationalparks.

Eine Seilbahnfahrt auf den 1169 m hohen Berg **Njulla** (Nuolja) ist sicherlich der bequemste Weg in die beeindruckende Bergwelt Lapplands. Hat man das Panorama mit der charakteristischen Silhouette der Lapporten (Lappenpforte) ausgiebig genossen, begeistert beim Rückweg die üppige Vegetation aus Trollblumen und Engelwurz, bevor man wieder den Birkenwaldgürtel erreicht. Auch die Wiesen am Torneträsk, zum Teil als Vogelbrutgebiete im Sommer gesperrt, sind für ihre üppige Blumenpracht im Hochsommer berühmt. Im **Naturum an der Abisko Turiststation** kann man sich über die Bergflora und -fauna informieren.

Abisko Turiststation: Tel. 0980-402 00, Fax 401 40, www.abisko.nu, März–April und Mitte Juni–Mitte Sept. Bergstation des STF mit eigener Zugstation, 330 Betten (1-, 2- und 4-Bett-Zimmer) im Hauptgebäude, Annex und Hütten; DZ ab 700 SEK.
Camp Abisko: Abisko Östra, Tel. 0980-401 48, Fax 402 10, www.campabisko.com, ganzj., einfache Unterkunft in 2- bis 4-Bett-Zimmern in Baracken und Hütten (5 Betten), einige mit Dusche/WC, DZ ab 500 SEK.

Erzbahn nach Narvik

Wen es allerdings von den Bergen nun ans Meer lockt: Die Züge der **Erzbahn** halten in Abisko Östra und Abikso turiststation und fahren rund anderthalb Stunden lang durch wunderschöne Berglandschaft bis nach Narvik am Fuße eines typisch norwegischen Fjords. Die Strecke gilt mit Recht als eine der schönsten Eisenbahnstrecken der Welt. Sie verläuft parallel zur Straße E 10, dem ›Nordkalottvägen‹. Unterwegs sieht man immer wieder scheinbar endlos lange Reihen von hochbeladenen Waggons mit den stahlgrauen Pellets rollen.

Zum Kebnekaise

Ein anderer Ausflug in die Berge ab Kiruna führt nach **Nikkaluokta** 31 am Fuß des **Kebnekaise** (2111 m). Gipfelstürmer können den höchsten Berg Schwedens ab hier theoretisch in 8 Stunden besteigen – falls das Wetter es zulässt. Am besten schließt man sich einer geführten Tour an.

Im Tornedal zur Ostsee

Der mächtige Torneälv ist einer der letzten unregulierten Wildwasserflüsse in Schweden. Äußerst dünn besiedeltes, mit moltebeerenreichen Mooren durchsetztes Waldland, wo sich ›Elch und Biber Gutenacht sagen‹, säumt den Oberlauf, den breiten Unterlauf, der die Grenze zu Finnland bildet, prägen fruchtbare Wiesen und reiche Äcker.

Nur noch vier große Flüsse in Schweden dürfen unreguliert zu Tal rauschen. Während mächtige Ströme wie der Luleälv ein Zehntel des schwedischen Stromes liefern, wurden Torne- und Kalixälv bislang nicht zur Energiegewinnung ausgebaut. Hier können die Lachse noch ungehindert von Staumauern zu ihren Laichgründen wandern, sie müssen sich auch nicht mit Lachstreppen behelfen.

In der Landschaft des nordöstlichen Lappland und Norrbotten haben die eiszeitlichen Gletscher besonders gute Arbeit geleistet und das Land fast völlig eingeebnet. Das abgehobelte Material liegt in Tälern und Senken bisweilen bis zu 50 m dick, eine besonders fruchtbare Erde, die vor allem im unteren Tornedal Kartoffeln, Getreide und gutes Wiesengras sprießen lässt, weshalb das Land hier auch ›Ladriket‹ (Scheunenreich) heißt. Die geringen Höhenunterschiede lassen die Flüsse breit und behäbig fließen, zwar mit Stromschnellen, aber ohne große Wasserfälle. Der Tärendöälv bietet das seltene Naturphänomen einer Bifurkation: Er kann sich nicht so recht entscheiden, wohin er fließen soll, und so speist sein Wasser sowohl den Kalix- als auch den Torneälv.

Die gesamte Region östlich von Svappavaara ist ursprünglich finnischsprachig, wie die Ortsnamen deutlich zeigen, und diese Sprach- und Kulturgrenze liegt viel weiter westlich als die offizielle Landesgrenze. Bis 1809, als sich Schweden und Russland auf den Torneälv als Grenzfluss einigten, gab es ohnehin keine Barrieren, denn jahrhundertelang hatte Schweden seine Kolonie Finnland fest im Griff.

Svappavaara

48 km südöstlich von Kiruna zweigt in **Svappavaara** 32 der RV 45 von der E 10 Richtung Osten ab. Hier wird bis heute Kupfer gefördert. 27 km weiter, in **Vittangi**, ist der Torneälv erreicht, dessen Tal man auf dem RV 395 (Ishavsleden) folgt. In **Masugnsbyn** 33 begann 1642 die Geschichte der nördlichsten Eisenschmelzen Europas mit der Entdeckung eines Bauern auf Eichhörnchenjagd. Als sich an der Eisenspitze seiner Jagdpfeile immer wieder schwarze Steine hefteten, nahm er ein paar davon mit nach Torneå. Die Gesteinsanalyse ergab: Eisenerz mit 30 % Magnetitanteil. Die Ruine der ersten Eisenschmelze (*masugn*) direkt neben der Grube steht noch einige 100 m bachabwärts.

Kurz vor Junosuando trifft die Straße erneut auf den Torneälv, den man nun kaum noch aus den Augen verliert. Das geruhsam dahinfließende Gewässer betrieb noch bis ins 19. Jh. mit seinen Stromschnellen weitere Eisenschmelzen. Die Stromschnellen **Kengisforsen** 5 km östlich von Pajala sind die mächtigsten des Torneälv und lieferten noch bis Anfang der 1930er Jahre die Energie für den Schmiedehammer von **Kengis bruk**.

Pajala

In Kengis wurden sogar Münzen geprägt, denn der Ort entwickelte sich auch zum wichtigen Handelsplatz und machte dem heute finnischen Torneå ernste Konkurrenz. An diese alte Tradition als Handelsplatz knüpft der Markt im benachbarten **Pajala** 34, heute Hauptort der gleichnamigen Gemeinde (6800 Einw.), am zweiten Wochenende nach Mittsommer an. Wer Mikael Niemis Roman ›Populärmusik aus Vittula‹ gelesen oder die Verfilmung gesehen hat, wird in Pajala einiges wiedererkennen. Wenn nicht, hält das Turistbyrå entsprechende Wegweiser zu den Schauplätzen des Romans bereit, der das Bild einer Jugend in den 1960er Jahren in diesem Teil der Welt zeichnet.

In der schönen Holzkirche oberhalb des Torneälv predigte ab 1849 Lars Laevi Laestadius, nachdem er in Karesuando schon eine große Anhängerschaft unter den Sami für seine Erweckungsbewegung gewonnen hatte. **Laestadius pörte**, sein Wohnhaus, ist heute als Gedenkstätte für Laestadius, der auch ein begeisterter Botaniker war, eingerichtet (Tel. 0978-120 55, Mittsommer–Mitte Aug. Di–So 10–18 Uhr).

Turistbyrå Pajala: Malmen, 98432 Pajala, Tel. 0978-100 15, Fax 714 41, info@pajalaturism.bd.se, Sommer tgl. 9–19, übrige Zeit Mo–Fr 8–16 Uhr.

Hotell Smedjan: Fridhemsvägen 1, Tel. 0978-108 15, Fax 717 75. Business-Hotel, zentral, 29 zweckmäßig eingerichtete Zimmer (meist EZ), Restaurant (Mo–Fr 10–21, Sa 11–21, So 12–19 Uhr) mit günstigen Lunchangeboten (70–220 SEK).

Kero AB, Tel. 0978-600 00, www.kero.se, Mo–Fr 7–16 Uhr, Fabrikladen mit Gerbereimuseum (Garverimuseum): Lederwaren im Sami-Stil.

Pajala marknad, traditioneller Markt am zweiten Wochenende nach Mittsommer; **Norrskensfestival** am letzten Februarwochenende, Handwerksmesse mit Schneeskulpturen-Wettbewerb, Rentier- und Schneescooterrennen.

Sehr gute **Angel**gewässer, Info: Turistbyrå Pajala oder Vittangi Vildmarkscenter (www.vittangi-turism.se).

Riverrafting *(forsränning)* auf dem Kalix- oder Tärendöälv.

Bus: nach Kalix, Haparanda, Kiruna über Svappavaara und Vittangi.

Övertorneå

Am Unterlauf des Torneälv sind die Ufer nicht mehr von dunklem Wald, sondern von Wiesen und Feldern gesäumt. Hübsche Häuser auf beiden Seiten der Grenze zeugen vom bäuerlichen Wohlstand, der im günstigen Klima wachsen konnte. Die flachen Wiesen sind übersät mit den typischen Heuschobern, die der Region den Namen ›Ladriket‹ eingetragen haben. Die eigenartige, nach unten verjüngte Form der Blockbohlenbauten verbessert die Statik – schließlich stehen sie alljährlich im Frühjahr nach der Schneeschmelze bis zu 4 m unter Wasser und müssen zudem der Macht der Eisschollen trotzen.

Övertorneå 35 (5200 Einw.) liegt schon rund 20 km südlich der magischen Marke des Polarkreises, der allerdings immer in Bewegung ist (s. S. 361). Die 1735–37 gebaute Kirche gehört zu den am besten erhaltenen des 18. Jh. im Norden und besitzt eine der ältesten noch gespielten Orgeln Schwedens: Das Instrument wurde 1609 in Berlin-Spandau für die Deutsche Kirche (Tyska Kyrkan) in Stockholm gebaut, bevor sie die Gemeinde von Övertorneå 1777 erwarb. Außerdem besitzt die Kirche eine von zwei Mantelmadonnen in Schweden. In diesem Außenposten der christlichen Welt investierte man im 15. Jh. kräftig in reichen Skulpturenschmuck. Aufgeklappt zeigt die Madonna Christus auf dem Thron, flankiert von knienden Scharen.

11 km südlich der Stadt liegt der **Luppioberg**, der Sage nach Heimat des *tomte*, des Weihnachtsmanns. Sein 192 m hoher Gipfel lag noch kurz nach der Eiszeit knapp über dem Meeresspiegel. Dass hier einmal eine Strandlinie verlief, zeigen auch etliche Berggipfel mit der charakteristischen Silhouette der ›Kalottberge‹: oben eine abgerundete bewaldete Kappe, darunter, wo die Erdkruste vom Meer losgespült wurde, nur blanker Fels und Geröllhalden. Der Blick geht über das ehemalige Mündungsgebiet des Torneälv, in dem der Fluss fruchtbare Schwemmlandinseln gebildet hat.

3 Kukkolaforsen

Die Schnellen Kukkolaforsen (finn.: Kukkolankoski) gut 50 km südlich von Övertorneå haben die Menschen schon jahrhundertelang genutzt: zur Energiegewinnung für Korn- und Sägemühlen und zum Fischen der reichlich vorkommenden Renken (*sik*). Heute werden die Fische von Booten oder von den in den Fluss hinausgebauten Stegen mit Keschern an langen Stöcken aus dem Wasser gefischt. Im Restaurant kann man frische *sik* probieren, und ein Fiskemuseum informiert über die Tradition der Renkenfischerei sowie das Leben im Tornedal (Mitte Juni–Mitte Aug. tgl.). Ein großes Ereignis mit mittelalterlichen Ursprüngen ist alljährlich *Siksöndagen* Ende Juli.

Haparanda/Tornio

Nach dem Verlust von Tornio an Russland 1809 wurde auf schwedischer Seite **Haparanda** 36 (10 000 Einw.) gegründet. Heute liegt der Nachbarort Torneå (Tornio) auf der anderen, finnischen Seite des Torneälv und ist über eine Brücke verbunden. Der Bahnhof von Haparanda spielte im Ersten Weltkrieg eine große Rolle, als hier über die Grenze Gefangene und Verletzte ausgetauscht wurden. Die **Eisenbahnbrücke** über den Torneälv besitzt sowohl Gleise in europäischer Normalspur als auch solche finnisch-russischer Spurweite. Kurze Zeit wehte der Hauch der Geschichte durch den verschlafenen Ort: Wladimir Iljitsch Lenin reiste hier ebenso durch wie Zarenwitwe Maria Feodorowna, und Schmuggler, Spione und Anarchisten gaben sich in dem Jahrhundertwendebau des **Haparanda Stadshotell** am Marktplatz die Klinke in die Hand.

Die ausgedehnte Sandinsel- und Schärenlandschaft **Haparanda Skärgård** vor der Mündung des Torneälv hat große Bedeutung als Rastplatz für mehr als 200 Vogelarten und ist seit 1995 Nationalpark. Es werden ganztägige Bootstouren angeboten.

Haparanda & Torneå Turistbyrå: Greenline, 95385 Haparanda, Tel. 0922-120 10, Fax 120 19, www.infokiosk.haparanda.se. Das Info-Büro an der Grenze zu Finnland informiert über beide Länder, Haparanda und die Nachbarstadt Tornio/Torneå (Finnland). Ein weiteres, kleines Touristenbüro befindet sich in einem Seitenflügel des Haparanda Stadshotell (nur im Sommer).

Haparanda Stadshotell: Torget 7, Tel. 0922-614 90, Fax 102 23, www.haparandastadshotell.se. Elegantes Jahrhundertwendehotel mit 92 Zimmern; DZ ab 850 SEK (Sommerpreis). Das stilvolle Restaurant serviert norrländische Spezialitäten (Wild) ca. 100–200 SEK.

Sverigefinska Folkhögskola: Torget (neben Stadshotell), nur im Sommer (ca. 20. Juni–3. Aug.-woche) geöffnet, Tel. 0922-688 00, Fax 688 08, www.svefi.net. Hier waren Designer am Werk: stilsicher eingerichtete Zimmer im Gästehaus der schwedisch-finnischen Volkshochschule mit viel Komfort; kein Frühstück, dafür gut ausgerüstete Selbstversorgerküche; DZ 500 SEK.

Kukkolaforsen Turist- och Konferens: 15 km nördlich von Haparanda am Torneälv, Tel. 0922-310 00, April–Dez. Anlage direkt an den ewig rauschenden Stromschnellen, auch Vermietung von Ferienhäusern (ab 480 SEK/Tag), mit Restaurant, Riverrafting und Bootsverleih; Stellplatz ab 160 SEK.

Siksöndagen, Fischerfest in Kukkolaforsen, Sonntag nahe 25. Juli.

Schärentouren Juli/Aug. 1–2-mal wöchentlich mit Bosmina Haparanda, www.bosmina.bd.se, auch übers Turistbyrå zu buchen.

Bus: nach Luleå, Boden, Övertorneå/Pajala (via Kukkolaforsen).

Faszinierendes Naturschauspiel: die Schnellen Kukkolaforsen

Norrlands Ostseeküste

Karte S. 375

Parallel zum Bottnischen Meerbusen führt die E 4 ins Reich der Holzbarone und zu den landschaftlichen Höhepunkten der ›Hohen Küste‹. Weiter nördlich locken die Sandstrände der ›Riviera des Nordens‹ zwischen Piteå und Luleå. Und muntere Küstenstädte sorgen an den Mündungen der großen Flüsse mit reichem Kulturangebot für Abwechslung.

Gävle

Gävle 1 (92 000 Einw.), Hauptstadt von Gästrikland und Norrlands älteste Stadt, ist eine blühende Metropole mit viel urbanem Gewimmel und breiten Flaniermeilen. Zwischen dem **Rathaus** aus dem 18. Jh., dessen Glockenspiel fünfmal am Tag erklingt, und dem **Theater**, 1878 im Stil der Neorenaissance gebaut, erstreckt sich die baumbestandene Kungsgatan mit ihren noblen Boutiquen. Drottninggatan heißt die betriebsame Fußgängerzone.

Schloss und Altstadtviertel Gamla Gefle liegen auf der anderen Seite des Gävleå. Bevor man Gamla Gefle erkundet, kann manzunächst das **Länsmuseum** besuchen. Es zeigt einen Querschnitt durch die schwedische Malerei mit Werken u. a. von David Klöcker Ehrenstrahl, Alexander Roslin, Carl Larsson und Ernst Josephson. Interessant ist auch die Ausstellung zur Lokalgeschichte von der Wikingerzeit bis zur Glanzzeit der in Gävle beheimateten Seefahrt (Södra Strandgatan 20, www.lansmuseetgavleborg.se, Tel. 026-65 56 00, Juni–Aug. Mo–Fr 10–16, Sa, So 12–16, übrige Zeit Di, Do–Fr 10–16, Mi 10–21, Sa, So 12–16 Uhr).

Das gelb-weiß gestrichene kastenförmige **Schloss** war im 16. Jh. das nördlichste Vasa-Schloss, wurde aber später umgebaut. Heute ist es Sitz des *landshövding*. Schön ist das schmiedeeiserne Tor zum Park. Auf dem Platz vor dem Schloss wird seit 1966 alljährlich am 1. Advent ein gigantischer *julbock* aufgestellt – Gävlebocken ist mit 7 m Höhe der größte Ziegenbock der Welt aus Stroh und so etwas wie ein Wahrzeichen der Stadt, das stets in Gefahr ist, von Pyromanen abgefackelt zu werden.

Die **Altstadt Gamla Gefle** bezaubert mit ihrer stillen Holzhausidylle, den schmiedeeisernen Laternen und Kopfsteinpflastergassen aus der Zeit vor dem großen Stadtbrand 1869; ein Teil der Gebäude geht bis auf das frühe 18. Jh. zurück. Kunsthandwerker und Künstler stellen aus und verkaufen ihre Werke, so der Glasdesigner Gunnar Cyrén. Dass der vielbesungene Joe Hill, einer der Märtyrer der Gewerkschaftsbewegung in den Vereinigten Staaten, aus Gävle stammte, erfährt man im Joe Hillgården, wo er vor der Auswanderung in die Neue Welt lebte (Nedre Bergsgatan 28, Di–So 11–15 Uhr).

Zurück geht es über die Fußgängerbrücke Gammelbron gegenüber dem Landstingshus oder entlang der lauschigen Slottsträdsgårdsgata bis zur **Trefaldighetskyrka.** Die riesige Kirche mit Netzgewölbe stammt in der heutigen Form aus dem 18. Jh. Immer wieder zwang der unsichere Grund zu Umbauten, so dass der Turm bis heute etwas schief ist. Das Innere ist um so üppiger in barocker Pracht eingerichtet. Evert Friis aus Bredstedt schuf 1657 das Portal der Kanzel mit einer beeindruckenden Darstellung der Anbetung der Könige, 1662 den reich geschnitzten deckenhohen Altaraufsatz (Mo–Fr 11–13 Uhr).

Östlich des schönen Bahnhofsgebäudes aus der Gründerzeit ziehen sich vielstöckige

Speicherhäuser am Kai entlang. ›Gevalia‹, der Name einer bekannten schwedischen Kaffeemarke, erinnert an die Rolle, die der Hafen am Gävleå zur Zeit der Kolonialwaren gespielt hat.

Die prachtvollen Mietshäuser aus Backstein auf der Südseite bewohnten um 1900 die höheren Angestellten der Eisenbahn. Ein Stück südöstlich der Innenstadt liegt das **Järnvägsmuseum**, ein absolutes Muss für jeden Eisenbahnenthusiasten. Hier vermitteln alte Dampflokomotiven, unter ihnen auch die älteste Schwedens aus dem Jahr 1855, und Waggons in allen Klassen einen umfassenden Eindruck von der schwedischen Eisenbahngeschichte (Rälsgatan 1, www.jarnvagsmuseum.se, Tel. 026-14 46 15, Juni–Aug. tgl. 10–16, Sept.–Mai Di–So 10–16 Uhr).

In das ehemalige Waldmuseum Silvanum westlich der Innenstadt ist das **Gävle Konstcentrum** eingezogen, das wechselnde Ausstellungen zeitgenössischer Künstler zeigt (Kungsbäcksvägen 32, Tel. 026-17 94 24, Juni–Aug. Di–So 12–16, übrige Zeit Di–Fr 12–18, Do 12–20, Sa, So 12–17 Uhr).

Bönan

Die schöne Lage am Ostseestrand veranlasste im 19. Jh. die wohlhabenden Bürger Gävles, ihre Sommervillen und Freizeithäuser in **Bönan** 2 zu bauen. Seit 1840 bewacht der 16 m hohe Leuchtturm aus Holz die Einfahrt zum Hafen. Einige Räuchereien auf der Landzunge bieten geräucherten Bückling an.

Turistbyrå Gävle: Drottninggatan 9 (in der Galleri Nian am Stortorget), Box 1175, 80135 Gävle, Tel. 026-14 74 30, Fax 10 78 31, www.gavle.se, Mo–Fr 10–19, Sa 10–16, So 12–16 Uhr.

STF Vandrarhem Gamla Gefle: Södra Rådmansgatan 1, Tel. 026-62 17 45, Fax 61 59 90. Herberge in einem Holzhaus in der Altstadt Gamla Gefle; DZ ab 330 SEK.

Restaurant Skeppet: im Hotel Grand Central, Nygatan 45, Tel. 026-495 84 00, Fax 495 84 11, Mo–Sa 17–22 Uhr. Spezialität: *sotare,* über offenem Feuer gegrillter Ostseehering (165–205 SEK).

Stille Holzhausidylle in der Altstadt von Gävle

Mit der Autorin unterwegs

Die Steinstadt der Holzbarone

Flanieren Sie entlang schmucker Gründerzeitfassaden durch **Sundsvall,** die Stadt der Holzbarone (s. S. 376 f.).

Wanderung

Erkunden Sie ›Höga Kusten‹, die ›Hohe Küste‹ im Kleinen: 2 km über Stock und Stein rund um Härnöklubb in **Smitingen** bei Härnösand (s. S. 379).

Fischerromantik an hoher Küste

Schippern Sie durch die Schären der ›Hohen Küste‹ zur malerischen Fischer-Insel **Ulvö** (s. S. 380)

Regionale Auskunftstellen

Gästrikland Turism, Sandvikens kommun, Box 1175, 80135 Gävle, Tel. 026-66 00 26, Fax 10 78 31, www.gastrikland.com
Hälsingland: www.halsingland.com
Höga Kusten: Mittsverige Turism, Norra Kyrkogatan 15, 87132 Härnösand, Tel. 0611-55 77 50, Fax 221 07, www.upplev mittsverige.nu
Västerbottens Turism, 90189 Umeå, Tel. 090-785 70 00, Fax 14 32 70, www.vasterbotten.net
Norrbotten/Lappland, Kyrkogatan 11, 97232 Luleå, Tel. 0920-25 79 90, Fax 43 53 61, www.norrbottenlappland.se.

Kajkanten: Södra Skeppsbron 13, Gävle, Tel. 026-12 62 22, Mo–Fr 10.30–13.30 Uhr. In einem Holzhaus am Hafen, günstiges Mittagsbüfett aus mehreren warmen Gerichten, außerdem Heringsspezialitäten und Salat ca. 65 SEK/Person.

Bootstouren Ende Mai–Aug. nach Limön, im 18. Jh. von Fischern besiedelte Insel mit schöner Natur und Bad.
Furuviksparken: Vergnügungspark südlich der Stadt mit Zirkus, Rummelplatz, Tierpark mit Affen und Schlangen, Spaßbad.

Flug: Inlandsflugplatz Gävle-Sandviken 18 km.
Bahn: nach Stockholm (X 2000), Falun, Sundsvall, Örebro, Östersund. Informationen zum Nahverkehr: X-trafik i Gävleborgs län, Tel. 0771-91 01 09, www. x-trafik.se.

Hudiksvall

Ab dem 16. Jh., als Gustav Vasa den Bewohnern von Gävle gegen erhöhte Steuern Vorrechte beim Fischfang einräumte, war die Schärenküste zwischen Hudiksvall und Gävle fest in der Hand auswärtiger Fischer. Sie bauten sich auf den Inseln Kapellen und kleine Häuser für ihre saisonalen Aufenthalte. Heute tragen diese Holzhäuschen viel zum Charme der **Jungfrukusten** bei, wie dieser Teil der Ostseeküste nach der vor Söderhamn gelegenen Insel Storjungfrun auch genannt wird.

Hudiksvall 3 (37 000 Einw.) heißt auch ›Glada Hudik‹ (›das glückliche Hudik‹). Sein Wahrzeichen ist Mjölen, eine Reihe hübscher Speicherhäuser entlang Bootsstegen am Hafen. Hälsinglands Museum weiter oben im Stadtzentrum zeigt viele der volkstümlich-bunten Bauernmalereien *(bonader)* und Trachten, für die Hälsingland in Schweden bekannt ist. Auch eine Kopie des vergoldeten wikingerzeitlichen Bronzewimpels von der Kirche in Söderala (Original in Stockholm), eine der feinsten Metallarbeiten aus dem 11. Jh., findet sich hier. Dem Künstler John Sten (1879–1922), der in den Jahren um 1910 von französischen Postimpressionisten inspiriert malte, und seiner Kunstsammlung ist die oberste Etage des Museums gewidmet (Storgatan 31, Tel. 0650-196 00, www.halsinglandsmuseum.se, Mo 12–16, Di–Fr 9–16, Sa 11–15 Uhr).

Die gesamte Halbinsel **Hornslandet** 4 östlich der Stadt ist als Ekopark geschützt und bietet reichlich Platz für Aktivitäten wie Angeln, Camping, Baden oder Wandern. Das Naturreservat Hölick an der Südspitze besticht durch artenreiche Flora und Fauna, u. a. steht hier Schwedens älteste Kiefer im stolzen Alter von 757 Jahren.

4 km nördlich von Hudiksvall lohnt ein Halt bei **Hälsingtuna kyrka** 5. Sie stammt ursprünglich aus den 50er Jahren des 12. Jh., das schöne Netzgewölbe bekam sie bei Umbauten im 15. Jh. Der Turm allerdings blieb unverändert und weist sie als ehemalige Wehrkirche aus. Im Innern ist der spätbarocke Altar von 1680 sehenswert, geschmückt mit Einfassungen von Seejungfrauen, Weinlaub und Rocaillen (Muschelwerk).

Hudiksvalls Turistbyrå: Storgatan 33, 82480 Hudiksvall, Tel. 0650-191 00, Fax 3 81 75, www.hudiksvall.se/turism, Mo–Fr 10–12 und 12.30–16.30 Uhr

Malnbadens Camping: Tel. 0650-132 60, info@malnbadenscamping.com. In einem Kiefernwäldchen am Meer, 3,5 km östlich von Hudiksvall, einfache Hütten, auch STF Vandrarhem; DZ ab 270 SEK.
Natura Camping Hölick: Tel. 0650-56 50 32, Fax 56 51 00, Mitte Mai–Aug. An der Südspitze der Halbinsel Hornslandet, zwischen Naturreservat und altem Fischerdorf; Stellplatz ab 130 SEK, 4-Bett-Hütte ab 325 SEK.

Kajaktouren ab Hudiksvall jeden Do abend Mai–Sept.; **Wandern und Höhlenklettern** auf Hornslandet.

Flug: Inlandsflughafen 7 km entfernt. **Bahn:** nach Stockholm, Gävle und Sundsvall. Informationen zum **Nahverkehr** s. Gävle.

Abstecher ins Landesinnere von Hälsingland

Die breiten Flußtäler Hälsinglands sind noch immer Horte bäuerlicher Volkskultur. So auch die Gegend um die Dellenseen (Dellensjöarna), wo ab Mittsommer den ganzen Sommer lang Umzüge in den traditionellen Trachten mit Begleitung durch Spielmannszüge stattfinden, beispielsweise im Forngården von **Delbso** 6 34 km westlich von Hudiksvall. Das Freilichtmuseum versammelt 30 bis

Norrlands Ostseeküste

zu 300 Jahre alte Gebäude, manche mit den rustikal-barocken Vorbauten im typischen Hälsinge-Stil und innen mit reichen Bauernmalereien geschmückt. Die nur durch einen schmalen Isthmus getrennten beiden Dellenseen sind äußerst flache Gewässer und erwärmen sich recht schnell, was zum Baden sehr angenehm ist.

27 km westlich ist **Ljusdal** 7, der Hauptort des Tales, erreicht. Die Mitte des 15. Jh. gebaute Steinkirche mit dem hölzernen Glockenturm daneben wurde um 1914/15 völlig ausgemalt, nachdem ältere Kalkmalereien im 18. Jh. übertüncht und zerstört worden waren. Prunkstück der Ausstattung ist der Antwerpener Schnitzaltar von 1515, der – so das Gerücht – als Kriegsbeute aus dem Dreißigjährigen Krieg nach Hälsingland kam.

Etwa 10 km südlich am RV 83 Richtung Gävle liegt **Järvsö** 8, bekannt als Endstation des Hälsingehambon, ein Folklore-Ereignis ersten Ranges Anfang Juli, bei dem den ganzen Tag lang um die Wette getanzt wird. Das ganze Jahr über sind Begegnungen mit einheimischen Tierarten von Norrland, wie Bär, Vielfraß und Moschusochse im Tierpark Järvzoo möglich (www.jarvzoo.se, Tel. 0651-411 25, tgl. 10–16 Uhr).

Je weiter südlich man kommt, desto stattlicher werden die Höfe der hälsingländischen Bauern, mehrstöckige große Bauten mit ausgeschmückten Fensterrahmen und Eingangsportalen, Bauernschlösser (*bondeslott*) genannt. Neben Pferdehandel und Waldwirtschaft trugen Leinanbau und -weberei ab dem 18. Jh. ganz erheblich zum Reichtum der Region bei. Das alte, in Zeiten der Synthetikfaser fast vergessene Handwerk erlebt heute seine wohlverdiente Renaissance. In **Växbo** 9 im Trolldalen rund 10 km nordöstlich der Industriestadt Bollnäs wird noch nach alter Methode mit Hilfe von Wasserkraft Flachs aus den Stängeln des Leinkrauts gewonnen, zu Garn gesponnen und Linnen daraus gewebt. In einer Wassermühle wird Getreide gemahlen und daraus gebackenes Brot serviert.

Hinter Kilafors passiert die Straße 272 **Norrlandsporten** 10, die ›offizielle‹ Grenze zwischen Mittel- und Nordschweden, ein enger Pass zwischen den Bergen Kölberg und Digerberg, durch den sich die in den 70er Jahren des 19. Jh. gebaute Bahnstrecke zwängt. Ein guter Aussichtsplatz befindet sich am Ende eines Waldwegs, der 4 km südlich von Kilafors von der Straße 272 abzweigt.

i **Turism i Ljusdal**, Turistvägen 29, 82040 Järvsö, Tel. 0651-403 06, www.sverigesnarmastenorrland.nu, www.halsingland.com, Mo–Fr 9–16.30 Uhr.

Volkstanzwettbewerb **Hälsingehambon** Anfang Juli u. a. in Bollnäs und Järvsö, www.halsingehambon.se.

Bahn/Bus: Bahn von Gävle nach Bollnäs, Järvsö, Ljusdal (IC von Stockholm hält in Bollnäs und Ljusdal). Busse von Hudiksvall über Delsbo nach Ljusdal.

Sundsvall

Sundsvall 11 ist die Hauptstadt der Küstenprovinz Medelpad – das kulturelle und kommerzielle Zentrum der gesamten Region. Zusammen mit dem benachbarten Timrå mit ca. 113 000 Einwohnern bildet es den größten Ballungsraum in Norrland. Seit 1621 mit Stadtrechten versehen, nahm Sundsvall im 19. Jh. einen rasanten Aufstieg dank seines günstig zwischen den Flussmündungen des Indalsälv und des Ljungan gelegenen Hafens, als wichtigster Umschlagplatz für Holz und Kolonialwaren. Die Kehrseite des Reichtums der Holzbarone waren die unsäglichen Arbeitsbedingungen in der Industrie; die Stadt war 1876 auch Schauplatz des ersten großen Streiks in Schweden.

Wenige Jahre später, 1888, brannte die gesamte Innenstadt ab; Geld war genügend vorhanden und so baute man neu, großzügig und modern – in Stein. Wer Sinn für Jahrhundertwendearchitektur hat, sollte sich einen Stadtrundgang durch die belebten Straßen – meist Fußgängerzone – gönnen. Nirgendwo sonst außer in Stockholm gibt es eine ›Steinstadt‹, *stenstaden*, mit so vielen prächtigen Gründerzeitpalästen, wie beispielsweise das Hirschska huset am Stora Torg oder das Hotel Knaust, Storgatan 13, von dem es im Baedeker seinerzeit (1904) hieß: »der beste Gasthof des Nordlandes, mit 45 Zimmern zu 2 1/4 – 5 1/4 Kr., Restaurant, Bädern, elektrischer Beleuchtung usw.«. Heute ist das schöne Eckhaus wieder Hotel, wenn auch die Preise gestiegen sind …

Am Hafen von Sundsvall reihen sich immer noch die alten Speicherhäuser der Kolonialgroßhändler aneinander. In den Etagen des **Kulturmagasinet** lagerten vor 100 Jahren Mehl, Erbsen, Zucker, Kaffee und Trockenfrüchte. Heute sind in dem gelungenen modernen Umbau, der zwei geräumige Speicherhäuser durch eine Glasfront verbindet, die Stadtbibliothek, das Medelpad-Arkiv, das Museum der Stadt und ein kleines Café untergebracht. Im Museum finden Kunstausstellungen statt und es wird eine Sammlung zur Regionalgeschichte gezeigt. Interessant ist neben dem Wirken der Holzbarone auch das prachtvoll ausgestattete Hügelgrab eines Häuptlings aus dem 5. Jh., das bei Högum (2 km westlich von Sundsvall) ausgegraben wurde (Tel. 060-19 18 00, Mo–Do 10–19, Fr 10–18, Sa, So 11–16 Uhr).

Auf dem Berg nördlich der Stadt liegt das **Freilichtmuseum Norra Berget** (tgl. 11–17 Uhr) mit rund 40 alten Häusern aus ganz Medelpad und im Sommer bewirtschafteter Sennerei (*fäbod*), wo man Ziegenkäse probieren kann.

Nähert man sich Sundsvall von Norden, fällt am Rastplatz Timrå ein farbenfrohes, über 30 m hohes Kunstwerk auf: **Y:et** ist angeblich das größte Ypsilon der Welt, Kürzel für den Verwaltungsbezirk Västernorrland, aber auch ein von der Form des Flussdeltas inspiriertes Gebäude, in dem im Sommer die Turistinformation Besucher mit Tipps und Broschüren versorgt. Sein Schöpfer, Bengt Lindström, lebt in **Njurunda** 12 südlich von Sundsvall. Hier sind direkt neben der E 4 die Ruinen einer mittelalterlichen Kirche zu sehen, die nach einem Brand 1870 nicht wieder aufgebaut wurde. An dieser Stelle siedelten Menschen schon in der Frühzeit, wie Norrlands größter Grabhügel beweist, erreichbar über einen 3 km langen ausgeschilderten *arkeologstig*. Ein Abstecher an die Küste ca. 16 km südlich der Stadt führt zu dem hübschen Fischerdorf **Lörudden** 13 und weiter per Boot nach Brämön, wo eine Fischerkapelle aus dem 17. Jh. steht.

Ins Ragundadalen

Nördlich von Sundsvall überquert die E 4 das größte Flussdelta des Landes. Die Geschichte des Indalsälv ist ein gutes Beispiel für die großen Wirkungen, die scheinbar unbedeutende Eingriffe des Menschen in die Natur hervorrufen können. Der Reichtum der Holzbarone gründete sich auf den Handel mit dem wohlfeilen Rohstoff Holz, den die Wälder im Inland in Hülle und Fülle lieferten. Die abgeholzten Stämme wurden die großen Flüsse hinuntergeflößt, wobei Stromschnellen und Wasserfälle natürlich ein Hindernis waren. Im fernen Jämtland veranlasste im Juni 1796 eine konzertierte Aktion von Sägewerksbesitzern und Holzhändlern den Bau einer Flößrinne neben dem Wasserfall Storforsen, den der Indalsälven unterhalb des 27 km langen Ragundasjön bildete. Die Leitung hatte der Sundsvaller Kaufmann Magnus Huss, auch ›Vildhussen‹ genannt. Der Bau des Kanals, den er durch den von eiszeitlichen Gletschern hinterlassenen Kiesdamm am Ende des Ragundasees brechen ließ, hatte ungeahnt schwere Folgen. Das Wasser fraß sich tief und tiefer, der große See lief binnen vier Stunden leer. Die Wassermassen, die sich im Indalsälven zu Tal wälzten, rissen Unmengen Erdreich, Baumstämme, Gebäude mit sich fort, das Mündungsdelta veränderte seine Form, Inseln entstanden aus dem abgelagerten Material, das Wasser suchte sich neue Wege. Wie durch ein Wunder kam niemand ums Leben. Nur ein Jahr später, 1797, fand man ›Vildhussen‹ ertrunken im Fluss. Im **Ragundadalen** etwa 86 km westlich von Sundsvall (RV 86/87) kann man die öde, beeindruckende Felslandschaft des ›toten Wasserfalls‹ **Döda fallet** 14 betrachten, die diese Naturkatastrophe hinterließ.

Im Abendlicht zeigt sich Härnösand von seiner schönsten Seite

Sundsvalls Turistbyrå: Stora Torget, 85230 Sundsvall, Tel. 060-61 04 50, Fax 12 72 72, www.sundsvallturism.com, Mo–Fr 10–18, Sa 10–14 Uhr.

Elite Hotel Knaust: Storgatan 13, Tel. 060-608 00 00, Fax 608 00 10, www.elite.se. Das Gründerzeit-Eckhaus in der Fußgängerzone der Innenstadt war schon vor 100 Jahren Hotel, stilvolles Ambiente, 97 Zimmer; DZ ab 1095 SEK.
Lilla Hotellet: Rådhusgatan 15, Tel. 060-61 35 87, http://home.swipnet.se/lilla-hotellet. Kleines Hotel nicht weit vom Zentrum, neun Zimmer (DZ ab 495 SEK), auch Apartmentvermietung.

Brandstation: Köpmangatan 29/Ecke Skolhusallén, Sundsvall, Tel. 060-12 39 36, während der Sommerferien geschl., übrige Zeit Mo–Fr bis 22, Sa, So bis 23 Uhr. Das populäre Restaurant samt Bar im ehemaligen Feuerwehrhaus ist ein Treff insbesondere für Feinschmecker – kreative Crossoverküche, z. B. Heilbutt in grüner Currysauce (ca. 75–230 SEK).
Saffran: Nybrogatan 25, Sundvall, Tel. 060-17 11 07, Mo–Do 17–22.30, Fr–Sa 17–23.30 Uhr. Kai Ahola und Javier Aguirre servieren authentische spanische Küche in ihrer Tapas-Bar (ca. 100–200 SEK).
Café Innergården 1891: Stora torget. Das schöne Café in einem Innenhof unter Glas ist ideal zum Ausspannen nach anstrengenden Shopping- oder Besichtigungstouren.
Restaurang Lörudden: Hamnen Lörudden (30 km südlich), Tel. 060-370 98, www.sillmans.se, Mai–Aug. Di–Sa 12–22, Mo und So 12–20 Uhr. Fischrestaurant in bester Gourmettradition mit lokalen Einflüssen. Die stets frische Ware stammt aus der Fischerei und Räucherei der Familie Sillman – Nomen est omen. 96–198 SEK (Fisch-Spieß).

Sundsvall ist **Norrlands Einkaufszentrum** schlechthin und Shoppinglustige reisen von weither an. In der zentralen Fußgängerstraße **Storgatan** reihen sich Warenhäuser und Filialen bekannter Ladenketten, und in wettergeschützten Passagen wie **Världshuset** sind rund 30 Geschäfte versammelt. In den Nebenstraßen finden sich zudem

Läden mit originellem Angebot u. a. von Kunsthandwerk oder Einrichtungsgegenständen, etwa im **Magasin 8**, Nybrogatan 8, (wenige Schritte vom Kulturmagasinet), Mo–Fr 10–19, Sa 10–16 Uhr. Verkauft werden Produkte lokaler Kunsthandwerker, z. B. Webarbeiten, Keramik, Schmuck.

Für eine Stadt in Norrland bietet Sundsvall eine überraschende Kneipendichte. Die Pub-Szene ist fest in irischer Hand.

Casino Cosmopol: Casinoparken (nahe Hamnplan), tgl. 13–3 Uhr, Spielkasino, Mindestalter: 20 Jahre.

Stadtführungen über die Dächer (!) der Stadt veranstaltet das Turistbyrå (nur im Sommer).

Badestrände und Tauchreviere: in Lörudden und auf der angrenzenden Halbinsel.

Flug: Inlandsflughafen Sundsvall-Midlanda 25 km nördlich.

Bahn/Bus: Züge nach Stockholm (X 2000), Östersund (Mittlinjen). Busse nach Luleå; Wochenendbusse von Stockholm. Informationen zum Nahverkehr: Länstrafiken i Västernorrland Tel. 020-51 15 13, www.dintur.se.

Härnösand

Wirkungsvoll setzt sich die Skyline der Hafenstadt **Härnösand** 15 (25 000 Einw.) an der südlichen Mündung des Ångermanälv im warmen Abendlicht in Szene: Im 18. Jh. avancierte der alte Handels- und Marktort, der ab 1565 Stadtrechte besaß, zum Kulturzentrum im Süden Norrlands. 1647 wurde das älteste **Gymnasium** im Norden hier gegründet, dessen ehrfurchterregendes Portal auch heute einem ›Tempel des Wissens‹ gut ansteht. Neben pastellgestrichenen Holzhäusern im Altstadtviertel Östana sieht man in Härnösand viele prächtige Stadtpaläste aus Stein, Fassaden mit aufwändigem Schmuck oder kühler Eleganz. Die Stadt war 1877 die erste in Europa, die elektrische Beleuchtung einführte. Ihr **Dom** ist die kleinste Bischofskirche Schwedens. Die fast 300 Jahre alten herrlichen Bronzeleuchter im neoklassizistischen Gotteshaus aus der Mitte des 19. Jh. stammen aus der Vorgängerkirche und konnten erst in letzter Minute vor den russischen Plünderungen im Jahr 1720 gerettet werden. In aller Eile verscharrte man sie in einem frischen Grab auf dem Friedhof. Südlich erstreckt sich **Östanabacken.** Die Holzhausbebauung auf dem steilen Hügel entlang ungeteerter Straßen stammt noch aus der ersten Hälfte des 18. Jh.

Etwas außerhalb der Stadt auf dem **Murberget** steht der moderne Bau von Länsmuseet Västernorrland. In der Rüstkammer werden Gewehre aus dem 17. bis 19. Jh. gezeigt, auch die Textilsammlung ist bemerkenswert. Unterhalb erstreckt sich Norrlands größtes Freilichtmuseum, bestehend aus über 80 hierher versetzten Gebäuden, darunter Härnösands altes Rathaus von 1727, umgeben von weiteren schmucken Holzhäusern aus der Innenstadt. Die Kirche, in der mittelalterliche Kunstwerke gezeigt werden, ist eine Rekonstruktion eines mittelalterlichen Gotteshauses. Im Sommer wird das weitläufige Gelände belebt von Tieren, und Handwerker arbeiten mit alten Techniken (Tel. 0611-886 00, tgl. 11–17 Uhr, Do bis 21 Uhr).

In **Smitingen,** ca. 6 km östlich, gibt es nicht nur einen schönen sandigen Badestrand, man kann auch auf zwei markierten Wanderpfaden über Stock und Stein die wilde Natur erkunden: Eine Strecke führt zu Höhlen und geologischen Besonderheiten, die andere mit Blick auf den Leuchtturm und tief eingeschnittene Fjorde rund um den Landvorsprung Härnöklubb.

Härnösands Turistbyrå: Spiran, Järnvägsgatan 2, 871 45 Härnösand, Tel. 0611-881 40, Fax 881 02, www.harnosand.se, Mo–Fr 8–17 Uhr.

Hamnkrogen: am Jachthafen, Tel. 0611-219 11, Mai–Sept. Nicht nur bei Seglern eine beliebte Anlaufstelle, mit herrlichem Blick von der Holzterrasse am Wasser auf die Stadt im Abendlicht. Heringsspezialitäten und Lokales, z. B. drei Sorten eingelegter Hering, pikanter Västerbotten-Käse und Kartoffeln (75 SEK), aber auch Burger und Rinderbraten (ca. 165 SEK).

Schiffsausflüge auf dem Ångermanälv zur Högakustenbron mit ›MS Ådalen III‹, Info im Turistbyrå; **Wandern und Baden** in Smitingen (Busverbindung).

Bus: nach Sundsvall. Im Sommer spezielle Busse zu den Orten an Höga kusten (Högakustenslingan nach Docksta, Ullånger). Informationen zum **Nahverkehr** s. Sundsvall.

Höga Kusten

Die zerklüftete schärenreiche Küste südlich von Örnsköldsvik heißt Höga Kusten. Wegen ihrer Einzigartigkeit in Kultur und Natur wurde sie von der UNESCO als Weltkulturerbe eingestuft. Hier gab es die höchste Landhebung überhaupt. Schroffe felsige Berghänge, nur spärlich bewaldet, wechseln mit Wiesen in fruchtbaren Tälern – wo freilich die frühste (und einzige) Heuernte im Jahr Ende Juli möglich ist. Von **Köpmanholmen** 16 verkehren Boote in die Inselwelt, die berühmt ist als Heimat des *surströmming* (s. S. 382). Eine unverfälschte Atmosphäre zeichnet Ulvöhamn, Trysunda und andere Fischerdörfer auf den Inseln vor Höga Kusten aus. Dass die Menschen hier, wo auf dem kargen Felsboden kaum Ackerbau möglich war, von dem lebten, was das Meer ihnen bot, sieht man noch an den Holzgestellen mit Holzhaken, an denen früher Fische zum Trocknen hingen.

Verkehrsmäßig wird Höga Kusten zunehmend besser erschlossen: Seit 1997 quert die E 4 die breite Mündung des Ångermanälv auf der 1,8 km langen Hängebrücke **Högakustenbron** 17, eine der längsten der Welt und Schwedens zweithöchstes Bauwerk nach dem Wolkenkratzer in Malmö. Und frühestens ab 2008 rechnet man damit, die ersten Streckenabschnitte der Botniabanan, die zwischen Umeå und Kramfors gebaut wird, in Betrieb zu nehmen. Die neue Bahntrasse wird parallel zur E 4 gebaut und soll u .a. den Güterverkehr von der stark mit LKW belasteten Straße auf die Schiene bringen.

Ulvö

Sehenswert ist die alte Fischerkapelle in Ulvöhamn, dem größten und bekanntesten Fischerort auf der Insel **Ulvö** 18, der sich mit mehreren Restaurants und einem Hotel auch auf Ferienbesucher eingestellt hat. Die Wände in der winzigen Holzkirche von 1622 sind innen über und über bemalt: Beginnend am Fenster zieht sich die Geschichte des Verlorenen Sohns über die gesamten Wände. Fast noch beeindruckender sind die Szenen aus dem Seefahrtsbereich: der wundersame Fischzug, im Hintergrund eine Stadtszene, Seejungfrauen, ein Riesenfisch mit offenem Maul. Die Bilder malte ein einheimischer Künstler im Jahr 1719 (Fischerkapelle Ulvö, Mitte Juni–Mitte Aug. 13–15 Uhr).

Örnsköldsvik

Die Bahntrasse der neuen Botniabanan führt mitten durch **Örnsköldsvik** 20 (55 000 Einw.) und dominiert inzwischen das Stadtbild neben der riesigen Sprungschanze und den modernen Glasbauten am Hafen. Aber der Ort wird auch durch schöne Parkanlagen und Einkaufsstraßen geprägt. Der Name der erst 1842 gegründeten Stadt geht nicht etwa auf hier nistende Adler (*örn*) zurück, sondern auf den verdienten *landshövding* Abraham Örnsköld. Dennoch ist ihr Wahrzeichen Bruno Liljefors' Granitadler im Stadtpark. Auch der Bildhauer Bror Marklund hatte hier sein Atelier, in dem heute Skizzen, Modelle und Entwürfe für seine Werke zu besichtigen sind.

Själevad kyrka 21 nur wenige Kilometer westlich ist kaum zu übersehen, ein riesiger, auf einer Anhöhe über der Fjordmündung thronender Bau aus den 1880er Jahren. In Själevad weisen Schilder zum **Gene fornby** 22, wo man sich auf eine Zeitreise in die Eisenzeit begeben kann, denn mitten im Wald werden ein Hof und eine Schmiede zeittypisch bewohnt und bewirtschaftet (Bäcka-

Richtig Reisen-Tipp: Skuleberg und Nationalpark Skuleskogen

Die karge und raue Natur im bergigen Hinterland von Höga Kusten kann man bei einem Ausflug zum **Skuleberget** 19 nördlich von Docksta studieren. Eine Seilbahn bringt Besucher auf den 293 m hohen Berggipfel mit fantastischer Aussicht über die vom abschmelzenden Eis hinterlassene Fjordlandschaft. Vom **Naturum** am Fuß des Berges kann man auf einem alpinen Klettersteig die fast 300 m Höhenunterschied überwinden. Die Ausstellung im Naturum informiert über die Besonderheiten der Region: Hier war die Last des Inlandeises vor 10 000 Jahren am stärksten und später die Landhebung am deutlichsten. Davon zeugen die immensen Höhenunterschiede unter wie über Wasser: Die tiefste Stelle der Ostsee liegt mit 293 m bei Ulvödjup (Tel. 0613-401 71, www.skule naturum.se, Juni–Aug. tgl. 10–16/17, übrige Zeit Mo–Do 9–16 Uhr). Fast wegelos ist der **Nationalpark Skuleskogen** mit seiner wilden Natur an der naturräumlichen Grenze zwischen Subarktis und gemäßigtem Klima. Hier findet man Unglückshäher, Grau- und Dreizehenspecht, malerische Bartflechten an den Bäumen und vor allem die spektakuläre Schlucht **Slåttdalsskrevan:** Über 200 m zieht sich die 7 m breite Spalte mit 40 m hohen senkrechten Wänden. Sie ist nach einer rund 5 km langen Wanderung auf dem markierten Högakustleden durch schwieriges Terrain zu erreichen. Die Landschaft prägen auch die markanten *klappersten*-Felder. Diese Geröllhalden mit einst vom Meer gerundeten Steinen zeigen, dass die Küstenlinie hier einmal mindestens 285 m höher lag als heute. Für die anstrengende Tour ab dem südlich gelegenen Parkplatz Käl sollte man einen ganzen Tag rechnen und gut ausgerüstet sein. Vom nördlichen Zugang Näske ist es nahezu genauso weit. Infos und Kartenmaterial im Skule Naturum.

gården, Domsjö, Tel. 0660-537 10, Juli Mo–Do 12–16 Uhr).

i **Örnsköldsviks Turistbyrå:** Strandgatan 24, 89133 Örnsköldsvik, Tel. 0660-881 00, Fax 881 23, www.ornskoldsvik.se/turism, Mo–Fr 10–18, Sa 10–14 Uhr (im selben Gebäude wie Paradisbad).

Ulvö Skärgårdshotell: Ulvö, Tel. 0660-22 40 09, Fax 340 78, www.ulvo hotell.se, Juni–Aug. Traditionsreiches Sommerhotel seit 1905, Pool, Restaurant mit berühmtem Smörgåsbord; DZ ab 780 SEK.

STF Vandrarhem Köpmanholmen: Tel. 0660-22 34 96, Fax 988 29. Schöne Lage am Wasser, Bootsanleger nach Ulvö vor der Tür; DZ ab 240 SEK.

Norrfällsvikens Camping och Stugby: Tel. 0613-213 82, Fax 210 07, www.norrfalls vikenscamping-stugby.com, Mai–Okt., an der gleichnamigen Bucht gegenüber Ulvö (Bootsverbindung) nahe dem Fischerdorf aus dem 18. Jh., komplett ausgerüstete Hütten (ab 600 SEK/Tag) und Platz für 300 Wohnmobile, Stellplatz ab 145 SEK.

Seilbahn auf den Skuleberg Mitte Juni–Mitte Aug. 10–17 Uhr (Juli bis 19 Uhr); Info und Kletterausrüstung im Skule Naturum.

Spaßbad: Paradisbadet, Tel. 0660-885 90, www.paradisbadet.nu, Örnsköldsvik, tropische Badelandschaft mit 32 °C warmem Wasser und Wellness-Angeboten.

Flug: Flughafen Örnsköldsvik, 20 km.
Bus: auf der E 4 nach Sundsvall, Härnösand, Umeå und Sollefteå. Infos zum Nahverkehr s. Sundsvall.
Bootsverkehr nach Ulvö und Trysunda im Sommer ab Köpmanholmen, Docksta und Ullånger (günstiges Kombiticket Boot/Bus: ›Båtluffarkort‹).

Surströmming

Thema

Am *surströmming* scheiden sich die Geister. Selbst in Schweden findet der gegorene Ostseehering, der in Dosen mit markant gewölbten Deckeln Ende August in jedem Supermarkt des Landes verkauft wird, nicht nur Liebhaber. Für jeden echten Bewohner Norrlands allerdings ist der ›saure Hering‹ ein unumstrittenes Leibgericht, markiert er doch den Höhe- und Schlusspunkt der allsommerlichen Festivitäten.

Die Saison eröffnet alljährlich am dritten Donnerstag im August der König persönlich im Stockholmer Skansen mit der *surströmmingspremiär*. Dabei hat das Fest des sauren Herings mehr von einem Initiationsritual als von einem Gourmetvergnügen, erinnert eher an eine Mutprobe denn an ein Festessen.

Schon beim Öffnen der Dose ist eine bestimmte rituelle Vorgehensweise zu beachten. Um Himmels willen nicht in der Küche und unbedingt das Gesicht abwenden!!! Denn beim Entweichen der übel riechenden Gase aus der Dose sprüht einem auch eine kräftige Salzlakenfontäne entgegen.

Das Surströmmingsfest ist also eine Festivität, die verständlicherweise meist im Freien stattfindet. Der beste Platz ist eine Holzterrasse am Wasser, am liebsten in den Schären. Hier wird der ›saure Hering‹ der mutigen Gästeschar serviert. Unbedingt dazu gehören feingehackte rohe Zwiebeln und neue, in der Schale gekochte Kartoffeln, vorzugsweise die herrlichen kleinen *mandelpotatis*. Sie hätten viel eher das Prädikat ›kulinarisch wertvoll‹ verdient. Die unausweichliche Ingredienz jeder *surströmmings*-Party ist aber neben Bier der zu später Stunde ausgeschenkte Klare. So ein Aquavit hilft jene Gase zu neutralisieren, die zweifellos in empfindlichen Därmen Schaden anrichten könnten. Weit weniger Anhänger findet die These, dass Milch das passende Getränk zum sauren Hering sei …

Denn die ansonsten in Sachen Lebensmittelhygiene so peniblen Schweden essen, so könnte man sagen, verdorbene Fische. An der Herstellungsweise – aus Mangel an Salz eher unfreiwillig entwickelt – hat sich seit der Mitte des 16. Jh., als der *surströmming* in Ångermanland erstmals erwähnt wird, nicht viel verändert. Sie ähnelt der des Salzherings. Nur liegt der Ostseehering in einer weitaus schwächeren Salzlösung, der Fisch beginnt zu gären, Kopf und Darm werden entfernt. Anschließend wandern die Heringe in Tonnen, wo sie sechs bis acht Wochen vor sich hin arbeiten dürfen, bevor sie endgültig in die Dosen kommen, wo sie dann weitere vier Wochen Nachgärung durchmachen.

Traditionell waren die *surströmmings*-Fabriken an der ångermanländischen Küste bei Ulvön ein wichtiger Wirtschaftsfaktor. Röda Ulven, der ›Rote Wolf‹, ist die bekannteste Marke. Doch ist das Saisongeschäft heute kaum mehr lukrativ und wird von vielen allenfalls als Nebenerwerb betrieben.

Das Nachgären in der verschlossenen Dose führt zum gewölbten Deckel. Wegen Explosionsgefahr, so eine der zahlreichen Legenden, die sich um den *surströmming* ranken, soll einmal beim US-Zoll eine Sendung fußballförmiger Dosen an einen Auslandsschweden aus dem Verkehr gezogen worden sein. Man kann sich vorstellen, wie die Reaktionen auf die nähere Untersuchung der verdächtigen Waren ausfielen.

Die Wandmalerei in der Kapelle auf Ulvö verbindet Bibel und Fischeralltag

Umeå

Die Residenz- und Universitätsstadt **Umeå** 23 ist mit rund 109 000 Einwohnern die größte Stadt in Norrland. Ihren romantischen Beinamen ›Stadt der Birken‹ erhielt sie nach dem vernichtenden Stadtbrand am Mittsommertag 1888, dem nicht nur die Altstadt, sondern auch Werften in den Stadtteilen am anderen Umeälv-Ufer zum Opfer fielen. Danach wurden die neuen Holzbauten in ein breites Straßennetz eingepasst und die Boulevards mit Birkenalleen bepflanzt, die mit ihren Blättern den Funkenflug verhindern sollen.

Innenstadt

Von dieser Birken-Romantik ist nicht viel zu spüren, bis auf wenige Ausnahmen wirkt die Innenstadt unterkühlt modern, aber einige alte Schätzchen in Holz kann man bei einem Spaziergang entdecken, etwa die 1876 errichteten Häuser an der Kreuzung Kungsgatan/E 4, die noch aus der Zeit vor dem Brand blieben, oder der **Moritzska gården**. Die 1891 gebaute Villa mit Neorenaissance- und Jugendstildetails des Fabrikdirektors Carl Gustaf Moritz wurde 1984 an ihren heutigen Standort bei der Kirche umgesetzt. Auch sonst ist die Jahrhundertwende mit der ihr eigenen Stilvielfalt des Historismus gut vertreten: das **Rådhus** im holländischen Renaissance-Barock-Stil, aus rotem Backstein mit weiß abgesetzten Verzierungen (1892) und einer Büste des Stadtgründers Gustav Vasa davor, und gegenüber das ehemalige **Bürgermeisterhaus** im Stil einer deutschen Burg, bei dessen Bau die Steine der abgebrannten Domkirche mitverwendet wurden. Der Turm des 1894 fertiggestellten neuen **Doms** ragt in neugotischer Strenge aus der Stadtsilhouette heraus.

Im Museum **Gammlia** nordöstlich der Innenstadt wird u. a. der älteste Ski der Welt ausgestellt. Im Freilichtbereich dreht sich alles um das frühere Leben der Siedler, die den Wald rodeten, der Rentierzüchter, Robbenjäger, Schiffbauer und Ostseefischer. Im Sommer zeigen Handwerker alte Arbeitstechniken. Ziegen, Pferde und andere Bauernhoftiere beleben die Szenerie. Im Restaurant kann man Spezialitäten aus Västerbotten probieren, wie frisch gebackenes *tunnbröd*, den pikanten Käse Västerbottenost und Mehlspeisen (Tel. 090-17 18 00, Di–Fr 10–16, Sa 12–16, So 12–17 Uhr; Freilichtmuseum Mittsommer–Mitte Aug. tgl. 10–17 Uhr).

Umgebung von Umeå

Flussaufwärts durch das **Umedalen** führt der 30 km lange Fahrradweg Umeleden parallel der E 12 ins Landesinnere u. a. zum Kraftwerksmuseum **Klabböle** 24 (10 km) und zum Umeå Energicentrum (Mitte Juni–Mitte Aug. tgl. 10–17 Uhr). Hier wird die Rolle der Wasserkraft thematisiert – schließlich ist der Umeälv einer der besten Stromlieferanten des Landes.

39 km südlich an der Küste ist **Norrbyskär** 25 ein beliebtes Ausflugziel (Fähre ab Norrbyn). In dem ehemaligen Sägewerksort mit Handwerksdorf und Museum (Mitte Juni–Aug. tgl. 11–16, Mittsommer–Ende Juli tgl. 11–17.30 Uhr, www.norrbyskar.se) tanken nicht nur die Bewohner von Umeå gerne Schärenluft und -idylle.

Nicht weit von Norrbyskär Richtung Inland liegt 50 km südlich von Umeå eine der am besten erhaltenen Eisenschmieden des Landes: **Olofsfors bruk** 26 ist ein Gebäudeensemble aus dem 18./19. Jh. Das Herrenhaus bietet Restaurant und noble Unterkunft, und in der Schmiede ›Smedja Baudin‹ arbeitet ein Kunstschmied. Das Bruksmuseum und der Laden mit hochwertigem lokalem Kunsthandwerk, u. a. Keramik und Glas, sind einen Besuch wert (Mittsommer–Mitte Aug. tgl. 11–17 Uhr, Adventszeit ca. 10–16 Uhr).

32 km nördlich von Umeå wird die Landhebung schon seit Jahrhunderten genauestens protokolliert. Seit 1759 werden in **Ratan** 27 Messungen durchgeführt, denn dass der Wasserspiegel hier unweigerlich sank, war nicht zu übersehen. Zunächst hieb man in regelmäßigen Abständen eine Marke in die Klippe ein. In dem kleinen gelben Holzverschlag am Ende einer Pfahlbrücke steht eine ausgeklügelte Apparatur, mit deren Hilfe man die Veränderungen sogar auf Papier bannen konnte. Dieser so genannte Mareograph von 1892 wurde noch bis 1965 benutzt. Mit seinem kleinen Segelboothafen, einer Badestelle, einem Sommercafé und dem Blick auf die Schärenküste ist Ratan ein hübscher Ort für eine Pause (Mai–Mitte Juni und Mitte Aug.–Sept. Sa, So 12–18, Mitte Juni–Mitte Aug. Di–Do 12–19, Fr–So 12–21 Uhr).

Robertsfors

60 km nördlich von Umeå führt der Abzweig nach **Robertsfors** 28 in die Bergwerksvergangenheit dieses Teils von Västerbotten. Benannt wurde Robertsfors nach dem Gründer des Hüttenwerks, Robert Finlay. Der 1719 geborene Sohn eines schottischen Adligen war Bankier in Dublin und gründete mit dem Iren John Jennings das Handelshaus Jennings-Finlay, seinerzeit einer der größten Eisenexporteure und Hütteneigentümer des Landes. Jedoch war der unternehmerische Höhenflug nur von kurzer Dauer; die Firma wurde 1762 aufgelöst und Finlay ging Konkurs, der Name Robertsfors allerdings blieb. Das alles erfährt man im **Robertsfors bruksmuseum** (Juni–Aug. Mo–Fr 10–16, Sa, So 12–16 Uhr). Die Arbeiter kamen seinerzeit aus Roslagen und Dalarna, ebenso wie das Erz, während die Holzkohle zur Befeuerung der Öfen aus den Wäldern bei Bygdeå stammte. Heute arbeiten viele der etwa 7000 Einwohner der Kommune Robertsfors in der Holzindustrie (Kartonfabrik), der Hochdruckwerkzeug- und Industriediamantherstellung. Und es gibt eine Glashütte, die nördlichste in Schweden.

i **Umeå Turistbyrå:** Renmarkstorget 15, 90326 Umeå, Tel. 090-16 16 16, Fax 12 82 70, www.visitumea.se, Mitte Juni–Mitte Aug. Mo–Fr 8.30–19, Sa 10–16, So 12–16, Mai–Mitte Juni und Mitte Aug.–Sept. Mo–Fr 10–18, Sa 10–14, Okt.–April Mo–Fr 10–17 Uhr.

Hotell Royal: Skolgatan 67 (Vasaplan), Tel. 090-10 07 30, Fax 10 07 39, www.royalhotelumea.com. Komfortables Hotel im Zentrum, die Zimmer sind mit Erinnerungen an Leinwandstars eingerichtet, Cineasten kommen auf ihre Kosten: Kinosaal; DZ ab 745 SEK (Sommerpreis).

STF Vandrarhem Umeå: Västra Esplanaden 10, Tel. 090-77 16 50, Fax 77 16 95, info@umeavandrarhem.com. Eckhaus an der E 4 im Zentrum, stiller Innenhof, mit 1- bis 4-Bett-Zimmern; DZ ab 260 SEK.
First Camp Umeå: Nydala, Tel. 090-70 26 00, Fax 70 26 10, umea@firstcamp.se. Großer Platz 6 km vom Zentrum, an der Nordeinfahrt der E 4, Häuser-, Zimmervermietung, Bootsverleih, beheiztes Schwimmbad; Stellplatz ab 160 SEK, 4-Bett-Hütte ab 580 SEK/Tag.

Flug: Inlandsflughafen 6 km entfernt. **Bahn:** nach Vännäs zur Strecke Luleå–Boden–Stockholm; **Bus:** bis zur Fertigstellung der Botniabana noch per Bus nach Sundsvall und Luleå. Informationen zum **Nahverkehr:** Länstrafiken Västerbotten Tel. 0771-10 01 10, www.tabussen.nu.

Skellefteå und Umgebung

Um die mittelalterliche Feldsteinkirche von **Lövånger** 29 inmitten des reichen Bauernlands 50 km südlich von Skellefteå stehen noch die alten Kirchhütten aus dem 17. Jh. – sie bieten heute preiswerte Unterkunft.

Wer zwischendurch frische Meeresluft schnuppern möchte, tut gut daran, nördlich von Lövånger dem Wegweiser nach **Bjuröklubb** 30 zu folgen. Die hohe Gneisklippe Bjuröklubb ist eine wichtige Seemarke, von der der Kleriker Olaus Magnus, als er 1519 hier vorbeifuhr, bemerkte, dass man nach dem Geruch navigieren könne, buchstäblich der Nase nach fahren – auf den Klippen wurde nämlich gerne Fisch getrocknet. Früher fischte man hier Strömling und ging auf dem Eis der zugefrorenen Ostsee auf Seehundjagd; die ehemaligen Fischerhütten sind heute Freizeithäuser, die Jagd auf Seehunde ist verboten. Der Leuchtturm von 1859 ist jetzt unbemannt, auch die Lotsenstation wurde 1967 aufgegeben. Bjuröklubb ist als Naturreservat geschützt, neben Pflanzen, die für die Ostseeküstenflora typisch sind, findet man hier auch ein Gebirgsgewächs, die Alpen-Bärentraube *(Arctostaphylos alpina)*. Für Zugvögel ist die Klippe ein wichtiger Rastplatz im Herbst und Frühjahr.

Die Kleinstadt **Skellefteå** 31 an der Mündung des Skellefteälv liegt trotz der Landhebung noch am alten Platz, der Hafen **Skelleftehamn** mit dem riesigen Erzverarbeitungsbetrieb Rönnskärverket 10 km östlich. Der prächtigen neuklassizistischen **Skellefteå landskyrka** sieht man ihre mittelalterlichen Ursprünge nicht an. Das Portal mit der Sonne gibt als Baujahr 1799 an, der üppige Viersäulenportikus sowie die Kuppel sind einmalig in Schweden. Und die reiche Innenausstattung prunkt mit einem Lübecker Flügelaltar von Bernt Notke von 1500. Ganz unauffällig hinter der Altarwand im Marienchor steht aber die eigentliche Sehenswürdigkeit, die kleine Skellefte-Madonna aus Walnussholz mit kaum erkennbaren Resten von Bemalung aus dem 12. Jh.

Auch Skellefteås **Kirchstadt** ist erhalten: ›Bonnstan‹ besteht aus 116 Kirchhäusern mit 392 Kammern und drei Ställen, und wurde bereits 1637 erwähnt. Wie alle Kirchdörfer stammt auch diese aus nachreformatorischer Zeit, erst in den 50er Jahren des 19. Jh. endete die strikte Kirchgangspflicht. Im angrenzenden Nordanåpark liegt das **Skellefteå-museum.** Es zeigt u.a. Bronzefunde aus der Völkerwanderungszeit (Nordanå, Tel. 0910-73 55 10, www.skellefteamuseum.se, Sommer tgl.12–16, übrige Zeit Di 9–21, Mi–Do 9–16, Fr–Mo 12–16 Uhr; Freilichtmuseum Nordanå Mitte Mai–Mitte Aug. tgl. 12–16 Uhr).

Hinter der Kirche führt Schwedens längste noch benutzte Holzbrücke, die **Lejonströmsbron** von 1737, über den Skellefteälv.

Turistbyrå: Trädgårdsgatan 7, 93185 Skellefteå, Tel. 0910-73 60 20, Fax 73 60 18, turistbyra@kommun.skelleftea.se.

STF Vandrarhem Skellefteå: Stiftsgården, Brännavägen 25, Tel. 0910-72 57 00, Fax 568 63, stiftsgarden.skelleftea@svenskakyrkan.se. Herberge in schöner Lage im Park am Fluss neben der Kirchstadt, 22 Betten (im Sommer auch einige Zimmer mit Dusche/WC); DZ ab 420 SEK.

STF Vandrarhem Lövånger: Kungsvägen, Lövånger, Tel. 0913-103 95, Fax 107 59, info-kyrkstad@lovangerkyrkstad.se. Übernachtung in den Hütten der Kirchstadt, 4 Betten pro Hütte (eigene Hütte ab 3 Pers.); 200 SEK/Person.

Kirchfest *(kyrkhelg)* in der Kirchstadt von Skellefteå am letzten Juniwochenende mit Markt- und Theateraufführungen im Nordanåpark.

Flug: Inlandsflughafen in 23 km Entfernung; **Bus** Luleå–Sundsvall sowie ab Bastuträsk an der Kustbana. Informationen zum **Nahverkehr** s. Umeå.

Abstecher ins Landesinnere

Reizvoll ist ein Abstecher in das wald- und erzreiche Hinterland der Küste Västerbottens, das man auf einem Tagesausflug erkunden kann: 13 km lang ist die **Seilbahn** 32 von Örträsk nach Mensträsk, damit die längste für Touristen zugängliche der Welt. Es ist nur ein Teilstück der insgesamt 96 km langen, in den 40er Jahren des 20. Jh. gebauten Seilbahn von der Grube Kristineberg ins Anreicherungswerk **Boliden** 33. Die Grube, in der ab den 1920er Jahren kupfer-, gold- und silberhaltiges Erz gefördert wurde, ist seit Mitte der 1960er Jahre stillgelegt (Bergrum Boliden, Tel. 0910-58 00 60, Juni–Mitte Aug. tgl. 10–16 Uhr). Fast lautlos schwebt man in den Vierpersonenkabinen über Moore, Seen und Wälder des ›Guldriket‹, des Goldreiches, hinweg – ein einzigartiges und spannendes Erlebnis. An der Endstation in Mensträsk warten Badestelle und Einkehrgelegenheit, und es besteht die Möglichkeit zur Übernachtung in Hütten, wenn man nicht den Bustransfer zurück nach Örträsk vorzieht (Vorausbuchung: Tel. 0910-100 15, Mitte Juni–Mitte Aug.; Goldwäsche in Örträsk).

Neben einer Reise über der Erde bietet sich in dieser Bergwerksgegend natürlich auch ein Ausflug unter die Erde an. Dass selbst im protestantischen Schweden Wunder geschehen, beweist eine Begebenheit, die sich am 28. November des Jahres 1946 in der **Grube Kristineberg** 34 ereignete. Nach einer Sprengung erschien plötzlich eine 2 m hohe Christusgestalt an der Grubenwand. Als wäre das nicht schon genug an Wunder, kam wenige Jahre später auf einer Marmorplatte eine weitere Figur zum Vorschein. 90 m unter der Erde erfährt man heute in der ökumenischen Underjordskyrka alles über die wundersamen Ereignisse, außerdem informiert eine Besuchergrube über die Geschichte des Bergbaus in der Region (Tel. 0953-2 00 55, Mittsommer–Ende Juli vier Führungen tgl., bis Mitte Aug. nur eine tgl).

Norsjö Turistbyrå: Nygatan 32, Tel. 0918-142 00, Fax 330 80, turism@kommun.norsjo.se.

Piteå

Der sommerliche Rummel in **Piteå** 35 beruht auf dem Ruf der umliegenden Sandstrände, Sonne im Überfluss zu bieten. Falls diese Erwartungen einmal nicht in Erfüllung gehen sollten, kommt man im Erlebnisbad Pite havsbad bei tropischen Temperaturen oder im Omnimax-Kino auf seine Kosten. Beides liegt 6 km außerhalb in Pitholmen direkt am Strand. Hinter den spärlich mit Krüppelkiefern bewachsenen Sanddünen dieses Küstenstreifens stehen etliche Ferienhäuser. Piteå selbst besitzt eine hübsche Holzkirche im Zentrum und alte Holzbebauung.

Das Schicksal von **Öjebyn** 36 5 km nordwestlich im Landesinnern gleicht dem von Luleå Gammelstaden aufs Haar: Als Folge der Landhebung verlegte man auch hier Mitte des 17. Jh. die Hauptsiedlung an der Piteälvmündung weiter östlich ins heutige Piteå, zurück blieb die Kirchstadt um die Kirche aus dem frühen 15. Jh., die um 1750 umgebaut wurde und eine prächtige Barockausstattung besitzt. Der separate Glockenturm diente ursprünglich als *kastal* zur Verteidigung.

Etwas ruhiger als in Piteå geht es im südlich gelegenen **Byske havsbad** 37 zu, wo ebenfalls familienfreundliche Sandstrände unweit der E 4 locken.

Piteå Turistbyrå: Bryggargatan 14, 94162 Piteå, Tel. 0911-933 90, Fax 733 10, www.pitea.se,pitea.turistbyra@pitea.se, Mitte Juni–Mitte Aug. Mo–Fr 9–19, Sa, So 10–16, übrige Zeit Mo–Fr 8–12 und 13–17 Uhr.

Piteå dansar och ler (›Piteå tanzt und lacht‹) am Wochenende Ende Juli/Anfang Aug. landesweit bekanntes Musikfest.

Bootsausflüge in die Schären, Juli–Mitte Aug. tgl.; **Spaßbad Pite Havsbad,** Tel. 0911-641 00, Juni–Aug. tgl. 10–20 Uhr, Pitholmen, 6 km südöstlich neben dem Strandbad.

Bus: Verbindung nach Luleå, Skellefteå, Umeå. Informationen zum Nahverkehr s. Luleå.

Luleå

Die Konsequenzen der Landhebung für die frühen Hafengründungen an der Ostseeküste werden besonders gut am Schicksal von Luleå deutlich. Die im 14. Jh. an der Mündung des Luleälv gegründete alte Siedlung liegt heute gut 10 km im Landesinnern. Damals war der Wasserstand noch 6 bis 7 m höher. Der Marktort bekam 1621 Stadtrechte, aber nur 28 Jahre später zogen die Bewohner der Küste hinterher; der Hafen war unbrauchbar geworden.

Luleå Gammelstaden

In **Luleå Gammelstaden** 38 hat sich ein einmalig vollständiges Ensemble einer Kyrkstad (Kirchstadt) erhalten, mit 450 Häusern die größte im Land und von der UNESCO als Weltkulturerbe klassifiziert. Um die hoch aufragende weiß verputzte Feldsteinkirche gruppieren sich die niedrigen holzgezimmerten Häuschen, wo die von weither – die Gemeinde reichte zu Zeiten bis an die norwegische Grenze – manchmal tagelang angereisten Kirchgänger Unterkunft fanden.

Die Kirche aus dem frühen 15. Jh. war seinerzeit die größte und wichtigste in Norrland. Sie birgt als besonderen Schatz einen Antwerpener Schnitzaltar von 1500, der nördlichste seiner Art. Die Bemalung der Flügel stammt allerdings aus dem 18. Jh. Die reiche Innenausmalung im Chor wird der Werkstatt von Albertus Pictor zugeschrieben.

Nur einige hundert Meter von der Kirchstadt entfernt liegt das **Freilichtmuseum Hägnan**, das stetig weiter ausgebaut wird. In den hierher versetzten Häusern aus allen Teilen der norrländischen Küstenregionen erfährt man spannende Details über die Acker- und Waldbauernkultur, Handwerk und Kleinindustrie (Tel. 0920-29 38 09, Juni–Aug. tgl. 11–17 Uhr).

Die Stadt Luleå

Das neue **Luleå** 39 (72 000 Einw.) gründete seinen Aufstieg nach dem Umzug 1649 vor allem auf die Rolle als Verschiffungshafen für das im Luleälvtal herangeschaffte Eisenerz von Malmberget und Kiruna. Heute ist die nach einem verheerenden Brand 1887 wieder aufgebaute moderne Stadt eine betriebsame Einkaufsmetropole, deren Silhouette vom 67 m hohen Turm der neugotischen **Domkirche** dominiert wird, die ebenfalls nach dem Brand entstand. **Norrbottens museum** widmet sich in seinen Wechselausstellungen den drei Kulturen, die das Land zwischen Luleälv und Torneälv geprägt haben: Sami, Finnen und Schweden (Hermelinsparken, Storgatan 2, Tel. 0920-24 35 02, Di– Fr 10–16, Sa, So 12–16 Uhr).

Auf dem Gelände der Technischen Hochschule außerhalb der Innenstadt zeigt **Teknikens Hus** u. a. physikalische und mechanische Phänomene (Högskoleområdet, Porsön, Tel. 0920-722 00, Juni–Aug. tgl. 11–17, sonst Di–Fr 9–16, Sa, So 11–16 Uhr).

Wenn man etwas Zeit hat, bietet sich eine Tagesfahrt in die wunderschöne **Schärenlandschaft** vor der Stadt an. Die Boote legen ab im **Södra Hamnen**, dessen schicke Waterfront mit moderner Wohnhausbebauung zum Flanieren einlädt.

Luleå Turistbyrå: Ebeneser Kulturcentrum, Storgatan 43 B, 97231 Luleå, Tel.

0920-29 35 00, Fax 29 41 38, turistbyra@lulea.se, Mitte Juni–Mitte Aug. Mo–Fr 9–19, Sa, So 10–16, übrige Zeit Mo–Fr 10–17 Uhr; **Gammelstads Turistbyrå,** Kyrktorget, Tel. 0920-29 35 81, Fax 43 51 12, worldheritage.gammelstad@lulea.se, Juni–Mitte Aug. tgl. 9–18, übrige Zeit Di–Do 10–12, 13–16 Uhr. Mit einer Ausstellung und Diashow zur Kirchstadt.

Nordkalotten Hotell & Konferens: Lulviksvägen 1, Tel. 09 20-20 00 00, Fax 20 00 90, www.nordkalotten.com. Die Anlage mit Reminiszenzen an das Leben der Rentierzüchter besteht aus Blockhäusern, gebaut aus 800-jährigem Kiefernholz, 4 km vom Stadtzentrum, 108 sehr komfortable Zimmer, manche DZ mit eigener Sauna; DZ ab 800 SEK, mit Sauna ab 1330 SEK.
Vandrarhem Kronan: Kronan, Tel. 0920-43 40 50, Fax 43 40 59, www.kronan.net/vandrarhemmet. 44 Betten in der ehemaligen Kaserne, Busverbindung ins Zentrum; DZ ab 320 SEK.
SweCamp Arcus: Karlsvik, Tel. 0920-43 54 00, Fax 25 04 80. Am Nordufer des Luleälv, erste Abfahrt von der E 4 südlich der Kreuzung mit RV 97, Häuservermietung, geheiztes Freibad; Stellplatz ab 100 SEK.

Margaretas Wärdshus: Luleå Gammelstad, neben der Kirche, Tel. 0920-25 42 90, Mo–Sa 11.30–18, So 12.30–18 Uhr (im Sommer auch länger). Gemütlich und liebevoll eingerichtetes Haus aus dem frühen 19. Jh., norrländische Spezialitäten (ca. 80–250 SEK).

Ausflüge per Boot in die Schären, Buchung übers Turistbyrå; schöner **Badestrand** an der Landzunge Gülzauudden.

Flug: Inlandsflughafen Kallax 7 km entfernt; **Bahn:** Luleå ist Startpunkt der Erzbahn nach Narvik/Norwegen; **Bus:** Verbindung von Stockholm entlang der Küste über Härnösand und Sundsvall. Informationen zum **Nahverkehr:** Länstrafiken i Norrbotten Tel. 0771-10 01 10, www.ltnbd.se.

Kalix

Die betriebsame Kleinstadt **Kalix** 40 (17 000 Einw.) entwickelte sich aus einem Markt- und Handelsplatz an der Mündung des gleichnamigen Flusses in die Ostsee. Der Kalix älv ist neben Vindel, Pite und Torne älv einer der letzten unregulierten Flüsse Schwedens. Die alte Hauptstraße Köpmanngatan ist noch heute wichtigste Einkaufsstraße. Die direkt neben der Flussbrücke liegende Kirche entstand Mitte des 15. Jh. Der Reichtum des Küstenlandes zeigt sich auch in den stattlichen Herrenhöfen an den Hängen der Umgebung. In einem davon, Grytnäs herrgård, lässt sich standesgemäß und preiswert zugleich übernachten.

In seinem Mündungsgebiet fließt der Strom breit und langsam in die Ostsee. Das kann man sehr schön bei einem Ausflug nach **Vassholmen** sehen. Auf der Insel im Strom wurden früher die heruntergeflößten Stämme geschieden, außerdem ist hier eine Küferei-werkstatt zu besichtigen. Die Insel ist über eine Fußgängerbrücke erreichbar.

Kalix Turistbyrå: Parallellgatan 4, 95281 Kalix, Tel./Fax 0923-129 79, turistinfo@kommun.kalix.se.

STF Vandrarhem Grytnäs herrgård: Herrgårdsvägen, Tel. 0923-107 33, Mitte Juni–Mitte Aug. Wunderschöne, altmodisch eingerichtete Zimmer mit insgesamt 40 Betten in einem Herrenhaus hoch über der Stadt mit herrlichen Blick; DZ ab 270 SEK. **Frevisörens Camping:** Båtskärsnäs, Tel. 0923-67 03 50, Fax 67 03 40, www.frevisoren.se. Von Meer umgeben, 22 km südöstlich von Kalix an der Schärenküste, kinderfreundlicher Sandstrand, Sauna, Pool und Wasserrutschbahn, Kanu- und Tretbootverleih; Stellplatz ab 130 SEK, Hütte ab 480 SEK/Tag.

Riverrafting auf dem Kalixälv, **Angeln**, **Golf:** 18-Loch-Platz am Fluss, **Schärenausflüge.**

Bus: Verbindungen nach Luleå und Haparanda. Informationen zum **Nahverkehr** s. Luleå.

Im Reich der Möwen – die Schärenküste ist ein Vogelparadies

Register

Register

17 / 18
Narvik
Kiruna
Kebnekaise 2111 m
Lappland
Malmberget
Jokkmokk
Haparanda
Norwegische
See
RUSSLAND
15 / 16
Luleå
Skellefteå
Meerbusen
Umeå
11 / 12
13 / 14
Trondheim
Östersund
Örnsköldsvik
Härnösand
Sundsvall
Sveg
Hudiksvall
Bottnischer
FINNLAND
7 / 8
9 / 10
Mora
Söderhamn
Gävle
Falun
NORWEGEN
Oslo
Sunne
Uppsala
Västerås
Helsinki
Tallinn
Ostsee
3 / 4
Karlstad
Stockholm
5 / 6
Vänern
Trollhättan
Norrköping
Linköping
Vättern
Skagerrak
6
Västervik
Visby
Göteborg
Jönköping
Gotland
ESTLAND
Nordsee
Växjö
Riga
LETTLAND
Öland
DÄNEMARK
Helsingborg
Karlskrona
Kopenhagen
Kristianstad
Malmö
1 / 2
LITAUEN

Legende

- Autobahn mit Anschlussstelle
- Schnellstraße
- Fernstraße mit Straßennummer
- Hauptstraße
- Nebenstraße
- Straße in Bau
- Straße für Kfz gesperrt
- Tunnel
- Eisenbahn
- Eisenbahntunnel
- Fähre
- Nationalpark; Naturpark
- Sperrgebiet
- Europastraßennummer
- Internationaler Flughafen
- Nationaler Flughafen
- Grenzübergang
- Sehenswürdigkeit
- Archäologische Stätte
- Schloss, Burg; Ruine
- Kirche
- Denkmal
- Leuchtturm; Windmühle
- Wasserfall
- Skigebiet
- Berggipfel
- Pass, Joch
- Aussichtspunkt

Reiseatlas Schweden

A
B
C
1
2
3
4
Kungsbacka
Fjärås Bräcka
Fjärås
Särö
Vallda
Onsala
Gottskär
Tjolöholm
Åskhult
Gällinge
Åsa
Idala
Malön
Frillesås
Hyssna
Skene
Örby
Björketorp
Torestorp
Horred
Kungsäter
Mjöbäck
Älvsered
Svenljunga
Axelfors
Orsäs
Holsljunga
Ö. Frölunda
Limmared
Grimsås
Tranemo
Mossebo
Ambjörnarp
Öreryd
Tranhult
Vaggeryd
Skillingaryd
Store Mosse nationalpark
Klevshult
Nydala
Hillerstorp
Gnosjö
Båraryd
Gislaved
Anderstorp
Kulltorp
Hörle
Fryele
Värnamo
Svensbyg
Rusken
Skyarp
Burseryd
Smålandsstenar
Villstad
Reftele
Bredaryd
Kärda
Åminne
Gällaryd
Mökleholt
Bua
Väddige
Åsklöster
Kärra
Skällinge
Vräk
Tofta
Lindhov
Getterön
VARBERG
Apelviken
Rolfstorp
Ullared
Gunnarp
Ätran
Fegen
Skeppshult
Landeryd
Svangaholm
Dannäs
Tånnö
Horda
Träslövsläge
Tvååker
Köinge
Okome
Krogsered
Nyarp
Jälluntofta
Björkäng
Ljungby
Drängsered
Hyltebruk
Färgaryd
Hässlehult
Bolmsmö
Rydaho
Morup
Kammarebo
Rydöbruk
Vittaryd
Tannåker
Dörarp
Glommen
Vinberg
Abild
Torup
S. Unnaryd
Bolmen
Lagan
Hörda
Bolmstad
Hjortsberga
Ryssby
FALKENBERG
Ringsegård
Heberg
Slöinge
Getinge
Fröslida
Ov. Mjäla
Femsjö
Bäck
Odensjö
Bigget
Lidhult
Angelstad
Ljungby
Målaskog
Ugglarp
Kvibille
Oskarström
Sännan
Byholma
Vrå
Annerstad
Kånna
Vislanda
Agunnaryd
Steninge
Haverdal
Åled
Mahult
Skeen
Tjurkö
Gottå
Mjällby Konstgård
HALMSTAD
Breared
Esmared
Nättja
Ivla
Torared
Torpa
Hamneda
Snöstorp
Eslared
Ormhult
Pjätteryd
Liatorp
Tylösand
Hinneryd
Möckeln
Stenbrohult
Diö
Vires
Tönnersjö
Laxvik
Eldsberga
Mästocka
Vivljunga
Göteryd
Råshult
Laholmsbukten
Veinge
Körsveka
Traryd
Delary
Älmhult
Kattarp
Strömsnäsbruk
Mellbystrand
Laholm
Knäred
Råstorp
Timsfors
Hallaryd
Loshult
Skummeslövsstrand
Skottorp
Markaryd
Killeberg
Hökön
Hovs hallar
Hallands Väderö
Hov
Båstad
Hasslöv
Hishult
Visseltofta
Torekov
Ö. Karup
Växtorp
Emmaljunga
Bjärehalvön
Lugnarohögen
Nordanå
Skån.-Fagerhult
Osby
Boalt
Skälderviken
Förslöv
Vejbystrand
Hjärnarp
Rössjöholm
Asljunga
Skån.-Värsjö
Vittsjö
Bjärnum
Östanå
Glimåkra
Mölle
Arild
Örkelljunga
Hästveda
Sibbhult
Krapperup
Skäret
Munka-Ljungby
Bälinge
Röke
Mala
Broby
Kullen
Jonstorp
Ängelholm
Hörja
Wanås
Knislinge
Nyhamnsläge
Höganäs
Mjöhult
Öderljunga
Gumlösa
HÄSSLEHOLM
Hasslarp
Klippan
V. Torup
Tyringe
Perstorp
Matteröd
Vinslöv
Bäckaskog
Gilleleje
Viken
Ödåkra
Åstorp
Ljungbyhed
Riseberga
Brönnestad
Bromö
Rågeleje
Hornbæk
Sofiero
Bjuv
Söderåsens nationalpark
Färingtofta
KRISTIANSTAD
Tisvildeleje
Græstrd
HELSINGØR
HELSINGBORG
Rörum
Liseleje
Helsinge
Fredensborg
Råå
Ekeby
Kågeröd
Röstånga
Tjörnarp
Fjälkinge
Frederiksværk
Humlebæk
Glumslöv
Vallåkra
Ask
Billinge
Höör
Träne
Åsum
Kregme
Nivå
Ven
Tågarp
Marieholm
Ludvigsborg
Linderöd
Everöd
Vittskövle
Kulhuse
Frederikssund
Gørløse
Hersholm
Billeberga
Bosarp
Bosjökloster
Yngsjö
Birkerød
Landskrona
Saxtorp
Svenskköp
Huaröd
Degeberga
Slangerup
Holte
Øresund
Eslöv
Hörby
Gaddaröd
Dalby
Ølstykke
Farum
Taarbæk
Kävlinge
Rolsberga
Långaröd
Hörröd
Stenløse
Barsebäck
Furulund
Gårdstånga
Löberöd
Haväng
Skibby
Roskilde Fjord
Jyllinge
KØBENHAVN
Vallkärra
Harlösa
Frähninge
Brösarp
Vitemölla
Ravlunda
Kivik
LUND
Öved
Brandstad
Fågeltofta
ROSKILDE
Lomma
Dalby
Sjöbo
Lövestad
St. Olof
Staffanstorp
Veberöd
Tranås
Svogerslev
Saltholm
Genarp
Blentarp
Röddinge
Baskemölla
Østed
Snoldelev
Karlslunde
MALMÖ
Skönabäck
Tomelilla
Simrishamn
Solrød
Amager
Börringe
Sövestad
Glimmingehus
Solrodstrand
Klagshamn
Svedala
St. Herrestad
Ejby
Køge Bugt
Tygelsjö
Skurup
Ortved
Køge
Vellinge
Ö. Grevie
Glemminge
Borrby
Ringsted
Skivarp
Svarte
Ystad
Backåkra
DÄNEMARK
Höllviken
Anderslöv
Abbekås
Kåseberga
Sandhammaren
Skanör
Falsterbo
Trelleborg
Beddingestrand
Ales stenar
Löderups Strandbad
Strøby
Hellested
Smygehuk
Smygehamn
E 20
E 6
E 4
E 22
E 47
E 55
E 65

1 cm = 13,5 km 1 : 1.350.000
0 25 km 50 km

A
B
C
1
2
3
4
7
NORWEGEN
Skagerrak
DÄNEMARK
Efteløt
Hvittingfoss
Grorud
Svarstad
Vivestad
Steinsholt
Siljan
Odberg
Hvarnes
Andebu
Kodal
Kvelde
Sukle
Undrumsdal
Horten
Fossan
Jeløya
Tofte
Son
Kobbøl
Eidsberg
Mysen
Trømborg
Kallak
Klund
Ørje
Rakkestad
Skiptvet
Våler
MOSS
Vansjø
Glomma
Ødemark
Østfold
Åsgårdstrand
Rygge
Råde
Varteig
Degernes
TØNSBERG
Lervik
Engelsviken
Onsøy
SARPSBORG
Hafslund
Borge
Skjeberg
Aremark
Kjølen
Rokke
NØTTERØY
FREDRIKSTAD
Ullerøy
Torsnes
HALDEN
Tistedal
Idd
Holmegil
Stora Le
SKIEN
PORSGRUNN
Stokke
Sem
Skjee
Torød
Tjøme
Vasser
Helgerød
Trolldalen
Spjærøy
Svinesund
Hvaler
Skjærhallen
Eidanger
Langangen
SANDEFJORD
LARVIK
Helgeroa
Langesund
Berg
Stavern
Hogdal
Hälle
Enningdal
Ør
Råvmarken
Sannerud
Bengtsfors
Hällestrand
Blomsholmskeppet
Skee
Strömstad
Kile
Tjärnö
Överby
Resö
Lindön
Havstenssund
Sannäs
Grebbestad
Kämpersvik
Fjällbacka
Hamburgsund
Heestrand
Bovallstrand
Hunnebostrand
Kungshamn
Smögen
Malmön
Håve
Vassbotten
Rämne
Lur
Skällerod
Edsäm
Tanumshede
Raballshede
Hällevadsholm
Kville
Dingle
Åby
Nordens Ark
Munkedal
Torreby
Skredsvik
Brastad
Backa
Rixö
Bondemon
Töftedal
Fagerhult
Smeberg
Naverstad
Mo
Krokstad
Hedekas
Färgelanda
Valbo-Ryr
Dals-Högen
Mon
Ed
Kornsjö
Baldersnäs
Steneby
Tisselsk
Ödsköld
Bäckefors
Lerdal
Sanne
Järbo
Rännelanda
Högsäter
Örsjön
Stigen
Rådanefors
Nättjebacka
Lane-Ryr
UDDEVALLA
Vänersborg
Sundsandvik
Gustafsberg
TROLLHÄTTAN
Lysekil
Fiskebäckskil
Grundsund
Gullholmen
Bokenäs
Henån
Torp
Orust
Stillingsön
Svanesund
Ljungskile
Svenshögen
Lilla Edet
Ellös
Stala
Varekil
Västerlanda
Hälleviksstrand
Nösund
Mollösund
Stenungsund
Spekeröd
Kyrkesund
Tjörn
Skärhamn
Stenkyrka
Stockevik
Jörlanda
Rönnäng
Bleket
Åstol
Kareby
Marstrand
Klåveron
Tjuvkil
Ytterby
Kungälv
Bohus
Nol
Alafors
Älvängen
Lödöse
St. Peder
Göta
Rörö
Agnesberg
Tuve
GÖTEBORG
Öckerö
Hönö
Hjuvik
Partille
Lerum
Mölndal
Askim
Styrsö
Vrångö
Billdal
Kållered
Lindome
Särö
Kungsbacka
Vallda
Onsala
Gottskär
Fjärås
Tjolöholm
Åsa
Malön
Frillesås
Vesters Havn
Østerby
Holmedal
Töcksmark
Silbodal
Årjäng
Blomskog
Trankil
Sillerud
Tolsbyn
Harnäs
Dalen
Torrskog
Sund
Barkerud
Artemark
Edsleskog
Foxen
Lelång
Vännacka
Lenungen
Strömsfoss
E 6
E 18
E 20

1 cm = 13,5 km 1 : 1.350.000
0 25 km 50 km

ÖREBRO
ESKILSTUNA
NORRKÖPING
LINKÖPING
MOTALA
VÄSTERVIK
OSKARSHAMN
Hjälmaren
Arboga
Kungsör
Strängnäs
Katrineholm
Nyköping
Oxelösund
Flen
Vingåker
Kumla
Hallsberg
Laxå
Askersund
Finspång
Söderköping
Vadstena
Skänninge
Mjölby
Åtvidaberg
Valdemarsvik
Tranås
Gränna
Kisa
Vimmerby
Hultsfred
Eksjö
Nässjö
Vetlanda
Huskvarna
Sävsjö
Mariannelund
Gamleby
Degerfors
Kolmårdens djurpark
Tiveden nationalpark
Blå Jungfrun nationalpark
Roxen
Glan
Sommen
Åsunden
Yngaren
Bråviken
Östergötland
Södermanland
Astrid Lindgrens Värld
Bergs slussar
Högbystenen
Rökstenen
Skurugata
Ekenäs
E 4
E 18
E 20
E 22
5

1 cm = 13,5 km
1 : 1.350.000
0
25 km
50 km
STOCKHOLM
Uppl.Väsby
Täby
Vallentuna
Åkersberga
Ö. Ryd
Vaxholm
Millesgården
Gustavsberg
Drottningholm
Birka
Ekerö
Överenhörna
Munsö
Lässa
Saltsjöbaden
Stavsnäs
Värmdolandet
Sandhamn
Ingarön
Ätla
Tyresö
Brevik
Björnö
Nämdö
Tyresta nationalpark
Dalarö
SÖDERTÄLJE
Tumba
Hall
Norrga
Väländan
Nykvarn
Österhaninge
Västerhaninge
Gålö
Ornö
Järna
Hörningsholm
Häringe
Sorunda
Hölö
Ösmo
Mysingen
Himmerfj.
Torsåker
St. Vika
Utö
Trosa
Grytnäs
Nynäshamn
Torö
Herrhamra
Askö
Källvik
Nynäs
Öja
O s t s e e
Gotska Sandön
Färö
Holmudden
Lauterhorn
Gotland
Hallshuk
Bläse
Bora
Bunge
Fårösund
Kappelshamn
Rute
Bungenäs
Jungfruklint
Ire
Hall
Hangvar
Lickershamn
Lärbro
Valleviken
Lummelunda
Kyllai
Martebo
Tingstäde
Slite
Hammars
Bro
Snäckgärdsbaden
Bäl
Tjälder
Visby
Hejdeby
Lasarve
Gothem
Follingbo
Siggur
Högklint
Vibble
Dalhem
Trullhalsar
Hon e
Sojvide
Roma
Kräklingbo
Katthammarsvik
Gnisvärd
Toftastrand
Bander
Gurfiles
Hervik
Torsburgen
Västergarn
Sanda
Buttle
Kovik
Sigsarve
Västerby
Klintehamn
Ljugarn
Gannarve
Loista
Lye
Lau
Lilla Karlsö
Djupvik
Stånga
Fardhem
Stora Karlsö
Bopparve
Hemse
Hörte
Siglajvs
Petesgård
Ronehamn
Hablingbo
Havdhem
Näs
Kattlundsgård
Olsvenne
Näsudden
Fide
Burgsvik
Öja
Faludden
Bottarvegården
Hamara
Vamlingbo
Sallmunds
Hoburgen
37 m
Sundre
Holmhällar
Ölands norra uude
Grankullavik
krono park
käftekärr
Habiingbo
Havdhem
E 18
E 4
E 20
267
268
229
259
257
73
219
149
147
146
143
140
144
142
D
E
F
10
1
2
3
4
6

A
B
C
1
2
3
4
7
11
3
NORWEGEN
Akershus
Storsjøen
Mjøsa
Randsfjorden
Tyrifjorden
Hurdalssjøen
Osensjøen
Øyeren
Eikeren
Sperillen
Krøderen
Begnadalen
Ådalen
Norefjell
Gausdalen
Augedalen
Helgøya
Härjehågne 1185 m
Skalfjället 996 m
Ruten 1513 m
Kvien 1349 m
Spåtind 1414 m
Hvalby-kampen 765 m
Sjoa
Kwam
Vinstra
Sødorp
Sylte
Hundorp
Fefor
Ringebu
Fåvang
Tretten
Øyer sentrum
Fåberg
LILLEHAMMER
Brøttum
Moelv
Biri
GJØVIK
Raufoss
Dokka
Bagn
Nes
Gran
Brandbu
Jevnaker
Hønefoss
Hokksund
DRAMMEN
Røyken
Svelvik
Sande
Hurum
Asker
Sandvika
OSLO
LILLESTRØM
Skedsmo
Fetsund
Aursmoen
Bjørkelangen
OPPEGÅRD
SKI
FROGN
ÅS
VESTBY
Askim
Mysen
Rena
Koppang
Elverum
Brumunddal
Furnes
HAMAR
Vang
Løten
Romedal
Stange
Tangen
Espa
Eidsvoll
Råholt
Gardermoen
Nannestad
Jessheim
Kongsvinger
Flisa
Åsnes
Våler
Arneberg
Kirkenær
Grinder
Brandval
Nybergsund
Innbygda
Trysil
Søndre Osen
Sætre
Hernes
Elvbrua
Nordstulen
Venabygd
Imsdalen
Atnosen
Otnes
Åsheim
Renåseter
Engerdal
Elvdal
Heggerset
Drevda
Sennsjøvika
Røa
Skarvseter
Burua
Stal
Rasta
Messelt
Lindstad
Deset
Strand
Rødsskaret
Valmen
Odden
Snippen
Åmot
Blikberget
Midtskogberg
Kjernmoen
Nedreberg
Målia
Øksna
Gåsbu
Finstad
Siljubergen
Gravberget
Risberget
Oset
Ånestad
Oppegård
Vallset
Støa
Gjesås
Malungen
Siggerud
Namnå
Tannes
Oppakersund
Skasen
Kuggerud
Vestby
Haugen
Oppstad
Strøm
Roverud
Skarnes
Ulleren
Disenå
Fenstad
Furuset
Årnes
Udenes
Hovin
Auli
Bjørkness
Teppa
Eidskog
Skotterud
Magnor
Vestmarka
Setskog
Løken
Hemnes
Enebakk
Båstad
Rømskog
Ørje
Dalen
Kolbotn
Nesodd-tangen
Vinterbru
Kråkstad
Gjerdrum
Nittedal
Hakadal
Åneby
Frogner
Blaker
Hareton
Mangen
Søndre
Bolfoss
Skillingmark
Hogsäter
Tranby
Skotselv
Mjøndalen
Vestfossen
Krekling
Tryterud
Skollenborg
Eidsfoss
Hof
Sundbyfoss
Tofte
Hvitsten
Son
Rødtangen
Vikersund
Geithus
Åmot
Sigdal
Sandsbråten
Glesne
Tyristrand
Krøderen
Hamremoen
Noresund
Ørpen
Ringnes
Lekness
Sokna
Hallingby
Veme
Ask
Norderhov
Hole
Langlia
Sundvollen
Sollihøgda
Bryn
Gulsvik
Flaskerud
Onsaker
Finsand
Toverud
Viker
Elsrud
Buttingsrud
Sørum
Bjonevika
Lomsdalen
Aurdalsseter
Fossholt
Hedalen
Sørum
Garthus
Åsli
Hestedalseter
Engelia
Hov
Reinsvoll
Åmot
Skute
Trevatn
Eina
Østre Toten
Balke
Skreia
Totenvika
Hågår
Mjørlund
Enger
Horn
Einavoll
Skrukkelia
Lygna
Hurdal torg
Hurdal
Feiring
Strandlykkja
Langset
Bruvoll
Mo
Sand bru
Fallet
Skeiten
Alsnes
Berger
Jeppedalen
Sandnes
Helleren
Roa
Grua
Stensgård
Bjørke
Vestenden
Grymyr
Lunner
Stovika
Mogreina
Etnedal
Bjørgo
Høljerast
Nordsinni
Landåsen
Odnes
Huberg
Nykirke
Segård
Redalen
Svingstad
Stomlia
Torpa
Skartlia
Saksumdal
Hugulia
Frøysli
Lunde
Rust
Smiugard
Baustin
Lenningen
Lundsætra
Toftseter
Liomseter
Revsjøbu
Olstad
Svatsum
Svingvoll
Skeikampen
Segalstad bru
Vassenden
Dalseter
Børkdalseter
Storhøli
Kvitfjell
Toftesete
Venåsen
Fiskdalseter
Annolseter
Goppolen
Imsenden
Våsdalen
Djupslia
Åstdalseter
Steinseter
Hornsjø
Myklebyseter
Opphus
Sjøli
Høgåsen
Villdalseter
Bekken
Jota
Engerneset
Eltdalen
Jordet
Slettås
Nor
Mora
Teodors
Nordre Osen
Kittilia
Friisbua
Helakmyren
Storfjellseter
Aspberget
Rådelsbråten
Heradsbygd
Jømna
Haukåsen
Braskereidvoss
Finnskog
Sønsterud
Velta
Hal-dammen
Dulp
Lier
Åbogen
Finnholt
Steineien
Austmarka
Jammer
Fjellstad
Ulsrud
Flateby
Rælingen
Lørenskog
Sætre
Dalseter
Kolsrud
Vatnås
Bingen
Høltefjell 707 m
Gåserud
Heistadmoen
Fidsberg
Momarken
Kallak
Klund
Strømmer
Karlanda
Bjørkebol
Vännacka
Lyssås
Gränsjön
Järnskog
Näva
Ivarsbyn
Sandem
Skulerud
Jåvall
Østervallskog
Vikene
Flogned
Påterud
Charlottenberg
Kola
Skjønhaug
Bingen

1 cm = 13,5 km 1 : 1.350.000

0 25 km 50 km

A
B
C
1
2
3
4
Andenes
Bleik
Andøya
Ånderdalen Nasjonalpark
Selfjorden
Andfjorden
Finnsnes
Sørreisa
Moen
Mauken
Andselv
Dividalen
Lille Rostavatn
Kuohkimaa
Kummajoki
Bjarkøya
NORWEGEN
Istindan
1489 m
Setermoen
Langfjelltind
1505 m
Øvre Dividal nasjonalpark
Råstojaure
Rå s
Raketskjutfält
Grøtavær
Grytøya
Andørja
Sjøvegan
Rolla
Soløy
Forset
Strømsøra
Altevatnet
Borkenes
Hamnvik
Årstein
Lund
Kjellelflinden
1569 m
Kistefjellet
1633 m
Tsåktso
1120 m
Breidvika
Grov
Rivtind
1452 m
Bones
Leinavatn
Skartatjåkka
773 m
Sigerfjord
Hinnøya
Øse
Bjerkvik
Tuoptetjåkkah
1612 m
Møysalen
1266 m
Trollfjellet
1010 m
Bogen
Trældal
Tornehamn
Laimoluokta
Liland
Narvik
Torneträsk
Tjeldøya
Ofotfjorden
Kårsavagge jokeln
1586 m
Njulla
1169 m
Abisko
Tjålme
Tjiuru
675 m
Lødingen
Barøya
Kjeldebotn
Bø
Grindjorda
Blaisen
Tjåmohas
1745 m
Abisko nationalpark
Nakervare
1022 m
Lulep Patsajäkel
783 m
Bjørkåsen
Storsteinfjellet
1901 m
Rautasjaure
Rensjön
Vestfjorden
Tysfjorden
Elvegården
Kåtotjakka
2001 m
Rautasluspe
Rautasi
Taavinunnanen
Bognes
Fjellbu
Storriten
1503 m
Vakastjåkka
1185 m
Krokvik
Hamarøya
Kjøpsvik
Suorretjå
1539 m
Läväsjakka
Presteid
Hulløya
Bjørntoppen
1520 m
Sitasjaure
Kebnekaise
2111 m
Nikkaluokta
Akkar
Kiruna
Jukkasjärvi
Finnøya
Innhavet
Upmasjaure
Tuttorjaure
Paittasjärvi
Jänkänalusta
Alttajärvi
Sagfjorden
Kaalasjärvi
Kuosanen
Skranstad
Tømmerneset
Seukokjaure
Teusaätno
Täunatjåkka
1054 m
Gäddmyr
Hopen
Corrofjellet
1375 m
Vaisa
Kallaktjåkka
1845 m
Karsatjåkka
1703 m
Nordfolda
Kråkmo
Rätjajaure
Akkajaure
Vuolep Kaitumjaure
Mørsvik
Veikdalsisen
1517 m
Stora Sjöfallets nationalpark
Killinge
Fjällåsen
Akkavare
1881 m
Vietas
Satihaure
Neitis
Sallohaure
Padjelanta nationalpark
Stora Sjöfallet
Riidilbákti
833 m
Sørfolda
Harrå
Rago nasjonalpark
Padjelanta
Sarek
Virihaure
Ankatjåkkå
1983 m
Rapadalen
Ruokto
Malmberget
Straumsnes
Blåmannen
1571 m
Sarek nationalpark
Stora Lulevatten
Renhagen
Nietsak
Fauske
Sulitjelma/ Sulisjielmmá
Rávvejaure
Tarradalen
Palkattjåkkå
2021 m
Partefjällen
Alloluokta
Øverset
Loarme-jaure
Porjus
Muddus nationalpark
Langset
Saltdalen
Tjaktjajaure
Rognan
Staika
1799 m
Kvikkjokk
Kabla
1142 m
Tjåmotis
Nautijaur
Harsprånget
Storfjellet
1189 m
Tjorvihytta
Pieskehaure
Årrenjarka
Björkholmen
Balvatnet
Radtja
Riepentjåkkå
1552 m
Saggat
Sarkaware
Mavasjaure
Skalka
Björknäs
Storeng
Låddaure
Karats
Klubbudden
Storjord
Ikesjaure
Svalak
Peuraure
Arfo
1406 m
Barturte
Kaisatjåkkå
1063 m
Jokkmokk
Karats
Lønsdal
Böno
1062 m
Stuor Njasja
1178 m
Bartaure
Tjeggelvas
Nördlicher Polarkreis
Piertinjaure
Tjidtjak
Bassebuovdda
758 m
Riebnesjaure
Stødi
Fierras
1609 m
Övernäs
Rappen
Vuolvojaure
Kåpponis
Labbas
Majtum
Sädvajaure
Sädvalupsen
Yttervik
Krokstranda
Rimobäcken
Stenträsk
Duordaw
Bergnäsviken
Ballonåive
1343 m
Pieljekaise nationalpark
Hornavan
Puottaure
Nuorttabuovddá
805 m
Jutis
Kittajaur
Vuordnajakka
1390 m
Viejenäs
Hurasjåkka
Gittun
Aspnäs
Gautosjön
Stör Ståkki
767 m
Forsnäs
Laisvall
Syannäs
Björk-fjället
Östansjö
Ammarfjället
Laisvallsby
Racksund
Norden
Heden
Norrstrand
Korsträsk
Arjeplog
Moskosel
Storforsen
Vindelfjällens naturreservat
Uddjaure
E 6
E 8
E 10
E 45
82
83
84
86
87
95
97
77
81
827
835
851
855
857
822

15

1 cm = 20 km 1 : 2.000.000

0 30 km 60 km

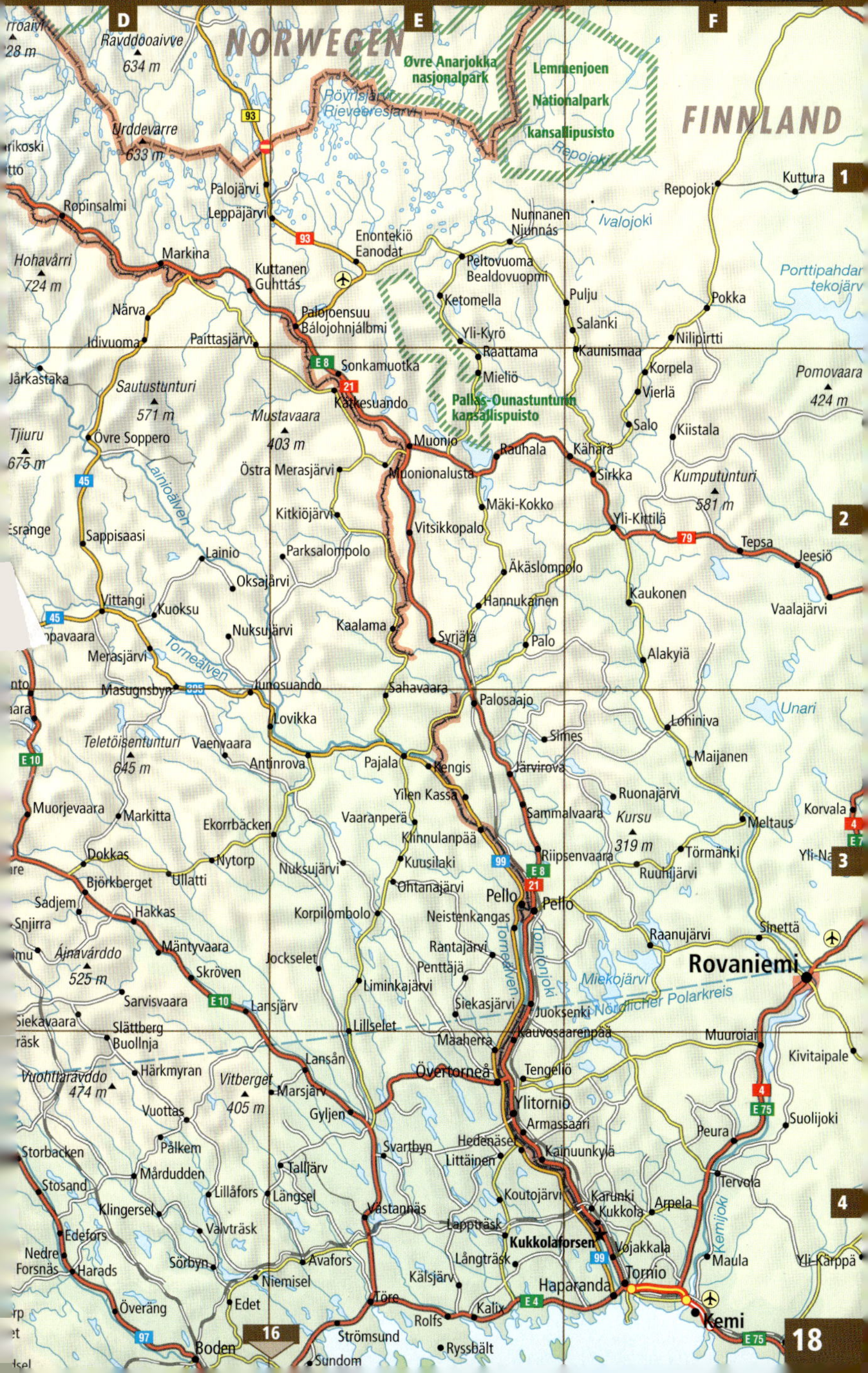

Ulrich Berger, Lissendorf: S. 199
Bilderberg, Hamburg/artur: S. 364
Bilderberg, Hamburg/Frieder Blickle: S. 152
Bilderberg, Hamburg/Christophe Boisivieux: S. 108, 141, 316
Bilderberg, Hamburg/Michael Engler: S. 296
Bilderberg, Hamburg/Hans Madej: S. 48, 84, 172, 202, 240
Bilderberg, Hamburg/Jerzy Modrak: S. 270
Bilderberg, Hamburg/Dorothea Schmid: S. 388
Bilderberg, Hamburg/Walter Schmitz: S. 358
Victor Brigola, Stuttgart: S. 142
Jörg Axel Fischer, Hannover: S. 56
Ralf Freyer, Freiburg: S. 23, 26, 31, 52, 281
Udo Haafke, Ratingen: S. 166, 277
Petra Juling, Lissendorf: S. 12, 29, 30, 37, 41, 63, 75, 81, 159, 162, 180, 212, 242, 293, 300, 337, 340, 344, 373, 378, 383
Rainer Kiedrowski: S. 176
Thomas Kliem, Xanten: S. 194, 211
Hans J. Kürtz, Kiel: S. 350
Laif, Köln/ Max Galli: S. 44, 119, 171
Look, München/Hauke Dressler: S. 133, 150, 185, Klappe vorn, Klappe hinten
Look, München/Elan Fleisher: S. 268
Look, München/Max Galli: S. 264
Look, München/Konrad Wothe: S. 220
Christian Nowak, Berlin: S. 110, 130, 181, 193, 234, 320, 329
Okapia/Robert A. Lubeck: S. 207
Michael Riehle: S. 8, 16, 107, 116, 136, 186, 214, 228, 244, 250, 253, 254, 258, 274, 286, 302, 306
Schapowalow/Atlantide: S. 94
Hubert Stadler, Fürstenfeldbruck: S. 10, 15, 18, 71, 99, 114, 125, 149, 154, 225, 267, 291, 325, 332, 366, 371
Visum, Hamburg/Jörg Axel Fischer : S. 86, 356
Visum, Hamburg /Marc Steinmetz: S. 230
Westend 61/Herbert Scholpp: S. 90

Kartografie
DuMont Reisekartografie, Puchheim

Umschlagfotos
Titelbild: Blick auf Gamla stan, die Altstadt von Stockholm
Umschlagklappen: Schwedisches Holzhaus mit Blumengarten (vorn), Haus am Sund (hinten)

Über die Autorin: Petra Juling ist Autorin von Reiseführern und freiberufliche Übersetzerin und Lektorin. Vor über 20 Jahren erlag sie der Faszination des Nordens und ist seitdem ständig in Schweden unterwegs. Bei Dumont erschien von ihr der Band ›Stockholm‹ in der Serie DuMont Direkt, als Co-Autorin arbeitete sie am Reise-Taschenbuch ›Schweden – Der Süden‹ mit.

Hinweis: Autor und Verlag haben alle Informationen mit größtmöglicher Sorgfalt geprüft. Gleichwohl sind Fehler nicht vollständig auszuschließen. Alle Angaben erfolgen ohne Gewähr. Bitte schreiben Sie uns! Über Ihre Rückmeldung zum Buch und über Verbesserungsvorschläge freuen sich Autoren und Verlag:
DuMont Reiseverlag, Postfach 3151, 73751 Ostfildern, E-Mail: info@dumontreise.de

Grafisches Konzept: Groschwitz, Hamburg
Druck: Rasch, Bramsche
Buchbinderische Verarbeitung: Bramscher Buchbinder Betriebe